社会の発展と民法学〔上巻〕
近江幸治先生 古稀記念論文集

［編集委員］
道垣内弘人
片山直也
山口斉昭
青木則幸

成文堂

近 江 幸 治 先 生

謹んで古稀をお祝いし

近江幸治 先生

　　　に捧げます

執筆者一同

はしがき

　近江幸治先生は、2018年8月にめでたく古稀を迎えられた。私たち執筆者は、これを心からお祝いし、先生の一層のご健勝とさらなるご活躍を祈念して、本論文集を献呈する次第である。

　先生は、のちにモノグラフィー『担保制度の研究―権利移転型担保研究序説―』へと展開されることになる一連のご業績により、研究者としてのキャリアを始められた。爾来、一貫して実践してこられたのは、経済史的発展過程を踏まえた法制度の探求である。ドイツの社会経済理論に関する深い理解とわが国の判例や金融取引の史的展開に関する精緻な分析とに裏打ちされた壮大で迫力ある叙述と学術的洞察は、先生のご研究の大きな特徴となっている。

　このようなご研究は、一方において、わが国の変則担保（非典型担保）の制度的位置づけの解明という点で、民法学に多大なインパクトを与えることとなった。他方において、そのご関心は、社会経済理論の展開と現実の社会改革プロセスとの連関としてのニュー・パブリック・マネジメントへと向けられ、モノグラフィー『New Public Management から「第三の道」・「共生」理論への展開―資本主義と福祉社会の共生―』を著されるなど、学際的研究に結実されていくことにもなった。

　また、先生の民法学への貢献として、先生のお名前とともに知られているのは、民法の全領域における体系書の完結である。1988年から21年間にわたる偉業であり、さらにその後も、最近の民法（債権関係）改正を受けた大幅な改訂を含め、適時に改訂を続けておられる。まさに、名実ともに、現代の民法学を代表する体系書のひとつとして、異論をみないものである。

　さらに、先生は、外国の研究者との学術交流にも、積極的に取り組んでこられた。一方において、1983年からドイツのフライブルク大学において行われた在外研究に始まるドイツの学界との交流を進めてこられた。他方にお

いて、1997年に韓国の朝鮮大学で開催されたシンポジウムや2000年に中国社会科学院で開催されたシンポジウムを端緒として、毎年のように、ときには年に何度も参加された国際学会でのご報告にみられるように、韓国の民法学界や、民法起草過程といういわば黎明期にあった頃からの中国の民法学界との学術交流に熱心に取り組まれてきた。西欧に学び、独自の発展を遂げてきたわが国の民法学の海外への発信という点で、現代の東アジアの民法学に、先駆的かつ第一人者としての業績を刻まれてきたことは、国の内外の民法学界において、広く知られるところとなっている。

　法学教育への貢献という点でも、大いなる足跡を残してこられた。早稲田大学法学部では、専任講師に着任されて以来、熱心にかつ親しく学生に民法を説いてこられ、学生の信頼と人気を獲得してこられたことは、多方面で活躍する大勢の優秀なゼミの卒業生が物語っている。大学院法学研究科では、厳しくも寛容な研究指導をされてきた。大学院学生が曖昧模糊に語る各自のアイデアにその本人ですら明確に気づけずにいる鉱脈を鋭く見いだされ、打ち込むべき道を示された。分野やアプローチの限定はなさらず、多様な研究者を養成された。その中には、研究を進めていく過程で、臆したり神経質になったときに──おそらくそのような学生に対してのみおっしゃるのではないかと思われるが──先生の「書かないよりは書いた方がまし」という名言に勇気づけられ救われた者も多い。なお、先生は、法学研究科教務委員、法学研究科長を歴任され、早稲田法学の研究者養成をその枠組みから支えてこられた。そのご経験から著された『学術論文の作法──〔付〕リサーチペーパー・小論文・答案の書き方』は法学研究科の教科書となっており、先生のご指導のあり方は、これからも受け継がれるであろう早稲田大学法学研究科の研究者養成の伝統の一部になっている。

　なお、これ以外にも、先生のご活躍は幅広い。学内では、早稲田大学法学会会長を務められたほか、早稲田大学ヨット部部長、早稲田大学民法研究会会長なども永年に渡り務められている。学外では、国家公務員I種試験委員、公認会計士試験委員、日本私法学会理事、あいおいニッセイ同和損害保険・保険金審査委員、日本東京商工会議所経済法規委員などを歴任されている。また、2004年には弁護士登録をされ、弁護士法人早稲田大学リーガ

ル・クリニック代表社員を務められるなど、弁護士としての手腕も発揮されている。

　先生は、2019年3月をもって、永きにわたり研究活動の拠点とされ、また多方面において多大な貢献をされてきた早稲田大学を定年退職される。先生は、現在なお、学界でも教育でも、また、弁護士業務をはじめとするそれ以外の領域でも、まさに第一線でご活躍中である。ご退職は残念でならないが、大学で定められた定年である以上、やむを得ない。私たちは、先生が今後とも益々ご壮健でご活躍されることを切に願うものである。

　本論文集の企画および編集には、道垣内弘人、片山直也、山口斉昭、青木則幸があたった。

　また、本書の刊行に際しては、成文堂の阿部成一社長と飯村晃弘氏、松田智香子氏が、進んで多大な労をとってくださった。厚く御礼申し上げる次第である。

2019年1月26日

　　　　　　　　　　　編集委員

　　　　　　　　　　　　　　　　道垣内　弘人
　　　　　　　　　　　　　　　　片山　　直也
　　　　　　　　　　　　　　　　山口　　斉昭
　　　　　　　　　　　　　　　　青木　　則幸

目　　次

はしがき

フランス私法における「自治」概念の誕生	熊谷芝青	1
「私的自治の原則」と「契約自由の原則」の 　再検討のための覚書	西島良尚	29
民法における類推に関する覚書 　　——リーガル・マインドの観点から——	新井敦志	61
高齢社会と民法の課題 　　——生活に関する民法規範の研究——	小賀野晶一	95
未成年者取消権の基礎と若年成人保護の理論	内山敏和	137
国連障害者の権利に関する 　条約批准後の法的整備に関する一考察 　　——韓国との比較を中心にして——	落合俊郎	163
共通錯誤と契約解釈	中舎寛樹	189
交渉と時効	松本克美	225
ドイツ現行法における ius ad rem の法的位置づけ	大場浩之	247
民法 177 条の適用範囲について 　　——消極的公示主義構成からのアプローチ——	多田利隆	277
動産譲渡登記をめぐる諸問題の一考察	白石　大	313

動産善意取得制度の私法上・憲法上の正当性について
　　——ドイツ基本法の財産権保障をめぐる論争を手がかりに——
　　　　　　　　　　　　　　　　　　　　　　　　　　田口　勉　329

占有の推定効に関する覚書・序説
　　——先ずは、即時取得における無過失の推定をめぐって——
　　　　　　　　　　　　　　　　　　　　　　　　　　草野元己　359

民法185条前段「所有の意思の表示」の
　　判断基準についての一考察　　　　　　　　　　　　田中淳子　395

オーストラリアの水法改革と水アクセス・ライセンス
　　——ニューサウスウェールズ州における
　　　水利権原の持続可能な割当てへの転換——　　　　宮﨑　淳　423

フランス法における留置権の効力に関する一考察
　　——非占有動産質権を中心として——　　　　　　　下村信江　445

フランス抵当制度論の到達点と課題
　　——Recherches sur les Régimes hypothécaires francais
　　—ses arriveé et sujet prochain——　　　　　　　　相川　修　465

仮想通貨の法的性質——担保物としての適格性——　　道垣内弘人　489

動産譲渡担保の実行制度とソフトロー
　　——UNCITRAL及び米国UCC第9編との比較から——　青木則幸　503

機能的アプローチによる担保の統制　　　　　　　　　清水惠介　557

留保所有権の譲渡と譲受人の法的地位・続編
　　——ドイツ連邦通常裁判所（BGH）
　　　2008年3月27日判決に現れた問題点を中心として——　石口　修　577

倒産手続における集合動産譲渡担保と
　　所有権留保の競合問題に関する覚書　　　　　　　　杉本和士　643

所有権留保の本質と諸相　　　　　　　　　　　　　　粟田口太郎　663

詐害行為取消権と否認権の関連性 ………………………… 髙井章光　725

詐害行為取消における価額償還請求権の新たな機能
　　——濫用的会社分割の取消しをめぐる議論を契機として——
　………………………………………………………………… 片山直也　763

［下巻］の目次

フランス法における人的担保としての「念書」——その合意と債務の法的構造——……山城一真
担保保存義務の意義と特約の交錯 …………………………………………………………大澤慎太郎
将来債権譲渡の効果が及ぶ範囲について
　　——関係当事者に変動等があった場合を中心として——………………………………山口　明
預金不正払戻事案への民法478条の適用に対する批判的考察 ………………………………川地宏行
権利行使要件としての提供——買戻しおよび受戻しにおける提供方法——………………北居　功
中国混合共同担保に関する研究 ……………………………………………………………金　路倫
誤振込みと相殺 ………………………………………………………………………………原田昌和
民法（債権関係）改正における法定相殺の意義と課題 ……………………………………鳥谷部茂
賃貸借契約の取消しと遡及効 ………………………………………………………………大窪　誠
経済学と借地借家法 …………………………………………………………………………藤井俊二
委任の利他性
　　——委任の解除、ならびに受任者の経済的不利益等の填補をめぐって——……………一木孝之
無償契約についての新たな試みとしての改正債権法
　　——有償契約と無償契約の棲み分けの必要性——…………………………………………平野裕之
各種契約の一般理論と日仏の契約法改正——役務提供契約について——…………………都筑満雄
「事業者」概念と「消費者」概念の境界
　　——ヨーロッパ共通売買法規則提案における
　　　中小企業概念を素材として——……………………………………………カライスコス・アントニオス
日本不当利得論の展開と可能性
　　——債権法の改正と今後の不当利得論に関する一考察——………………………………宮田浩史
非債弁済の善意の弁済受領者の利息の返還義務——ドイツ法を参照して——……………藤原正則
共同不法行為論の現在——関連共同性の強弱を中心に——…………………………………松原　哲
医療過誤訴訟における慰謝料の意義 ………………………………………………………寺沢知子
自賠責保険支払規準の拘束力 ………………………………………………………………山口斉昭
プライバシー侵害の差止めの要件に関する覚書 …………………………………………前田陽一
集団的環境利益に基づく差止請求権について（序説）
　　——集団的環境利益の実現に向けた私人の役割——………………………………………大塚　直
預貯金等の共同相続 …………………………………………………………………………前田　泰
民事訴訟法学の科学性と方法論——法解釈学を中心にして——……………………………西口　元
著作権譲渡契約の法的構成論——著作者契約法理論による再構成——……………………三浦正広

フランス私法における「自治」概念の誕生

熊 谷 芝 青

```
I    はじめに
II   フランス私法における「自治」概念誕生時の状況
III  Foelix の生涯
IV   Foelix の導入よる「自治」概念の誕生
V    Foelix 後の「自治」概念
```

I　はじめに

　今日のフランス民法学においても、個人が債務を負うのは、自らに対して、自らの固有の法律 sa propre loi となる個人の意思に基づくものとされる。その法哲学的理論が「意思自治 autonomie de volonté」とされ、この意思自治に言及する体系書は多い。その基礎とされるのが「適法に形成された合意は、それを行った者に対して、法律に代わる」というフランス民法1103条であった。しかしこの「意思自治」という表現は、フランス民法典には、この1103条を含めて、過去現在を通じて現れたことはなかった。
　この表現は純粋に学理的な doctorinal ものであり、法哲学に属するものと

（1）　*Carboninier*, Droit Civil, T. 4 Obligation, Paris 1982, p. 45 et s.
（2）　現在においては、法を創造する二つの意思の合致という、意思自治のより高度の表明を、より明らかに主張することによって、契約の債務法的効力の原理はフランス民法の基本原理 axiomes とされている。*Ranouil*, L'autonomie de la volonté, Paris 1980, p. 71 et s. なお 2016 年 2 月 10 日のオルドナンス以前は 1134 条であった。
（3）　*Ranouil*, Op. cit., p. 11. 北村一郎編『フランス民法典 200 年』（東京大学出版会、2006）310 頁以下。

される。「意思自治」の起源は明らかでないが、1890年頃から使用され、Kantに由来するとされ、またフランス民法典1103条も根拠とされる。Kantが関係するならば、autonomie de volontéは彼の『人倫の形而上学の基礎づけ』(1785年)にあるAutonomie des Willensの直訳かとも推測される。するとKant哲学の直輸入であったのかとも考えられる。それならばKantがフランス語訳されて直ぐにフランス民法学において人口に膾炙するにいったはずである。しかしKantの著述後100年を費やしたのはなぜだろうか？

また、フランス民法1103条を根拠とするならば、フランス民法典施行後、ほぼ90年近くも経って漸く「意思自治」という術語がフランス民法学で言及されるようになったのは、どうしてなのだろうか？ドイツにおいて、フランス私法における「意思自治」という術語に対応する術語は「私的自治 Privatautonomie」とされる。とするならば、名称の変容を被るもののドイツ法から「私的自治」が導入されたのか。古代ローマの自治制度に由来するギリシャ語起源のautonomie (αύτόνόμοία) という術語がドイツ経由で導入したとするのであるならば、「自治」という術語は、フランスにおいて二重の外来語である、ということになる。

「意思自治」をめぐる疑問は尽きない部分がある。そこで本稿では、このフランスにおける「意思自治」の起源を明らかにすることを主要課題としたい。

フランス私法において「意思自治」という術語に対応する概念が不要であるならば、今日のように定着しなかったであろう。またフランスにおいて伝統的に「意思自治」概念が十分に成熟していたならば、それに相応する術語

---

(4) *Ranouil*, Op. cit., p. 11.
(5) 星野英一「現代における契約」『民法論集 第3巻』(有斐閣、1983) 8頁 [初出1966]。*Ranouil*, Op. cit., p. 65 et s.
(6) *Kant*, Grundlegung zur Metaphysik der Sitten, 1785, Kants Werke Akademie Textausgabe Bd. IV. Berlin 1968 S. 446 ff. この「Autonomie des Willens」を民法以外の分野では「意志の自律」、「意志の自治」等と訳すことがある。しかし本稿では民法分野を中心に扱うので「意思自治」という表現を使用する。ちなみに「意思自治」の術語は、カントの著作それ以外の著作では『実践理性批判』(1788) に存在するが、『人倫の形而上学―法論』(1797) にはない (もっとも subjektiven Autonomie という術語は存在する *Kant*, Die Metaphysik der Sitten, Kants Werke Akademie Textausgabe Bd. VI. Berlin 1968 S. 480.)。Cf. *Ranouil*, Op. cit., p. 10.
(7) 星野、前掲、8頁。

がフランス民法典成立時に既に定着していただろう。すなわち「ミネルバの梟は、黄昏時になって初めて飛ぶ」ように、「意思自治」に対応する概念が十分に成熟してからでないと、術語としても定着しない。しかしこの「意思自治」という術語が導入された時代は、それに対応する観念がまだ十分に成長していなかった。その辺りの事情をⅡで明らかにしたい。

　国際私法において Jean-Jacques Gaspard Foelix（ドイツ語名では、Johann Jakobs Caspar Foelix）が導入することによって、「自治」という術語がフランス私法で誕生した、とするのが今日の通説的見解である。Foelix はドイツ辺境のトリアー近郊出身のドイツ人であるが、後にフランスに帰化し、弁護士として活動するだけでなく、国際私法や比較法にも大きな足跡を残している。Ⅲで、このドイツ辺境の法律家の生涯を一瞥することによって、彼が導入した「自治」の思想的背景を探っていきたい。そこでは Foeix がドイツ法文化とフランス法文化との仲介者的役割 Mittelerolle を担っていたことが理解されるだろう。

　さらにⅣで Foelix はどのような文化的文脈で「自治」を導入したかを検討したい。そこでは、Kant 哲学の直接的影響があるのか、ないとしたならば間接的影響もなく、Kant と全く無縁のものなのであろうか？これによって、Kant の「意思自治」との関係が明らかになるとともに、Foelix の「意思自治」の語彙内容も明確になると思われる。

　そして、Foelix が「意思自治」を導入したのは、国際私法の体系書においてである。しかし、「意思自治」概念が国際私法領域を超えてフランス民

（8）　*Hegel*, Grundlinien der Philsophie des Rechts, 1821,G. W. F. Hegel Werke in zwanzig Bänden Bd.7, Frankfurt am Main 1970, 28. *Ranouil*, Op. cit., p. 14.
（9）　*Ranouil*, Op. cit., p. 21.
（10）　*Lévy et Castaldo*, Histoire du droit civil, 2e éd. Paris 2010, S. 542, *Halpérin*, Histoire du droit privé français depuis 1804, 2ᵉ éd. Paris 2012, p. 142 et s.; *Bürge*, Das französische Privatrecht im 19. Jahrhundert, 2. Aufl. Frankfurt am Main. 1995, S. 69.
（11）　周知の通り、ドイツがプロイセンを中心に統一国家となるのは、Foelix 没後の 1871 であるので、本稿では文化的・地域的領域として指称する。
（12）　*Mallmann*, Französische Juristenausbildung im Rheinland 1794 bis 1814, Köln 1987, S. XIV. 「意思自治」概念について、ロレーヌ出身の Savigy をも含めて、アルザス・ロレーヌ地域やスイス、ベルギー等のフランス辺境地域、ライン川流域の法学者が多くこの「仲介者的役割」を担い、その概念の発展に大いに寄与していることに注目される。

法学界で定着するのは、先述の通り半世紀後の1890年代になってからである。なぜ、直後に定着しなかったのかを明らかにするとともに、その後の展開の概略を考察したい。

II　フランス私法における「自治」概念誕生時の状況

1　国際私法学

フランス私法において「自治」概念が誕生するのは、上述のとおり Jean-Jacques Gaspard Foelix が「自治」という術語を導入したことによる、とするのが今日の通説的見解である。Foelix は1843年に『国際私法綱要 Traité du droit international privé ou du conflit des lois de différentes nations』で、相互に国籍が異なる当事者間で、準拠法をどのように決定するかについて、以下のように言う。(13)

「属人法規定 statut personnel の適用をうけることも、属物法規定 statut réel の適用をうけることもない全ての行為に関して、個人は、一般に、契約をし、義務を負担し、自分の財産を処分する自由を有するままでいる：この自由 liberté をドイツでは、市民の自治 autonomie（αὐτόνομοία）と呼ぶ。」

このことは、我が国の「法令」7条1項と同様に、「法の適用に関する通則法」7条の「法律行為の成立及び効力は、当事者が当該法律行為の当時に選択した地の法による」の淵源とも考えられる。これは「当事者による準拠法の選択」について、「当事者自治（Parteiautonomie〔独〕、party autonomiy〔英〕、あるいは意思自治 autonomie de la volonté〔仏〕）の原則を認めたものである」と言われている。(14)

この原則は、Foelix が『国際私法綱要』を出版した当時は、まだ認められていなかった。アンシャンレジーム期においては、法律行為が成立した土地、すなわち契約締結地の法が適用されるという締結地主義である「イタリ

---

(13)　Foelix, Traité du droit international privé, Paris 1843., p. 126 et s.
(14)　櫻田嘉章・道垣内正人編『注釈国際私法　第1巻　法の適用に関する通則法』179頁〔中西康〕（有斐閣、2011）。
(15)　櫻田嘉章・道垣内正人編『注釈国際私法　第1巻　法の適用に関する通則法』180頁〔中西康〕（有斐閣、2011）。

アの学理 la doctrine italienne」を受け継いだものが主流であった[16]。もっとも 18 世紀のアンシャンレジーム末期になってこの締結地主義を原則としながらも、非常に付随的に、契約における準拠法の決定につき、当事者の意思による選択を認めてもよいという思想の存在も指摘されている[17]。

2 民法学

フランス革命の思想的源泉の一つである Rousseau の『エミール』(1762)によれば、自由は放縦 licence と異なり[18]、「真に自由な人間は自分にできることだけを望み、自分の気に入ったことをする」というものであった[19]。Kant の自治 Autonomie 概念は、この Rousseau の高次の自由概念から学んだものとされる[20]。しかし、Foelix の『国際私法綱要』発行当時のドイツでは、古ゲルマン的自由 Freiheit が強調され、Rousseau が説くような、フランス革命が実現しようとした『近代的』自由に対して区別される[21]としていた[22]。

たしかにフランスにおいて、当事者の合意によって契約が成立するという諾成主義 consensualisme は 16 世紀から存在していたものと考えられる[23]。しかし、契約の効力が当事者の自由意思である、という考えが成立するには、かなり後世のものであり、意思の自由を契約の基礎とすることに抵抗感が強かった。

例えば、Montesquieu はその主著『法の精神』(1748 年)の第 4 部第 20 編第 12 章「商業の自由」について、「商業の自由とは、大商人にその欲するこ

---

(16) *Ranouil*, L'autonomie de la volonté, Paris 1980, p. 11.
(17) *Ranouil*, op. cit., p. 12.
(18) *Rousseau*, Émile, ou De l'éducation, t. 1ᵉʳ, 1817, p. 111(ルソー(平岡昇訳)『エミール』(河出書房、1966)55 頁).
(19) Ibid., p. 123(ルソー(平岡昇訳)前掲、61 頁).
(20) 杉田聡「自律」廣松渉他編『岩波哲学・思想事典』(岩波書店、1998)799 頁。
(21) *Beseler*, Rezension zu G. Scleier, Deuttsche Studien, in Jahrbücher für wissenschaftliche Kritik,1837 №. 75, Sp. 596.
(22) *Hoffer*, Freiheit ohne Grenzen ? 2001, S. 33. フランス革命に対する「ドイツ」で、フランス革命への抵抗感から、上層階級による改革を目指そうとする傾向が次第に強まることについて、熊谷英人『フランス革命という鏡』(白水社、2015)が詳しい。
(23) *Ranouil*, op. cit., p. 13.

とをなすために与えられた権能ではない。そのようなものはむしろ隷属状態といってよい。商人を妨げるものは、だからと言って商業を妨げるわけではない。大商人が無数の不都合を見出すのは、自由の国々においてである。そして彼らは隷属状態の国におけるよりも法律によって阻害されることが少ないわけでは決してない。」とし、イギリスがいろいろと貿易規制をして大商人を苦しめるのは商業のためであるとして、商業の自由が商人の自由と一致しないとしている。この「(大)商人」を「市民」に、「商業」を「市民社会」と置き換えると、より意思の自由に対する消極的な態度が看取されるだろう。Montesquieuは、市民の自由を認めると、他人の利益を顧みず、ひたすら自己の利益のみを図る、無秩序な無政府状態になると考えていた。

また、フランス民法典起草者の1人であるPortalisも個人意思の代わりに中心概念として「安全 sûreté」を置く。「おそらく完全な自由が存在するのは、…可能な限り安全が完全に獲得されるところでしかない」、「人が自由であるのは、民主主義の下で生活するからではなく、よく組織された状況下で生活するからである。民主主義は権利について最大の自由な統治であるが、事実において自由が最小の統治である、ということが認められる。…民主主義は無政府状態、すなわち全ての者の放縦 licence となりがちである。様々な政治状態においても、種々の危険によってではあるが等しく脅かされるが、それぞれの統治下で、それぞれの統治の性質に応じて、適度な自由を維持することができる。分別ある社会が事実において最も自由な社会である。というのもそこでは各人が自らの権利を濫用する代わりに、自らの欲望や野望を抑制するからである。事実において最も自由な統治は、自己の権力行使の際、分別を構成し、幸福を生み出すこの節制を最大限に認める統治である」。このような考えは、国家の役割を最小限にして、個人の自由な活動を促進する夜警国家的なものではなく、積極的な国家の関与を認めるものであ

---

(24) Montesquieu, De l'esprit des lois (Classiques Garnier) t. 2ᵉ, 1973, p. 16（モンテスキュー（野田良之他訳）『法の精神 中』（岩波書店、1989）212-3頁）.
(25) Bürge, a.a.O., S. 69, Fn. 366.
(26) Montesquieu, Lettres Persanes, t. 1ᵉʳ, Amsterdam et Leipsick 1761, p. 32（モンテスキュー（井田進也訳）「ペルシア人の手紙」井上幸治編『モンテスキュー』（中央公論社、1972）88頁）.
(27) Portalis, De l'usage et de l'abus de l'esprit philosophique, t. 2e, 2ᵉ éd. 1827, p. 344.
(28) Ibid., p. 348-9.

り、利己主義に対する警戒感が表れている。Portalis は周知のとおり、民法起草者4人のうちの一人であるが、王党派に近く、1797年のフリュクチドル（実月）18日のクーデターにより弾圧を受け、亡命した経験があるから、このように個人の自由や民主主義に対して、消極的であるとも考えられる。

このように個人の意思よりも国家活動を優位とする思想である「国家主義 étatisme」が優勢であったのは、個人の自由意思尊重を利己主義 égoïsm の偶像化として拒絶し、個人意思の自由の思想を否定する思想が強かったためである。

「適法に形成された合意は、それを行った者に対して、法律に代わる」というフランス民法1103条の当時の注釈も、このような思想的背景の下でなされていた。現在のフランス民法学では、「意思自治」の根拠を1103条に置くのが通説的な見解である。たしかに当時のフランス民法典の注釈者は、1103条の中に合意に起因する尊重の明らかな表現を見ている。しかし「あらゆる債務は法律に起因する。合意は法律によってしか義務付けられないが、その法律は、約束を与えた者に約束を守るように命じる」として契約の結果生じる債務の主要原因を法律としている。合意を形成する個人意思は、Portalis が言う既にある「よく組織された社会」の秩序に自ら服従する自己統治 self-governance であって、Kant の言うような自ら制定した法律に自ら従う「自治 autonomie」ではない。

当時、法律的個人主義はまだ定着せず、個人の意思に契約上の義務の原因

---

(29) Bürge, a.a.O., S. 67.
(30) Halpérin, op. cit., p. 11. ただし、後掲注 (117) 参照。
(31) Bürge, a.a.O., S. 73. Cf. Renouard, Observation sur La Loi naturelle, par M. Volney, Thémis ou bibliothèque du jurisconsult 2 (1820), p. 294.
(32) Halpérin, op. cit., p. 143.
(33) Toullier, Le droit civil français, t. 11ᵉ, 1824, p. 3-4. もっともその直後に「合意による債務は人間の意思によって直ちに創造される。意思は法律から独立して存在している」とあって、先の表現が和らげられている、と指摘されている (Halpérin, op. cit., p. 143)。
(34) Schneewind, The invention of autonomy, New York 1998, p. 513 ff（シュナイウィンド（田中秀夫・逸見修二訳）『自律の創成』（法政大学出版局）750頁以下）。ちなみに Montesquieu は「各都市は、共通の権威に依存せず、自らの固有の法律 se propre loi によって自ら統治する」という (Montesquieu, Considérations sur les causes de la grandeur des Romains et de leur décadence, Paris 1816, p. 72; モンテスキュー（井上幸治訳）「ローマ盛衰原因論」『モンテスキュー』（中央公論社、1972）126頁）。

を求めることができなかったのである。⁽³⁵⁾

3　小括

　Foelix が「自治」という術語を導入した当時のフランス国際私法学と民法学を概観した。国際私法学においては、準拠法について締結地主義が主流であったが、事者の意思による選択を認めてもよいという思想の萌芽が見られる。民法学においては、私法において市民の意思に自由を認めると、その濫用により、利己主義による放縦が発生し、社会の安全が維持できない、ということや、フランス民法典 1103 条を根拠に、契約の効力の源泉が法律である、という考えから、市民の自由意思を法的な拘束力の原因とする、意思自治の思想の萌芽すら見いだせない。

　このような状況の中で、Foelix は準拠法選択の「自由 liberté をドイツでは自治 autonomie という」ということによって、「自治」という術語をフランスに導入した。それではこの Foelix とはどのような人物なのだろうか？

Ⅲ　Foelix の生涯

　Foelix の生涯に関する資料の内容が錯綜しており、正確には不明な点が多いが、おおよその生涯を追うことにする。

1　誕生・父親

　Foelix は、フランス革命勃発した 2 年後にトリーア選帝侯国のオーバーシュタインで誕生した。父親はトリーア選帝侯国で、裁判官も勤めたこともある。オーストリアとプロイセンによる対フランス同盟に対して 1792 年 4 月 20 日に始まるフランス革命戦争の進展において、フランスは、ライン川をフランスの自然国境としようとし、その結果、ライン左岸にある、トリーア選帝侯国は、フランスに占領された。占領時の軍政の後に、総裁政府は

---

(35)　当時、すでに意思主義的な考え方が存在していたことについては、以下 V で検討したい。そこで概略するが、本格的に「意思自治」が問題とされるためには、法律的個人主義が芽生え、そしてそれが確立するという、法思想的過程を経なければならなかった。*Ranouil*, op. cit., p. 70.

1797年にアルザス人Rudlerを統治委員に任命し、ライン左岸の住民を、フランス市民と見なしていた。そしてNapoléon Bonaparuteが統領であった間に(1799-1804)、1801年のリュネヴィルの和約 Paix de Lunévilleにより、元トリーア選帝侯国を含むライン左岸はフランスに併合された。

このような歴史的背景において、当時進歩的な理想主義的な教育をしていたゲッチンゲン大学で学んだFoelixの父親は、1798年にライン地方を担当する総裁政府の政府委員 commissaire du gouvernementであり、アルザス出身のRudlerによって治安判事 juge de paixに任命された。1800年に採用された採用された公務員の65パーセントがアンシャンレジーム期の行政官・司法官であったことからすると、普通のことであった。

2 教育

Foelixは、トリーアで学び、コブレンツで法律を学び、その後マインツの法学部で1812年に学業を終えたとされている。そうであれば、Foelixはトリーア大学、コブレンツ大学、マインツ大学といったドイツの伝統的な大学教育を受けたとも考えられよう。

しかし、この想定は実際とは大いに異なるように思われる。Rudlerは1798年にライン地方にあった、ケルン、ボン、そしてマインツの各大学を閉鎖している。トリーア大学法学部も神学部とともに、1798年3月6日に、教授たちが反（フランス）共和主義であり、そのような教授たちが、親共和主義的教育を学生にするのには相応しくない、ということを理由にしたものであった。この時に、Foelixは10歳になったばかりである。

---

(36) *Guddat*, Ein europäischer Jurist des 19. Jahrhunderts, 2006, S. 35.
(37) プラール山本尤訳『大学制度の社会史』（法政大学出版局、1988）143、175頁。
(38) *Guddat*, a.a.O., S. 45 ff.
(39) *Taillander*, Néclrologie, Gazette de tribunaux du 27-28 juin 1853.のTaillanderは署名によれば破棄院判事である。
(40) ケルン大学とボン大学の教授たちに、フランス共和国への忠誠宣誓（いわゆるAugerau宣誓）が求められ、それを拒絶したことによって閉鎖され、マインツ大学がそのすぐ後に続いた。*Mallmann*, Franzöische Juristenausbildung im Rheinland 1794 bis 1814, 1987, S. 18 ff. 別府昭郎『ドイツにおける大学教授の誕生』（創文社、1998）付録27頁によればトリーア大学の閉鎖は1795年となっている。他にマインツ大学とボン大学は1797年に、ケルン大学は1798年に閉鎖となっている。そのうちボン大学は、1818年、ケルン大学は1919年、マインツ大学は1946年、

またこの記述から、コブレンツに大学とその法学部が存在したようにも感じ取られる。しかしコブレンツにはフランス革命以前に、世俗界の普遍知であるローマ法学を教え、神聖ローマ皇帝または世俗君主の特許状を得た、大学が存在した事実もない。⁽⁴¹⁾

　しかし Foelix が、フランスによって併合されたコブレンツで 1806 年に開設された「帝国大学 Université impéeriale」で法律を学んだ、と記されることもあるが⁽⁴²⁾、これも誤解を招きやすい。「帝国大学 Université impéeriale」とは、フランスにおける「全帝国内の教育と公共的訓育を一任される団体」つまりフランス全土の初等教育から高等教育まで担当する教員の団体を指し⁽⁴³⁾、「コブレンツ帝国大学」といった独立の大学が成立したのではない。アンシャンレジーム時の「大学 université」の名称のみ継受するが⁽⁴⁴⁾、フランスの教育制度全体をいわば「帝国大学 Université impéeriale の屋根」下に、集中させるものであった。⁽⁴⁵⁾ 正しくは 1804 年の法律学校に関する法律⁽⁴⁶⁾とそれに基づく法律学校組織に関するデクレにより、コブレンツに法律学校が置かれ、^(46a)

トリーア大学は 1970 年に再度新設されている。

(41) 児玉善仁『イタリアの中世大学』（名古屋大学出版会、2007）、別府昭郎『ドイツにおける大学教授の誕生』（創文社、1998）74、93、164 頁等。

(42) *Guddat*, a.a.O., S. 51, *Gödan*, Vorbemerkung zum Nachdruck S. 1.: in Foelix, Traité du droit international privé, 2006.

(43) Art. 1er, de la loi du 10 mai 1806 et art. 1er du décret du 17 mars 1808, un des textes fondateur du système éducatif français. 中村睦男「フランスにおける教育の自由法理の形成（二）―『帝国大学』による教育の国家独裁体制の成立―」北法 24 巻 1 号（1973）84 頁以下、池端次郎『近代フランス大学人の誕生』（知泉書館、2009）53 頁以下。

(44) *Liard*, L'Enseignement Superieur En France 1789-1893, 1894, p. 82. アンシャンレジーム期に存在したフランス国内の大学はすべて 1793 年国民公会により大学が過度に貴族的であるとの理由で廃止された。Décret de la Convention du 15 septembre 1793. しかしその影響は法学部に関して少なかったと思われる。周知の通り、司法官職は、法服貴族らによって売買されていた。また法学士取得は、司法官に就くための条件であったとされていたが、学士号を金銭で購入するという不正行為も横行していた（宮崎揚弘『フランスの法服貴族』（同文館、1994）62 頁）。フランス革命前に、パリ大学法学部の登録者数は平均 650 名程度であったが、フランス革命で、裁判官職の公選制が法制化された 1790 年の秋には、登録者が 184 名となり、その後 1792 年 4 月に 47 名、7 月に 22 名、1793 年 1 月に 15 名、4 月に 13 名、7 月に 3 名となり、「昏睡状態」に陥っていた（石井三記『18 世紀フランスの法と正義』（名古屋大学出版会、1999）279 頁）からである。

(45) *Mallmann*, Franzöische Juristenausbildung im Rheinland 1794 bis 1814, 1987, S. 63.

(46) La loi du 22 ventôse An XII et le décret impérial du 4e jour complémentaire de la même année.

(46a) Art. 1er, 5 du décret 4 complémentaire an XII. パリ、ディジョン、トリノ（現在イタリア

それが1808年の帝国大学組織に関するデクレにより、法学部として帝国大学大学区 l.c.cadémie に所属することになる。[47]

　ライン左岸のフランス併合が一時的なものであれば、Foelix はドイツの諸大学への進学をしたかもしれない。しかしライン左岸のフランス帰属は、フランスの国家公務員として再出発した父にとって、永続的なものと考え、Foelix の職業的成功を考えたためか、このコブレンツ法律学校へ Foelix は1809年へ進学する。[48]

　コブレンツ法律学校の教育は、法律学校を職業学校と見なす Napoléon 1er の教育観念に基づいて行われ、実用的観点が強く、学問的活動の余地が小さかった。[49]たしかに当時のフランスの辺境にあり、ドイツに境を接するところに位置するコブレンツ法律学校では、近くにあるハイデルベルク大学やヴュルツブルク大学との競争関係から、ローマ法やドイツ法の特別コースも存在したことが指摘される。[50]しかし、コブレンツ法律学校のカリキュラムを見るとドイツ法関連の科目を Foelix 在学時には確認できない。[51]コブレンツ法律学校でドイツ法関連の講義がなされるのは、1813年の「解放戦争」後のことである。[52]しかし Foelx が学んだのは、まさにフランスの実務的法律を中心に学んだのであって、ドイツ法の影響を強く受けたという可能性は少ないように思われる。いずれにせよ、Foelix が、下級学部の哲学部を履修後に法学部へ進学するというドイツ流の教育を受けたのではなく、実用主義的な法学教育を受けたことに注意すべきであろう。

　　領)、グルノーブル、エクサンプロヴァンス、トゥールーズ、ポワチエ、レンヌ、カーン、ブリュッセル(現在ベルギー領)、ストラスブールと並んでコブレンツにも置かれることが規定された。
(47)　Art. 11 du décret du 17 mars 1808 portant organisation de l'Université. 同デクレ6条で法学部が置かれることが規定されている。現代的意味でフランスの大学が再出発するのは1896年になってからである。
(48)　*Guddat*, a.a.O., S. 52.
(49)　*Mallmann*, a.a.O., S. 64.
(50)　*Mallmann*, a.a.O., S. 111.
(51)　*Mallmann*, a.a.O., S. 187 ff. Foelix 入学前の1806/1807年のカリキュラムでは、ドイツ公法 droit public germanique があるが、その後1814年までドイツ法関連科目は存在しない。
(52)　*Mallmann*, a.a.O., S. 195. ちなみにコブレンツ法律学校は、ウィーン体制下でライン左岸地域を支配することになった、プロイセン王フリードリヒ・ヴィルヘルム3世の意向により、1818年にボン大学法学部となった。*Mallmann*, A.a.O., S. 160 ff.

Foelix は、フランス民法典 Code Civil を中心に、ローマ法等を学び、1812 年に学士号 licience を取得した[53]。この点について、コブレンツでの修学後、マインツの学部 faculté で学士号を取得したとするものがある[54]。マインツ大学区 académie de Mayence の法学部 faculté de droit はコブレンツにあるとされており[55]、マインツ大学区の教授陣はまさにコブレンツ法律学校の教授陣と一致する[56]。したがってマインツ大学区の法学部であるコブレンツ法律学校で Foelix は学士号を取得したということになる。

その後、フランスの法律学校での教授職の獲得のための前提であった法学博士 docteur en droit となるために、さらに在学した[57]。しかし Foelix の学業は、1813 年に中断したとされる。それが事実であるとすれば、彼が兵役に就いたためである。

3　兵役

1812 年のロシア遠征に失敗した Napoléon 1er に対して、それまでのフランス支配下にあったプロイセン王国、オーストリア帝国を含むヨーロッパ諸国が離反し、第 6 次対仏同盟が結成される。これに対して Napoléon 1er は、これら諸国に対抗するために、新たに併合した地域で、大規模な徴兵をしたが、ライン左岸地域は、例外的に不服従の割合が低かった[58]。1813 年に Foelix は徴兵され、ドイツ側から見ると「解放戦争」と呼ばれる、「諸国民戦争」「ライプチヒの戦い」が勃発している。この戦いに Foelix はフランス軍の一員として参加した可能性がある[59]。

この戦いの後、ライン左岸地域を支配したプロイセンは、1814 年に徴兵制を導入した。Foelix はそれに従い、1819 年には騎兵将校にまでなったと

---

(53)　*Mallmann*, a.a.O., S. 190 ff.
(54)　*Guddat*, a.a.O., S. 55 ff.
(55)　*Taillander*, loc. cit., *Ginoulhiac*, M.Foelix, Revue bibliographique et critique de droit français et étranger 1, 1854, p. 123.
(56)　Almanach de l'université impériale, 1811, p. 164
(57)　Almanach de l'université impériale, 1811, p. 164　*Mallmann*, A.a.O., S. 191.
(58)　*Mallmann*, a.a.O., S. 61.
(59)　デュフレス（安達正勝訳）『ナポレオンの生涯』（白水社、2004）103 頁。
(60)　*Guddat*, a.a.O., S. 59.

主張している。[61]

これらが事実だとすれば、Foelix は、フランスとその敵国プロイセンの両方の兵役に就き、両国に忠誠を誓ったということになる。[62]

4 ラインラントにおける弁護士活動

Foelix は 1812 年から弁護士 avocat・代訴士 avoué として活動を開始したと自称している。[63] しかし後の Revue Foelix の共同編集者であった Valette を含めて、弁護士活動を開始したのは 1814 年からとするものが多い。[64]

いずれにせよ、Napoléon 1er 没落後のウィーン体制下で、ライン左岸はプロイセンの直接支配下に下る。ライン左岸地域では、1900 年にドイツ民法典 Bürgeriches Gesetzbuch の施行されるまで続く「ライン法を求める闘争 Kampf um das Rheinische Recht」が発生する。

ライン左岸は、先述の通りフランスの県となっていた。そこでは、個人主義的、自由主義的発展を承認するフランス民法典 Code Civil を含む、いわゆるナポレオン法典が導入されていた。また口頭弁論、手続の公開性、陪審制度、検察官が設けられ、公訴主義が整備された刑事手続がある裁判制度も導入されていた。これらの法典や裁判制度は、重商主義国家プロイセンの法制度よりもかなり近代的であり、経済的最先進のドイツ商工業地域に属するライン地方により適合したものであった。Foelix 自身もフランスへの帰化した後の 1837 年に、30 年以上の経験によってフランス民法典 Code civil français 規定がラインラントの需要に適合しているとする。[66]

---

(61) *Guddat*, a.a.O., S. 59 f.
(62) *Guddat*, a.a.O., S. 61 によれば、Foelix は 1829 年のフランス帰化後に、普仏両国のスパイであったらしく、1844 年に K. Marx と Ruge が編集した『独仏年誌 Deutsch-Französische Jahrbücher』の発行をプロイセン政府に通知し、そのためプロイセンへの流入を防いでいる。
(63) *Guddat*, a.a.O., S. 65 f.
(64) *Taillander*, Néclrologie, Gazette de tribunaux du 27-28 juin 1853; *Michaud*, Biographie universelle ancienne et moderne, t. 14e, 1856, p. 274; *Valette*, M. J.-J.-G. Foelix, Mélanges de droit, de jurisprudencee et de législation, t. 1er 1880, p. 652; *Bürge*, Das französische Privatrecht im 19. Jahrhundert, 2. Aufl. 1995, S. 537.
(65) *Guddat*, a.a.O., S. 63 f.
(66) *Foelix*, Des lois provinciales de la Prusse Rhénane, Revue étrangère et française de législation et d'économie politique, t. 4e 1837, p. 858.

しかしプロイセンは、ライン左岸へのプロイセン一般ラント法 Allgemeines Landrecht für die Preußischen Staaten とプロイセンの裁判制度の導入を図った。しかし、ラインラント人にはこれらのプロイセンの法典や裁判制度は、彼らの政治的・経済的利益に対する障害物と感じていた。理念的というよりはむしろ実用性・有用性の観点から、プロイセン法とその制度の導入に対する反対運動が生じたのである。(67) それでもプロイセン政府は、1815 年の導入の試みに失敗した後、1818 年に導入を決定するに至った。そして 1820 年代初めにラインラント諸州はプロイセンの州行政に編入され、プロイセン一般ラント法が、プロイセンの行政法と官僚法とともに導入されるに至った。(68)

　こうして見ると、フランス法とプロイセン法等のドイツ法とまさに交錯する地域で、Foelix は弁護士・代訴人として活動する。ナポレオン法典が維持されている時代においても、隣接するドイツ諸地域の固有法・ドイツ普通法との法律問題に直面し、またプロイセン法が導入されたことから、プロイセン法に基づく法律家としての活動をもせざるを得なかった。まさに「Foelix は、(彼が居住した州において効力が残存した) フランス法典とドイツ法、さらにドイツ連邦と境界を接する地域の固有法との抵触の結果生じる大量の困難の中にあった」と言えよう。(69)

　しかし Foelix の今後の活動から見ると、フランス法とドイツ諸領邦の固有法・ドイツ普通法との交流に基づく、国際法的観点や比較法的観点が大いに養われたことは疑いえない。

5　フランスへの移住・帰化

　その後 Foelix はフランス・パリへ移住するが、いつ移住したかは不明確であるが、1829 年 3 月 1 日に帰化し、同年 5 月 1 日に弁護士業務の開業が許可されている。(70) その後終生パリに居住することになる。

　移住し帰化した理由について、フランス人は、自分の故郷であるラインラントがフランスから分離したことについての悲痛の念や、(71)「心のフランス人

---

(67)　*Guddat*, a.a.O., S. 64 ff.
(68)　*Guddat*, a.a.O., S. 66.
(69)　*Valette*, op. cit., p. 652
(70)　*Guddat*, a.a.O., S. 76.

français par cœur」であり、それでラインラント分離後に生きることができなかった、といった Daudet の「最後の授業」と似た音調のやや扇情的な理由を挙げる。また、職業的には、フランス法典とドイツ法、さらにドイツ連邦と境界を接する地域の固有法との抵触の結果生じる大量の困難や、プロイセンとウィーン以外のドイツの弁護士収入が乏しかったことも理由にあるかもしれない。当時のフランスは「現代は弁護士のものである le siecle est aux avoct」と言われるくらい、弁護士が繁栄していたことが窺われるので、これも可能な理由としてあげられる。そうであるならば生活苦等からドイツからフランスへ移住する非政治的移住が多かったが、その一員であったといえよう。

いずれにせよ、Foelix が政治的活動に関連した亡命的な移住ではなかったことは確からしい。Foelix の学問的活動から推測すると、ヨーロッパ辺地のドイツのさらに辺境のラインラントにいるよりも、比較法や国際私法分野について情報の収集が容易なヨーロッパの中心であるパリで学問的活動をしようとしていたとも推測できようが、その理由は不詳なままである。

6 Foelix の学問的活動

Foelix の代表的著作を挙げる。フランス民法における地代 rentes foncières について 1812 年に Dissertation sur les rentes foncières が単著で、1828 年に Traité des rentes foncières が Henrion との共著で出版される。森林法について 1827 年に Code forestier annoté が、Vaulx との共著で、団体による強制について、1832 年に Commentaire sur la loi du 17 avril 1832 が Crivelli との共著で出版される。

---

(71) *Taillander*, loc. cit.
(72) *Ginoulhiac*, M. Foelix, Revue bibliographique et critique de droit français et étranger 1, 1854, p. 123.
(73) *Taillander*, loc. cit., *Michaud*, Biographie universelle ancienne et moderne, t. 14°, 1856, p. 274; *Valette*, op. cit., p. 652; *Bürge*, Das französische Privatrecht im 19. Jahrhundert, 2. Aufl. 1995, S. 537.
(74) *Guddat*, a.a.O., S. 78.
(75) *Stendhal*, La Chartreuse de Parm, 1846, p. 164., vgl. *Guddat*, a.a.O., S. 23.
(76) *Guddat*, a.a.O., S. 80. やや時代は下る 1840 年代だが、パリに「ドイツ人上層のコロニー」に属する者が多かった(的場昭弘『フランスの中のドイツ人』(御茶の水書房、1995) 165 頁以下)。

そして最後に 1843 年に『国際私法綱要 Traité du droit international privé ou du conflit des lois de différentes nations』が出版され、これは Foelix の生前の 1847 年に第 2 版が　1853 年の Foelix 没後の 1856 年に第 3 版が、そして 1866 年に第 4 版が出版されている。『国際私法綱要』はフランス民法典施行以来の最初の国際私法に関する包括的著述であり、スペイン語やイタリア語に翻訳され、当時のヨーロッパで称賛され、権威を保っていた。Foelix は近代フランスにおける国際私法学を基礎づけたといってもよかろう。

　他方、Foelix は、彼が密接な関係を持っていた Mittermaier が Zachariae と 1829 年に創刊し、編集した「外国法学・立法評論 Kritische Zeitschrift für die gesamte Rechtswissenschaft」に積極的にドイツ語で論文を 1845 年の 17 巻まで投稿していた。Foelix がフランスの側での重要な共同作業者と見なされ、その上共同編集者の Zachariä よりも多数の論文を発表していたほどであった。この「外国法学・立法評論」は世界最初の比較法雑誌である。

　また、フランスの法律家たちの外国法に関する知識を増進し、フランス法改良のための刺激を与えようという目的から、「外国立法評論 Revue étrangère de législation」を Foelix は 1834 年に創刊する。これは「Foelix 評論 Revue Foelix」とも呼ばれた。ここではフランス語で多数論文を書いている。ただ、経営は厳しく自ら出捐をしていたが、予約購読者の希望に応じる形で、表題を何度も変えて、それに伴い次第に当初の Foelix の目的と異なり、フランス法の解説の部分が大きくなり、比較法分野は縮小されるに

---

(77)　*Valette*, M. J.-J.-G. Foelix, Mélanges de droit, de jurisprudencee et de législation, t. 1ᵉʳ, 1880, p. 653.
(78)　*Guddat*, a.a.O., S. 78.
(79)　*Valette*, M. J.-J.-G. Foelix, Mélanges de droit, de jurisprudencee et de législation, t. 1ᵉʳ, 1880, p. 653.
(80)　*Guddat*, a.a.O., S. 66.
(81)　*Guddat*, a.a.O., S. 82, 415 f.
(82)　*Guddat*, a.a.O., S. 73.
(83)　ツヴァイゲルト／ケッツ（大木雅夫訳）『比較法概論　原論　上』（東京大学出版会、1974）87 頁。
(84)　*Guddat*, a.a.O., S. 416 ff.
(85)　*Guddat*, a.a.O., S. 87.

至った。そしてFoelix自体外国法部門の編集者という役割に限定されてしまった。とうとうこの雑誌は1850年に廃刊となった。しかしFoelixは、フランスにおいて比較法を独立した学科として基礎づけたという点で、「ドイツ」のMittermaierよりも成果を挙げたとも評価されている。

このような学問的業績に対して、1838年にフライブルク大学から名誉博士号を授与されている。Foelixはフランスにおいて、国際私法と比較法に多大な貢献をしたと言えよう。

たしかに、国際私法学において、Foelixの『国際私法綱要』は彼の死後も版を重ね、19世紀のフランス語を使用する国際私法学者は、彼の名を挙げる。しかし今日ではFoelixの名は忘れ去られている。その原因は『国際私法綱要』がアメリカ合衆国のStoryの学説を採用し、それに従って書かれたものであると、Foelixが自ら述べたことで、Storyの亜流と見なされたことに原因があろう。

7 Foelixの死

1853年にFoelixはパリで死ぬ。Foelixは、国際私法・比較法研究のための膨大な書籍を所蔵していた。これを一私人の手にあることよりも政府が取得することを、友人Veletteは切望していたが、翌年Foelixが所蔵した書籍の名を一つずつ挙げ、Foelixのコレクションが維持されることを切々とLabouiaieが訴えたことも空しく、競売に付されて散逸してしまった。

8 小括

フランス革命によって国民国家が登場し、フランス民法典Code civilが制

---

(86)　*Guddat*, a.a.O., S. 88 ff.
(87)　ツヴァイゲルト／ケッツ（大木雅夫訳）、前掲、89頁。
(88)　*Guddat*, a.a.O., S. 90.
(89)　*Guddat*, a.a.O., S. 32. 我が国においても折茂博士がFoelixに言及する唯一の箇所で「ストーリーやフェリックスの学説もまた、この系列に属する」としている（折茂豊『意思自治の原則』（創文社、1970）307頁）。
(90)　*Foelix*, Traité du droit international privé, 1843, p. VII.
(91)　*Valette*, op. cit., p. 657.
(92)　*Labouiaie*, Journal des débats du Lundi 6 mars 1854, p. 3; *Guddat*, A.a.O., S. 92.

定されることによって、中世以来継続したローマ法・カノン法的共通法 Ius commune に基づくヨーロッパ共通私法は終了することになった。しかも、ヨーロッパ共通法学教育も終焉を迎え、各国の個別の法学教育がなされるようになった。このような動向が 19 世紀初頭に発生した。[93]

Foelix はたしかにドイツ人であったが、フランス人としても生き、Napoléon 1er 統治下でフランス法学教育を受けていた。また、ドイツ法とフランス法に精通し、ドイツ語とフランス語に堪能であった。なるほどそのことによって、Foelix は「二重国籍 Binationlität」を有するものということができよう。しかしそれにとどまらず、フランス法やドイツ法を中心に、広くヨーロッパ法に貢献しており、まさに「ヨーロッパの法律家 Ein europäischer Jurist」ということができよう。[94]

この Foelix が「自治」という術語をどのような文脈で使用しようとしたのだろうか？

Ⅳ　Foelix の導入よる「自治」概念の誕生

フランス私法における「自治」概念は、Foelix がその主著『国際私法綱領』で「自治」という術語を導入することによって誕生した。Foelix がどのような文化的文脈で「自治」を導入したのだろうか。それをここで検討したい。また、Kant 哲学の直接的影響があるのか、ないとしたならば間接的影響もなく、Kant と全く無縁のものなのであろうか。このことを検討することによって、Kant の「意思自治」との関係が明らかになるとともに、Foelix の「意思自治」の語彙内容も明確になると思われる。

Foelix は「自治」を「自由意思 libre arbitre」と同視している。[95] そして準拠法をどのように決定するかについて、「属人法規定 statut personnel の適用をうけることも、属物法規定 statut réel の適用をうけることもない全ての行為に関して、個人は、一般に、契約をし、義務を負担し、自分の財産を

---

(93)　*Guddat*, a.a.O., S. 26.
(94)　*Guddat*, a.a.O., S. 25.
(95)　*Foelix*, Traité du droit international privé, 1843, p. 82.

処分する自由を有するままでいる：この自由 liberté をドイツでは、市民の自治 autonomie（αὐτόνομοία）と呼ぶ」と言う[96]。

この引用の中で「一般に」という部分に注があり、「ある固有法 loi spécial が自治を外国人の場合においても、属人法または属物法に制限しない限りにおいてである」として、その根拠を Wächter の説に求めている。また「ドイツでは自治と呼ぶ」に対する注には、Foelix と「外国法学・立法評論 Kritische Zeitschrift für die gesamte Rechtswissenschaft」を通じて親しかった Mittermaier、その他に Danz 等を挙げている。Mitermaier と Wächter は、ともに、準拠法の競合 Collision についての論文であり、Danz の体系書は、貴族や都市等の特権とかかわる「自治 Autonomie」に関するものである。

先ず、Mittermaier と Wächter は、ともに準拠法の決定について問題にしている。これは 300 の領邦に分裂していたドイツにおいては喫緊の課題であった。Mittermaier は「どんな理性的な立法も民事法関係についての市民の自治 Autonomie der Bürger を承認する」と主張しており、Foelix の表現と一致する[97]。また Wächter は、「裁判官が外国法の適用を認めることは、私人の自治 Autonomie der Privaten に任せられた関係において、法律行為の内容と結果を詳述する、いわゆる任意法または仮定的法（ただ補充する法）の場合に当てはまる」、「我が法はある点を当事者の自治的決定 autnomische Bestimung derParteien に任せる」等論じている[98]。このような「自治」という用語の意味は、Foelix が言うように、「自由」とほぼ同意義であったといえよう。また法律用語としてドイツでは一般的に定着していたことも推測される[99][100]。

---

(96) *Foelix*, op. cit., p. 126 et s.
(97) *Mittermaier*, Ueber die Collision der Proceßgesetze, AcP Bd. 13（1830）, S. 297.
(98) *Wächter*, Ueber die Collision der Privatrechtsgesetze verschiedener Staaten, AcP Bd. 25（1842）, S. 35 f.
(99) このような意味での Autonomie の使用は他に *Klüber*, Europäisches Völkerrecht, Stuttgart 1821 S. 98, *Eichhorn*, Einleitung in das deutsche Privatrecht mit Einschluß des Lehenrechts, 1823 S. 83 ff. 等にも現れており、19 世紀前半には一般的に法律用語して定着していたと思われる。
(100) これに対して Savigny が使用に反対することについては後述する。

他方でドイツにおける法律用語としての「自治」は、本来、今述べたような一般的な「自由」という意味では使用されていなかった。Danz によれば、「自治」は貴族法の法源として、家族契約 Familienvertrag や一族契約 Stammvertrag を基礎づけるものであり、その私的関係等について、自ら法律を制定し、他の手続きから独立して、自らの体制 Verfassung を調整する自由または権利としている。また Savigny によれば自己固有の関係を内部的立法という方法により独立に命じることができる「ドイツ」の貴族または都市等の多くの団体の権能に由来する。

　以上のことから Foelix は「自治」という術語を法律用語として使用しており、哲学に一切触れず、哲学からの借用語でないことを示している。Foelix は、純粋哲学的な、経験に基づかないアプリオリな学理に対して、有害であるというほど距離を置いており、実証的 positiv で歴史的な基礎に基づく様々な歴史的合理的理論を重視していたからである。原則的に Foelix は実務 Praxis 指向であって、それとともに現れるのは、不可避的に観念論や、哲学や Kant 的な超越論 Transzendenz に対して反感を持っていたと言えよう。したがって哲学的な内容，特に Kant 哲学から切り離されたものとして考えるべきであろう。

　Foelix が目指したのは、諸国民・諸国家の十分に一般的な慣行が確立したと思われる、規則や原理としての、準拠法ついての「自治」であって、いわば経験に基づくアポステリオリによる正当化であった。したがって意思の役割や正当化を演繹的な概念として基礎づけたものではなかった。

　なお Foelix と同時代の Zachariae が、フランス民法典の注釈書において「自治」という術語を使用していないのも Kant 哲学と法学との距離を保と

---

(101) *Danz*, Handbuch des heitigen deutschen Privatrechts Bd. 1. 1796, S. 215 f.　憶測だが、Kant が逆にこの Autonomie を取り入れた可能性もあるのではないだろうか？
(102) *Savigny*, System des heutigen Römischen Rechts. Bd. 8. 1849, S. 112 f.（サヴィニー（小橋一郎訳）『現代ローマ法体系 第 8 巻』（成文堂、2009）99 頁）.
(103) *Foelix*, op. cit., 1843, p. VII note2.
(104) *Foelix*, Ueber Mündlichkeit und Öffentlichkeit des Gerichtsverfahrens, 1843, S. 43.
(105) *Guddat*, a.a.O., S. 73.
(106) *Ranouil*, op. cit., p. 22, *Bürge*, a.a.O., S. 69.
(107) *Ranouil*, op. cit., p. 20 et suiv.
(108) *Ranouil*, op. cit., 1980, p. 28.

うとする同様の態度であろう。これに関連して、後世「概念法学」と批判される19世紀のドイツ法学の学問的態度が、他の学問から完全に独立し、独自の内容を確立することができたという再評価も想起されよう。[109]

Foelixの「自治」概念誕生への貢献は、フランスにおいて消極的な意味をも含む一般的な「自由liberté」術語に対して準拠法選択という狭い範囲ではあるが、そのような消極的な意味を含まない、中立的な法律用語として「自治」という術語が導入されたことである。[110]

もちろん当事者自ら準拠法を選択しそれに従うことが、Kant哲学との親近性を指摘することもできよう。[111] Kantの「自治」概念は、「意思はすべての行為において自己自身に対する法律Gesetzである」というものである。[112] またドイツの法律用語においても法律を自ら制定し、それに従うことが「自治」であった。単なる準拠法を選択するだけでは他人が制定した法律に、選択を伴うとはいえ、従うことであり、これは自己統治であって、自ら設定した法秩序に自ら従う自治ではない。SavignyはFoelixの準拠法選択の自由を「自治」と名付けることを批判する。その理由は、当事者が既に存在する法に服従し、自ら立法していないことであり、それは「ドイツ」法の用法にも反するからである。[113] Savignyが、当事者が服従する法の前にわざわざ「(既に存在するschon bestehende)」という語を挿入するのは、他者が制定した[114]

---

(109) Ranouil, op. cit., p. 55. Zachariaeは一時期Kant哲学に没頭していた（Brocher, K.-S. Zachariae sa vie et ses œuvres, Paris 1869, p. 6.)。高嶋平蔵『思想の中の民法学』（敬文堂、1997)、33頁。

(110) 「自由liberté」の意味は、消極的な影を付きまとっている。その派生語の「libertin」の意味に、「放縦な（者）、放蕩な（者）」があり、アンシャンレジーム期には「不信心家」という意味もあった（Montesquieu, Lettres Persanes, t. 1er, Amsterdam et Leipsick 1761, p. 145（モンテスキュー（井田進也訳）「ペルシア人の手紙」井上幸治編『モンテスキュー』（中央公論社、1972) 137頁)。

(111) Ranouil, op. cit., p. 26.

(112) Kant, Grundlegung zur Metaphysik der Sitten, Kants Werke Akademie Textausgabe Bd. IV. Berlin 1968 S. 447（カント（野田又夫訳）「人倫の形而上学の基礎付け」野田又夫編『カント』（中央公論社）292頁)。

(113) Schneewind, op. cit., p. 513 ff. (シュナイウィンド（田中・逸見訳）前掲、750頁以下)。つまり自治 se gouverner par sa propre loi というためには、自己統治 se gouverner だけでなく自らの法律によること par sa propre loi が必要である。

(114) Savigny, System des heutigen Römischen Rechts. Bd. 8. 1849, S. 113（サヴィニー（小橋一郎訳）『現代ローマ法体系 第8巻』（成文堂、2009) 99頁)。

規範であるという意味を明確にする含意あってのことかもしれない。それは、自治に必要な規範を自ら制定することをしていないからである。

　Foelix がドイツ法に由来する法律用語の「自治」という術語をフランスに導入した。この「自治」という術語は哲学からの借用語ではなく、法律用語であった。ただ準拠法の決定という非常に限定された特殊領域でしか用いられておらず、今日の普遍的な法哲学的原理となっていない。また自ら法律を制定するという点に対する意識が曖昧である等の限界があった。

　それでは Foelix が、私法の内の国際私法という狭い範囲で、しかも準拠法の決定という限定的な場面で導入した「自治」概念が、国際私法領域を超えてフランス民法学界で定着するようになるのは、どのようにしてなのか。このことを最後に検討してみたい。

Ⅴ　Foelix 後の「自治」概念

　Foelix がフランス私法に「自治」概念を導入したのは、国際私法の体系書である 1843 年の『国際私法綱要』においてである。しかし、「意思自治」概念が国際私法領域を超えてフランス民法学界で定着するのは、半世紀後の 19 世紀末になってからである。なぜ、そのときに定着したのかを考察したい。

1　Kant 哲学を通じた「自治」概念への胎動

　Foelix による「自治」概念を導入する前に、フランスにおいて、個人の意思を私法的拘束力の原因と見なす私法的「自治」概念のプロトタイプが存在していた。Foelix による「自治」概念の誕生後の展開を追う前にこのプロトタイプについて、見ていきたい。

---

(115)　Savigny は「自治」が、契約という法律関係の成立原因を、「自治」の自らの立法・法規制定を含意するため、法律または法規の成立原因と混同する根源であると非難する（*Savigny*, System des heutigen Römischen Rechts. Bd. 1. 1840, S. 13 Fn. (b).（サヴィニー（小橋一郎訳）『現代ローマ法体系　第 1 巻』（成文堂、1993）99 頁））。このように Savigny は「自治」という術語を法学で使用することに否定的である（*Bürge*, a.a.O., S. 85, Fn. 457.）。

(116)　*Bürge*, a.a.O., S. 77 Fn. 410.

先ず、私法的「自治」と密接な関係を持つのがKant哲学である。フランスでのKant哲学の受容は意外と早い。Kantは1785年に『人倫の形而上学の基礎 Grundlegung zur Metaphysik der Sitten』を、『実践理性批判 Kritik der praktischen Vernunft』を1788年に発表する。これらは、1796年から1798年にBornによってラテン語に翻訳され、4巻本の『批判哲学の作品 Opera Ad Philosophiam Criticam』として刊行されている。当時のフランス知識層は、ラテン語を通じてKantに接することができた。契約的拘束力の原因を個人意思に求めることに否定的なPortalisでさえ、このBornの翻訳を通じてKant哲学に接し、Kantの批判哲学について1章を割いている。ただし19世紀初頭のフランスでKant哲学を普及させようとする試みは失敗している。その理由は、Kant哲学が難解なうえに、フランス語の語彙がKant哲学を翻訳・紹介するには足りなかったからである。

　そのような中で1801年にVillersは、Kant哲学を紹介する著書の中で「理性による自治 autonomie à la raison」という術語を使用するが、Kantの意味での「自治」と直接の関係はない。これがフランス語文献における「自治」登場の早いものであるが、Villersは法律家ではない。またde Gérandoは184年に「純粋超越的哲学者 philosoph pur et transcendental が自己の学問を構成する非常に重要な行動は、自由、すなわち絶対的に自由であり、自発的なものである。…自治 autonomie すなわち自らに基づく権威こそ、Kantがその実践理性の首位に置くものである」と記す。しかしこの記載は哲学書としてであって、法律書としてのものではない。

　フランス法学界でKantが考慮されるのは、Ⅱで見たように、契約的拘束力の根拠を国家や法律に求めるのではなく、個人の意思に求めようとする動機からである。

　1818年にBrücknerは、債務・義務を確定する道徳的な自治 autonomie

---

(117) *Portalis*, De l'usage et de l'abus de l'esprit philosophique, t. 1er, 2e, Paris 1827, p. 89 et s.
(118) Bürge, a.a.O., S. 43.
(119) Bürge, a.a.O., S. 82.
(120) *Villers*, Philosophie de Kant, Metz 1801, S. 138, 77.
(121) Bürge, a.a.O., S. 82.
(122) *de Gérando*, Histoire comparée des systèmes de philosophie t. 2e, Paris 1804, p. 299 et s.
(123) Bürge, a.a.O., S. 82.

moraleを「法的な自治 autonomie juridique」と呼び、それはすべての人に普遍的な理性を授けられたものであるとする。ここで契約的拘束力の原因を、「自治」に求めていることが看取される。またスイスのジュネーブで発刊されている「立法・判例年報 Annales de législation et de jurisprudence」では、Rossi が 1820 年に「自治的であること autonome の資格を与えるのは、本来人間の理性に対してではないか」と「自治 autonomie」に言及する。そして Meynier は、「理性は自治的なもの autonome である。すなわち自らの固有の立法者 législateur である」と主張して、さらに『人倫の形而上学 Metaphisik der Sitten』に基づいて個人が自由で、実践理性を有しており道徳法則が経験に左右されないアプリオリなものであるということ等を注で引用する。

1830 年代になると、Tissot によって Kant の『人倫の形而上学 Metaphisik der Sitten』、『実践理性批判 Kritik der praktishen Vernunft』のフランス語への本格的な翻訳がなされる。そしてフランス辺境のストラスブールの弁護士の Schützenberger は「意思自治は、人倫の諸法則 lois de moral と人倫の諸法則に適合する義務の唯一の原理である」という部分を含む『実践理性批判』を引用する。また「その目的が人倫の法則に決して反しない限り、個人の自治 autonomie individuelle は、自由な合意 consentement によって形成された自由な契約 convention を規制する」とする。この他のストラスブール・グループも Kant 哲学の優位性を認め、次に述べるドイツ法学からの刺激を受けて学的活動をしていた。

---

(124) *Brückner*, Essai sur la nature et l'origine des droits, 2ᵉ ed. Leipzig 1818, p. 171 et s. 出版地がフランス国外のライプチヒである。

(125) *Rossi*, De l'Etude du Droit dans ses rapports avec la civilisation et l'état actuel de la science, Annales de lég. 1（1820）, p. 400.

(126) *Kant*, Grundlegung zur Metaphysik der Sitten, Kants Werke Akademie Textausgabe Bd. VI. Berlin 1968 S. 214 ff.（カント（加藤新平・三島淑臣訳）「人倫の形而上学の基礎付け」野田又夫編『カント』（中央公論社）336 頁以下）．

(127) *Meynier*, Traités de législation civile et pénale, Annales de lég. 2（1821）, p. 21.

(128) *Bürge*, a.a.O., S. 79 f.

(129) *Schützenberger*, Études de droit public, Paris-Strasbourg 1837, p. 171（*Kant*, Grundlegung zur Metaphysik der Sitten, Kants Werke Akademie Textausgabe Bd. V. Berlin 1968 S. 33.）．

(130) *Schützenberger*, op. cit., p. 226 f.

このように見ると、「自治 autonomie」という言葉は Foelix が導入する前にもフランスで Kant 哲学を通じて使用されていたことが確認できる。それは Kant 哲学を何とか法学へ応用したいとする努力の現れと評価できよう。しかし概観したところでは、哲学からの借用語の域を出ておらず、意識的に法律用語として使用していたというようには感じられない。

2　法的個人主義への転換への努力

19世紀の前半において、フランスにおいて民法典は「宗教的崇拝 cult」の対象として、法学教育は絶対的な尊重を確信させ、あらゆる批判的考察の意識をくじく仕方で組織された。法学部生は実務家となる前の職業的学生であって、法学者としてではなかった。法律によって民法典学修は法学教育の中心と位置付けられていた[131]。また民法典への批判的考察に向かうことに対して、視学官 inspecteur が常時監視していた[132]。ここで通説的地位を築いたのは、前述の通り、個人意思よりも国家活動に重点を置き、法律の権威を重視する国家主義的な Toullier の学説であった。Toullier は、「あらゆる債務は債務の成立原因を法律に置く。債務を創設するのは法律である。合意 convention は、法律の力によってしか義務を負わせない」と主張する[133]。

1820年代以降に、これに対する批判が生じてくる。Jourdan は Toullier への書評において、「立法者は所有権も債務も創設しない。立法者はそれを規制し、確立する」と反論した[134]。そしてフランス辺境のストラスブール・グループの一人である Hepp は、自由を「絶対的権利 droit abosolu」、「自由の恩恵を確かにする者に課せられた永遠の義務によって保障される必要性」、「最高の、譲渡できず、時効消滅しないもの bien souverain, inaliénable et imprescriptible」と主張するに至る[135]。

しかし何よりも大きいのは、1840年代に Savigny の『現代ローマ法体系

---

[131]　Art. 2 de la loi du 22 ventose an XII.
[132]　*Ranouil*, L'autonomie de la volonté, Paris 1980, p. 79.
[133]　*Toullier*, Le droit civi français. t. 11ᵉ Paris 1824, p. 3 et 4.
[134]　*Jourdan*, Observation sur les derniers volumes publiés par M. Toullier, Thémis ou bibliothèque du jurisconsult 6 (1824), p. 347.
[135]　*Hepp*, Essai sur la théorie de la vie sociale, Paris 1833, p. XIII.

System des heutigen römischen rechts』の翻訳『ローマ法綱要 Traité de droit romain』の登場であろう。1843年にはLaboulayeによるSavignyについての解説書が出る。全8巻がドイツで1840年から1848年にかけて発表されたが、フランスでは1840年から1851年とほぼ同時に刊行されていた。Savignyは、法が道徳の命令を実行することによってではなく、法が個人意思に内在する力の自由な展開によって、法は道徳に寄与する」として、法に、道徳のために場所を与える課題を課し、利己主義の問題を解決する。そして、法律によって個人意思に与えられた領域内では、個人意思が他のどんな意思からも独立して支配すべきであるとして、個人意思に大きな価値を認める。このようにSavignyは、フランスにおける国家主義的契約観を明確に拒絶したのである。その結果、個人的な契約は「自由放任 laisser-faire」と見なすに至り、意思主義 spiritualism が成立し、法的個人主義の傾向が強まるようになった。

このように見るとFoelixが導入した「自治」概念にとって追い風と感じられる。しかし法的個人主義において「自治」を見出すことはできない。一体「自治」概念はどこに行ったのだろうか。

3　フランス国際私法学における「意思自治 autonomie de volonté」概念

先に述べたように、Foelixの『国際私法綱要』は1866年の第4版が最後であり、それによって、「自治」概念は一旦休眠状態となる。この術語が再度現れるのは、国際私法学においてである。

1880年にフランス国外のヘント大学教授 Laurent が「自治」に言及し始め、やはりフランス国外のジュネーブ大学教授のBrocherがそれに続く。

---

(136)　*Laboulaye*, Éssai sur la vie et les doctrines de Frédéric Charles Savigny, Paris 1842.
(137)　*Savigny*, System des heutigen römischen rechts Berlin 1840, S. 332 f.（サヴィニー（小橋一郎訳）『現代ローマ法体系 第1巻』（成文堂、1993）298頁）．
(138)　*Bürge*, a.a.O., S. 73.
(139)　*Laboulaye*, Éssai sur la vie et les doctrines de Frédéric Charles Savigny, Paris 1842, p. 68, *Rivet*, Des rapports du droit et de la législation avec l'economie politiq, Paris 1864, p. 242.
(140)　*Ranouil*, op. cit., p. 71 et s.
(141)　*Ranouil*, op. cit., p. 56. 例外として、急進左派のAcollasが肯定的な意味で「自治 autonomie」に言及する（*Acollas*, Nécessité de refondre l'ensemble de nos codes, Paris 1866, p. 13）．

さらにいかにもドイツ系を推測させる名を有する Weiss が、「意思自治 autonomie de la volonté」という術語を統一的に使用し、国際私法学における「意思自治」概念を定着・普及させた。

これらの国際法学者は、純粋に法律用語として「自治」とい術語を使用し、決して Kant に言及していない。Kant における「自治」は、倫理または道徳哲学にのみし、法律学とは関連しない。彼らがこれを Kant 哲学から借用したとするならばそのことに言及があってもよいであろうが全く言及がないことから、Kant 哲学からの借用は否定されるべきであろう。この点では「自治」を法律用語として使用とする Foelix の態度と軌を一にしている。

また、これらの者は Foelix にも「自治」にも言及する。しかし、例えば Laurent は「自治」概念をドイツ古法についての Wächter の論文を引用して説明するが、「自治」概念を Foelix がフランス国際私法学に導入したことについては一切論じられておらず、ここでも Folix がフランス国際私法学における「自治」概念の創始者であることが忘れられる要因となった。

4 フランス民法学における「自治」概念の登場

Portalis はフランス民法典を人類が与えかつ受領できる最善の完全なものと評価していた。その思いはフランス民法学説に引き継がれ、註釈学派 Ecole exégétique は1880年まで、「完全な民法典」を崇拝し、その単純な註釈のみに専念する。フランス民法典内に存在しない「自治」には言及しないのは当然である。そこでは、国家主義的な傾向があるにしても、フランス民

---

(142) *Laurent*, Droit civil international, t. 1er Bruxelles-Paris 1880, p. 164, 239, 240.
(143) *Brocher*, Traité de droit international privé t. 2e, Paris-Genève 1882, p. 383, 400, 462, etc.
(144) *Weiss*, Traité théorique et pratique de droit international privé. t. 3e. Paris 1898, p. 114 et s. etc.
(145) *Ranouil*, op. cit., p. 42 et s.
(146) *Ranouil*, op. cit., p. 54 et s.
(147) *Wächter*, Ueber die Collision der Privatrechtsgesetze verschiedener Staaten, AcP Bd. 25 (1842), S. 35 f.
(148) *Laurent*, Droit civil international, t. 2e Bruxelles-Paris 1880, p. 383-4．折茂豊『当事者自治の原則』（創文社、1970）32頁、注（2）。
(149) Exposé des motifs, fait devant le Corps législatif le 28 ventôse an XII, Recueil complet des travaux préparatoires du Code Civil t. 1er, Paris 1836, p. c.
(150) *Ranouil*, op. cit., Paris 1980, p. 76 et s.

法典と法的個人主義との明確な矛盾は意識されていなかった。したがって個人の自由を防衛し明確化するために、「自治」を持ち出すまでもなかった[151]。

しかし19世紀中期からフランスにおいて産業革命が進展し、さらに政治的には、二月革命、第二帝政、パリ・コミューン等の事件が続発するようになり、社会的に不安定となった。このような情勢下で、契約法理で経済的強者という「個人」の自由が無条件に貫徹するフランス民法典が経済的弱者を抑圧するに至る。具体的には付合契約が現れ、また労働問題が顕在化して、雇用契約の在り方が問題になるに至っている。

このような情勢下で、従来の註釈学派が衰退し、それに代わって、経済的自由主義と個人主義に対する批判をなす科学学派 Ecole scientific が登場する[152]。そして、19世紀末に国際私法学で確立した「意思自治 autonomie de la volonté」概念が、国際私法学者によって、フランス民法学へ紹介されることになる。そして19世紀末から20世紀初頭にかけて、民法学者の間で「意思自治」のその適用範囲、存在意義を巡って多くの議論を生むに至った[153]。

Foelixによって誕生した「自治」概念が定着するためには、その内容的な発展だけでなく、思想的のみならず、経済的・政治的な変動を伴った社会的大転換期という時期をむかえなければならなかった。「自治」という「梟」が飛び立つためには、19世紀末という「黄昏時」を待たねばならなかったのである。

---

(151) *Ranouil*, op. cit., p. 80.
(152) 山口俊夫『概説フランス法 下』(東京大学出版会、2004) 7頁。
(153) *Ranouil*, op. cit., p. 65 et s., *Bürge*, a.a.O., S. 83.

「私的自治の原則」と「契約自由の原則」の再検討のための覚書

西 島 良 尚

```
Ⅰ　はじめに
Ⅱ　星野英一博士による示唆
Ⅲ　村上淳一教授による示唆
Ⅳ　「契約の拘束力」の根拠についての試論
　　──「自由な意思」の種類・性質とそれを「尊重」する程度・レベルの多様性──
Ⅴ　公法との関連
Ⅵ　総括
```

Ⅰ　はじめに

1　「私的自治の原則」と「契約自由の原則」

「私的自治の原則」とは、一般に、「人は自らの意思に基づいてのみ拘束される」という近代市民社会の思想を背景として、私人の私的生活関係を規律する私法分野における法律関係の形成には「個人の自由な意思が尊重されるべきである」とする原則といわれる[1]。

そして、これまで、一般には、「契約自由の原則」は、この「私的自治の原則」の取引の場面でのあらわれとして、両原則はその内容や意義についてほぼ等置され重なるものと理解されてきた[2]。

しかし、「私的自治の原則」とはどういう由来のもので、その性格はいかなるものなのか、一般に思われているほど明確なものではない。そして、

---

(1) 内田貴『民法Ⅰ［第4版］』（東京大学出版会、2008年）14頁・35頁。
(2) 後掲注3・星野①論文70頁の指摘。

「契約自由の原則」との関係いかん、「自由な意思の尊重」とは、どのような場面で、どのように、どの程度尊重されるべきなのか、「契約の拘束力」の根拠として「私的自治の原則」が全面的に妥当するものなのかなど、多くの問題が自明のものとはいえない。

2　星野英一博士の問題提起と示唆を受けて

　このような私法上の根本問題に対して、かつて星野博士より大きな問題提起と示唆があった。[3]

　星野博士は、歴史的、思想史的、学説史的検討をふまえられ、両原則を次元の違うものとして把握される。「私的自治の原則」は、自由な個人がなにゆえ人との関係（社会関係）において拘束されるか（義務づけられるか）という問いに対する「自らの意思ゆえ（彼が欲したから）」という「社会契約説」と同様な哲学的原理である。他方、「契約自由の原則」は経済政策的次元の原理であり、「契約の拘束力」とともに、「私的自治の原則」によって全面的に根拠づけられるものではないことを示唆されている。[4]

　その示唆によると、経済政策的次元の問題である「契約自由の原則」の限界や修正は、より高次の哲学的指導原理である「私的自治の原則」そのものの修正・限界の問題ではなく、むしろ「私的自治の原則」からその限界・修正を指導されるべきもの、ということにもなりうる。このような認識によると、「契約自由の原則」の名のもとに一般市民の「自由な意思」が形骸化される場面でのその修正は、むしろ「私的自治の原則」の回復への努力ということになる。また、「私的自治の原則」のあるべき内容の探求に照らした「契約的拘束力」の根拠の探求も可能となろう。[5]

（3）　星野英一①「現代における契約」民法論集第3巻（1972年）1頁以下（初出・岩波講座『現代法』8「現代と市民」（1966年）所収）、同②「契約思想・契約法の歴史と比較法」同論集第6巻（1986年）201頁以下（初出・岩波講座『基本法学』4「契約」（1983年）所収）、同③「意思自治の原則、私的自治の原則」同論集第7巻（1989年）117頁以下（初出・『民法講座 (1)』（1984年）所収の一連の各論稿を参照。以下、これらを引用するときは、星野①〜頁とする（頁数は、特に記載がない限り民法論集による）。

　なお、これら各論稿をふまえた、私の関連稿として西島良尚『「マンション分譲取引」と『三角取引（多角取引）』に関する覚書」（流経法学16巻1号）（2016年9月）1頁以下を参照。

（4）　星野③論文・論集七134頁、およびそこで指摘されている同①論文・論集三巻8頁以下の各箇所を参照。

このような星野博士の問題提起とその考え方は、「契約自由よりも契約正義を」、「意思よりも理性を」という主張と密接な関係がある。
　しかし、それ以後、わが国においても、「市場原理」を重視し「規制緩和」を強調する経済学の考え方が支配的となったこともあり、星野博士の問題提起を咀嚼・検討する努力が、今日まで十分になされてこなかったように思われる。

（5）　以上の趣旨を最近の拙稿においても指摘したところである（西島「マンション管理における訴訟上の権利行使と規約自治の限界」『マンション学』58号（日本マンション学会誌・2017年11月）43頁以下、特に51頁注（31）を参照）。
（6）　星野②論文・論集六266頁以下。
（7）　経済学・経済政策学における「新自由主義」的発想の台頭については、経済的にも政治的にも世界的な規模で多くの問題を含んでいるようである。そもそも「新自由主義」とは何かということについても一筋縄では済まない次元の問題を含むと思われる。わが国においてそれがどのような次元で、どのような影響を受けているかについての解明は、複雑で困難な検討を要する（坂井素思・岩永雅也『格差社会と新自由主義』（放送大学教育振興会、2011年）、デヴィット・ハーヴェイ『新自由主義』渡辺浩監訳（作品社、2007年）など参照）。
　また、第一次世界大戦前の新古典主義的な発想は、両大戦を経て大きな反省を経たはずであったが、なにゆえ「新自由主義」として再度大いなる復活を果たしたのか、そのこと自体についても広く深い考察が必要であろう。これらのことは、法学の立場からも、単に「近時の経済学の考え方である」あるいは「時代は変わった」ということでは済ませられない問題を含むように思われる。新自由主義的な発想が、リーマン・ショックなどの世界的な金融危機だけではなく世界の様々な地域レベルや個人レベルで経済的格差の拡大を原因とする根深い数々の問題を噴出させている現状で、いまだにそれが「世界的に主流の考え方」なのか、本当にそれでいいのか、法学の立場からも、今少しそれらを意識した検討の試みがなされてもよいように思われる。法学と、広い意味での「経済学」との対話が必要だと考えるゆえんである。なお、星野博士の「新自由主義」への言及は、同②論文251頁及び注（76）259頁を参照。本稿注（10）も参照。
（8）　さらに、今回の2017年の民法改正において、新法521条が、契約締結の自由（同条1項）を前提に「契約の当事者は、法令の制限内において、契約の内容を自由に決定することができる。」（同条2項）ことが明文化された。中間試案（2013年3月公表）では検討項目にあがっていた、信義則や公序良俗といった一般条項を媒介として具体的に形成された各制約法理についてはなんら明記されず、ただ「法令の制限内において」という包括的な文言があるのみである。もちろん、これまで判例により形成された制約法理は活かされることが前提であるが、それでも、なにゆえに、ことさら「契約の自由」が強調されたのか。「契約自由の原則」について、これまでの学説で深められた問題意識を十分にふまえた議論がつくされたかどうか、別途検討が必要である。本稿は、この新法521条の制定の意味や、今後の運用のありかたを検討するための前提として考察しておくべきことを明らかにする試みでもある。
　なお、「契約自由の原則」の明文化にあたって、「諸外国の民法典や国際ルールでは条文が存在することも多いこれら制約法理が明文化されなかったのは、なぜか」という観点からの論稿として、山田希「契約自由の原則とその制約法理をめぐる改正論議の帰趨」（立命館法学2015年5・6号935頁以下。引用部分は936頁。）がある。
（9）　中田裕康教授の最新の教科書では、「契約自由を強調するか」「その制限の意義を評価するか」について、「異なる見方がある」とされ、「1980年代には、契約自由の制限を積極的に評価

本稿では、私なりに、星野博士の大きな問題提起とその示唆を受けて、「私的自治の原則」と「契約自由の原則」のそれぞれの意義と両者の関係をどのように考えるかについて見直し、さらに、契約的拘束力の根拠の再構成の手掛かりについて、検討することを試みるものである。その骨子については、本稿の執筆の直前に脱稿した拙稿「典型契約・冒頭規定の強行法性」(10)でも述べたところであるが、本稿は、それを補充し若干の展開を加えるものでもある。

　そのような検討を試みる背景には、私のささやかな実務経験に基づく次のような実感がある。少なくとも「契約自由の原則」という私法の原則が強調される場合、それは、すべての個人に平等な「自由」という前提があって、はじめて同原則は立派な理念として機能するし、かつ、すべての個人の人格の独立や自律を尊重することが目指される「私的自治」の実現に資するといえるであろう。しかし、現状はそうではない。「契約自由の原則」については必要に応じてその修正を要することがうたわれてはいるが、しかし、なおその実態とのズレは大きい。近時ますますそのズレや格差が大きくなっているとさえいえる。

　そもそも、私法上前提とされている「契約自由の原則」自体の理解や位置づけについて問題はないか。従来の「契約自由の原則」の観念を所与の前提とする議論はもはや見直したほうがよいのではないか、というのが私の正直な認識であり実感である(11)。

し、『契約自由よりも契約正義を』、『意思よりも理性を』と主張する学説が有力になった」とされ、星野②論文を指摘され、さらに、「これに対し、1990年ころから、契約自由を強調する見解が再び勢力を増すようになった。その背景には、政策面の状況と思想面の動きがある。政策面では、規制緩和論に対応する形で契約自由が強調されるようになり、経済学者がこれを支持した。契約自由を国家が制約することは、経済合理性に反し、非効率的であるので、市場経済に委ねるべきであるという考え方である。〜中略〜とはいえ、契約正義を重視する見解もなお有力であり、契約自由とその制限の調整をどのように図るのかは、依然として重大な課題である。」と述べられている（中田『契約法』（有斐閣、2017年）27〜28頁）。

(10)　近江幸治・椿寿夫編著『強行法・任意法の研究』（成文堂、2018年）所収。特に251頁以下参照。なお、同稿及び本稿の検討に至るには、椿寿夫博士主催の研究会（椿民法塾）による「三角（多角）取引」（後掲注（46）参照）及びこの「強行法・任意法」に関する共同研究から大きな刺激を頂いていることを付記しておく。

(11)　この「実感」の一部を支える論稿の一つとして、大村須賀男「契約自由の原則の再構成について（一）〜（四・完）」民商法雑誌八八巻二号〜五号（昭和58（1983）年）がある。当時検察官

いずれにしても、現状において、「私的自治の原則」や「契約自由の原則」という大原則を見直す努力をすること自体に重要な意義があると思われる。

II　星野英一博士による示唆

　星野博士は、「私的自治の原則」と「契約自由の原則」のそれぞれの意義、両原則の関係について、前掲注（3）の①論文（初出1966年）をはじめとし、それを受けて②（初出1983年）、③（初出1984年）の3つの論文により、詳細に検討されている。この3つの論文は、周知のとおり、私法の最も基本的で大きな問題についての、星野博士の広く深い学識に基づく、詳細なものである。もとより、私には、その中に含まれる多くの多様な問題についてすべて十分に咀嚼し、十分な検討をなしうる能力はない。ここでは、前記第1で述べた問題意識に即して、星野博士の主張の論旨をくみ取り、それらに対し、あらためて光をあてることを試みることにする。

1　星野①論文以前の（そして現在も一般的といえる）両原則の意義と関係についての考え方

　上記においても述べた、これまで、一般には、「契約自由の原則」は、この「私的自治の原則」の取引の場面でのあらわれとして、両原則はその内容や意義についてほぼ等置され重なるものと理解されてきたことについては、星野博士ご自身が指摘されている。[12]

　星野博士の①論文が登場した後、来栖三郎博士は、その大著『契約法』において、従来の契約概念の基礎をなした「意思理論」に対する反省（ここで、

　　（神戸地検豊岡支部検事）の論者によるものである。ただ、その背景にあると思われる経済学におけるドイツのORDO主義の理解や、それとF・AハイエクやM・フリードマンらのネオリベラリズムないし新自由主義との関係など（ハイエクとフリードマンは、同列には論じられない部分もありそうである）、なお慎重な検討の必要性を感じている。
(12)　前掲・星野①論文70頁の指摘。なお、星野博士が、来栖三郎博士の論稿「民法における財産法と身分法（3）完」法学協会雑誌61巻3号（昭和18年）348頁以下「私的自治―契約」と題する段落を引用要約されている箇所も参照（星野③論文128頁）。そこで、来栖博士が「近代社会の財産法秩序は所有権秩序」であり、所有権とその自由が「個人意思自治の原則（私的自治）の意義であり～略～」、私的自治を「契約自由の原則と呼ぶ」という趣旨を述べられていることが引用されている。

星野①論文を引かれている）をふまえつつも、なお「当事者の意思の合致（合意）としての契約概念」の価値は否定されない旨を以下のように述べられる。

「契約の概念は契約自由の原則の確立に伴って成立したといわれる。<u>当事者の意思の合致（合意）としての契約の概念のうちに近代法における契約自由の原則、私的自治の原則が表現されている</u>。それは契約が当事者の自由な意思の合致であるならば、その契約の当否を問題としないで法律上は拘束力が承認されるべきであるという原則を反映している。(13)」

ここでは、「私的自治の原則」と「契約自由の原則」とについて、特に区別が必要であるとの認識はうかがえない。まさに「等置」されているといわざるをえない。さらに、来栖博士は、次のように続けられる。

「この契約概念に対し、当事者の意思の合致がない場合にも契約の拘束力がみとめられるのは当事者の意思によるというよりも、むしろ約束が履行されるであろうと相手方に生ぜしめた期待ではないかなどと主張する。が、しかし、<u>約束が履行されるであろうと相手方に期待を生ぜしめるのは、それが約束者の真実の意思に一致しない場合にも、なおそれが拘束者の真実の意思に出るものと相手方が観念してしかるべき場合であったからに外ならないであろう</u>。心裡留保や錯誤の場合に当事者の意思の合致がなくても契約の拘束力のみとめられることがあるという事実は、少しも当事者の意思の合致としての契約の概念を無意味なものたらしめはしない。そして<u>私有財産制に基づく私的自治の原則が妥当する限り、その契約の概念の意義は失われない</u>と思われる。(14)」

ここで、契約の拘束力の根拠について、あくまで「意思」を中心に考えるべきことが示唆されている。

以上のように、星野博士以前の民法学の発想には、「私的自治の原則」と「契約自由の原則」について、両者を区別し、両者の関係を問うという発想は見られないといってよいであろう。

---

(13) 来栖『契約法』（有斐閣、1974 年）9 頁、下線は西島による。
(14) 同書 9〜10 頁、下線は西島による。

また、「契約の拘束力」の根拠は、「私的自治の原則」から、あくまでその「意思」に求められることが当然視されているといってよいように思われる。

　このような従来の考え方に対して、星野博士の主張の要点は、以下のように整理することができよう。

2　星野博士の主張の要点

　星野博士は、ご自身の論稿（同①論文）をふまえた総括として、1984年の時点で、次のようにまとめ、自己の見解を述べられている（同③論文）。

　「星野はそこで、『契約をどのようなものとして考えるかという契約観念の変遷に中心を絞り』、『西欧における、近代から現代への契約法及び契約思想の変遷』と『わが国の契約思想・契約観念の特色』という二つの指標からこれを検討した。そして、『近代欧米の契約観念と契約法』の章において、『契約自由』と『私的自治』との意味、両者の関係を問い、両者をはっきり分けて捉えるべきことを論ずる。このさい、フランスの autonomie de la volonte（「意思自治」：西島注）ドイツの Privatautonomie（「私的自治」：西島注）を─誤って同視して─（注2）、『私的自治』として、『何故人は契約により他人に対して義務づけられるか』という『契約の拘束力の根拠』の問題に対する『典型的に近代的な解答』であり、『彼が欲したが故である』という、その自由意思の基礎づけである、とする。これに対し『契約自由』は、『社会関係、とりわけ経済体制に関する政策の次元の問題であると共に各国の法律に事実上存在することのある現象』であって、異なるとする（注3）。つまり、『私的自治』は国家権力の基礎づけとしての社会契約説・民主主義に対応し、私人の私人に対する義務ないし契約の基礎づけの哲学的原理であり、一般哲学としてはフランシスカン・スコラスティシズムに遡り、直接にはルソーとこれを継承したカント、フィヒテの影響によるものであり、むしろ私的自治の『思想』である）とする（注4：同①論文8頁以下）[15]」。

　さらに続けて、「ついで、この原則から派生したものとして、サヴィニーによる法技術的な創造物である『法律行為』概念、実定法上の具体的な現れ

---

(15)　星野③論文134頁。

として、法律行為における意思の存在の必要性、法律行為の解釈における意思主義、多くの法律制度を契約として説明する『契約主義』などに触れる（注5：同論文①10～14頁）。終わりに、『現代における契約』の変貌の結果、『私的自治』からの『帰結としての諸原理』に対する批判と、『私的自治』そのものに対する批判が生じていることを述べ（注6：同論文①44～49頁）」⁽¹⁶⁾

さらに、「<u>『今後の課題』として、契約の拘束力の根拠としては私的自治の原則は『全面的には妥当であるまい』とし『言葉によって他人を信頼させた者はこれを裏切ってはならない』という古くからの客観的倫理が正しい基礎づけであるとしつつ、この原則は『近代思想の大きな遺産』として『実践哲学としてはこれを全く考慮しないですませることはできない』とし、「なお顧みられるべき二点を指摘する。</u>」として、「『契約に対する種々の国家的規制を、私的自治によってバック・アップし、これを合理的なものにする努力』の根拠となること、つまり国家権力が民主的なものであれば契約に対する規制は『より大きい意味において私的自治の肯定であること』、我が国では丸山真男教授のいわれる『作為』の発想が弱いから、その見地から私的自治の原則の再認識を強調する必要があること、である（注7：同論文①69頁以下）。」⁽¹⁷⁾⁽¹⁸⁾

---

(16)　星野③論文135頁。
(17)　星野③論文135頁、下線は西島による。
(18)　2点目の丸山真男への言及については、星野①論文で以下のような文脈で言及されている部分と対応する。①論文の本文において「何故人は人に対して義務付けられるか。」、この問題を経験科学的な追及ではなく、実践哲学的な根拠の問題として肉迫するとき、古来より「何らかの意味での客観的秩序（神、自然、天など）によって基礎づけるか、人間の能力の中でもいわば静的な理性によって基礎づけるかの方法」のいずれかであったのだが、これに対し、西欧近代において全く新しい基礎づけとして「自由意思」による基礎づけが現れた、とされる。そのこととの関連で、これは「大ざっぱにいえば、丸山教授による『自然』と『作為』の対比に対応する（丸山真男・日本政治思想史研究二章、近世日本政治思想における『自然』と『作為』（東京大学出版会、1952年））。したがって、同教授が論証されるように、わが国の思想家にも『作為』の論理を採用するものがあったわけであるが、『作為』を『契約』としてとらえることは、日本思想にはなかったようであり、本文に述べるように、西洋、とりわけ近代において、典型的にみられるわけである。」（同①論文17頁注（九））とされる。なお、星野①論文の「」は『』で引用してある。
　　　この点に関連して、星野博士は、①論文に対する好美清光、北川善太郎両教授の批判にこたえる形で①論文の「補論」において、次のように述べておられる。「『私的自治の原則の再認識の必要や強者としての市民に対する禁欲の要請』についての批判に対しては、～中略～実は筆者の基本的な考え方にも連なるので、改めて述べたい。前者は、丸山真男教授のいわれる『自然と作為』に関するが、筆者はわが国においては今日に至るも『作為』の思想が弱すぎ、そのために、

3 ここで何をくみ取るべきか

(1) 「私的自治の原則」と「契約自由の原則」との区別と両者の関係

このような星野博士の指摘・主張をふまえると、これまでの一般的な学説のように「私的自治の原則」と「契約自由の原則」とを等置し、「契約自由の原則」への立法や司法による介入は、社会政策的な「私的自治の原則」への制約でもある例外的な修正であるという理解は妥当ではなくなる。そうではなく、本来のあるべき「個人の意思の自由」や「個人の尊厳」を尊重すべき高次の哲学的理念である「私的自治」の原則は、「契約自由の原則」の限界や修正の在りかたを指導する理念であることになる。そうすると、消費者問題や約款の問題など、「契約自由の原則」の名のもとに一般市民の「自由な意思」が抑圧・形骸化される場面での同原則の修正の問題は、むしろ本来の「私的自治の原則」の回復への努力の問題となろう。

また、そのように理解することにより、「私的自治の原則」のあるべき内容の探求に照らして、公正な「契約の拘束力」の根拠や有無の検討も可能となるといえる。[19]

(2) 「契約の拘束力」の根拠

さらに、「契約の拘束力」の根拠についても、「私的自治の原則」から直ちに、全面的に「意思」のみによって根拠づけられるものではない、あるいは根拠づけられなくてもよいことになる。

たとえば長期的ヴィジョンのもとに大きな計画を着々と実行してゆくといったことがないことが深刻な問題であると思われるので（今日でいえば、大学問題をとっても、公害問題をとっても）それとの関連で一言したかったのである。後者も、～中略～本稿では行動原理として述べてはいない。しかし敢えて行動原理を述べるならば、ささやかで、荒野に叫ぶ声に過ぎなくとも、やはり強者の自制を訴え続けることが必要であると考えるのが、筆者の「理想主義」なのである。黙っているよりは、まだしもずっとよいと考えるのである。」（同「「現代における契約」補論―批判に答えつつ将来の展望を試みる―」）同論集第3巻81頁）と述べられる。星野博士の基本的で重要な考え方が明確に出ている箇所である。

(19) 以上の趣旨をマンションの「規約自治」との関係で最近の拙稿においても指摘したところである（前掲注(5)西島論稿）。同稿では、「規約自治」の限界の問題においても、それは「私的自治」の限界そのものと同視されるものではなく、団体的意思決定における多数決原理が個人の意思を制約する場面において、個人の意思や個人の固有の権利が不当に侵害されないためにその手続等に本来のあるべき「私的自治の原則」による指導がはたらく場面であることを、具体的なマンション管理の問題に即して論じたものである。この文脈においては、「契約自由の原則」の限界や修正の問題と「規約自治の原則」の限界や修正の問題は、同質の問題としての側面を有することを指摘した。

「契約の拘束力」の根拠については、星野博士自身は、難問とされつつも、その直接の根拠は、具体的な契約や取引の場面における、「『言葉によって他人を信頼させた者はこれを裏切ってはならない』という古くからの客観的倫理」に求めるべきだと主張されている。[20]

　このことは、「契約の拘束力」が、その法律効果に向けられた「効果意思」そのものを根拠とするものではないことを意味する。それは「効意意思」が存在しない心裡留保や錯誤の場合に、なにゆえ「拘束力」が認められるのかという問題にも通じる。

　これに対して、来栖博士は、上述したように、「約束が履行されるであろうと相手方に期待を生ぜしめるのは、それが約束者の真実の意思に一致しない場合にも、なおそれが拘束者の真実の意思に出るものと相手方が観念してしかるべき場合であったからに外ならない」と述べられていることは、既に示した（本稿Ⅱの1　34頁）。

　しかし、ここで指摘しなければならないのは、「相手方に期待を生ぜしめる」行為は、客観的に存在した「効果意思」に基づく行為ではない。例えば心裡留保の場合は「あえて真意ではない表明行為をする意思」に基づくそのような「表明行為」にすぎず、そこでは、存在しない「効果意思」は、既に「拘束力の根拠」そのものとはなりえないといえよう。そこで、考慮されなければならないのは、なにゆえ「あえて真意ではない表明行為をする意思」を無視して、「約束が履行されるであろうと相手方に期待を生ぜしめ」たことが「拘束力」の根拠となるのかということである。このことに対しては、来栖博士は答えておられないことになろう。「期待を生ぜしめたこと」に契約の拘束力を認めるのであれば、そこには「効果意思」が存在しない以上、「期待を生ぜしめる行為」そのものにその根拠を認める以外にないと思われる。すでに、その時点で、「効果意思」そのものに根拠を求めることは放棄されていると考えるのが、論理的には筋であろう。

　上記1で言及した来栖博士の論述は、博士の本来の意図とは異なるかもしれないが、既に法律効果の発生を欲する「効果意思」が「契約の拘束力」の根拠ではないことが示唆されているように読み取れるのである。

---

(20)　星野①論文 69 頁、同②論文 270 頁。

そして、星野博士が「『言葉によって他人を信頼させた者はこれを裏切ってはならない』という古くからの客観的倫理」に求めるべきだと主張されていることは、その「言葉を発した者」がその「意思」に基づいて言葉を発したことは前提とされていると思われる。しかし、その「意思」はすでに法律効果の発生を欲する「効果意思」ではないので、「それを欲したから拘束する」という「契約の拘束力の根拠」の論理はすでに破綻していることが示されていると考える。

星野博士が、「契約の拘束力の根拠」として「偽るなかれ」という客観的倫理によるべきであるとの示唆に対する高橋三知雄教授の「相手がこちらの言葉を信頼するのは、言葉を発した者の意思が自らを拘束するからではないか」という反論に対して、「なぜ意思が自己を拘束するかということが問題であり、いったんそれを欲したから拘束するとみるべきか、そうすべきだという客観的倫理ゆえにかが問題なのである。」と述べられているのは、上記のような趣旨が含まれていると思われる。[21]

この点をふまえての、私の若干の試論については後述する。

4　星野論文と村上論文の接合

さらに、星野博士は、村上淳一教授の「近代ドイツの経済的発展と私的自治—「営業の自由」を中心として—」(加藤一郎編『民法額の歴史と課題』(1982年) 351 頁) をふまえられ、次のように述べられる。

「村上教授の指摘されるとおり（カッコ内略）、意思の自由から経済活動の自由、特に営業の自由が必然的に帰結するのかが根本問題であり、『意思の自由』『人間の自律』のスローガンが、経済的自由主義のイデオロギーに堕す

---

(21) 念のために、この星野博士の論述（同②論文・論集 6 巻 270 頁）を、以下にそのまま引用しておく。「契約の拘束力の根拠としての意思自治の原則を我々が今日とるべきか否か」は難問であるとされつつ「しかし、前稿で述べたように、やはり『偽るなかれ』の客観的倫理によるのが正しいと考えている（前稿二六五頁、論集六九頁）。これに対しては、相手がこちらの言葉を信頼するのは、言葉を発した者の意思が自らを拘束するからではないか、との反論があるが（高橋三知雄「私的自治・法律行為論序説（一）」関西大学法学論集 24 巻 3 号 141 頁以下）をその注(10)で引用されている（西島注））、なぜ意思が自己を拘束するかということが問題であり、いったんそれを欲したから拘束するとみるべきか、そうすべきだという客観的倫理ゆえにかが問題なのである。」（同②論文・論集 6 巻 270 頁）。

る恐れのあることを十分自覚しておく必要があろう」⁽²²⁾。

星野博士が指摘される、この村上論稿にも重要な示唆が含まれているように思われるので、以下のⅢにおいて若干詳しく紹介する。

Ⅲ　村上淳一教授による示唆

村上教授は、19世紀ドイツの「私的自治の原則」の概念の形成・変容過程とその結果もたらされた寡占体制について、以下のような詳細な議論を展開されている⁽²³⁾。

1　ドイツにおける「私的自治」（Privatautonomie）の概念

村上1982年論文の冒頭において、同1980年論文をふまえて、まず、以下のように述べられている。

19世紀中葉に至るまでのドイツにおける「私的自治」（Privatautonomie）の概念について論じた村上1980年論文を「要約すれば、『私的自治』なる語が広範に用いられたことを証明する材料は見当たらず、また経済過程の予定調和的自律性―ないし、それを前提とした『契約の自由』等の自由放任的諸原理―の意味における『私的自治』の観念が流布していたとも言えないのであって、私人のアウトノミーはむしろ自由を認められた個人（家長）の倫理的自立を意味した、というのが私の見方であった」とされる。さらに続けて「そのうえで、本稿（西島注：1982年論文）では一九世紀中葉までこのような倫理的自律の観念が維持されたことの経済的・社会的背景の一斑を探るとともに、一九世紀後半に入って倫理的自律の観念が崩壊し、経済過程の予定調和的自律性に対する信仰が形成されたことが、とりもなおさずドイツにおける寡占体制の形成を促すことになったというパラドクスを一瞥することにしたい」⁽²⁴⁾とされる。

---

(22)　星野③論文162頁。
(23)　村上「倫理的自立としての私的自治」法学協会雑誌・九七巻七号（1980年）98頁、同「近代ドイツの経済的発展と私的自治―「営業の自由」を中心として―」（加藤一郎編『民法額の歴史と課題』（1982年）351頁。以下、この2つの論文については、「村上1980年論文」、「村上1982年論文」としてそれぞれ引用する。

2 「私的自治」と「営業の自由により拡大された私的自治」

そして、村上教授は、戦後西ドイツの「市場経済」を指導した経済法学者フランツ・ベームの晩年の講演（1971年）「市場経済における自由と秩序」を取り上げられる。そこで、ベームが「市場経済秩序に特有の自由とは、営業の自由によって拡大された私的自治（私法上の主体が有する自由）にほかならぬ」と説き、それと区別される「営業の自由」により拡大される以前の「私的自治」について、次のように述べていることを示されている。

(1) 本来の「私的自治」の意味

「『私的自治は、人間が無制約の自由な裁量によって、しかし個人の力の及ぶ限度で自分のことがらを処理することを可能にする。かれが他の私人の個人的力を必要とする場合、それは自発的な助力、または自由に締結された私的契約によってのみ得られる』つまり、『私的自治』の下においては、私人は自分自身および自分の財産に関するかぎりであらゆる目的を追求することができる。『私人は自己の弱き力をもってあらゆる目的を、他人の目的や公共の目的をも追求しうる。私人はイーリアスを詩作したり、第九交響曲を作曲したり、《戦争論》を著したり、自己の財産を慈善に用いたりすることができる』。しかし、これら一切の目的を、私人はまさに自分自身のために (um seiner selbst willen) 追求するのである。『私法秩序が社会によって生み出されたものであるにもかかわらず、そしてまた法が出現したおかげで個人の創造的活動の範囲が拡大され、社会的意義をもつものとなったにもかかわらず、法についての我々の見方によれば、人間は前社会的 (vorgesellschaftlich) な、少なくとも前国家的 (vorstaatlich) な権利として、何らかの社会的もしくは政治的目的のためではなく自分自身のために、私的自治を主張しうべきものである。』」

---

(24) 村上1982年論文351頁、下線は西島による。
(25) ここでは村上教授のコメントも含めて引用する。村上論文では、ベームの説いている部分は「」で示されているが、ここでは『』でくくる。
(26) 村上1982年論文352頁。
(27) この意味での狭義の「私的自治」は、まさしく「個人の尊厳」あるいは「個人の人格の独立」の前提となる自由、それは経済的自由だけではなく精神的自由をも含む「自由」（基本的人権）にほかならないと思われる。この点に関わる公法との関係についての若干の指摘は後述Vを

(2) 「営業の自由」

これに対し、「営業の自由」について、ベームが以下のように述べていることが示される。

「『分業が行われている経済社会において或る営業を行う権利は、個人の自然権といったものではなく、特定の経済秩序と結びついてのみ考えられる一つの権限（Zuständigkeit）である。社会がその成員の経済的協力関係を規律するために選択しうる途はいくつもあるが、営業を行う権利を私人の私的自治に含めるか否かは、この選択の如何にかかっているのである。』

したがって、『営業の自由』は、狭義の『私的自治』のように、―中略―無制約の展開が可能なものとは異なる。『法政策的・社会政策的・経済政策的に見れば<u>営業の自由の承認は、社会全体から見て私人がこれを正しく持ちうるように配慮される場合にのみ、正当視される</u>。それゆえ営業の自由は、私的自治とは異なり、人間性の理念に由来する自然権としての性格を持つものではなく、社会によってゆだねられた権限、社会的効用により正当化されることを要する権限としての性格をもつ。市場経済秩序においては、個人の活動を社会的効用をもつように方向づける作用は市場メカニズムが国民経済をどの程度操縦してゆけるかという問題にかかっている。営業自由を導入する立法者は、市場経済的メカニズムが操縦能力をもつということを保証しているわけであり、そのために配慮する義務を負うことになる。」[28]とベームが述べていることを、村上教授は指摘される。

(3) ドイツの「営業の自由」の確立と寡占体制の形成

そのうえで、村上教授は、上記のベームの講演の前提である、北ドイツ連邦の1869年制定「営業法」が、経済の予定調和的自律性に対する信仰の下で、19世紀後半の「営業の自由」を確立していく過程を詳論される[29]。そして、それは、1879年9月27日のプロイセン最高裁判所判決、1890年の大審院判決の傍論[30]、1897年2月4日の著名な大審院判決[31]によって、実に驚くべ

参照。
(28) 村上1982年論文352〜353頁。下線は西島による。
(29) 村上1982年論文354頁以下。
(30) 村上同論文377頁。
(31) 村上同論文378頁。

き倒錯ともいえるが、企業の「営業の自由」（契約の自由）により、自由競争の制限を可能にし、カルテルの合法性を導き、寡占体制の形成を促してしまった過程を詳論されている。
(32)(33)

---

(32) なお、アメリカの寡占体制については、1930年代の実証的研究に基づき、自由な「競争市場」というヴィジョンがアメリカ資本主義の現実ではないことを、ガルブレイス『アメリカの資本主義』が論じている（J・K・Galbraith American Capitalism：The Concept of Countervailing Power 1952 2nd ed 1956 その翻訳は新川健三郎訳『ガルブレイス著作集1（第2版訳）』ティビーエス・ブリタニカ（1980年）ほかがある）。なお、中村達也『ガルブレイスを読む』（岩波現代文庫、2012年）、伊藤光晴『ガルブレイス』（岩波新書、2016年）などで、近代経済学が前提とする「自由市場」が現実といかにギャップがあり、「市場」が効率的な資源配分をもたらすことを強調しすぎることの危うさについて警鐘を鳴らし続けたガルブレイスの仕事の概要を知ることができる。

(33) 村上・前掲注（24）で示される、ドイツの「<u>一九世紀後半に入って倫理的自律の観念が崩壊し、経済過程の予定調和的自律性に対する信仰が形成された</u>」状況の説明から、以下のことが意識される。

アダム・スミスが『道徳感情論』の初版を刊行したのが1759年であり、『国富論』の初版は1776年刊行である。前者は、後者で説く「神の見えざる手」による自由な市場における予定調和の前提となる「倫理」を探求するものである。イギリスでは、18世紀後半から19世紀の初頭にかけて産業革命と市場社会への転換が進行することになる。経済学史では、マルサス（1766年～1834年）やリカード（1772年～1823年）の古典派経済学の時代に入り、市場の自己調整機能が絶対視されるようになりスミスの『国富論』の観点だけが強調されるようになる。

その結果が、皮肉にも、市場の自己調整機能の神話にもかかわらず、特にドイツやアメリカは大企業による寡占・独占状況を招き、列強諸国は格差社会に歯止めが利かない苦悩に陥る。後進のドイツの急激な台頭と植民地争奪戦もからみ、第一次世界大戦と第二次世界大戦を引き起こし、その前後に、一方でロシアなどの後進地域では社会主義革命が起こり、他方では、ケインズ革命による福祉国家観に基づく富の再分配政策により（「揺り籠から墓場まで」）一時的に格差の拡大がおさまる。しかし、ケインズ政策が財政赤字を導いてきたなどの批判から、ハイエクやフリードマンらの「新自由主義」陣営が活力を取り戻し、「市場原理」が再び強調されるようになる。しかし、再び格差社会の拡大の問題が大きな深刻な問題として浮上し、経済の低成長時代にふさわしい「富の適正な配分」のための構造転換と制度構築がせまられているというのが、現状であろう。

村上教授の上記の記述から、以上のような大雑把であるが当時の歴史的背景やその後の歴史的展開が、「私的自治」や「契約自由の原則」を考えるうえで意識されるのである。

なお、最近の「市場原理」に対する批判の有力な論者は、「モラル・サイエンスとしての経済学の潮流」に属するといってよいであろう。その潮流は、アダム・スミスから始まるといってよいものであり、前掲注（10）西島論稿では、スミスとアマルティア・センには若干言及した。その「潮流」には、ソースティン・ヴェブレン、ジョン・メイナード・ケインズ、アンソニー・アトキンソン、ジョセフ・スティグリッツ、ポール・グルーグマン、トマ・ピケティなどが含まれる。上記注（32）で指摘したジョン・ケネス・ガルブレイスもこの「潮流」に含まれる（これらに関しては、佐和隆光『経済学のすすめ』（岩波新書、2016年）、根井雅弘『物語 現代経済学』（中公新書、2006年）、同『経済学の歴史』（講談社学術文庫、2005年）、宇沢弘文『経済学の考え方』（岩波新書、1989年）などを参照）。

また、この「潮流」に属するといえるが、社会の市場経済への従属に対する根本的な問題提起

3　ここで何をくみ取るべきか

　星野博士は、この村上教授の論稿をふまえられ、「意思の自由から経済活動の自由、特に営業の自由が必然的に帰結するのかが根本問題であり、『意思の自由』『人間の自律』のスローガンが、経済的自由主義のイデオロギーに堕する恐れのあることを十分自覚しておく必要があろう」と述べられている[34]。このことの意味を意識する必要がある。

　たしかに、上記のドイツのような状況は、現在では、独占禁止法等による規制による公序に違反する問題として、あきらかに行き過ぎた「営業の自由」を導く「契約の自由」あるいは、それらと結びついてそれらを正当化する原理となっている「営業の自由による拡大された私的自治」の制約を問題としうるであろう。

　しかし、このような過剰ともいえる「営業の自由」が、「意思の自律」や「人間の自律」あるいは「人格の独立」を体現するという「契約自由」「私的自治」の名のもとに、正当化されている多くの契約現象が存在しているのも現状である。消費者問題などが典型例であるが、決してそれにとどまるものではない。

　「私的自治」とは、本来、当初は家長などの責任ある個人が、そして平等原則の浸透によって、すべての私人（個人）が、その精神的自由と倫理的自律をも前提とし「自分自身および自分の財産に関するかぎりであらゆる目的を追求することができる」自由を享受しうることを前国家的に保障されるべ

をおこなった壮大な文明論『大転換』（初版1944年）を著したカール・ポラニーにも注目すべきであるが、ここでは同書（2001年版）の序文を担当したジョセフ・スティグリッツ（2001年ノーベル経済学賞受賞者）の論述を以下に若干引用する。

　「規制は、ある者の自由を奪うかもしれないが、それによって他の者の自由を増大させるだろう。ある国について資本を意のままに出し入れする自由は、一部のものが他のものに莫大な損害を与えて行使する自由なのだ（カッコ内略）。残念ながら、自己調整的経済の神話は、それがレッセフェールという古い衣装を身につけたとしても、あるいはワシントン・コンセンサスという新しい衣をまとったとしても、このような自由の均衡を表すものではない。」、そして、市場での過度な自由の強調が世界的な格差・貧困が蔓延し飢餓や恐怖からの自由さえも損なっていることを述べたうえで、さらにスティグリッツは次のように述べる。「もしもポラニーが今日執筆していたとしたら、次のように書き記したことであろう。地球社会が今日直面している課題は、こうした自由の不均衡を是正できるかどうかである―もはや手遅れになる前に。」（ポラニー・前掲2001年版野口健彦・栖原学訳（東洋経済新報社、2009年）スティグリッツ序文ｘｘ頁）。

(34)　星野③論文162頁。

き理念であることが、今一度思い出されるべきである。⁽³⁵⁾

---

(35) なお、村上淳一教授は、次のようにも述べられている。「市民社会の自律性は、『経済的自律』のみに基礎づけられるのではなく、団体によって媒介された『倫理的自律』をも必要としたのであろう。この『倫理的自律』が失われ、市民社会が『我利我利亡者的利己主義』の社会に変質してゆくにつれて、『経済的自律』もまた不可能になる。団体的秩序としての市民社会が崩壊してはじめて、川島論文（西島注：川島武宜「市民社会における法と倫理」『法社会学における法の存在構造』(1950年)）が市民社会の構成単位とした『自由な孤立せるアトム的人間』が出現する。かれらはもはや『自律的な独自的な＜社会＞』を担うことなく、しだいに権威主義的組織化の対象となり、ついには自由から逃走して全体主義的支配に自己をゆだねることになる。全体主義は、『アトム的個人主義』を攻撃し、団体主義を標榜しながら、実際には団体の自律を否認し、『アトム的人間』の孤立化を推進したのであった。」（村上『ドイツ市民法史』（東京大学出版会、1985年）6頁）。

そこには、「自主的人間の人格」あるいは「自律的な個人」の形成のためには、諸種の「中間的団体」の自律が前提であり、その中で育成されてはじめて「自律的個人」の形成が可能となるという示唆が含まれている。

個人が、バラバラの孤立した「アトム的人間」になりがちな今日、そして、「市民社会」としての個人の「倫理的自律」が失われ、「我利我利亡者的利己主義」の社会に変質した現状において、何が必要か。各個人が、経済的自律だけではなく精神的自律が可能となるための自由が保障される社会的・制度的環境の確保が必要である。そのためには、個人が、経済的基盤である単一の組織や団体だけに帰属するのではなく、経済的・精神的基盤を、濃淡はあっても、多様な自律的な団体に帰属・関係できる結社の自由等も必要であろう。しかし、何よりもその前提として、「私的自治の原則」を、精神的自由をも前提とし倫理的自律をも内包する本来の意味でのそれに再構成する必要性があると考える。その意味での「私的自治の原則」は、現実の個々人が現実に実践できているかどうかを直ちに問題とするのではないが、少なくともそれを自覚的に目指す、現実を指導する「理念」として尊重されなければならないと考えられる。

また、村上教授は、クラウス・オットの『法人企業の法と現実』(1979年) をとりあげられ、村上同書において、最終的に次のようにも述べられている。カントが「普遍的意思の自律 (Autonomie des Willens)」と「個別的意思の他律 (Heteronomie des Willkür)」とを峻別し、前者のみに本来の倫理的価値を認めたことを指摘されたうえ、「契約を意思 (Willkür) によって基礎づけたサヴィニーもまた Wille なる語の使用により直ちに契約の倫理性―予定調和の秩序形成力―を承認しようとしたのではなかった。社会の秩序は法的な自由の倫理的行使（意思の自律）によってはじめて形成されるという発想は、旧ヨーロッパの伝統を受け継ぎながら19世紀後半に入るまで、つまり市民＝家長によって担われていた倫理的秩序が崩壊するまで維持されていたのであって、Willkür（ないしその意味での Willkür）を要素とする私法上の契約に自律 (Autonomie) なる観念を結びつけ、脱倫理的な契約の自由（および自由な所有権、団体設立の自由、営業の自由等）を私的自治 (Privatautonomie) と称するようになったのはそれほど古いことではなかった。そして今日、そのような脱倫理的私的自治が実際には反倫理的機能を発揮しうる（とりわけ経済権力の「企業自治」）にもかかわらず、それを『自己決定の自由』として―とくに社会主義的計画経済に対する資本主義的市場経済の倫理的優越を論証するために―しばしば倫理的に正当化されるのである。もっとも、その倫理性はしばしば『企業家の士気』にすぎぬことが論者自身によって認められており、また、より抽象的に『自己決定の自由』の倫理性を強調する者も、経済権力の抑制の必要を意識するときには、これを外的規制に服せしめるほかないのであって（たとえば、『公序』としての『経済憲法』の観念）、資本主義的市場経済は、実際にはその主要な部分において社会主義的計画経済に対する倫理的優越性を主張しえないことになる

このことは、星野博士が示唆されるように、「私的自治の原則」を、もっぱら「契約自由の原則」を正当化する原理とするのではなく、両者を次元の異なるものとして区別し、より高次の「私的自治の原則」が、「契約自由の原則」を指導する理念として位置付けることを可能とする歴史的経緯があることが確認されるべきであろう。

そして、さらに、「私的自治の原則」およびその根拠、および、「契約自由の原則」との関係と、前者により後者をコントロールしうるような一定の指針が導かれるように、両原則を現在の法体系においてどのように位置づけるかが、あらためて検討さされなければならない。

IV 「契約の拘束力」の根拠についての試論
——「自由な意思」の種類・性質とそれを「尊重」する程度・レベルの多様性——

1 星野博士の示唆をふまえての試論の若干の展開

「契約の拘束力」の根拠の問題について、上記 II、特にその 3 をふまえて、次のような試論を展開することができるのではないかと考えている。

(1) 「意思的要素」と「客観的要素」

星野博士が「『言葉によって他人を信頼させた者はこれを裏切ってはならない』という古くからの客観的倫理」に、「契約の拘束力」の根拠を求めるべきだと主張されていることは前述した（上記 II の 3 の (2)）。そこでは、もちろん、その「言葉を発した者」がその「意思」に基づいて言葉を発したことは前提とされており、その前提を否定されているわけではない。禁反言的行為をした行為者は、その行為について帰責し拘束力を認めうる「意思的要素」は前提となっている。

しかし、そのような主観的な「意思的要素」だけが拘束力の根拠でもない。どういう状況下でどういう行為が行われたかという「客観的要素」と相

（むろん、技術的優越性の有無は別の問題である）。このような二重のパラドクスに、われわれは、近代＝現代市民法史を理解するための一つの鍵を見出すのである。」（同『ドイツ市民法史』353 頁以下、特に 358〜359 頁）。村上論文中の「」は『』にして引用した。

(36) 星野・前掲注 (20)。

まって、相関的に、拘束力が生じる根拠となる。問題は、どのような当事者について、どのような行為状況であるかという「客観的要素」の下で、どのような「意思的要素」を問題とすべきか、ということであろう。

そして、この、どのような「客観的要素」の下で、どのような「意思的要素」が要求されるかということを考察するにあたっては、大前提として、すべての個人が、私的生活関係において、個人の自由な意思が尊重され、個人の人格的独立ないし個人の尊厳が尊重されなければならないとする哲学的理念である「私的自治の原則」が指導理念となるのである。

(2) 「自由な意思」とはどのようなものか

ここで考察しておかなければならないのは、個人の人格的独立ないし尊厳を尊重するための「個人の自由な意思の尊重」という場合の、「自由な意思」とは何か、ということである。

個人の「自由な意思」という場合に、その「意思」の種類や性質は、そもそもどういう生活場面であるかによって多様でありうる。その「意思」の質や厳密さの程度は多様な生活場面によって一律ではない。もちろん、究極的には、その「意思」は、考えに考えぬかれたうえの、真に揺るぎない「意思」の探求やその可能性を、尊重されなければならない。個人の人格の独立性が尊重されるために、究極的には、そのような精神的自由にも深く関わる「自由な意思」の形成およびその形成過程をともに十分に強く保障されなければならない。そして、ここでいう「自由な意思」の主体は、以下の (3) でも述べるように、特に自然人としてのすべての個人であり、集団や組織体

---

(37) 「すべて国民は個人として尊重される」という憲法13条の核心には、それがある。この点を突き詰めて考えていくと、人間は「考える葦である」「われわれの尊厳のすべては、考えることのなかにある」（パスカル『パンセⅠ [4版]』前田陽一・由木康訳（中央公論新社、2006年）248～249頁）ということにもなる。さらに、カントが「道徳性の最高原理としての意志の自律」を説くとき（カント『道徳形而上学原論』篠田英雄訳（岩波文庫、1960年・改訳版1976年））の厳密な意味での人間の理性による「意志の自律」もこの問題と深くかかわる。カントのいう「倫理的自律」が、「契約」そのものを正当化するものではなく、私法上の「意思自治」の観念の起源をカントに求めるのは誤りであることが、既に指摘されている（村上淳一『ドイツ市民法史』（東京大学出版会、1985年）26頁）。そのことは、取引である「契約」が直ちに「人格的自律」から正当化されるわけではないことを示すとともに、個人の「人格的自律」のための「意思」ないし「意志」は、より深い「自由」の問題に関わることが示唆されていると解することができる。

などは同列に扱われるべきではない。

　しかし、他方で、もとより、そのような真の揺るぎない個人の「意思」の探求や尊重を、いかなる社会生活の場面においても、一般的に一律に実現することは不可能であり、かつ現実的ではないことも明白である。通常の生活場面では、もっと日常的な表層的な、「個人の人格的独立」とは決して無縁ではないが、それと比較的深くは関わらない「意思」を問題とせざるをえない。とりわけ、他人の経済的利益と対立する取引においては、その問題とされる「意思」は、当該具体的な取引の場面に応じた程度の、しかも、その取引との関係で一般的に期待・信頼される程度の「意思」の徴表・表示を重視せざるを得ない。そうすると、そこでは、既に個人の人格と直結するような厳密な「意思」ではない「意思」を問題とせざるをえず、かつ、そうした程度の「意思」以外の徴表・表示行為などの別の客観的要素を「契約の拘束力」の根拠として問題とせざるをえないのである。

　もちろん、個人の「意思」をまったく無視し、積極的に個人の人格を損なうような態様で、「意思」ではない外部的要素だけで契約の拘束力を認めるということには極力慎重であるべきである。しかし、取引の種類や性質に応じて、その取引の構造やその他の状況によって、そうした「意思」以外の要素を契約的拘束力の根拠としても、「個人の人格の独立性」を直ちに害することにはならないことも意識されるべきであろう。

(3)　企業の「意思」において「人格の独立性」を強調すべきか

　そして、同時に、次のことは強く意識されるべきである。

　一方では、純粋な個人ではなく、特に組織的な企業など営業に特化した法主体においては、その「人格の独立性」をどこまで強調する意義があるのかについては慎重であるべきである。この場合の企業主体の「自由な意思」

---

(38)　蟻川恒正・木庭顕・樋口陽一「[鼎談]憲法の土壌を培養する」法律時報90巻5号（2018年5月）66〜69頁の木庭、樋口、蟻川各教授の鼎談・応答が注目される。憲法13条の個人の尊厳原理を中心とする基本的人権規定の「私人間適用」の問題や、民法2条（民法の解釈基準）として「個人の尊厳と両性の本質的平等を旨」とする趣旨を重視すべきことなど重要な示唆がある。この点、消費者契約法において、「法人その他の団体」は「事業者」として、「個人」である「消費者」と区別され（消費者契約法2条1項、2項）、「消費者」を保護するための規律が行われる。このことは、「私的自治の原則」の例外的な修正ではなく、「私的自治の原則」の回復であり、憲法の趣旨を反映した民法2条1項の趣旨を反映し具体化したものと解すべきである。

は、その人格的独立性の尊重というよりも、むしろその営業の自由のためのものである。しかも社会経済的な立場が強い企業主体の「自由な意思」を、「契約自由の原則」の名のもとに、積極的にも（「約款」による不当な「特約」の場合など）、消極的にも（「取引」の仕組みを用意しておきながら直接の契約関係にないことを盾に責任を免れる場合など）、偏重することとなる危険性に対しては最大限の注意がはらわれなければならない。そのような場合には、経済的・社会的弱者である相手方の「個人の人格的独立」や「個人の尊厳」の犠牲のもとに、企業主体の「エゴ」を守ることになりかねないからである。

(4) 誰の「自由」が守られるべき場合か

他方、個人にとって、手続的にもあるいは実体的にも不公正に不利益を強いその「人格の独立性」を損なうような態様で、表明させられたといえるような個人の「意思」は、逆に、それを安易に「契約の拘束力」の根拠とすべきではない。また、そのような場合で、「希薄な意思」しか認められないとき、あるいは「意思が欠如」している場合はなおさらである。「約款」の問題が典型的である。これらの場合は、不公正な不利益を強いられる契約の一方当事者の側にこそ「私的自治の原則」の理念に照らした「契約自由の原則」が強調されるべきであり、同原則の前提が満たされていない場合として、無効や取消し、あるいはいわゆる「任意規定」による補充・代替が必要となる場合である。この点はすでに有力な学説（河上ほか。前掲注（10）拙稿参照。）の展開があるところである。

「契約自由の原則」が、取引の場面における「個人の意思」を尊重し「個人の人格の独立性」を尊重する原則でもあるというとき、それは、18世紀や19世紀初頭とは異なり、現代では、一律・一般的に「重要な私法の原則」だということはできない。現代では、既に、どういう場面でその原則を持ち出し、誰の「自由」を守ろうとするかを考慮せざるをえない社会状況になって久しい。

もちろん、「契約自由の原則」を、すでにどのような場面でも一般的・一律に妥当するものではないとの認識はすでに共有されており、その例外・修正が問題となってはいる。しかし、それでも、なお、一方で、「契約自由の

---

(39) 星野・前掲注（18）「強者としての市民に対する禁欲の要請」についての批判に対して、「本

原則」は、経済的強者を守る場面で強調されすぎているのが現状である。[39]

(5) 「契約自由の原則」が真に「個人の人格の独立性」に関わる場合

さらに、次のような場面では、特別の注意が必要である。経済的弱者あるいは、個人の精神的自由の侵害ともなる場合、加えてそれが民主制の根幹にかかわるような場合は、まさしく、「個人の尊厳」「個人の人格の独立性」[40]を害するような場面であり、このような場合こそ「契約自由の原則」およびその背景にあり上位の概念である「私的自治の原則」がないがしろにされてはいけない場面である。このような場合には、「契約自由」が「知る自由」と密接不可分な場合であり、本来の「私的自治」とも深く結びつく場合であり、「契約自由」が厳守されなければならない場合である。[41] しかるに、その

稿では行動原理として述べてはいない」とされつつも、「しかし敢えて行動原理を述べるならば、ささやかで、荒野に叫ぶ声に過ぎなくとも、やはり強者の自制を訴え続けることが必要であると考えるのが、筆者の「理想主義」なのである。黙っているよりは、まだしもずっとよいと考えるのである。」(同「「現代における契約」補論―批判に答えつつ将来の展望を試みる―」同論集第3巻81頁)。

(40) たとえばNHKの受信契約の問題が想定される。この点は、私の前稿（前掲注 (11) 西島「典型契約・冒頭規定の強行法性」255頁注 (58)）でも指摘した。NHK受信料契約に関する最大判平成29年12月6日（裁判所時報1689号3頁）は、「国民の知る権利を実質的に充足する」ことを前提とした「放送法64条1項は、日本放送協会の放送を受信することのできる受信設備を設置した者に対しその放送の受信についての契約の締結を強制する旨を定めた規定」であるとする。この判決は、私法の契約法理論の観点からも、憲法の特に表現の自由の観点からも、批判的な検討を深める必要がある重要な判例といえる。

(41) 前掲注 (40) との関連で、次のような方向での検討を要する。「知る権利」「知る自由」は、それはどのような媒体を選択して「知る」かについての「自由」も含まれる。「どのような媒体」を「選ぶ」か「選ばないか」についての主体的自由は、個人の人格的自由と深く関わりうるだけではなく、民主制の根幹にもかかわる。そして、発信情報の具体的な聴取がなくとも、それを受信しうる設備を設置保有することを選択した場合においていて「受信料」等を強制徴収すること自体を正当化するためには、①そのような強制徴収を正当化するメディアとして公正・中立な（これは「あたりさわりがない」という意味とは異なる）必要・十分な情報を提供できているか、②そのような公的機能をチェック・担保するための制度的環境が整備され、かつ、実際にそのように運用されている実態があるかどうかが厳しく問われることになるはずである。まして、テレビ等の受信設備からNHKの受信機能をはずして受信契約を免れる選択の自由も保障されないまま、テレビ等の受信設備を購入すると無条件でNHKとの受信契約が強制され、それに基づく受信料が受信設備購入時に遡って強制徴収できるというのは、受信設備の購入者に受信するか否かの選択も許さない「知る自由」の根幹を侵害する疑いすらある。

　上記のような「私的自治の原則」と「契約自由の原則」との関係の理解によると、上記のような個人の「知る権利」は、私法上においても「私的自治の原則」に内包される精神的自由の重要な要素であり、同原則から、こうした精神的自由に深く関わる場面では、「契約自由の原則」に対し、その「自由」の原則が強く堅持される要請がはたらく場合である。企業の営業の自由のあり方が制約される場面とは明らかに異なる。このことは強く意識されるべきである。

ような場面では、逆に、「契約自由の原則」が強調されないのが、現状である。

(6) 小括

一方で、「契約自由の原則」を「牛刀をもって鶏を割く」(42)ように使って、経済的弱者の「契約自由」を奪い本来の「私的自治」を損なう。他方で、「私的自治」の確保のために「契約自由」を強調し「牛を割く」必要があるときは「これを使わない」。そのような、ちぐはぐなことになっているのではないか。

そのような「契約自由の原則」の使い方を適切にコントロールするためにも、その上位概念である「私的自治の原則」との関係や、両者の存在意義を、星野博士による示唆を受けて、上記Ⅱの3で述べた方向で再構成する必要があると考えるのである。前述した村上1980年、1982年各論文からも、このような方向での議論が示唆されていると考える。

2 さらなる試論——多角的法律関係における「契約的拘束力」の根拠

「私的自治の原則」が、すべての個人が私的生活関係において自己の意思に基づく自律を尊重し個人の人格を尊重するための哲学的理念だとすると、以下のような機能をもつことになる。それは「真の意思」や「真の自律」や「真の人格の尊重」とは何かを問い続けることができる理念としての機能である。それは必ずしも「現実の一時点の一定の生(なま)の意思」(43)だけと直

　現在の放送法やNHKが、すべての受信設備設置者に受信契約を強制することを正当化できるほどに、民主主義の観点からの「知る権利」を充足するための「あたりさわりのない報道」にとどまらず真に公正・中立で必要・十分な情報を提供できているかどうか、また、そのような公的機能をチェック・担保する制度的環境が整備され、かつ実際に運用されているといえるかどうか、イギリス、フランス、ドイツ等他の先進諸国の公共放送に関する制度的仕組みやその運用の実態、公共放送の内容自体の実態などとの具体的な比較も含めた、十分な検討が必要である。

　そして、こうした問題は、憲法やその他の公法と密接に関連する、私法における「私的自治の原則」と「契約自由の原則」の、それぞれの関係と機能をどのように考えるかということについての、重要な場面の一つであると思われる。この問題は、次の第5の「公法との関連」の問題とともに、別途深く検討を要する問題である。なお同大法廷判決について、「受信契約の強制締結」や「受信料を強制的に徴収すること」が承認される根拠は何かを厳しく問い、「公共放送」という概念のマジックワード性を指摘する評釈が現われている(近江幸治「NHK受信契約の締結強制と「公共放送」概念」判事2377号121頁)。

(42)　孔子『論語』陽貨第十七(金谷治訳注・岩波文庫、1963年)237頁。

ちに結びつくものではないと考えることができる。

　もちろん、具体的な取引場面における「契約」においては、とりあえず、「生の意思」とその表明行為を、重要な要素とせざるを得ない現実があることを否定するものではない。しかし、そこで問題とされる「生の意思」は、その行為に関わる現象や結果のすべてを認識し表明されるものではないことも現実である。一律に、「生の意思」とその表明行為だけを問題とすることもまた現実的ではなく、また「私的自治の理念」に照らしても妥当ではない。ここに、事後的な「合理的な意思解釈」などの法技術にも既にみられるように、「生の意思」と表明行為以外の、その具体的状況や行為の構造など別の要素を考慮すべき契機が既に存在している。

　すなわち、「生の意思」の表明行為は重要であり、相手方の信頼の保護の観点からも決定的である場合が多いであろう。しかし、それだけを「契約の拘束力の根拠」の「要素」として問題とするのではなく、「私的自治」の理念に照らした、何らかの「意思的要素」とそれに加えた他の客観的ないし構造的な「根拠要素」を問題とする可能性が認められる。

　一方で、具体的な取引状況において誘導・情報の偏在・能力の違いなどから一方当事者の「私的自治」が損なわれる態様では、たとえ、具体的な（生の）「包括的な意思」が存在する証拠が残されていても、それを無視ないし限定的なものとして公正な「私的自治」の回復を図ることができる（「約款」の問題など）、他方で、いくつかの契約を組み合わせての多角的な取引を企業側が仕組んだ場合において、契約関係にない（「効果意思」のない）当事者間においても「契約的拘束力」（「取引責任」）を認めることが可能となる。

---

(43)　この「意思」の要素は、その具体性の程度は幅があってよいが、「私的自治」の理念を前提とする以上重要な要素であることは否定できない。しかし、場合によっては重視されすぎてもいけない要素でもあると考えるのである。

(44)　具体的で明確な「意思」の表明はそれだけで決定的なものとなりうるが、抽象的であっても経験則上推認できる「意思」は「拘束力」発生の一要素として考慮しうる。

(45)　すべての個人の「私的自治」にとって望ましい公正な観点からの禁反言的要素や、さらに取引構造や状況における客観的な考慮「要素」などが考えられる。

(46)　西島「『マンション分譲取引』と『三角取引（多角取引）』」椿寿夫編著『三角・多角取引と民法法理の深化』別冊NBL140頁。なお、西島「『マンション分譲取引』と『三角取引（多角取引）』に関する覚書」（流経法学第16巻第1号、2016年9月）1頁、同「『マンション分譲取引』と『三角取引（多角取引）』に関する覚書（2）ー『多角的法律関係論』と『約款論』・『関係的契

以上の私見を、要約すると、「契約の拘束力の根拠」は、このような「私的自治」の理念に照らすと、基本的には、すべての「個人の意思」が尊重されるべきであるが、それは常に「効果意思」に支えられた「表示行為」だけに求められるものではなく、公正の観点から場合によっては若干抽象化された「意思的要素」と、それに加えて「禁反言的要素」あるいは取引の構造や状況から客観的に見いだせる「報償責任的要素」などの、他の「客観的要素」ないし「構造的要素」にも求められるということになる。

V　公法との関連

　前述した、星野博士の、<u>国家権力が民主的なものであれば契約に対する規制は『より大きい意味において私的自治の肯定であること』</u>という指摘は、公法との関連を示唆されているように思われる。
　この問題も、別途詳しく検討を要する大きな問題であるが、現段階での問題意識と検討の方向性を以下に若干述べておきたい。

1　近代国家の存在根拠（すべての国民の自由を守るために権力を集中・独占する）――近代憲法の前提と役割その1

　この問題は、そもそも近代国家の延長にある現代国家が、そもそも何のために存在するのかという大きな問題とかかわる。[47]
　そもそも「近代国家」は、すべての個人の「自由」[48]を守るために存在する。そこでは、必然的に個人相互間の「自由の調整」を国家の重要な役割と

　　約理論』などとの関係について」（流経法学第16巻第2号、2017年2月）1頁も参照。
(47)　以下の論述は、木庭顕『現代日本公法の基礎を問う』（勁草書房、2017年）1頁「国家とは？」以下に負うところが大きい。もちろん正確に理解できていない場合には私の責任である。そこでは、政治やデモクラシーの概念についての予備知識を説く部分において、同書16頁は樋口陽一『憲法Ⅱ』（青林書院、1998年）との接続が示されている。これを受けて樋口教授の、『抑止力としての憲法』（岩波書店、2017年：以下樋口『抑止力』と引用）ⅷ頁以下の論述がある。さらに、前掲注(38) 蟻川・木庭・樋口・法時90巻5号68頁以下国家による「私的権力の解体」「中間団体の解体」が第一次的に重要であったことに言及されている。この木庭、樋口両教授の説明は極めて重要であると考えられる。
(48)　この「自由」には、その前提である生命はもちろん、個人の尊厳を守るのに不可欠な自由及びそれに必要な財産（その必要な保障の程度の制度的考察は別としても）も含まれる。

することになる。その「調整」は、一部の個人や組織・団体の自由だけが偏重されないように最大限配慮されなければならないはずである。そうした、すべての個人の自由を守るために、そもそも封建的な特権的身分や中間的な権力団体を解体して国家にのみ権力を集中したのが近代国家であったはずである。

2　国家への権力の集中に対する権力濫用防止の枠組み──近代憲法の役割その2

　そうして国家に集中された権力は、国民の自由を守るためにのみ使われるものであるが、それは同時に、集中した強大な権力の濫用から個人の自由を守る必要性も生まれる。そのために、そうした権力集中によって強大な権力機構となった国家権力の濫用を防止する枠組みも必要となる。近代的立憲主義の誕生である。

　近代国家は本来すべての個人の自由を守るために信託的に権力を集中された機構として生まれ、かつ、その信託にこたえるためにも自らの権力濫用を防止する仕組みを自ら備えるものとして存在することを、近代憲法は前提としている。国民すべての個人の自由を守るために信託的に権力を集中したのに、個人の自由を侵害するように権力が使われたとしたら、それはまさしく最もやってはいけない「背信」ということになる。

　このことを、近代憲法の系譜にある日本国憲法が、その前文で「そもそも国政は、国民の厳粛な信託によるものであって、その権威は国民に由来し、その権力は国民の代表者がこれを行使し、その福利は国民がこれを享受する。これは人類普遍の原理であり、この憲法は、かかる原理に基づくものである。」と述べていることはその証左でもある。

　従来憲法学においても、近代立憲主義が、もっぱら国家権力の濫用を防止する「国家からの自由」の面が強調され（それは、もちろんいくら強調しすぎても強調しすぎることはない、必要なことである）、同時に、「個人の自由」を守る国家の役割（上記1で述べた憲法の役割その1）が忘れられるべきではない。その役割は、高度な資本主義の発達による格差社会を是正するための積極国家・福祉国家の思想の発達による社会権（憲法25条）概念の形成により「国家に

よる自由」の発想の出現により強く意識されてはきた。

　しかし、それ以前に、すべての国民（個人）の自由のための環境整備の使命は、近代国家存在の正当化根拠であり、近代立憲主義国家誕生時から前提とされていたものといえる。もちろん、「国家による自由」と「国家からの自由」は矛盾・緊張関係をはらんでおり、そうした両者を両立させる国家の運営は、もともと近代国家が出現当初からの「困難」な課題として内包しているものである。そのコントロールは最終的には、すべての国民の「不断の努力」（憲法12条前段）にかかっている。

　そして、私法の分野で問題となっているのは、その国家が守る役目を与えられている「私人間の自由」な分野におけるルールである。そして、「私人間の自由」な分野での大原則が「私的自治の原則」さらにそれに指導されるべき「契約自由の原則」であるといわれるものである。

3　憲法の私人間適用について

　ここで、憲法の基本的人権規定は、対公権力との関係での規定であり、私人間には直接適用されず、その趣旨や精神は民法90条や709条の規定を介して間接的に適用されると解するのが、憲法学説の通説・判例といわれる[49]。私人間では、当事者のいずれもが「自由」を享受する主体であり「自由」が守られなければならないから、自由が守られる必要のない公権力（ただし「裁量」の問題がある）と同列には扱えず、より慎重な「調整」が必要であるというのが、その主たる理由である。

　もちろん、「間接適用」といっても、どういう当事者間のどういう場面で、憲法の趣旨や精神を積極的に活かすか、「間接適用のあり方」によっても違いが生じる。さらに、そもそも、「間接適用説」の前提は、私人が質的にも量的にも基本的に「対等な自由」を有することが前提である。「社会的権力」との関係では「直接適用」を肯定しようとする有力な見解が説かれるゆえんである。

　また、「間接適用説」は、たとえばフランスに典型的にみられるように、近代国家成立時には、「社会的権力」たる封建的な中間団体を徹底して解体

---

(49)　最大判昭和48年12月12日（民集27巻11号1536頁・三菱樹脂事件）。

して、文字通り「権力」を公権力にかぎった歴史的経緯をもった国では妥当性を有するが、日本のようなそうした「中間的団体や勢力」の解体が不徹底な国には当然には妥当せず、政治によるそうした勢力の解体や、私人間適用も考慮されなければならないとする見解もある。ここで、少なくとも意識すべきことは、私人間では「間接適用説」を基本的にとるとしても、それは無前提ではないことである。

4 「私的自治の原則」の理念の役割――憲法の趣旨を反映した民法2条の存在意義

さらに、ここで考えられてよいのは、私法におけるすべての個人の尊厳のための「自由」を守るべきことは、すべての個人の「私的自治の原則」が尊重されるべきであるという原理によって、私法上の原則として既に取り込まれているということである。上記でも述べたように、私的自治の原則は、私法の分野での「個人の尊厳」を尊重するための、経済活動の自由だけではなく、精神的自由やその倫理的自律観念も内包する、私人間の「自由」な分野での哲学的な指導理念である。そこから直ちに、具体的な私法上の法律効果が導かれるものではないが、公権力は、私法上の活動において、すべての個人の「私的自治」が損なわれないように、立法を整備し、私法の解釈・適用にあたって行政部門、司法部門を指導し、具体的な事件においてはその十分な考慮を怠ると違法となりうるもので、単なるスローガンとは異なるものである。民法2条において、「この法律は個人の尊厳と両性の本質的平等を旨として、解釈しなければならない」と明記されるのは、この趣旨を含むと解される。

前述した、星野博士の<u>国家権力が民主的なものであれば契約に対する規制は『より大きい意味において私的自治の肯定であること』</u>という指摘は、以

---

(50) 木庭・前掲注(40) 16頁、139〜140頁。なお、樋口『抑止力』(岩波書店、2017年) ix頁には「ル・シャプリ法(一七九一)による結社の禁圧から届出制による法人取得を承認した結社の自由法(一九〇一)に至る過程を体験しなかった日本は、まさしくそれゆえに、私人間適用の一方当事者を社会的権力として扱うことが、実定法上での意味を持つと考えてきた」とある。

(51) 樋口・前掲『抑止力』197頁「はじめに」の注9において「基本権の私人間効力論によって対応しようとしてきた問題が、民法2条の積極的活用によって解決できる可能性がかりに現実的になったとすれば、社会的権力論という裏づけも不要になるだろう」と述べられている。

上の問題意識と接合するものと思われる。

　なお、これらの問題は、山本敬三教授の憲法に根拠を求める「公序良俗論」とも無縁ではないと考えられる。山本敬三教授は、私人間の憲法適用については、憲法学の判例・通説である「間接適用説」を前提とされつつ、民法の解釈・適用についても「憲法の大枠がかかっている」ことを、司法権等による「基本権の保護義務」構成によって民法90条を中心に具体的に論じられる[52]。山本教授は、私人間の憲法適用については、「間接適用説」を前提とされつつも、「契約制度は、憲法13条により保障された私的自治を実現するうえで不可避的に要請される制度である」と述べられる[53]。

　そうした「私的自治の原則」の憲法上の位置づけには私も共感を覚えるものである。ただ、同原則は、精神的自由も含む「個人の全人格的な尊重」と不可分なものであるが、他方で「契約自由の原則」は、特に現代の高度な資本主義社会では「営業の自由」と強く結びつくものであり、特に社会経済的強者の経済的自由に対する社会政策的制約に服する可能性が高いものであることが意識されなければならない。その意味で両原則は同列に論じられるべきではないことは既に述べたとおりである。「契約自由の原則」において誰の自由を保護しようとするかにもよるが、それを過度に強調しすぎることは、すべての人に保障されるべき「私的自治」の理念を害する場合があることが意識されるべきである。

　私見においては、上記で繰り返し述べたように、特に経済的強者による「契約自由の原則」の濫用を防止し、その適正な制約について、私法の場における指導理念となるのが、「私的自治の原則」であると考える。

VI　総　括

　星野博士の示唆および村上教授の示唆を受け「私的自治の原則」と「契約自由の原則」の各内容と、両原則の関係さらには、「契約の拘束力の根拠」

---

[52]　山本敬三『公序良俗論の再構成』（有斐閣、2000年）、山本敬三・加藤雅信・加藤新太郎「『公序良俗論の再構成』をめぐって」（判タ1177号2005年）4頁以下、特に17頁山本発言参照。

[53]　山本・前掲注（51）『公序良俗論の再構成』28頁。

についての再検討を行った。それによって得られた私なりの現段階での結論を以下に要約しておく。

1 「私的自治の原則」

「私的自治の原則」とは、個人の私的生活関係の自由な形成を尊重する憲法13条にも根拠づけられる哲学的指導理念である。それは、対国家権力との関係では、「基本的人権」そのものとなって表れるものである。それが、私法の分野においては、まず、国家が個人の私的生活関係の自由な形成を妨げないよう最大限配慮するとともに、積極的に「私的自治の原則」の理念の実現や回復のために最大限配慮する要請を内容とし、民法2条はその旨を定める。

すなわち、すべての個人が平等な条件で、その思想や信条に応じて、その自由な意思に基づき意思決定を行い、自己の私的生活関係を形成し、そのために他者との関係を取り結ぶ自由が保障されている場面においては、立法、行政、司法などの国家権力は、その干渉を極力控えるべきであることが要請される。

しかし、同時に、対等の関係ではない、個人と特に企業や集団との関係において、個人の私的自治が抑圧されたり歪められたりしている場合は、すべての個人の「私的自治」を保障する観点から、抑圧されている個人の「私的自治」を回復するための適切な対応をすることを立法、行政、司法の各国家権力に要請する指導理念である。

2 「契約自由の原則」

「私的自治の原則」から、経済的取引活動の場面での派生的な原則として、「契約自由の原則」が導かれうるが、それは多分に政策的次元での原則であり、特に現代の高度な資本主義社会では企業の「営業の自由」と結びつくものである。その「営業の自由」の場面においては、企業等の経済的強者の「契約自由」のみが強調され多くの経済的弱者の個人は「契約の不自由」に陥り、ひいてはそれら弱者の「私的自治」が抑圧・侵害される危険性が高い。そこで、立法、行政、司法による社会・経済政策的コントロールが要請

され、それら抑圧されている「契約の自由」ひいては「私的自治」の回復が要請されることになる。

　他方、契約自由の原則に関わる問題であっても、単なる「営業の自由」の問題ではなく、私的自治の原則における個人の精神的自由と密接にかかわり、しかもそれが憲法の保障する民主制の根幹にかかわるような場合には、その自由の厳格な保護が要請されることになる。NHK受信契約の問題がこの場合であるが、この問題については、別途、その最高裁判例について詳細に検討されなければならない。

3　「契約の拘束力」の根拠

　「契約の拘束力」の根拠に関しては、「私的自治の」の哲学的理念の指導の下に公正の観点から決定されるべきであり、個人の「意思的要素」は尊重されなければならない。しかし、その「意思的要素」は契約の態様や契約を仕組みとして使った取引の態様や構造によって一律ではなく、意思以外の公正の観点からの「客観的要素」と合わせて根拠づけられる場合もある。

　「私的自治の原則」は、他者の私的自治への配慮、公正の観点からの倫理的要素を内在する自由・自治だからである。その自治の理念は、すべての個人に保障される自治である以上、特定の者の自由の偏重を放任するものではありえず、最小限の倫理や公正（それを「正義」と言い換えてもよい）が内在されているものである。現代の営業の自由の一環としての企業取引の法的な技術の発達状況に照らして、そのような公正の理念も内在する個人の私的自治の原則の回復が図られなければならない。

　具体的な問題として、個人の意思は不足しているが企業の意思は過剰である場合には（「約款」の問題など）、企業の過剰な一方的な意思は、私的自治の標準型ともいえる典型契約規定によって修正される。また、企業の共同による利益拡大のための仕組みを活用しての三角あるいは多角的「取引」の場合においては（「多角的法律関係」の問題など）、個人との関係において、企業側の共同の意思や利益の拡大に伴う報償責任の法理などの私的自治に内在する公正の観点から、契約のない個人に対しても「取引」を共同している企業は「取引」共同責任を負うことになる。

4　公法との関係

　公法との関係については、そもそも近代国家は個人の生存と自由を守るために存在する意義があり、そのためにまず私的権力を解体する国家による自由が前提となり、同時にそのために独占した権力を正しく行使しなければならずその濫用から個人を守るために国家からの自由も重要である。そうした憲法学的認識が「私的自治の原則」の問題にとっても不可欠に重要な問題であり、それこそが出発点となると解される。

　この問題は、憲法学の問題でもあり、歴史学の問題でもある。蓄積もない素人が軽々しく言うとお叱りを受けそうであるが、公法と私法両分野の関係は、「法の支配」の最も根本的な問題の1つでありさらに検討されなければならないと考えていることを記させていただき、本稿はとりあえずこれで終了したい。

　最後に、近江幸治先生の古希記念を祝して一言だけ付言させていただきます。私が1981年に高嶋平蔵先生の門下の端くれに加えていただいたとき、たしか近江先生は早大法学部の専任講師になられたばかりだったと記憶しています。愛車フォルクスワーゲン・ビートルに乗った若くフレッシュな、しかし、学問的にははるかに遠く前を行かれる兄弟子でした。それから私の能力不足で長くご無沙汰せざるをえない時期もありましたが、こうして古希記念論文集に寄稿させていただけるご縁は、やはり亡き高嶋平蔵先生の学恩によるものと感慨を深くせざるをえません。私にとっては、まだまだ若き日のイメージが消えていない近江先生の、古希に至るまでの真っすぐな学問的軌跡に最大限の敬意を表しつつ、これからの益々円熟したご活躍を祈念しつつ、後輩として本稿を献じます。

民法における類推に関する覚書
―― リーガル・マインドの観点から ――

新　井　敦　志

　Ⅰ　はじめに
　Ⅱ　法解釈の方法・技法と類推
　Ⅲ　類推とリーガル・マインド
　Ⅳ　おわりに

Ⅰ　はじめに

1　類推の必要性と問題点
(1)　民法における類推の必要性

　日本民法典に関して、具体的な法的紛争解決のために、ある条文の類推が問題となることが少なくない[1]。一般に、類推が必要とされる理由としては次のような事情を挙げることができるであろう。

　①法の欠缺の問題。まず、民法典制定後、時間の経過による社会の変化に伴って、制定当時には想定されていなかった新しいタイプの法的紛争が生じる場合があること、またそのことにも関係するが、そもそもあらゆる事態を想定したうえでの、詳細な規定を伴った法律を制定することは不可能であることから、いわゆる法の欠缺が生じるのは止むを得ないという事情がある[2]。

　②正義の要請。また、法の欠缺が存在する場合に、関連するある規定の単

---

(1)　椿寿夫＝中舎寛樹編著『解説・類推適用からみる民法』(日本評論社、2005年) 1頁以下 (中舎) を参照。
(2)　五十嵐清『法学入門〔第4版〕』(悠々社、2015年) 132頁以下、前田達明『民法学の展開』(成文堂、2012年) 21頁、石村健「法解釈学と立法学の関係」大森政輔＝鎌田薫編『立法学講義

なる反対解釈を行ったのでは、具体的な紛争解決として必ずしも妥当性な結果が導かれるとはいえず、むしろ類似したケースを想定しているものと考えられる他の規定の趣旨に基づいた類似の解決を行うほうが望ましいと考えられる場合があるという事情を挙げることができる。すなわち、「等しい意味のものは法的に等しく取り扱うべきである」という、正義の要請による平等原理に基づく解決の必要性ということである(3)。

③迅速な法改正による対応の困難。さらに、法の欠缺の存在が明らかとなった場合、法的安定性や予測可能性の観点からは、法改正による対応が望ましいといえるが、実際には、特に基本法典といわれるような、体系性を伴った条文数の多い法律についての迅速な法改正が常に期待できるとは限らないという事情を挙げることもできるであろう。

ところで、後述するように、民事裁判では、罪刑法定主義を採る刑事裁判と異なり、法的紛争が生じているが制定法の条文に明文の規定がないという場合、裁判所としては、慣習法や判例法に基づいて裁判をすることが認められており、さらに必要があると考えられる場合には、条理に基づく裁判をすることもできるとされている。このような事情を踏まえると、ある条文についての類推という手法は、いわゆる法源に関する民事裁判のこのような特徴とも関連付けて論じられうる問題ではないかとも考えられる。

もっとも、日本において類推という技法がかなり多用されているといえる状況は「比較法的には珍しい」との指摘もあり、留意する必要がある(4)。

(2) 民法（債権関係）改正と類推

今般の民法（債権関係）の改正は、制定から120年を超える時間が経過した民法典の「現代化」をその主たる目的としているといえるが、同時に、長い期間にわたる民法典の条文の解釈・適用の過程で条文の外に形成された膨

〈補遺〉』（商事法務、2011年）24頁、ヘルムート・コーイング（松尾弘訳）『法解釈学入門』（慶應義塾大学出版会、2016年）81頁以下、高橋和之他編集代表『法律学小辞典〔第5版〕』（有斐閣、2016年）1207頁、等。

（3）　北川善太郎『日本法学の歴史と理論』（日本評論社、1968年）366頁、石村・前掲注（2）24頁、佐久間毅『民法の基礎1〔第3版〕』（有斐閣、2008年）132頁、等。

（4）　椿＝中舎・前掲注（1）3頁（中舎）。なお、類推適用裁判例が民法の全分野にわたって多いとは必ずしもいえないとの認識もあるようである。中舎寛樹「ワークショップ・民法規定の類推適用」私法56号（1994年）159頁を参照。

大な規範群を国民の目に見えるようにして、「分かりやすい・透明性の高い民法」にするということも目的とされていた。ある条文についての類推も条文の外に形成された規範といえるので、民法（債権関係）の改正との関係でも留意する必要があるといえる。

類推に関しては、民法におけるこの問題の全体状況の把握を試みた貴重な取り組みが存在する。試みに、その取り組みにおいて取り上げられている項目と今般の民法改正において取り上げられた項目とをいくつか比較してみると次のようになる。

まず、条文化された類推の規範としては、心裡留保について改正前民法93条但し書きが適用される場合における改正前民法94条2項の類推（改正民法93条2項）、錯誤の場合における改正前民法96条3項の類推（改正民法95条4項）、代理権濫用の場合における改正前民法93条但し書きの類推（改正民法107条）、故意による条件成就の場合における改正前民法130条の類推（改正民法130条2項）、などがある。

一方、今般の改正で条文化されなかった類推の規範としては、改正前民法94条2項の類推、非権利者処分の追認に対する改正前民法116条の類推、無記名定期預金担保貸付と相殺の場合および生命保険契約者貸付の場合における改正前民法478条の類推、除斥期間経過後の損害賠償請求債権を自働債権とする相殺の場合における改正前民法508条の類推、使用貸借契約当事者

（5）「民法（債権法）改正検討委員会設立趣意書（2006年）」（『総特集・債権法改正の基本方針』NBL904号（2009年）6頁）および平成21年の「民法（債権関係）の改正に関する法務大臣諮問第88号」（民事法研究会編集部『民法（債権関係）の改正に関する検討事項』（民事法研究会、2011年）「発刊にあたって」）を参照。

（6）椿＝中舎・前掲注（1）。

（7）判例は存在しないが、学説における通説とされる。潮見佳男『民法（債権関係）改正法案の概要』（金融財政事情研究会、2015年）6頁、等。

（8）判例は存在しないが、学説における多数説あるいは有力説とされる。潮見・前掲注（7）10頁、佐久間・前掲注（3）150頁、等。

（9）最一判昭和42年4月20日民集21巻3号697頁、等。

（10）最三判平成6年5月31日民集48巻4号1029頁。

（11）判例多数。近時のものとして、最一判平成18年2月23日民集60巻2号546頁、等。

（12）最二判昭和37年8月10日民集16巻8号1700頁。

（13）最三判昭和48年3月27日民集27巻2号376頁、最一判平成9年4月24日民集51巻4号1991頁。

（14）最一判昭和51年3月4日民集30巻2号48頁。

間の信頼関係破壊の場合における改正前民法597条2項但し書きの類推、などがある。

(3) 類推の問題点

(1)で示した事情と改正民法におけるこのような状況などを見ると、日本民法典の条文に関して、類推は、今後も法解釈の重要な技法であり続けるものと考えられるが、その一方で、この類推による紛争解決には問題もある。すなわち、まず、条文に明示されていない規範による解決ということになるため一般の国民からは不透明で分かり難く、したがって法的な紛争解決についての予測可能性が失われるおそれがあること、また、どのような場合にどのような基準に基づいてある条文を類推して紛争を解決すべきかや類推の限界などについての検討が必ずしも十分になされているとはいえないため、場当たり的な、あるいは恣意的な条文の解釈に基づく紛争解決となるおそれがあること、などである。[16]

2　類推とリーガル・マインド

前述したように、類推というのは、具体的な紛争解決のためにある条文の解釈・適用を行う際に使われることがある法解釈の技法の一つである。

ところで、法的な紛争の解決のために法の解釈・適用を行うにあたっては、いわゆるリーガル・マインドというものが必要とされることがある。筆者は、民法における類推という法解釈の技法についての考察を行いたいと考えているが、本稿では、その立ち入った研究に向けた予備的あるいは導入的な検討作業として、関連すると考えられる領域が広く漠然としており、そこで扱われる要素も多様ないわゆるリーガル・マインドの観点から、その「覚書」というかたちでこの問題についての概観的な考察を行ってみたいと思う。

本稿では、次のような順序で検討を進めることとする。まず、従来の学説による法解釈の方法・技法についての説明を概観したうえで（Ⅱ-1）、類推

---

(15)　最二判昭和42年11月24日民集21巻9号2460頁。
(16)　椿＝中舎・前掲注（1）4頁（中舎）を参照。なお、コーイング・前掲注（2）83頁以下も参照。

と他の法解釈の技法との関係についての整理を行う（Ⅱ-2）。次に、一般的にリーガル・マインドに関して論じられる諸要素を整理したうえで、改めて、法の特質、および、民法あるいは民事裁判の特質を踏まえて、民法の解釈・適用において求められるリーガル・マインドについての検討を行う（Ⅲ-1）。そのうえで、類推という法解釈の技法について、リーガル・マインドの観点からの考察を行いたい（Ⅲ-2）。

Ⅱ　法解釈の方法・技法と類推

1　法解釈の方法・技法について
(1)　法解釈の実質的側面の問題と形式的・技術的側面の問題

言うまでもなく、法の解釈とは、「法を具体の事案に適用するに当たって法のもつ意味内容を客観的かつ具体的に明確化する作業」のことである。民法の解釈の仕方に関しては、これまでに、文理解釈、論理解釈、反対解釈、類推解釈、拡張（拡大）解釈、縮小解釈、また、歴史的解釈、目的論的解釈、さらには、反制定法的解釈、等についてさまざまに説明されてきたが、最近の教科書等では、法解釈について、その「実質的側面の問題」と「形式的・技術的側面の問題」とに分けたかたちで説明されることが多いようである。

例えば、五十嵐教授は、法の解釈について、その「方法」と「技術」とに分けた説明をしている。そして、法解釈の代表的な「方法」として、文理解釈、体系解釈、目的解釈（目的論的解釈）を挙げる。この三つの解釈方法の関係については、まず、①三権分立および法的安定性の観点から、法規範の言葉と法文に忠実な解釈方法としての文理解釈が重要であり基本とする。次に、社会における具体的な紛争解決のためには文理解釈だけでは不十分であることから、その不十分さを補うための解釈方法として、②個々の法文の解

---

(17)　法令用語研究会編『有斐閣・法律用語辞典〔第4版〕』（有斐閣、2012年）1049頁。
(18)　我妻榮『新訂・民法総則』（岩波書店、1965年）27頁以下、於保不二雄『民法総則講義』（有信堂、1951年）22頁以下、団藤重光『法学入門〔増補〕』（筑摩書房、1986年）305頁以下、星野英一『法学入門』（有斐閣、2010年）149頁以下、広中俊雄『新版民法綱要・第1巻』（創文社、2006年）63頁以下、前田・前掲注（2）63頁以下、石村・前掲注（2）18頁以下、碧海純一『新版・法哲学概論〔全訂第2版補正版〕』（弘文堂、2000年）133頁以下、等。
(19)　五十嵐・前掲注（2）138頁以下。

釈に際して、その法文だけでなく、他の法文も参照して体系的に調和のとれた解釈を行うものとしての「体系解釈」、および、③文理解釈や体系解釈によって妥当な結論を見出しえない場合になされる、解釈の対象となる法規範の目的に従って解釈を行うものとしての「目的解釈」が必要となるとする。そのうえで、五十嵐教授は、体系解釈や目的解釈をするための法解釈の「技術」の代表的なものとして、拡張解釈、縮小解釈、反対解釈、類推（解釈）を挙げている。

　また、笹倉教授は、法律家による問題の処理の仕方（法解釈の思考構造・思考過程）に関して次のように説明する。問題の処理にあたって、関連する法律（条文）のなかに問題となっている紛争との関連では意味が明確ではないものがある場合に、第一に、「参照することがら」として掲げる五つのこと、すなわち、①法文自体の意味（＝文理解釈）、②条文同士の体系的連関（＝体系的解釈）、③立法者の意思（＝立法者意思解釈）、④立法の歴史的背景（＝歴史的解釈）、⑤法律意思（正義・事物のもつ論理・解釈の結果）（＝法律意思解釈）を参考にした検討を行って意味の確認を試み、解釈の方向性を固める。そして第二に、そのようにして意味を確認した条文が問題になる事実と論理的にうまく結び付くよう、その条文の適用にあたり、「レトリック上の工夫（条文の適用上の工夫）」を行うとし、その処理の仕方として、①文字通りの適用、②宣言的解釈、③拡張解釈、④縮小解釈、⑤反対解釈、⑥もちろん解釈、⑦類推（類推適用）、⑧法意適用、⑨反制定法解釈を挙げている。

　中舎教授も、民法の解釈に関しては「指針」と「技術」があるとし、指針として、文理解釈、論理解釈、目的論的解釈、立法者意思の尊重、歴史的沿革の尊重を挙げ、技術として、文理解釈、拡張解釈、縮小解釈、反対解釈、

---

(20)　実際上は、個々の制定法の体系や一国の全法体系がどのようなものであるかは形式的観点から説明し尽くせるものではないことから、体系解釈は自ずから目的解釈に移らざるをえないとする。五十嵐・前掲注（2）145頁。なお、体系解釈と目的解釈との境界については必ずしも明確ではないとする。同・142頁。

(21)　五十嵐・前掲注（2）156頁以下。因みに、五十嵐清『私法入門〔改訂3版〕』（有斐閣、2007年）55頁以下では、「私法解釈の方法」と「私法解釈の技法」として同様の分類をしている。

(22)　笹倉秀夫『法学講義』（東京大学出版会、2014年）65頁以下。なお、この「参照することがら」と「レトリック上の工夫」とを明確に区別した先駆的業績は、五十嵐教授の教科書であるとする。同・71頁の注（29）。

類推解釈を挙げている[23]。

また、星野教授は[24]、「解釈方法の形式的分類」と「解釈の実質的問題」とに分け、まず、解釈方法の形式的分類として、文理解釈、拡張解釈、縮小解釈について説明する[25]。そして次に[26]、解釈の実質的問題として、文理解釈、論理解釈、立法者・起草者の考え方（立法者・起草者の「意思」）の探究、目的論的解釈（客観的解釈）、利益考量・価値判断による解釈についての説明をしている[28]。

前田教授も、従来の法解釈方法論争の「交通整理」として、法解釈の方法について、「法解釈の実質的側面」あるいは「法文解釈の価値判断基準」と、「法解釈の形式的側面」あるいは「法解釈の技術的側面」とに分けている[29]。そしてまず、法解釈の実質的側面として、①合憲性、②立法者意思、③法の目的あるいは趣旨、④歴史的解釈という四つの価値基準を挙げる。次に、法解釈の形式的側面として、法解釈技術の方法を、「法文内解釈」、「法文外解釈」、「反制定法的解釈」とに分けて説明する[30]。そして、法文内解釈として、①文理（文言）解釈（＝立法者意思の探究）、②拡大（拡張）解釈、③縮小解釈（目的論的制限解釈）があり、法文外解釈として、④反対解釈、⑤類推解釈、⑥法理（法意）解釈があるとし[31]、これらのうち、②、③、④、⑤、⑥は「論理解釈」であるとする[32]。

---

(23) 中舎寛樹『民法総則』（日本評論社、2010 年）8 頁以下。なお、文理解釈については、解釈の指針であるとともに技術でもあるとする。同・9 頁。
(24) 星野・前掲注（18）149 頁以下。法解釈に関する星野教授の考え方については、星野英一『民法概論Ⅰ〔改訂版〕』（良書普及会、1993 年）48 頁以下も参照。
(25) 山下純司＝島田聡一郎＝宍戸常寿『法解釈入門』（有斐閣、2013 年）21 頁以下も解釈の「実質的な根拠、観点」と「技術的・形式的な観点」からの分類を行っている。
(26) なお、「類推解釈、法律の欠缺」の項目の中で、反対解釈も形式的推論の一つと説明している。星野・前掲注（18）158 頁。
(27) これは、単に形式的な方法というだけでなく、実質的な解釈方法でもあるとする。星野・前掲注（18）151 頁。この点は、中舎・前掲注（23）9 頁の説明も参照。
(28) なお、まず歴史的解釈（立法当時の社会的・思想的背景等を踏まえた立法者・起草者意思の把握）を行い、次に目的論的解釈に進む、というのが、現在の民法学者の一般的な解釈のやり方であるとする。星野・前掲注（18）155 頁。
(29) 前田・前掲注（2）4 頁以下および 21 頁以下。
(30) 反制定法的解釈は論理解釈の一つとする。前田・前掲注（2）16 頁。
(31) 法文や法制度の基礎となっている「法理」に基づく法創造のことだとする。前田・前掲注（2）36 頁以下。

なお、大村教授も、法解釈の方法について、「解釈の視点」の問題と「解釈の技術」の問題とに分けた説明をしている。そしてまず、解釈の視点の問題として、テクストとしての法源（例えば法律）の読み方について、「立法者意思説＝歴史的解釈」と「法律意思説＝客観的解釈」との対立があるとする。そのうえで、そのいずれもがテクストのみを問題とするわけではないという意味では目的論的解釈の一種であるとし、テクストのみを問題にする文理解釈・論理解釈と対立するとする。次に、解釈の技術に関する問題として、拡張解釈、類推、反対解釈（限定解釈）、縮小解釈、などの技法があるとする。そして、これらは、複数の法規範の矛盾（重複・欠缺）を処理するための技術であるとする。

このように、最近の教科書等では、法解釈について、その「実質的側面の問題」と「形式的・技術的側面の問題」とに分けたかたちで説明される場合の多いことが分かる。そして、「類推」については、法解釈の形式的・技術的側面の問題として扱われる技法の一つと位置付けられていることから、この類推という技法と他の法解釈の技法との関係を明らかにしておく必要が出てくるといえる。なお、言うまでもないことだが、法解釈の技法は、法解釈のあり方に関する実質的な問題との関係で、そこでの価値判断を法的な形式論理として構成し提示するための技術ということになるので、類推という法解釈の技法と実質論との関係にも十分に留意する必要がある。

(2) 法解釈の方法・技法といわゆる法の欠缺との関係

いくつかの学説による説明からは、法解釈の技法と「法の欠缺の補充」との関係にも注意する必要があることが分かる。

広中教授は、民法の解釈について、狭義の解釈、欠缺補充、反制定法的解釈に分けた説明をしている。まず、解釈がある制定法の規定の意味内容を確

---

(32) 論理解釈については、「論理の力を借りて、その法文の適用範囲を確定すること」とする。前田・前掲注(2) 34頁。
(33) 大村敦志『基本民法Ⅰ〔第2版〕』（有斐閣、2005年）348頁以下。なお、この他に「解釈の原理に関わる問題」があるとし、これら三つを区別する必要があるとする。
(34) なお、法解釈の方法について、そのスタートラインとしての文理解釈（文言解釈）と論理解釈（体系解釈）を説明したうえで、「条文の立法趣旨の理解に関する問題（方法）」と「条文の立法趣旨の認識・確定の結果として用いられる（べき）解釈技法」とに分けた説明をする金井高志『民法でみる知的財産法』（日本評論社、2008年）253頁以下も参照。

定することで完了し直ちに適用となる場合、そのような解釈を、欠缺補充や反制定法的解釈の場合から区別して、「狭義の解釈」と呼ぶことができるとする。そして、狭義の解釈についての方法上の基本的な問題として、立法者意思説、客観的解釈（客観説）、歴史的解釈についての説明をする。また、そのうちの客観的解釈について、文理解釈、体系的解釈（あるいは論理解釈）、目的論的解釈に言及した説明を行っている。次に、欠缺補充について、ある事態に対して必要と考えられる規律が、規定としては文理解釈上制定法に欠けている場合に、それを補充することであるとする。そして、欠缺補充の主要な方法として、「ある規定の類推による欠缺補充」、「隠れた欠缺の補充」、「条理による公然欠缺補充」について説明している。

　また、田中教授は、まず、「法の欠缺補充」と「制定法に反した法形成（制定法の修正）」について、法理論的には、制定法の条文を直接的な手掛かりとしそのときどきの言語慣用からみてその可能な語義の枠内で行われる「狭義の法解釈」と区別して、「法の継続形成」と呼ばれているとする。そのうえで、「法解釈の技法」として次のような説明をする。まず、法の解釈においては、制定法の条文を手掛かりに実定法の規範的意味内容を具体的に確定したり継続形成したりするために独特の教義学的技法が用いられるとし、伝統的な諸技法には、厳密には「法の欠缺の補充技法」とみなすべきものも含まれているが、それらも、歴史的には、「狭義の法解釈技法」と明確に区別されることなく一体となって発達してきたとする。そして、現在における法解釈の主な技法としては、狭義の法解釈技法として、文理解釈、論理解釈（体系的解釈）、歴史的解釈（沿革解釈）、目的論的解釈があり、法の欠缺の補充技法として、類推、反対解釈、勿論解釈があるとする。

---

(35) 広中・前掲注（18）63頁以下。広中俊雄『民法解釈方法に関する十二講』（有斐閣、1997年）も参照。
(36) 広中・前掲注（18）70頁以下。なお、広中・前掲注（35）27頁以下では、「法規の操作による欠缺補充」（類推・反対解釈・目的論的制限・一般条項の利用）と「法規の操作によらない欠缺補充」とに分けた説明がなされている。
(37) 田中成明『法学入門』（有斐閣、2005年）168頁以下。なお、「広義の法の解釈」を「狭義の法の解釈」と「法形成」とに分け、また法形成について「欠缺補充」と「法律を超える法形成」とに分けて説明する石村・前掲注（2）22頁以下も参照。
(38) 田中・前掲注（37）171頁以下。

なお、前田教授は、法文解釈、すなわち、条文の適用範囲を確定するとは、その条文が定める法律効果の発生を認める（その条文を適用する）か否（その条文を適用しない＝法の空白）かという価値判断であるとして、法文解釈にとっての法の空白（法の欠缺）の重要性を指摘したうえで、それについての説明をしている。

一般に、いわゆる法の欠缺補充のための法解釈の技法とされるのは、類推、勿論解釈、反対解釈などである。「法規の解釈」と「欠缺の補充」については、「法規」があるかないかによる区別であり異なった問題ということもできるが、目的論的解釈によるという手法は同じなので両者を「解釈」に含めることが多いとする説明がある。このような考え方を踏まえると、類推による法の欠缺補充も、法解釈の技法の問題として位置づけることができるであろう。

また、いわゆる法の欠缺については、制定法の欠缺なのか、実定法の欠缺なのか、超実定法的な思想をも含めた法全体の欠缺なのかという問題があるが、法解釈の技法との関係では、ひとまず、「制定法の欠缺」という理解を前提にしておきたいと思う。

なお、制定法の欠缺補充の解釈技法としての類推については、一般条項および条理による法の欠缺補充や、反制定法的解釈との関係をどう考えるべきかという問題もある。

2　類推と他の法解釈技法との関係

(1)　類推について

例えば、法律用語辞典などのなかでは、「類推解釈」と同義とされる「類

---

(39) 立法時から存在する法の空白（原始型空白）と立法後に作出された法の空白（後発型空白）とに分けたうえで、原始型空白について、①否定型空白、②授権型空白、③想定外型空白とに分類する。前田・前掲注 (2) 21 頁以下。この他に、公然欠缺と隠れた欠缺という区別がある。青井秀夫『法理学概説』（有斐閣、2007 年）528 頁以下、広中・前掲注 (18) 70 頁以下、石村・前掲注 (2) 24 頁。この区別に基づくより詳細な類型化を行うものとして、石田穰『法解釈学の方法』（青林書院新社、1976 年）29 頁以下を参照。
(40) 星野・前掲注 (18) 158 頁。なお、田中・前掲注 (37) 171 頁以下も参照。
(41) 制定法、慣習法、判例法がこれに該当する。法令用語研究会編・前掲注 (17) 507 頁。
(42) 青井・前掲注 (39) 524 頁以下、高橋他・前掲注 (2) 1207 頁、等。

推」という用語に関して、「法解釈において、法規に規定された事項の意味を法規にない類似の事項に拡充する方法」といった解説があり、「法秩序全体の目的と、個別的な場合の実情とを考慮して、必要な場合に類推を用いることは、私法では早くから認められていた。これに対し、罪刑法定主義の建前上、刑法では類推は許されないとされていたが、刑法上も合理的な範囲内では類推を認める考えもある」との説明が加えられている。

このような一般的理解のうえに、類推については次のことが重要とされる。すなわち、ある規定Xが予定する事態Aと、実際に問題となっている事態Bとが、本質的な点で同一であること、それゆえ、同じ法律効果をもって律するのが適当であるかどうかを判断することである。そして、事態Bが、規定Xの予定する事態Aと本質的に同一と考えてよいかを判断するには、規定Xが事態Aについてどのような根拠から法律効果を付与しているのかを明らかにすることが必要であり、これを明らかにした後に、事態Bについてもその根拠が妥当するかを考えて類推適用の当否を判断することになるとされる。

また、碧海教授は、類推の決め手は、「ある法文が正面から規律している事案とそれからの類推の対象となるべき事案との『本質的類似性』の有無」であるとしたうえで、「AとBとが『本質的に似ている』ということは、AとBがすべての重要な性質を共通に持っているということ」だが、「何が重要で、何が重要でないかは、一定の評価基準なしには決められない」とし、この評価基準となるものは、「統制目的」であるとする。

因みに、類推（analogie）に関連するフランス法諺として、「同一の立法理由あるところ、同一の法律の規定あり（Ubi eadem est legis ratio ibi eadem est legis dispositio）」というものがある。そして、この法諺について、裁判官と立法者とに向けられたものであるとし、裁判官に関しては、この法諺は、類推

---

(43) 法令用語研究会編・前掲注（17）1168頁。
(44) 佐久間・前掲注（3）132頁を参照。なお、石村・前掲注（2）24頁、椿＝中舎・前掲注（1）290頁以下（椿）、北川・前掲注（3）366頁以下、等も参照。
(45) 碧海・前掲注（18）153頁。なお、慶應義塾大学法学教育研究会『法学新講』（慶應通信、1967年）164頁（倉沢康一郎）は「立法目的」という。
(46) Roland (Henri) et Boyer (Laurent), Adages du droit français, Litec, 3 éd., 1992, p.928. 山口俊夫編『フランス法辞典』（東京大学出版会、2002年）650頁も参照。

による推論を用いることを正当化するとの説明がある(47)。また、類推による推論（raisonnement par analogie）について、「ある条文によって規定されたある事案についての解決を、その事案とその条文が想定していない類似する事案の双方においてその規準を適用すべき理由が同じ力（説得力）を有すること──そのことは、それらの事案の類似しているところが、その規準の立法理由において、その規準の適用にとって決定的である場合に明らかにされる──を示して、その類似の事案にまで広げること」との説明がなされている(48)。

なお、この類推という技法には、一般に、個別類推（あるいは、法規類推・法律類推）と総合類推（あるいは、法類推・全体類推）とがあるとされる(49)。まず個別類推とは、単一の法規定を類推するものであり、一般に類推解釈といわれるものの多くがこれに当たるといえる。これに対して、総合類推とは、複数の個別の法規定を総合的に推及するものであり、具体例としては、代理権消滅後の越権代理行為について改正前民法110条と同112条「両規定の精神に則り之を類推適用」した判例(50)や、不実の登記の作出に関して権利者本人に重い帰責性ありとして改正前「民法94条2項、110条の類推適用」により本人の責任を認めた判例(51)、などがある。

なお、先に見たように笹倉教授は、「条文上の適用の工夫」の一つとして「法意適用」を挙げているが、ドイツで18世紀以降、「法類推」ないし「総合類推」として活用されてきている手法がこれにあたるとする。そしてこれは、単なる類推とは違い、「複数の条文から一般的な命題を抽出して、別の、類推ができないほどに異なった、しかし原理は共有しあっているケースに適

---

(47) ある事案について定められた規準は、理由の同一性がある以上、たとえ明示的に適用対象とされていなくても類似の事案に適用されなければならない、との説明が加えられている。Roland（Henri）, Lexique juridique, expressions latines, Litec, 2 éd., 2002, p. 241.

(48) Cornu（Gérard）, Vocabulaire juridique, puf, 8 éd., 2000, p. 54 et s. argument *a pari* に関する説明（Ibid., p. 68）も参照。なお、山口・前掲注（46）28頁も参照。

(49) 椿＝中舎・前掲注（1）292頁（椿）、石村・前掲注（2）24頁、広中・前掲注（18）73頁、等。

(50) 大民連判昭和19年12月22日民集23巻626頁。なお、最一判昭和45年12月24日民集24巻13号2230頁も参照。

(51) 最一判平成18年2月23日・前掲注（11）。

(52) 笹倉・前掲注（22）70頁。なお、前田・前掲注（2）36頁以下も参照。

用する」ものとする。

(2) 他の法解釈技法との関係
(a) 拡張（拡大）解釈・縮小解釈（目的論的制限解釈）との関係

拡張解釈については、「法規範を解釈する場合に、用語、文字等を法目的に照らして、日常一般に意味する以上に拡張して広く解する解釈の方法」であり、縮小解釈に対するものとされ、「私法では一般に行われるが、刑法では罪刑法定主義の原則から制限される」といった解説がなされる。一方、縮小解釈については、「法規範を解釈する場合に、用語、文字等を、法目的に照らして、日常一般に意味する以上に縮小して狭く解釈すること」で、拡張解釈に対するものとの説明がなされている。

以上のような説明と先に見た類推に関する説明から分かるように、法の欠缺という観点からは、拡張解釈、縮小解釈は、制定法に欠缺がない（＝適用できる条文が現存している）場合に用いられる法解釈の技法であるのに対して、類推は、反対解釈、勿論解釈と同様に、制定法に欠缺がある（＝適用できる条文がない）場合に用いられる法解釈の技法であるといえる。

学説による説明をさらに見てみよう。例えば、田中教授は、類推を拡張解釈や縮小解釈などと同様、論理解釈の一種とみる見解もあるが、解釈が法規の文理的意味の枠内で行われるのに対して、類推は、法の欠缺の存在を前提として法規を間接推論によって適用する補充的作業であるから、両者は法理論的には区別されるべきであるとしたうえで、実際問題としては両者の区別が極めて困難な場合が多いとする。

椿教授は、拡張解釈と類推との関係について、拡張解釈の方法により、条文の文言の解釈として取り込まれた内容は、もともとその条文になかった（あるいは気付かれていなかった）ものだから、欠落を補填したものと理解することもでき、また、類推適用とは紙一重か、あるいは隣接している場面も多いとし、具体例として不完全履行を挙げて次のような説明を行う。すなわ

---

(53) 法令用語研究会編・前掲注（17）111頁。
(54) 法令用語研究会編・前掲注（17）558頁。
(55) 笹倉・前掲注（22）68頁以下、田中・前掲（37）171頁以下、前田・前掲注（2）31頁以下、金井・前掲注（34）253頁以下、等。
(56) 田中・前掲注（37）174頁。

ち、不完全履行は、日本民法典制定当時には未だ知られておらず、制定後しばらくしてドイツから「積極的契約（または債権）侵害」の名で輸入され、学説・判例に定着した観念であるが、これを、日本民法典の規定上はあくまで欠落しているとみるならば類推適用の場面となり、他方、言葉の意味を拡張して民法415条前段に嵌め込んだものだと解釈するならば拡張解釈の場面となるとするのである。

　また、星野教授は、まず、法解釈方法の形式的分類として、文理解釈、拡張解釈、縮小解釈などを挙げたうえで、具体的な事件においてどれが適当な解釈かを決める基準は別のところにあるとする。また、解釈はその規定の趣旨・目的に遡ってそれに適合するようになされるとし、「その結果、ある場合は、規定の言葉に入りそうな解釈になったり、入りそうにない解釈になったりする」とする。そして、「換言すれば、前者を『拡張解釈』、後者を『類推解釈』というように分けるのも一つの用語法かもしれないが、実質的には同じ方法を用いている。どちらも『類推解釈』と呼ぶほうが、論理的には正確」とするのである。しかしまた、その一方で、「『拡張解釈』と『類推解釈』とは、結論は似ているが、論理的には異なった次元に属する」とされる。要するに、目的論的観点からそれぞれの解釈技法が使われるという点で両者は同様だが、形式論の観点からすると、ある事項が条文の規定の対象外とされる場合には類推適用となり、条文の規定には明記されていないが解釈の作業により当該条文の文言に含ませうるとされる場合には拡張解釈となる、ということであろうか。

　この点に関連して、笹倉教授は、拡張解釈について、問題となる観点から見てa・b間で似ている点（本質的類似性）が極めて高ければ（数量化すると75％程度以上）、bをaの概念に入れて処理する解釈であるとし、一方、類推については、a・b間で本質的類似性がさほど高くなくとも、ある程度は確

---

(57)　椿＝中舎・前掲注（1）288頁（椿）。
(58)　星野・前掲注（18）151頁。
(59)　星野・前掲注（18）157頁。
(60)　星野・前掲注（18）157頁。
(61)　なお、金井教授は、縮小解釈と拡張解釈（狭義）が同一概念の枠内における事実評価の問題であるのに対して、類推と反対解釈は、概念の異なる事実に対して規範を及ぼすか否かの問題であるとする。金井・前掲注（34）261頁。

認できれば（数量化すると 30～40％台）、a と b は異なるが、a になぞらえて b を処理できると判断して処理する解釈であるとする。

なお、コーイング教授は、まず、反対推論、拡張的解釈、制限的解釈について、ある法規についての立法者の意思を確認し、それを立法者が選択した条文の文言と比較できるときには、それらの推論や解釈が正当化されるか否かの判断はしばしば可能であり、その場合、通常は法規の解釈および法規の適用の領域にとどまり法規の欠缺の問題は生じないとする。そのうえで、類推の場合はこれと異なり、「ある規則の設定に際して規定されていない、または事実に適合する形では規定されていない事案のために、法規において他の事案のために規定された規制を観点として、つまり、結節点として利用する」のであり、それは、もはや法適用の領域ではなく法創造の領域であるとする。

また、原島教授は、日本では、拡大解釈、縮小解釈と類推との違いがはっきりしていないとする。そして、法律に内在する思想が法であるとするサヴィニーの見解を前提として、類推と拡大解釈・縮小解釈との決定的な違いは、拡大解釈・縮小解釈では、ある法律に内在する思想がある場合に、その思想とそれを表す表現との関係を問うものであるのに対して、類推は、法律に内在する思想がそもそも存在しない場合、すなわち、いわゆる法律の欠缺の場合に働くものである点にあるとする。

(b) 勿論解釈との関係

田中教授は、勿論解釈は類推の一亜種であるとしたうえで、類推の許容性がはっきりしている場合に用いられるとする。

金井教授も、勿論解釈について、ある事項について規定があるのに他の事項について規定がない場合、後者についてはあまりに当然のこととして規定

---

(62) 笹倉・前掲注 (22) 75 頁。
(63) コーイング・前掲注 (2) 83 頁以下。
(64) 「曖昧模糊としたのがむしろ日本の学会の定説」とする。原島重義『法的判断とは何か』（創文社、2002 年）274 頁以下。
(65) 原島・前掲注 (64) 278 頁。なお、サヴィニーの二種類の類推について、同・280 頁以下。
(66) したがって、厳密には法の欠缺補充作業と見るべきであり解釈と呼ぶのは不適切とする。田中・前掲注 (37) 174 頁以下。
(67) 田中・前掲注 (37) 175 頁。

が置かれていないだけとする解釈技法であるとしたうえで、類推解釈とは別の解釈技法とされることもあるが、類推解釈をとりうることが極めて明白な場合の解釈であることからすれば、類推解釈の一種と考えられるとする[68]。

なお、笹倉教授は、先に見た拡張解釈と類推との関係に関する説明に続けて、勿論解釈について、aとbが相当に異なり、aになぞらえてbを処理することもできない（類推できない）場合で、①bを禁止する必要性がaより高いときに、aさえ禁止されているのならbも当然に禁止されるとして、また②dを許可する理由がcより高い場合に、cさえ許可されているならdも当然許可されるべきだなどとして処理する解釈であるとする[69]。

(c) 反対解釈との関係

反対解釈については、「類推解釈に対する法解釈技術で、ある法命題について直接の明文規定がない場合に、明定されている一定の法命題からその反対命題として引き出すこと」であり、「反対解釈が成り立つためには、その規定が限定的規定か制限的列挙規定であることが前提とされるが、反対解釈の当否は、法の目的論的解釈に委ねる必要がある」といった解説がなされている[70]。

ある民事紛争を解決するための条文上の明文規定が存在しない場合の事件処理の仕方として、類推による方法と反対解釈による方法とがありうるため、両者の関係が問題となる。この点について、於保教授は、反対解釈をすべきか類推が許されるかは、場合によっては決定が困難であるとし、それ自体論理的には解決できず、法的価値判断によらねばならないとする[71]。

田中教授も、反対解釈は類推と同一の基礎に立つ逆の推論であるとしたうえで、反対解釈と類推とでは結論が正反対になるが、具体的事案についていずれによるべきかは目的論的判断によることになるとする[73]。

---

(68) 金井・前掲注（34）261頁。
(69) 笹倉・前掲注（22）75頁。
(70) 法令用語研究会編・前掲注（17）953頁以下。
(71) 於保・前掲注（18）23頁。そのためには、結局、一定の概念を予定して、目的論的に決する他はないとする。椿＝中舎・前掲注（1）289頁（椿）も参照。
(72) したがって、厳密には法の欠缺補充作業と見るべきであり解釈と呼ぶのは不適切とする。田中・前掲注（37）174頁以下。
(73) 田中・前掲注（37）175頁。

また、星野教授は、反対解釈について、拡張解釈・縮小解釈と同様に形式的な推論についての命名だが、その妥当性を、条文の趣旨・目的に遡って考え、条文の趣旨から、条文に規定されていないが類似している事項にその条文を適用するものである「類推解釈」とは思考のしかた（論理的な次元）が違うとしたうえで、「しかし、条文にあることがらは、それだけを定め、他のことは認めないという趣旨だと判断した、その結論をとるならば、これは類推解釈と同じ思考のしかたをしている」とする[74]。

　要するに、ある民事紛争を解決するための法規範が条文に明文のかたちで規定されていないといういわゆる制定法の欠缺の場合に、その空白を「消極的ないし書いてある事項とは反対に解釈する」というかたちで処理すべきか（反対解釈）、当該事案と類似するケースについて規制するある条文の類推というかたちで処理すべきか（類推解釈）が、論理的には決められない場合があり、その場合には、当該事案をいかに処理すべきと考えるかという法的な価値判断によって決めざるをえないということであろう。もっともこの点に関しては、法規の解釈により、「法規における列挙が閉鎖的なものを意味したのか、あるいは例示的なものにすぎなかったのかを確定し、そしてそれに従って、反対推論が正当化されるのか否かを決断することがしばしば可能であろう」とするコーイング教授の説明にも留意する必要がある[75]。

(d)　反制定法的解釈との関係

　反制定法的解釈については、本稿で参照した法律用語辞典などには掲載されていないが[76]、例えば、「ある事態に対する規律が制定法の条文で定められているにもかかわらず当該条文とは無関係な形で論理的に成立可能な構成をととのえることにより実質上その規律に反する結果を導くような解釈」といった説明がなされることがある[77]。もっとも、このような説明から考えても、これを法解釈の技法の一つと言ってよいかについては議論がありうるところであろう。

---

(74)　星野・前掲注（18）157頁以下。
(75)　コーイング・前掲注（2）84頁。
(76)　高橋他編・前掲注（2）と法令用語研究会・前掲注（17）を参照。
(77)　広中・前掲注（18）75頁。なお、前田・前掲注（2）37頁および62頁以下、石村・前掲注（2）26頁以下、田中・前掲注（37）168頁以下、等も参照。

広中教授は、一般条項や条理などとともに類推を制定法の欠缺補充の主要な方法の一つと位置付けており、「欠缺補充は判例による法形成をもたらすが、この法形成は、制定法内在的といえるものであるか、そうでなく制定法を超えるとみるべき場合でも反制定法的とはいえないもの」であるとする。[78]一方、同じく判例による法形成でも、先の説明にあるようなかたちで、実質上、制定法上の規律に反する結果を導くような解釈による反制定法的法形成については、[79]狭義の解釈や欠缺補充とは異なる考察が必要であるとし、具体的には、「制定法の定めた規律が民事紛争の処理としていちじるしく妥当性に欠ける結果を当事者間に生じさせるものとなっており立法部の対処を必要とするにいたっているのに立法措置がとられないでいる（いわば立法部の怠慢が認められる）という場合にのみ、正当なものというべき」とする。[80]

　また、田中教授も、反制定法的解釈については、社会経済的条件や政治体制の激変期など、極めて例外的な場合を除いては、原則として許されないと考えるべきであるとする。[81]

　要するに、類推は、ある事態に対する規律が制定法の条文で定められていない場合（＝制定法の欠缺の場合）において、ある条文の趣旨、すなわち、条文の基本的な考え方やその基礎にある基本的な価値判断に従いつつ、その条文が想定している規制の範囲を逸脱して新たな法規範を提示しようとする作業といえるが、これに対して、反制定法的解釈は、ある事態に対する規律を定める制定法の条文が存在する場合において、その条文の趣旨、すなわち、条文の基本的な考え方やその基礎にある基本的な価値判断とは反対の考え方や価値判断に基づいて、その条文とは無関係に新たな法規範を提示しようとするものであり、類推とは根本的に異なるものといえる。このような事情を踏まえて、具体的な事案解決のための法の解釈・適用の場面における、制定法の欠缺補充の技法の一つとしての類推についての基礎的な考察を行うことを目的とする本稿における以下の検討では、反制定法的解釈の問題はひとまず措くことにする。

---

(78)　広中・前掲注（18）71頁以下。なお、広中・前掲注（35）27頁以下も参照。
(79)　前掲注（77）を参照。
(80)　広中・前掲注（18）75頁以下。
(81)　田中・前掲注（37）168頁以下を参照。

Ⅲ 類推とリーガル・マインド

1 リーガル・マインドについて
(1) リーガル・マインドの諸要素の整理

リーガル・マインドに関しては、日本において、これまでに多くの法学者や法律実務家によってさまざまな説明がなされてきているが、現在では、この言葉は多様な意味・要素を含んだものであるという理解が一般的になっている。このリーガル・マインドについて、法解釈論を構成するものと考えられる要素という観点から、筆者なりに整理してみると次のようになる。

(a) 前提認識

具体的な法律の規定やそれに基づく法解釈論は、世の中に生じる法的紛争を解決するために使われる強力な道具・技術であるということ、そしてまた、強力であるがゆえに危険なものにもなりうるということの認識が必要であると考えられる。なお、ここにいう、「強力な道具・技術」やその「危険」性については、後述するように、法の特質の問題と関係してくるものといえる。

このことを前提として、リーガル・マインドに関して考えられることは二つに大別できるのではないかと思われる。すなわち、①法制度、法技術概念、具体的な法律の規定に関する知識、およびそれを適切に活用する技能と、②法技術概念や法律の規定を用いて具体的な法解釈論を展開する際に留意すべき姿勢や心構えとである。

(b) 法的な知識・技能

①事実認定に関して。法的な観点から見て解決されるべき問題がどこにあるかを知り（問題発見能力）、それに分析を加えて法的に見て重要なものを選

---

(82) 星野英一『民法のもう一つの学び方〔補訂版〕』（有斐閣、2006 年）137 頁以下、等。なお、拙稿「リーガル・マインドに関する覚書――主として民法に関して――」立正法学論集 39 巻 1 号（2005 年）37 頁以下も参照。
(83) 弥永真生『法律学習マニュアル〔第 4 版〕』（有斐閣、2016 年）8 頁、田中・前掲注（37）183 頁以下、等。
(84) 拙稿・前掲注（82）46 頁以下、拙稿「法学・法学教育・リーガル・マインド――高嶋平蔵博士の論稿に示唆を受けて――」立正大学法制研究所研究年報 15 号（2010 年）3 頁以下を参照。

び出すこと（法的分析能力）、などが重要となる。またこの他に、予断・偏見に惑わされず事実関係を公平に観察する能力、手続の適正に留意する能力、なども必要といえるであろう。なお、事実認定については、法的三段論法における小前提に関して、後述する実質論および形式論との関係において、いわゆる「嘘の効用」の問題があることにも留意する必要がある。

②形式論（法的論理構成）に関して。根拠（条文や判例などに基づく法規範）を明らかにし、それに基づいて法的推論を行い一定の結論を提示する能力、すなわち、客観的ルールに基づいた法的三段論法による論理を構成する能力が必要であるといえる。なお、法律的構成に関して、「近代法律における論理的合理性」の作用は、「要するに、法律の確実性を保障し国権に対する個人の自由を確保して来たことにある」とする我妻博士の指摘は重要である。

③実質論（法的価値判断）に関して。法解釈論を展開する際に、形式論理的合理性だけでなく、結論の具体的（実質的）妥当性を考慮した判断を示す能力が求められる。なお、具体的妥当性をどのように考えるべきかについては、それが法的な価値判断に関わるものであるだけに難しい問題となる。このことからも、次に見る「法解釈論を展開する際に留意すべき姿勢・心構え」を考えるべき必要性があるといえる。

(c) 法解釈論を展開する際に留意すべき姿勢・心構え

まず、「前提認識」として述べたこと、すなわち、具体的な法律の規定やそれに基づく法解釈論は、世の中に生じる法的紛争を解決するために使われる強力な道具・技術であるということ、そしてまた、その強力さゆえに危険なものにもなりうるということの認識に基づいて、法解釈論を展開する際の慎重さ・謙虚さが求められるといえる。

次に、形式論（法的論理構成）に関連して、具体的な事案の解決にあたっ

---

(85) 拙稿・前掲注（82）49頁、拙稿・前掲注（84）4頁。田中・前掲注（37）183頁以下も参照。
(86) 拙稿・前掲注（82）49頁、拙稿・前掲注（84）4頁。もっとも、これらについては、知識・技能というより、姿勢や心構えというべきであろうか。
(87) 末弘厳太郎『嘘の効用〔第2版〕』（日本評論社、1980年）4頁以下、我妻栄『法律における理窟と人情〔第2版〕』（日本評論社、1987年）25頁以下、等を参照。
(88) 米倉明『法学・法学教育』（新青出版、2000年）217頁以下、等。
(89) 我妻栄『近代法における債権の優越的地位〔SE版〕』（有斐閣、1986年）393頁以下。

て、常に法規範を大前提とした法的三段論法による法解釈論を行おうとする姿勢が必要といえるであろう。米倉教授は、リーガル・マインドとは、「客観的ルールの画一的適用を図るメンタリティ」であるとするが、この点は、先に見た「近代法律における論理的合理性」の作用についての我妻博士の指摘との関係でも重要である。

最後に、実質論（法的価値判断）に関連しては、まず、結果の具体的妥当性を考慮するという観点から、常に社会の中の具体的な事実との関わりにおいて法律問題を捉え、また絶えず具体的な事件に立ち返って考えるようにする姿勢が必要といえる。また、やや抽象的になるが、法的な価値判断（正しさの感覚）は相対的なものであるという認識・感覚を身に付けること、異なる意見に耳を傾け受け入れるべきところは受け入れることのできる柔軟性を身に付けることが求められるであろう。さらに、理想主義的なことになるが、よりよい社会にしたいという気持ち（情熱）を持つことも必要といえるであろう。要するに、具体的な法的紛争の解決にあたり、これらのことに留意して、より妥当な結論を粘り強く追求する姿勢が求められるということである。

(2) 法の特質とリーガル・マインド

(a) 法の特質について

法の特質、あるいは法とは何かを考えるにあたっては、法と同じく社会規範の一種である道徳との違いについて議論されることがある。道徳との比較における法の特質については、内面性と外面性の問題なども検討されるが、リーガル・マインドが法の解釈・適用を行う際に求められるものであることとの関係では、国家による物理的強制を伴うものであるか否かという点が特に重要となるであろう。すなわち、道徳に関してもある種の強制を伴うこと

---

(90) 米倉・前掲注（88）183頁。
(91) 我妻・前掲注（89）393頁。
(92) 民事法判例研究会編『判例民法（1）・大正十年度』（有斐閣、1923年）「序」、末弘厳太郎『法学入門』（日本評論新社、1952年）37頁以下、川島武宜「争いと法律」立教法学19号（1980年）117頁以下、渡辺洋三『法律学への旅立ち』（岩波書店、1990年）167頁以下、拙稿・前掲注（82）50頁。
(93) 拙稿・前掲注（82）50頁以下、拙稿・前掲注（84）4頁。
(94) 末川博編『法学入門〔第6版〕』（有斐閣、2009年）27頁以下、団藤・前掲注（18）9頁以

があるが、道徳における強制は、世の中の人々からの非難を浴びたくないといった社会的な心理的強制であるのに対して、法における強制は、国家権力による物理的な強制だということである。そして、ドイツの著名な法学者であるイェーリング（Rudolf von Jhering, 1818～1892）は、国家権力による強制が法の重要な要素であることを強調して、「国家の強制を背景とする規範のみが法の名に値するものである」としたうえで、「法律強制なき法規は自家撞着である、燃えざる火であり、輝かざる光である」と表現したのである(95)。

法の本質を国家による強制に求める見解（法の強制説）に関しては、これに反対する見解も多いようであり(96)、田中教授によれば、国家の強制権力による保障を法の不可欠のメルクマールとする見解は、現在でも、「通俗的な法のイメージ」としてはなお根強い支持を得ているが、法理論にまで洗練されたものに限ると、その支持者は意外に少ないとのことである(97)。

いわゆる法の強制説とそれに対する反対説に関しては、長尾教授が、①一般の国民にとっては法による強制が働くのは例外的な場合に過ぎないが、「例外事態にこそ物事の本質が現われる」のであり、その意味では、平和な日常的世界から法を捉える非強制説よりも強制説のほうがより本質的なものを捉えているといえること、②法の強制説は、紛争や犯罪という決定的な時点において、自らの意思を抑圧され、生命や自由や財産を奪われる者があるという事実を法認識の中心に据えるものであり、「その意味で、強制説は、法秩序の周辺や外部に在る者からみた法的現実に依拠するものである」ことを指摘しており注目される(98)。

下、慶應義塾大学法学教育研究会・前掲注（45）12 頁以下（阪埜光男）、伊藤正己＝加藤一郎編『現代法学入門〔第 4 版〕』（有斐閣、2005 年）17 頁以下（伊藤正己）、等。星野・前掲注（18）67 頁は、法と道徳との性質の違いについて強制の有無で区別する見解が日本を含め有力のようだとする。なお、法的強制の意味について、加藤新平『法哲学概論』（有斐閣、1976 年）363 頁以下、田中・前掲注（37）63 頁以下を参照。

(95) 和田小次郎『イェーリング・法律目的論・上巻』（早稲田大学法学会、1930 年）210 頁以下、平田公夫「ルードルフ・フォン・イェーリング」勝田有恒＝山内進編著『近世・近代ヨーロッパの法学者たち』（ミネルヴァ書房、2008 年）345 頁、等。

(96) やや古いが、例えば田中博士は、「本来、法は実力（権力、暴力）に対立する観念である」とし、「法の本質は実力ではない。実力は単に法の手段たるに止まる」としている。田中耕太郎『法哲学・一般理論・上』（春秋社、1960 年）23 頁以下、同『法律学概論』（学生社、1953 年）81 頁以下。なお、美濃部達吉『法の本質』（日本評論社、1948 年）71 頁以下も参照。

(97) 田中成明『法理学講義』（有斐閣、1994 年）114 頁以下。

なお、強制の有無で法と道徳とを区別する見解については、前述したように社会道徳の実現にも社会的なある種の強制によることがあり、他方、法・法律もその内容によっては社会的強制なしに良心に従って遵守される場合も少なくないことから、この見解は、「法」の問題ではなく、国家による強制のある「法律」について扱っているのではないかとの指摘がある。[99]

　法の本質をどう考えるかについてはさまざまな議論があり、継続的な検討が必要であることは言うまでもないが[100]、本稿で論じる民法の解釈・適用におけるリーガル・マインドとの関係では、道徳等の他の社会規範との比較において、制定法が、基本的には、あるいは「基底的」[101]には、その実現手段として、国家による物理的強制を伴う「特質」を有するものである点を確認しておくことが重要となる。[102]

(b) 民法の解釈・適用において求められるリーガル・マインド

　リーガル・マインドについての考察を行うにあたっては、以上のような法の特質を踏まえることが必要であると考えられるが、他方で、民法あるいは民事裁判の特質を考慮することも必要であると思われる。

　前述したように、民事裁判においては、罪刑法定主義を採る刑事裁判の場合と異なり、法的紛争が存在する以上、裁判所としては、条文に規定がないからといってその紛争解決のための判決を下さないわけにはゆかない[103]。一般に、民事裁判における法源として、制定法、慣習法、判例法、条理が挙げら

---

(98) また、「法秩序の中心に近い位置にある法律家の間で、強制説が不評であり、支持者が少ないことは、意外でも驚くべきことでもない」とする。長尾龍一『法哲学入門』(日本評論社、1982年) 136頁以下。

(99) 星野・前掲注 (18) 69頁以下。なお、五十嵐・前掲注 (2) 8頁、団藤・前掲注 (18) 19頁以下、等も参照。

(100) 例えば、尾高朝雄『改訂・法哲学』(日本評論社、1937年) は、「法は強制によって道徳から識別されつつ、しかも道徳によってその生命を賦与される」とし (238頁以下)、「実在形象としての法は、単なる社会規範でもなく、また単なる強制規範でもなく、正に両者の綜合態に他ならぬ」とする (250頁以下)。

(101) 田中・前掲注 (37) 65頁。なお、加藤・前掲注 (94) 375頁も参照。

(102) なお、現代社会における法の機能の多様化・拡大とその強制形態の変貌について、田中・前掲注 (97) 125頁以下を参照。

(103) 星野・前掲注 (18) 158頁を参照。因みに、フランス民法典第4条は、「法律の沈黙、不明瞭さ、または不十分さを口実にして、裁判することを拒む裁判官は、裁判拒否の責任ありとして訴えられることがある。」と規定する。

れることからも分かるように、制定法の条文に明文の規定がない場合、裁判所としては、慣習法や判例法に基づいて裁判をすることが認められており、さらに必要があると考えられる場合には、条理に基づく裁判をすることもできるということである。

　このことに関連して、1875（明治8）年の太政官布告第103号「裁判事務心得」の第3条は、「民事ノ裁判ニ成文ノ法律ナキモノハ習慣ニ依リ習慣ナキモノハ条理ヲ推考シテ裁判スヘシ」と規定しているが、これについて四宮教授は、「法典編纂前の法規不足に備えるものであって、現在なお法規としての効力を有するものではないが、『新しい酒を盛る古き革袋』とするに足りるといえよう」とする。この裁判事務心得の制定については、野田博士が、ボワソナードの勧告と指導によるものであることに疑問の余地はないとしたうえで、第3条にいう「条理」とは、ボワソナードのいう équité の訳語であることはほぼ間違いないとの見解を示している。

　なお、この第3条が、単に「条理に依り」といわずに「条理を推考して」としている点について、末弘博士は、「裁判官は客観的に存在する条理を規準として裁判すべきではなく、みずから条理に照らして法規範を創成した上、それを規準として裁判すべき」ことを命じているものであるとする。また、倉沢教授は、「条理に基づく裁判」ということが、あるべき裁判の姿として、われわれの理性的判断に適う規準が求められなければならないということを表現する限りでは、法源の問題ではないとする。そしてそのうえで、われわれの理性的判断に適う裁判は、原則的には、裁判官が自己の主観的価

---

(104) 末川編・前掲注（94）56頁以下、団藤・前掲注（18）142頁以下、伊藤＝加藤編・前掲注（94）49頁以下（加藤）、田中・前掲注（37）17頁以下、等。
(105) 四宮和夫『民法総則〔第4版〕』（弘文堂、1986年）7頁。
(106) 野田良之「明治八年太政官布告第百三号第三条の『条理』についての雑観」法学協会編『法学協会百周年記念論文集・第一巻』（有斐閣、1983年）248頁以下、271頁以下。法政大学『ボアソナード答問録』（法政大学出版局、1978年）22頁以下も参照。同書に収録されているボアソナードによるフランス語の文章（Note des correspondances avec Monsieur Boissonade, Premier cahier pour les questions, No. V）からは、l'équité, le droit naturel, l'équité naturelle, la raison, la loi naturelle がほぼ同義に用いられているという印象を受ける。このこととの関連で、équité に関するフランス法の法律用語辞典の説明も参照。Cornu, op. cit., p. 343 et s. 山口・前掲注（46）207頁。
(107) また、「スイス民法第1条が裁判官がみずから立法者なりせば制定したるべき法に従って裁判すべきことを命じているのは、この『条理ヲ推考』する趣旨をさらにいっそう具体的に立言したもの」とする。末弘厳太郎『民法雑記帳・上巻〔第2版〕』（日本評論社、1980年）45頁以下の価

値観から離れて立法者の意思に則った法判断をすることであり、したがって、たとえ法規欠缺の場合であっても、裁判官は、「類似の事項についての規定あるいは他の規定等から、その法の体系をつらぬくいわば立法者の精神を探究して、その中に裁判の規準をもとめなければならない」とし、「このようにしてもとめられたあらたな法源は、現行法の『類推』の結果である点で、言葉の真の意味における『条理』とは異なるもの」だとする。

条理の法源性については、条理の以上のような性質から、これを否定する見解があり、実際上も、条理だけに準拠した裁判の例はあまりなく、いわゆる一般条項や「社会通念」などの規範的概念の具体的内容を確定する規準として重要な役割を果たしている場合が多いのが実情との指摘がなされている。

民法の解釈・適用、とりわけ制定法規の欠缺の場合において求められるリーガル・マインドについての考察を行うにあたっては、以上のようなことも考慮する必要があると考えられるが、このようなことも踏まえて、先に挙げたリーガル・マインドに関していわれる諸要素を見直してみると、それぞれの意義がより明瞭になってくるように思われる。まず、法の解釈・適用に際しての「事実認定」や「心構え・姿勢」に関して挙げられることがらは、前述したように、基本的には、「国家による物理的強制」を伴う社会規範という法の特質を踏まえた慎重さや謙虚さを求めるものといえるであろう。この点は、民法の解釈・適用においてもいえることである。

そのうえで、民法の解釈・適用においては、一方では、どのような法的解決を提示することが紛争当事者間における利害調整の具体的妥当性を実現す

---

(108) 慶應義塾大学法学教育研究会・前掲注（45）80頁以下（倉沢）。同・170頁以下（倉沢）も参照。
(109) 伊藤＝加藤・前掲注（94）65頁（加藤）。例えば、倉沢教授は、条理とは法のあるべき姿（理念）を意味し、したがって、法の存在形式の問題である法源のところで、法の当為ないし理念である条理が取り上げられること自体が矛盾だとする。慶應義塾大学法学教育研究会・前掲注（45）80頁以下（倉沢）。一方、野田博士は、条理ないし事物の本性は制定法を含むあらゆる法の根源をなす基本原理であり、その意味でこれこそが真の法源ではないかとする。野田・前掲注（106）266頁以下および279頁。
(110) 田中・前掲注（37）26頁。なお、我妻・前掲注（18）21頁以下、我妻榮（遠藤浩補訂）『全訂第1版・民法案内1』（一粒社、1991年）141頁、伊藤＝加藤・前掲注（94）65頁（加藤）も参照。

ることになるのかを検討し（実質論）、他方では、制定法規定の根拠を伴った論理構成により、どのような、あるいはどこまでの法的主張が可能なのかを客観的に考え（形式論）、その双方の観点からの検討の緊張関係の中で一つの結論を導く能力が求められるといえるのではないだろうか。また、この点に関連して、事実の認定、適用すべき法規範の選択、その意味内容の解釈などの判決作成における一切の活動は、大抵の場合、「相互に連関した一連の作業としてフィード・バックを繰り返しながら、徐々に確定され、最終的な判決に至るもの」であるとの説明がなされる点にも留意する必要がある。

なお、言うまでもなく、例えば、研究者や学習者が行う法解釈のすべてが常に国家による強制と結び付いているわけではないが、裁判の場である法解釈論が採用された場合には、そこに国家による強制が結び付いてくるという意味で、法解釈とは、間接的にせよ、常に国家による強制と結び付く可能性のある作業だといえる。その意味においても、法解釈を行う者は常に、本稿で示したような、リーガル・マインドを構成するものと考えられる諸要素には十分に留意する必要があるといえるであろう。そしてまた、民法の解釈・適用における類推についての検討を行うにあたっても、そのことは必要であると考えられる。

2　リーガル・マインドの観点からの類推に関する検討
(1)　法的な知識・技能の観点から
(a)　事実認定に関して

ある条文に規定された法規範を、類推という技法によって、その条文には規定されていない類似する事案の解決のために用いるべきかどうかを判断するにあたっては、リーガル・マインドの諸要素として先に見た問題発見能力および法的分析能力が特に必要になると思われる。具体的には、ある紛争事

---

(111)　実質論と形式論について、米倉・前掲注（88）45頁以下、米倉明『プレップ民法〔第4版増補版〕』（弘文堂、2009年）67頁以下、大村・前掲注（33）348頁以下。弥永・前掲注（83）13頁以下、我妻・前掲注（87）52頁、笹倉・前掲注（22）241頁も参照。
(112)　田中・前掲注（37）159頁。大村・前掲注（33）351頁以下も参照。
(113)　この点については、我妻・前掲注（89）407頁以下も参照。
(114)　竜嵜喜助「リーガル・マインド　そして日本の歩み」法教175号（1995年）26頁以下、米倉明『民法の教え方・一つのアプローチ』（弘文堂、2001年）65頁以下、拙稿・前掲注（82）39

案における事実関係の中からその紛争を解決するために重要と考えられる法的問題の所在を明らかにしたうえで、その事案への類推の可能性が検討されるべき条文に規定されている法規範の基本的な考え方（規制の理由）について特に要件と効果の点からの整理を行い、そのようにして分析された法規範の観点からさらに当該事案における事実関係についての分析・検討を行うという作業が必要になるということである。

なお、このことに関連しては、「法律的な意味のある事実を確定するには、経験法則と条理とに訴えなければならないことが非常に多い」との指摘にも注意する必要がある。[115]

(b) 実質論（法的価値判断）に関して

ある制定法の規範を、類推という技法によって、その法規範を定める条文が明示的に想定してはいない類似事案の解決のために用いるべきかどうかを判断するにあたっては、リーガル・マインドの諸要素として先に見た、結論の具体的（実質的）妥当性を考慮した法的解決を示す能力が必要となる。

まず、先に見たように、法については、その実現手段として、基本的には、国家による物理的強制を伴うものであるという特質があることを前提として考えると、一方では、ある法的紛争解決のために法の解釈・適用を行うにあたっては、立法機関によって作られた制定法のある条文が定める法規範を、類推という技法によって、その条文には明示的に規定されていない類似する事案の解決のために用いることを安易に行うべきではないということになると思われる。

しかし、他方で、先に見たように、刑事裁判などの場合と異なり、条文に規定がないからといってその紛争解決のための判断を下さないわけにはゆかないという民事裁判の特性から、制定法だけでなく、慣習法や判例法に基づく裁判、さらには条理を推考した裁判までが認められている事情がある。このような事情を踏まえると、ある民事紛争を解決するための法規範が条文に明文のかたちで定められていないといういわゆる制定法の欠缺の場合におい

　　頁、等を参照。
(115)　我妻・前掲注（110）216頁。我妻・前掲注（89）401頁以下、田中・前掲（37）161頁以下も参照。

て、形式的な反対解釈の結果が必ずしも妥当とは評価できないときには、さらに進んで、その紛争と類似するケースを適用対象とする条文の類推による解決も検討されるべきことになる。

　類推というのは、先に見たように、ある条文の規定Xが予定する事態Aと、実際に問題となっている事態Bとが本質的な点で同一であることを理由として、同じ法律効果をもって律するのが適当であると判断して処理する技法である。また、事態Bが、ある条文の規定Xが予定する事態Aと本質的に同一と考えてよいかを判断するためには、規定XがAについてどのような根拠から法律効果を付与しているのか（規制の理由・目的）を明らかにすることが必要であり、これを明らかにした後に、Bについてもその根拠が妥当するかを考えて類推の当否を判断すべきであるとされる。このような考え方の基礎にあるのは、先にも見たように、「等しい意味のものは法的に等しく取り扱うべきである」という、正義の要請による平等原則であると考えられるが、制定法の欠缺の不可避性と法的紛争解決における結果の具体的妥当性追求の必要性を考えると、類推という技法は重要となる。

　前述したように、この類推による法的処理を行おうとする際のポイントは、ある条文が想定する事態と実際に問題となっている具体的事案の事情とが、法的観点から重要と考えられる部分について共通あるいは類似しているといえる場合において、その条文に定められている法規範の基礎にあると考えられる立法理由（ratio legis）、あるいは、統制目的・立法目的が、問題となっている具体的事案についても同様に妥当するといえるか、したがってまた、その紛争事案をその条文に定められている法規範と同様の規制によって解決することが実質的・具体的に妥当といえるかの判断にあるといえる。法

---

(116)　石村・前掲注（2）24頁、北川・前掲注（3）366頁。末弘厳太郎『民法雑考〔第7版〕』（日本評論社、1940年）33頁は、「法律乃至裁判の基本的要素たる『公平』の要素は同一範疇に属する社会関係が同様に規律せらるべきことを要求するものと考えるのを正当とする」とし、類推が古来法律解釈上最も有力な方法として利用されているのはこのためであるとする。因みにフランス法のéquitéには、「平等に立脚した正義」や「等しきものを等しく扱うよう命じる原則」といった意味もあるようである。Cornu, op. cit., p. 343 et s. 山口・前掲注（46）207頁。また、条理と類推の関係についての倉沢教授の説明も参照。慶應義塾大学法学教育研究会・前掲注（45）80頁以下および170頁以下。

(117)　Roland et Boyer, op. cit., p. 928. 我妻・前掲注（110）154頁以下。

(118)　碧海・前掲注（18）153頁、慶應義塾大学法学教育研究会・前掲注（45）164頁（倉沢）。

的な価値判断に関わる難しい判断となるが、この場面において、類推が検討されるべき条文の規定について、先に見た「法解釈の実質的側面の問題」として挙げられる法文解釈の価値判断基準、すなわち、文理解釈・体系的解釈・立法者意思解釈・歴史的解釈・法律意思解釈などを駆使した検討を行い[119]、その事案の解決としてその条文の類推による結論を導くべきか否かについての判断を下す能力が求められることになる[120]。

なお、考察の範囲を一歩進めることになるが、類推は制定法の欠缺を補充する技法の一つであり、その意味において新たな法規範を創造・形成するものであること、また、法的紛争の解決における結果の具体的妥当性の実現が重要であることを考慮すると、ある条文の規定の類推による紛争解決を模索するにあたっては、その条文に規定された要件の加重や、立証責任の所在[121]ということについても検討されてよいのではないかと考えられる[122]。また、次に述べる形式論にも関係してくるが、その際には、いわゆる総合類推という技法などを用いることによって、そのような要件の調整の合理性や説得力を高めることができる場合があるようにも思える。

(c) 形式論（法的論理構成）に関して

ある法規範の類推による紛争解決を検討する作業は、その紛争解決の具体的妥当性の追求という観点から必要とされる場合があるが、その一方で、基本的には、国家による物理的強制を伴うものであるという法の特質を前提として考えると、法的安定性や一般的確実性という観点から、類推による紛争解決を提示する際にも、明快な法的論理構成が求められることになる。具体的には、(b)で見たように、ある法的紛争を解決するための制定法の欠缺の場合において、その法的紛争と類似した事態を規制の対象にしていると考

---

(119) 五十嵐・前掲注 (2) 138 頁以下、笹倉・前掲注 (22) 66 頁以下、前田・前掲注 (2) 23 頁以下、等。

(120) 我妻・前掲注 (18) 28 頁以下は、「目的的な論理解釈と類推解釈とは、もともと具体的妥当性を目指す手段ともいえるものであるだけ、その目的的な理論体系の構成と、類推の根拠となる合理性を解明するために、厳密な検討をしないと、民法の解釈をして御都合主義的な判断に堕落させ、一般的確実性を失わせる危険がある」とする。中舎・前掲注 (23) 9 頁も参照。

(121) 例えば、94 条 2 項の類推による解決に際して、無過失や権利保護資格要件としての登記の具備を第三者の保護要件として加重するといったことである。

(122) 難波譲治「第三者保護要件の諸相——無過失・無重過失と立証責任——」伊藤進他編『現代取引法の基礎的課題』（有斐閣、1999 年）51 頁以下も参照。

えられる条文の法規範をベースにして、類推という技法によって創出された法規範を大前提とする法的三段論法による法解釈論を構成することが必要となるわけである。

ある条文の反対解釈によらない制定法の欠缺補充の技法としては、ある条文の個別類推以外にも、いわゆる総合類推（あるいは、法類推・全体類推）、勿論解釈、法意適用、一般条項がある。このうちの総合類推と法意適用の違いについては、共通理解が確立しているといえるか必ずしも明らかではないようにも思えるが、ここではひとまず、総合類推については、複数の個別の法規定を総合的に類推する技法と理解し、法意適用については、一つまたは複数の条文から一般的な命題を抽出して、類推ができないほどに異なっているが原理は共有しあっていると考えられるケースにその一般的命題を適用する技法と理解しておきたいと思う。

そのうえで、個別類推、総合類推、法意適用のうちのどの論理構成によるべきかについては、ケース・バイ・ケースであると考えられるが、一般的に言えば、抽象的な法的根拠に基づく論理構成によるよりは、より具体的な法的根拠に基づく論理構成によるほうが形式的な論理性の程度は高く、したがってまた説得力が強いと考えられるので、まずは、具体的な制定法規範と同様の法律理由あるいは立法（統制）目的に基づいて同様の法的処理をすることとなる個別類推による論理構成を検討し、それが困難であると考えられる場合に、総合類推による論理構成を検討し、類推という技法による論理構成に無理があると考えられる場合において、前述したようにある条文の類推よ

---

(123) 笹倉・前掲注（22）68頁以下、広中・前掲注（18）70頁以下、田中・前掲注（37）25頁以下および173頁以下、等を参照。なお、判決中にはこの他に、「○○条の法理」という言い方をするものもあるが、道垣内教授は、かつての判決にいう「○○条の法理」という言い方は、現在における「○○条の法意」とほぼ同義と考えてよいとする。道垣内弘人「いくつかの最高裁判決に見る『○○条の類推』と『○○条の法意に照らす』の区別」金融財政事情研究会編『現代民事法の実務と理論（上巻）』（金融財政事情研究会、2013年）106頁以下。

(124) 前田・前掲注（2）36頁以下、道垣内・前掲注（123）113頁、116頁以下、124頁を参照。なお、笹倉・前掲注（22）70頁も参照。また、七戸克彦「民法九四条二項の類推適用に関する判例の表現について——『類推適用』と『法意』の異同問題を基点として」慶應義塾大学法学部編『慶應の法律学・民事法』（慶應義塾大学出版会、2008年）81頁以下も参照。

(125) 先に見たように、複数の条文を類推する判例としては、大民連判昭和19年12月22日・前掲注（50）、最一判昭和45年12月24日・前掲注（50）、最一判平成18年2月23日・前掲注（11）、等がある。

りは抽象度が高まることになる法意適用による論理構成を検討するという順序で考えるべきことになるではないかと思われる。

なお、この点に関連しては、先に見たように、笹倉教授が、ある条文が想定しているケースaと具体的ケースbとの相似度から、拡張解釈、類推、勿論解釈、法意適用の解釈技法の相互関係を論じており、aとbの相似度が75％程度以上の場合は拡張解釈が、30〜40％台であれば類推による処理が可能であるとし、15％程度以下の場合には類推によることができず法意適用が検討されることになるとしており注目される。

因みに、一つまたは複数の条文の法意あるいは法理による判例としては、他人に自己の名称、商号等の使用を許したりその者が自己のために取引する権限がある旨を表示したりしてその他人のする取引が自己の取引のように見える外形を作出した者について、改正前「民法109条、商法23条（当時。現14条）等の法理に照らし」、その外形を信頼して取引した第三者に対して責任に任ずべきとしたもの、仮装の仮登記に基づき外観上の仮登記権利者が勝手に所有権移転の本登記をした場合について、改正前「民法94条2項、同法110条の法意に照らし、外観尊重および取引保護の要請」から、仮登記義務者は善意無過失の第三者に対して責任に任ずべきとしたもの、判例において除斥期間とされる改正前民法724条後段の期間について、改正前「民法158条の法意に照らし、同法724条後段の効果は生じない」としたもの、などがある。

一般条項による論理構成は、類推や法意適用という技法による論理構成が困難である場合にはじめて検討されるべきことになるのではないかと思われる。

---

(126) 笹倉・前掲注（22）75頁以下。なお、勿論解釈については、前掲注（69）を参照。
(127) 最二判昭和35年10月21日民集14巻12号2661頁。
(128) 最一判昭和43年10月17日民集22巻10号2188頁。
(129) 最二判平成10年6月12日民集52巻4号1087頁。
(130) 条理と類推との関係についての倉沢教授の見解によるならば（前掲注（108）を参照）、条理に基づく判断とは、すなわち、類推か法意適用による判断・論理構成ということになるであろう。なお、椿教授は、「憶測にすぎない」としつつ、制定法国の裁判官は、「法規の不存在を宣言して判断をくだすよりも、制定法に依拠する形で判定するほうが、少なくとも心理的には落ち着くのではないだろうか」とする。椿寿夫「民法における類推適用」法時62巻7号（1990年）77頁。拙稿「判批」立正法学論集47巻2号（2014年）314頁も参照。

(2) 姿勢・心構えの観点から

　基本的には国家による物理的強制を伴う特質をもつ法の解釈・適用については、一方では、慎重さと謙虚さが求められることになり、従ってまた、論理的な客観性・厳格性が求められることになる。そして、(1)-(c) で見たように、制定法の欠缺の場合において、ある条文の反対解釈によらない解決を考えるにあたっては、欠缺補充のためのどの解釈技法による法的論理構成を考えるべきなのかについての検討も含めて、説得力のある精緻な論理構成を追求する姿勢・心構えが必要になるといえる。

　また他方においては、先に見たような民事裁判の特質から制定法に欠缺が存在すると考えられる場合には、さまざまな方法でその欠缺を補充することにより具体的に妥当な結論を追求する姿勢・心構えが求められることになるが、正義の要請による平等原則、あるいは、平等に基礎付けられた正義の観念に基づくものと考えられる類推という技法による解決の可能性の模索は特に重要となるであろう。また、(1)-(b) で論じたように、ある条文の規定の類推や法意適用による紛争解決を行うにあたって、その条文に規定された要件を加重するかたちで新たな法規範の創出を検討する場合には、細心の注意が必要となる。

　なお、法の解釈・適用においてそのバランスが重要とされる一般的確実性と具体的妥当性ということは、制定法の欠缺補充の技法の一つである類推による紛争解決の提示に関して論じてきた実質論（法的価値判断）と形式論（法的論理構成）との関係においても意味をもつものと考えられる。民法の解釈・適用において求められるリーガル・マインドに関して述べたのと同様に、具体的な法的紛争の解決を検討する際に、ある条文の規定を類推することによって、その条文に定められた法規範の趣旨に基づいて当該法的紛争を同様に解決すべきか否かを判断するにあたっては、実質論と形式論の双方の観点からの検討の緊張関係の中で一つの結論を導こうとする姿勢が求められることになるのである。[132]

---

(131) 我妻・前掲注（18）28 頁以下。なお、我妻・前掲注（87）49 頁以下も参照。
(132) 笹倉・前掲注（22）76 頁以下。なお、笹倉秀夫『法解釈講義』（東京大学出版会、2009 年）154 頁以下も参照。

Ⅳ　おわりに

1　類推という法解釈技法の重要性

　以上で見てきたように、制定法の欠缺の不可避性と法的紛争解決における結果の具体的妥当性の追求の必要性を考えた場合、本稿で概観した類推という法解釈の技法の重要性を認めることができる。日本民法典に関しては、今般の債権関係の改正により、従来、判例や学説においてある条文の類推というかたちで処理されてきた事案について、ある条文の適用による処理が可能となった部分も少なくないが、今後も、基本的には、類推という技法の重要性は変わらないであろう。

　そのような認識に立った場合、まずは、類推という技法について、反制定法的解釈をも含めた、広い意味での法解釈における他の技法との関係についての検討をさらに進める必要があるといえるであろう。また、類推と条理との関係についてのさらなる検討も必要であろう。なお、法の欠缺と考えられる場合にある条文の規定を類推すべきかどうかを判断するにあたっては、その前提として、その規定が想定する法的な事態およびその立法理由を明らかにするために、法文解釈の価値判断基準として挙げられる解釈方法（文理解釈・体系的解釈・立法者意思解釈・歴史的解釈・法律意思解釈など）を駆使した検討が重要であることを改めて確認しておく必要がある。

　次に、類推という法解釈の技法が、制定法の欠缺を補充する手段の一つであり、その意味において新たな法規範を創造・形成するものであること、また、法的紛争の解決における結果の具体的妥当性の実現が重要であることを考慮すると、ある条文の規定の類推による紛争解決を行うにあたっては、その条文に規定された要件の加重が検討されてよい場合もあると考えられる。そして、そのような場合のためにも、総合類推や法意適用という技法についての検討を進めるべき必要性があるようにも思える。

---

(133)　例えば、Ⅰ-1-(2) を参照。
(134)　中舎・前掲注 (4) 159 頁も参照。
(135)　慶應義塾大学法学教育研究会・前掲注 (45) 80 頁以下および 170 頁以下（倉沢）。
(136)　Ⅲ-2-(1)-(b) を参照。

さらに、法源としての判例ということを考えた場合[138]、制定法についてだけでなく、判例の類推ということについても検討する余地があるといえるであろう[139]。

2 類推による法的処理を行う際の注意点

先にも述べたように、類推による法的処理を行うにあたっては、基本的には国家による物理的強制を伴うものであるという法の特質を考慮して、法的安定性や一般的確実性という観点から、明快な、そして精緻な法的論理構成によることが求められる点に注意する必要がある。

そのうえで、具体的な法的紛争を解決するために、ある条文の規定を類推することによってその条文に定められた法規範の趣旨に基づいて当該法的紛争を同様に解決すべきか否かを判断する際には、一方では、当該紛争解決における具体的妥当性の検討が、他方では、類推によるべきか、法意適用によるべきか、一般条項によるべきか、等についての検討を踏まえた説得力の高い法的論理構成の模索が必要であり、そのような二つの観点からの検討の緊張関係の中で一つの結論を導き出そうとする姿勢が求められることになる。

本稿では、リーガル・マインドの観点から、類推という法解釈技法に関する概観的な検討を行ったが、今後は、判例や学説において議論されている類推に関する事案を素材として、リーガル・マインドについて論じられる前述したような諸要素の観点から、より具体的な検討を行いたいと考えている。なお、このようなかたちで類推についての検討を行うことは、同時に、リーガル・マインドに関する考察を深める契機にもなるように思われる。

---

(137) 類推を含めた制定法の欠缺補充のしかたについては、法欠缺の種類（分類）を踏まえた研究をさらに進めうる余地があるように思われる。制定法の欠缺の種類（分類）については、前掲注（39）を参照。
(138) 末弘・前掲注（107）275頁、末弘・前掲注（116）34頁以下、碧海・前掲注（18）154頁、等。
(139) 笹倉・前掲注（22）183頁以下。

高齢社会と民法の課題
―― 生活に関する民法規範の研究 ――

小 賀 野 晶 一

```
I   はじめに
II  近代法としての民法
III 成年後見制度の現状と課題
IV  消費者保護制度の現状と課題
V   JR東海訴訟から学ぶべきこと――認知症高齢者の鉄道事故――
VI  民法の課題――民法規範のあり方の観点から――
VII おわりに
```

I　はじめに

　日本は今日、世界各国・地域のなかで高齢化の先頭を疾走し、新しい文明社会を築きつつあるが、地域では現在、高齢者が契約のトラブルにまきこまれ、交通事故に遭遇するなど、生活に様々な支障が生じている。

　高齢者の増加に伴い認知症の人も増加している。厚生労働省の統計によると、認知症高齢者は2012年で462万人と推計されており、2025年には約700万人、65歳以上の高齢者の約5人に1人に達することが見込まれている。また、介護保険の要介護認定の半数にアルツハイマー病等による認知症の症状があり、施設入所者の80％が認知症であるとされる。これに軽度認知障害（MCI）の人の数（2012年で400万人）を考慮すると、ここでの問題は質、量ともに深化・拡大する。他方、同省の2017年「人口動態統計年間推計」は少子化の傾向をひき続き示している。国立社会保障・人口問題研究所の統計（「日本の世帯数の将来推計（全国推計）」2018年推計（2015年〜2040年））によ

れば、一般世帯に占める単独世帯（独居者）の割合は 2015 年の 34.5％から 2040 年には 39.3％まで上昇すると予測する。なお、高齢者施策の指針となる政府の高齢社会対策大綱（2018 年 1 月、閣議決定）では、健康寿命の目標の伸長をめざすとともに、65 歳以上を画一的に高齢者とする年齢区分を見直す必要性を指摘する。

　本稿において対象とする高齢社会とは、上記数値等に典型的に象徴される社会をいう。高齢化率が高く、これに伴う社会的経済的問題が出現している社会も含まれる。認知症高齢者は典型例であるが、これに限定されない。高齢社会を広く緩やかに解することによって問題の本質を捉えたい。

　民法からは、高齢社会における私たちの生活をどのように捉え、どのように支援するかについて、民法のあり方が問われている。本稿では以下、生活に関係する成年後見（法定制度、契約）、消費者契約（契約）や、列車事故（不法行為）をとりあげ、そこにおける民法の課題と民法規範のあり方について検討する。本研究は法学分野に属するが、法学以外の専門分野（医療、看護、介護、心理、経済、倫理、思想、教育、ボランティア、企業の社会貢献、文明など多方面に及ぶ）及び国民の関心事であることを自覚し、民法から地域に働きかけることが肝要である。

Ⅱ　近代法としての民法

1　民法とはどのような法か

　民法は私たちの生活及び生活関係を規律している（星野英一『民法のすすめ』（岩波新書）25 頁以下（岩波書店、1998 年）（第 2 章「生活規範としての民法」参照）。

　民法による規律の特徴は、私法、すなわち人と人のいわば横の関係を規律するものであり、さらにはある特定の人だけでなく一般的に規律するという私法の一般法である。かかる私法の分野に対して、人と国家・地方公共団体等のいわば縦の関係を規律する法を公法といい、憲法、行政法（各種立法）などが規律する。日本民法学の基礎を構築した我妻は私法と公法に言及し、公法関係が国民としての生活関係であるのに対し、「私法は人類としての生活関係を規律する」と述べ、民法を私法公法 2 元論のなかで考察する（我妻

栄著遠藤浩・川井健補訂『民法案内 1 私法の道しるべ』52 頁（勁草書房、2013 年）。同『民法大意（2 版）上巻』2 頁以下（岩波書店、1971 年）参照）。そして、このような考え方は民法の前提とされている（星野・前掲書『民法のすすめ』13 頁以下、69 頁以下、77 頁以下、129 頁以下（第 1 章「法、法律、民法」、第 4 章「民法と市民社会」、第 5 章「民法の技術」）参照）。なお、民法は私法秩序に関する規律し、私的規範を明らかにする。その中心となるのは民法典であるが、民法典に限定しないでより広く民法において求められる規範として捉えることができる（民法典における「私法公法の一般法」の存在について言及する星野・前掲書『民法のすすめ』138 頁も参照）。

　我妻は民法を「有産者のための民法」と捉え、財産法の理論を体系化し（我妻栄『新訂民法総則（民法講義 I）』67 頁（岩波書店、1965 年）など岩波書店・民法講義シリーズのほか、勁草書房の『民法案内』、ダットサン民法の各巻を参照）、また、資本主義的経済組織の発達に伴い財産の債権化傾向が認められることを明らかにした（同『民法大意（2 版）上巻』71 頁（岩波書店、1971 年）のほか、同『近代法における債権の優越的地位』（有斐閣、1953 年）参照）。このような財産法の捉え方は私法の伝統的法理として日本民法学の方向を決定づけ今日に継承されている。

　私たちの生活及び生活関係は社会経済の変化など種々の要因によって変化し、これに対応するように財産法の規律も変化してきたが、基本的には私法の伝統的枠組のなかで捉えられてきた。しかし、この点については今日、私法の伝統的枠組をそのまま維持することができるかどうかが問題になる。また、私たちの生活及び生活関係は私法だけでなく公法によっても規律されている。民法が規律の対象とする生活及び生活関係については、地域あるいは都市における生活及び生活関係、すなわち地域生活（あるいは都市生活）として捉え、人と人の関係、人と物の関係を総合的、具体的に観察することによって問題の本質を捉えることができるのではないか。

　以上は、民法の展開と規範のあり方を問うている。民法とはどのような法かを明らかにするために、時間と空間の双方の検討軸のもとにアプローチすることが有益である。

2　民法の成立

(1)　民法典の制定

　民法はどのようにして成立したか。民法は日本が近代国家として認められるための基礎的条件であったため、明治政府は民法典の制定を急務の国家課題とした。民法典（明治民法典）制定は日本近代史の画期となる出来事である（星野・前掲書『民法のすすめ』191頁以下（第8章「日本民法典」）参照）。

　明治民法典は大陸法系を採用し、フランス民法（及びボアソナード旧民法）とドイツ民法草案を参考にした。例えば、成年後見制度とその前身である禁治産者・準禁治産制度はフランス法を参考にした。法典編纂方式はドイツ民法に倣いパンデクテン方式を採用した。また、日本民法はフランス、ドイツに倣い成文法主義を採用しており（これに対してイギリス、アメリカなどは判例法主義を採用）、民法の存在根拠、すなわち法源は、民法典が中心になる。判例法は民法典とともに重要な役割を果たしている（判例法系（コモンロー）の諸国・地域では判例法とともに制定法が重要な役割をしている）。なお、各国・地域の人々は政治的、社会的な特殊事情を除けば、物を取得し消費することによって生存しておりそれぞれの生活の実態は基本的には同じであろう。かかる生活をどのように規律するかについて、大陸法系と判例法系に分かれるが、法の本質は共通している。研究ということでは比較法から日本法への示唆の根拠は法の本質における共通性に求めることができる。

　明治民法典の総則・物権・債権編は1986（明治29）年4月に公布、親族・相続編は1898（明治31）年6月に公布、ともに1898（明治31）年7月16日に施行された。その後、財産編については部分的に修正され（民法の一部改正）、今日に至っている。親族編・相続編は、大日本帝国憲法のもとに家制度に立脚し、家族や家のあり方が家督（家の財産）と戸主を基本にして構成されていたが、第2次大戦後に制定された日本国憲法の原理（特に男女平等の考え方）に適合しなくなり、両編は1947年に全部改正された。これを明治民法（典）と区別して昭和民法（典）と称する（大村敦志『民法改正を考える』（岩波新書）30頁（岩波書店、2011年））。

　民法典の制定及びこれに伴う民法の成立は、明治期の日本が海外から近代国家として認められる法的条件であった（日本の特別事情である通商条約改正の

必要性について星野・前掲書『民法のすすめ』192-194頁)。民法典は自らに与えられた近代法としての使命を担ってきたのである。

(2) 民法典の構成――民法規範の体系――

民法典は次の5つの編から構成される。私たちの生活及び生活関係に関する民法規範は、民法典の5つの編に整理されている。

第1編は、生活及び生活関係に係る総則を扱い、民法の一般ルールを定めている。そして、第2編と第3編は財産に関する社会生活あるいは社会的関係について（財産法という）、第4編は親族（家族）、第5編は相続（財産等の権利義務の承継）についてそれぞれ規律する。第4編（第5編）は身分法と分類されることもある。

民法はその対象である生活及び生活関係について当初、私法の一般法として同じ性質の規範によって金融等の取引も日常生活も等しく規律することができたが、この両者で生活及び生活関係は質的に異なるところがある。生活及び生活関係が複雑化した今日、両者を厳密に分けることは困難なところもあるが、民法へのアプローチとして取引に関する法（取引法）と生活に関する法（生活法）に分けることが必要であろう（大村敦志『生活民法入門』（東京大学出版会、2003年）は民法を生活民法と取引民法に分類し、民法による規律の性質の違いに着眼する）。

法の規範には裁判規範（裁判のルール）と行為規範（生活のルール）がある。法規範というとき、裁判規範を指す場合、行為規範を指す場合、あるいはその双方を指す場合がある。民法ではこのどちらの規範も重要である。

(3) 判例法

くり返し述べるように私たちの生活及び生活関係をとりまく状況は変化しており、この変化に民法も対応することが必要である。民法典の改正はその最も徹底した対応であるが、判例法の役割も大きい。民法の成立において、民法典とともに重要な役割を果たしてきたのが判例法である。民法典と判例法は車の両輪として民法の存在根拠（法源）となっている。

私たちの生活を適切に規律するためには、法律の規定を弾力的に解釈、適用することが必要であり、判例法は法律の規定を修正し、あるいは新たな法規範を創造する役割を担っている（判例法の法創造機能）。なお、慣習（取引上

の種々の慣習のほか、生活に関する入会、講などもその１つ）や条理（ものごとの道理）も補充的に法源となり得る。なお、慣習、条理のほか、法意、社会通念などは弾力的な解釈、運用に資する場合がある。

3　民法の構造
(1)　規範の根底における考え方——合理人の自由な生活を保障——

　民法は私たちの生活に何をもたらしたかというと、最大の功績として以下にみるように自由な生活を保障したことを掲げることができる。

　民法は生まれてきたすべての人（自然人）に等しく権利能力を付与した（権利能力は一定の団体にも付与されておりこれを法人という）。動物や樹木には権利能力はない。私たちの自由な生活を保障する原理は、私的意思自治の原則である（私的意思自治は、私的自治、意思自由などともいわれる）。私的意思自治は所有権絶対、契約自由、過失責任の近代法の３原則とともに、私法の基本原理を構成し、私たちの自由な活動を保障する（星野・前掲書『民法のすすめ』141頁以下（第6章「民法の理論」）参照）。

　このうち所有権絶対の原則は、憲法の財産権保障の規定（29条）のもとで、自由主義経済社会の基盤となった。そして、かかる基盤のうえに、契約自由の原則、過失責任の原則と相まって、個人の意思とその意思に基づく自由な活動が保障されたのである。以上により、私たちは生活の拠点となる住居が確保され、生活のための物を取得・利用・消費し、様々なサービスを享受することができたのである。

　民法の制度は近代社会（市民社会）の諸活動の基礎となり、また商品交換法の基礎となっている。個人の人格（＝権利能力）を認め、個人の自由な意思に基づく生活を保障するという考え方のもとに導入される制度は、ものごとを合理的に考えることができ、合理的に行動することができる人（本稿では合理人といい、合理人の行動を合理的行動という）を前提にする。ここに行動には、契約など法律行為を行うこと、事実行為を行うことの双方を意味する。そして、合理人と合理的考え方は一体となり近代民法規範の根本となっている。合理人は近代法が想定した人であり、国家の政策課題を実現するために法によって設定された人（抽象的人間）と捉えることができる。合理人はまた近代

法原則のもとで自由に活動し成果を挙げることができる人をいい、民法が取引の動的安全（以下「取引安全」という）を重視していることは合理人を前提にしている。

　民法は近代社会における市民の法（civil law）として、国家・社会を成り立たせる基本となっている。民法の合理人・合理的行動の標準の規範は、民法の規範として近代法原則とともに1960年代の高度経済成長を支え、今日の社会経済の発展をもたらしたのである。そして、この考え方は民法の規律の根底において、近代法原則が修正された今日にも継承されている。民法の合理人・合理的行動の標準の規範は、後述するように主張・立証責任において訴訟法的にも担保されている。以下、契約法、不法行為法の各構造として再論する。

(2)　契約法
①契約自由の原則
　契約は生活及び生活関係の方法として重要な役割をしている。契約という方法を用いることによって私たちは生活をし、社会経済活動を行うことが可能になる。人は強行規定や公序良俗に反する場合を除いて自由に契約を締結し、他者との間で契約関係（債権と債務の関係）に立つことができる。契約は法的効果が生じる点で単なる約束とは区別される。紛争事例をみると、契約の成否が問題になる場合がある（事例は膨大な数に及ぶ。しばしば言及される隣人訴訟津地昭58・2・25判時1083号125頁、判タ495号64頁もその1つ。裁判所は隣人の子を「預かった」ことにつき契約の成立を否定し、不法行為責任を認めた）。

　近代法原則の1つである契約自由の原則のもとで、人は契約を締結するに際し、相手方を自由に選択し（相手方選択の自由）、また、契約の方式や内容を自由に決定することができる（方式の自由、内容の自由）。契約を締結しない自由もある。

②意思表示と意思能力
　契約における意思表示が有効になるためには行為者に意思能力があることが必要である。意思能力は当該行為の意味を理解する能力とされ、ここでの能力は主として財産行為（対の概念は婚姻等の身分行為）が念頭におかれている。意思能力は民法によって導入された法的概念である。意思表示（あるい

は意思表示に基づく契約）は、行為者に意思能力があれば有効であり、意思能力がなければ無効である。民法典に規定はなかったが、近代法の考え方として当然のことと理解されてきた（2017年民法（債権関係）改正により民法典に明記された。3条の2）。ただし、意思表示を無効にするためには表意者は行為（表意）時に意思能力がなかったことを主張・立証しなければならず、主張・立証に成功しないと意思表示は有効のままである。これは民法の合理人・合理的行動の標準の規範の訴訟法における現れである。

意思表示の基礎となる意思能力の医学的、科学的知見については必ずしも明確になっていない。

③意思表示論（法律行為論）における意思主義と表示主義

近代法の理念として、契約など法律行為が成立するためには個人の意思が要素となる。これを広義の意思主義という（大村敦志『新基本民法　総則編』63頁（有斐閣、2017年）参照）。より具体的には、例えば契約の成立には意思と意思の（本質的部分の）合致（合意）が必要であるが（大村・同47頁）、表示の合意があればよく、真意の合意は必要でない。これを表示主義といい、真意が必要だとする考え方を狭義の意思主義という（大村・同48頁）。契約の解釈では意思主義と表示主義によって個別規定の解釈論が分かれることがある（例えば錯誤論等）。近代法の理念からは個人意思の尊重の趣旨から意思主義に立つべきであるが、そうすると取引安全が損なわれ、あるいは法秩序が安定しないことがある。また、表意者の真意を明らかにすることは実際には困難である。表意者自身がその真意を自覚していないことさえあり得る。そのために、契約の解釈論では表示主義を基本にし民法の取引秩序として取引安全を図っているのである。なお、意思表示論における意思と表示の構造は、例えば動機の錯誤論にみられるように解釈論を複雑にする要因となっている（2017年民法（債権関係）改正では錯誤の規定が修正された）。

以上のように、解釈論では狭義の意思主義ではなく表示主義が採られるが、表示も意思があっての表示であり、基本となっているのは個人の意思である。

(3) 不法行為法

①過失責任主義の原則

近代法原則の1つである過失責任の原則は、「過失なければ責任なし」といわれるように、行為者に故意又は過失がなければその行為によって結果が発生しても結果に対して責任を負わないという考え方（過失責任主義）をいう。不法行為責任は故意・過失、権利侵害・法律上保護される利益の侵害（違法性）、因果関係、損害発生の事実が必要であり（民法709条）、かかる事実は被害者側が主張・立証しなければならない（責任能力がなかったことや、違法性阻却事由があったことの抗弁は加害者側にある）。

　責任能力については民法712条及び713条の規定がある。実質的にも、自己の行為がどのような意味をもつかを理解できない者に責任を負わせるのは酷である（民事訴訟では不法行為時に加害者に責任能力がなかったという事実は抗弁となる）。過失責任主義に立つ以上、責任能力がない者に責任を追及することはできない。民法はこのような意味における結果責任を認めていない（結果責任は自由、活発な行為を阻害する）。なお、因果関係論及び損害論については、判例法上は相当因果関係論が定着している。相当因果関係論についてはこれを批判する学説が有力に主張され学界の支持を得ているが、他方、これを再評価する学説も主張されている。

②平時と異常時の考え方

　不法行為法に関して以上に述べたところは平時の場合を対象とする。大規模災害など不可抗力の場合には平時の規範をそのまま用いることができるか、それとも異常時として別に対応すべきかを明確にすることは必要である。関連して、2011年3月11日の東日本大震災及びこれに起因する東京電力福島原子力発電所事故のような異常と評価されるべき事故の救済論では、平時の法制度・法理論を用いると紛争処理に混乱が生じ得ることがある。被災者等の真の救済を図るためにはこのことを自覚した議論が望まれる（小賀野晶一「原子力発電所事故と損害賠償責任」五十嵐敬喜・近江幸治・楜澤能生編『民事法学の歴史と未来（田山輝明先生古稀記念論文集）』101頁以下（成文堂、2014年））。

4　民法の展開──近代法原則の修正──

(1)　立法と解釈

　1898年に民法典が施行されて120年が経過し、この間に民法典の改正、

民法特別法の制定、民法に関する判例の蓄積、これらに伴う解釈論の精緻化など、民法の展開がみられる。こうして、近代法原則である所有権絶対、契約自由、過失責任の各原則は修正されていった（近代法原則の修正）。それぞれ当該分野については、一定の制限を加えることにより実質的平等を保障することが規範のあり方として望ましいとされたのである。もっとも、ここでの修正は私的意思自治を否定するものではなく、これを補完するものである。

　民法の現代化を辿るためには、近代法原則とその修正を確認することが有益である。そのために、民法の合理人・合理的行動の標準が地域生活にもたらす意義と問題点を明らかにすることが必要である。このようなアプローチは例えば、民法規範のあり方を問い、民法の論理と利益衡量（加藤一郎『民法における論理と利益衡量』（有斐閣、1974 年））のあり方を問うものでもある。

①民法典の主たる改正

　民法典は社会経済的状況等の変化に対応するため、部分的に改正が進められてきた。戦後の主要な改正（一部改正）には以下のものがある（前田達明編『史料民法典』1284 頁以下（成文堂、2004 年）参照）。

　1947 年、親族法・相続法の全面改正、1 条、1 条の 2（現 2 条）の新設、1962 年、同時死亡の推定及び代襲相続、建物の区分所有等に関する法律施行に伴う改正、1966 年、地下又は空間を目的とする地上権（地下空間地上権あるいは空中権）、1971 年、根抵当権、1987 年、特別養子、1999 年、成年後見、2003 年、担保物権及び民事執行の一部改正、2004 年、民法典の現代語化、貸金等根保証契約、2006 年、法人の改正（法人の設立・管理・解散に関する規定（38 条〜84 条）を削除）、2017 年、民法（債権関係）の改正など。

②特別法の制定

　私たちの生活は様々な分野に及んでいるが、社会経済の変化に伴い各分野において民法の規定の修正が要請され、国内法では民法特別法や判例法によって対応した。民法特別法の対象は消費生活、生活支援、不動産、担保、金融、商事、不法行為など、広がりをみせている。

　所有権法及び契約法では建物区分所有等に関する法律、借地借家法、消費者契約法等の消費者立法など、不法行為法では自動車損害賠償保障法、大気

汚染防止法、製造物責任法など、それぞれ多数の法律によって民法の規定が修正され、民法及び民法特別法の判例法が展開している。
③解釈論の研究

　日本の法学界は従来、研究対象として法律の解釈論に集中した。民法の解釈論は民法典や民法特別法の規定を適用するにあたって行われる。民法典の改正、特別法の制定・改正は常に適時に行われてきたということはいえず、むしろ慎重に進められてきた。社会経済の変化等に的確に対応するために、解釈論の研究が進められたことは不可避であったといえる。

　民法の解釈論は一般的確実性と具体的妥当性の調和をめざしている（我妻・前掲書『民法大意（2版）上巻』30頁-31頁）。かかる営みのなかで今日、解釈論の論理性、精緻性が競われている。他方において、人間は精密機械のように判断し行動しているわけではなく、曖昧な部分も少なくないから、解釈論ではこのことを踏まえることも必要になる。

　民法学の成果は民法各分野に現れている（例えば加藤雅信編集代表『民法学説百年史』（三省堂、1999年）参照）。民法教科書では、解釈論あるいは学説のあり方として、議論の到達点を客観的視点で捉え学問の体系化が図られている（川井健『民法概論1～5』（有斐閣）、近江幸治『民法講義Ⅰ～Ⅶ、0』（成文堂））。

(2) 弱者保護理論の形成

　民法における弱者保護・弱者支援の理論は裁判や立法を通じて近代法原則の修正として進められ、理論として結実している（小賀野晶一「民法における弱者保護理論の展開」田山輝明・鎌田薫・近江幸治編集代表『民法学の新たな展開（高島平蔵教授古稀記念）』737頁以下（成文堂、1993年））。近代法原則の修正はとりわけ、この点において法の正義を追求するものとして評価されるべきであろう。

　弱者保護・弱者支援の営みについては、経済学分野等の一部から弱者の政策は健全な競争を妨げるとの主張がみられるが、これは合理人・合理的行動の標準の規範を前提とし、あるいはこれに疑問を感じない見解である。また、弱者の呼称に対しては、ハンディを有する者を弱者と扱うことは適切でないなどの理由から社会福祉分野等の一部に強い抵抗がある。確かに、弱者と捉えること自体、適切でないといえよう。しかし、別の視点からは、地球環境問題に直面した今日、生物としての人間は誰もが等しく弱者であること

を認識すべきであり、人間の社会的活動も生物としての人間の生存を前提とする以上、弱者の概念は不適切ではない。そして、このような考え方に立つことによって、健全な競争の規範も成立すると捉えるべきであろう。

　もっとも、弱者の概念は、その対の概念として強者の存在を連想させる。従来、合理人（という強者）から外れる者として弱者を捉えることができたが、今後は弱者の概念を用いず、弱者・強者を超越する存在として例えば「人間」を用いることも一案である。また、環境法の知見を踏まえると、「人間」ではなく「地球」を用いることも考えられる。環境法の通説は権利の主体は人であることを根拠に人間中心主義を採っているが、人間の生存は地球の存続を前提にしなければならないから地球環境主義を採るべきではないか（小賀野晶一「環境法の本質―環境法の学習にあたって」白門68巻1号8頁以下（2016年）、同「環境問題と環境権」白門70巻1号8頁以下（2018年））。本稿では合理人・合理的行動の標準の規範に代わるべき規範として、弱者支援・弱者保護の規範あるいは人間の規範を掲げ、これが民法の原則的規範となるべきであると考える。このように捉えることによって、真の人間尊厳が実現するものと考える。まちづくり、環境法等の分野で目標とされる共生社会、持続的社会の考え方はここに位置づけられるのである。なお、先学には、弱者保護ないし弱者の権利の強化という観点から弱者に関し「愚か」との表現を用い（自らを顧みてのことであるから許されると補足する）、今後できるだけ多くの人間を「強く賢い者」にする方向が模索されるとし消費者教育の重要性を説く見解がある（星野・前掲書『民法のすすめ』152頁、171頁、232頁。同233頁）。ここでは弱者と強者が対置されている。

　弱者、強者の視点は民法の各分野でみられる。例えば、不法行為に基づく損害賠償責任における割合的認定論をめぐる議論にも現れている。ここでは法における公平とは何か、民法理論と科学的知見との関係など基本的問題について考え方が分かれている（小賀野晶一「素因競合と割合的認定―日本不法行為法の課題」千葉大学法学論集25巻2号65頁以下（2010年）参照）。

　以上、本稿ではこれまで、近代法としての民法を鳥瞰し、民法規範、特にその原則と修正について検討した。以下では、民法規範を基礎にしこれを具体化する民法に関する制度のうち、成年後見制度（Ⅲ）、消費者保護制度

(Ⅳ)、不法行為制度（JR東海訴訟）（Ⅴ）をとりあげ、それぞれの現状と課題について検討し、民法における弱者保護・弱者支援の規範の原則化が望まれることについて問題を提起する。

Ⅲ　成年後見制度の現状と課題

1　成年後見制度の概要
(1)　新制度の導入

判断能力が低下すると、日常生活の様々な契約（電気、ガス、日常の食料品や衣料品の売買、住居の賃貸借、運送等の請負、郵便局や銀行への預貯金、金銭借入れなど。星野・前掲書『民法のすすめ』214頁-215頁）、役所等での手続など、社会生活・経済活動が困難になる。さらには、振り込み詐欺等の特殊詐欺などの財産的トラブルにまきこまれ（判断能力低下は被害発生の一つの要因といえる）、医療、社会福祉等のサービス（役務）を享受することができないなどの問題も生ずる。判断能力が十分でないということでは未成年後見制度と同じであるが、成年後見制度に特有の問題がある。

平成11年（1999年）12月1日、「民法の一部を改正する法律」、「任意後見契約に関する法律」、「民法の一部を改正する法律の施行に伴う関係法律の整備等に関する法律」及び「後見登記等に関する法律」が成立した。成年後見制度は民法典の一部改正によって導入された法定後見と、民法特別法として新たに制定された任意後見契約に関する法律によって導入された任意後見とから成る（以下「新制度」ともいう）。任意後見は判断能力が低下する前に契約を締結する制度であり、法定後見はそのような手当てをしていない場合において判断能力が低下した後に民法によって稼働する法定制度である。任意後見も法定後見もいずれも判断能力の低下後に支援が開始するという意味において事後の制度といえる。

成年後見法の導入は明治の法典編纂期、第2次大戦後の法律変革期に続く「第3の法制改革期」に位置づけられている（星野・前掲書『民法のすすめ』212頁、214頁、234-235頁、245頁）。これは民法の展開を時間軸で捉え、同時に空間軸としても検討の視野を広げるものである。すなわち、成年後見法が施行

された 2000 年 4 月、社会福祉分野では介護保険法及び社会福祉法が施行されている。これにより社会福祉サービスについて「措置から契約へ」のレールが敷かれ、介護の社会化が進展することとなった。介護の社会化は、権利保障（権利擁護）の必要性と地域における連携（ネットワーク）のあり方を問うこととなる。なお、第 3 の法制改革期の成果については法制改革の目的をどのように立てるかによって評価は分かれ得る。法制改革の評価の対象は法律改革を中心とするが、規範定立の重要性を考慮すると判例法による規範の創造や、地域社会における柔軟な制度運用による改善を考慮することもできる。星野・前掲書『民法のすすめ』212 頁-214 頁は主として立法の改正・制定（さらに法制審議会の審議等）に着目し、成年後見制度は平成 11 年に民法改正と特別法制定によって十全なものとなったと評価している。

　成年後見制度は判断能力が低下した人の生活を支援するものであり、認知症高齢者の人が典型的な支援の対象となる（厳密には事理弁識能力の程度が支援の法定の要件を充足することを必要とする）。また、認知症の人だけでなく、病気や事故によって判断能力が低下した人も支援の対象になる。民法における合理人・合理的行動を標準とすると、この制度は民法の例外的制度として位置づけることになる。

(2)　旧制度の改革

　改正の経緯をみると、法定後見制度の前身は明治民法典（1898 年施行）によって導入された禁治産、準禁治産の制度（以下「旧制度」という）であり、心神喪失の常況にある人を禁治産者とし、心神こう弱者及び浪費者を準禁治産者として、これらの者を未成年者とともに行為無能力者と捉えていた。旧制度は行為無能力者に対する絶対的保護を目的とした。

　旧制度の問題点については 8 点指摘されるなど総合的に検証され改革の方向が示された（小林昭彦・大鷹一郎・大門匡編『新版一問一答新しい成年後見制度』30 頁（商事法務、2006 年）。成年後見問題を分析した検討成果として法務省『成年後見問題研究会報告書』(1997 年)。大村敦志「成年後見問題研究会と星野英一——星野英一研究資料（その二）」法学協会雑誌 134 巻 11 号 140 頁以下（2017 年）参照）や、米倉明『高齢化社会における財産管理制度——成年後見制度の制定をめざして』((財) トラスト 60、1995 年)、道垣内弘人「成年後見制度私案(1)〜(7))」ジュリスト 1974 号〜1980 号

(1995年)などを参照)。

　我妻は旧制度について、「無能力者制度は、精神能力の不完全な者の財産を保護し、みだりに喪失しないようにしようとする制度である」と説明した (我妻栄『新訂民法総則 (民法講義Ⅰ)』67頁 (岩波書店、1965年))。新制度も財産の保護及び喪失防止を主たる目的としておりこの考え方が妥当するが、他方、身上監護として生活の事務が新たに加わり、判断能力の低下した人の生活を支援することを可能にした (法務省成年後見問題研究会 (座長星野英一) や、財団法人トラスト60 (現公益財団法人トラスト未来フォーラム) の研究会 (代表米倉明) は身上監護の支援のあり方について検討した)。

(3) 新制度の特徴

　新制度はその理念を、自己決定権の尊重、残存能力の尊重、ノーマライゼーションの実現に求めた (法務省『成年後見問題研究会報告書』、新井誠『高齢社会の成年後見法 (改訂版)』158頁以下 (有斐閣、1999年)、同『財産管理制度と民法・信託法』(有斐閣、1990年)、田山輝明『続・成年後見法制の研究』319頁以下 (成文堂、2002年) 参照)。かかる理念は人間尊厳の思想の基礎になり得るとともに、制度の運用において重要な意味を有する。立法担当者は、成年後見制度は上記の現代的な理念と従来の本人保護の理念との調和を図りながら、できる限り利用しやすい成年後見制度を実現することをめざしたと解説する (小林昭彦・原司『平成11年民法一部改正法等の解説』(法曹会、1999年) はしがき)。

　新法は前述のように、成年後見制度による支援として財産管理に加え身上監護、すなわち生活及び療養看護の各事務を掲げ、財産管理と身上監護の双方に身上配慮義務・本人意思確認義務を求めている (法定後見の成年後見類型につき858条、保佐類型につき876条の5第1項、補助類型につき876条の10第1項、任意後見契約に関する法律6条参照)。ここに財産管理とは預貯金等の管理、収入・支出の管理、自宅等の不動産の管理、年金の管理、税金 (含む確定申告) や公共料金の支払いなどを主たる内容とし、身上監護とは要介護認定の申請等に関する手続、介護サービス提供機関とのサービス提供契約の締結、介護費用の支払い、医療契約の締結、入院の手続、入院費用の支払い、生活費の手配、老人ホームに入居の手配、入居契約の締結などを主たる内容とする。また、インフォームド・コンセントにおける医療同意問題に対する成年後見

法からの関心は高い（例えば岩志和一郎「医療同意システムのあり方――議論の整理と展望」実践成年後見35号86頁以下（2010年）、小賀野晶一「医療契約と医療同意」植木哲編『髙森八四郎先生古稀記念論文集 法律行為論の諸相と展開』304頁以下）。

(4) 新制度の軸足

成年後見制度は民法の体系に位置づけられた民法制度である。前述のように我妻栄は名著、民法総則の教科書（岩波書店）のなかで民法は有産者の法であると明言したが、この考え方は今日の民法学者に踏襲されている。現行成年後見制度の軸足もここにある（星野・前掲書『民法のすすめ』214頁は、成年後見制度は「財産管理を中心とする」という）。成年後見制度は判断能力が低下した後のいわば事後の財産管理の制度である。救済の要件や手続が慎重かつ複雑になっているのは、支援の開始が判断能力低下後であることを考慮しているためであろう。

成年後見制度は財産管理だけでなく、生活や医療にも配慮し身上監護の支援も可能になっており、生活支援のための民法制度の萌芽になるものと評価されるべきであるが、身上監護のための制度といえるためには制度改革が必要である。

2　成年後見制度の運用の現状

成年後見制度は、現在までに17年が経過した。成年後見制度が定着したかというと、残念ながら高齢社会における地域の需要に十分に応えておらず、加えて支援を担う者が被支援者の財産を奪うなどの不祥事が続いている。近年は成年後見制度の改善やあり方をめぐって議論が続けられ、なかには成年後見制度不要論、有害論も散見される。

成年後見制度の現状については、最高裁判所（事務総局家庭局）から毎年（初期の頃は毎年度）公表される「成年後見関係事件の概況」で知ることができる。この資料は第1級の価値ある情報を提供している。また、同資料は、統計の項目に「身上監護」を明記し、身上監護の支援の実態を数値で明らかにした。身上監護の概念については、監護は強圧的な印象がある等の理由で避ける向きもあるが、最高裁判所として早々に身上監護の項目を設け統計をとってきたことの意義は大きいものがある。

成年後見制度（成年後見・保佐・補助・任意後見）の利用者数は、2015年12月末日時点では合計19万1335人であり、2016年12月末日時点では合計20万3551人であり、2017年12月末日時点では合計21万290人であった。認知症高齢者の全員が成年後見の対象となる人ではないが（成年後見の対象となるためには民法7条、11条、15条の要件を充たす必要がある）、相当数の人が対象になり得ることが予想されるのであり（成年後見の対象になるのは認知症だけではない）、20万人、21万人は相応の実績を示すものではあるが、顕在的、潜在的需要を考慮するとやはり少ないといえる。申し立て件数は徐々に増えているが少数に止まっている。制度の利用は後見類型が最も多く、新設された最軽度の補助制度の利用が期待されたが、十分には利用されていない。同じく期待された任意後見制度も利用されていない。この制度が地域の人々に十分には周知されていないこともあるが、より根本的には契約を締結したいというインセンティブが現行制度のもとでは十分に働いていないことが考えられる。

　以上、成年後見制度の利用の現状をみた。本稿では以下、成年後見制度の改善、さらには改革について検討するが、制度の本質及び実務の状況をどのように評価するかによって、検討の視点、方法、内容等も変わり得る。

3　成年後見制度の課題と改善提案
(1)　いくつかの課題

　成年後見制度の利用は上記「成年後見関係事件の概況」の統計数値が示すように低迷している。成年後見制度は旧制度の禁治産制度に代わって導入された制度であり、あまり利用されてこなかった禁治産制度の反省を踏まえている。しかし、新制度も現状は期待されたようには利用が伸びず厳しい数値が続いている。

　そこで、民法を所管する法務省は財団法人民事法務協会のもとに成年後見制度研究会を発足させ、成年後見制度の実情及び課題を調査、把握し、その運営の改善に向けた具体的な対応策について検討した（「研究報告　成年後見制度の現状の分析と課題の検討―成年後見制度の更なる円滑な利用に向けて」(2010年7月)）。

成年後見制度は制度的、構造的に問題を抱えており、なかでも成年被後見人等の行為能力を制限していることについては各分野の批判が強い（池原毅和ほか「特集 障害者権利条約と成年後見制度の課題」福祉労働143号8頁以下（2014年）など）。後見類型の支援を受ける本人は、日常生活に関する行為を除き成年後見人による代理を通じてのみ行為することができる。単独で行為をした場合には成年後見人はこれを取り消すことができる（9条ただし書。被保佐人が同意を得ないでした行為も同様に扱われる。13条1項ただし書）。

　行為能力の制限は社会的には、成年後見の支援を受けていると一定の職に就くことができないなど、欠格条項の存続の要因となっている。地域社会が支援の理念を明確にし、理念を踏まえて互いに協力することは重要であり、心身の状況を理由とする欠格条項は全廃することが望まれる（この方向での立法改正作業が進行中である）。これに対応するため、個々の具体的事例ではかかる理念のもとに関係者の意識改革や運用における工夫を必要とする。

(2)　学界における議論

　2000年に導入された現行法定後見制度に対しては近時、改善の議論が高まっている（日本成年後見法学会）。そして、例えば法定後見の3類型を廃し、ドイツ法を参考に補助に一元化すべきであるとする補助一元論や、問題の大きい後見類型を廃し保佐と補助に整理すべきであるとする二元論が主張されている。これらの見解は最重度の後見類型は弊害があると捉えることでは一致する（田山輝明編著『成年後見　現状の課題と展望』（日本加除出版、2014年））。これらの提案に加え、例えばイギリス法に範を求め、イギリス2005年意思能力法（Mental Capacity Act 2005）のベスト・インタレスト論は日本法のあり方としても有用であるとする見解もある（菅富美枝『イギリス成年後見制度にみる自律支援の法理　ベスト・インタレストを追求する社会へ』（ミネルヴァ書房、2010年）、同「任意後見の濫用防止とセーフガード――英国における「ベストインタレスト」尊重の取り組み」法政論叢43巻2号52頁以下（2007年））。さらに、オーストリア、アメリカなどその他の比較法研究が進められており、中国、台湾、香港、韓国などアジア諸国・地域の研究も盛んである。以上のように、学界は日本法への示唆を外国法制度の先進例に求めている。

　成年後見制度の改善については、法定後見の改善とともに、任意後見の活

用が強調されている。任意後見制度は判断能力が低下する前に契約を締結して判断能力低下後に備えるもので、本人意思に基づく支援制度としてその利用の推奨を望むものである（新井誠「任意後見制度・忘れられた成年後見制度」村田彰先生還暦記念論文集『現代法と法システム』1頁以下（酒井書店、2014年）、同「高齢者の意思能力喪失と代理・委任」ジュリスト943号64頁以下（1989年））。

　前述のように、成年後見制度による支援のあり方として類型的支援か一元的支援かが問題とされているが、この問題はこの制度による支援の重点を財産管理とみるか身上監護とみるかによっても違ってくる。財産管理についてはある程度の類型化が可能であり有効であろう。成年後見は財産管理を中心とする制度であると捉えたうえで、人間の多様性を尊重し類型化に理解を示す見解が有力である（星野・前掲書『民法のすすめ』234頁）。他方、身上監護については、医師の治療が患者の疾病や症状に応じて個別に行われていること、介護の態様にもいろいろあり、施設から在宅への大きな流れのなかで例えば施設への「通い」を中心として、短期間の「宿泊」や利用者の自宅への「訪問」を組み合せた小規模多機能型居宅介護の機能など支援の実態をみると、民法の支援としても可能な範囲で個別的支援を可能にすることが望ましい。

(3)　成年後見実務からの提案

　成年後見実務を推進してきた団体は以下のように、現行制度の問題点を認識し、医療同意など成年後見制度のあり方について相次いで提言をした。

　報告書は、①日本弁護士連合会「医療同意能力がない者の医療同意代行に関する法律大綱」（2011年）、②成年後見センター・リーガルサポート「医療行為における本人の意思決定支援と代行決定に関する報告及び法整備の提言」（2014年）、③日本弁護士連合会「総合的な意思決定支援に関する制度整備を求める宣言」（2015年）、④日本社会福祉士会「意思決定支援を踏まえた成年後見制度の見直しと運用改善に関する本会意見の論点整理（中間まとめ）」（2016年）などがある。

　成年後見実務を推進する上記団体が医療同意問題に関心を有することは、成年後見制度の本質あるいは身上監護の重要性を実務の経験から指摘しているということができ、成年後見制度のあり方を示唆するものとして注目する

ことができる。各団体は本人の意思決定に注目し、共通して意思決定支援の概念を用いている。それぞれの提言の視点は各団体で一致しているわけではなく、意思決定支援の概念も一致しているとはいえないが、成年後見実務は全体として身上監護の重要性を認識し、身上監護のあり方を実践的に追求している。

(4) 立法による改善の試み

①郵便物等の管理

郵便物の扱いについては従来、成年後見人の権限にあるかどうかが曖昧であった、成年後見人による郵便物等の管理などを明確にするために、「成年後見の事務の円滑化を図るための民法及び家事事件手続法の一部を改正する法律」が制定された（以上2法につき大口善徳・高木美智代・田村憲久・盛山正仁『ハンドブック成年後見2法』（創英社・三省堂書店、2016年）参照）。成年後見人といえども本人のプライバシーに関する事項は丁寧に対応することが必要であり、法の進歩を示すものといえよう。

②成年後見制度利用促進法

2016年4月、成年後見制度の利用の促進に関する法律が議員立法として成立した（以下「促進法」という）。本法は成年後見制度の利用の促進に関する施策を総合的かつ計画的に推進することを目的とする。促進法に基づき内閣府に「成年後見制度利用促進委員会」が設置された。同委員会は、成年後見制度利用促進基本計画案の作成に当たっての意見具申や、成年後見制度の利用の促進に関する基本的な政策に関する重要事項に関する調査審議等を行うことを目的とする。政府は、2017年3月24日、促進法に基づく成年後見制度利用促進基本計画を閣議決定した。

各都道府県知事充て通知、内閣府大臣官房成年後見制度利用促進担当室長「成年後見制度利用促進基本計画の策定について」（2017年3月24日）によると、今後、政府は、本計画に基づき、関係省庁が連携して総合的かつ計画的に成年後見制度利用促進策に取り組むこととなった。そして、促進法23条1項では、市町村は、基本計画を勘案して、市町村における成年後見制度の利用の促進に関する施策についての基本的な計画を定めるよう努めるものとされている。また、促進法第24条において、都道府県は、市町村が講じる

同法23条の措置を推進するため、各市町村の区域を超えた広域的な見地から、成年後見人等となる人材の育成、必要な助言その他の援助を行うよう努めるものとされている。

　成年後見制度利用促進基本計画では、成年後見制度の利用促進を内閣府主導で都道府県及び市町村に要請するものとなっている。比較法制としてドイツ法を参考にし、国民の潜在的需要を考慮しての行政主導、政治主導のアプローチを進めるものである。なお、2018年4月1日より事務は内閣府に代わり厚生労働省が担当している。

　成年後見制度については判断能力が低下した人の権利保障の役割が期待されているが、本計画のもとで地域における権利保障の必要性が具体的営みを通じて再確認されることの意義は大きい。本法によって地方公共団体など関係団体の関与とその責任が大きくなった。法務省が所管する法律・法制度について、省庁横断的に現状の問題点をどこまで改善できるかが注目される。

4　成年身上監護制度論

　成年後見制度の改革を目標にする場合には、成年後見制度の本質をどのように捉え、現行制度をどのように改革するか。具体的には、地域における生活支援として、財産管理を中心にするか身上監護を中心にするかを明確にすることが重要である。成年身上監護の支援の方法としては、成年後見制度改革の道ではなく、成年身上監護システムの構築という道もある。いずれの道においても成年身上監護制度のあり方が問われる（小賀野晶一『成年身上監護制度論』（信山社、2000年）、同『民法と成年後見法』（成文堂、2012年）、同「高齢社会と民法──地域における生活問題を解決するために」白門69巻〔2〕15頁（2017年））。民法の支援制度である成年後見制度をより魅力ある制度にするために、地域生活の支援を中心とする身上監護制度として位置づけることが必要ではないか。このような考え方と実践を身上監護アプローチということができる。

　成年後見実務の展開は民法と社会福祉との垣根を低くし、成年後見制度に身上監護としての機能を付与している。身上監護については、とりわけ専門職後見人として身上監護の事務をリードしてきた社会福祉士や、身上監護に理解を示す司法書士・弁護士等の専門職による支援に注目することができ

る。学界では身上監護論への関心が広がり、新しい研究成果が現れている（上山泰『専門職後見人と身上監護（3版）』（民事法研究会、2015年）、渡部朗子『身上監護の成年後見法理』（信山社、2015年）、小賀野晶一・公益社団法人東京社会福祉士会編『社会福祉士がつくる身上監護ハンドブック（2版）』（民事法研究会、2016年）など）。なお、親族後見人による身上監護の支援が従来、どのような機能を果たしてきたかは十分には明らかにされていない。親族後見人については財産管理の不祥事が強調されているが、身上監護において果たすべき機能の重要性が看過されてはならない。

制度論では、現行制度の位置づけ・重点を財産管理のための制度から身上監護のための制度に移行することが望まれる。金融機関以外の他人による財産管理への関与については抵抗があるが、身上監護に係る医療・介護、生活の支援となると財産管理ほどの抵抗はなく、むしろその必要性を感じる場合が少なくない。より徹底した身上監護制度を構築するためには、財産管理能力ではなく、身上監護能力（日常生活能力）の低下に注目しなければならない。規範定立の重要性を確認し、定立された規範を解釈論、運用論、制度論、立法論の基礎とすることが肝要である（民法に関する規範定立のあり方を探求する高島平蔵『物権法制の基礎理論』（敬文堂、1986年）、同『民法制度の基礎理論』（敬文堂、1987年）、同氏のその他の論考を参照）。成年後見制度の課題は民法の構造の問題として、より根本的に民法のあり方の問題として受け止めることが必要である。成年身上監護論については家族法の課題として捉えられ（大村敦志『家族法（3版）』29頁以下、266頁（有斐閣、2010年）、同『民法読解 総則編』42頁以下（有斐閣、2009年）、同『民法読解 親族編』401頁以下（有斐閣、2015年）参照）、民法体系への位置づけもみられる（近江幸治『民法講義Ⅰ 民法総則（7版）』52頁（成文堂、2018年）、淡路剛久『入門からの民法—財産法』37頁（有斐閣、2011年）、吉田恒雄・岩志和一郎『親族法・相続法（4版補訂）』177頁（尚学社、2016年））。なお、星野・前掲書『民法のすすめ』219頁では家族法は寛容に対処し得る立法であると評価している。

5　民法から地域への働きかけ

以上、成年後見問題について検討した。地域生活の支援を目的とする成年

身上監護制度論については、立法（改正、制定）を必要とするものと、現行制度等の運用により対応することができるものとに分けることができる。いずれの場合にも、個々の支援を地域の関係機関等に求めること（連携）が必要であり、その中心として、財産管理については金融機関の関与、身上監護については社会福祉協議会（日常生活自立支援事業等）、医療機関や介護施設の関与を求めたい（それぞれの団体及び担当者の適切性はもちろん前提となる）。なお、金融機関の一部には、預金等の支払いには同意者の同意を必要とするものなど本人保護を図る商品が開発されており、このような民間レベルでの種々の営み・試みによる支援の底上げに期待したい。

　また、家族は地域の構成要素でもある。独居率（単独世帯）が2040年には約40％になるとの世帯構成の将来推計を冒頭で引用したが、逆にみれば約60％に家族（夫婦と子、夫婦、ひとり親と子）がいることとなり、地域のなかでの家族のあり方も問われるべきである。家族は後見制度の機能を部分的に担っている。

　以上のような地域における様々な支援の営みを総合支援システムに位置づけることができる。ここに総合支援システムとは、民法と社会福祉（医療、介護等）が一体となり地域における人々の生活を支援する仕組みをいう（小賀野・前掲書『成年身上監護制度論』242頁）。地域への具体化は今後の課題である。

Ⅳ　消費者保護制度の現状と課題

1　消費者被害の実態

　消費者被害が深刻である。消費者被害は消費者事故等によってもたらされる。

　消費者事故等とは、「生命・身体に関する消費者被害」と「財産に関する消費者被害」をいうとする（消費者庁の「消費者被害に関連する数値指標の整備に関する調査　「消費者被害」の定義・分類」（2013年）参照）。消費者安全法の定義（2条5項）は消費者保護制度の標準になるものとして参考にすることができる。

　独立行政法人国民生活センターによると、高齢者の消費者被害高齢者の消

費者被害に関する相談が全国の消費生活センター等に寄せられており、「高齢者は「お金」「健康」「孤独」の3つの大きな不安を持っているといわれています。悪質業者は言葉巧みにこれらの不安をあおり、親切にして信用させ、年金や貯蓄などの大切な財産を狙っています。高齢者は自宅にいることが多いため、電話勧誘販売や家庭訪販による被害にあいやすいのも特徴です。トラブルにあわないために、高齢者に多いトラブルの事例や手口などの「情報」を集めることはとても有効です」と述べている。

同ウエブページでは、相談件数の推移、販売方法・手口別相談件数の上位10件、それぞれの商法の特徴と高齢者に多いトラブルの事例や手口が紹介されている。その一部を抜き出すと以下のようになっている。

第1に、相談件数は年間約18万件で、全国の消費生活センター等に寄せられた契約当事者が70歳以上の相談件数は2013年度に21万件を超えたが、これ以降は減少しており、2016年度も前年と比較して減少傾向にある。しかし、2015年度には約18万件寄せられており、相談全体に占める割合は他の年代と比較しても高く、約20％を占めている。

契約当事者が70歳以上の年度別相談件数（2016年9月末日までの登録分。2015年度以降は、消費生活センター等からの経由相談は含まれていない）は次の通りである。2006年度135,014件、2007年度109,167件、2008年度115,521件、2009年度122,451件、2010年度138,755件、2011年度148,822件、2012年度162,867件、2013年度210,192件、2014年度197,146件、2015年度183,136件（前年同期：77,273件）、2016年度71,443件（4月〜9月末）。

第2に、2015年度の契約当事者70歳以上の相談を販売方法・手口別の件数（上位10位）は次のようになっている（カッコ内は、契約当事者70歳以上の相談（183,136件）に占める割合）（2016年9月末日までの登録分。2015年度以降は、消費生活センター等からの経由相談は含まれていない）。

（1）電話勧誘販売28,255件（15.4％）、（2）家庭訪販24,336件（13.3％）、（3）インターネット通販16,077件（8.8％）、（4）かたり商法（身分詐称）11,284件（6.2％）、（5）劇場型勧誘6,883件（3.8％）、（6）ワンクリック請求4,598件（2.5％）、（7）無料商法3,771件（2.1％）、（8）還付金詐欺3,638件（2.0％）、（9）次々販売3,577件（2.0％）、（10）訪問購入3,306件（1.8％）。

消費者被害による紛争は消費者紛争として整理されている（司法研修所編『現代型民事紛争に関する実証的研究——現代型契約紛争（1）消費者紛争』1頁—32頁（法曹会、2011年））。消費者被害は高齢者や若者を中心にあらゆる年齢層に広がっており、問題の一般性を有する。

2　消費者被害態様別アプローチの意義

　消費者被害の歴史をみると、当初は単純な詐欺など素朴な加害態様のものであったが、悪質事業者は法規制の空白部分をかいくぐり新たな態様の加害行為を繰り返してきた。消費者保護法制はかかる新たな悪徳商法について規制を強化してきたが、かかる対応により規律の多様化がもたらされた。

　消費者法の制度は民法と消費者立法の二元構成になっている。そして、かかる二元構成は1階部分（民法）、2階部分（消費者契約法）、3階部分（特定商取引に関する法律、割賦販売法、金融商品販売法、宅建業法、東京都消費生活条例等）に構造化されている（司法研修所編・前掲書『現代型民事紛争に関する実証的研究——現代型契約紛争（1）消費者紛争』46頁参照）。そして、例えば、3階部分の特定商取引に関する法律をみると、特定商取引として訪問販売、通信販売及び電話勧誘販売に係る取引、連鎖販売取引、特定継続的役務提供に係る取引、業務提供誘引販売取引並びに訪問購入に係る取引を対象にする（1条）。本法は特殊詐欺など消費者被害の態様を類型化し、被害態様に応じたアプローチをしている（消費者被害態様別アプローチ）。

　消費者被害に対する消費者立法による対応は相応の実績をあげており、とりわけ消費者庁を中心とする関係実務における努力は評価されるべきである。また、多様な消費者被害の存在を整理、分析したことは学問的成果といえる（河上正二責任編集・消費者法研究4号（特集　消費者法における規制の多様性）（信山社、2017年））。しかし、かかる多様性は規範のあり方として次のような問題点を抱えることになった。

　第1に、立法の規定の文言、論理性等の正確を図ることは当然のことであるが、消費者立法についてはその結果として、各規定が難解になってしまった（例えば『平成24年版特定商取引に関する法律の解説』（商事法務、2014年）参照）。このことは従来、法律としては当然のこととして受け止められてきたところ

があるが、国民に利用されるべき法律としては問題である。また、消費者立法による救済を受けるためには、被害者は自らが受けた消費者被害の態様を特定しその救済規定の要件を主張・立証しなければならないところ、これは必ずしも容易でなく、弁護士など専門家の助けを必要とする。また、専門家も常に立証に成功するとは限らない。消費者立法の個別規定の解釈がしばしば分かれていることも問題である（例えば、廣瀬久和・河上正二編『消費者法判例百選』別冊ジュリスト200号（2010年）参照）。解釈論という刃物をいかに研ぎ澄ましても問題の抜本的解決には至らず、消費者法の構成及び解釈論の再考、解釈論に代わる制度論、立法論が必要になるのではないか。

第2に、以上と関連するが、消費者立法の規律は、新規の消費者被害にそのつど対応する必要があったこともあり対症療法的になってしまい、新たな態様の被害の発生を十分には防止することができていない。加えて、振込詐欺に象徴されるように、繰り返し同様の被害が発生しており、これらについて被害の深刻さと被害者の苦悩に思いを致すと、専門家にはより包括的に、より徹底した対応をとるべき責任がある。

以上、消費者保護制度に対する期待は大きいが、ここには制度の構造における課題が存在するように思われる。消費者保護制度に関する問題はより根本的には、民法規範のあり方やその構造に関する課題として受け止めることが必要である。

3　民法の一般条項の活用

民法における正義を実現するため、公序良俗、信義則、権利濫用など一般条項に関する民法研究が進展した。以下、消費者法の規律における一般条項の活用可能性について検討する。

消費者立法は国民の利益に密接に関連する法律として、その規範の構造や制度は単純かつ明快であることが求められるところ、前述のように現状は逆で、多様化、複雑化している。また、新たな被害や、繰り返される消費者被害に対して、予防法学的アプローチが必要である。規律の仕方については、消費者被害態様別アプローチによる細分化を避け、大縄をかけて包括的に救済することが必要であろう。

2017年民法（債権関係）改正にあたっては、消費者の保護・支援を民法典に位置づけるか、消費者立法に位置づけるかが議論され約款規制等について一部調整が図られたが、消費者法のあり方は民法及び消費者立法の課題として残された。問題解決の道は信義則、公序良俗の規定など一般条項をどのように捉えるかにある。一般条項を無限定に拡大適用することは法的安定性を害するが、消費者被害の広がりや深刻性を踏まえると、民法の一般条項を適用することも意味がある。事業者と消費者との契約類型は一般法としての民法の規律としては原則的形態ではないが、今日、人と人の契約という考え方を維持してよいかが問われるべきである。消費者立法は、例えば信義則、公序良俗の規範を濃密化しており、一般条項を活用する条件は整っているともいえ、一般条項による救済を可能にしている。例えば、消費者契約法8条～10条には契約条項が無効となる場合を具体的、一般的に定め、8・9条に該当しなくても、10条に該当する場合には無効となる（司法研修所編・前掲書『現代型民事紛争に関する実証的研究——現代型契約紛争（1）消費者紛争』73頁）。これらの規定の趣旨を民法の公序良俗論に取り込むことは不可能ではない。また、振込詐欺など消費者事故の被害者には、判断能力が低下した人だけでなくそうでない人も多数含まれており一般的規律になじむものである。

　消費者被害の態様は種々存在するが、基本的には同質の規範によって対処できるものである。消費者契約法をはじめとする各種消費者立法における規律は、民法の信義則、公序良俗などの一般条項や一般条項を補足する民法の個別規定で対応することが可能である。消費者保護制度は特別法の制定によって専門化、詳細化が極度に進んでしまっており、消費者が被害回避に向けて適切に行動することを困難にしている。消費者には悪質事業者の行動の原理（消費者被害の基本的要素）を単純化し、明確にすることが必要である。一般条項の活用による利点は小さくない。消費者被害は公序良俗の規範における財産秩序に属するが、地域生活に支障を及ぼすものであるから生活秩序と捉えることもできる。このことに注目すると、消費者法は取引法ではなく生活法の視点からアプローチすべきであろう。民法改正により約款による規律は民法典に位置づけられ、当事者の合意が重視されることになったが、取引法の規律に適合する合理人・合理的行動の標準の規範のもとでは問題の根本的

解決には至らないであろう。

　消費者法は国民に最も近いところで機能すべき規範であることを考えると、特別法である消費者立法の対象は民法では対応することができない消費者被害に限定するという方針のもとに、現行消費者法制を整序、単純化し、一般条項に組み入れることによって、規範の透明化を図ることが検討課題となる。消費者立法の独自の役割としては、消費者行政の体制等の強化、消費者団体訴訟、集団訴訟等の救済方法や手続の整備・改善、事業者の育成等が考えられる。

4　民法から地域への働きかけ

　以上、消費者被害への対応を中心に検討した。消費生活の支援（消費者支援）は広く地域に求めることが望まれるところ、消費者契約の当事者となる事業者の関与は不可欠である。事業者には事業活動にあたり民法における弱者支援・弱者保護の規範が要求されるべきである。なお、弱者保護ないし弱者の権利の強化という観点から、「愚かな人間」を「強く賢い者」に導くものとして消費者教育を位置づける見解（星野）については前述したが、ここに弱者保護ないし弱者の権利の強化は合理人・合理的行動の標準の規範を前提にしている。図式的にいえば、ここでは弱者は強者によって強者のルールで賢者となるための教育を受けることになる。

　本稿が構想する、合理人・合理的行動の標準に代わる規範である弱者保護・弱者支援の規範の原則化のもとでは、消費者問題に対応できるように強者・弱者を超えて人間に対する教育を進めることになる。消費者教育も前述した透明性のある単純、明快な規範のもとで、仕組みや内容が説明される。ここでは例えば、資産を増やしたいという私たちの限度のない欲望とこれを適正に抑えることができる人間の意志をどのように整理するかについても、人々の共通の課題となる。これらは規範論における課題であり、地域への具体化における課題でもある。

V　JR東海訴訟から学ぶべきこと
――認知症高齢者の鉄道事故――

1　訴訟の概要

判断能力が低下すると、日常生活における様々な契約等に支障が生じるだけでなく、事故に遭遇する危険性も高まる。JR東海訴訟は、認知症高齢者がホームから線路内に入り列車と衝突して死亡した事故を契機とした。本件訴訟は列車事故について、死亡した高齢者A（91差）の遺族がJR東海を訴えたものではなく、JR東海が、死亡事故によって振替輸送等の費用の支出を余儀なくされたとして、Aの遺族（Aの妻、長男など）に対して損害賠償を請求したものである。以上のように、本件訴訟は認知症高齢者が列車と衝突して死亡したこと、認知症高齢者を介護していた人が被告とされ訴訟当事者となっていること等に特徴がある。裁判では介護していた家族の不法行為責任が追及された。

亡Aと同居し介護に当ったその妻Y1（85歳、Aと同居）には4人の子がいたが、長男Y2（事故当時57歳）とその妻B（横浜市から単身A宅の近くに引っ越しデイサービス以外の介護をしていた）の他は、直接には介護に関わっていなかった。CはY2の妹で介護の知識がある。本件ではAについて成年後見の支援が行われていたわけではなかったが、裁判所は成年後見に言及した。

本件事案については、その特殊性（必ずしも頻繁に発生する事故ではない）と普遍性（高齢社会を象徴する事故）の双方を考慮することが必要である（本件訴訟・各判決をめぐっては解釈論だけではなく制度論、立法論など多くの論考がある）。

2　裁判所の判断
(1)　概観

JR東海訴訟の各裁判所の結論を図示すると以下のようになる。被告に民法の損害賠償責任を認めたものは「●」、責任を認めなかったものは「○」を付した。被告らのうち妻と長男の責任が問題となり、その余の被告は責任

がないとされた。

	判決（認容額）	妻（要介護1）	長男（20年以上別居）
①1審	名古屋地裁 （約720万円認容）	●民法709条	●民法714条
②控訴審	名古屋高裁 （約360万円認容）	●民法714条	○ （長期の別居）
③上告審	最高裁	○ （高齢で監督できる状況にない）	○ （長期の別居、月3回訪問）

(2) 上告審最高裁判決（3小）平28・3・1民集70巻3号681頁

最高裁判決の判断の骨子は以下の通りである。

①夫婦の一方が相手方の法定の監督義務者であるとする実定法上の根拠は見当たらない。精神障害者と同居する配偶者は、法定監督義務者に当らない（夫婦の同居協力扶助義務は根拠とならない）。また、（保護者や）成年後見人は直ちに法定監督義務者に該当するとはいえない。「身上配慮義務は、――成年後見人が契約等の法律行為を行う際に成年被後見人の身上について配慮すべきことを求めるものであって、成年後見人に対し事実行為として成年被後見人の現実の介護を行うことや成年被後見人の行動を監督することを求めるものと解することはできない。」

②法定の監督義務者に該当しない者であっても、責任無能力者との身分関係や日常生活における接触状況に照らし、第三者に対する加害行為の防止に向けてその者が当該責任無能力者の監督を現に行いその態様が単なる事実上の監督を超えているなどその監督義務を引き受けたとみるべき特段の事情が認められる場合には、衡平の見地から法定の監督義務を負う者と同視してその者に対し民法714条に基づく損害賠償責任を問うことができるとし、法定の監督義務者に準ずべき者として、同条1項が類推適用される。

③ある者が、精神障害者に関し、このような法定の監督義務者に準ずべき者に当たるか否かは、（ア）その者自身の生活状況や心身の状況などとともに、（イ）精神障害者との親族関係の有無・濃淡、（ウ）同居の有無その他の

日常的な接触の程度、(エ) 精神障害者の財産管理への関与の状況などその者と精神障害者との関わりの実情、(オ) 精神障害者の心身の状況や日常生活における問題行動の有無・内容、(カ) これらに対応して行われている監護や介護の実態などについて、「諸般の事情を総合考慮して、その者が精神障害者を現に監督しているかあるいは監督することが可能かつ容易であるなど衡平の見地からその者に対し精神障害者の行為に係る責任を問うのが相当といえる客観的状況が認められるか否かという観点から判断すべきである」という。

なお、本判決は以上の一般論を本件事案に当てはめ、亡Aの配偶者も長男も特段の事情は認められないとした。

3　参考——駅のホームの安全性の考え方——約35年前の判決

以上、JR東海訴訟をみてきたが、ここでの事故は認知症高齢者が列車と衝突したものである。以下にとりあげるのは視力障害者が誤ってホームから転落した事故に関する訴訟であり、JR東海訴訟とは事故態様も被害者の性質も異なるが、いずれも心身にハンディを負った人が駅構内で事故に遭っており、鉄道の安全性に関する問題の本質は共通する。

大阪高判昭58・6・29判時1094号37頁、判タ498号219頁（旧国電の事故、国家賠償法2条）は、「駅のホームは、人と電車が接する接点であり、足元の確認の容易でない視力障害者にとってホーム側端から線路上に転落する恐れがあるから、もともと危険な場所であるが、とりわけホームの両側に電車が発着するいわゆる島式ホームは、視力障害者の歩行の基準となるべきものがなく、視力障害者が転落する危険性がより高く、しかも一度転落すれば退避できないまま電車に轢過され、生命を失う恐れがあるから、視力障害者にとって極めて危険な場所である」と述べ、駅ホーム上に視力障害者の転落防止用の点字ブロックを敷設していないことが駅ホームの設置・管理の瑕疵に当たると認めた。

また、東京地判昭54・3・27判時919号77頁、判タ382号91頁は、駅のホームから転落した盲人が電車にひかれて死亡した事故について、点字タイルが敷設されていなかったこと、駅ホームに駅務係として1名しか配置され

ていなかったことなどを考慮し、ホームに設置保存上の瑕疵があったと認めた。

駅のホームの安全性は現在でも十分とはいえずその後も事故が発生しているが、安全性への取組みは進められている（例えばホームドアの設置はその1つ）。

4 JR東海訴訟が提起した問題
(1) 当事者の責任
①亡Aの行為について

JR東海訴訟の事案を実質的にみると、A（事故当時Aは責任能力がなかったと認定された）の行為の違法性は強いものではなく、逆に、原告側にはAの駅ホームへの立ち入りを防げなかったこと、ホーム先端の線路への階段につながる扉に旋錠していなかったことなどにおいて、乗客の安全配慮に問題があったといえなくはない。また、仮にAの行為に違法性が認められ民法714条の監督義務者等の責任が認められるとしても、損害算定では大幅に過失相殺がなされるべき事案であった（後にみるように控訴審判決は50％減額した）。

②介護等の支援者の責任について

本件事案では、被告らはAの介護の仕方等について十分に話し合い、Aのために最善の方法は何かを求めそれぞれに可能な範囲で一生懸命に介護に努めていたことが窺える。ここでは、いわゆる老々介護が行われ、かつ、Aの長男（横浜市在住）の妻が献身的にAの介護にあたっていた。かかる現実を事実として受け止めることが必要である。

他方、本件では家族と介護保険によって実施されていた介護を、介護の機能という面から客観的にみると、もはや介護による援助の限界を超えていたともいえる。そのなかで、被告らはAの気持ちをより尊重したようにみえる。被告らは施設入所の可能性も検討したが本人のために在宅介護を選択した。Aは家族や地域によってどのように介護、支援されればよかったか。家族は介護の限界を認識し、本人が嫌がっても施設入所の道を選択すべきであったか。そうはいえないように思われる。

最高裁判決が被告らの責任を否定した結論に賛成する。また、解釈論とし

て配偶者や成年後見人は法定監督義務者に当らないとする判断は妥当である。法定監督義務者に準ずる者に該当するかどうかに係る「総合的判断の考え方」については、介護に深く関与すれば責任を負い得るリスクが拡大するのではないかという素朴な疑問が生じる(かかる疑問はとりわけ社会福祉関係者が懸念を示す)。これについては最高裁判決が定立した規範がどこまで及ぶのか(いわゆる射程)を明確にすることが必要である。以上の詳細は割愛する。

本判決の後に出た福岡地判平28・9・9は、認知症により要介護認定を受けて、被告が運営する施設へ通所していたAが、施設を抜け出し、その後、施設から直線距離で約1.5キロメートル離れた畑の中で低体温症により死亡した事故について、被告側において、亡Aが施設を抜け出すことがないよう同人の動静を注視する義務を怠ったと認め、これは被告の利用契約上の債務不履行であるとともに不法行為でもあるから、被告は、債務不履行責任及び使用者責任を負うとし、被告の債務不履行ないし義務違反行為と亡Aの死亡結果及び死亡による損害との間に因果関係を認めている。

(2) 安全性に関する責任

鉄道会社には交通・運行等において高度の公共性が要求されており、発生した事故については鉄道事業における交通・運行の安全性が欠如していたかどうかを吟味する必要がある。事故は、亡くなったAにとっては徘徊(外出)という日常の行為の延長線上で発生したものであり、Aの加害行為は犯罪被害者等給付金の対象となる刃物を振り回して人を傷つけたという事案ではない。もっとも、列車が脱線した恐れはあり、そうなると経済的損害にとどまらず、列車の乗客等の生命、身体に危険が及び得る恐れがなかったとはいえない。このように本件事故における普遍性と特殊性の双方を確認することができるが、ここに本件事故の本質を求めることができる。

事故は、夕方、Aが徘徊(外出)し、東海道本線大府駅の構内に入り改札を通過し、ホームから列車に乗り、隣の共和駅で下車し(駅員がホームにいたか、乗客が下車したかは不明)、尿意をもよおし、ひとり駅のホームを歩き、ホーム先端に設置された鍵のかかっていない回転式ドアのついた扉を通過し(押したら開いてしまったか)、階段を下りて線路に出て、列車と衝突したというものである。通常人を基準にした場合、Aの行為には確かに落ち度がある

が、事故は鉄道沿線の場所から線路内に立ち入って発生したものではなく、駅ホーム・線路内というJR東海の施設の中で発生した。事故は駅ホームという連日、不特定多数の人が出入りする極めて公共性の高い施設・場所で発生しており、列車運行や乗客の安全確保に問題がなかったかを問い得る事案であったといえる（本件事案では被告とされた遺族はJR東海を訴えておらず本件訴訟では争点とならない）。JR東海は経済的損失を受けた被害者であるが、真の被害者は死亡したAではなかったか。Aが死亡したことについてJR東海に民事責任がなかったといえるだろうか。

　ちなみに、控訴審名古屋高判平26・4・24民集70巻3号786頁は夫を介護していた妻の責任を認めたが、1審判決の認容額を半分に減額した。すなわち、JR東海には安全確保義務違反があったという被告らの主張については、証拠からは鉄道事業に供する駅として通常備えるべき安全性に欠ける点はなく安全確保義務違反があったものということまではできないとしたが、「a駅において駅員が改札口の状況を監視し、乗車切符を所持していないAの入構を阻止しておれば、また、c駅構内において、駅員が十分に乗客の動静を監視しておれば、さらには、同駅ホームの先端のフェンス扉を施錠しておれば、Aが同駅構内の線路に立ち入り事故に遭うことを防止できたものと推認できる」という。また、損害額を5割に減額した理由については、「被控訴人が営む鉄道事業にあっては、専用の軌道上を高速で列車を走行させて旅客等を運送し、そのことで収益を上げているものであるところ、社会の構成員には、幼児や認知症患者のように危険を理解できない者なども含まれており、このような社会的弱者も安全に社会で生活し、安全に鉄道を利用できるように、利用客や交差する道路を通行する交通機関等との関係で、列車の発着する駅ホーム、列車が通過する踏切等の施設・設備について、人的な面も含めて、一定の安全を確保できるものとすることが要請されているのであり、鉄道事業者が、公共交通機関の担い手として、その施設及び人員の充実を図って一層の安全の向上に努めるべきことは、その社会的責務でもある」とし、a駅及びc駅での利用客等に対する監視が十分になされておれば、また、c駅ホーム先端のフェンス扉が施錠されておれば、事故の発生を防止することができたと推認される事情もあったという（a駅は東海道本線大

府駅、c駅は隣の共和駅)。上記いずれも問題の本質を考えさせるものである。

　駅ホームや鉄道線路に安全性が確保されていたかどうかは、土地工作物責任（民法717条）、事業者の過失、安全配慮義務などが問題になる（国鉄の時代は主に営造物責任（国家賠償法2条）が問われた）。駅が不特定多数の人が出入りする公共性の高い施設であることを考慮すると、ここでの問題は高齢社会における地域生活の安全性の問題として一般性、普遍性を有する。合理人・合理的行動の標準によれば列車との衝突は回避できたとされ、鉄道会社の過失や安全配慮義務違反の認定は困難になる。

　以上、地域生活の安全性について検討した。安全性を追求することは被害者だけでなく加害者も発生させない。なお、安全性の概念は、鉄道、道路等による環境問題について供用関連瑕疵を吟味する場合にも用いられる。

Ⅵ　民法の課題
——民法規範のあり方の観点から——

1　民法と合理人

　上記Ⅲ．Ⅳ．Ⅴにおいて成年後見、消費者被害、鉄道事故をとりあげ、各制度の現状と課題について検討した。前述したように、民法における合理人・合理的行動の標準は社会経済発展の基礎となる規範として、近代法原則が修正された今日にも継承されている。ここでは合理人である強者とそうでない弱者が対置される。しかし、高齢社会のなかで強者も弱者もない。これも前述したように、人間をはじめ生物は地球環境問題を前にして等しく弱者として捉えることが必要であり、生活に関する規範のあり方としても適切である。なお、地球環境問題に対する規範は私的規範のあり方として民法の対象となる。グローバル化が急速に進展するなかで民法が対象とする生活及び生活関係は面としても空間としても広がりをもっており、生活支援のあり方について共通の価値を追求しなければならない。以上の問題意識のもとに、以下、民法規範のあり方の観点から現行民法が抱える課題について検討する。

2 契約法と合理人・合理的行動の標準の規範について
(1) 対立から協働の規範へ

以上において地域生活における問題を概観した。地域生活の安心・安全の確保は現状では十分とはいえず、高齢化の進展に伴い深刻化している。ここに安心・安全の確保とは人々の需要に応じたサービス等の供給が保障されていることをいう。

近代法における合理人・合理的行動の標準の規範のもとでは原則として、取引安全が重視される。意思表示の瑕疵等について第三者保護規定（94条2項、96条3項など）が設けられていることも取引安全重視の考え方に基づく。ただし、民法は他方で、制限行為能力者制度のもとで未成年者・成年被後見人等を保護・支援するために取消権を付与するなど、取引安全を制限することを認めている（我妻栄著遠藤浩・川井健補訂『民法案内1 私法の道しるべ（2版）』73頁（勁草書房、2013年）参照）。このようなことから、制限行為能力者制度は民法の例外的制度として位置づけることができる。

民法のなかでも金融取引、債権担保・回収などの分野では今日、規範のあり方としてひきつづき合理人・合理的行動の標準の規範が妥当し、取引安全、債権の保全等が重視される。ここでは民事取引法としての合理性が徹底して追求されている（財産法に関する民法教科書の多くはここに属する）。そして、こうした努力によって社会経済が維持されているである。他方、民法現代化に伴い、民法学はその分野によっては我妻民法学との対峙が必要になっている。とりわけ、契約法では従来、契約における債権・債務を対立的に捉え、例えば債務不履行の解釈論を進めてきた。しかし、委任契約等の役務提供契約、その他の契約のなかには、対立的でなく契約目的を達成するために互いに協働しなければならないものがある。生活に関する契約法では対立的関係から協働的関係に規律の重点を移行することが必要であろう（医療契約について小賀野・前掲「医療契約と医療同意」植木哲編『高森八四郎先生古稀記念論文集 法律行為論の諸相と展開』319頁）。以上の意味において、契約法における立法、解釈の修正を必要とする。これに伴い、債権法の通則を定める債権総則の規律は民法における取引法と生活法の性質の違いを踏まえ、地域生活については取引法から生活法に規律の重点を移行しなければならない（これにより民法教

科書の内容も修正しなければならない)。

　明治民法はその制定から今日までの間、実質的救済を図るために借地法、借家法など分野において、部分的に弱者保護・弱者支援を進めてきたが、近代民法における合理人・合理的行動の標準の規範は基本的に維持されている。消費生活、成年後見制度などをとりまく状況をみると、民法の生活に関する分野では、部分的な弱者保護・弱者支援では十分な救済ができなくなっており、合理人・合理的行動の標準の規範そのものを再考しなければならない。この点は我妻民法学に続く民法の展開として、民法研究（さらに民法教科書）の目標とすることができるであろう。

(2) 人間の尊厳

　米倉は成年後見に関する論考において民法の根本原則について、「民法は今まで自覚してこなかったが、これからは人間の尊厳を自覚すべきである」旨、指摘する（米倉明「高齢者問題と法——現代法の根本原則」タートンヌマン4号1頁以下（2000年）、同『信託法・成年後見の研究』371頁以下、407頁以下（新青出版、1998年）参照）。民法学史に残る学問的勇気を与える問題提起である。

　民法は制限行為能力者制度を設け、制限行為能力者に含まれる人を合理人・合理的行動の標準から外れる者として扱っている。高齢化が急速に進む日本の実態を踏まえると、地域生活の支援のあり方を明らかにするために、合理人・合理的行動を標準とする民法の規律を根本的に再考し、弱者保護・弱者支援の規範の原則化を確立しなければならない。私たちが享受する自由は、人間の尊厳を基礎にする法の正義によって支えられた自由ということになる。

3　民法現代化と都市生活法の形成
(1) 問題の所在

　合理人・合理的行動の標準の規範からみると判断能力が低下した人は合理人とはいえず、合理人を前提にした民法制度を利用することは困難となり、あるいはそこから排除される。ここで生じる問題は成年後見制度によって対応する。成年後見制度は判断能力の低下した人を一定の要件のもとに具体的人間と捉え、救済する。同様に、消費者を救済する消費者保護制度は消費者

を具体的人間と捉え、不法行為制度は事故に遭遇した被害者を具体的に捉え、それぞれ救済しようとするものである。

　先学は民法における以上の展開を総括し、「古典的財産法における人間——「法的人格」とその属性」のもとに、現在の民法における人間を、抽象的人間から具体的人間への移行として整理、説明している（星野・前掲書『民法のすすめ』162頁以下、170頁。231頁）。これは、「古典的財産法の理念の問題点とその修正」のもとで説明される、民法における弱者保護ないし弱者の権利の強化に沿っている。典型的事例として労働関係、借地・借家問題、消費者問題の3系列の立法が示される（星野・同151頁以下。232頁）。

　以上のような民法の展開は、民法の近代法原則の修正を示すものであり、地域生活に貢献をしてきた。しかしながら、近代法としての民法が有する合理人・合理的行動の標準の規範は、民法規範の根底において維持されている。本稿で検討したように、判断能力の低下した人の権利（基本的人権）を保障するために成年後見制度を改革すること、消費者の基本的人権を保障するために消費生活の安心・安全を確保すること、鉄道事故など事故に遭遇しないように地域の安心・安全を確保することは、高齢社会における地域生活の課題である。このような課題を解決するために、生活及び生活関係の規範の根底となっている合理人・合理的行動の標準の規範を再考しなければならないと考える。

(2)　都市生活法と民法規範

　私たちの生活は公法、私法双方の規律を受けている。地域生活の課題を解決するためには、公私双方の規律、あるいは両者を統合した規律が必要になっている。ここにおける規範を民法現代化のなかに位置づけることが必要であり、地域生活の規範を都市生活法（あるいは地域生活法）として構成することができる。都市生活法は民法現代化を時間軸と空間軸の双方で捉え表現するものである（小賀野晶一「民法の現代化と都市生活法の形成」千葉大学法学論集19巻1号123頁以下（2004年））。

　第1に、都市生活法は高齢社会において人々が地域のなかで持続的に生活することができることをめざしている。地域生活の持続性を保障するためには、判断能力が低下した人に対する事後の支援だけでなく、判断能力に不安

が感じられる人をも広く対象にし、事前の支援から事後の支援までを総合的に行うことが必要である。そのために医療、社会福祉等の諸制度も検討対象としてとりあげ（例えば、複雑化した社会福祉サービスを整序することなど）、これら複数の制度の運用論や、さらにはそれらを統合した総合的な制度論が必要である。身上監護アプローチは医療や生活の支援に重点があるが、その経済的基礎となる財産管理の重要性は変わらない。身上監護は生命、身体、健康、生活を支援するものであるから、これと一体となった財産管理は単に財産の散逸を防止するという支援にとどまらず、生活支援のための実質的支援が可能になる。そして、これらの根本に成年後見制度において前述した身上配慮義務の規範を一般的に位置づけることが考えられる。

　第2に、都市生活法のもとでは、個人の意思を尊重する私的意思自治の考え方は維持される。しかし、意思主義絶対主義ともいえる考え方には限界があることを認識し、新しい意思表示論、あるいは柔軟な意思決定論を追求しなければならない。また、合理人・合理的行動の標準の規範に代わる、弱者保護・弱者支援の規範の原則化を進めるべきである。ここでは、意思疎通は本人をとりまく関係や状況を考慮することになる。換言すれば、私たちの生活は基本的には意思に基づいて行われるが、生活のすべてが意思に基づいて行わなければならないと考える必要はなく（このことに異論はない）、とりわけ判断能力に不安が感じられる事案については日常生活に関する新しい規範のもとで第三者による支援を求めるべきである。法的には、意思の推定法理の技術を用いることができる。また、公共の福祉、信義則、権利濫用禁止（以上、民法1条）、公序良俗（90条）などの一般条項に注目し、また、例えば事情変更の原則、事実的契約関係、事実上の代理などの仕組みを柔軟に活用すべきであろう。ここでは意思の固定化の修正、代理権制度の柔軟化が図られる。より簡易な意思表明方法（例えば臓器提供意思表示カードのようなもの）を用いることも検討課題である。地域生活のそれぞれの分野で行動の標準、支援のためのガイドラインの作成に向けて議論を進めることが有用である。

　第3に、私たちは地球に生を受け生活していることを直視すると、民法の対象である生活及び生活関係の内容も地球の存続を前提にしなければならない。環境法は生活法としての要素を濃厚にし、地域生活の規範の根本に環境

配慮義務を位置づけることが望まれる。環境配慮義務は国や地方公共団体との関係だけでなく、私たちの生活及び生活関係（物権関係、債権関係）において広く要請されるべきであろう（小賀野晶一「環境配慮義務論——環境法論の基礎的研究」千葉大学法学論集 17 巻 3 号 21 頁以下（2002 年））。

(3) 寛容な地域社会とは何か

　寛容な地域社会とは、寛容な精神を備える人々によって支えられた社会ということができる。もっとも、寛容とは何かは必ずしも明確でなく、人によって捉え方も違う。宗教で説かれることがある、罪を許すというものでもない。とはいえ、本稿テーマについては、今日しばしば問題とされるハラスメント、いじめ、執拗な苦情、暴力などとはおよそ対極に位置する心のあり様・態度に親和的な社会といえるだろう。寛容は自由な社会を前提にするが、ここに自由は他者との共存を尊重することを必要とする。法的には、権利（基本的人権）の保障に基礎をおく社会でなければならない。地域生活における権利のあり方、権利行使のあり方さらには義務論として検討することが望まれる。

　裁判は紛争の白黒を決着する方法であるところ、事案によっては裁判を回避する知恵や勇気が必要である。JR 東海訴訟については訴訟の提起は原告の権利の行使とはいえ、そもそも訴訟による決着を必要としたかを問うことは許されよう。亡くなる直前まで懸命に生きていた A や A を懸命に介護してきた家族を思うと、このような行為に少しでも報いることが必要であり、これを感情論としてかたづけることはできない。

　認知症高齢者による行為に対しては、訴訟提起ではなく、その前段階の対応を試みたい。もっとも、現状では人々に寛容を求めることはやや困難である。本件事故に関して端的にいえば、徘徊（外出）による事故を許容するまでに至っていない。地域における私的規範のあり方を求め、寛容の精神に裏打ちされた私的規範を構築し、介護等の社会福祉論など地域生活支援のあり方を明らかにし、同時にこれを基礎にしたまちづくり論を進める必要がある。

　「認知症の人とともに生きる社会に向けての研究会」（NPO 法人高齢社会をよくする女性の会 理事長樋口恵子）は、平成 29 年 1 月 30 日、厚生労働大臣塩崎

恭久様宛て、「認知症の人とともに生きる社会づくりへの要望書——昨年3月1日認知症鉄道事故賠償裁判に関する最高裁判決を受けて」を提出し、「介護を支えるものとして、地域の役割を明確化し、地域における第三者関与のあり方や連携のあり方を明らかにすることが必要です。ここでは本人の支援のために必要な個人情報を活用するという情報の共有が不可欠です。実務に混乱を与えかねない現行個人情報保護制度を、福祉の視点から改善することを提言します。高齢社会の今日、判断能力の低下した人、判断能力に不安を感じる人が地域の中で生活を持続することができるように、簡易に利用することができる魅力ある制度を構築することが必要であることを重ねて提言します」と訴えた（大臣は真剣に耳を傾けられた）。

　寛容の精神は人間や生命の価値を再評価し、合理性、効率性、迅速性を中心に追い求めてきた社会のあり方に対し、修正を求めるものである。JR東海訴訟でいえば、地域のなかで真摯に生活してきた人間を尊び、本人の意向を汲んで在宅介護を継続した家族・関係者の痛みと悲しみに思いを致すことが重要である。このことはもちろん、民法学の論考が強調するように事故の危険性や事故責任の所在をあいまいにしようとするものではなく、訴訟によって必要な賠償・補償を求めることを否定すべきではない。原告は株主への配慮など種々の検討を経て訴訟提起に至ったものと想像されるが、これは民法の合理人・合理的行動の標準の規範に基づく選択といえるだろう。しかし、本件訴訟が今日求められるべきリーガルマインド（法的なものの考え方）に沿うものであったかというと、課題を残したのではないか。

　寛容の精神は別の表現をすれば、慈愛、助け合いの精神と共通するところがある。確かに、日本は古来、このような精神を大切にしてきたようである（米倉・前掲書『信託法・成年後見の研究』3頁以下（「信託法のわが国における素地」）参照）。星野は「市民社会と民法——民法の領域の進展」の項目のもとに、社会福祉的な活動は「今後強調されるべき民法の理念である「博愛と連帯」のための活動である」と指摘する（星野・前掲書『民法のすすめ』226頁）。

　高齢社会では、認知症高齢者に関する問題は認知症高齢者でない人の問題でもある。人間の生き方を探求する樋口恵子は今日の時代について、「老いても楽しげに生きられる方法を社会としても作り上げる時期に来ている」と

いう（読売新聞 2017 年 12 月 17 日付朝刊、人生案内・2017 年回答者座談会「人生 100 年 新たな悩み」。同紙 2018 年 1 月 12 日付朝刊、「平成の人生案内 高齢化 介護が社会問題に」参照。なお、同氏の読売新聞「人生案内」の各回の回答に寛容の思想をみることができる）。生活の一般法である民法においても受け止めるべき提言である。

Ⅶ　おわりに

　現行民法の諸制度は、近代法が前提とする合理人・合理的行動を標準にして組み立てられており、その構造、内容、手続は全体的に厳格である。民法現代化は民法における近代法原則を修正してきたが、合理人・合理的行動の標準の規範を克服するまでに至っていない。高齢社会の今日、かかる規範のあり方を修正し、等しく人間を対象にした弱者保護・弱者支援の規範を人間の規範として原則化し、地域生活を規律することが必要であろう。

　本稿は高齢社会における地域生活の支援のあり方を求め、民法の大海原を概観し民法の課題及び民法規範のあり方について検討した。かかる規範論を深めシステムのあり方を提示することが今後の研究課題となる。

追記

　本稿は文部科学省・国立研究開発法人科学技術振興機構の支援プログラム「センター・オブ・イノベーション（COI）プログラム」（「高齢者の地域生活を健康時から認知症に至るまで途切れなくサポートする法学、工学、医学を統合した社会技術開発拠点」、及び同科学技術振興機構 社会技術研究開発センターの研究開発領域「安全な暮らしをつくる新しい公／私空間の構築」（「高齢者の安全で自律的な経済活動を見守る社会的ネットワークの構築」）（いずれも成本迅京都府立医科大学教授を中心とする研究プロジェクトである）の研究成果の一部である。

未成年者取消権の基礎と若年成人保護の理論

内 山 敏 和

Ⅰ　問題状況
Ⅱ　未成年者取消権の機能的理解
Ⅲ　若年成人の保護の必要性とその手段
Ⅳ　まとめ

Ⅰ　問題状況

　民法の成人年齢が引き下げられることになった。⁽¹⁾

　18歳というのは、多くの者にとっては、高校を卒業して、あるいは就職し、あるいは大学などに進学する等して、これまでとは異なる社会との接し方が始まる時期である。自由にできる金銭の額も増え、様々な種類の取引に関わる機会も増えていく。その一方で、このような若年者は、一般的に社会経験も十分ではなく、一方で、自己の利害状況について十分に見通して判断することができないことが多い。その一方で、教育面でも社会的基盤の面でも、様々な悪徳商法に対しても無防備であることが多い。このような状況において、現在の未成年者取消しが実質的に意味を持っている事例が概ね18歳から19歳の年齢層（以下では、「後期未成年者」と呼ぶことにする。）に対する消費者被害からの救済であることは、周知の事実であるといえる。それにもかかわらず、18歳をもって成年とすると、この年齢層の消費者問題が一気に

（1）　脱稿時では、法案が閣議決定され、衆議院での審議が始まった段階である。全体的状況も含めて、「『18歳成人』法案　国会提出」日本経済新聞、2018年3月14日、朝刊、2頁。

噴出することになる（**新しい要保護性**）。もっとも、19歳から20歳（「以下では、この年代の成人を「若年成人」と呼ぶことにする。）になると突如判断能力が向上するわけでもない。そこで、現在でも、社会経験が未熟なことが多い20代前半の消費者問題が存在している（**従来からの要保護性**）。このような状況に対応する方法として若年成年者への取消権の創設が議論されている(2)。また、消費者契約法の改正によって、生じうる問題の一部に対応しようとされている。これと関連して、そもそも、成人年齢の引き下げ自体に対する批判的な意見も依然として多い(3)。

この問題は、より本質的には、未成年者保護のための民法の制度（以下、「未成年者制度」という）をどのような原理に基づいたものとして理解するのかに関係しているように思われる。成人年齢の引き下げも、その背後にどのような価値判断が存在するのかを理解しなければ、それに関連する民法の諸規定の解釈も適切に行なうことはできない。そこで、本稿は、まず未成年者取消権がどのような趣旨に基づく制度なのかについて検討し（Ⅱ）、これを踏まえて、成年に達してはいるが年齢的に社会経験の乏しい若年成人の意思形成過程をどのように保護すべきかについて解釈論的・立法論的に検討することにしたい（Ⅲ）。

Ⅱ　未成年者取消権の機能的理解

1　未成年者取消権の古典的理解

まず、未成年者取消権が近代市民法においてどのような位置づけを与えられるべきものであったのかについて、検討したい。

行為能力の前提として、法主体の「理性の使用」が存在したことは、疑いのないことである。たとえば、Savignyが次のように述べているのは、この

---

(2)　これ自体は、加藤雅信教授らを中心とする研究会案においても副案として指摘されていたことである。民法改正研究会（代表・加藤雅信）編『民法改正　国民・法曹・学界有志案』（日本評論社、2009年）138頁以下。

(3)　たとえば、日本弁護士連合会は、慎重な立場であるし（「民法の成年年齢の引下げに関する意見書」〔2016年2月18日〕〔同会HPより〕）、さらに、単位弁護士会や消費者団体の中では、反対の意見を表明しているところもある（たとえば、消費者委員会「第10回　成年年齢引下げ対応検討ワーキング・グループ」における参考資料を参照）。

点を明らかにしたものといえる。すなわち、「人が、その出生の直後において、全ての理性の使用をまったく欠いているということは、疑いない。しかし、この状態と完全に発達した状態の間には、その中間において漸次的な、まったく微かな移行が存在している。このことから法適用にとって二重の、重大な困難が生じる。すなわち、第一に、すべての個人の生涯における不確かな境界設定によって、第二に、様々な人の一様でない発達によって。実際的必要性から、ここで実定的に介入することがもたらされる。なぜなら、そうすることによってのみ、上述の二重の不確定性が取り去られ得るからである。このことが、行為能力（Handlungsfähigkeit）にのみ影響し、権利能力には影響しない年齢段階が実定法において定められている意義であ」る、と。⁽⁴⁾

　古代ローマにおいては、成人年齢は、段階的に考えられていた。すなわち、形式行為の文言さえも話すことができない幼児（infantes）も、7歳になると、幼児に近接した年齢でなければ、有効に取引行為をなし得た。この幼児を過ぎた未成熟者（impuberes infantia maiores）が自権者で、単に利益を得るのみの行為でない場合、その後見人の同意が必要であった。そして、人が成熟者（puberes）として扱われるのは、男子14歳、女子12歳であり、ここでは、性的成熟が理性の使用の可否にとって決定的な意義を持っていたようである。⁽⁵⁾ この年齢なると理性の使用が可能となるとされた。しかし、ローマ社会の展開にしたがって、取引も複雑化し、それに応じて、若年者の保護の必要性が認められるようになると、25歳未満者（minores）に対する一連の保護が展開していくことになる。それは、紀元前200年ごろに制定されたラエトリウス法から始まる。同法は、25歳未満者を「食い物にする」（circumscribere）取引から保護するために国民訴訟による罰金支払いの制度を導入し、法務官告示がこの保護を拡大した。すなわち、彼らを食い物にする行為についてラエトリウス法の抗弁（excetio legis Laetoriae）を与え、さらに

（４）　Friedrich Carl von Savigny, System des heutigen Römischen Rechts, 3. Bd., Berlin 1840, S. 23.
（５）　と、このように特定の年齢で区切るのは、プロクルス派とローマ法大全の法学提要（Inst. 1, 22 pr.）において採用された立場であるが、サービーヌス派は、身体的成熟を基準とし、さらには両者をともに要求する第三の立場も存在した。Staudinger/Hans-Georg Knothe, Vorbem. zu §§ 104-115, Rn. 106.

法務官の裁量で原状回復（in integrum restitutio）を命ずることもできた。25歳未満者の申立てにより保佐人（curator）を（最初は個別の行為、後になってすべての行為について）付けることができ、保佐人の同意なしにされた行為が25歳未満者に不利なものである場合には、原状回復と抗弁によって保護された[6]。

　一方で、いわゆる行為能力の制限が表意者当人の取引適性のみに立脚した概念ではないことは、民法典制定当時に存在した妻の無能力制度や浪費者を準禁治産の対象としていた点からも容易に理解できる。前者は、単一の家計に複数の決定権者がいることの不都合を回避するものであり、後者は、財産の浪費による家族の困窮を防止するためのものである。これらも含めて、「行為無能力」制度を理解するならば、それは、家産の維持を目的としたものといえ、近代的民法典がこのような家産の担い手である家長を中心に据えた体系であったことに照応している。このように考えると、未成年者／成人という対比は、その者が自律して取引をなしうる適性を有しているのかを問題とし、その者の意思形成を保護するという側面のほかに、社会に対する参加資格、あるいは身分としての側面を有していたということができるだろう[7]。ある権利主体について、（大抵の場合には、家産を背景として）経済的に自律した者によって構成される（経済社会としての市民）社会の一員として扱ってよいのかという点が、ここでは中心に据えられることになる。

　このような観点に立脚した場合、成人年齢引き下げは、取引社会への参加資格の付与の問題として理解されることになる。したがって、その可否については、現在の後期未成年者が取引社会の参加者として相応しい実質を備えているのか、具体的には、独立した経済主体として必要な知識や経験、判断能力、さらにそれに相応しい経済的自律性を備えているか、つまり理性の使用が十分に可能か、が問題となる。行為能力を政治的な市民権と裏腹に考

（6）　この点については、西村重雄「古典期ローマ法における25歳未満者保佐人の弁済受領権限」法政研究55巻2-4号（1989年）482頁、Staudinger/Knothe, a.a.O.（Fn. 5）, Rn. 106ff., Max Kaser/Rolf Knütel/Sebastian Lohsse, Römisches Privatrecht, 21. Aufl., 2017 München, Rn. 14.8. なお、父権（patria potestas）に服する者は、そもそも財産を保持する能力がなかったのであるが、彼らについても、上記の内容が準用されていたという。

（7）　近江幸治『民法講義Ⅰ　民法総則』（成文堂、第7版、2018年）45頁参照。

れば、既に選挙権のある後期未成年者に経済的市民権を認めないのは、アンバランスである。また、理性の使用という点からいえば、後期未成年者に著しい問題があるようには到底思えない。しかし、経済的実質に着目した場合には、そこまでの経済的自律性が後期未成年者に認められるかは、疑問の余地もある（それは、20歳以降の若年成人にも当てはまるのであるが）。

2 未成年者の意思形成過程の特殊な保護
(1) 未成年者取消権の3つの機能

通常、ある権利主体の意思の尊重を語る際には、自明のこととして、その者が成人であることが前提とされる。その際、成人であることをある種の参加資格・身分として考えるならばともかくとして、成人と未成年者を連続し、且つ等しく尊厳を持つ存在として考えるならば、両者の質的な相違を殊更に強調すべきではない。そこで、未成年者取消権の基礎付けを考える場合にも、意思決定主体、ひいては、自らの決定について法的拘束を引き受ける、つまり責任を負担する主体としての未成年者の特殊性に立ち返った、より綿密な検討が必要となる。これは、未成年者の意思形成過程の特殊性に即した未成年者取消権の基礎付けが要請されていると言い換えることができる。

未成年者取消権を未成年者の意思形成過程の保護という点からヨリ徹底して、つまり、より私的自治の観点から定位して理解しようとする際、未成年者制度が他の制度と比較した際に際立った特徴を有している点を考慮しなければならない。それは、法定代理人とその同意権・取消権・代理権の存在である。つまり、未成年者取消権は、表意者本人ではなく、他人よって（も）

---

(8) いみじくも古代ローマにおいて完全な成人年齢とされていたのは、25歳であった。
(9) たとえば、内山敏和「消費者保護法規による意思表示法の実質化 (2) ―クーリング・オフを素材として―」北園45巻3号（2009年）533頁所引のWolfgang Zöllnerが「成人の、自己責任を負い、自己決定の下で行為する市民という像」と述べるのは、その一例である。
(10) というのも、その限りでは、権利能力を同じく、割一的だからである。権利能力も、具体的な理性の使用可能性とは無関係に、与えられるものである。
(11) このようにいうと、至極当たり前で、且つ従前から十分に行われてきたことを繰り返しているように思われるだろう。確かに、これまでも、未成年者取消権の基礎にその判断能力の劣位が指摘されてきたのであるが、未成年者取消権が実際に果たしている機能を腑分けしたうえで、その射程と背景の考え方を明らかにする作業は、十分になされたとは言い難い。

行使され得るものなのである。このような観点から、未成年者取消権には次の3つの機能が存在することが指摘できる。

　①　まず、意思無能力の推定・補充機能である。意思無能力の概念及びその判断基準をどのように解するのかについては、議論があるところ、少なくとも、小学校中学年以降の未成年者が最低限の取引能力に欠けているのが一般的である、とは言うことはできない。しかし、意思能力の判断は、個別的に行なわれるものであるから、境界上の年齢にある未成年者の場合には、その判断が困難である。このような場合には、未成年者の行為能力の制限が意味を持つことになる。この機能は、通常は、当該未成年者の精神的発達が進むにしたがって、後退していくことになる。ドイツ法では、7歳未満の者は、我が国の意思無能力に相当する自然的行為能力が欠けていると扱われているが（BGB104条）、これは、このような機能に対応したものと理解することができる。

　②　次に、Ⅰで述べたように、未成年者は、取引経験に乏しく、そのような自己の利益を見通しにくい状況に乗じて不当な契約を締結させられる恐れがある。そこで、そのような不本意な契約の締結から未成年者たる表意者を守るために未成年者取消権が機能することになる。これは、意思形成の瑕疵を推定するものといえ、具体的には、状況の濫用や錯誤が問題となり得る。

　③　最後に、未成年者取消権は、法定代理人による当該未成年者の価値基準に対する介入・修正を認めるものとして機能する。当該未成年者にとって

---

(12)　これは、未成年者制度を含めた制限行為能力制度について、しばしば指摘されるものである。
(13)　熊谷士郎『意思無能力法理の再検討』（有信堂、2003年）。
(14)　古典的には、行為能力の制限は、このような文脈で語られるものであった。たとえば、我妻榮『新訂民法総則』（岩波書店、1965年）61頁〔ただし、制限行為能力の対象について「意思能力の完全でない者〔―傍点内山〕」としている点に注意〕。
(15)　たとえば、河上正二『民法総則講義』（日本評論社、2007年）50頁。
(16)　歴史的には、古典期ローマ法において25歳未満者に認められていた一連の保護がこれに対応するものといえる。
(17)　MünchKommBGB/Jochem Schmitt, Vor § 104, 5 Aufl., 2006, Rn. 4; Hans-Martin Pawlowski, Allgemeiner Teil des BGB, 7. Aufl., Heidelberg 2007, Rn. 178.
　　　なお、ドイツでは、これとは異なる趣旨で未成年者の制限行為能力について教育機能が存在することが指摘される。すなわち、未成年者にその能力に応じて、限定されてはいるが行為能力を与えることによって、彼らを徐々に取引への参加のほうへと導いていくことが期待されている、と。
(18)　広範な法定代理権もそのような機能を営んでいる。

必ずしも不本意でない契約であっても、未成年者取消権の対象となっており、その取消権を行使するのは、原則として、法定代理人である。したがって、未成年者がその固有の価値基準に基づいて行なった決断を法定代理人は、ひっくり返すことができる。この際、当該契約が当該未成年者にとって具体的に不利益かどうかは、問題とならない。法定代理人がその未成年者にとって不適当であると考えれば、契約を取り消すことができる[19]。

3つの機能のうち、意思無能力推定機能は、本質的に表意者への帰責可能性が問題となる場面である。これに対し、後二者では、意思能力の存在がその前提となっているから、原理的に帰責は可能だといえる。ここでは、表意者の特殊な保護が認められていると考えるべきである（未成年者取消権の保護的機能[20]）。もっとも、以上3つの機能は、それぞれ連続的に作用しているものであり、その点では、ひとつの制度の中に混在していること自体に、問題はない。これらの機能のうち、後二者が本稿の関心とかかわるものであるので、次いで詳しく検討していく。まずは、③の価値基準介入機能から見ていこう。

(2) 価値基準介入機能

未成年者取消権の主たる機能が意思瑕疵推定機能にあるとしても、未成年者の意思形成が相手方等によって歪められたというような事情が存在しないことが明らかである場合にも、法定代理人は、その行為を取り消すことができるし、未成年者本人も、これを取り消すことができる。未成年者取消権の機能を意思瑕疵推定機能に限定する場合、その推定が及ばない事例については、取消権の対象から外すこともできるが、そのような制度的な仕組みは存在しない[21]。たとえば、17歳の子が声優になりたいと思い立ち、そのための専門学校に入学したいと考え、入学契約を締結し、自分の持っている100万円を支払ったという場合に、法定代理人は、この入学契約を取り消すことが

---

(19) 坂東俊矢「英国法における未成年者の契約締結能力」産法50巻3＝4号（2017年）257頁以下が紹介するイングランド法によれば、同法における未成年者取消権には、このような機能は存在しないということになる。この点に関するイングランド法及びフランス法との比較については、Pawlowski, a.a.O.（Fn. 17）もそのような判断を下している。
(20) さしあたり、Staudinger/Hans-Georg Knothe, a.a.O.（Fn. 5）, Rn. 19, § 106 Rn. 1.
(21) さらには、そのような場合に取消権の行使が権利濫用に当たるという主張も、さしあたり見当たらない。

できる。この場合、入学契約自体が不当であるとか、不適切な勧誘が行なわれたというような事情は一切不要である。しかも、いかにこの未成年者が真摯に自己の進路を考えていたとしても、その価値基準の貫徹を法定代理人は阻止できるのである。成年後見人の場合、858条で成年被後見人の意思を尊重するよう規定されているが、親権者や未成年後見人の場合、そのような義務は、規定されていない。意思能力の減退という点では、成年被後見人のほうが適切な判断が困難な場合が多いはずであるが、彼らについては、価値基準への介入は、否定的な立場が採られているわけである。つまり、ここでは当該表意者が成人であるか否かに重要な意味が付与されている。

このように未成年者制度は、言うまでもないパターナリスティックな制度であり、むしろ、このような性格であるからこそ、パターナリズムの典型例として、取り上げられる。(22)では、なぜこのような価値基準への介入が許されるのだろうか、さらには、第三者にも影響の生じる法律行為の取消しが、そのような介入の手段としてなぜ認められるのだろうか。

当然ながら、その根拠は、未成年者の価値基準形成が依然未熟であるという点に求められる。とりわけ、未成年者は、長期的見通しが欠如しやすく、(23)特定の価値観に影響されやすい年代であり、かつそれがその後の人生における価値観・価値基準の基礎となるという点で、影響も大きい。つまり、価値基準自体の軽率さとその影響の重大性が成人の場合とは比べて大きい。さらには、判断力の低下ないし欠如が長い期間持続し続けるという点も、成人の場合とは異なっている。このような未成年者の状況は、世界観形成の脆弱性という形でまとめることができるだろう。このような世界観形成の脆弱性から未成年者を保護するために、親権者等が未成年者の自己決定に介入する権利として、取消権が付与されることになる。これは、未成年者に対する親権の監護・教育（あるいは人格的側面）の契約法における表れと理解することも

---

(22) さしたあり Wolfgang Enderlein, Rechtspaternalismus und Vertragsrecht, München 1996, S. 189ff. 以下では、法的パターナリズム論一般に関わるような検討は、紙幅の関係もあり、行なわないし、未成年者の人権共有主体性あるいは人権制約の基礎づけを巡る憲法学上の議論についても、特に取り上げることはしない。

(23) 発達心理学的に言えば、この時期までがアイデンティティの形成期に当たる、ということも言えそうである。とりわけ、学校という閉じた世界を中心に生きていくこともあり、時間的にも集団的にも視野が狭いことが往々にしてある。

できる(24)。この意味で、教育権的機能として考えることもできる(25)。

　このように未成年者に特殊な要保護性が存在しているにせよ、それだけでは、相手方に不利益を生じさせることについて、正当化ができないように思われる(26)。そこで、ここでは、相手方には未成年者の利益を配慮すべき義務が抽象的に存在しており、この配慮義務と未成年者の要保護性、意思形成の不全の度合いに鑑みて、世界観形成の脆弱性のリスクが転嫁される、と考えたい。これは、個別の未成年者に対して社会全体が（その限りで）その健全な育成に責任を有しており、その表れとして、相手方へのリスク転嫁が許されることを意味する。私的自治に基づく法律関係の形成の中心にいるのは、理念的には、人間なのであり、人は、未熟な状態で生まれ、成長していき、漸く市民として、この社会に参加している存在である。そのような発達・成長を前提とした主体を必須の要素とする以上は、このような配慮義務は、不可欠の存在といえる(27)。相手方の属性がどうであれ（つまり、法人であれ）、具体的に取引に登場してくる人（自然人）は、かつては未成年者であり、その保護に浴したものである。そうだとすると、すべての者が等しく受ける利益でもあり、そのような制度の存在から受ける不利益については、甘受すべきであるということができる(28)。また、年齢は、外見上判断しやすく、年齢確認も比較

---

(24) Vgl., MünchKommBGB/J. Schmitt, a.a.O. (Fn. 17), Rn. 5; Enderlein, a.a.O. (Fn. 22), S. 189. 同旨の見解の先駆となっている Helmut Köhler, Grundstücksschenkung an Minderjährige‐ein „lediglich rechtlicher Vorteil"?, JZ 1983, 225f. は、未成年者取消権の機能を未成線者の保護、親権者の監護権の保護及び法的安定性に求めており、親権者の監護権の保護がここでいう価値基準介入機能に当たる（監護権の保護について、すでに Rolf Stürner, Der lediglich rechtliche Vorteil, AcP 173 (1973), 402, 418f.）。

(25) このように未成年者取消権を理解する場合、規定の解釈においても、一定の示唆が得られるだろう。たとえば、5条3項の「処分を許された財産」についての解釈において、当該取引の額といった面だけでなく、取引の性質等にも鑑みて、その該当性が判断されることが求められる。ドイツにおける未成年者取消権の機能についての学説も「同意が不要な法律行為」に当たるかどうかに関連したものである。この点については、Helmut Köhler, BGB Allgemeiner Teil, 40. Aufl., München 2016, §10 Rn. 11 のみを挙げておく。

(26) というのも、ここまでの理由づけは、未成年者の自己決定を制約することが未成年者を（他者からだけでなく）「自己自身から（も）保護する」という、制約から保護への論理の転換を基礎づけているに過ぎないからである。

(27) 川角由和『不当利得とはなにか』（日本評論社、2004年、初出、1992年）306頁以下参照。

(28) 坂東俊矢「未成年者保護法理の意義とその揺らぎについての法理論―クレジットによるネット取引と未成年者取消権の成否―」産大法学47巻3＝4号（2014年）188頁以下、同「消費者被害救済法理としての未成年者取消権の法的論点」消費者法研究2号（2017年）75頁は、これ

的容易であることから、取引の安全を害する程度も低い。

(3) 意思瑕疵推定機能

意思瑕疵推定機能は、未成年者取消権の典型的な機能である。ここで未成年者の意思形成の瑕疵がどのような形で生じているのかについて、いくつかのモデルを示すことにしよう。もちろん、これはモデルに過ぎないので、事案によっては、複数のモデルにまたがることもあり、むしろそれが通常であるともいえる。

まず、未成年者に本来であれば不要な需要（意思表示理論の用語を使えば、不適正な動機）が事業者によって惹起されたような場合がある。未成年者の意思形成は、比較的操作が容易であり、その点で、本来であれば要りもしない商品や役務についての需要が不当に喚起されることが多い。

また、過重責任型というのも考えることができる。つまり、未成年者は、取引経験の乏しさから自らが負担できる限度を超えた義務を負担するような内容の法律行為を行なう場合がある。多くの未成年者は、典型的な成人に比べて所得や財産の面で充分でないことが多い。その意味で、負担できる責任にも自ずと限界がある。成人になれば、その判断が十全に可能となるとまでは言えないが、未成年者の場合には、取引経験・社会経験の不足から特に慎重な判断が難しくなっている。

未成年者にとって意思形成に瑕疵が生じやすい要因としては、さらに、契約対象の複雑性を挙げることもできる。まず、契約対象の時間的複雑性が挙げられる。未成年者には、長期間契約に関連して、将来の見通しを慎重に判断することができない傾向がみられる。この点は、いわば20歳前後の消費者に特に構造的にみられる劣位であるということができる[29]。加えて、契約対象の構造的複雑性も、未成年者の意思形成の瑕疵の要因となる。契約対象や仕組みが複雑になると、そこに内在しているリスクも見えづらくなる。その結果として、自己にとっての利害得失を十分に吟味することなく、契約を締結してしまうことになる。このような問題は、未成年者でなくとも生じる

　を「市民社会における『お互い様』の法原理」と表現する。
(29)　前に挙げた、過重責任型も、支払義務といった契約拘束力のある責任が長期間継続するという点において、時間的複雑性が大きな役割を果たしているといえる。

が、取引経験を積み（それだけ年齢を重ねるということにもなる）、それぞれの取引のパターンを把握してくれば、ある程度リスクの所在を見通すことが容易になるものである。これに対して、取引経験の十分でない未成年者には、そのような危険回避の方法を期待することはできない。ここでは、若年性そのものが意思形成過程における瑕疵の要因の一つとして強く作用することになるのである。

　経験不足が未成年者の意思形成に影響を与える点としては、人間関係の過度な濃密さも挙げられるだろう。これは、若年者の発達段階に特有の事情というよりは、文化的な要因といってよいだろう。この時期の若年者は、多くの場合、狭い人間関係に限られるがほとんどで、その中で「空気」を読み合いながら生活している。とりわけ、ある種の上下関係の中で不合理な意思決定が押し付けられることが容易に行なわれることになる。同じく、断りづらい状況が問題となる局面としては、不意打ち的状況や時間的圧迫が存在する場合も挙げられる。これは、未成年者に特有、あるいは特徴的に生じる危険ではないが、未熟な意思決定主体である未成年者にはとりわけその脆弱性が露わになる。

　最後に、当然のことながら、未成年者にはいわゆる社会常識が欠けている場合があり、当該取引にとって重要な事項について知識が欠けており、あるいは、適切な判断を下すための基本的な情報的基盤が欠けていることも少なくない。このような場合には、それらの知識があればしなかったであろう契約を結んでしまうことになる。これも社会経験の不足による構造的な未成年者の意思決定の脆弱性をなしている。

　これらは、いずれも意思形成の瑕疵が現実に存在していることが前提なのでない。その限りでは、一定の危険性が存在していることをもって、推定を行なっている。その意味で、いわゆるクーリング・オフと類似した機能を営んでいるといえる。しかし、ほとんどすべての取引領域において認められる

---

(30) クーリング・オフの機能については、内山敏和「消費者保護法規による意思表示法の現代化(5)・完─クーリング・オフを素材として─」北園46巻4号（2011年）768頁。クーリング・オフとの類似性は、特に後期未成年者においてよく当てはまるものと思われる。というのも、後期未成年者においては、未成年者取消権の意思形成の瑕疵の推定の度合いは、かなり強いといえるからである。

未成年者取消権は、その点で、クーリング・オフと比べても異質である。では、なぜそのような異質性が認められるのか。

前述のように、未成年者は、それ自体、年代的且つ構造的な判断力の劣位を抱えており、クーリング・オフのように、意思形成が歪められる状況から解放され、(数日程度の) 一定の時間を置くことによって、適切な判断を自ら下し直すということが期待できない。その点では、クーリング・オフのような「時間という名の後見人」[31]では問題は解決せず、同時的に別の人間が後見人として、その意思決定を代理し、あるいは取り消すという仕組みが必要となってくるのである。

他方で、取消対象の行為がはっきりしており、その限りでは取引安全に顧慮されているとはいえ、なぜ相手方は、取消権の行使を受けなければならないのか。詐欺のような意思形成の瑕疵の場合であれば、相手方あるいは第三者が欺罔行為という違法行為を行なっており、それが故意という形で帰責されているし、クーリング・オフの場合でも、基本的に事業者が消費者の意思形成が歪められる恐れが社会定型的に存在している状況を作出し、あるいは利用している。しかし、未成年者取消権の場合は、そのような事情の有無は、問題とされない。自らに全く落ち度のない相手方の契約利益を犠牲することを[32]正当化する事情が相手方側にあるのだろうか。ここでも、その根拠は、価値基準介入機能の場合と同様に、考えておいてよいだろう[33]。他方、成人の場合には、社会も基本的に自己責任原理の貫徹を原則として求めており、相手方もここまでの配慮が要求されることもないのが原則形態である。

3 成人年齢引き下げの意味

2で指摘した未成年者取消権の機能は、基本的に未成年者保護を目的としたものである点で、共通しており、とりわけ後二者は、構造的にもほぼパラ

---

(31) クーリング・オフについて、そのような表現を用いる河上正二「『クーリング・オフ』についての一考察—『時間』という名の後見人—」法学60巻6号1178頁以下、特に1236頁以下。
(32) 特に、取消しの結果として、相手方に生じる不当利得返還請求権は、現存利益の範囲内に止められる！
(33) 価値基準介入機能も含めて、相手方には未成年者の意思形成に対して一定の配慮義務があるからこそ、21条の詐術を認めるか否かにおいても、相手方には特別な注意が必要とされる。

レルで、考慮している要因も共通するところが多い。そうすると、これらを特に区別する必要はないといえそうである。しかし、成人年齢引き下げの意味を考えようとする場合、未成年者保護制度の機能の観点から見ていく必要があり、そこでは、この二つの機能を区別して理解することが重要となる。そこで、意思無能力推定機能を含めた、三つの機能の観点から引き下げにどのような意義があるのかを検討していく。[34]

まず、意思無能力推定機能から見た場合、引き下げは、親権・未成年後見制度から成年後見制度への切り替え時期の早期化を意味することになる。この切り替え自体は、自動的に行なわれるものではないから、その限りで問題が生じ得る。[35] しかし、この問題は、いずれ生じるものであるから、引き下げ自体に固有に内在する問題点ではない。

次に、意思瑕疵推定機能からすると、成人年齢引き下げが意味するところは、後期未成年者を意思形成の瑕疵が推定される年齢層から外すことを意味する（新しい要保護性の問題）。この点は、実務上、大きな影響を与えることになる。引き下げ反対論は、基本的にこの見地に立つ。しかし、この局面での未成年者取消権は、意思形成の瑕疵の具体的な立証が出来れば、それと代替可能なものといえる。さらに、Ⅰでも述べたように、従来からの要保護性の問題として若年成人の消費者問題が存在しており、両者の問題は、連続したものである。こうした点を考えると、ここでの引き下げの可否は、若年成人の意思形成過程の保護を適切に図ることができるかに帰着するものといえる。この場合、検討を要するのが、これまで取消しの対象となっており、引き下げによって保護の対象から外れる事案において、「外れることが不当とは言えない」場合があるのかということである。これは、そのような事案における取消権が意思瑕疵推定機能によるのか、それとも（専ら）価値基準介入機能によるのかということにも関わる問題である。

価値基準介入機能の観点から見た場合、成年年齢の引き下げとは、主に取

---

(34) ここでの検討は、成人年齢引き下げが目的とするところは何であると理解すべきなのか、そして、それにはどのような附随的効果が生じ得る（もちろん、ここでそのすべてを提示し得るものではないが）、それをどのように捉えるべきか、をそれぞれ明らかにしようとするものであるといえる。
(35) 最判平成10年（1998年）6月12日民集52巻4号1087頁参照。

引に関わる領域についてその者の価値基準を尊重するという判断がなされる年齢を引き下げることを意味する。ここでは、主体の尊厳に関わる決断がなされており、そのような観点から評価されるべきものといえる。実際面でいえば、法定代理人による介入が出来なくなるというだけでなく、後期未成年者に自己の意思表示についての責任を負担させることになる。いかに後になって「くだらないことに浪費をしてしまった」と後悔することがあったとしても、それがその者のその時点での価値基準に適合的な意思決定であったならば、これを取り消すことはできない。その者の価値基準を尊重するという以上、当然のことであるが、併せて考慮を要するところであろう[38]。主体の尊厳の観点からすれば、既に選挙権が付与されていることや国際的潮流などに鑑みれば、後期未成年者の価値基準を尊重し、これに介入しないという態度決定を行なうことは、十分に理由があることであろうと思われる[39]。

Ⅲ　若年成人の保護の必要性とその手段

1　未成年者の保護との相違

　未成年者に対する特殊な介入の契機は、世界観形成の脆弱性にあるといえる。その点で、一層厚い介入が根拠づけられてきたわけである。これに対し、Ⅱで見てきたように、成年に達するということは、法が、その者の固有の価値基準を尊重し、これに基づいてされた決断について法的な効力を与えるということでもある。しかし、そのことと若年者の取引経験の不足の問題は、別次元の話である。自らの価値基準に基づいた目的設定とこれに適合的な行為の選択とは、分けて考える必要がある。未成年者保護制度は、原則として、後者にも関連するけれども、前者の問題に対する対応としての色彩も

---

(36)　山下純司「民法成年年齢引下げについて―未成年者取消権を中心に」学習院法務研究1号（2010年）83頁以下。
(37)　もともと、成年に達したとするかどうかの判断は、かなり政策的なものであることは、婚姻や営業の許可による成年擬制を引き合いに出さなくとも、明らかであろう。
(38)　ここでの問題は、消費者教育の充実という方向で考えていくべき問題ではないだろうか。これは、自ら責任を自覚して社会に参加する市民を育てるという意味でも重要なことである。
(39)　近年の若者について、年長者や若者自身から様々な意見が出されているが、そもそも十分な社会的成長を待っていては、成人年齢を逆に引き上げねばならないことになる。

有している。成年に達するというのは、その観点からすれば、前者についてのみ保護の対象から外すことなのであり、後者の問題は依然残る。

このように考えると、若年成人保護は、年齢が低いことによる取引経験の不十分さから、自らの価値基準に基づいた目的設定に適合的な行為の選択が困難となっていることから要請される。この点からすると、若年成人保護を状況の濫用といった意思形成の瑕疵の一場面として考え、その要件構成を図るべきことになる。こう考えることによって、未成年者から成人に至る段階的な移行が可能となることが期待される。そして、この保護が充分なら、成人年齢引き下げも、その付随的効果は、甘受可能ということになる。

2　これまでの立法論的検討

まずは、成人年齢引き下げの議論の際に検討され、実際に導入されようとしている立法的手当についてみていこう。

成人年齢の引き下げの方向が決定された際、若年成人（ここでは、引き上げ後の18歳から22歳まで）の保護をいかに図るかが問題とされ、消費者委員会に「成年年齢引き下げ対応検討ワーキング・グループ」（以下、「WG」）が設置され、議論がなされた。その報告書は、2017年1月に提出された。これと並行して、同委員会の消費者契約法専門調査会において、消費者契約法における問題の対処が論じられた。同年8月、その報告書が提出され、これに基づいた法案は、2018年3月2日、閣議決定された（第169回閣法31号）。

ここで関連する改正点は、社会生活上の経験不足を不当に利用することを理由とした取消権が導入されたことである（新法4条3項）。具体的には、①特定の不安を煽る告知（同項3号）及び②恋愛感情等に乗じた人間関係の利用（同項4号）を理由とした困惑取消しである。①については、就活生の不安を煽って就職セミナーに勧誘することが、②については、いわゆるデート商法がその例として挙げられる。以下では、この過程でなされた議論を概括的にまとめおきたい。

---

(40) 同号の不安は、進学・就職その他の社会生活上の重要な事項（イ）と容姿・体型その他の身体の特徴又は状況に関する重要な事項（ロ）に限定されている。
(41) 状況の濫用あるいはつけ込み型不当勧誘に関連する改正点としては、契約締結前に債務の内容を実施等することを理由とする取消権がある。

(1) 消費者委員会ワーキング・グループ

まず、WG報告書は、若年者（18〜22歳）の消費者被害の傾向をまとめる。そこから分かるのは、20歳が消費者被害の一つの転換点にあるということである。相談件数もこれを機に増加するだけでなく、契約購入金額も、親権者の同意なくクレジットやローン契約が利用できるようになるため、増える傾向にある。販売形態の面でも、18歳、19歳ではアダルト情報サイト等の通信販売が多いのに対して、20〜22歳では、店舗購入やマルチ取引の被害の割合が増えているという。相談件数が増加している商品・役務の内容面では、男性はマルチ取引、フリーローン・サラ金、内職・副業、教養娯楽教材（DVD）が、女性はエステ、医療サービスが特徴的であるという。また、具体的な相談事例として、投資用教材の購入、就活支援塾、デート商法、スカウト詐欺等が挙げられている（報告書3頁以下）。

このような現状を踏まえて、WGは、望ましい対応策の一つとして、消費者被害の防止・救済のための制度整備として消費者契約法の改正を提案する。具体的には、若年成人に対する配慮に努める義務を定め、不当勧誘に対する取消権を導入することを提案している。後者は、「事業者が若年成人の知識、経験不足等の合理的な判断をすることができない事情に乗じることにより締結させた、当該若年成人にとって合理性・必要性を欠く消費者契約を取り消すことができる」ものであり、適合性原則からのアプローチと暴利行為準則からのアプローチが紹介されている（報告書8頁以下）。

(2) 消費者契約法専門調査会での議論

この検討を受けた専門調査会は、その報告書において、「合理的な判断をすることができない事情を利用して契約を締結させる類型」として、「①当該消費者がその生命、身体、財産その他の重要な利益についての損害又は危険に関して不安を抱いていることを知りながら、物品、権利、役務その他の当該消費者契約の目的となるものが当該損害又は危険を回避するために必要である旨を正当な理由がないのに強調して告げること」及び「② 当該消費者を勧誘に応じさせることを目的として、当該消費者と当該事業者又は当該勧誘を行わせる者との間に緊密な関係を新たに築き、それによってこれらの者が当該消費者の意思決定に重要な影響を与えることができる状態となっ

たときにおいて、当該消費者契約を締結しなければ当該関係を維持することができない旨を告げること」を提案している（報告書5頁）。

　当初、この規定は、特に若年成人に限定したものとして構想されたわけではない。第29回会議においては、問題状況の整理がなされているが、そこでは、知識・経験の不足、断り切れない人間関係、心理的圧迫状態、判断力の不足の利用が事例とともに取り上げられている(42)。その後、この論点は、第31回までにかけて議論され、さらに第40回及び第44回にも検討の対象となっている。第30回会議では、①勧誘目的を告げずに営業所等への来訪を要請する行為及び②勧誘目的で恋愛感情を催させる仕方で消費者に対して接触する行為を不公正な行為として取り上げ、甲案として、これらの行為によりその消費者にとって著しく高額なものを目的とした契約が締結された場合、乙案として、これらの行為によって困惑が生じ、その結果、消費者が当該消費者契約を締結した場合、消費者に取消権を与えることが提案されている(43)。甲案は、過料販売取引をベースとしたものであるのに対して、乙案は、困惑類型を拡張したものである。甲案では著しい不均衡がなければ救済できない、外観から判断するのが困難であるといった意見もあり、乙案をベースに検討が進められることになる。第31回会議では、新しい困惑類型として、まず、先の①に対応して、殊更に不安を煽る行為が合理的な判断をすることができない事情を作出・増幅する行為として挙げられている。さらに、この行為に加えて、勧誘目的を告げない接近・来訪要請を付加し、正常な取引活動との切り分けをより明確にすることも提案されている。次に、先の②に対応して、より対象を広く捉えて、断り切れない人間関係の濫用が提案されている(44)。この時点で、現行案の土台となる形が示されることになる。以降の議論は、通常の取引活動との切り分けを明確にするとの観点からなされていくことになる。たとえば、殊更に不安を煽る告知については、生命保険や金融

---

(42)　「資料2　合理的判断をすることができない事情を利用して契約を締結させる類型について」（平成28〔2016〕年11月24日）8頁以下。
(43)　「資料1　合理的判断をすることができない事情を利用して契約を締結させる類型について」（平成28年12月16日）2頁以下。
(44)　「資料2　合理的判断をすることができない事情を利用して契約を締結させる類型について」（平成29〔2017年〕1月13日）2頁以下。

商品販売でのリスクの説明などといった、正当な取引活動においてなされる不安を惹起する事情の説明とどう切り分けるかが問題となる。さらに、断り切れない人間関係の濫用については、契約後のアフターサービスなどにまつわる取引の除外が問題となっている。

これを踏まえて、第40回会議では、殊更に不安を煽る告知については、取消しを認められるべき不当性の高い行為を可能な限り具体的に類型化すべきとし、資料では、「殊更に」告知されることを重視している（提案としては、「合理的な理由なく」と定式化されている）。そして、問題の本質は、事業者が殊更に不安を告知する点にあるとして、第31回で提案されていた付加的要件については、不要とされた。人間関係の濫用についても、同様の観点から、取引活動に関わらない私的関係の維持を契約締結に結び付けること自体が不当であるとして、この観点からの類型化を図っている[45]。第44回では、類型のさらなる明確化が図られた。まず不安の告知についていえば、重要な法益についての不安であること、事業者がその不安について認識していること、そして、損害・危険に関する不安の告知に正当な理由がないことが限定要素として挙げられている。人間関係の濫用についても、その具体的内容を、契約を締結しなければ関係を維持できない旨を告知することと定式化し、そこで問題となる関係についても、通常の取引においてみられない特殊で、緊密な関係で、意思決定に重要な影響を与えることができる状態とされた。さらに、この段階では、勧誘目的で新たに関係が構築された場合を対象とすることが明示されている[46]。

(3) 改正案の問題点

以上の議論を経て、消費者契約法に新たな取消類型が盛り込まれることになり、これらの手当てによって、具体的に紛争となった事案の多くについて救済が可能になったといえる。もっとも、提出された法案には、いくつかの問題点が残されている。

まず、3号では、事業者によって煽られる不安が限定されており（同号イ及びロ）、4号では、前述の通り、「恋愛感情その他の好意の感情」のみが挙げ

---

[45] 「資料1　個別論点の検討」（平成29年6月9日）4頁以下。
[46] 「資料1　個別論点の検討」（平成29年7月14日）1頁以下。

られている。当然、これらの限定によって救済の範囲は狭められている。

　また、すでに指摘されていることである、両号の取消類型には「社会生活上の経験が乏しいことから」という限定が付されている点も問題である。これは、報告書には盛り込まれていない限定である。確かに、若年成人の消費者問題に対応するという目的には適合的なのだが、消費者の不安を不当に煽る、あるいは勧誘当事者間の人間関係に乗じるといった不当勧誘は、若年成人に限定された話ではなく、高齢者等についても十分に語り得る。これらの者が「社会生活上の経験が乏しい」といえるかは、難しい問題であり、安定的な救済は望みがたい。さらに、4号では「恋愛感情その他の好意の感情」が問題とされているが、そもそも、このようなかなりウェットな感情が不当に利用される際には、社会生活上の経験の有無で適切な意思形成に影響が出るようなものではない。その点でも、ピントがぼやけた規定になっている。

　具体的な問題点ではないが、新しい取消類型は、法4条3項の困惑の一類型として捉えられている。従来の困惑類型は、勧誘の継続から逃れるために契約を締結することを強いられた場合であった。これに対し、今回の新しい困惑類型には、そのような契機は存在しない。その点では、総合判断型の困惑類型の理解に近くなっていく。理論的には、困惑類型の状況の濫用法理の中での位置付けが問題となるだろう。

3　具体的な意思形成の瑕疵からの保護──解釈論的対応

　以上の検討からも分かる通り、解釈論によってこの保護の欠缺を埋める必要が残っている。そこで、解釈論的に考えた場合、どのような保護が可能であろうか。上述のように、若年成人の保護は、主に状況の濫用の一場面として考えられることになる。そこで、どのような事情の存在が若年成人に対す

---

(47)　たとえば、日本弁護士連合会「『消費者契約法の一部を改正する法律案の骨子』についての会長声明」(2018年2月22日)。
(48)　経験の問題というよりは、その人の性格といった人格的要素の問題だといえる。高齢者の自宅に頻繁に訪問し、信頼関係を得た上で、不当な契約を締結させる場合を想起するとよい。さらに、そもそも前掲注 (42) の第29回会議資料からも分かるように、消費者庁側も、経験不足の利用と人間関係の利用を事案類型として区別していたことも、注意しておきたい。
(49)　内山敏和「威圧型不当勧誘を巡る近時の立法論的動向」北園52巻4号 (2017年) 461頁以下。

る状況の濫用として考えられるのかを検討していくことにする。

　第一に、どのような状況が濫用の対象となるものと考えられるのか。若年とはいえ、既に成人として自己責任が妥当する領域で自らの人格の展開可能性を行使している以上、若年の消費者であるということだけをもって、濫用対象の状況であるというべきではない。若年性プラスアルファの事情が必要であろう。たとえば、Ⅱで検討した、契約の時間的・内容的複雑性（＝内容的状況）、勧誘当事者との特別な人間関係の存在（人的状況）及び勧誘が行なわれる場所（＝場所的状況）等の事情によって、通常人であれば合理的な意思形成をすることが困難になるような状況があれば、濫用の対象となる「状況」が存在するとみてよい。

　次に、どのような事実から相手方の「濫用」を導くことができるだろうか。状況の濫用における「濫用」とは、具体的には、表意者の意思形成を阻害するような「状況」の存在を知り、又は知るべきである場合に、当該契約の成立を控えるべきであるにもかかわらず、これを行なうことを言う。これは、相手方に、当該表意者が本意でない契約をすることがないように具体的に配慮すべき義務が存在し、相手方がこれに違反した場合であると言い換えることができる。しかし、上述のように、成人間の取引では、通常相手方に対するそのような配慮義務は存在しないというべきであり、この原則が転換される事情が必要である。

　その場合としては、第一に、当該表意者が適切に意思形成をすることが困難な状況を相手方又は交渉に関係した第三者が作出したといえる場合が考えられる。若年成人を巡る不当勧誘では、事業者が「大人なのに、なぜ親に相談するのか」などといって、強引に契約をさせる場合があるというが、これ

---

(50)　オランダにおける状況の濫用の運用において経験不足が考慮されることは、明らかであるが、若年者が問題となった事例は、筆者の見た限りでは、見受けられない。
(51)　これには、時間的圧迫の有無も含めておきたい。
(52)　BW3:44条4項。
(53)　以下、原則としてこのような事情があれば状況の濫用が認められるべきという場合について検討するが、当然これにも事案の状況に鑑みて相手方事業者の行爲態様を正当化する事由があり得ないこともないだろうし、以下に述べる場合に当たらないからといって、状況の濫用に当たらないということにもならない。
(54)　前掲注（42）15頁（参考1）。同じ資料において紹介されている事例としては、「支払えない」と断ると「バイトすれば払える」などと言ってクレジット契約を締結させている事例を挙げ

は、消費者に対する時間的圧迫に当たる。このような勧誘態様も、若年成人の経験不足に鑑みると、原則として、消費者の合理的な意思形成を困難とする事情を意図的に作出しているといえる。

さらに、そういった作出がない場合でも、相手方がそのような状況を利用して、本来の契約であれば得られないであろうと思われる利益を得た場合や当該表意者に損失が生じている場合も、この原則の転換が認められることになる。つまり、若年消費者が合理的な意思形成をすることが困難である状況にあること知っていながら、その消費者にとって不利な内容となる、あるいは過重な負担となる契約を締結させようとすること自体、原則として、公正な取引活動とはいえない。また、表意者の適切な意思決定が困難な状況において、相手方の勧誘行為によって表意者が本来有していなかった動機を形成した場合に、そのような勧誘行為が欺瞞的且つ組織的に行なわれているときには、濫用を認定してよいと思われる。[55]

4　具体的な意思形成の瑕疵からの保護——立法論的対応

このように、問題を解釈論的に対処することが最終的に必要なことは言うまでもないが、いくつかの点において、立法による対処も依然必要であると考える。

まずは、若年成人保護のための仕組みを置くことによって、悪質商法の抑止につながる。

また、解釈論的手当の場合、個別具体的に状況の濫用があったかを判断することになるが、これは、事業者にとっての予測可能性の問題以上に、消費者被害救済の最前線である相談実務においても、不都合な点が存在し得る。未成年者取消権の場合、未成年者による法定代理人の同意を得ない取引であるという事実だけで、消費者契約を取り消すことができる。そのため、一義的で明確な判断が可能となり、消費者被害の未然防止だけでなく、早期解決にも大きな役割を果たしてきた。ところが、個別具体的に判断するというこ

　ているが、これは、実質的に契約締結を拒絶しているのであり、それにもかかわらず勧誘を継続した結果、契約を締結しているのであれば、「困惑」類型に該当するものと思われる。
(55)　内山・前掲注（49）462頁。

とになると、そのような旨味が失われかねない。そこからすると、明確な構成要件を持つ規定が存在する意義は大きい。

　まず、若年成人の保護のための立法的対応には、①若年成人に限られないヨリ一般的規定を持つ取消類型(56)、②若年性に着目した、ある程度具体的な取消類型、③若年性に着目した具体的な撤回権（クーリング・オフ）(57)類型のおおよそ三つの方法が考えられる。これらは、それぞれ排他的な関係にはない。ただ、ここでは、②について検討することにしたい。すなわち、今般の法改正による取消権よりは包括的な射程を持つものとして、状況の濫用法理の具体化としての取消類型がどのようなものとして構想可能かを検討しておきたい。①については、消費者立法を巡る現状からすると、その実現が困難である(58)。③については、対象となる取引について、社会定型的に対象となる消費者圏の意思形成に歪みが生じる事情が存在するのかが問題となる(59)。ただ、そのような検討には、ある種の法社会学的調査が必要となるが、現時点で、そのような作業を十全に行なうことが筆者の手に余る。そこで、①及び③についての具体的な検討は、ここでは行なわない。

　なお、②については、段階的保護の立場を採用することになるが、これには異論もあり得るところである(60)。しかし、現在の制度設計は、20歳になるまでの厚い保護が成年に達すると、突然「全き自己責任の荒波」の中に投げ入れるようなものである。そうであるからこそ、WG報告書からも分かるように、消費者被害についても、20歳を超えて頻発することになる。この点で、古典期ローマのように、段階的に保護の制度を用意しておくことは、検

---

(56)　大村敦志「成年・未成年の再検討―成年年齢見直し論を素材に―」同『新しい日本の民法学へ』（東京大学出版会、2009年、初出2007年）267頁の提案する保護措置や加藤雅信「未成年者保護規定の改正をめぐる動向―より充実した消費者保護のために―」現代消費者法3号（2009年）13頁以下による「複合的要因に基づく瑕疵」。

(57)　加藤・前掲注（56）13頁による「若年成年者撤回権」、かなり広範な適用範囲を念頭に置いているが、赤松茂「消費者被害救済における未成年者取消規定の活用」現代消費者法3号（2009年）58頁が指摘する「未成年者取消権に匹敵する無条件な解除権」。

(58)　内山・前掲注（49）455頁。

(59)　内山敏和「消費者保護法規による意思表示法の実質化（4）―クーリング・オフを素材として―」北園46巻2号（2010年）427頁参照。さらに、そのような事情の作出・持続について事業者側に帰責可能な事情が存在するのかが、問題となる。

(60)　松本恒雄「成年年齢引き下げと消費者取引における若年成年者の保護」消費者法研究2号（2017年）48頁注（21）参照。

討に値するのではないか。[61]

　さらに、ここでは、保護手段が持つ教育的機能を考慮に入れてよいだろう。とりわけ、よく見られるライフサイクルで考えると、大学入学から就職後3年ほどの期間である18歳から25歳になるまでの若年成人については、十分な取引経験を積むための「拡張された準備期間」として捉えることができる。確かに、世界観形成に関しては、すでに保護の必要性に欠けるであろうが、若年者を取り巻く社会環境の変化や取引の複雑性の高度化といった意思形成の障害となり得る要因が増大している。このことに鑑みれば、個別具体的な判断を前提とした手段による保護を受けながら[62]、判断力を養っていく仕組みを設けることには十分な意義がある。[63]

　具体的な立法論的構成は、前述の解釈論を反映し、類型化することによってなされるべきことになる。とはいえ、若年消費者を対象とした或る程度一般条項的な取消類型を志向することから、まずは、原則規定として「消費者が25歳に満たない場合、当該消費者の社会生活上の経験の不足に乗じた不当な契約を締結してはならない」という旨の規定を置くことが考えられる。そのうえで、次のような内容の推定規定を置くことを提案したい。

　まずA．状況の濫用に当たる前提である表意者が合理的な意思形成をすることが困難となる事情として或る程度定型的に列挙できるものを挙げる。これは、(a)消費者の属性に関わる事情、すなわち消費者であること及びその消費者が25歳未満であること、(b)その消費者が特定の内容的、人的又は場所的状況に置かれていたこと、である。(b)に当たる状況については、3で取り上げたものについて一定の具体化を施して規定することになる。

　次に問題となるのは、このような状況が濫用されたのかという点にあるが、ここでは、ある程度具体的にそのような推定を働かせるために、B．当該消費者契約が当該消費者にとって不相応な負担となる、あるいは契約の対

---

(61) こう考えると、保佐人あるいは補助人のような機関を成人後に付けることが考えられる。フランスでもそのような制度があるようである。松本・前掲注(60)51頁。
(62) したがって、未成年者のような全面的なリスク転嫁は、認められず、相手方にそれなりの違法行為の存在が推定できるような事情が必要である。
(63) 古典期ローマにおける25歳未満者への保護の拡大もそのような社会的文脈の中で位置づけることができるものである点については、Ⅱ1参照。

価的均衡が破られているものであることという内容上の不当性を要件とする。そのうえで、C．事業者側にA及びBについての悪意又は重過失があることを求める。もちろん、事業者にどの程度の主観的事情があれば、消費者に取消しを認めて良いのかは、難しい問題である。現状の見通しをいえば、本来この部分は、A・B（特に後者）との相関で決まるべきであろう。ただ、Bの要件をある程度軽量化することが望ましいとすると、事業者の有過失の場合には、状況の濫用の推定までは困難だろう。

Ⅳ　まとめ

　ここまで検討してきたことをまとめると、以下の通りとなる。
　まず、Ⅱでは、未成年者取消権については、未成年者の意思形成過程の保護という観点から詰めて考える必要があることを指摘した。未成年者取消権の意思形成過程の保護制度としての特徴は、法定代理人（つまり、制度自体）が表意者の価値基準自体に介入する点であった。そのような介入が許されるのは、未成年者の世界観形成の脆弱性の特殊性に由来する。このように考えた場合、未成年者の意思形成過程の保護と成人のそれとの違いは、表意者の世界観、価値基準への介入の有無ということになる。つまり、成人年齢の引き下げという立法的態度決定が意味することは、これまでその固有の価値体系、あるいは自己像が尊重されていなかった18歳以上の者のそれらが尊重に値するものとして認めることであるといえる。引き下げの是非についても、この観点から肯定的に評価することができた。他方で、若年者の意思形成過程の保護が実質的に後退するようでは、未成年者取消権の意思瑕疵推定機能からみると、引き下げは、時期尚早ということになる。
　その一方で、18歳以上の者にその固有の価値体系を尊重するという価値判断がされるにしても、それらの者に特徴的に生じうる意思形成過程における瑕疵の問題については、別に対処する必要がある。ここでは、成人年齢の引き下げによって生じる新しい要保護性の問題だけでなく、従来からの要保護性の問題にも対応できるような制度的な仕組みが必要とされる。そこで、Ⅲでは、その基本的な根拠とその要件について検討した。まず、成人年齢引

き下げに伴って行なわれる消費者契約法の改正は、確かに、多くの場面での若年成人の消費者問題に対して有効な保護手段を提供しているが、それでもなお保護の欠缺が残されている。そこで、本稿では、若年消費者を念頭に置いて更なる解釈論的・立法論的手当てとして、どのようなものがあり得るかについて検討した。

　解釈論・立法論ともに、詰めなければならない点が多く残っているが、一応の方向を提示したことで、ここでは満足しておきたい。

国連障害者の権利に関する条約批准後の法的整備等に関する一考察
―― 韓国との比較を中心にして ――

落 合 俊 郎

```
Ⅰ　はじめに
Ⅱ　UN-CRPD 批准の国際的動向
Ⅲ　UN-CRPD 批准と国内法整備：日本と韓国の比較
Ⅳ　UN-CRPD の実効に関する国の機関の役割について
Ⅴ　おわりに
```

Ⅰ　はじめに

　近江幸治先生には、広島大学において開催された 2008 年日本 LD 学会第 17 回大会でのキーノートスピーチ提供者ならびに名古屋で開催された 2017 年日本特殊教育学会第 55 回大会での学会企画研究委員会シンポジウムにおける話題提供者として参加いただいた。私の専門分野は法律ではないが、2002 年に出版された"New Public Management から「第三の道」・「共生」理論への展開―資本主義と福祉社会の共生"(成文堂)を広島大学大学院教育学科特別支援教育学専攻修士課程のテキストとして使用したのが近江先生との最初の接点であった。障害のある人びとが共生社会の構築にどのような役割を担えるのかという目的でこの書籍をテキストとした。また、私の大学院生時代の連合王国への留学は、まさにマーガレット・サッチャーが首相になる 3 ヶ月ほど前からであり、New Public Management あるいは新自由主義

（1）　近江幸治（2002）New Public Management から「第三の道」・「共生」理論への展開―資本主義と福祉社会の共生（成文堂）.

といわれる政治体制下での生活を体験した。そして、サッチャーが「旧体制」をスクラップするときの困難・混迷、新しいパラダイムへの移行期の戸惑いを連合国国民と共に右往左往したといっても過言ではなかった。このような経験から、近江先生の著書には私が青春時代に気がつかなかった New Public Management 下の連合王国での様々な社会現象の背景・政策についての明確な説明があり、思わずひざを打ったことを思い出す。

さて、法律に関しては、特別支援教育の分野でも安閑としていられないことが起きている。障害者の権利について、日本は先進諸国と比較して遅れていたが、国連障害者の権利に関する条約：United Nations Convention on the Right of Persons with Disabilities（以下 UN-CRPD とする）を批准し、それに関連する国内法を策定したことによって、国際的には障害者の権利に関してほぼ同じ法整備状況になったといえる。国連総会で UN-CRPD が採択された後、署名、批准、選択議定書への署名というプロセスを踏むが、OECD 諸国間でも早い国と遅い国との差が 8 年以上ある。その差は何に由来するのか考察する。マイノリティと言われる人々の保護あるいは支援する法律が出来る時、当事者が自ら運動することができない場合、彼らに代って誰かが行うことになる。権利条約に関する行動の早さ遅さを解明することによって、障害者だけでなく、その他のマイノリティあるいは自己主張に何らかの困難がある人びとに関わる施策を実施する場合、どのような要因があるのかを明らかにする。韓国語から日本語訳は崔明福が行った。

日本と韓国の特別支援教育の歴史を比較すると、韓国は 20 年程の遅れがあった。2008 年に国連総会で発効した UN-CRPD については、ヨーロッパ諸国とほぼ変わらない早さで批准した。批准した後一定の年限内で行われる国連障害者の権利に関する委員会のモニタリングが行われる。韓国はすでにこの委員会のモニタリングを終了している。日本については長瀬（2017）は

（2） United Nations （2006） The UN Convention on the Rights of Persons with Disabilities; https://www.un.org/development/desa/disabilities/convention-on-the-rights-of-persons-with-disabilities.html（2017 年 11 月 1 日閲覧）
（3） United Nation, Human Right Office of the High Commission of Human Right （2010） Monitoring the Convention on the Rights of Persons with Disabilities Guidance for human rights monitors Professional training series No. 17.
（4） 長瀬修（2017）障害者権利委員会第 17 会期の概要と特徴―カナダの審査、日本の審査見通

2020年春にこのモニタリングが行われるとしている。また、最近、韓国の通常の学校や特別支援学校を訪問すると、その施設・設備が日本とそん色のない、あるいは日本を上回っていると感じる人は多いのではないか。韓国の特別支援教育の様子をみると、日本がこれから直面するであろう様々な課題がみえてくる。また、韓国は UN-CRPD の批准を早くに実施し、関連法規も早期に制定した。この迅速さは、UN-CRPD の批准のために行われた制度改革というよりは、1990 年前半からの一連の韓国独自の変革の結果として権利条約批准に到達したといえるのではないか。その課程を比較してみる。

Ⅱ　UN-CRPD 批准の国際的動向

1　UN-CRPD とは何か（外務省訳による）

　条約の内容は以下のような構造である。前文、目的、第 2 条 定義、第 3 条 一般原則、第 4 条 一般的義務、第 5 条 平等及び無差別、第 6 条 障害のある女子、第 7 条 障害のある児童、第 8 条 意識の向上、第 9 条 施設及びサービス等の利用の容易さ、第 10 条 生命に対する権利、第 11 条 危険な状況及び人道上の緊急事態、第 12 条 法律の前にひとしく認められる権利、第 13 条 司法手続の利用の機会、第 14 条 身体の自由及び安全、第 15 条 拷問又は残虐な、非人道的な若しくは品位を傷つける取扱い若しくは刑罰からの自由、第 16 条 搾取、暴力及び虐待からの自由、第 17 条 個人をそのままの状態で保護すること、第 18 条 移動の自由及び国籍についての権利、第 19 条 自立した生活及び地域社会への包容、第 20 条 個人の移動を容易にすること、第 21 条 表現及び意見の自由並びに情報の利用の機会、第 22 条 プライバシーの尊重、第 23 条 家庭及び家族の尊重、第 24 条 教育、第 25 条 健康、第 26 条 ハビリテーション（適応のための技能の習得）及びリハビリテーシ

し、国連障害者権利条約　障害者権利委員会報告会　発表資料 2017 年 6 月 7 日　JDF 日本障害フォーラム（JDF）主催 http://www.dinf.ne.jp/doc/japanese/rights/rightafter/jdf170607_nagase.html（2017 年 11 月 6 日閲覧）

（5）　外務省（2016）国連　障害者の権利に関する条約：http://www.mofa.go.jp/mofaj/gaiko/jinken/index_shogaisha.html：2017 年 11 月 20 日閲覧．

ョン、第27条 労働及び雇用、第28条 相当な生活水準及び社会的な保障、第29条 政治的及び公的活動への参加、第30条 文化的な生活、レクリエーション、余暇及びスポーツへの参加、第31条 統計及び資料の収集、第32条 国際協力、第33条 国内における実施及び監視、第34条 障害者の権利に関する委員会、第35条 締約国による報告、第36条 報告の検討、第37 締約国と委員会との間の協力、第38条 委員会と他の機関との関係、第39条 委員会の報告、第40条 締約国会議、第41条 寄託者、第42条 署名、第43条 拘束されることについての同意、第44条 地域的な統合のための機関、第45条、効力発生、第46条 留保、第47条 改正、第48条 廃棄、第49条 利用しやすい様式、第50条 正文 となっている。障害者の権利に関する委員会の役割は、締約国が権利条約の実施について進捗状況をモニタリングする機能をもち、「各締約国は、この条約に基づく義務を履行するためにとった措置及びこれらの措置によりもたらされた進歩に関する包括的な報告を、この条約が自国について効力を生じた後二年以内に国際連合事務総長を通じて委員会に提出する。その後、締約国は、少なくとも四年ごとに、更に委員会が要請するときはいつでも、その後の報告を提出する。」とされている。

この時に行われるヒヤリングには政府報告書だけでなくNGO等の障害者団体からのパラレルレポートも評価の対象となる。2017年1月現在、日本政府は国連に政府報告書を提出したが(6)、順番待ちでまだ審査は開始されていない。特に問題となりうるのは、「第24条 教育」の中で障害児教育の在り方としてインクルーシブ教育を推奨しており、翻訳の仕方により様々な解釈がある。2の "(e) Effective individualized support measures are provided in environments that maximize academic and social development, consistent with the goal of full inclusion." を川島＝長瀬訳では(7)「(e) 完全なインクルージョンという目標に則して、学業面の発達及び社会性の発達を最大にする環境において、効果的で個別化された支援措置がとられること。」、外務省訳では(8)「(e) 学問的及び社会的な発達を最大にする環境におい

（6） 内閣府（2016）障害者の権利に関する条約 第一回日本政府報告（日本語仮訳）www.mofa.go.jp/mofaj/files/000171085.pdf：2017年11月10日閲覧。
（7） 川島聡＝長瀬修（2008）障害のある人の権利に関する条約 仮訳 http://www.normanet.ne.jp/~jdf/shiryo/convention/index.html

て、完全な包容という目標に合致する効果的で個別化された支援措置がとられること。」とされており、full inclusion を「完全なインクルージョン」と「完全な包容」と翻訳している。特別支援教育の用語として解釈すると full inclusion とは特別支援学級や特別支援学校のようなあらゆる分離型教育を拒否するインクルーシブ教育であり、小中高等学校の通常の学級のなかで障害の有無の関係なく同じ教室で教育することを意味する。そうすると、日本における近年の特別支援教育制度に在籍する児童生徒の急増を政府がどのように説明するかが課題である。また権利条約の進捗状況を監視する「第33条 国内における実施及び監視」についても具体的に第三者機関を設けて審議する必要があり、今後の課題として残る。選択議定書については、実際のモニタリングを実施する場合の要件について決められている。選択議定書に署名すると、条約の内容を計画通り実効しなければならない。その内容の項目は、第1条〔個人通報についての委員会の権限〕、第2条〔通報を受理できない場合〕、第3条〔関係国への照会〕、第4条〔暫定措置〕、第5条〔通報の検討〕、第6条〔委員会の調査〕、第7条〔調査に応えて講じた措置〕、第8条〔第6条及び第7条に対する適用除外宣言〕、第9条〔寄託先〕、第10条〔署名〕、第11条〔拘束されることについての同意〕、第12条〔地域的な統合のための機関〕、第13条〔効力発生〕、第14条〔留保〕、第15条〔改正〕、第16条〔廃棄〕、第17条〔アクセシブルな様式〕、第18条〔正文〕となっている（川島聡＝長瀬修仮訳 2008年5月30日付による）。

2　国際連合における障害者権利条約にかかわる動きについて

UN-CRPD の成立過程を見てみる。まず、2001 年 12 月に第 56 回国連総会において「障害者の権利及び尊厳を保護・促進するための包括的・総合的な国際条約」決議案が採択された。2002 年 7 月に障害者条約アドホック委員会「障害者の権利及び尊厳を保護・促進するための包括的・総合的な国際条約に関する国連総会臨時委員会」の第 1 回会合が開催された。2006 年 12

---

(8)　前掲注 (5)
(9)　中村満紀男、岡典子 (2005) アメリカ合衆国におけるフル・インクルージョン論と障害マイノリティ創出の諸要素、心身障害学研究、29、pp.17-33.
(10)　前掲注 (7)

月 5 日障害者権利条約アドホック委員会第 8 回会合再開期で採択され、2006年 12 月 13 日第 16 回国連総会本会議において障害者権利条約が採決された。2007 年 3 月 30 日障害者権利条約の署名のために開放という経過をたどり、2008 年 5 月 3 日発効した。

3 主な OECD 諸国の UN-CRPD と選択議定書の署名・批准について

UN-CRPD については、2007 年 3 月 30 日、障害者権利条約の署名のため

表 1 主要 OECD 諸国の UN-CRPD・選択議定書の署名・批准・加入の動き（外務省一部改変）[11]

http://www.mofa.go.jp/mofaj/fp/hr_ha/page22_002110.html）

国　　名	権利条約署名月日	権利条約批准・加入月日	選択議定書の署名
オーストラリア	2007 年 3 月 30 日	2008 年 7 月 17 日	有り
オーストリア	2007 年 3 月 30 日	2008 年 9 月 26 日	有り
カナダ	2007 年 3 月 30 日	2010 年 3 月 11 日	なし
デンマーク	2007 年 3 月 30 日	2009 年 7 月 24 日	有り
フィンランド	2007 年 3 月 30 日	2016 年 5 月 11 日	有り
フランス	2007 年 3 月 30 日	2010 年 2 月 18 日	有り
ドイツ	2007 年 3 月 30 日	2009 年 2 月 24 日	有り
イタリア	2007 年 3 月 30 日	2009 年 5 月 15 日	有り
日本	2007 年 9 月 28 日	2014 年 1 月 20 日	なし
韓国	2007 年 3 月 30 日	2008 年 12 月 11 日	なし
オランダ	2007 年 3 月 30 日	2016 年 6 月 14 日	なし
ニュージーランド	2007 年 3 月 30 日	2008 年 9 月 25 日	有り
ノルウェー	2007 年 3 月 30 日	2013 年 6 月 3 日	なし
スイス	署名なし	2014 年 4 月 15 日	なし
スペイン	2007 年 3 月 30 日	2007 年 12 月 3 日	有り
スウェーデン	2007 年 3 月 30 日	2008 年 12 月 29 日	有り
連合王国	2007 年 3 月 30 日	2009 年 6 月 8 日	有り
アメリカ合衆国	2009 年 3 月 30 日	批准しない	なし

（11） 外務省障害者の権利に関する条約締約国一覧：http://www.mofa.go.jp/mofaj/fp/hr_ha/page22_002110.html：2017 年 11 月 3 日閲覧．

の開放が行われたと同時に、主たる OECD 諸国は署名している。アメリカ合衆国の 2 年遅れを最大に、日本が半年、ヨーロッパ主要国はほとんど署名開放の日に署名しており、スイスは署名をしなかったが 2014 年に批准・加入している。選択議定書への署名は、OECD 諸国の中でもヨーロッパ諸国が多く、選択議定書は、条約実効を加速させる役割とも考えられる。

表 1 の主要 OECD 諸国間の UN-CRPD 批准動向を見ると OECD 諸国間で最大 8 年半の違いが見られる。この遅れや未署名には様々な理由がある。アメリカ合衆国は権利条約を批准しておらず、その理由として障害者差別を包括的に禁止した「障害のあるアメリカ人法 ADA（American with Disabilities Act）」があるので、あえて UN-CRPD を批准しなくともよいということであろう。日本が遅れた理由は、国連子どもの権利条約批准のときは、国内法を整備しないまま条約を批准したため、その後大きな社会問題となった虐待等の様々な問題を解決できなかった。その轍を踏まないために、国内法を整備してから条約を批准すべきという当事者の意見があったのが理由とされている。日本と韓国が 5 年 1 か月の差が生じた。

Ⅲ　UN-CRPD 批准と国内法整備：日本と韓国の比較

1　日本における権利条約と関係する国内法の整備

文部科学省が 2007 年 5 月に「19 文科初第 125 号通知：特別支援教育の推進について（通知）」を出し、特別支援教育の概略を示した。同年 9 月に日本政府が国連障害者の権利条約に署名した。2008 年 9 月、教科用特定図書普及促進法（教科書バリアー法）が施行され、障害のある児童生徒に対する著作権等の弾力的応用、教科書のデジタル化、e-learning や教育課程と評価の電子化等への提言が行われた。2008 年 3 月には、小学校・中学校、2009 年には高等学校・特別支援学校の学習指導要領が告示され、特別支援学校学習指

---

(12)　文部科学省（2007）19 文科初第 125 号通知：特別支援教育の推進について（通知）.
(13)　文部科学省（2008）教科用特定図書普及促進法（教科書バリアー法）.
(14)　文部科学省（2008）小学校学習指導要領.
(15)　文部科学省（2008）中学校学習指導要領.
(16)　文部科学省（2009）高等学校学習指導要領.

導要領では「国際的な動向としては、障害者の社会参加に関する取組の進展を踏まえ、2006年12月、国際連合総会において『障害者の権利に関する条約』が採択され、障害者の権利や尊厳を大切にしつつ社会のあらゆる分野への参加を促進することが合意された。」としたが、インクルーシブ教育については言及されなかった。

2010年6月、障がい者制度改革の推進のための基本的な方向について（閣議決定）が発表された。この閣議決定をもとに、日本政府は国連障害者の権利条約批准に向けて、国内法の整備とインクルーシブ教育実施に大きく舵を切ったと言える。具体的には2011年6月に障害者虐待の防止、障害者虐待の防止、障害者の養護者に対する支援等に関する法律施行令が成立し、同年10月1日から国や地方公共団体、障害者福祉施設従事者等、使用者などに障害者虐待の防止等のための責務を課すとともに、虐待を受けたと思われる障害者を発見した者に通報義務を課している。2011年8月、障害者基本法が改正され、国連障害者の権利条約を踏まえ、合理的配慮の概念を規定している。2012年2月中教審初等中等教育分科会特別支援教育の在り方に関する特別委員会から「合理的配慮環境整備検討ワーキンググループ報告―学校における『合理的配慮』の観点―」が出され、インクルーシブ教育を行う上での留意点・配慮点について障害カテゴリーごとに出された。合理的配慮という概念は、日本においては新しい概念であり、インクルーシブ教育を実現するための概念の説明と実現に向けて構造化した整理が必要であるとし、合理的配慮と基礎的環境整備について、法令に基づき又は財政措置により、国は全国規模で、都道府県は各都道府県内で、市町村は各市町村内で、教育環境の整備をそれぞれ行うとしている。「基礎的環境整備」としては、個別の支援計画の作成、教材教具作成スキルの向上、施設・設備の整備、教員の

---

(17)　文部科学省（2009）特別支援学校学習指導要領．
(18)　前掲注（17）
(19)　内閣府（2010）障がい者制度改革の推進のための基本的な方向について（閣議決定）．
(20)　内閣府（2011）障害者虐待の防止、障害者虐待の防止、障害者の養護者に対する支援等に関する法律施行令．
(21)　内閣府（2011）：改正障害者基本法．
(22)　中央教育審議会初等中等教育分科会特別支援教育の在り方に関する特別委員（2012）：合理的配慮等環境整備検討ワーキンググループ報告―学校における「合理的配慮」の観点―．

専門性の向上、交流及び共同学習の推進等について言及された。また、「合理的配慮」については、障害のある個々人のニーズの個別の状況に応じて提供されるものであり、これを具体的かつ網羅的に記述することは困難であることから、「合理的配慮」を提供するにあたっての観点を①教育内容・方法、②支援体制、③施設・設備について、それぞれを類型化するとともに、観点ごとに、各障害種に応じた「合理的配慮」を例示するという構成で整理している。

2013年5月、障害を理由とする差別の解消の推進に関する法律[23]が成立し、この法律によって、差別的取扱いの禁止の法的義務と合理的配慮の不提供禁止が述べられ、差別を解消するための支援措置として、紛争解決・相談、地域における連携、啓発活動、情報収集として、国内外における差別及び差別の解消に向けた取組にかかわる情報収集、整理及び提供が明示され、2016年4月から施行された。2013年8月には、障害のある児童生徒の教材の充実について（報告）[24]では、障害のある児童生徒の将来の自立と社会参加に向けた学びの充実を図るためには、障害の状態や特性をふまえた教材を効果的に活用して、適切な指導を行うことが必要である。このため、各学校における必要な教材の整備、新たな教材の開発、既存の教材を含めた教材の情報収集に加え、教員がこれらの教材を活用して適切な指導を行うための体制整備の充実が求められるとし、特別支援教育体制の強化を促した。これは、国連障害者の権利条約の批准に向け、教育の場面ではインクルーシブ教育が重要課題であり、そのための合理的配慮を実現する背景となる基礎的環境整備の充実への問題提起と言えよう。2013年9月には学校教育法施行例の一部改正[25]が行われ、就学基準に該当する障害のある子どもは特別支援学校に原則就学するという従来の就学先決定の仕組みを改め、障害の状態、本人の教育的ニーズ、本人・保護者の意見、教育学、医学、心理学等専門的見地からの意見、学校や地域の状況等を踏まえた総合的な観点から就学先を決定する仕組みができ、2014年4月から発効することとなった。人権や権利に関する項

---

(23) 内閣府（2013）：障害を理由とする差別の解消の推進に関する法律．
(24) 文部科学省（2013）：障害のある児童生徒の教材の充実について（報告）．
(25) 文部科学省（2013）：25文科初第655号、学校教育法の一部改正について（通知）．

目は、従来は日本国憲法や教育基本法において言及されていたが、障害者に関係する法律等で、これらの事柄が言及されることとなった。

2　韓国における権利条約批准に影響を与えた国内法について

韓国による UN-CRPD の批准はヨーロッパ諸国並みの迅速さであった。この理由を考えると次のことが言えるのではないか。日本と韓国の特別支援教育の分岐点は 1994 年であると考える。韓国にとっては、日本の特殊教育モデルからアメリカ的なモデルに移行したターニングポイントだったともいえるのではないか。1977 年に策定された特殊教育振興法が 1994 年に全面改正され、今日の UN-CRPD の内容や後に日本が制度化する内容に通じるいくつかの項目が既に内包されていた。具体的には以下の点があげられ、当時の日本の特殊教育にはなかった点であった。

(1)　1994 年改訂特殊教育振興法[26]について

・特殊学級について：高等学校以下の各級学校に設置され、統合教育を実施するために設置され、全日制、時間制、特別指導、巡回指導などで運営される。・学習障害を支援対象とした。・差別の禁止。・統合教育の実施。・個別化教育：学年が始まる前に作成する義務があり、転学してきた場合、30 日以内に作成しなければならない。・必要がある場合、保護者教育を行う。・職業教育の実施。・専攻科の設置。・就学における在籍校の決定においては本人または保護者の再審請求権を認める。・罰則：各級（小中高等学校）校長が理由なしに施策の措置を行わなかった場合の罰則規定がある。さらに、特殊教育対象者が通常の学校への就学を希望した場合、児童生徒の定員とは関係なしに、居住地に近い通常の学校に就学できるよう便宜しなければならない。特殊教育機関に配置しなければならないときは、保護者に意見陳述の機会を与える。個別化教育運営等に関して、個別化教育運営委員会は 1 人の委員長（当該学校長）を含む 5 人以上 10 人以下の委員で構成する。再審請求は特殊教育対象者または保護者が学校長に請求し、処分事由説明書を添付し、中央特殊教育審査委員会または地方特殊教育審査委員会に提出する。特殊教育振興

---

(26)　落合俊郎（2002）韓国の挑戦　全訳と解説「特殊育振興法」季刊人権と教育、pp. 62-72、社会評論社．

法は 2005 年 3 月 24 日までに計 10 回の改定が行われ、障害カテゴリーの名称変更、罰則の強化（正当な便宜の不提供に対し 50 万ウォンの罰金から 500 万ウォンへ罰金の増額、入学選考に対する差別に対しては、1 年以下の懲役または 1000 万ウォン以下の罰金求刑）と修正した。健康障害（日本では病弱・身体虚弱にあたる）を新たな特殊教育対象カテゴリーとするなどの改訂が行われた。

日本と比較すると、高等学校の特別支援学級は（韓国 1994 年から実施、日本 2018 年から開始）、学習障害児への教育的支援（韓国 1994 年、日本 2006 年から）、差別の禁止（韓国は 1994 年から罰則規定を設定した。日本は 2016 年施行：一年以下の懲役または 50 万円以下の罰金、虚偽の報告に対して 20 万円以下の過料）、個別の支援計画（韓国は個別化教育計画として 1994 年から、日本は 1999 年から、個別の指導計画）等、時間差がある。就学場所の決定に関する再審請求権、保護者教育等は、教育相談事業等での必要な対応としては考えられるが制度としての確立は日本では見られない。

韓国では 2000 年代に入ってから世界的動向の影響と現場からの問題が出始め、特殊教育振興法が大きな変革をせざるを得ない状況になった。就学前教育、成人や高等教育の規定が不十分であると同時に、国及び地方公共団体の具体的な役割が明記されていないため、法律の実効性の限界という大きな問題があった。[27]

(2) 障害者等に対する特殊教育法（2007）[28][29]等について

韓国において、上述したプロセスに加えて法改正に至った大きな背景には、当事者や保護者、教育関係者が 2003 年に結成した「全国障害者教育権連帯」の活動があった。そして、2005 年から障害者支援法を策定する運動を開始した。2006 年には国会議員による「障害者の教育支援に関する法律案」を国会で発議し、国会前でのテント籠城などにより、議員案と政府案を折衷した「障害者等に対する特殊教育法」が 2007 年 4 月に採択、2008 年 5 月に施行された。[30]この法律が当事者・保護者の法律といわれる所以がここに

---

(27) 崔栄繁（2013）第 1 章 韓国の障害者教育法制度と実態、小林昌之編、開発途上国の障害者教育―教育法制と就学実態、調査研究報告書、pp. 9-31、アジア経済研究所.
(28) 前掲注（27）
(29) 장애인등에대한특수교육법（법률제 8483 호신규제정 2007. 05. 25.）
(30) 前掲注（27）

ある。本法と振興法を比較すると。幼稚園から高等学校までを義務教育にすることにより国の責務を強化した。障害者の高等教育を受ける権利を保障するために大学内障害学生支援センターの設置を促進すること。障害者の生涯教育について規定し、成人障害者の生涯教育の法的根拠を設定した。特殊教育支援センターの設置により「正当な便宜供与」(日本の合理的配慮と同義)を図るようにした。韓国では2007年4月に障害者差別禁止法が公布され[31]、2008年から施行された。保健福祉省障害権益支援課が所轄担当部局である。特殊教育法では日本の基礎的環境整備を論じており、差別禁止法では、個人的な正当な便宜供与の規程がなされ、かなり厳しい内容となっている。2001年に策定された国家人権委員会法にもとづき国家人権委員会の設置が行われ、2007年3月に、障害者差別禁止法及び権利救済に関する法律が国会で採択された。2008年以降、この法律による申し立て件数が著しく増加している。そのほか、特殊学校の専攻科や職業訓練センター、あるいは日本での緑化センターに当たるような一般の機関や社会的企業が高等学校特殊学級の生徒のための職業転換教育センターとして移行支援を行っている。障害者雇用のあり方を質的に大きく変えた社会的企業は、2007年に制定し、2011年に施行され、社会的企業育成法によって法制化された。2000年から実施された障害者生産品優先購買制度は、2008年以降、重度障害者生産品優先購買制度となった[32]。日本では2012年、国等による障害者就労施設等からの物品等の調達の推進等に関する法律[33]が規定され、翌2013年に「調達方針」が定められた。

3　障害者の差別の禁止に関する国内法の比較

UN-CRPDの最も重要なポイントは、これまで人権を十分認められていなかった障害者に対して、差別の禁止あるいは差別の解消をどのようにしていくかということであろう。ここでは、二国間の障害者差別に関する法律に

---

(31)　前掲注(27)
(32)　姜美羅・落合俊郎(2011)韓国の社会的企業の現状と課題、特別支援教育実践センター研究紀要、9、pp. 39-50、広島大学大学院教育学研究科附属特別支援教育実践センター.
(33)　国等による障害者就労施設等からの物品等の調達の推進等に関する法律(2012)法律第五十号(平成 二四・六・二七)

ついて比較してみる。障害者の差別に関する法律については、韓国では2007年3月に国会で採択された「障害者差別禁止法及び権利救済に関する法律」[34]であり、日本では2013年6月「障害を理由とする差別の解消の推進に関する法律」[35]である。

(1) 韓国の障害者差別禁止法及び権利救済に関する法律[36]の内容について

2007年国会で採択に2010年施行された。目次を紹介すると以下のような章立てになっている。

第1章　総則
　　　　第1条（目的）
　　　　第2条（障害と障害者）
　　　　第3条（定義）
　　　　第4条（差別行為）
　　　　第5条（差別判断）
　　　　第6条（差別禁止）
　　　　第7条（自己決定権及び選択権）
　　　　第8条（国家及び地方自治団体の義務）
　　　　第9条（他の法律との関係）

第2章　差別禁止
　第1節　雇用
　　　　第10条（差別禁止）
　　　　第11条（正当な便宜供与義務）
　　　　第12条（医学的検査の禁止）
　第2節　教育
　　　　第13条（差別禁止）
　　　　第14条（正当な便宜供与義務）
　第3節　財と用益の提供及び利用

---
(34) 前掲注（27）
(35) 前掲注（23）
(36) 前掲注（27）

第 15 条（財・用益等の提供における差別禁止）
第 16 条（土地及び建物の売買・賃貸等における差別禁止）
第 17 条（金融商品及びサービス提供における差別禁止）
第 18 条（施設物アクセス・利用の差別禁止）
第 19 条（移動及び交通手段等における差別禁止）
第 20 条（情報アクセスでの差別禁止）
第 21 条（情報通信・意思疎通での正当な便宜供与義務）
第 22 条（個人情報保護）
第 23 条（情報アクセス・意思疎通での国家及び地方自治体の義務）
第 24 条（文化・芸術活動の差別禁止）
第 25 条（体育活動の差別禁止）

第 4 節　司法・行政手続及びサービスと参政権
第 26 条（司法・行政手続及びサービス提供における差別禁止）
第 27 条（参政権）

第 5 節　母・父性権・性等
第 28 条（母・父性権の差別禁止）
第 29 条（性での差別禁止）

第 6 節　家族・家庭・福祉施設・健康権等
第 30 条（家族・家庭・福祉施設等での差別禁止）
第 31 条（差別禁止）
第 32 条（いじめ等の禁止）

第 3 章　障害女性及び障害児童等
第 33 条（障害女性に対する差別禁止）
第 34 条（障害女性に対する差別禁止のための国家及び地方自治体の義務）
第 35 条（障害児童に対する差別禁止）
第 36 条（障害児童に対する差別禁止のための国家及び地方自治体の義務）
第 37 条（精神的障害をもつ人に対する差別禁止等）

第 4 章　障害者差別是正機構及び権利救済等

第38条（申立）
第39条（職権調査）
第40条（障害者差別是正小委員会）
第41条（準用規定）
第42条（勧告の通報）
第43条（是正命令）
第44条（是正命令の確定）
第45条（是正命令の履行状況の提出要求等）

第5章 損害賠償、立証責任等
第46条（損害賠償）
第47条（立証責任の配分）
第48条（裁判所の救済措置）

第6章 罰　則
第49条（差別行為）
第50条（過料）

附　則

(2) 日本の「障害を理由とする差別の解消の推進に関する法律2013年6月制定」[37]の内容について

第1章 総則
第1条（目的）
第2条（定義）
第3条（国及び地方公共団体の責務）
第4条（国民の責務）
第5条（社会的障壁の除去の実施についての必要かつ合理的な配慮に関する環境の整備）

---
[37] 前掲注(23)

第 2 章　障害を理由とする差別の解消の推進に関する基本方針
　　　第 6 条（政府の基本方針）

第 3 章　行政機関等及び事業者における障害を理由とする差別を解消するための措置
　　　第 7 条（行政機関等における障害を理由とする差別の禁止）
　　　第 8 条（事業者における障害を理由とする差別の禁止）
　　　第 9 条（国等職員対応要領）
　　　第 10 条（地方公共団体等職員対応要領）
　　　第 11 条（事業者のための対応指針）
　　　第 12 条（報告の徴収並びに助言、指導及び勧告）
　　　第 13 条（事業主による措置に関する特例）

第 4 章　障害を理由とする差別を解消するための支援措置
　　　第 14 条（相談及び紛争の防止等のための体制の整備）
　　　第 15 条（啓発活動）
　　　第 16 条（情報の収集、整理及び提供）
　　　第 17 条（障害者差別解消支援地域協議会）
　　　第 18 条（協議会の事務等）
　　　第 19 条（秘密保持義務）
　　　第 20 条（協議会の定める事項）

第 5 章　雑則
　　　第 21 条（主務大臣）
　　　第 22 条（地方公共団体が処理する事務）
　　　第 23 条（権限の委任）
　　　第 24 条（政令への委任）

第 6 章　罰則
　　　第 25 条　第 19 条の規定に違反した者は、一年以下の懲役又は五十

万円以下の罰金に処する。
第26条　第12条の規定による報告をせず、又は虚偽の報告をした者は、二十万円以下の過料に処する。

附則
　　第1条（施行期日）
　　第2条（基本方針に関する経過措置）
　　第3条（国等職員対応要領に関する経過措置）
　　第4条（地方公共団体等職員対応要領に関する経過措置）
　　第5条（対応指針に関する経過措置）
　　第6条（政令への委任）
　　第7条（検討）
　　第8条（障害者基本法の一部改正）
　　第9条（内閣府設置法の一部改正）

Ⅳ　UN-CRPD の実効に関する国立機関の役割について

1　特別支援教育に関連する国立研究所における役割の比較

　日本は1971年、韓国は1994年に国立研究所を設立した。異なる点は、韓国の国立研究所の組織は、企画研究課のもとに教育課程教科書チーム（特殊学級で使用する教科書作成）があること。研修課に人権保護チームがあること。情報支援課に高等教育・生涯教育チームと進路職業教育チームが置かれてある。そして、人権保護事業案内を閲覧すると。その具体的な内容は以下の通りである。
・運営目標：1）障害のある児童生徒の人権保護のための研究及び教育資料の開発、2）障害のある児童生徒の人権保護担当者力量強化、3）障害の児童

---

(38)　国立特別支援教育総合研究所（2016）国立特別支援教育総合研究所要覧．
(39)　Korea National Institute for Special Education（2017）http://www.nise.go.kr/jsp/knise/en/en_message.jsp：2017年8月1日閲覧
(40)　落合俊郎・鄭東榮・鄭海東・姜美羅・島田保彦（2014）韓国の知的障害・発達障害のある児童生徒のための教科書・教育用特定図書について、特別支援教育実践センター研究紀要、広島大学大学院教育学研究科附属特別支援教育実践センター、12、pp. 1-16．

生徒人権保護のために設置した常設モニタリング団との協力体制構築及び支援、4) 障害に対する認識を改善するための関連事業支援。

・運営方向：1) 人権親和的な学校文化づくり方案を支援するための研究実施、2) 障害のある児童生徒の自己保護力量を強化するためのコンテンツの開発及び関連資料の宣伝、3) 障害のある児童生徒の人権保護担当者及び相談専門家の力量を強化するためのワークショップの開催、4) 常設モニタリングの効率的な運営のためのコンサルティングの支援、5) 障害のある児童生徒の人権保護事業関連のモニタリングと機関との協力を通じて障害に対する意識を改善する事業を実施する。

・事業内容：1) 人権保護に関連する研究・教育資料の開発①特殊教育現場の人権親和的な学校文化づくり支援方案、②障害のある児童生徒の自己保護力量を強化するためのマルチメディアコンテンツ（中・高等用）の開発、2) 人権保護支援事業及び現場支援①障害のある児童生徒の人権保護担当者の力量強化（・常設モニタリング団の担当者ワークショップ・常設モニタリング団相談専門家の研修）、②常設モニタリング団運営支援・常設モニタリング団コンサルティングの支援・常設モニタリング団の現場点検結果集計及び分析・常設モニタリング団の運営マニュアル改善支援）、3) 障害のある児童生徒の人権保護事業に関連するモニタリング、4) 障害に対する意識の改善及びインクルーシブ教育の関連事業などである。

　障害のある児童生徒の人権侵害予防コンテンツをクリックすると、特殊教育の現場で障害のある児童生徒の人権保護及び人権侵害予防のための児童生徒、教師、保護者が活用できるマルチメディア資料を閲覧できる。資料は、幼児用人権侵害予防と小学校児童生徒用人権侵害予防の内容として構成されている。人権侵害予防コンテンツをクリックすると、児童生徒、教員、保護者が使用できるマルチメディア教材が視聴・ダウンロードできるようになっている。

　幼児用のコンテンツの内容は、「みんなにとって大切な権利」、「無視するとかいじめないで」、「私を守ってください」、「好きなことを選んで表現することができる」、「たくさん遊びたい」、「みんなと一緒に遊んで学ぶ」、「友たちと一緒にいたい」、「痛くされるのは嫌です」、「私を相手にしてください」、

「こんな気持ちは嫌」という題目で構成されている。

　児童用は、「こんにちは人権」、「幸せになる権利がある」、「尊重される権利がある」、「命と安全の保護を受ける権利がある」、「健康に育つ権利がある」、「私の生活を保護される権利がある」、「自由に表現する権利がある」、「決定の権利がある」、「宗教自由の権利がある」、「休む権利がある」、「文化と芸術を楽しむ権利がある」、「勉強する権利がある」、「一緒にいる権利がある」、「情報アプローチの権利がある」、「選挙に参加する権利がある」、「虐待を受けない権利がある」、「暴力を受けない権利がある」、「私の体は大切です」、「サイバー攻撃を注意する」、「私の人権は私が守る」などの題目で構成されている。幼児用と児童用のコンテンツの各題目をクリックすると、映像が流れながら内容に対する詳しい説明がアナウンスされる。また、手話での説明も同時に進行されている。コンテンツは、どんな時に人権が侵害されたと判断するべきか、侵害された時にはどのように対処するべきか、またどのような予防対策があるかなどについて障害のある児童生徒も十分理解できるように分かりやすく説明されている。UN-CRPDの精神は「私たち抜きに私たちのことを決めないで」(Nothing About Us Without Us)が原則なので、障害のある人々に対する情報リテラシーの配慮と、セルフ・アドボカシーを培う役割も網羅されている。

2　日韓国立研究機関の差異に影響した歴史的背景について

　U.N-CRPDを韓国は日本より5年1ヶ月早く批准した。それは、ヨーロッパ諸国並みの迅速さであった。この理由を考えると次のことが言えるのではないか。韓国で1977年に策定された特殊教育振興法が1994年に全面改正され、今日のUN-CRPDの内容や後に日本が制度化する内容に通じるいくつかの項目が既に内包されていた。アメリカのIEPにあたる個別化教育計画、保護者の権利・アピール権、就学決定プロセスを居住地の通常の学校の通常の学級から開始し、特殊学級、特殊学校への就学プロセスで行うこと、保護者教育、差別の禁止と罰則規定等が立法化された。[41]しかし、地方の教育委員会での履行義務が明記されなかったため、地域差が出たり、施行しなかった

---
[41]　前掲注(26)

地域も多かった。だが、法律として存在していたために、U.N-CRPDを批准した後、多くの国内法の整備する必要もなく、きわめて短時間にU.N-CRPDを批准できたのではないか。

3　日韓国立研究機関の差異に影響した政治的・法整備の背景について

韓国国立特殊教育院が研究活動、情報の普及・宣伝、教員研修だけではなく、院内のリソースに対して、保護者や障害のある幼児児童生徒がアクセス可能な構造になったのは以下の政治的・法整備のプロセスがあったからと考えられる。김도현（キムドヒャン、2007）によると、大きな影響を与えたのは、1994年の特殊教育振興法の大改正に始まり、2007年に採択された「障害者等に対する特殊教育法（장애인등에대한특수교육법（법률제8483호신규제정2007.05.25.）」の存在であると考えられる。2006年にU.N-CRPDが国連において発効する前から、当事者や保護者、教育関係者が2003年に結成した「全国障害者教育権連帯」の活動があった。そして、2005年から障害者支援法を策定する運動を開始し、2006年には国会議員による「障害者の教育支援に関する法律案」を国会で発議し、国会前でのテント籠城などにより、議員案と政府案を折衷した「障害者等に対する特殊教育法」が2007年4月に採択、2008年5月に施行された。この法律が当事者・保護者の法律といわれる所以はこのような経過があるからである。「障害者等に対する特殊教育法」と特殊教育振興法を比較すると以下の違いが認められる。幼稚園から高等学校までを義務教育にすることにより国の責務を強化したこと。障害者の高等教育を受ける権利を保障するために大学内障害学生支援センターの設置を明記したこと。障害者の生涯教育について規定し、成人障害者の生涯教育の法的根拠を設定したこと。特殊教育支援センターの設置により「正当な便宜供与」（日本では合理的配慮と和訳）を図るようにしたことがあげられる。2007年4月に障害者差別禁止法が公布され、2008年から施行された。人権

---

(42)　前掲注（27）
(43)　前掲注（39）
(44)　김도현（2007）차별에저항하라：한국의장애인운동 20년、1987〜2006년、박종철출판사
(45)　前掲注（29）
(46)　前掲注（27）

については、2001年に策定された「国家人権委員会法」にもとづき国家人権委員会の設置が行われ、2007年3月「障害者差別禁止法及び権利救済に関する法律」が国会で採択された。2008年以降、この法律による申し立て件数が著しく増加している。(47)一方、金彁燮(48)は、この法律について「『当事者主義が大きく反映された法』として指摘を受けるほど、障害児の保護者の立場を大きく反映したことを誰も否定し難い。従って障害児の保護者のニーズは、その幅が広くなっているだけではなく、その強さも次第に高まっている。法が守られない場合には、当事者といえる特殊教育対象者、またはその保護者は、国家や地方自治体を相手に意見を陳情するのは当然である。しかし、しばしば、その矛先が特殊教育教員に向かってくる場合が多くなってきた。特殊教育教員は法的規則を守ると同時に、保護者の要求にも応じなければならないことで、大変な状況に置かれている。」という課題を生んでいる。

　世界において、障害者雇用のあり方を質的に大きく変えた社会的企業は、韓国では2007年に設立され、2011年施行された社会的企業育成法によって法制化された。(49)障害者の生産活動を支える優遇購買措置は、2000年から実施された障害者生産品優先購買制度に始まり、2008年以降、重度障害者生産品優先購買制度となった。(50)そして、2008年12月にU.N-CRPDを批准した。

　U.N-CRPDの「第33条の国内における実施及び監視」の項目のなかで、日本における条約の実効のための国内における人権擁護機関として、「障害者の権利に関する条約　第一回日本政府報告」(51)では、「我が国における中央連絡先は、内閣府政策統括官（共生社会政策担当）付参事官（障害者施策担当）付及び外務省総合外交政策局人権人道課であり、政府内における調整のための仕組みについては、内閣府政策統括官（共生社会政策担当）付参事官（障害者施策担当）付が担当する。」とされており、人権擁護に携わる行政機関として

---

(47)　前掲注（27）
(48)　金彁燮、崔明福　訳（2013）韓国特殊教育の概要、特別支援教育実践センター研究紀要、11、pp.23-33、広島大学大学院教育学研究科附属特別支援教育実践センター.
(49)　前掲注（32）
(50)　前掲注（32）
(51)　前掲注（6）

法務省に人権擁護局が設けられ、講演会や座談会の開催、啓発冊子等の配布、各種イベント等の啓発活動を実施している旨が報告されており、特別支援教育に携わる機関の役割については言及されていない。

U.N-CRPD の「第 30 条 文化的な生活、リクリエーション、余暇及びスポーツの参加」については、日本政府報告書では、「199. 文部科学省の調査(2013 年)によると、過去 1 年間に週 1 回以上スポーツ・レクリエーションを行った割合は、成人一般が 47.5％ であるのに対し、障害者(成人)は 18.2％ にとどまっており、障害者のスポーツ参加を一層促進する必要がある。200. 2015 年度より、スポーツ関係者と障害福祉関係者が連携・協働体制を構築し、地域において一体的に障害者スポーツを推進する取組を支援している。また、障害児を含めた障害者の日常的なスポーツ活動を推進するため、特別支援学校等を拠点とした障害者のスポーツ活動の拠点づくりを推進するための援を実施することとしている。」と述べられ、新学習指導要領(文部科学省)でも、「第 5 節　児童又は生徒の調和的な発達の支援」の「1 児童又は生徒の調和的な発達を支える指導の充実」では、「(4) 児童又は生徒が、学校教育を通じて身に付けた知識及び技能を活用し、もてる能力を最大限伸ばすことができるよう、生涯学習への意欲を高めるとともに、社会教育その他様々な学習機会に関する情報の提供に努めること。また、生涯を通じてスポーツや芸術文化活動に親しみ、豊かな生活を営むことができるよう、地域のスポーツ団体、文化芸術団体及び障害者福祉団体等と連携し、多様なスポーツや文化芸術活動を体験することができるよう配慮すること。」とされている。

V　おわりに

日本政府は、U.N-CRPD を批准した後、非常に多くの法整備や対策を迅速に行った。そして、多少の前後はあるが、2020 年春に国連障害者権利委

---

(52)　前掲注 (6)
(53)　文部科学省 (2017) 特別支援学校学習指導要領等 (平成 29 年 4 月公示)　http://www.mext.go.jp/a_menu/ shotou/tokubetu/main/1386427.htm：2017 年 11 月 20 日閲覧 .

員会による審査が行われるとされている。金珍營（2013、p.32-33)は、韓国のインクルーシブ教育に関して「口先だけでトータル・インテグレーション（フル・インクルージョンと同義：著者挿入）が行われており、彼らのインクルーシブ教育のための実際的な支援は行われていない。このような問題を改善するため「障害者等に対する特殊教育法」は、国及び地方自治体の主管で行われる資格研修及び職務研修に特殊教育に関連する内容を含むよう規定しているだけでなく、通常教育の教員に対しては特殊教育と関連した職務研修課程を、特殊教育教員に対しては、通常の教科教育に関する職務研修課程をそれぞれ別途の独立した職務研修として実施しなければならないと規定している。しかし、その結果は微妙である。」と評した。そして、韓国に対する審査結果は、特殊学校、特殊学級への在籍者の増加と、通常の学級で行われているインクルーシブ教育は、国連が目指すそれとは異なるという意見が出された。

インクルーシブ教育システムの解釈について考える必要がある。つまり、「第24条 教育」の2の（e）フル・インクルージョン（full inclusion）について、韓国に対する国連　障害者の権利委員会の意見から予想すると、国連が求めているのは、特別支援学級、特別支援学校、通級指導教室のようなあらゆる「別学体制」を拒否するインクルーシブ教育であり、通常の学校の通常の学級のなかで障害の有無や軽度・重度に関係なく同じ教室で教育することではないか。しかし、フル・インクルージョン体制が実現されているイタリアの状況を見ると小学校では、障害のある児童がいない場合は、学級定員が25人、そして、2学級3担任制で、障害のある児童がいる場合は定員が20人に減り、支援教師や支援員の加配がある。OECD諸国の中でも、学級定

---

(54)　前掲注（4）
(55)　前掲注（48）
(56)　落合俊郎、鄭東榮、崔明福（2015）日本・韓国・中国におけるインクルーシブ教育の進捗状況に関する国際比較―国連障害者の権利条約採択前後からの制度・環境整備・実施状況についての国際比較、日本特殊教育学会第53大会、自主シンポジウム83．
(57)　落合俊郎（1997）イタリアの特殊教育制度、落合俊郎編著、世界の特殊教育の新動向、pp.231-239、日本発達障害福祉連盟．
(58)　国立教員研修センター（2014）平成二十五年度教育課題研修者海外派遣プログラム研修成果報告書　特別支援教育の充実、イタリア（I-1団）．

員が最も多い、韓国と日本では、フル・インクルージョン行おうとしても、物理的に不可能であり、現在の状態で実行しようとすれば、教員のストレスが非常に大きくなるのではないか。イタリアの小学校の授業では、教科書中心の授業ではなく、いわゆるアクティブラーニング仕様の授業であり、少ない学級定員で複数の教員を配置し、重度の知的障害のある児童生徒の参加も可能となっている。このような状況が必要であっても、日本も韓国もフル・インクルージョンが国の将来の在り方として必要かどうかを真摯に議論し、そこに踏み込むのであれば、かなりの変革と覚悟が必要なのではないか。

　韓国国立特殊教育院のミッション、歴史、機能、組織は、考察で述べたように、その歴史的、政治的な国内事情にあるのではないかと論じた。また、U.N-CRPD の「第33条　国内における実施及び監視」において、「条約の実施に関連する事項を取り扱う一又は二以上の中央連絡先」として、日本では内閣府と法務省があげられ、文部科学省あるいは特別支援教育機関は明記されていない。しかし、障害のある児童生徒と最も頻繁に、身近に長期間にわたって接する特別支援教育教員の研修を行う場所であり、教員の便宜を考えた場合、韓国国立特殊教育院の組織の在り方は参考になるのではないか。それは、「第8条　意識の向上」の2の「(b) 教育制度の全ての段階（幼年期から全ての児童に対する教育制度を含む。）において、障害者の権利を尊重する態度を育成すること。」「(d) 障害者及びその権利に関する啓発のための研修計画を促進すること。」項目で言及されており、「第二十一条　表現及び意見の自由並びに情報の利用の機会」で障害のある児童生徒がアクセスできるマスメディアを整備して、「締約国は、障害者が、第二条に定めるあらゆる形態の意思疎通であって自ら選択するものにより、表現及び意見の自由（他の者との平等を基礎として情報及び考えを求め、受け、及び伝える自由を含む。）についての権利を行使することができることを確保するための全ての適当な措置をとる。」とされており、コミュニケーション能力や認識力が十分でない障害のある児童生徒を第三者としては最も良く理解すべき特別支援教育教員も教材に容易にアクセスできる場所としての国立機関の役割があるのではないか。また、障害のある人々が自らの人権を侵害されているかどうかを自覚し表現したり、自分たちの人権はく奪の実態を周囲の人々に表現することは容

易ではなく、それを教員や保護者が読み取るのにも困難があり、多くの研究が必要である。また、「第24条　教育」の項目で、「5　締約国は、障害者が、差別なしに、かつ、他の者との平等を基礎として、一般的な高等教育、職業訓練、成人教育及び生涯学習を享受することができることを確保する。このため、締約国は、合理的配慮が障害者に提供されることを確保する。」とされ、また、「第三十条　文化的な生活、リクリエーション、余暇及びスポーツへの参加」の項目では「5　締約国は、障害者が他の者との平等を基礎としてレクリエーション、余暇及びスポーツの活動に参加することを可能とすることを目的として、次のことのための適当な措置をとる。」（途中省略）「(b)　障害者が障害に応じたスポーツ及びレクリエーションの活動を組織し、及び発展させ、並びにこれらに参加する機会を有することを確保すること。このため、適当な指導、研修及び資源が他の者との平等を基礎として提供されるよう奨励すること。」とされ、同様の内容が日本の新学習指導要領でも強調されている内容を含んでいる。韓国国立特殊教育院は、これらの要件を忠実に反映・組織化しているように見える。

　日本に対するU.N-CRPDの国連障害者権利委員会による審査が2020年春に行われるといわれている。[59]特別支援学校、特別支援学級に在籍する児童生徒や通級による指導を受けている児童生徒数がこれまでになく急増している状態について、韓国に対する委員会による審査の様子からすると、どのような評価になるのか気になるところである。また、障害のある人々に関する人権の侵害についても、2016年7月26日に神奈川県相模原市の神奈川県立津久井やまゆり園で起きたいわゆる「相模原障害者施設殺傷事件」は、重度の障害者を19人殺傷、26人に重軽傷を負わせた大量殺人事件であった。第二次世界大戦後最大の障害者の殺害とも言われ、海外の首長から弔電・弔意が表されるほど重大な事件であり、障害者の人権だけでなく生命をも蹂躙したものであった。また、大阪府寝屋川市で2017年12月23日に起きた精神疾患があるとされる33歳長女の十数年にわたる監禁による死亡事件が起きている。国連委員会による審査のためだけではなく、このような惨事を再び起こさないためにも、韓国国立特殊教育院の人権保護チームやセルフ・アドボ

---
(59)　前掲注（4）

カシーを充実するための具体的対策を講ずる必要があるのではないか。U.N-CRPD 第4条の一般義務、(ⅰ)[60][61][62]において、障害のある人々にかかわる専門家や職員に対するトレーニングの促進があげられており、韓国の国立研究所はその主旨を踏襲している点、参考となるのではないか。

　韓国語の和訳については、広島大学国際室国際交流グループの崔明福氏にご足労いただいた。記して感謝する次第である。

---

(60)　前掲注（2）
(61)　前掲注（5）
(62)　前掲注（7）

共通錯誤と契約解釈

中 舎 寛 樹

```
I    はじめに
II   従来の議論の概要
III  最近の裁判例
IV   共通錯誤における契約解釈と錯誤の関係
```

I はじめに

　契約当事者双方が同一の錯誤に陥っている共通錯誤は、錯誤による意思表示と契約解釈との境界にある問題である。共通錯誤は、一方の当事者の意思表示の側から見れば意思と表示ないし意思表示の基礎とした事情と事実との間で錯誤があるのに対して、これを当事者間に成立した合意の側から見れば、両当事者間では、意思と表示の不一致はなく、動機の齟齬もない。共通錯誤では、当事者双方の認識と事実とが齟齬しているだけだからである。

　最近の比較法研究によれば、共通錯誤は、古くローマ法において問題になり、普通法、ドイツ民法、2001年のドイツ債務法の改正へと議論が受け継がれ、一方では錯誤による意思表示の問題として、他方では行為基礎の問題として、そのいずれに属する問題であるかが常に争われてきた問題である。[1]

　わが国では、後述する議論の整理におけるように、錯誤に関して、錯誤認識可能性説、とくに重要性認識可能性説が有力なった時期以降、少なくとも

---

(1) 中谷崇「双方錯誤の歴史的考察（1）～（4・完）」横浜国際経済法学17巻1号（2008年）119頁、2号（2008年）149頁、3号（2009年）243頁、18巻1号（2009年）85頁。

学説上は、共通錯誤概念の不要論が支配的であった。共通錯誤における相手方の錯誤は、重要事項についての認識可能性という問題の中に解消されるので、共通錯誤概念は不要となるからである。また、錯誤認識可能性説では、共通錯誤の場合には、当然、相手方には表意者が錯誤に陥っていることの認識可能性はないので、認識可能性とは別の基準として錯誤の共通性を設定するが、これを錯誤の問題として扱う点では異ならない。このような理解は、共通錯誤が意思表示の錯誤、すなわち表示錯誤である場合でも、動機錯誤、すなわち事実錯誤である場合でも異ならない。

　しかし、改正民法 95 条では法律行為の目的に照らして重要な錯誤であることが必要とされ、契約の内容化が重視される一方、同条 3 項 2 号で共通錯誤が一部明文化された現在、改正法の下で、共通錯誤を同条の下でどのように取り扱うべきかが再び問題とならざるをえないように思われる。とくに問題となるのは、動機の錯誤（行為基礎事情の錯誤）に基づいて意思表示を取り消すためには、その事情が法律行為の基礎とされていることが表示されていることが必要であるが（改正民 95 条 2 項）、共通の動機錯誤で動機の表示がない場合をどのように取扱うべきかである。また、改正された債権法では、原始的不能概念の放棄、契約不適合に関する契約責任説の採用などに見られるとおり、従来の債権法が債権・債務を個別的に取り扱う制度枠組みを採っていたのに対して、契約を基本的な概念として、契約の趣旨・目的とその履行を基本とする枠組みへと大きく舵を切る方向性（契約主義）を採用するとともに、契約の成立を容易に認めて、後は債務の履行問題として処理する構成へと切り替えるにいたっている。このような枠組みにおいては、契約の解釈が従来以上に重要性を増すであろうことが予想され、そこでは、一方当事者の意思表示ではなく、当事者双方の認識を問題にせざるをえない。

　そこで以下では、近年、共通錯誤の事例に属する裁判例がいくつか現れていることをふまえ、これらの事例を検討の対象として、従来の共通錯誤に関する議論を再度繰り返すのではなく、議論の到達点を前提にしながら、改正民法下において共通錯誤はどのように取り扱われるべきかを検討する。

　以下の検討における基本的な視点は次のようなものである。すなわち、後

（2）　潮見佳男「動機錯誤（行為基礎事情の錯誤）と表示」法教 453 号（2018 年）70 頁以下。

述で簡単にまとめるところによれば、わが国では、ドイツにおける議論の対立を受けて、理論上は、共通錯誤をどのような問題として取り扱うべきかについて見解の対立があるにもかかわらず、実際上は、ドイツ法にように共通錯誤と事情変更とを同じ文脈において捉えるのとは異なり、共通錯誤は法律行為の成立時点での事実と当事者の認識とが齟齬している場合であると解されることについてほぼ見解の対立がないだけでなく、共通錯誤は、契約解釈によるべき場合と錯誤論で処理されるべき場合の両方の場合があるという点においても、ほとんど異論がない。これは、この問題がわが国においては、ドイツにおけるように、法律行為の基礎的事情の取扱いに関して理論的に対立する問題というよりは、どのような場合に法律行為の解釈の問題となり、またどのような場合には錯誤の問題になるのかという、両者の区別の基準が明確でないという実際的な問題となっていることを示しているように思われる。問題をこのように捉えるならば、わが国では、必ずしもドイツでの理論的対立に依存する必要はなく、共通錯誤の具体的内容に応じてわが国なりの法律構成を考えればよく、共通錯誤の事例は、契約解釈の問題、当該契約自体の基礎＝錯誤の問題などとして分類、整理するための基準を明らかにすべきではなかろうか。

II 従来の議論の概要

1 ドイツでの議論

共通錯誤に関するドイツでの議論は、古くは村上淳一教授や小林一俊教授、最近では中谷崇准教授などによって広く紹介されている[3]。これらによれば、すでにローマ法でも、共通錯誤にあたるような場合についての議論があったが、本格的には、サヴィニーによって、取り上げられた。サヴィニーによれば、錯誤が法律上当然に無効となるのは、本質的錯誤の場合だけであ

---

(3) 村上淳一「和解と錯誤」契約法大系刊行委員会編『契約法大系V』(1963年、有斐閣) 191頁、須田晟雄「要素の錯誤 (8・完)」北海学園大学法学研究 13巻2号 (1977年) 127頁、小林一俊「共通錯誤に関する若干の考察」亜細亜法学 18巻1号 (1983年) 19頁以下、同「契約における合意と誤表——『誤表は害さず』について——」遠藤浩・林良平・水本浩監修『現代契約法大系第1巻現代契約の法理 (1)』(1983年、有斐閣) 286頁、および中谷・前掲注 (1)。

り、不合意も意思と表示の不一致である錯誤であるし、錯誤が共通していることも重要視されない。したがって、当事者の一方の意思のみが問題になるのである(4)。これは、共通錯誤を一方当事者の意思表示の問題とし、錯誤論の中に問題を解消させる構成である。

BGB の制定にあたっては、「両当事者が同一の錯誤に陥っているという共通錯誤については、部分草案から現行ドイツ民法に至るまで一貫して文言上何らの考慮もなされていない」のであって、部分草案総則では「相手方が表意者と錯誤を共にしていたとしても、そのことは錯誤が顧慮されるかどうかには関係がないとされていた。つまり、表意者の意思のみが問題であるとされていた」とされている(5)。ただし、無意識的不合意については、取引の維持という観点のもとに、錯誤規定から分離され、錯誤とは別個のものとして規定されることになった(6)。

しかし、BGB の制定後、ヴィントシャイトが、後期普通法学の錯誤論が意思教説に基礎を置き、意思の欠缺と動機の錯誤を峻別し、動機の錯誤を錯誤の領域から追放したことを補充するために、前提論を提唱し、これをエルトマン(7)が共通錯誤と関連させて発展させた(8)。エルトマンによれば、共通の表示錯誤、すなわち、両当事者の一致する意思が両当事者が一致する表示と齟齬がある場合には、当事者の一致する意思によって表示が修正され、錯誤は問題にならない。また、共通の性状錯誤の場合にも、両当事者の動機が契約の基礎にまでになっていれば、錯誤規定によらず契約の解除の問題になり、共通錯誤のほとんどの場合が錯誤規定によらないことになる(9)。この共通の性状錯誤の取扱いがエルトマンの行為基礎論の端緒となっている(10)。

エルトマンの行為基礎論は、その後の学説・判例に影響を与え、ライヒ裁判所は、共通錯誤の事例を錯誤規定から分離し、行為基礎の問題として、信義則（BGB242 条）により調整的な解決をするに至り、そのような方法は、戦

(4) 中谷・前掲注 (1) 17 巻 2 号 165 頁。
(5) 中谷・前掲注 (1) 17 巻 3 号 272 頁。
(6) 中谷・前掲注 (1) 17 巻 3 号 273 頁。
(7) 村上・前掲注 (3) 196 頁。
(8) 中谷・前掲注 (1) 18 巻 1 号 114 頁。
(9) 中谷・前掲注 (1) 18 巻 1 号 100 頁。
(10) 中谷・前掲注 (1) 18 巻 1 号 114 頁。

後の連邦通常裁判所にも受け継がれることになった。また、ラーレンツは、エルトマンの行為基礎論を発展させ、行為基礎を主観的行為基礎と客観的行為基礎に区別し、双方的な動機錯誤は単なる動機錯誤ではなく、契約の基礎に関する共通錯誤であり、主観的な行為基礎の問題として処理される。ラーレンツの行為基礎論は、フルーメの批判にもかかわらず通説となった。

こうしてドイツでは、共通錯誤の問題は、判例・学説によって、行為基礎論の問題として信義則によって処理されるという理解が定着した。これを受けるかたちで、2001年の債務法改正により、BGB313条では、行為基礎論が明文化され、1項で事情変更が規定されるとともに、2項で、共通錯誤もまた事情変更と同様、第一次的には契約適合の問題として、それが不可能な場合には第二次的に契約解除とされることになった。

以上のように、ドイツでは、共通錯誤の問題は、サヴィニーにおいては一方当事者の意思表示の問題として錯誤論の中に解消されたが、エルトマンは、行為基礎、法律行為の解釈と関連づけて検討し、これがラーレンツに受け継がれて、現在では、行為基礎論として明文化され、事情変更と並んで同じ効果（契約適合、解除）を導くものとして扱われているといえる。

2　わが国での議論

これに対してわが国における議論は、ドイツとは対照的である。わが国では、ドイツと異なり、行為基礎論が定着することはなかった一方で、共通錯誤は、錯誤論における問題の一環として議論されてきた。代表的な見解を小括すれば以下のとおりである。

まず、村上淳一教授は、錯誤論が意思教説の支配に服していないわが国では、ドイツのように行為基礎を動機錯誤論から区別する必要はないとして、「表示主義的な解釈論を可能にするわが民法の規定のもとでは、表示主義の

---

(11)　中谷・前掲注（1）18巻1号115頁。
(12)　中谷・前掲注（1）18巻1号120頁以下。
(13)　中谷・前掲注（1）18巻1号130頁。
(14)　中谷・前掲注（1）18巻1号147頁。
(15)　共通錯誤に関する議論の経緯を全般的に明らかにするものとして、中谷・前掲注（1）17巻1号121頁以下のほか、中松櫻子「錯誤」星野英一編集代表『民法講座第1巻』（1984年、有斐閣）387頁以下、420頁、437頁参照。

立場に立って、錯誤の認識可能性を無効の主張の要件とするかぎり、錯誤者の損害賠償責任によって相手方の利益を保護する必要はさして大きくない、と考えられ」、「共通錯誤を錯誤論で扱うことは、ドイツにおけるような顕著な論理的矛盾を伴わない。従来とくに共通錯誤を錯誤論から排斥する見解がなかったわが国においては、共通錯誤をも錯誤論中で処理しながら、要件と効果につき一方の錯誤とは別の考慮を払えば足りるのである」とされ、「事情変更に関するわが国の伝統に即して、事情変更の原則は契約締結後に行為の基礎が『変更』した場合を対象とし、契約当時すでに基礎が存在しなかった場合は錯誤論で扱う、という機械的な区別をしておくだけで十分だと思われる」とされる。

また、小林一俊教授は、「合意の解釈（合意の存在基礎の喪失による失効）ないし合意の効力（条件類似）の問題として処理できるなら、錯誤を問題にするまでもない」とされながら、「しかし、契約の基礎に関する共通錯誤が問題になる場合について、それをすべて合意の解釈あるいは合意自体の効力の問題に還元してしまうことには過度のフィクションが伴うように思われる」として、「合意による契約改訂と信義則による錯誤主張の制限ということで、合意または錯誤の問題として処理でき、それ以外に、当事者の合意を超越した、公権的ないし一方的契約改訂権というような特別な制度を取り込む必要はなさそうである」とされ、「共通錯誤が問題とされるべき場合における当事者間の経済的実質は、対価的不均衡ないし不当な利得ということで、それは相手方に認識可能な錯誤が問題になる場合と特別変わりはない」のであり、「わが国では、極めて概括的な錯誤規定なので、その中に共通錯誤を包摂することも可能であるから、行為基礎論という特殊な制度は必要としないであろう」として、錯誤において共通錯誤であることを錯誤の要件として承認すれば、それ以外に特別の概念を設定する必要はないとされる。また、同教授は、合意と「誤表は害さず」との法格言との関係を論ずるにあたって、「表示行為ないし表示内容に関して客観的表示意味と真意との間に不一致が

---

(16)　村上・前掲注（3）201頁以下。
(17)　村上・前掲注（3）203頁。
(18)　小林・前掲注（3）亜細亜法学29頁。
(19)　小林・前掲注（3）亜細亜法学33頁。

ある場合でも、真意が相手方に認識されたか共通であるときには、常に『誤表は害さず』命題により、表示はその真意に即して妥当することになるから、意思と表示の乖離は治癒され、したがって錯誤の問題は生じない」が、「動機錯誤については、それが相手方に認識されたか共通の場合であっても『誤表は害さず』の適用は問題にならない。『誤表』命題が問題になるのは、錯誤が表示行為および本来の表示内容に関する場合である。動機はたとえ表示され契約内容に組み込まれても、その錯誤の場合に表示と一致しない真意として問題になるのは、錯誤なかりせば有すべかりし意思ということで、つまり仮定的なものにとどまり、実際に存在するものではないから、その妥当を認めることはできないであろう。したがって、相手方に認識可能か共通の動機錯誤ケースについては、錯誤主張による契約の効力否定のみが問題となろう」とされる。

さらに、須田晟雄教授は、「共通錯誤をめぐる問題は、法的保護に値する動機錯誤を意思欠缺を来す錯誤と同質視し、錯誤論の中で処理すべきか、あるいは錯誤論以外の特殊な理論ないし構成要件の問題として処理すべきかという理論的側面と、共通錯誤の効果に関して、有効か無効かという Alles-oder-Nichts-Prinzip にのみ基づいて処理されるべきか、あるいは個々具体的事案によっては契約内容を修正ないし適応させて契約を維持するという弾力的な処理をすべきかという実質的な側面の二つの側面を有する」としたうえで、「動機に関する観念が法律行為の内容に受容されていれば法律行為の内容に客観化された表意者の観念と事実の不一致として錯誤法による法的顧慮が可能となるのである。このように考えると、一方的（動機）錯誤と共通（動機）錯誤は、一方当事者の観念と事実の不一致、両当事者の共通の観念と事実の不一致という相違は存在するにしても、当事者の観念が法律行為の内容に受容され、当為的性状を有するか否かという統一的基準に基づいて把握することが可能となりうるのである」が、「しかしながらまた、共通錯誤を

---

(20) 小林・前掲注（3）『現代契約法大系第1巻』304頁。
(21) 小林・前掲注（3）『現代契約法大系第1巻』305頁。
(22) 須田・前掲注（3）152頁。
(23) 須田・前掲注（3）153頁。
(24) 須田・前掲注（3）153頁以下。

一方的錯誤と同様に九五条の適用によってのみ処理するのは必ずしも適合的ではない。共通錯誤の事例には、両当事者が事態を正しく理解していたならばいかなる内容の契約を締結したであろうかという観点に基づいて法律行為の内容を修正してその拘束力それ自体を維持することが両当事者の合理的意思に適合的である場合が存在するからである。そこで、共通錯誤の場合には、第一に、錯誤の問題に先行する契約解釈の問題として捉え、当事者の合理的意思を推断して法律行為の内容を一定の意味に解釈するか、あるいは、当事者双方の利益に反しない範囲において法律行為を修正的に解釈し、現実の事態に法律行為の内容を適合させることによって法律行為の拘束力を維持する。しかし、第二に、法律行為の（修正的）解釈による拘束力の維持が不可能な場合には九五条を適用して法律行為の無効を承認する（共通錯誤の性質上、錯誤の認識ないし認識可能性という要件は必要でなく、また、九五条但書も適用されないと解すべきであろう。なお、共通錯誤の結果不利益を受ける当事者が共通の観念と事実の不一致の危険を負担すべき特殊な事情が存在する場合には法律行為は無効とならないと解すべきである）という構成によって処理すべきものと考える」とする。[25]

　共通錯誤に関する最近の研究においても、前述の中谷准教授は、ドイツ法での議論を検討しつつ、「わが国においては、共通の動機錯誤が問題となった裁判例でも、事例によっては契約を維持した上で、調整的な解決が図られることが望ましいものがある」とするが、具体的には、錯誤無効を認めつつ、契約の一部については、一部無効とする余地があったのではないかとするのみであり、錯誤による解決を否定していない。[26]　また、中島昇准教授は、イギリス法における黙示的条項論と共通錯誤との関連性を検討するが、それによれば、「共通錯誤のケースにおいて、他の種々のルールから引き出されるような、徹底した架空の意思でもって契約を判定するならば、裁判所による臨機応変な黙示的条件の認定作業も可能になってこよう」としながら、「日本法に引き直せば、このような解釈で得られた、さまざまな前提条件を含むはずだとする契約意思（但し、それがなければ契約を無効にするという意思を除[27]

---

(25)　中谷・前掲注（1）18巻1号147頁。
(26)　中谷・前掲注（1）18巻1号147頁以下。
(27)　中島昇「イギリス契約法の共通錯誤──黙示的条項論──」鹿児島経済論集51巻1号（2010年）81頁。

いたもの）と、現実との相違が、『意思欠缺』たる錯誤（無効にするという意思があったとみなされた場合）である。明示・黙示の錯誤リスク引き受けを認定すれば、『法律行為の要素に錯誤』がない場合に含まれ、『責め』のケースが程度の差こそあれ『重大な過失』にあたる場合に近いであろう」として、当事者の意思に黙示的条項を読み込むことによって、共通錯誤を錯誤法の範ちゅうで処理する可能性を指摘している。

　以上のように、従来のわが国の学説では、共通錯誤が問題になる場合には、第一には、契約解釈の問題として処理し、それが妥当でない場合には、第二に錯誤の問題として錯誤要件の充足判断において共通錯誤であることを考慮する、ということになる。河上正二教授は、「ABともに甲地を乙地と観念していたり、＄をポンド、1坪を4㎡と理解していた場合のように、表示から推断される客観的意味とは異なる別の意味で共通して理解していたような場合は、錯誤無効をもたらす必要はなく、共通の理解による合意を成立させてさしつかえない」とし、「その場合、結果として成立した合意内容と内心的効果意思は一致しているのであるから、錯誤の問題ではないことになろう」とするが、これは、契約解釈によることができない場合に錯誤による解決を否定するものではないであろう。また、川井健教授は、共通錯誤に関するわが国の議論を（a）錯誤説と（b）契約解釈説に二分したうえで、「共通錯誤は契約解釈の問題として処理するのが妥当と思われる」とするが、従来の学説では、いずれの論者も契約解釈と錯誤との両者による処理を否定しているわけではないので、このような分類はやや正確性を欠くのではないかと思われる。

　このように、これらの見解は、いずれも、錯誤の一般理論として認識可能性説が妥当であること、また、それが一般理論として定着してゆくであろうことを前提にしており、表示の錯誤と動機の錯誤を区別せず、かつ、錯誤の重要性判断は、野村豊弘教授を主唱者とする錯誤の重要事項認識可能性説によれば錯誤事項が重要であるか否かにより、また、錯誤認識可能性説によれ

---

(28)　河上正二『民法総則講義』（2007年、日本評論社）353頁。
(29)　川井健『新版注釈民法（3）』（2003年、有斐閣）393頁。
(30)　野村豊弘「意思表示の錯誤（7）」法協93巻6号（1976年）84頁以下。
(31)　なお、能見善久教授は、共通錯誤と事情変更の原則の関係について、「買主Aが売主Bから

ば共通錯誤であることを認識可能性とは別の基準とすることによるとするものであることは明らかである。民法改正により、改正民法95条では、「要素」の錯誤に代わって、「法律行為の目的及び取引上の社会通念に照らして重要な」錯誤という要件が採用され、従来の学説で有力であった認識可能性説よりも、近年有力説となっていた合意原因説（錯誤が表意者の債務負担を正当化する理由を失わせるほどの重要な錯誤か否かを問題にする）に、より親和的な構成が採用された。しかし、共通錯誤が第一次的に契約解釈により、それが妥当でない場合に、第二次的に錯誤の問題になるという理解自体には変更をもたらさないであろう。[32]

　以上のように、わが国における従来の学説は、論者によってそのウエイトの配分は微妙に異なるものの、共通錯誤には契約解釈によるべき場合と錯誤によるべき場合とがあることを認めている。このような理解を前提とする限り、実際上の問題は両者を区別するための基準をどのように設定するかにあることになろう。しかし、この点については、従来の学説は、地下鉄の計画がなかった場合の共通錯誤による不動産売買の事例に見られるような極端な事例を例として掲げるのみであり、実際に生じうる種々の事例において両者を区別するための基準が明確になっているとは言い難い。そこで以下では、共通錯誤の事例に属すると思われる最近の裁判例を参考にして、その基準がいかなるものかを検討することにする。

　　原油を長期間一定の価格で購入する契約を締結したところ、産油国を巻き込んだ戦争で原油価格が3倍になったというように、契約当時に前提としていた事情が変化した場合」を例として、このような場合には通常は事情変更の原則によって解決されるが、錯誤で考えることもできるとされ、「錯誤では、『契約締結時に』契約当事者が前提とした事情（戦争は起こらないという予測）について契約当事者が誤った判断をしていたことを問題とすることになる」とされるが、「しかし、価格高騰以前に既に取引された分まで全て無効にするのは適当でない（長期契約の場合には契約を分割できればよいが）。事情変更の原則による解決の方が適当であろう」とされる。四宮和夫・能見善久『民法総則（第9版）』（2018年、弘文堂）264頁。ドイツ法の状況を見れば、事情変更・行為基礎・錯誤が密接に関連する問題であることが分かるが、本稿では、検討の視点を共通錯誤と契約解釈との関係のみに限定しているので、事情変更との関係は検討することができない。

(32)　小林一俊「判批」金判661号（1983年）52頁。

Ⅲ　最近の裁判例

　共通錯誤に属すると思われる裁判例は数多く存在するが、近年の裁判例に限定すれば、以下のようなものがあり、かつ、それらはいくつかの類型に整理できるように思われる。

1　空クレジット契約について共通錯誤がある場合の連帯保証契約
【1】大阪高判昭和 56・10・29 判時 1037 号 118 頁

（事案）大手電機メーカー系列の月賦販売会社である X は、A（小売代行店）との間で X がドライクリーナーを代金一括払で買い受ける旨の契約、B（購入者）との間で X がこれを代金割賦払で売り渡す旨の契約、また Y との間で Y が X・B 間の割賦販売契約についての B の債務を連帯保証する旨の契約を締結した。B が不渡手形を出して約定により期限の利益を喪失したので、X が Y に保証債務の履行を請求した。ところが、本件売買は、A と B とが割賦販売システムを悪用していわゆる「から売り」の方法により B の店舗の保証金や改造資金の捻出を企てたものであった。すなわち、A と B はドライクリーナーを売買するかのように装って X に対し割賦販売案件として取り扱うように依頼し、また B の取引先であった Y に対しても同様に装って連帯保証人になってくれるように依頼し、その結果各契約を成立させた。そして A は X から売買代金の支払いを受けて、これと同額の現金を B に交付し、B はこの金員を店舗の保証金に充てるとともに X に対して割賦代金の支払いを開始し、A と B は両者の間で直接なされることになっていた頭金の支払いや商品の引渡しをせず、実質的に B が X から融資を受けることに成功した。X と Y は、契約時にはこの「から売り」の実態を知らず、B が真にドライクリーナーを購入するものと考えていた。第一審は、X の請求を認容したので、Y が控訴した。

（判旨）原判決取消し、請求棄却。「本件ドライクリーナーは、本件クレジット購入契約の手続完了後直ちに引渡す約になっていたことは前示のとおりであるところ、売主である X の右商品の引渡義務は、右割賦販売において買

主であるBが負担する代金支払義務と本来対価関係に立つ売主の右商品の所有権移転義務に基づくものであって」「右割賦販売契約の内容として表示されていたものであることが明らかであり、そして、この種売買においてはその目的物たる商品の引渡しがなされるのが取引の常態であり、右買主であるBの債務について連帯保証をしたYとしても、右割賦販売契約においては、Aの言明どおりその目的物たる本件ドライクリーナーの引渡しが間違いなく行われるものと信じ、このことを当然の前提として右の連帯保証をしたものであり、これが前記認定のように売主側と買主側との話合によって右商品の引渡しが行われない右内容による『から売り』であるということになれば、Yとしては、現実に右商品の引渡しが行なわれる通常の売買契約上の債務について連帯保証をする意思でしたのに、その実は、右『から売り』の企図する右商品の引渡のない、いわば無担保の融資金債務について連帯保証をした結果ともなるのであり、この意味においてYとしては、結局右連帯保証契約における表示上の効果意思と内心的効果意思とが一致しない、いわゆる錯誤に基づいて本件連帯保証契約をしたものといわなければならない。そして、以上によれば、右錯誤は、右連帯保証契約においても、その契約内容として表示された事項に関するものであって、しかも、連帯保証人たるYにとっては、いわば主債務の態様についての重要な事項に関するものであり、いいかえれば本件クレジット購入契約が通常の取引形態である商品の引渡のある現実の売買であることが右連帯保証をするについての重要な内容となっていたもので、この点に錯誤がなかったならば、Yのみならず、一般の人でも連帯保証までしなかったであろうとするのが相当であるから、右錯誤は、法律行為の縁由ないし動機の錯誤にとどまらず、その要素に錯誤があった場合に当るものと認めるのが相当である。そうすると、本件連帯保証契約は、結局その要素に錯誤があり無効といわなければならない。」「また、Xは、Yに重大な過失があったからY自ら右錯誤による無効を主張しえない旨主張するが、右の錯誤につきYに重大な過失があったことについてはこれを認めるに足りる証拠がなく、右主張は採用するによしないものである。」

【2】最判平成 14・7・11 判時 1805 号 56 頁

（事案）A 社は、B 社から機械を購入する契約を締結し、その代金につき、X との間で立替払契約（クレジット契約）を締結した。Y は、A の従業員であり、A に依頼されてこの立替払契約につき連帯保証契約を締結した。しかし、これは、A の営業資金を捻出するために実際には売買契約がないままなされた、いわゆる空クレジットであり、X から B へ支払われた立替金は、B が受領後に A に交付するという約束になっていた。その後、A が分割金の支払いを怠り、倒産してしまったので、X は Y に対して保証債務の履行を請求した。これに対して、Y は、連帯保証契約は空クレジットであることを知らずに締結したものであり、錯誤により無効であると主張した。

第一審、原審はともに、クレジット契約は金融の性質を有しており、それが実体のあるものであっても、空取引に基づくものであってもこのことは異ならないことからすれば、機械の引渡の有無は連帯保証人 Y にとってさほど重要な意味を持たず、この点についての誤信は動機の錯誤にすぎない、また、契約書面上に機械に関する表示があるといっても、空クレジットであれば保証契約を締結しないという動機が表示されたものとは認められないとして、X の請求を認容した。Y が上告し、機械が実在することはクレジットの連帯保証契約にとって不可欠の構成要素であるなどと主張した。

（判旨）破棄自判。「保証契約は、特定の主債務を保証する契約であるから、主債務がいかなるものであるかは、保証契約の重要な内容である。そして、主債務が、商品を購入する者がその代金の立替払を依頼しその立替金を分割して支払う立替払契約上の債務である場合には、商品の売買契約の成立が立替払契約の前提となるから、商品売買契約の成否は、原則として、保証契約の重要な内容であると解するのが相当である。……本件立替払契約はいわゆる空クレジット契約であって、……Y は、本件保証契約を締結した際、そのことを知らなかった、というのであるから、本件保証契約における Y の意思表示は法律行為の要素に錯誤があったとものというべきである。……本件立替払契約のようなクレジット契約が、その経済的な実質は金融上の便宜を供与するにあるということは、原判決の指摘するとおりである。しかし、主たる債務が実体のある正規のクレジット契約によるものである場合と、空ク

レジットを利用することによって不正常な形で金融の便宜を得るものである場合とで、主債務者の信用に実際上差があることは否定できず、保証人にとって、主債務がどちらの態様のものであるかにより、その負うべきリスクが異なってくるはずであり、看過し得ない重要な相違があるといわざるをえない。まして、前記のように、1通の本件契約書上に本件立替払契約と本件保証契約が併せ記載されている本件においては、連帯保証人であるYは、主債務者であるAが本件機械を買い受けてXに対し分割金を支払う態様の正規の立替払契約であることを当然の前提とし、これを本件保証契約の内容として意思表示したものであることは、一層明確であるといわなければならない。」

（検討）【1】は、小売店と顧客間でのいわゆるから売りの売買契約に基づく割賦代金の支払いにつき、それに基づく割賦販売契約を顧客との間で締結した月賦販売会社が、代金支払いについての連帯保証契約について、連帯保証人が錯誤無効を主張したところ、動機の錯誤であるがそれが表示されているとして錯誤の主張を認めたものである。

　小林一俊教授は、本件の評釈で、本件は、連帯保証契約の当事者双方がから売りではないと誤信していた共通錯誤の事例であることを指摘し、「本件錯誤は、取引の性質上当然の前提ないし取引の本質的要件に関し、しかも当事者双方に共通の錯誤であったということが、錯誤無効判断の実質的ベースになっているとみられる」とし、「それにも拘らず、判示において、表見上Yの錯誤が『契約内容として表示された事項に関する』ことを錯誤無効の理由として説示しているのは、誤りとはいえないまでも、それは動機錯誤で無効を認めるために従来通説的に用いられていた論法を便宜的に借用したにすぎない」とし、「もし法律行為錯誤と動機錯誤の区別を否認し、共通錯誤を要素の錯誤の要件として承認するなら、本件は敢えて不自然に該論法＝『動機の表示』定式を持ち出すまでもなく、共通錯誤として、事態に適合的に簡明に処理しえたはずである」とする。そして、「意思表示の効力決定に

---

(33)　小林・前掲注（32）52頁。
(34)　小林・前掲注（32）53頁。

あたり表示主義の立場を採れば、相手方に表示に対し保護に値する信頼があるかどうかが問題なのであり、共通錯誤を顧慮するのは、つまりは当事者双方が互いに相手方の表示を有効だと信頼したとしても、その信頼にはなんら保護に値する利益は認められない（保護されるべき正当な信頼の欠如）からということになろう」とする。[35]

　このような理解は、前述のように、錯誤に関する認識可能性説をふまえつつ、共通錯誤を要素性判断の要件と位置づけることに基づくものであり、本件が一方的錯誤ではなく共通錯誤の事例であることを指摘する点はそのとおりである。しかし、共通錯誤については、錯誤を論じる前に、まず契約解釈が先行すべきであるというのが今日の学説の共通理解であるとすれば、本件においても、そもそも連帯保証契約がどのような内容であったのかを問題すべきではなかろうか。本件の連帯保証契約は、単なる貸付金債務の連帯保証とは異なり、クレジット契約で、しかも【2】のような立替払契約ではなく、クレジット会社が目的物を買い取り、それを月賦で売買するという契約を締結し、その代金債務を保証するという特殊な形態を取った取引における連帯保証である。したがって、このような連帯保証は、通常のクレジット契約の場合と異なり、月賦販売契約における代金債務が主債務であることを前提としたものであって、主債務の性質についてそのまま影響を受けるというべきである。たしかに、目的物の転売という形が取られているので、最初の売買契約と、その後の転売契約は法律構成上切り離されているが、目的物についての事情はそのまま受け継がれているからである。すなわち、このような取引の実質は、最初の売主と買主とが共謀して、事情を知らない中間者であるクレジット会社を巻き込んだ取引であり、二つの売買契約は、いずれも売買としての実質を有しない虚偽で無効な取引というべきであって（たとえそういえなくても、転売契約は買主の心裡留保による契約であり、クレジット会社には過失があるので無効であるというべきであって）、連帯保証契約も附従性により無効となるというべきである。このように、本件は、連帯保証契約が実際には主債務契約及びその基礎となっている売買契約と牽連関係にあることに着目すれば、連帯保証契約だけの錯誤無効を問題にするまでもなかったように思われる。

(35)　小林・前掲注(32) 55頁。

他方、【2】は、同じく空売りの売買契約の連帯保証契約であるといっても、連帯保証は、立替金払契約における貸金債務の保証であるという事例なので、当初の空売りである売買契約の連帯保証契約への影響は、間接的である。しかし、本判決は、連帯保証契約の主債務の発生原因である立替金払契約が売買契約を前提としているとし、売買契約の成否が連帯保証契約の重要な内容であるとして、動機の表示を問題にすることなく錯誤無効を認めている。本件の評釈で大中有信教授は、「本件判旨は『正規の立替払契約であることを当然の前提とし、これを本件保証契約の内容として意思表示したもの』として『前提』という表現が用いられているが、『主たる債務の原因が正規の立替払契約であること』という事態に対する観念は保証契約の内容として意思表示されるというのであるから、新たにいわゆる『前提』概念が導入されたのではない。ここでは保証契約の対象である主たる債務の態様が（その同一性のみならず）、契約内容足りうることが承認されているのである」とされる[36]。私見のように、錯誤を論ずる前に契約解釈が問題になるという捉え方からすれば、同教授の指摘のように、本件では、売買契約が成立していることが連帯保証契約の内容であるとされている点がまさに重要である。このような理解からするならば、実は、立替金払契約もまた、売買契約の成立を前提としたものであって無効であり、クレジット会社はすでに支払った立替金を不当利得として返還請求できるという経路をたどるべきである。このようにならなかったのは、クレジット会社がすでに立替払いをした貸付金を回収するために、買主との立替金払契約が有効であることを維持して連帯保証人の責任を追及しようとして、訴訟上それが表面化することがなかったにすぎない。このように考えると、本件のような連帯保証契約は、【1】と同様、附従性により無効となるというべきであり、本来であれば錯誤を問題にする必要はなかったといえるのではなかろうか。

2　主債務契約の契約条件について共通錯誤がある場合の連帯保証契約
【3】東京高判平成24・5・24判タ1385号168頁
（事案）A銀行は、Bに対して2億5000万円を貸し付け、Y（Bの兄）は、A

---
(36) 大中有信「判批」金判1168号（2003年）61頁以下。

との間で、Bが本件貸付によりAに対して負担する一切の債務について連帯保証する契約を締結した。これは、BおよびAの担当者Pらの突然の来訪を受けて、その場で、Pが、Bが貸付を受けて購入を予定しているビルは10億円の価値があり、十分な担保価値があるので、Yには一切迷惑がかからないなどと発言したことにより、AがYの責任を追及するような事態には至らないと考えたことによるものであった。しかし実際には、ビルの価値は10億円を大幅に下回るものであり、担保価値として十分なものでなかった。Aは、X（整理回収機構）に対し、本件貸付にかかる貸金債権を譲渡し、Bは、Aに対し、債権譲渡について異議を留めずに承諾した。しかしその後Bは、返済金の支払を怠ったので、Xは、Yに対し、連帯保証契約に基づき、貸金の残元金、利息、遅延損害金等の支払を求めて訴えを提起した。これに対してYは、ビルの担保価値が十分であって保証債務の履行を求められる可能性はないと誤信していたことによる錯誤無効、Aの説明義務違反による信義則違反または権利濫用を主張した。Xはこれらに反論するとともに、AからXへの債権譲渡につき、Yは債権譲渡承諾書に署名押印しており、保証債権の譲渡についても異議を留めない承諾をしたというべきであると主張した。

　第一審は、ビルの価値が購入価格に見合わないものであったという証拠はなく、連帯保証契約締結時Bに支払い能力がなかったとは認められないとした上で、Yに動機の錯誤などなかったとし、信義則違反または権利濫用を認めるに足りる事情もないとして、Yのいずれの主張も排斥した。そこでYは控訴し、錯誤について、債権者が錯誤に加担するなどの事情がある場合には、動機の表示があったととらえることができるなどと主張した。

（判旨）原判決取消し、請求棄却。原審と異なり、ビルの価値が実際にはかなり低く、担保価値として十分でなかったと認定したうえで、以下のように判示した。「Yは、その誤信した事実を動機として、本件連帯保証契約を締結したものというべきである。そして、Yが誤信した事実は、本件連帯保証契約の他方当事者であるAのPが積極的に発信した事実であるから、本件連帯保証契約にあたり当事者間でYの上記動機の表示があったことは明らかである。よって、本件連帯保証契約は、Yにおいて表示された動機に

錯誤があったから、要素の錯誤により無効であるというべきである。」

「Bは平成一三年一月一八日付けで、Aが本件貸付債権のXへの譲渡について異議をとどめない承諾をし、Yも、Bの承諾の内容を承認し、引き続き債務者と連帯して債務保証の責を負うと記載された書面に署名押印した。上記書面におけるYの署名押印の趣旨は、その記載文言に加え、本件貸付債権のXへの譲渡により、本件連帯保証契約に基づく保証債権は、保証債務の随伴性により当然にAからXへ移転することからして、主債務の債権譲渡を了知したこと及びYがその連帯保証人であることを確認したものであって、これを保証債務の債権譲渡について異議をとどめない承諾をしたとみることはできない（本件においても保証債務が債権譲渡されているわけではない。）また、仮にそれにあたるとしても、無効な契約に基づく債権の譲渡に対して債務者が異議をとどめない承諾をした場合に、承諾当時、債務者がその無効事由を知らず、無効の主張をすることが期待できなかったときにまで、無効の抗弁を譲受人に主張できなくなると解するのは相当でない。……Yによる承諾時において、Yは、本件連帯保証契約に表示された動機に錯誤があったことを知らず、同契約が無効であることを主張することはできなかったというべきであるから、同承諾が、債権譲渡に対する異議をとどめない承諾にあたると解する余地があるとしても、Xに対して本件連帯保証契約の無効を主張することは妨げられないと解するべきである。」

【4】最判平成28・1・12民集70巻1号1頁

（事案）X銀行とY信用保証協会は、約定書と題する書面により信用保証に関する基本契約を締結した。本件基本契約には、Xが「保証契約に違反したとき」は、YはXに対する保証債務の履行につき、その全部または一部の責めを免れるものとする旨が定められていたが（免責条項）、保証契約締結後に主債務者が反社会的勢力であることが判明した場合の取扱いについての定めは置かれていなかった。その後、Xは、A社から運転資金の融資の申込みを受け、Yに対してそれらの信用保証を依頼し（いわゆる経由保証方式）、A社とYは、保証委託契約を締結した。そこで、Xは、A社との間で金銭消費貸借契約を締結し、3000万円、2000万円及び3000万円の各貸付け（本件各貸付け）をした。また、Yは、Xとの間で、本件各貸付けに基づくA社の

債務を連帯して保証する旨の各契約（本件各保証契約）を締結した。本件各保証契約においても、契約締結後に主債務者が反社会的勢力であることが判明した場合の取扱いについての定めは置かれていなかった。ところが、警視庁は、Ａ社について、暴力団員であるＢが同社の代表取締役を務めてその経営を実質的に支配している会社であるとして、公共工事の指名業者から排除するよう求め、Ａ社は、公共工事について指名を行われないことになった。その後Ａ社が取引停止処分を受けたため、本件各貸付けについて期限の利益を喪失した。そこで、Ｘは、Ｙに対し、本件各保証契約に基づき保証債務の履行を請求した。これに対して、Ｙは、Ａ社が反社会的勢力であることを知らずに本件各保証契約を締結したのであり、本件各保証契約には要素に錯誤があるので無効である、または、本件各保証契約においては、貸付けが反社会的勢力に対するものでないことが保証条件であり、Ｙは本件免責条項により保証債務の履行を免れるなどと主張した。第一審は、本件各保証契約における当事者の意思解釈上、Ｙの認識であったＡ社が反社会的勢力関連企業でないことが、本件各保証契約の内容となっていたと認めることはできないので、本件各保証契約が要素の錯誤により無効となることはないというべきであるとして、Ｘの請求を認容した。Ｙが控訴したが、原審は、本件各保証契約が締結された当時、主債務者が反社会的勢力であることが後に判明した場合もＹにおいて保証債務を履行することが本件各保証契約の内容となっていたものであり、仮にＹの内心がこれと異なるものであったとしても、そのことは明示にも黙示にも表示されていなかったのであるから、Ｙの本件各保証契約の意思表示に要素の錯誤があったとはいえない、また、本件各貸付けが反社会的勢力に対するものでないことが本件各保証契約における保証条件であったとは認められないとして、控訴を棄却した。そこでＹが上告した。

(判旨) 破棄差戻し。「信用保証協会において主債務者が反社会的勢力でないことを前提として保証契約を締結し、金融機関において融資を実行したが、その後、主債務者が反社会的勢力であることが判明した場合には、信用保証協会の意思表示に動機の錯誤があるということができる。意思表示における動機の錯誤が法律行為の要素に錯誤があるものとしてその無効を来すために

は、その動機が相手方に表示されて法律行為の内容となり、もし錯誤がなかったならば表意者がその意思表示をしなかったであろうと認められる場合であることを要する。そして、動機は、たとえそれが表示されても、当事者の意思解釈上、それが法律行為の内容とされたものと認められない限り、表意者の意思表示に要素の錯誤はないと解するのが相当である。」「Ｘ及びＹは、本件各保証契約の締結当時、本件指針等により、反社会的勢力との関係を遮断すべき社会的責任を負っており、本件各保証契約の締結前にＡ社が反社会的勢力であることが判明していた場合には、これらが締結されることはなかったと考えられる。しかし、保証契約は、主債務者がその債務を履行しない場合に保証人が保証債務を履行することを内容とするものであり、主債務者が誰であるかは同契約の内容である保証債務の一要素となるものであるが、主債務者が反社会的勢力でないことはその主債務者に関する事情の一つであって、これが当然に同契約の内容となっているということはできない。そして、Ｘは融資を、Ｙは信用保証を行うことをそれぞれ業とする法人であるから、主債務者が反社会的勢力であることが事後的に判明する場合が生じ得ることを想定でき、その場合にＹが保証債務を履行しないこととするのであれば、その旨をあらかじめ定めるなどの対応を採ることも可能であった。それにもかかわらず、本件基本契約及び本件各保証契約等にその場合の取扱いについての定めが置かれていないことからすると、主債務者が反社会的勢力でないということについては、この点に誤認があったことが事後的に判明した場合に本件各保証契約の効力を否定することまでをＸ及びＹの双方が前提としていたとはいえない。また、保証契約が締結され融資が実行された後に初めて主債務者が反社会的勢力であることが判明した場合には、既に上記主債務者が融資金を取得している以上、上記社会的責任の見地から、債権者と保証人において、できる限り上記融資金相当額の回収に努めて反社会的勢力との関係の解消を図るべきであるとはいえても、両者間の保証契約について、主債務者が反社会的勢力でないということがその契約の前提又は内容になっているとして当然にその効力が否定されるべきものともいえない。

　そうすると、Ａ社が反社会的勢力でないことというＹの動機は、それが

明示又は黙示に表示されていたとしても、当事者の意思解釈上、これが本件各保証契約の内容となっていたとは認められず、Yの本件各保証契約の意思表示に要素の錯誤はないというべきである。」

「信用保証協会は、中小企業者等に対する金融の円滑化を図ることを目的として、中小企業者等が銀行その他の金融機関から貸付け等を受けるにつき、その貸付金等の債務を保証することを主たる業務とする公共的機関であり、信用保証制度を維持するために公的資金も投入されている。また、本件指針等により、金融機関及び信用保証協会は共に反社会的勢力との関係を遮断する社会的責任を負っており、その重要性は、金融機関及び信用保証協会の共通認識であったと考えられる。他方で、信用保証制度を利用して融資を受けようとする者が反社会的勢力であるか否かを調査する有効な方法は、実際上限られている。

以上のような点に鑑みれば、主債務者が反社会的勢力でないことそれ自体が金融機関と信用保証協会との間の保証契約の内容にならないとしても、X及びYは、本件基本契約上の付随義務として、個々の保証契約を締結して融資を実行するのに先立ち、相互に主債務者が反社会的勢力であるか否かについてその時点において一般的に行われている調査方法等に鑑みて相当と認められる調査をすべき義務を負うというべきである。そして、Xがこの義務に違反して、その結果、反社会的勢力を主債務者とする融資について保証契約が締結された場合には、本件免責条項にいうXが『保証契約に違反したとき』に当たると解するのが相当である。」

「本件についてこれをみると、本件各貸付けの主債務者は反社会的勢力であるところ、Xが上記の調査義務に違反して、その結果、本件各保証契約が締結されたといえる場合には、Yは、本件免責条項により本件各保証契約に基づく保証債務の履行の責めを免れるというべきである。そして、その免責の範囲は、上記の点についてのYの調査状況等も勘案して定められるのが相当である。」

【5】**最判平成 28・12・19 判タ 1434 号 52 頁**

(事案) X 信用保証協会と Y 銀行は、約定書と題する書面により信用保証に関する基本契約を締結した。基本契約には、Y が保証契約に違反したとき

は、保証債務の全部または一部の責めを免れる旨の定め（免責条項）があったが、主債務者が中小企業者の実体を有しないことが判明した場合の取扱いについての定めはなかった。その後、YがA社に貸付けをするに際して、Aがセーフティネット保証制度に該当する本件事業（牛乳等の小売業）を営む中小企業者であるとしてXとの間でAの債務を連帯保証する旨の本件保証契約を締結したが、保証契約締結までの間に、Aは本件事業をBに譲渡していたため、上記保証制度に該当しない中小企業者となっていた。しかしXYは、保証契約の締結およびその後のYからAへの貸付け時にはそのことを知らなかった。その後Aの弁済が滞ったため、XはYの請求により保証債務の履行として4925万円余を支払った。その後事情を知ったXは、XY間の保証契約は錯誤により無効であると主張してYに対して不当利得の返還を請求した。原審は、Aが本件事業を行う中小企業者であることは、Xが保証契約を締結するための重要な要素であるとして、Xの意思表示には要素の錯誤があるとしてXの請求を認容した。

（判旨）破棄自判。「Yの意思表示に動機の錯誤があるということができる」が、「意思表示における動機の錯誤が法律行為の要素に錯誤があるものとしてその無効を来すためには、その動機が相手方に表示されて法律行為の内容となり、もし錯誤がなかったならば表示者がその意思表示をしなかったであろうと認められる場合であることを要する。そして、動機は、たとえ表示されても、当事者の意思解釈上、それが法律行為の内容とされたものと認められない限り、表意者の意思表示に要素の錯誤はないと解するのが相当である。」「主債務者が中小企業者の実体を有するということについては、この点に誤認があったことが事後的に判明した場合に本件保証契約の締結の効力を否定することまでをY及びXの双方が前提としていたとはいえないというべきである。」「もっとも、金融機関は、信用保証に関する基本契約に基づき、」「主債務者が中小企業者の実体を有する者であることについて、相当と認められる調査をすべき義務を負うというべきであり、Yがこのような義務に違反し、その結果、中小企業者の実体を有しない者を主債務者とする融資について保証契約が締結された場合には、Xは、そのことを主張立証し、本件免責条項にいう金融機関が『保証契約に違反したとき』に当たるとし

て、保証債務の全部又は一部の責めを免れることができると解するのが相当である。」「以上によれば、Aが中小企業者の実体を有することというXの動機は、それが表示されていたとしても、当事者の意思解釈上、本件保証契約の内容となっていたとは認められず、Xの本件保証契約の意思表示に要素の錯誤はないというべきである。」

（検討）【3】は、貸付契約の債権者が主債務者の提供する担保物件に十分な担保価値があると説明したが、実際には大幅に下回る価値しかなかったという事案である。本判決は、連帯保証人の動機の錯誤であるが、債権者が上記のような説明をした以上、動機の表示があったとして錯誤無効を認めた。

　たしかに、いかなる連帯保証契約であったのかという点を問題にするにしても、他に担保物件があることは、連帯保証契約の解釈上、同契約の内容であるとは言い難い。主債務契約である貸金契約と担保権設定契約とが別契約である以上、担保物件についての事情が主債務契約の内容となっているとはいえないからである。また、そうであるならば、連帯保証契約締結に際して、たとえ他の担保物件の状況について表示があったとしても、そのような事情が連帯保証契約の内容であるとはいえない。したがって、このような事案では、錯誤を問題にする以前に契約解釈を問題にすれば、それで本判決と同様の効果を導くことができるとはいえない。そうすると、本判決が、他の担保物件の事情が連帯保証契約の内容となっているか否かを論じないまま、債権者による説明があったことで錯誤無効を認めていることには、法律構成として疑問が残る。思うに、本件のような事案では、本判決がまさに重視して指摘しているように、債権者が連帯保証契約締結に際して誤った情報を提供したことを直截に捉えるべきではないかと思われる。このように考えることができるならば、本件では、連帯保証契約は有効に成立しているが、契約締結に際して債権者がなすべき十分な調査・説明を怠った義務違反の債務不履行があると解すべきではなかろうか。このように解すれば、連帯保証人は、連帯保証契約に付随する調査・説明義務違反を理由に損害賠償請求（過失相殺がありうる）をするか、または軽微な義務違反ではないとして（改正民541条ただし書参照）、契約を解除すればよく、そのほうがむしろ具体的な結論

においても妥当なように思われる。

　他方、【4】は、反社会的勢力に対する貸付契約について、信用保証協会が連帯保証したが、債権者および連帯保証人である信用保証協会ともに、主債務者が反社会的勢力であることを知らなかったという事案であり、【5】は、中小企業の実体を有しない者に対する貸付契約について、信用保証協会が連帯保証したが、債権者および連帯保証人である信用保証協会ともに、主債務者が保証条件に該当しない者であることを知らなかったという事案である。両判決は、いずれも、これらの事情は連帯保証契約の内容となっていない限り、錯誤を問題にする余地はないところ、当該連帯保証契約では、これらの事情が存在しないことが契約内容となっていたとはいえないとして錯誤無効の主張を否定したものである。しかし他方で、両判決は、債権者である金融機関と連帯保証人である信用保証協会との間で締結されていた信用保証に関する基本契約上、金融機関には相当な調査をすべき付随義務があり、金融機関はその義務に違反した場合には、信用保証協会は保証債務の全部または一部の責めを免れるとした。

　このような法律構成は、上記の【3】についてすでに指摘した構成とは、保証契約上の付随義務違反とするか基本契約上の付随義務違反とするかの違いがあるものの、信用保証協会保証では、基本契約とそれに基づく個々の保証契約とが一体的な契約関係にあるものと解するならば、ほぼ同様の構成であり、両判決は、本件のような事案が錯誤の問題ではないことを示したという意味で評価すべきもののように思われる(37)。すなわち、このような場合にも、当該連帯保証契約がどのような内容の契約であったかをまず問題にするときは、これらの事例もまた、【3】と同様の枠組み、すなわち、連帯保証契約の債務不履行の問題として処理することができるのではなかろうか(38)。

---

(37)　中舎寛樹「判批」民商153巻1号（2017年）88頁以下。
(38)　金山直樹「保証契約締結前の義務と契約締結補助者の理論」曹時70巻4号（2018年）1頁以下は、保証契約における錯誤の問題について、錯誤法理によるアプローチには限界があることをふまえ、保証契約の締結前の法律関係に焦点を当てて、この問題を債権者の義務違反の問題として捉えている。そして、債権者は、主債務者に対して調査義務を負うが、それは契約締結における相手方配慮義務（主債務者に基因する想定外の危険から相手方を守ることを究極の目的とする）を源泉とし、その具体的な手段の一つであるとしながら（同・24頁）、それだけでは、主債務者を源とする保証人のリスクを適切にコントロールすることができないとして、主債務者の行

3 目的物の価値についての共通錯誤がある場合の売買契約
【6】東京地判平成 14・3・8 判時 1800 号 64 頁

(事案) X と Y は、いずれも、美術工芸品等の輸出入販売等を行っている会社であるところ、X は、Y からフランス 19 世紀の画家であるギュスターブ・モローが描いたとされる「ガニメデスの略奪」と題する絵画一点 (本件絵画) を買い受け、Y に対し、代金 3050 万円を支払った。その後、本件絵画は、贋作であり、モロー作の真正な絵画は、英国において、オークションにかけられ、第三者に売却されたことが判明した。そこで、X は、Y に対し、本件売買契約は錯誤により無効であるとして代金相当額の不当利得の返還を求めた。

(判旨) 請求認容。「本件においては、本件売買契約の締結の際に、Y 代表者が、本件絵画が真作であることは間違いないとまでいったと認めるに足る証拠はないが、」「Y 代表者は、本件絵画について、カタログレゾネに出ているといって、コピーの該当箇所を示したこと、同カタログレゾネには、本

為・態様を評価対象として取り込むために、ここに契約締結補助者の理論を適用すべきことを提唱する (同・26 頁)。それによれば、主債務者が、保証契約の締結補助者として、債権者が保証人に対して負担する相手方配慮義務の履行補助者の地位に立つ、と構成できるとし (同・28 頁)、債権者は自らの行為のみならず、相手方配慮義務の履行補助者たる主債務者の行為についても責任を問われるとする (同 29 頁)。そのうえで、【5】にはこの理論を適用できる結果、保証人は債権者に対して不法行為による損害賠償請求ないし詐欺による保証契約の取消しを主張できるとするが、【4】については、主債務者が反社会的勢力であることを秘匿して保証契約を結ばせたことが保証人に対する違法行為といえるか微妙であるとする (同・35 頁)。

　同教授の主張の趣旨は、保証取引の構造理解に関して詳細な検討に基づく新たな理論構成を示すことにあり、私見もまた保証取引の多角的な構造からする主張を展開していることからすれば (中舎寛樹「保証取引の多角的構造と錯誤無効の意義」明治大学法科大学院論集 17 号 (2016 年) 99 頁)、本来であれば、これに正面から応接すべきことはいうまでもない。たとえば、主債務者が債権者の契約締結補助者であると構成される点については、保証取引では、債権者、主債務者、保証人の三者がいずれも相互依存の関係にあるので、補助者というのであれば、主債務契約については保証人がその補助者、保証委託契約については債権者が補助者、保証契約については主債務者がそれぞれ補助者になる (しかも契約当事者双方の) といえるのではないか、むしろ、相互依存の関係があるからこそ、それを基礎として、各当事者自身の義務としての調査・説明義務が発生するのではないかという疑問がある。そうであれば【5】もまた、保証人にも過失があることを認めつつ、債権者自身の義務違反と捉えることができるのではなかろうか。しかし、本稿では、同教授の見解に本格的に対応する余力がない。そこで、これについては別稿で論じることとし、ここでは、同教授の見解は、判例のように錯誤と構成するのではなく、保証契約に伴う義務違反とする構成であり、その限りで本稿と同様の方向性を示すと理解するにとどめておきたい。

件絵画の来歴について、一九七一年にオークションで落札されたことまでしか記載がないが、Y代表者は、本件絵画は、数年前に日本人がオークションで落札したものであると来歴について補足して説明していること、Xは、鑑定書の有無を確認したこと、売買契約書には、本件絵画の特定方法として、作者、題名、制作年等カタログレゾネのデータと同じ記載がされていることを総合すると、Y代表者は、本件売買契約の目的物である本件絵画について、モローの『ガニメデスの略奪』という題名の絵画の真作であると表示したものとみるのが相当であり、Xは、本件絵画がモローの真作である旨の表示があることを認識していたとみるのが相当である。」「三〇五〇万円という本件売買契約の代金額は、本件絵画が真作である場合の価格の範囲内であり、このような高額の価格は本件絵画が真作であることを前提としていると考えられる。」「これらの事実に、XもYも画商であり、Xがフランスの顧客に売却することを前提として本件絵画を購入することは、Yも認識していたこと、双方の代表者とも二〇年近くにわたって美術品の販売等に携わってきた経験を有すること等の事実を総合すると、本件売買契約においては、売主であるYは、本件絵画が真作であることを表示し、Xは、本件絵画が真作である旨の表示があると認識したうえで、本件絵画が真作であると信じたからこそ契約締結に及んだものというべきであり、本件絵画が真作であることは、本件売買契約の重要な要素であるというべきである。」「そうすると、Xには、本件売買契約の要素についての錯誤（民法九五条）があったというのが相当である。」

「本件においては、Y自身が本件絵画が贋作であるとは疑っていなかったと供述していることからも明らかなように、買主であるXと売主であるYの双方が錯誤に陥って本件売買契約の締結をしたものであるが、このような場合には、契約を有効にして保護すべき利益がYにあるとはいえないから、民法九五条但書は適用されないと解するのが相当である。」「なお、Xの重過失の有無についても検討すると、」「前記認定したところによれば、」「Xに重過失があったということもできない。」

【7】東京地判平成24・7・26判時2162号86頁

(事案) XはY1との間で、多数の陶磁器等と絵画二点を陶磁器等が1000万

円弱、絵画が800万円と2500万円で購入する契約を締結した。Y1はY2が代表取締役を務める特定有限会社である。売買に際し、Y2はY1が信用できる会社であることをXに信じさせていた。しかしその後、陶磁器等は模造品であり、絵画二点はいずれも贋作であることが判明した。そこで、XはY1に対して、錯誤無効などによる売買代金相当額の支払いを請求した(Y2に対して不法行為による損害賠償を請求した)。

(判旨)一部認容、一部棄却。陶磁器等については錯誤無効が認められた(なお、絵画については信義則違反に基づく不法行為による損害賠償請求が認められた)。「美術品については、その価値を判断するにおいて、その物自体を観察するだけでは必ずしも判断することができないこともあり、その前所有者がどのような者であったかや美術品の入手経路についても、当該美術品の価値を評価し、ひいては当該美術品の購入の意思決定をする判断材料として極めて重要であると考えられ、殊に、売主が専門家、買主が一般人である場合には、売主たる専門家は、そのような事実についても正確に伝えるべきであり、また、一般人である買主が売買対象の美術品の入手経路について誤解している場合には、売買契約を締結しようとする者として、これを正すべき信義則上の義務もあるということができる。」「以上によると、本件陶磁器等売買において、Xには売買対象物である本件陶磁器等の内容について動機の錯誤があり、これは黙示で表示されているものということができ、また、この錯誤は、これがなければXにおいて購入の意思表示をしなかったと認められる要素の錯誤ということができるから、本件陶磁器等売買は錯誤により無効となるということができる。」

【8】大阪高判平成29・4・27判時2346号72頁

(事案)XはA社の代表取締役であるが、Y会社から、5件のゴルフ会員権について、売買価格430万円として購入する売買契約を締結した。しかしその後本件各会員権のうちの一つ(売買価格400万円)のゴルフクラブの退会手続をしたところ、預託金6000万円がYの預金口座に振り込まれた。そこでXがYに対して未払会費を控除した5984万円余の不当利得の返還を請求した。これに対してYは、売買契約の不成立、錯誤無効等を主張した。第一審は、売買契約はAY間で成立したものであるとして請求を棄却しつつ、

事案に鑑みとして、その他の論点についても判断するとし、本件各会員権の実質的価値につき錯誤があり、それは要素の錯誤に当たり、また動機の錯誤であるが動機は黙示に表示されていたが、Yには重大な過失があった、しかしこれは共通錯誤であるから、錯誤による無効を主張できるとした。Xが控訴したが、本判決もまた、売買契約はAY間で成立したとしたうえで、錯誤の主張につき以下のとおり判断した（傍論になる）。

（判旨）控訴棄却。「売買契約の目的物の実質的価値についての錯誤は、等価性が著しく損なわれるときには、要素の錯誤に当たり得ると解するのが相当」であり、「本件においては、本件各会員権の実質的価値は6000万円以上であったのに、本件各会員権の売買代金は430万円であり、両者の間には約15倍の乖離があったところ、営利企業であるYが、実質的な価値が6000万円以上の本件各会員権を430万円で売却することは極めて不自然であるから、Yに要素の錯誤があったと認めるのが相当である。……Xは、それまで長年にわたってゴルフ会員権の売買業に従事していたのであるから、営利企業であるYが実質的価値の約15分の1の金額で本件各会員権を売却することがあり得ないことは当然に認識していたというべきであり、そうとすれば、本件各会員権の実質的価値を売却代金と同程度の430万円であると認識していたとのYの動機は、Xに対し黙示的に表示されたと見ることができる。」「共通の錯誤の場合には、取引の安全を図る必要はなく、表意者であるYの保護を優先してよいから、民法95条ただし書は適用されず、表意者に重大な過失があっても、錯誤無効を主張することができる。」「Xも、本件各会員権の実質的価値が6000万円以上であるのに、これが430万円を著しく超える価値を有するものではないと認識しており、Yと共通の錯誤に陥っていたと認めるのが相当である。」

（検討）【6】は、売買の目的物である絵画が贋作であったことにつき、売買の当事者が共通錯誤に陥っていた事例である。しかし、安永正昭教授は、本件の評釈において、本判決は動機の錯誤について表示の要否を問題にすることなく、直截に要素性を問題にしており、共通錯誤であることを取り立てて問題にしていないとし、当事者がいずれも真作であることを前提とする契約

を締結したと判断されている訳であるから、動機の表示がなくても錯誤無効を主張できるという意味での共通錯誤論を援用するメリットはないと指摘している(39)。同教授自身は、本件のような事案は、契約解釈上、真作であることが契約内容となっている以上、錯誤論の問題ではないと述べている訳ではない。しかし、同教授の説かれるところからすれば、本件は、錯誤を論ずる以前に、契約は目的を達成することが不能な内容の契約であり、当事者の主観の問題ではないということになるのではなかろうか。そもそも本件のような契約は、贋作を目的とした売買ではありえず、そうであるとすれば、このような場合には、売買契約は、存在していない目的物を対象とした意味のない契約として初めから当然無効とするか（ただし、法律構成上は一方の当事者が共通錯誤であることを主張せず、一方的錯誤による無効（改正民法では取消し）を主張することもあるであろう）、または契約の成立を認めつつ、履行不能な契約として民法536条1項により代金債務が消滅するということになるであろう(40)（改正民法536条1項によれば、買主は代金支払いを拒絶し、その後契約解除ということになろう）。

　他方、【7】では、陶磁器等の買主の錯誤のみが問題とされており、共通錯誤であることは明示されていない(41)。しかし、専門家である売主が贋作であることを知りながら真作として売却したのであれば、詐欺による契約であるといえる。したがって、判決は、売主もまた贋作であることを知らなかったことを前提にしているものと思われ、実質的には共通錯誤の事例である。本判決は、買主の動機の錯誤であるとしつつ、黙示の表示があったとして錯誤無効を認めている。しかし、本件でも贋作を目的とした売買契約はありえず、【6】と同様にして、表示の有無にかかわらず（したがって黙示の表示という構成を採るまでもなく）当然無効または履行不能として処理できたのではなかろうか。

　これに対して【8】は、【6】や【7】と同様、売買の目的物について共通錯誤があった事例ではあるが、錯誤は目的物であるゴルフ会員権の預託金が返

---

(39) 安永正昭「判批」判評531号（判時1812号）（2003年）17頁。
(40) 中舎寛樹『民法総則（第2版）』（2018年、日本評論社）206頁参照。
(41) 本件評釈でも、たとえば、佐久間毅「判批」私法判例リマークス47号（2013年）10頁は、共通錯誤に一切ふれられていない。

還される価値があるものか否かについてのものである。このような場合には、価値があることを前提とした古美術品等の売買とは異なり、当時のゴルフ会員権相場から見れば、預託金がそのまま返還されることが当然であるとはいえないというのが通常の契約解釈であろう。このような場合に、預託金が返還されるときはそれを売主が取得することを契約内容とするならば、とくにその旨を明確に合意していなければならないというべきである。このような意味において、本判決が、実質的価値がなかったという売主の認識を動機の錯誤と捉えつつ、それが黙示に表示されていたとして黙示の表示で足りるとしていることは、[42] 結果においては妥当であっても、法律構成としては無理があるといわざるをえない。しかし、そうすると、本件では、目的物が価値のない会員権であることが、契約の動機なのではなく契約の内容そのものであり、実際にはそれと異なる目的物を対象とした売買として、当然無効であるか、または、いわば別の物を引き渡したとして、代替物の履行をするか、もしくは履行不能として代金債務の消滅または解除して原状回復の関係になるというべきであろう。他方、預託金の返還があるときはそれを売主が取得するということが契約内容にまで高められていると解釈できるのであれば、このような場合にも当事者には錯誤はなく、契約に従ってその返還を請求すればよいだけである。このように、本件もまた、当事者の主観（合意）に関わる事例ではあるが、錯誤を問題にする以前に契約解釈によって処理されるべきであったといえるように思われる。

4　契約の違法性についての共通錯誤がある場合の保険契約
【9】大阪地判昭和 62・2・27 判時 1238 号 143 頁

（事案）A は Y 生命保険会社との間で A を保険契約者兼被保険者、受取人を X らとする複数の保険契約を締結した。その後 A が死亡したので、X らが保険の支払いを請求した。これは、A の兄 B が保険金を騙取しようとして、A に以前の保険契約とともに本件保険契約を締結させ、事情を知っている X1 に保険料を負担させていたが、A も Y も、X らや B が犯行を企図、実行していることを知らず、かかる事態が存在しないことを前提として本件

---

(42)　中川敏宏「判批」法セミ 755 号（2017 年）110 頁。

保険契約を維持および締結していた。そこでYは、本件保険契約は契約当事者双方の共通錯誤であり無効である等の主張をした。
(判旨)請求棄却。「契約の当事者双方が、その締結に際して契約の前提ないし基礎として予定した事項について、共通して錯誤に陥っていた場合は、当事者双方に共通の動機の錯誤が認められるところ、このような場合には、その錯誤が法律行為の要素即ち意思表示の内容の重要な部分についてのものであると認められるときに限り、通常の一方の動機の錯誤の場合とは異なり、共通の錯誤として、動機の表示を要することなく意思表示の無効を認めるのが相当である。けだし、この場合には契約当事者双方が共通してその錯誤がなかったならばその意思表示をしなかったであろうと考えられるのであるから、通常の場合とは異なって相手方の保護を図る必要はなく、また、動機の表示を要件とするときは、錯誤が契約の前提ないし基礎として予定した事項についてのものであるから、動機の表示がされる場合を殆ど想定できず、実際上無効を認める事案が考えられないからである。」「AとYの双方が本件各保険契約のうち、(三)、(四)の各契約の締結に際して前判示の事情が存在するのに、そのことを知らず、これが存在しないものと考え、その認識を前提ないし基礎として、右の各契約を締結したものと認められるから、右契約締結の点において、当事者双方に共通の錯誤が認められる。しかして、右錯誤の内容よりして、この錯誤がなければ、当事者双方のみならず一般人も本件保険契約(三)、(四)を締結することはなかったものと考えられるから、右錯誤は、右の各契約締結行為における要素の錯誤にほかならず、そうすると、本件保険契約(三)一、(四)の各締結行為は、いずれも無効であるといわなければならない。」

「本件保険契約(一)、(二)については、契約締結後に右錯誤が生じたものであるから、右の各保険契約の成立につき瑕疵を認めることはできないけれども、右錯誤を事由に、右各保険契約の無効を主張するYの抗弁は、右各契約締結後に発生した右錯誤の内容となっている事実関係が右各契約の効力滅却事由となることを主張するものと解されるところ、前判示の各事実から、Y及びAは、契約締結当時には前判示の錯誤の内容となる事情がその後に発生するということは予想できなかったものであり、またその発生は

Y及びAの責によるものではないと認められるところ、Y及びAは、前判示のとおり、右各保険契約の保険金受取人であるX1の実兄であるBが前記各犯行を企図、実行していること及びこれにX1が前判示の関与をしているという異常事態の存在しないことを前提として保険金受取人をX1とする右各保険契約を維持、継続しているのであるから、右異常事態の発生した後にも、右各保険契約につき保険金受取人をX1とする契約内谷に当初の約定どおりの拘束力を認めることは、著しく信義に反して不当であり、これを承認できないところである。けだし、保険契約においてはその射倖性から、いわゆる悪危険を排除するため、保険金受取人を含む保険契約関係者間に特に高度の信義則の支配が要求されるところ、右判示の異常事態の発生は、右各保険契約の契約関係者、すなわち保険契約者であるA及び保険者であるYと保険金受取人であるX1との間の信頼関係を根底から破壊するものと考えられ、右各保険契約を当初の約定に従ってその効力を肯認することは、信義則に反し許されないものというべきであり、しかして、その効力が否定される当初の約定部分は、右判示の根拠に照らし、保険金受取人をX1とする約定部分に限定される(また右各保険契約における保険金受取人の指定が無効になったとしても、各契約当事者はこの無効な部分を除いても尚この契約を維持、継続したであろうと認められる。)ものと解すべきだからである。結局、右各保険契約においてAが保険金受取人をX1と指定した部分のみにつきその契約内容どおりの拘束力を認めることはできず、その指定は効力を喪失したもの(その結果、右各保険契約における保険金受取人は、保険契約者であるAとなる。)というべきである。」

(検討) 本判決は、本件が共通錯誤であることを明示し、その錯誤が意思表示の内容の重要な部分についてのものであれば意思表示は無効となるとしたものであり、共通錯誤の場合が一方的錯誤の場合と異なる判断基準によることを示した希少な事例である。本件の評釈は、本件が判例上初めて共通錯誤に関する一般法理を示したものとし、共通の動機錯誤について表示が必要ないとする点について根拠を示していないとの指摘があるものの[44]、相手方の信

---

(43) 田邊宏康「判批」『保険法判例百選』(2010年、有斐閣) 111頁。

頼保護の要請の程度が低いことについてほぼ一致している[45]。

しかし、錯誤が問題になる前に契約解釈が問題になるとすれば、本件では、以前から締結されていた保険契約について、受取人らが保険金詐欺を企図していることを前提として受取人を指定したものであるから、それに契約どおりの拘束力を認めることは著しく信義に反するとして、その指定は失効した（契約者が受取人になる）とした点に注目すべきではなかろうか。そうだとすれば、受取人が保険金を詐取する目的で締結された契約では、当事者の錯誤が契約締結前のものであるか締結後のものであるかを問わず、受取人を指定する部分は効力がないといえるはずである。このように解することができれば、本件では、当事者の錯誤を問題にするまでもなく、保険契約は、受取人の指定部分について公序良俗違反として無効であるといえば足りたのではなかろうか。すなわち、本件では、「受取人が保険金詐取目的ではない」という事情は、正常な保険契約では当然のことであり、それを否定するような事情は、錯誤以前に、保険契約自体の内容の社会的妥当性を損うものであったといえるのではなかろうか。本件では、保険金詐取目的でないということが保険契約の当然の内容であることを認めれば、それに反する事情が存することを知らない当事者間であっても、当該部分は当然に無効であるとしながら契約を維持できるといえるように思われる。

IV　共通錯誤における契約解釈と錯誤の関係

1　裁判例のまとめ

以上で見てきた裁判例は、共通錯誤を錯誤法上の問題として捉えることで共通しながら、錯誤による無効を認めるか否かについては、表示がなされているか否かを重視するもの（【1】【3】【7】【8】）と契約内容となっているか否かを重視するもの（【2】【4】【5】【6】【9】）があり、法律構成上の違いがある。また、表示を重視するものでも、明示の表示があったと認定しているものと

---

(44)　黒沼悦郎「判批」ジュリスト958号（1990年）107頁、久保宏之「判批」法時60巻5号（1988年）99頁。
(45)　田邊・前掲注（43）111頁、山下友信「判批」『商法（保険・海商）判例百選（第2版）』（1993年）87頁、黒沼・前掲注（44）107頁。

(【1】【3】)、黙示の表示構成によっているもの (【7】【8】) とに分かれる。しかし、表示を重視する裁判例でもまた、「重要な内容となっていた」(【1】) としているものがあるように、実際には、内容となっているか否かを重視しており、それを表示構成で示したものと捉えるべきであろう。

このように見てくると、少なくとも本稿で取り上げた裁判例は、共通錯誤について、第一に、それが契約の内容となっているか否かを重視し、それが充たされている場合に錯誤の問題として取り上げる、という構成を採っているように思われる。

2 契約の内容化と錯誤

前述したように、改正民法では、契約を基本的な概念としてその趣旨・目的とその履行を基本とする枠組みが採用された。錯誤の問題も、このような枠組みにおいては、契約解釈を前提としたものでなければならないといえよう。動機の錯誤について、改正民法95条2項では、法律行為の基礎とした事情についての錯誤では、法律行為の基礎とされていることが表示されていることが必要とされているが、そこでの表示は、法律行為の内容となっているという意味に解すべきである。[46]

このような状況の変化をふまえるときは、共通錯誤の問題もまた、法律行為の内容化という要件との関連で契約解釈との関係が問題にならざるを得ない。本稿で検討してきたところによれば、最近の裁判例は、このような「契約の内容化」という問題を、錯誤を論じるための入口と捉えており、その限りにおいて、共通錯誤にかかる事情が契約内容となっているか否かを重視してきた。このような構成は、改正民法95条2項で法律行為の基礎となる錯誤を取り上げつつ、上記のようにその内容化を要求し、95条3項で、重過失がある場合の共通錯誤の例外を規定しているという条文の構成にも合致している。

しかし、翻って考えるときは、このような法律構成は、裁判における当事者の主張に沿って展開されているために採られているものであり、理論上は、必ずしも、第一段階として内容化を問題にし、第二段階で錯誤を問題に

---

(46) 潮見・前掲注 (2) 74頁以下、中舎・前掲注 (40) 219頁。

するという二段階構成による必要はない。共通錯誤の場合には、そもそも錯誤の問題にはならないと解すべきである。したがってその表示の有無、表意者の重過失の有無もまた問題にならないというべきである。すなわち、契約解釈により、一定の事項が当該契約の内容となっていると判断できるときは、両当事者が共通の意味で契約を理解していることになるので、端的にその契約の意義を問題にして、それが契約として意味のあるものといえるか、または契約の履行ができるかという問題としてとりあげればよく、当事者が契約内容とした事実を伴わない契約は、そもそも意味のない法律行為として当然無効であると解するか、または、契約内容の修正を行いつつその有効性を維持するか、さらには、そのままで契約の成立を認めつつ、契約目的を達成することが不可能な場合として、反対債務の履行拒絶ないし契約の解除を認めれば足りる。また、契約の成否とは別に、相手方に調査・説明不足などの過失があるときは、実現不可能な契約を締結させた不法行為または成立した契約の債務不履行として、損害賠償請求を認めるべきである。このような構成は、従来、当事者が契約の目的としていた建物が契約締結前または契約締結後に焼失していたという場合には、一般的にはこれを錯誤の問題としては取り上げてこなかったことと同じことになるだけであって、特異な構成であるとは思われない。

　他方、契約解釈によって一定の事項が契約の内容ではないと解される場合には、はじめて錯誤の問題になりうるが、それが法律行為の基礎に関わる事情についてのものであるときは、実際には、それが契約内容化されていない以上、明示または黙示の表示がなかったものとされ、錯誤の主張は認められないことになろう。このように、改正民法95条の下で契約内容とされているか否かということを重視するならば、共通錯誤の場合に限っていえば、従来の理解のように、第一段階として契約解釈がなされ、第二段階として錯誤を問題にするというのではなく、契約の内容となっているか否かという契約解釈により問題が処理されることになり、実際上、共通錯誤を改正95条の下で処理すべき場合はなくなるのではないかと思われる。このように解すると、改正民法95条3項2号は空文化するが、契約解釈の結果として、法律行為として意味のない契約だとされた場合に、前述のように、その効力を否

定するために一方の当事者が錯誤取消しを主張することはありえ、その場合には同号は意味を有することになろう。

　以上のように、共通錯誤と契約解釈・錯誤との関係は、改正民法の錯誤規定の下では、段階的な関係ではなく、もっぱら契約解釈による契約内容化の問題になるように思われる。[47]

---

(47) 本稿は、【8】の判例批評である、中舎寛樹「判批」判評715号（判時2374号）（2018年）14頁を基にしている。

交渉と時効

松 本 克 美

```
Ⅰ  はじめに
Ⅱ  改正前民法における消滅時効と交渉
Ⅲ  民法改正論議における交渉と時効をめぐる諸提案
Ⅳ  改正民法における完成猶予事由としての交渉
Ⅴ  ドイツにおける時効の停止事由としての交渉
Ⅵ  おわりに
```

Ⅰ　はじめに

　2017年5月に国会で成立し、2020年4月1日から施行される「民法の一部を改正する法律」（法律第44号。以下、単に改正民法と呼ぶ）における最も大きな改正内容の一つが時効法改革である。債務者からの債権の消滅時効の抗弁が認められれば、たとえ何億円、何千万円の債権があったとしても、ゼロになってしまうのであるから、実務上も影響が多い。[1]

　中でも債権の原則的消滅時効が、従来、「権利を行使することができる時」（改正前民法166条1項）という客観的起算点から10年（改正前167条1項）の一元的な時効期間であったのが、それに加えて、「債権者が権利を行使することができることを知った時から5年間」という主観的起算点からの短期消滅時効が加わり、二重期間化した点は、今回の民法改正の最大の改正内容と評し得るものであり、筆者もこの改正について幾つかの論稿を発表してきた。[2]

（1）　2015年3月31日に内閣が改正民法法案を国会に提出した際の改正提案理由の第一にも、時効法改革が掲げられていた。

時効法改革のもう一つの柱は従来の時効の中断・停止という概念を改め、完成猶予、更新という新たな法概念を導入したことである。完成猶予、更新の問題は、民法典第1編総則の第7章時効の第1節総則に置かれており、取得時効と消滅時効の双方に関わる。本稿は、このうち、従来にない新たな制度の導入として注目される交渉による時効の完成猶予、更新制度と金銭債権の消滅時効に焦点を当てて検討を行うものである。なお、改正民法は「交渉」という言葉を使わずに「協議」という言葉を使っているが、従来、時効の中断・停止との関係で交渉という言葉もよく使われてきたので、本稿では協議と同趣旨の言葉として交渉としておく。

まず、改正前民法において、交渉は消滅時効の問題とどのように交錯してきたのかについて裁判例の分析も交えながら検討し（Ⅱ）、民法改正議論における交渉による時効停止に関わる諸提案を紹介検討した上で（Ⅲ）、改正民法における完成猶予事由としての交渉の位置付け、効果を概観する（Ⅳ）。次に、2002年の債権法の現代化をスローガンにした大きな民法改正を行ったドイツが導入した時効の停止事由の制度趣旨と運用を検討し（Ⅴ）、最後に今後の課題を析出する（Ⅵ）。

Ⅱ　改正前民法における消滅時効と交渉

1　消滅時効において問題となる交渉類型

交渉が消滅時効との関係で問題となる場面としては、次のようなものが考えられる。

債務者が債務の存在と債務額を認めた上で、その猶予について交渉する場合である（猶予交渉型）。この場合は、債務の承認による時効の中断が生じないかが問題となる。

（2）　松本克美『続・時効と正義　消滅時効・除斥期間論の新たな展開』（日本評論社、2012年）283頁以下、「時効法改革と民法典の現代化」広渡清吾先生古稀記念論文集『民主主義法学と研究者の使命』（日本評論社、2015年）357頁以下、同「時効法改革案の解釈論的課題 —権利行使の現実的期待可能性の配慮の観点から」立命館法学357・358号（2016年）2143頁以下、同「債権の原則的消滅時効期間の二重期間化の合理性」西内祐介・深谷格編『大改正時代の民法学』（成文堂、2017年）87頁以下等。

また、債務者が債務の存在を認めつつも、その額を争い交渉する場合である（債務額交渉型）。この場合、債務の存在自体は認めているが、その債務額での債務を承認したわけではないので、時効の中断効が生じるのか、その範囲はどうなるのかという問題が生じる。

　債権者が債務者に債務の弁済を迫っても、債務者が債務の存在を否定するので、なんとか債務の存在を認めさせようと債権者が交渉する場合も考えられる。

　この場合、債務者がかつての債務の存在を認めた上で、弁済したからもう債務はないとして争うので、債権者がそうではないと交渉する場合（無弁済交渉型）と、不法行為の損害賠償に典型的なように、債務者が自分がそのような債務を負ういわれはないとして債務の存在自体を否定するので、いいや債務があるとして債権者が交渉する場合（債務存在交渉型）とが考えられる。

　以下、従来の判例・学説がこのような問題をどう考えてきたのかを整理してみよう。

2　猶予交渉型

　債権者が債務者に債務の弁済を請求したところ、債務者が支払うから待ってくれと猶予の交渉をする場合に、債権者の請求する債務額全額を債務者が認めている場合は、「債務の承認」としてその金額の債権の消滅時効の中断効が生じることになろう（改正前147条3号）。

　判例は、債務者からの支払猶予の申し出は、時効中断事由としての債務の「承認」に当たると解してきた（大判昭和4・5・20裁判例(3)民86）。

3　債務額交渉型

　債務者が債務の一部を承認したが、なお債権者が残額の債務の履行を請求してくるので、債務者がそのような金額の債務はないとして争い、交渉を続ける場合はどうか。判例は、一部の弁済も、それが一部であることを認めて

---
(3)　債務の弁済がないことを未弁済というが、未弁済には、全額未弁済の場合と一部未弁済の場合が含まれよう。後者については、本文ですでに「債権額交渉型」と分類しているので、それと区別するため、全額未弁済の場合を「無弁済」と表記することにしたい。

すれば、債務の全部についての承認となり、残債権についても時効が中断すると解している（大判大正8・12・26民録25・2429）。その反対解釈として、債務者が一部の弁済であることを認めず、これしか債務額はないと明示して弁済するならば、債権者が主張する残部の債権についての時効は中断しないことになろう。

問題は債務者から一部の弁済であることの明示がなく、債権者が考える債権額には満たない金額が弁済された場合である。例えば、債権者は100万円の債権があると考え、債務者に「100万円弁済しろ」と請求したところ、債務者が何も明示しないまま10万円を債権者の指定の口座に振り込んだような場合はどうか。一部弁済であることを明示しない場合は、残額の債務額を認めたと解釈して残債権全額について時効が中断したと解せるのか、それとも、一部の金額だけ支払っただけでは残債務を承認する意思を表示したことにならないとして、残債権についての時効は中断しないと解すべきなのか。

そもそも「承認」が時効の中断事由の一つとされているのは、時効の利益を受ける債務者が債権者に債務を承認する意思を表示したのであれば、その債権についての存在が明確になるのであるから、債権者がこれを信頼して、それ以上の権利の行使を控えても、権利の行使を怠っていることにはならないから、これを中断事由としたと考えられている[4]。そうすると、他に何らの意思表示なく、一部の債務の弁済がなされただけである場合には、残部の債権が存在することが明瞭になったとまでは言えず、従って残債権の存在を「承認」したとまで解することはできないのではなかろうか。

4　無弁済交渉型

債権者が「100万円の債務を弁済しろ」と債務者に請求したところ、債務者が「全額弁済した」と争うので、債権者がいいや全く弁済されていないとして争う場合はどうか。この場合には、かつてその金額での債務を負ったことを債務者は認めているものの、全額弁済したから債務は消滅したとして争

（4）　我妻栄・有泉亨・清水誠人・田山輝明『我妻・有泉コンメンタール民法・第3版』（日本評論社、2013年）309頁。債務を承認したということは時効利益を放棄するのと同じで、そのような債務者の意思を尊重すべきだからという理由が挙げられることもある（四宮和夫・能見善久『民法総則・第8版』（弘文堂、2010年）397頁。

っているのであるから、時効中断事由としての債務の「承認」にはならない。

それでは次の場合はどうか。債務者が「全額弁済した」と債権者に返答したところ、債権者が「そんなはずはない。こちらには弁済された記録がない。再度調べてくれ」というので、債務者が「そうですか。それでは調べてみましょう」と言ったので、債権者が調査の結果を待っているうちに、時効期間が経過してしまった。そのあとで、債務者が時効を援用した場合はどうであろうか。

債務者は「調べてみましょう」と言っただけなのであるから、債務を「承認」したわけではない。だから、債務の承認による時効の中断はない。それ以上の措置を債権者が取らなかったのであるから、債権者は〈権利の上の眠る者〉として、消滅時効完成の不利益を受けても仕方がないのであろうか。しかし、債権者がそれ以上の措置を取らなかったのは、債務者が「調べてみましょう」と言ったので、そのような債務者の言動を信じて、その回答を待っていたのであり、全く権利の上に「眠っていた」わけではないとも言える。そこで、このような場合には、回答が来る時点まで催告の効力が持続するかのように解釈するとか、時効の中断はないが、債務者による後からの消滅時効の援用が信義則違反ないし権利の濫用として許されないとして、時効の援用制限を認めることが考えられる（次項5参照）。

5　債務存在交渉型

自分が相手方の不法行為により損害を被ったと考える被害者が、加害者に不法行為による損害賠償を請求した場合に、往々にして、加害者とされた者が、そのような賠償義務を負う言われはないとして争いになることも多い。加害者とされた者が賠償義務を否定する理由は様々である。例えば、加害行為の存在自体を否定する、被害者の損害と自分には何ら関係がないとして、因果関係を否定する、人違いだと主張する、故意や過失を否定する、正当防衛だと主張する、損害の発生自体を争う等々。また、取引関係がある場合でも同様に当事者間で債務不履行の有無などが争われることもあろう。[5]

（5）　石井教文は、「ある取引に関して損害賠償義務の有無が争われているような場合に、義務の

このような場合に、被害者が「賠償しろ」と加害者に再度請求しても、全く応答がなければ、催告は6ヶ月以内に裁判上の請求等をしなければ時効の中断効は生じないのであるから（改正前153条）、そのままにしておいたら消滅時効が完成してしまうのはやむをえない。しかし、「賠償しろ」との被害者からの請求に対して、加害者が「不法行為の有無を確認してみるから待ってくれ」とか、「弁護士に相談するから待ってくれ」などといった場合に、その返答を待っているうちに、時効期間が経過し、あとで加害者が消滅時効を援用した場合はどうか。この場合にも、上述の無弁済交渉型の場合に検討したような、債務者の言動を信頼して権利行使を控えているうちに時効期間が経過したという状況が存在することになる。

　裁判例の中には、債務履行の催告を受けた者がその請求権の存否について調査するために猶予を求めた場合には、改正前民法153条所定の6か月の期間は、その者から何らかの回答があるまでは時効は進行しないとしたものがある(6)（大判昭和3・6・28民集7・8・519、最判昭和43・2・9民集22・2・122）。また交通事故において刑事責任が確定するまでは賠償請求に応ずるか否かの回答を猶予して欲しい旨述べていた時は、刑事責任の有無の確定前に完成した消滅時効の援用をすることは信義則に反して許されないとした例（岡山地判昭47・1・28判時665号84頁）、交通事故の加害者が被害者からの賠償請求に対して、症状が固定して以降再度交渉しようと言っているうちに、時効が完成したとして時効を援用したことを信義則に反し許されないとした事例（大阪高判昭58・2・24判タ495号121頁）などがある。

　　存否自体に争いがあっても、当事者間で協議による解決を図ろうとすることは珍しいことではない。」とする（石井教文「債権の消滅時効」金法2029号（2015年）43頁）。
（6）　これらの判決は、いずれも運送契約上の債権に関わる事案で、時効期間は1年（商法567条、589条）と短く、大判昭和3年の事案は請求から7か月後に提訴、昭和43年の事案は請求から約1年3か月後の提訴であって、いずれも債務の存否の調査の猶予が申し出られ、債務がないとの回答から6か月以内に提訴されたものであり、回答が超期間経過後になされた場合も同様に、回答から6か月以内に提訴すれば良いのかなど、不明確な点も残している。川井は、判旨が「債務者から回答があるまでは永久的に民法153条の6ヶ月の期間が進行しないかのように述べる点には疑問がある」として、むしろ、調査のための猶予に、債務の「一応の承認」があったとして、その時からまた1年の時効が進行すると解すことを提案している（川井健・判批・民商59巻2号（1968年）279-280頁）。

6　消滅時効の進行にとっての交渉の意義

以上の検討から次の点を整理しておこう。

債権者からの弁済の請求に対して債務者が全く応答しない、あるいは債務は全額支払った、そもそも債務はないとして全面的に債務を否定したにもかかわらず、債権者がそれ以上の時効の中断措置を取らなかった場合には、債権者は権利の上に眠るものとして、時の経過により時効期間が経過して消滅時効が完成してしまっても仕方がない。

また債務者が一部の未弁済債務の存在を認めた場合に、その範囲での債権の消滅時効が中断することも特に問題はない。

問題は、債務者が一部の債務の存在を認めたが残債務の存在を明示的に認めたわけでない場合、債務者が債務の存在を全面否定するのではなく「調査する」とか「誰かに相談する」とか、債権者のそれ以上の権利行使を躊躇させるような債務者の言動がある場合である。この場合に、債務者がそのように一回応答したというだけではなく、再度、債権者が債務の弁済を促したところ、「もうすこし待ってくれ」などと債務者が再度の応答をすると、債権者と債務者の間に「交渉」があるような状況になってくる。債権者としては、何度も債務の弁済を請求し、その度に債務者が債務の存在を否定するのではなく、あれこれ理由をつけて、待ってくれというものだから、あえて裁判で提訴するなどの強硬手段をとることを控えているうちに時が経過してしまう[7]。このような場合に、時効の中断効は生じないが、債権者が全く権利の上に眠っているものとも言えない（少なくとも熟睡してはいない）。また、費用と時間をかけて裁判をすれば良いというわけでもなく、債務者が債務を履行すれば良いのであるから、交渉によって債権を実現しようと債権者が考えるのは合理的であるとも言える。

改正前民法では、交渉中に時が経過した場合に、前述したように、債務者からの時効の援用を信義則違反ないし権利濫用として制限する裁判例も存在するが、このような一般条項の活用は、裁判官の裁量の範囲が広く、債権者

（7）　なお金融機関の債権回収の実務では、協議をしている間に時が経過してしまう場合には、債務者に対して時効の中断事由となる債務の承認を求めることが一般的であるという（石井・前掲注（5）43頁）。

にとっても結果の予測可能性が確実とは言えない。また前述の調査中返答事件の最判昭和 43 年の射程距離を拡大し、債権者が債務の履行を求めて交渉中は、催告が継続していると考え、交渉終了後に 6 か月の裁判準備期間を与えるという解釈論(8)も提起されたこともあるが、交渉による解決を阻害しない時効論を構築すべきというその発想には大いに共感し得るものの、いかんせん、裁判外での「催告の継続」いう解釈は、1 回催告した後に再度の催告をしても時効は中断しないとしてきた判例法理（大判大正 8・6・30 民録 25・1200）に抵触しないのかという点や、いつまで「催告」の「継続」を認定するのかなどの問題点を抱えている。また、債務調査の「猶予」を、債務者による一応の債務の「承認」があったとして、時効の中断の効力を認める見解もある(9)が、債務者とされた者が、債務の存否を調査した結果、債務はないから支払わないと回答してきた場合には、結局、最初から、債務を承認していないのであるから、そこに「承認」としての中断効まで認められるのかという問題も生じる(10)。

そこで、立法論として正面から交渉を時効進行を阻止する事由にできないかが問題となる。

III 民法改正論議における交渉と時効をめぐる諸提案

1 はじめに

民法学界の一部では、2000 年代半ばから、民法改正の検討が 3 つのグループにより行われ、それぞれが改正提案を公表している。金山直樹を代表とする「時効研究会による改正提案」（以下、時効研究会案と略す）として公表された改正提言(11)、のちの法制審議会民法（債権関係）部会の部会長となる鎌田

---

(8)　曽野裕夫「売主担保責任の裁判外追及と期間制限」山畠正男先生・五十嵐清先生・藪重夫先生古希記念論文集『民法学と比較法学の諸相 II』（信山社、1997 年）52 頁以下。
(9)　川井・前掲注（6）278 頁以下、松久三四彦『時効制度の構造と解釈』（有斐閣、2011 年）82-83 頁。
(10)　川井は、その場合は、結局、承認はなかったことになるが、債権者が債務者からの調査のための猶予の申し出により、それ以上の請求を控えたのだから、回答の時から民法 153 条を「類推適用」して 6 か月間時効は完成しないと解すべきことを提言している（川井・前掲注（6）281 頁）。
(11)　金山直樹編『消滅時効法の現状と改正提言』（別冊 NBL122 号、2008 年）。

薫が委員長を務め、内田貴が事務局長を務めた学者グループの私的な検討グループ（そのわりにはなぜか法務省関係者も事務局に入っている）民法（債権法）改正検討委員会の「基本方針」、民法改正研究会（代表・加藤雅信）編の有志案がそれである。

「基本方針」と「時効法研究会案」は、主観的起算点からの短期時効（前者は3ないし4ないし5年を提案、後者は5年）と、上限を画する長期時効（いずれも10年）の二重期間化を提案する。なお二重期間化を提案するこれら2案は、客観的起算点につき、「基本方針」は「債権を行使することができる時」と現行法の基本を維持し、「時効法研究会案」は、客観的起算点を「弁済期」とする。これに対して「有志案」は、原則的消滅時効を権利行使可能な時から10年と改正前民法を維持しつつ、債権については5年の期間満了日以降の最初の年度末までに行使しない時は、その年度末に消滅することを提案する（案107条3項）。

2 交渉と時効停止をめぐる提案

(1) 時効法研究会案

（交渉による時効の停止）

第149条 時効は、当事者が権利又はこれを基礎づける事実について交渉するときは、時効によって利益を受ける者が最後に対応した時点から6箇月を経過するまでの間は、完成しない。

(2) 「基本方針」

【3.1.3.60】（協議の合意による債権時効期間の進行の停止）

〈1〉 債権者と債務者の間で債権に関する協議をする旨の合意が成立したときは、その時に債権時効期間の進行は停止する。

〈2〉 債務者の協議の続行を拒絶する旨の通知が債権者に到達したとき、ま

---

(12) 民法（債権法）改正検討委員会編『債権法改正の基本方針』（別冊NBL126号、2009年）。
(13) 民法改正研究会（加藤雅信代表）『民法改正 国民・法曹・学界有志案』（法律時報増刊、2009年）。
(14) 「基本方針」【3.1.3.44】〈2〉（民法（債権法）改正委員会編・前掲注(12) 198頁以下）、「時効法研究会案」第167条（金山編・前掲注(10) 301頁）。
(15) 金山編・前掲注(11) 296頁。

たは最後の協議から［3か月／6か月］が経過したとき（ただし、協議継続の合意があるときを除く。）は、その時点から債権時効期間の進行が再開する。

〈3〉 〈2〉の場合、進行再開の時から［6か月／1年］が経過するまで、時効期間は満了しない。この［6か月／1年］の間にされた履行の催告は、時効期間の満了を延期する効力を持たない。

(3) 「有志案」

100条　交渉による時効完成の猶予

① 義務の履行について、権利者と相手方との間に、交渉を継続する旨の書面による合意がある間は、時効は完成しない。この合意に期間の定めがない場合において、三か月間交渉のための協議が行われなかったときは、三か月経過した時点で、この合意は終了したものとみなすことができる。

② 権利者と相手方との間に、書面による合意がないまま、事実上交渉が継続していたときは、裁判所は、当事者間の諸事情を考慮し、前項の期間の定めがない合意があったものとみなすことができる。

③ 前二項の規定にかかわらず、交渉を継続している当事者の一方が相手方に対しその交渉の継続が時効完成の猶予の効果をもたらさない旨を書面によって通知をしたときは、その通知の時から三か月間、時効は完成しない。

3　諸提案の比較

(1)　交渉による時効停止の効果

これら諸提案を比較すると、何れの3案も交渉ないし協議による時効の停止を新たに規定することを提案しているが、停止の法的効果については、「基本方針」が時効の進行停止を提案し、「時効法研究会案」「有志案」が時効の完成停止を提案している。

(2)　時効を停止させる交渉の書面化

また時効を停止させるために交渉について書面を要求しているのは、「有志案」であるが、書面による合意がないまま交渉が継続していた時には、書面により期間の定めのない合意があった場合と同じ扱いにし得る旨を規定し

ているので、書面がない場合の交渉が時効の完成を停止させうることを認めている。

(3) 交渉の始期と終期

「有志案」は時効の停止の効果をもたらす交渉には、「交渉を継続する旨の書面」を要求するので、この書面に交渉を継続する期間が定めてあれば、それにより交渉の始期と終期が認定されることになる。また期間の定めがない場合（書面による合意がない場合を含む）には、3ヶ月間交渉の雨の協議が行われなかった時は、3ヶ月間経過した時点で、この合意は終了したものとみなされることにより、終期の認定を行う工夫をしている。

他方で、「時効法研究会案」は、交渉の始期と終期を認定する基準を特に定めていない。「基本方針」は、交渉の始期を認定する基準を特に定めていないが、終期の認定については、債務者の協議の続行を拒絶する旨の通知が債権者に到達したとき、または最後の協議から［3か月／6か月］が経過したときは、その時点から債権時効期間の進行が再開することを原則として定めている。

4 小括

交渉を時効の完成停止事由にするよりも進行停止事由にした方が停止の効果は大きくなる[16]。例えば、自己の債権の存在と履行期を認識している債権者が債務の履行期から1年後に債務者に債務を弁済するよう交渉を開始して、それが3年継続して交渉が結局決裂した場合、時効期間が5年であれば、3年間は時効が停止しているので、交渉前に経過した時効期間1年を差し引いても、あと4年間は消滅時効は完成しないことになる。これに対して、交渉が時効の完成を停止させるにとどまる場合には、この場合、交渉決裂時には、あと1年の時効期間が残っているため、完成停止には意味がないことになる。つまり時効の完成停止という効果は、完成間際に交渉が開始した場合には実質的な意味があるが、早期の交渉開始の場合には、時効の停止につい

---

(16) 進行停止構成を提案する「基本方針」は、「協議をする旨の合意により、債務者も事実関係の曖昧化を阻止することができ、それに努めるべきであるという考えから、協議をする旨の合意の成立時に進行停止の効力が生じることにした」と解説する（民法（債権法）改正検討委員会編・前掲注（12）211頁）。

ての意味がないことになる(17)。他方で、交渉を進行停止事由にすると、最終的に時効が完成するのに長期間がかかることになり、法的安定性やのちの採証の困難などの問題が顕在化してくることにもなる(18)。

また、交渉の開始と終了を明確にするためには、どちらも書面化しておくことが後々の交渉の有無、継続期間を立証する際にも裁判官が認定する際にも便利である。しかし、書面化していなければ交渉に停止の効果が生じないのであれば、債務者が書面化を拒絶すれば、交渉による時効の停止はないことになってしまい、交渉による解決促進の意味は大きく失われてしまう。

このように、交渉を時効の停止事由にすることを肯定するとしても、具体的にどのような制度にすべきかについては、どのようにしても一長一短があり、基本理念をどこに求めるのかにより、様々な制度が考えうるのである。

なお比較法的には、交渉による時効停止の効果につき、後に検討するドイツ民法典は進行停止構成（V参照）、ヨーロッパ契約法原則（PECL = The Principles of European Contract Law, 2002）は完成停止構成を取っている(19)。フランスでは、交渉一般に時効停止の効果を認めず、調停（la médiation）または斡旋（la conciliation）を行うことで合意した場合の進行停止を定めている(20)。

---

(17) 半田吉信はこの点を強調して、交渉を単に時効の満了停止事由（完成停止事由）と更生する制度は、「時効完成前の一定期間内でなければなんら時効完成に影響しないという点で疑義を生じることの多い、ひいては実効性の点で問題のある制度」と批判する（半田吉信『ドイツ新債務法と民法改正』信山社、2009年）307頁）。

(18) 完成停止構成を提案する「時効法改革案」については、進行停止構成だと客観的起算点を定めた意味が「空洞化」し、起算点が分かりにくくなるから進行停止という構成を取らないと説明されている（松久三四彦「時効中断および停止の基本構想」金山編・前掲注（11）18-19頁）。

(19) PECLはその304条で、「交渉における時効期間満了の延期」（Postponement of Expiry in Case of Negotiations）の表題のもと、「当事者が債権または債務を発生させうる事情に関して交渉している場合には、その交渉における最後の伝達がされた時から1年が経過するまで、時効期間は満了しない」と規定する（訳は前掲注（11）・金山編277頁による）。

(20) フランス民法典2238条は、次のように規定する。「1　時効は、紛争発生後において当事者が調停または斡旋を行うことで合意した日から進行を停止する。その書面がないときは、調停または斡旋の第1回目の会合のあった日から進行する。2　時効は、当事者の一方もしくは双方、または調停人もしくは斡旋人が調停もしくは斡旋の終結を宣言した日から進行を再開し、その後、少なくとも6か月以内は完成しない。」ただし、フランス民法典は一方で、「法律、合意、または不可抗力に起因する障害によって訴えることが不可能な者に対しては、時効は進行を開始せず、または停止する」という規定も置いており（2234条）、交渉による間、「訴えることが不可能」だと解される場合には、時効の停止がこの規定によってなされ得る余地もないではない点に注意を要する（両条文の訳文は、前掲注（11）金山編245-246頁）。

IV 改正民法における完成猶予事由としての交渉

1 「中断」から「完成猶予」「更新」概念への転換

　改正前民法は一定の場合に時効の進行を中断させ（改正前147条）、中断後は新たに時効が進行する（改正前157条1項）という時効の「中断」制度を導入していた。また「中断」とは別に時効の完成を阻止する時効の「停止」事由を定めていた（改正前158～161条）。

　時効の「中断」も「停止」も何れにおいても時効の完成をさせない制度であることに変わりはないため、今回の民法改正は、「中断」「停止」の概念に変えて「完成猶予」という概念で両者を統一した。また、時効中断効は、正確に言えば時効の進行を中断させるだけでなく、それまでの時効の進行をリセットして、新たにゼロから時効を進行させるわけであるから、このことをわかりやすく表現するために「更新」という概念が導入された。

　そして、そのような「完成猶予」事由の一つとして、「協議を行う旨の合意による時効の完成猶予」制度が導入された（151条）。その制度趣旨を「部会」資料69Aは次のように説明している。

　「現行法においては、当事者間で権利に関する協議の合意がされた場合に時効の完成を阻止する方法は特に規定されていない。そのため、当事者間において権利をめぐる争いを自発的に解決するために協議を継続していても、時効の完成が間際となった場合には、その完成を阻止するためだけに時効中断の措置をとらざるを得ないという問題がある。しかし、<u>協議の継続中は、権利者が時効中断の措置をとらないことをもって権利行使を怠っているとはいえず、義務者の側にも、権利者が強硬な手段に出ることはないだろうという期待があるといえる</u>。そこで、協議の継続中は、時効の停止の効力が生じ、権利者が時効完成を阻止するためだけに時効中断の措置をとることを回避できるようにする必要があると考えられる。

　仮に、協議の合意に時効の完成を猶予する効力を認めたとしても、協議の継続中は当事者が証拠の保全に努めるのが通常であるから、これによって事実の曖昧化が生ずるおそれは少ない。また、現行法上、義務の履行を請求す

る意思の通知にすぎない催告（民法第153条）に時効完成を停止する効力が認められているが、協議の合意にも<u>権利者の義務者に対する</u><u>権利行使の意思が現れている</u>といえる。そこで、権利に関する協議の合意にも時効の完成を停止する効力を認めるべきである。」[21]

次にこの制度の内容を検討しよう。

2 「協議を行う旨の合意による時効の完成猶予」
(1) 要件

時効完成猶予の効果をもたらすためには、「権利についての協議を行う旨の合意」が書面でされることが必要である（151条1項）。この場合の書面は紙の書面でも、その合意内容を記録した電磁的記録でも良い（同条4項）。

条文には、「権利についての」としか書いてないが、金銭債権の場合であれば、後で、消滅時効が完成しているかどうかが争いになる債権の消滅時効の完成を阻止する制度なのであるから、債権者が債務者に対して有するどの金銭債権なのかが特定されている必要があろう。ただし、継続的取引から生ずる金銭債権や継続的不法行為から生じる賠償債権などについては、当事者の便宜を考え、一つずつの債権を個別的に特定しなくても、債権発生の原因（これこれの売買契約とかこれこれの不法行為とか）と期間（何年何月から何年何月までなど）を特定すれば足りると解すべきである。

「協議を行う旨の合意」あることが書面化されていることが必要である。債権者が一方的に「これこれの債務の履行につき話し合いに応じろ」と主張しても、債務者が全く無反応であれば、待つ意味がないわけであるし、いつか返答が来るかもしれないにしても、それがいつかわからなければ結局時効期間が経過してしまうかもしれない。その場合に、一方的な通告の意味しかなければ、「催告」と同じである。催告には6か月の時効完成猶予の効果しか与えられていないのであるから（150条1項）、一方的な話し合いの呼びかけでは足りず、「協議を行う旨の合意」が成立し、従って、債権者が直ちにそれ以上の時効完成猶予措置をしなくて良い状況を作り出すことが必要とな

---

[21] 2013年10月29日第79回部会資料69A「民法（債権関係）の改正に関する要綱案のたたき台（4）」21-22頁（http://www.moj.go.jp/content/000119882.pdf）。

る。
　「書面」が必要なのは、このような合意があったか否かを巡っての争いが生じるのを回避するためである。部会資料は次のように説明する。「協議という概念は外延が不明確であり、その存否が判然としない場合があり得る。そこで、素案では、協議の存否と時効の停止の効力が生ずる期間を明確にし、後の紛争を防止するため」に書面を要件とした[22]。
　ただ、このような提案をした中間試案に対するパブリック・コメント[23]では次のような賛否両論があったとする。「協議の合意及び協議の続行を拒絶する通知に書面性を要求することについて、パブリック・コメントの手続に寄せられた意見の中には、協議の合意や拒絶の通知の有無が明確になり、紛争防止に役立つとして評価する意見がある一方、債務者に書面の作成を求めるのは非現実的であり、債務者の交渉に対するモチベーションを失わせるおそれがあることなどの理由から反対する意見も見られた。そこで、書面性を要求するという考え方については引き続き議論する必要性がある」[24]。結局は、上述したように、書面を要件とすることになったわけである。

(2) 効果

① 時効完成猶予の期間

　改正民法は、「権利についての協議を行う旨の合意が書面でされたとき」には、その合意があった時から1年を経過するまで時効は完成しないとする（151条1項1号）。ただし、当事者が協議を行う期間として1年未満の期間を定めた場合は、その定めた期間が経過したら時効は完成する（同項2号）。また、協議で2号の期間を定めても、定めていなくとも、当事者の一方から相手方に対して協議の続行を拒絶する旨の通知を書面でした時は、その通知の時から6ヶ月を経過した時に時効が完成する（同項3号）。

② 再度の合意

　一旦、151条1項の協議を行う旨の合意による時効完成猶予がなされてい

---

(22) 前掲注(21)部会資料69A22頁。
(23) 2013年2月26日第71回部会で決定されたものである（http://www.moj.go.jp/content/000112242.pdf）。その補足説明と共に、活字としても公表されている（商事法務編『民法（債権関係）の改正に関する中間試案（概要付き）』（別冊NBL143号、2013年）。
(24) 前掲注(21)部会資料69A22頁。

る間になされた再度の同項の合意は、同項の規定による時効の完成猶予の効力を有するが、その効力は、時効の完成が猶予されなかったとすれば時効が完成すべき時から通じて5年を超えることはできない（同条2項）。

協議の合意が書面でされた場合の時効完成猶予期間を最大5年と限定した理由を、「部会」資料は、次のように説明する。「消滅時効制度には、<u>証拠の散逸による立証の困難から当事者を救済する</u>という公益的な側面があることも考慮すれば、当事者間の協議の合意による時効の完成猶予の効力を無制限に認めるのは妥当でないと考えられる。そして、当事者間の協議が5年を経過してもなお調わない場合には、もはや<u>自発的な紛争解決の見込みは薄い</u>と思われる。そこで、時効の完成猶予の期間を、本来の時効期間の満了時から起算して最長で5年とした。[25]」

③　催告による時効完成猶予との関係

催告によって時効の完成が猶予されている間に協議を行う旨の合意がされても、この合意には時効完成猶予の効力は与えられず、催告による時効完成猶予の効果（150条1項により、催告から6箇月を経過するまで、時効は、完成しない。）しか生じない（150条3項）。

逆に、協議を行う旨の合意による時効の完成猶予がなされている間に催告をしても、この催告による時効完成の猶予の効果は生ぜず、協議を行う旨の合意による時効完成猶予の効果しか生じない（151条3項）。

このような規律の趣旨を「部会」資料は次のように説明する。「協議の合意による時効の完成猶予は、当事者間での自主的な紛争解決を図るための期間であると同時に、権利者が時効の更新に向けた措置を講ずるための期間でもあり、催告と同様の趣旨に基づく時効の完成猶予事由であるといえる。再度の催告に時効の完成猶予の効力が認められないこと（素案(6)イ・改正民法では150条2項。注記引用者）からすれば、協議の合意による時効の完成猶予と催告による時効の完成猶予を重複して認める必要もないと考えられる。そこで、催告によって時効の完成が猶予されている期間中に、更に協議の合意を行ったとしても、この合意に時効の完成猶予の効力は認められず、また、協

---

[25]　2014年6月24日第92回部会資料80-3「民法（債権関係）の改正に関する要綱仮案の原案（その2）補充説明」6頁（http://www.moj.go.jp/content/000124580.pdf）。

議の合意によって時効の完成が猶予されている期間中に、更に催告を行ったとしても、その催告に時効の完成猶予の効力は認められないこととしている(26)。」

(3) 小括

以上概観したように、今回の協議を行う旨の合意による時効完成猶予は、後に検討するドイツ法のように、交渉中は時効が停止するというような時効の進行停止規定ではなく、時効の完成を猶予するものに過ぎない。特に、催告をした後に権利についての協議を行う旨の合意が書面でなされた場合には、当初の催告から6カ月の時効完成猶予の効力しか生じないという点については、「部会」での審議の過程でも、次のような異論が弁護士会から選出の高須順一幹事（東京弁護士会）から寄せられていた点は注目に値する。

「実際に使う場面を想定すると、催告をすると催告の期限内になってしまうと、その後、結果的に話合いに発展したとしても、催告の期限内という制度設計になっていますという場合の使い勝手が余りよくないのではないかという部分は残ってしまいます。どうせ新しい制度を作るなら、そのときも話合いの効力が認められるというところまでの制度にしておいたほうが、ここは多分、使いやすいのだろうという感触は持っております。」(27)

次に比較法的検討として日本に先行して交渉を時効の停止事由として導入しているドイツ法について紹介しておこう。

V　ドイツにおける時効の停止事由としての交渉

1　はじめに

ドイツ民法典は1977年の民法の一部改正により、不法行為に基づく損害賠償請求権について、交渉中は時効が停止するという特別な時効停止事由を導入した(28)。ドイツでは2002年から施行された民法典の現代化（die

---

(26) 前掲注（25）部会資料80-3・6頁。
(27) 2014年8月5日第95回部会会議議事録10頁（http://www.moj.go.jp/content/001137485.pdf）。
(28) ドイツの時効法についての紹介として、半田吉信・前掲注（17）のほか、同『ドイツ債務法現代化法概説』（信山社、2003年）55頁以下、同「消滅時効法の転換と民法改正」駿河台法学

Modernisierung des Bürgerliches Gesetzbuchs）に伴う大規模な民法改正の中で、それまでの原則的消滅時効期間であった 30 年期間を、主観的起算点（請求権が発生し、かつ、債権者が請求権を基礎づける次条及び債務者が誰であるかを知りまたは重大な過失がなければそれらを当然知るべかりし年の終了）から 3 年、客観的起算点（請求権発生時）から 10 年の時効に統一し、日本の民法 724 条のような不法行為の特別な時効規定を廃止した。それと同時に、交渉による時効停止も、不法行為に基づく損害賠償請求権だけでなく、時効の停止事由一般として拡大適用されることになった。(29)

2 ドイツ民法典における交渉による時効停止規定
(1) ドイツ民法典 203 条
ドイツ民法典 203 条は次のように規定する。

203 条（協議による時効の停止 Hemmung der Verjährung bei Verhandlungen）
債務者と債権者の間に請求権または請求権を基礎づけている事情（die den Anspruch begründenden Umstände）について協議が継続している（schweben）ときは、消滅時効は、当事者の一方またはその相手方が協議の継続を拒絶する（die Fortsetzung der Verhandlungen verweigert）まで、停止する。消滅時効は、早くとも停止終了後 3 か月を経過したときに効力を生じる。(30)

なお時効が停止している期間は、消滅時効期間に算入されない（209 条）。また、消滅時効の停止は、同じ原因に基づいて選択的にその請求権と並んでまたはその代りに存在する請求権についても当てはまる（213 条）。

(2) 進行停止
ドイツ民法典の交渉による時効停止は、日本で民法改正により導入された制度とは異なり、交渉中は時効の進行を停止させる進行停止制度である。例えば、時効の進行から 2 年目に交渉が開始されたときは、交渉中は、その時

---

29 巻 1 号（2015 年）1 頁以下、同「新しい時効法体系とドイツにおける学説、判例の展開（1）（2）」駿河台法学 29 巻 2 号（2016 年）1 頁以下、30 巻 1 号（2016 年）1 頁以下、斎藤由起「ドイツの新消滅時効法―改正時の議論を中心に」前掲注（7）・金山編 156 頁以下等。筆者も、松本克美『時効と正義―消滅時効・除斥期間論の新たな胎動』（日本評論社、2002 年）173 頁以下で簡単に紹介した。
(29) 詳しくは、半田・前掲注（17）55 頁以下参照。
(30) 訳文は、半田・前掲注（17）437 頁による。

効の進行は停止をやめる。時効を進行させる効果を発生させる交渉に上限はなく、交渉による時効停止の効力が終了するのは、当事者の一方が交渉の継続を拒絶したときである。例えば極端な話し交渉が 10 年間に及べば、10 年間時効が停止し、その後、残りの時効期間が進行するのである。この点、協議による時効完成猶予の上限が 5 年とされている日本とは非常に異なっている。

この交渉開始は、債権者からの請求に対して、債務者が調査する（prüfen）と答えた場合でも認められる（BGH NJW 01,1723）。他方で、交渉継続の拒絶は、明瞭かつ一義的に（klar und eindeutig）なされる必要があるとされている（BGH NJW98,2820）。このように、交渉開始は緩やかに認定され、交渉終了は厳格に認定されることになるから、時効の停止により利益を受ける債権者に有利であると言えようか。ただし、判例によると、交渉開始後、相手方からの応答がないまま長期間経過して、交渉が「眠り込んだ（einschlafen）」状態が続いていると、信義則（Treu und Glauben）上、当事者に予期されるべき時点で交渉が終了したものとみなされる場合がある（BGH NJW08,576;09,1806f.）。[31]

(3) 書面不要

日本では上述のように協議をする合意の有無がのちに争点化することを避けるために合意を書面化することを要件としている（151 条 1 項）。これに対して、ドイツでは、書面は要件化されていない。もちろん交渉開始が書面化されている方が、交渉の有無が争点化するのを回避できる。しかし書面がなくても債権者が交渉をいつからいつまでしていたことを証明できるならば、それによる本条の時効停止の効果が生じることになる。

3 日本法との比較

以上のように、ドイツ民法典における交渉による時効の停止事由は、日本で新たに導入された協議の合意の書面化による時効完成猶予制度と比べて、進行停止事由であり、停止期間に上限がなく、書面も不要で、かつ、催告後の交渉にも時効の停止が認められ、交渉開始は緩やかに、交渉終了は厳格に

---

(31) 以上の点につき、Hk-BGB.8Aufl（2014）/Dörner, S.208. その他、ドイツにおける交渉による進行停止事由の運用状況については、半田・前掲注（28）駿河台法学 30 巻 1 号 11 以下参照。

認定されることによって、時効完成を阻止する債権者に有利な規定になっていると言えよう。

VI　おわりに

　本稿では、改正前民法の解釈・運用において、交渉が時効との関係でどのように評価されてきたのかを検討した。交渉が時効の停止事由となっていない改正前民法では、交渉は、場合によっては、債務者による債務の承認として時効の中断事由になることも有り得るが、交渉しているだけでは時効は中断しない。しかし、交渉により債権者が債務者による債務の履行を信頼していたのに、後から債務者が時効の援用をしたときに、その援用が信義則違反ないし権利濫用として許されない場合もあり得る。要するに、一般条項による個別的解決しかなかったわけである。

　これに対して、今回の改正民法は、一定の要件のもとに、交渉が時効の完成猶予の効果をもたらすことを新たに導入した点は、時効をめぐる法的関係の規律の明確化という点では一歩前進させたものと評価できよう(32)。しかし、協議を行う旨の合意についての書面が必要であるとか(33)、いくら交渉を重ねても上限5年までしか時効の完成を猶予させないとか、催告をした後に交渉を開始しても、催告による6ヶ月の時効完成猶予の効果しか生じないなど、非常に限定された範囲でしか機能しない制度となっている。

　他方で、ドイツにおける交渉による時効の停止制度は先に紹介したように、日本法と比べて柔軟な制度で、特に、債権者に使い勝手が良い制度になっている(34)。柔軟な制度であるという点は、逆に言えば、明確性に欠け、法律

---

(32)　石川博康は、今回の民法改正において「協議を行う旨の合意が本来の時効期間が満了すべき時点までに達せられた場合に限ってその完成猶予を認めるという透明性・明確性の高い制度枠組み」であり、「制度設計のあり方として十分に合理的なものと評価できよう」とする（大村敦志・道垣内弘人編『解説　民法（債権法）改正のポイント』（有斐閣、2017年）77頁）。

(33)　松久三四彦は、書面化の要件について、「協議について『書面』による合意を求めることは、完成猶予の有無を判断するにはこの上ない要件であるが、多数と思われる法を熟知していないため『書面』による合意をしていない債権者にとっては、時効完成は思わぬ不利益ということになる。賛否が鋭く分かれるところであろう」とする（松久三四彦「消滅時効」法律時報86巻12号（2014年）62頁）。

(34)　その背景には、ドイツでは、2001年の民法改正以前は、普通時効期間は債権の履行期から

関係を不安定にさせるというマイナス評価にもなり得る。しかし、そもそも債権は実現され、債務は履行されなければならないのが本来の姿なのである。交渉により権利者の権利行使を躊躇させておきながら、後で時効を援用することによって、債務を免れる方が問題である。その意味で、交渉の成立を緩やかに認定し、書面も不要にするとともに、停止の上限を定めず、交渉の終了を厳格に解すドイツ法にも合理性はある。[35]

　日本で初めて導入された交渉による時効完成猶予制度が実際に、どのような機能を果たすのかが注目されるところである。

　30年であったのを主観的起算点から3年に短期化したこととのバランスの考慮もあるようであり、交渉による時効停止の規定の解釈にあたっては、債権者にやさしく（gläubigerfrundlich）解釈すべきとの見解もある（Klaus Oppenborn,Verhandlung und Verjährung, 2008, S. 106）。

(35)　筆者は改正民法の内容が確定する以前に、交渉を時効の停止事由とするならば、「交渉の引き伸ばしによって、債務者が有利とならないために、交渉中は時効は進行しないとした方が迅速な解決に結びつくのではなかろうか」と、完成停止ではなく進行停止とすべきことを提言したことがある（松本・前掲注（2）続・時効と正義302頁）。

ドイツ現行法における ius ad rem の法的位置づけ

大　場　浩　之

```
Ⅰ　はじめに
Ⅱ　占有改定
Ⅲ　期待権
Ⅳ　譲渡禁止
Ⅴ　先買権
Ⅵ　不法行為
Ⅶ　おわりに
```

Ⅰ　はじめに

1　問題意識

　物権は絶対性を有するが、債権は相対性しか有しない。これが、物権と債権の大きな違いである(1)。しかし、実際には、一方で相対性しか有しない物権が存在し、他方で絶対性を有する債権が存在する。前者の一例は対抗力を備

（1）　物権の絶対性から、排他性が導き出される。また、直接性も物権の特徴としてよくあげられる。さらに、物権と債権を峻別するのであれば、売買契約などの債権契約から直接に物権の効果が発生することを認めるのは、理論的に問題がある。このため、物権行為の必要性を論じることができよう。物権行為に関しては、大場浩之「物権行為に関する序論的考察―不動産物権変動の場面を基軸として―」早法84・3・325頁以下（2009）、同「物権行為概念の起源―Savigny の法理論を中心に―」早法89・3・1頁以下（2014）、同「BGB への物権行為概念の受容」五十嵐敬喜＝近江幸治＝楜澤能生編『民事法学の歴史と未来―田山輝明先生古稀記念論文集―』（成文堂・2014）161頁以下、および、同「不動産所有権の二重契約における生存利益の保護―ドイツ物権行為論の展開を手がかりとして―」浦川道太郎先生・内田勝一先生・鎌田薫先生古稀記念論文集編集委員会編『早稲田民法学の現在―浦川道太郎先生・内田勝一先生・鎌田薫先生古稀記念論文集―』（成文堂・2017）95頁以下を参照。

えていない所有権であり、後者の一例は仮登記された特定物引渡請求権である(2)。

　これらのような物権と債権のはざまにある権利のうち、とくに、第三者に対して直接に行使可能な特定物引渡請求権のことを、ドイツ法上、ius ad rem という(3)。周知の通り、ドイツ法は物権債権峻別論を前提としたパンデクテンシステムを採用している。しかも、同じくパンデクテンシステムを採用している日本法よりも、物権と債権の区別がさらに徹底されている(4)。そうだとすれば、物権と債権の境界を曖昧にしてしまう権利を認めることは、ドイツ法の体系からして許されないことのように思われる。

　しかし、これにもかかわらず、ドイツ法においても物権と債権の区別をつけることが困難な権利が存在する(5)。たとえば、占有改定によって動産所有権を取得した者から目的動産を直接占有している者に対する権利や、売買契約を締結した売主に対して目的物の処分制限が付されている場合の買主の法的地位、さらには、二重売買のケースにおいて第一買主が第二買主に対して有する不法行為に基づく請求権などである。

　これらの権利は、物権債権峻別論を前提とするドイツ法において、立法化され、あるいは、判例や通説によって認められている。しかしその存在が認められていることと、BGB（ドイツ民法典）の体系との関係で理論的に説明し

（２）　仮登記に関する研究として、大場浩之『不動産公示制度論』（成文堂・2010）261 頁以下、および、同「仮登記制度と不動産物権変動論—物権債権峻別論を基軸として—」私法 76・139 以下（2014）を参照。

（３）　ius ad rem に関する研究として、好美清光「Jus ad rem とその発展的消滅—特定物債権の保護強化の一断面—」一橋大学法学研究 3・179 以下（1961）、同「Jus ad rem とその発展的消滅—特定物債権の保護強化の一断面—」私法 23・77 以下（1961）、小川浩三「ius ad rem 概念の起源について—中世教会法学の権利論の一断面—」中川良延＝平井宜雄＝野村豊弘＝加藤雅信＝瀬川信久＝広瀬久和＝内田貴編『日本民法学の形成と課題—星野英一先生古稀祝賀（上）—』（有斐閣・1996）331 頁以下、および、大場浩之「ius ad rem の歴史的素描」松久三四彦＝後藤巻則＝金山直樹＝水野謙＝池田雅則＝新堂明子＝大島梨沙編『社会の変容と民法の課題［上巻］—瀬川信久先生・吉田克己先生古稀記念論文集—』（成文堂・2018）193 頁以下などを参照。

（４）　物権行為の独自性と無因性がいずれも肯定されている。とりわけ、物権行為の無因性が認められている点は、比較法の観点からしても、ドイツ法の際立った特徴といえる。

（５）　日本法と同じく、仮登記制度も存在する。ドイツ法は、本登記を備えなければ土地所有権の移転を認めない。このため、仮登記を経由しただけでは、買主は債権しか有していない。しかし、仮登記をしておくと、その買主が有する特定物引渡請求権は絶対性をもつ。この請求権の法的性質は、とくにドイツ法上、問題となる。

うることとは、別問題であろう。物権と債権の2つの性質をあわせもつ権利は、ドイツ法上、各権利ごとにあくまで例外的な位置づけを与えられているのか。それとも、ius ad rem として統一的に把握することが可能なのか。後者であるとすれば、一定の基準を定めることを前提に、相対的な物権や絶対的な債権を新たに認めることが可能となる。

2 課題設定

以上の問題意識に基づき、また、これまでの ius ad rem に関する先行研究をふまえて、本稿では、ドイツ現行法において物権と債権のはざまにある権利を具体的にとりあげつつ検討していく。本稿で検討する具体例として、占有改定、期待権、処分制限、先買権、および、不法行為をとりあげる。

占有改定は、ドイツ法において代替的引渡しとして機能する。このため、占有改定によって、第一買主は所有権を取得する。しかし、第一買主は間接占有しか有していない。直接占有が売主にあるため、第二買主は二重に引渡しまたは代替的引渡しを受けることができる。ここで、第一買主が第二買主に対して目的動産の引渡しを直接に求めることができるか。できるとすれば、それはどのような要件に基づき、また、この権利の法的性質はなにかが問題となる。

そして、割賦販売の場合によくあるように、売主が目的物の所有権を留保しつつ、目的物の直接占有については買主に移転され、買主が目的物の利用を開始するという場合が想定される。ここでの買主は所有権をまだ有してはいないが、たんなる債権者ともいいがたい。この場合の買主の権利を、ドイツ法は期待権として位置づける。この期待権は、どのような法的性質をもつのか。

つぎに、売主が第一買主と売買契約を締結し、その売主に対して二重譲渡の制限が付されると、売主は債権的な譲渡制限を受けることになる。これにもかかわらず、売主が第二買主と売買契約を二重に締結し、第二買主が目的物の所有権取得のための要件を第一買主よりも先に満たした場合、第一買主は譲渡制限を根拠に第二買主に対して目的物の直接引渡しを求めることができるか。できるとすれば、この権利の要件と法的性質はなにか。

さらに、第一買主が売主と土地所有権に関する売買契約を締結し、土地所有権譲渡行為である Auflassung（アウフラッスンク）もなしたが、本登記を経由していなかった場合、第一買主はまだ所有者となってはいないけれども、目的物に対する相当程度の関係性、つまり、たんなる債権者以上の権利を有しているのではないかと考えられる。ここで、ドイツ法は、そのような第一買主に先買権を付与する。この先買権は、第二買主に対しても行使できると解されている。それでは、この先買権の要件と法的性質はどのようなものか。

そして、二重契約の場面において、第二買主が第一買主に対して不法行為をなしたとの法的評価が下された場合、第一買主は第二買主に対して不法行為に基づく請求権をもつ。それでは、この権利の要件と法的性質はいかなるものか。とくに、第一買主の第二買主に対する直接請求の可否が問題となる。

いずれの権利も、第一買主が債権者にすぎないか、または、所有者ではあっても公示力の弱い立場にとどまっているため、絶対性をもつとは単純に評価できない。これらの権利を丹念に分析することを通じて、現代法における ius ad rem の存在可能性とその意義を示すことができる。

Ⅱ　占有改定

1　具体例

Ａが自転車甲を所有していたところ、Ｂに甲を売却したいと考えた。AB間で価格を100ユーロとした売買契約が締結され、甲の所有権を譲渡するこ

（6）　絶対性は第三者に与える影響が大きい。このため、ある権利に絶対性を認めるためには、第三者からみてその権利の存在が明らかであることが、原則として求められる。そうでなければ、第三者は不意打ちを受けるからである。物権が絶対性、排他性および直接性を有することから、物権法定主義が定められていることを想起すべきである（民法175条）。したがって、第一買主のために絶対性をもつ権利を認めることは、まずもって慎重な態度で臨まなければならない。

（7）　もちろん、ほかにも、ius ad rem との関係で検討すべき権利は多く存在している。たとえば、仮登記された請求権などである。しかし、仮登記については、物権変動の発生時期との関連においてではあるが、すでに詳細に検討を行ったので、本稿では扱わない。この点につき、大場・前掲注２・『不動産公示制度論』・261頁以下を参照。

とにつき合意がなされた。しかし、A は甲をもうしばらくの間使用したいと思い、B に対して、甲を譲渡するがこのまま甲を自分に貸しておいてほしいと伝え、B もこれを了承した。その後、A のもとにある甲を気に入ったC が、120 ユーロで甲を購入したいと提案し、A もこれを了承した。そして、A は C に甲を引き渡した。

この事案では、典型的な占有改定がなされている。ドイツ法にも、占有改定に関する規定がある(BGB 930 条)[8]。ドイツ法は物権変動について形式主義を採用しており、目的物が動産の場合には物権的合意とともに引渡しが所有権移転のための要件と定められている(BGB 929 条)[9]。ドイツ法において、占有改定は、この引渡しの代替手段（代替的引渡し）として認められている[10]。

したがって、AB 間において甲の所有権を譲渡することにつき物権的合意があり、かつ、占有改定もなされているため、すでに B が甲の所有者となっている。しかし、A が直接占有者のままであった。このため、C が現れ、

---

(8) 以下、適宜、BGB の条文とその邦訳を掲げる。なお、BGB の条文の邦訳は、エルヴィン・ドイチュ＝ハンス・ユルゲン・アーレンス著・浦川道太郎訳『ドイツ不法行為法』（日本評論社・2008）328 頁以下、ディーター・ライポルト著・円谷峻訳『ドイツ民法総論—設例・設問を通じて学ぶ—（第 2 版）』（成文堂・2015）550 頁以下、および、マンフレート・ヴォルフ＝マリーナ・ヴェレンホーファー著・大場浩之＝水津太郎＝鳥山泰志＝根本尚徳訳『ドイツ物権法』（成文堂・2016）603 頁以下による。

BGB § 930: Ist der Eigentümer im Besitz der Sache, so kann die Übergabe dadurch ersetzt werden, dass zwischen ihm und dem Erwerber ein Rechtsverhältnis vereinbart wird, vermöge dessen der Erwerber den mittelbaren Besitz erlangt.
第 930 条：所有者が物を占有するときは、その引渡しは、所有者及び取得者が取得者に間接占有を取得させる法律関係を合意することをもって代えることができる。

(9) BGB § 929: Zur Übertragung des Eigentums an einer beweglichen Sache ist erforderlich, dass der Eigentümer die Sache dem Erwerber übergibt und beide darüber einig sind, dass das Eigentum übergehen soll. Ist der Erwerber im Besitz der Sache, so genügt die Einigung über den Übergang des Eigentums.
第 929 条：動産の所有権を譲渡するには、所有者が取得者に物を引き渡し、かつ、当事者双方が所有権の譲渡を合意しなければならない。取得者が物を占有するときは、所有権の譲渡に係る合意をすれば足りる。

(10) このため、ドイツ法においては、占有改定が引渡しそのものではないことに注意を要する。なお、日本法上の指図による占有移転にあたるドイツ法上の概念として、返還請求権の譲渡がある（BGB 931 条）。これも引渡しそのものではなく、代替的引渡しである。

BGB § 931: Ist ein Dritter im Besitz der Sache, so kann die Übergabe dadurch ersetzt werden, dass der Eigentümer dem Erwerber den Anspruch auf Herausgabe der Sache abtritt.
第 931 条：第三者が物を占有するときは、その引渡しは、所有者が取得者に物の返還請求権を譲渡することをもって代えることができる。

CはAから甲の引渡しを受けることに成功した。

　ここで、Cが善意取得の要件を満たしていれば、Cは甲の所有権を取得することができる（BGB 932条）[11]。しかし、Cが、Aに甲の所有権が帰属していなかったことにつき悪意または善意重過失であった場合には、Cは善意ではなかったとみなされ、善意取得は適用されない[12]。このため、甲の所有権はBに帰属する。

　ここで、BがCに対して甲の返還を求めるとする。Cが甲を善意取得したのであれば、Cが甲の所有者であって、Bは無権利者であるから、Bの請求は認められない。これに対して、Cが善意取得の要件を満たしていなければ、Bが所有者のため、Bは所有権に基づいてCに甲の返還を求めることができる。

　しかし、問題となるのは、Bが甲を直接占有していないという点である。たとえBが所有者であるとはいえ、直接占有者ではないBがCに対して甲を自らのもとへ引き渡すように求めることが許されるのか。また、そもそもBが有する請求権の法的性質はどのようなものか。

2　ius ad rem

　ドイツ法は、物権変動について形式主義をとっている。所有権譲渡にそくしていえば、譲渡人と譲受人の物権的合意にくわえて、目的物が不動産であれば登記（BGB 873条）[13]が、動産であれば引渡し（BGB 929条）が要件とされ

---

[11]　BGB § 932 (1): Durch eine nach § 929 erfolgte Veräußerung wird der Erwerber auch dann Eigentümer, wenn die Sache nicht dem Veräußerer gehört, es sei denn, dass er zu der Zeit, zu der er nach diesen Vorschriften das Eigentum erwerben würde, nicht in gutem Glauben ist. In dem Falle des § 929 Satz 2 gilt dies jedoch nur dann, wenn der Erwerber den Besitz von dem Veräußerer erlangt hatte.
(2): Der Erwerber ist nicht in gutem Glauben, wenn ihm bekannt oder infolge grober Fahrlässigkeit unbekannt ist, dass die Sache nicht dem Veräußerer gehört.
第932条第1項：物が譲渡人に帰属しない場合においても、譲受人は、第929条に従ってされた譲渡によって、その所有者となるものとする。ただし、この規定により譲受人が所有権を取得する時に善意でなかったときは、この限りでない。第929条第2文に規定する場合においては、本条は、譲受人が譲渡人から占有を取得したときに限り、これを適用する。
第2項：譲受人は、物が譲渡人に帰属しないことを知り、又は重大な過失によって知らなかったときは、善意でないものとする。

[12]　ドイツ法と日本法の違いは、Cに無過失を要求するかどうかにある（民法192条）。

ている。ただし、このことは、動産所有権の譲渡について、実際の引渡しが求められていることにはならない。占有改定（BGB 930 条）や返還請求権の譲渡（BGB 931 条）が引渡しの代わりになる行為として認められているため、直接占有の移転は、動産所有権譲渡の必須要件ではないのである。

また、とりわけ占有改定が成立したかどうかの判断は、ときに困難をきわめる。占有改定の成否は、理論上は、AB 間で B に間接占有を取得させる合意があったかどうかで決定される。しかし、この合意には方式が求められていない。このため、直接占有の移転がない場合に、占有改定がなされたのか、あるいは、引渡しがまったくなされていないかの違いは、実際上それほど明確ではない。これにもかかわらず、占有改定の成否に対応する法律効果はまったく異なる。占有改定が認められれば、B が所有者となり（BGB 930 条・929 条）、A は無権利者のため C もまた無権利者である。あとは、C の善意取得の成否が問題となる（BGB 932 条）。これに対して、占有改定が認められないと、B は所有権を取得できず、A が所有者のままであるため、C は A から所有権を承継取得することができる（BGB 929 条）[14]。

上述の具体例の通り、B が占有改定により甲の間接占有を取得していたとする。すると、A は無権利者であるから、C が甲の所有権を取得するために

---

(13) BGB § 873 (1): Zur Übertragung des Eigentums an einem Grundstück, zur Belastung eines Grundstücks mit einem Recht sowie zur Übertragung oder Belastung eines solchen Rechts ist die Einigung des Berechtigten und des anderen Teils über den Eintritt der Rechtsänderung und die Eintragung der Rechtsänderung in das Grundbuch erforderlich, soweit nicht das Gesetz ein anderes vorschreibt.

(2): Vor der Eintragung sind die Beteiligten an die Einigung nur gebunden, wenn die Erklärungen notariell beurkundet oder vor dem Grundbuchamt abgegeben oder bei diesem eingereicht sind oder wenn der Berechtigte dem anderen Teil eine den Vorschriften der Grundbuchordnung entsprechende Eintragungsbewilligung ausgehändigt hat.

第 873 条第 1 項：土地を目的とする所有権の移転、土地を目的とする権利の設定又はその権利を目的とする権利の設定若しくは移転には、権利者と相手方との間で権利の変動に関する合意をし、かつ、権利の変動を土地登記簿に登記しなければならない。ただし、法律に別段の定めがあるときは、この限りでない。

第 2 項：前項の合意は、この意思表示が公証人の認証を受け、土地登記所において表明され、若しくは土地登記所に対して書面によって申請され、又は権利者が意思表示の相手方に土地登記法の定めるところによる登記許諾を与えたときは、登記がされる前においても、当事者を拘束する。

(14) この点につき、*Ralf Michaels*, Sachzuordnung durch Kaufvertrag -Traditionsprinzip, Konsensprinzip, ius ad rem in Geschichte, Theorie und geltendem Recht-, Berlin 2002, S. 283 を参照。C は A から承継取得するにあたって、B の存在につき善意である必要はない。

は、善意取得によるほかはない。CがAから甲の引渡しを受けた場合にはBGB 932条の問題となり、占有改定による代替的引渡しを受けた場合には、BGB 933条の善意取得が問題となる。いずれにせよ、Cは甲の直接占有を受ける時点でBの存在につき善意でなければならない。Cが善意の要件を満たすと、Cが甲を善意取得するため、Bは甲の所有権を失う。したがって、BはCに対してなんら請求権を有しない。

しかし、CがBの存在につき悪意または善意重過失であった場合には、甲の所有者はBのままであり、BはCに対して所有権に基づく返還請求権を行使することができる。その後の甲の直接占有をめぐる問題は、AB間の合意内容によることになろう。このように、Bが占有改定によって甲の所有者となっていれば、BのCに対する請求権は所有権に基づくそれとして理解することができる。

これに対して、BもCも甲を直接占有していない場合、つまり、Aが甲を直接占有している場合はどうか。この事案は、さらに、BとCがいずれも占有改定していない場合と、BかCのいずれかがすでに占有改定している場合とに分かれる。前者の場合には、AB間とAC間の二重売買契約がなされている状態にすぎない。後者の場合には、BとCのうち先に占有改定した者が所有者となり、この時点でAは無権利者となる。占有改定していなかった者が甲の所有権を取得するためには、もはや善意取得によるほかはない。

---

(15) BGB § 933: Gehört eine nach § 930 veräußerte Sache nicht dem Veräußerer, so wird der Erwerber Eigentümer, wenn ihm die Sache von dem Veräußerer übergeben wird, es sei denn, dass er zu dieser Zeit nicht in gutem Glauben ist.
第933条：第930条により譲渡された物が譲渡人に帰属しない場合において、譲受人が譲渡人から物の引渡しを受けたときは、譲受人がその所有者となるものとする。ただし、譲受人が引渡しの時に善意でなかったときは、この限りでない。
(16) Cは引渡しを受ける時まで善意でなければならない（BGB 933条）。
(17) 普通法も同様の処理をしていた。この点については、*Andreas Wacke*, Das Besitzkonstitut als Übergabesurrogat in Rechtsgeschichte und Rechtsdogmatik −Ursprung, Entwicklung und Grenzen des Traditionsprinzips im Mobiliarsachenrecht−, Köln 1974, S. 45 f. を参照。
(18) 結局のところ、BとCのどちらか先に甲の直接占有を得た者が他方に優先する。というのは、一方で、Bが先に甲を直接占有すれば、Cを悪意または善意重過失の状態にすることができ、他方で、CがBよりも先に甲を直接占有すれば、善意または無重過失の要件はあるにせよ、この要件を充足できれば、Bに優先することができるからである。

また、BがAから甲を取得し、直接占有している場合であっても、Cが甲の所有権を取得できる可能性は、わずかながら存在する。Cが、Aが甲の所有者であると誤信し、かつ、CがAからBに対する甲の返還請求権の譲渡を受けるか（BGB 934条）、または、CがBから甲の占有を取得すれば、Cの善意取得が成立しうる。ただし、Bが甲を直接占有していることに鑑みると、Cの善意または無重過失が認定されることは、まれであろう。

　それでは、占有改定による動産所有権の譲渡と善意取得の関係を、ius ad rem に関連づけてみよう。Bが占有改定しているのであれば、Bはすでに甲の所有者である（BGB 930条）。ここで、Cが善意取得の要件を満たすと、Cが甲の所有者となり、Bはその所有権を失う（BGB 932条・933条）。しかし、Cが甲を善意取得できないのであれば、Bは所有権に基づいてCに対して甲を返還するよう求めることができる。ここでのBの返還請求権の根拠は、あくまで所有権である。ius ad rem とはいえない。

　これに対して、Bが占有改定をしていない場合、Bは甲の所有者ではない。ここでCが甲の所有権を取得するためには、善意取得による必要はなく、Aから承継取得できればよい。つまり、Aとの物権的合意と引渡し（BGB 929条）または占有改定（BGB 930条）である。ここでは、Cの主観的要件は求められない。CはBの存在につき悪意であってもよい。そして、Cが甲を取得するための要件を充足していようとなかろうと、BはCに対し

---

(19)　BGB § 934: Gehört eine nach § 931 veräußerte Sache nicht dem Veräußerer, so wird der Erwerber, wenn der Veräußerer mittelbarer Besitzer der Sache ist, mit der Abtretung des Anspruchs, anderenfalls dann Eigentümer, wenn er den Besitz der Sache von dem Dritten erlangt, es sei denn, dass er zur Zeit der Abtretung oder des Besitzerwerbs nicht in gutem Glauben ist.
　　第934条：第931条により譲渡された物が譲渡人に帰属しない場合においては、譲受人は、譲渡人がその物の間接占有者であるときは請求権の譲渡時に、それ以外のときは譲受人が第三者から物の占有を取得した時に、その所有者となるものとする。ただし、譲受人が請求権の譲渡又は占有取得の時に善意でなかったときは、この限りでない。

(20)　ただし、Bに直接の返還を求められるかどうかについては、Aの同意が必要であろう。

(21)　ドイツ法は動産所有権の譲渡に関して合意主義を認めているのか、という疑問がある。占有改定や返還請求権の譲渡を、引渡しを代替する行為とみなす（BGB 930条・931条）とはいえ、これらはいずれも当事者間の合意によってなされるからである。この点につき、たとえば、Hans Brandt, Eigentumserwerb und Austauschgeschäft -Der abstrakte dingliche Vertrag und das System des deutschen Umsatzrechts im Licht der Rechtswirklichkeit-, Leipzig 1940, S. 160 ff. などを参照。

て甲の返還を求めることはできない。Bは甲を所有しておらず、かつ、Bが有する甲の引渡請求権は、Aに対してのみ行使できる権利だからである。このことは、Cが悪意であっても変わらない。[22]したがって、この場合においても、Bはius ad remを有するとはいえない。

3 小括

ここまで、動産が目的物である場合の、占有改定による所有権取得について検討してきた。物権変動の効力発生要件として、ドイツ法は形式主義を採用している。しかし、このことが形式的にも実質的にも妥当するのは、目的物が不動産である場合に限られる。目的物が動産である場合には、占有改定（BGB 930条）や返還請求権の譲渡（BGB 931条）によって代替的引渡しがなされたことによって、形式的には、形式主義の1つであるところの引渡主義が維持されているが、実質的には、当事者間の合意のみで物権変動が発生することが認められている。

ここで、上述の具体例におけるBの立場は、どのように説明されるべきか。Bは、Aから占有改定を受けたことによって、たしかに甲の所有者となってはいる。しかし、甲の直接占有はAにとどまっているため、Cが登場する契機を与えていることになる。このかぎりで、Bの所有権は不完全なものとひとまずいうことができよう。そして、この不完全な所有権を有するにすぎないBは、Cに対してはたしてどのような請求ができるのか。

BがCに対して所有権に基づく請求権を有するかどうかは、Cが善意取得の要件を満たしているかどうかによる（BGB 932条）。Cが甲を善意取得すれば、Bは所有権を失うのであるから、Bは請求権をなんら有しない。これに対して、Cが甲を善意取得しない限り、BはCに対して所有権に基づいて甲の返還を求めることができる。

このBの請求権は、所有権に基づく。このため、この権利の法的性質をわざわざius ad remと解する必要性は、かならずしもない。しかし、ここでは、Bがもつ所有権の性質をも検討する必要があろう。この場合におけるBの所有権は、完全な絶対性や排他性を有してはいない。Bが間接占有者で

---

(22) この場合に、Bが物権的期待権をもつかどうかは、別の問題である。

あるために、Cのような第三者が善意取得できる可能性が残されている。むしろ、第三者Cの態様いかんにより、Bの所有権が貫徹されるかどうかが決定される。つまり、Bは、自らの所有権に関して、受動的な立場にいるのである。このような所有権は、完全な所有権とはいえないであろう。だとすれば、この不完全な所有権に基づくBの請求権を、たんに所有権に基づく物権的請求権と解するのは、正しくない。ius ad rem の定義を、債権に基づく絶対的な請求権として限定的にとらえるのではなく、完全な物権に基づかない絶対的な請求権と把握するのであれば、占有改定による所有者の返還請求権も、ius ad rem の一例に数えることができるかもしれない。[23]

III 期待権

1 具体例

自動車の販売業者Aは買主Bとの間で、自動車甲を代金50000ユーロで売却する契約を締結し、支払いについては割賦払いとし、代金完済までは甲の所有権をAに留保するという内容の停止条件を付した。BはAから甲の引渡しを受け、Aに対して順調に割賦金の支払いを続けていたところ、Aは第三者Cに対して甲を二重に売却し、物権的合意と占有改定もすませた。この場合に、BはCに対してどのような請求ができるか。

この事例は、典型的な所有権留保の事案である。AB間の売買契約後も、甲の所有権はAに帰属していたことから、Bはまだ所有者になってはいない。これにもかかわらず、BはCに対して、なんらかの直接請求権を有するのだろうか。

---

(23) 物権的合意とともに占有改定もなされて甲の所有権がBに移転しているのか（BGB 929条・930条）、それとも、占有改定まではなされておらず、甲の所有権はいぜんとしてAにとどまっているのかの判断は、実際には難しい。占有改定もAB間の合意によるからである。この点については、古くからすでに議論されていた。たとえば、*Eugen Fuchs*, Das Wegen der Dinglichkeit -Ein Beitrag zur allgemeinen Rechtslehre und zur Kritik des Entwurfs eines bürgerlichen Gesetzbuches für das Deutsche Reich-, Berlin 1889, S. 66 などを参照。結局のところ、物権変動における形式主義とはなにか、引渡主義とはなにかという問いに、取り組まざるをえない。

2　ius ad rem

　ドイツ法は、この事例におけるBに、期待権が帰属していることを認める[24]。期待権が成立するための要件は、判例によって以下のように整理されている。すなわち、所有権を取得するための要件が複数存在する場合において、譲受人の法的地位が保護されるべきであると考えられるほどに、かつ、譲渡人が譲受人による所有権取得をもはや一方的に妨げてはならないといえるほどに、当該要件が充足されていることである[25]。この事案では、Bは、Aとの間で売買契約と物権的合意を締結し、さらに、甲の引渡しをも受けている。このため、Bは、所有権を取得してはいないけれども、期待権を有していると解することができる。

　問題は、この期待権の法的性質である[26]。とくに、期待権を有する者は、第三者との関係でどのような権利をもつのか。この期待権は、物権的な性質を有すると解されている。なぜならば、買主の法的地位は売買代金の完済によって絶対的に保護されるとともに、売主はもはやそのような買主の権利を妨げることができないと定められているからである（BGB 161条1項1文[27]）。

---

(24)　期待権に関する最新の文献として、*Jan Felix Hoffmann*, Das mobiliarsachenrechtliche Anwartschaftsrecht in der juristischen Ausbildung, JuS 2016, 289 ff. を参照。
(25)　BGH NJW 1955, 544 ff. を参照。
(26)　判例は、期待権を、所有権そのものではないが所有権と同じ性質をもつ権利と解している。たとえば、BGHZ 28, 16 ff. などを参照。
(27)　BGB § 161 (1): Hat jemand unter einer aufschiebenden Bedingung über einen Gegenstand verfügt, so ist jede weitere Verfügung, die er während der Schwebezeit über den Gegenstand trifft, im Falle des Eintritts der Bedingung insoweit unwirksam, als sie die von der Bedingung abhängige Wirkung vereiteln oder beeinträchtigen würde. Einer solchen Verfügung steht eine Verfügung gleich, die während der Schwebezeit im Wege der Zwangsvollstreckung oder der Arrestvollziehung oder durch den Insolvenzverwalter erfolgt.
(2): Dasselbe gilt bei einer auflösenden Bedingung von den Verfügungen desjenigen, dessen Recht mit dem Eintritt der Bedingung endigt.
(3): Die Vorschriften zugunsten derjenigen, welche Rechte von einem Nichtberechtigten herleiten, finden entsprechende Anwendung.
　第161条第1項：ある者が停止条件のもとに目的物を処分した場合には、その目的物について不確定な状態の間にされたすべての処分は、条件が成就したときにはその処分が条件に従属する効力を挫折させ、または侵害するかぎりで、無効となる。不確定な状態が強制執行もしくは仮差押執行の方法により、または、破産管財人により生じる処分は、本項1文での処分と同じである。
　第2項：その権利が条件の成就で終了する者による処分に関する解除条件の場合も同様である。
　第3項：その権利が無権限者によって行われる者のための諸規定は、準用される。

期待権を物権そのものととらえるのであれば、その効果が絶対性をもつことを容易に導き出せる。しかし、ここで問題とされているのは、条件未成就の間の、Bの権利行使の内容である。この点につき、Bは、代金を完済しなければ、甲の所有権を取得できない。代金完済前のBは、債権者にすぎない。

たしかに、AがBの代金支払いを拒絶するなどして、条件の成就を妨げた場合には、その条件は成就したものとみなされ（BGB 162条1項）、BGB 161条1項1文の要件が充足されることにより、Bは所有権を取得し、Cに対して権利行使することができる。しかし、ここにいたってのBの権利の内容は、まさに所有権であって、もはや期待権ではない。このため、期待権の法的性質を論じる前提として、条件未成就の間のBの権利の内容に着目する必要がある。

そうすると、条件未成就の間のBの権利は、はたして物権的効果をもつといえるだろうか。Bは、代金を完済しなければ、甲に関する自らの権利を第三者に主張することができない。たとえ、Aが条件成就を妨げられないということ、つまり、Aは一方的にBの期待権を侵害できないことを考慮するとしても、期待権はそのままでは第三者効をもたないのである。そうであれば、期待権を ius ad rem と位置づけることは困難となろう。

---

(28) BGB § 162 (1): Wird der Eintritt der Bedingung von der Partei, zu deren Nachteil er gereichen würde, wider Treu und Glauben verhindert, so gilt die Bedingung als eingetreten.
(2): Wird der Eintritt der Bedingung von der Partei, zu deren Vorteil er gereicht, wider Treu und Glauben herbeigeführt, so gilt der Eintritt als nicht erfolgt.
第162条第1項：条件の成就により不利となる当事者によって、信義および誠実に反して条件の成就が妨げられるとき、条件は成就したものとみなされる。
第2項：条件の成就により有利となる当事者によって、信義および誠実に反して条件の成就が招来されるとき、その成就は生じなかったものとみなされる。
(29) AがBの期待権を侵害した場合には、BはAに対して損害賠償請求をすることもできる。しかし、この請求権は相手方当事者であるAに対する権利であり、かつ、条件が成就しなければ、BはAに請求することができない（BGB 160条1項）。
BGB § 160 (1): Wer unter einer aufschiebenden Bedingung berechtigt ist, kann im Falle des Eintritts der Bedingung Schadensersatz von dem anderen Teil verlangen, wenn dieser während der Schwebezeit das von der Bedingung abhängige Recht durch sein Verschulden vereitelt oder beeinträchtigt.
(2): Den gleichen Anspruch hat unter denselben Voraussetzungen bei einem unter einer auflösenden Bedingung vorgenommenen Rechtsgeschäft derjenige, zu dessen Gunsten der

さらに検討の対象となるのは、Bの占有権である。期待権をもつBは、すでに甲を直接占有している。このため、Bは占有権に基づく請求権をAやCに対して有する。ここで、事案を変えて、CがBから甲を侵奪していたとするのであれば、BはCに対して甲の引渡しを求めることができる（BGB 861条1項）[30]。しかし、Bのこの権利は、あくまでBの占有権に基づく請求権であって、かならずしも期待権が前提となるわけではない。むしろ、期待権が所有権と本質的に同じ内容をもつ権利であることを強調して、所有権に基づく返還請求権（BGB 985条）[31]を類推適用することができると解するのであれば、期待権が物権的性質をもつことを論証できよう。

3 小括

期待権についてここまで検討してきたことをまとめると、次のようになる。まず、期待権はドイツ法においてほぼ物権と同じ性質をもつ権利として位置づけられている。このことから、無権原占有者に対する直接請求権が期待権者には認められる[32]。しかし、第三者に対する直接請求権が認められるこ

---

frühere Rechtszustand wieder eintritt.
　第160条第1項：停止条件付きで権利を有する者は、相手方が不確定な時期に条件にかかわる権利をその故意・過失で挫折させる場合、または、侵害する場合において、条件が成就されたときには、相手方に損害賠償を請求することができる。
　第2項：解除条件のもとにされた法律行為の場合、それ以前の法的状態が自らのために再び生じる者は、前項と同じ要件のもとに同様の請求権を有する。
(30)　BGB § 861 (1): Wird der Besitz durch verbotene Eigenmacht dem Besitzer entzogen, so kann dieser die Wiedereinräumung des Besitzes von demjenigen verlangen, welcher ihm gegenüber fehlerhaft besitzt.
　(2): Der Anspruch ist ausgeschlossen, wenn der entzogene Besitz dem gegenwärtigen Besitzer oder dessen Rechtsvorgänger gegenüber fehlerhaft war und in dem letzten Jahre vor der Entziehung erlangt worden ist.
　第861条第1項：占有者は、違法な私力によって占有を奪われたときは、自己に対して瑕疵ある占有をする者に対して、占有の回収を請求することができる。
　第2項：前項の請求権は、侵奪された占有が現在の占有者又はその前主に対して瑕疵あるものであり、かつ、その占有が侵奪された時から遡って1年以内に取得されたものであるときは、これを行使することができない。
(31)　BGB § 985: Der Eigentümer kann von dem Besitzer die Herausgabe der Sache verlangen.
　第985条：所有者は、占有者に対して物の返還を請求することができる。
(32)　所有権に基づく返還請求権（BGB 985条）の類推適用だけではなく、期待権が侵害されたことに基づく不法行為法上の損害賠償請求権等も問題となりうるが、この点については六で後述する。

と自体が、ius ad rem なのではない。ius ad rem の特徴を、債権、あるいは、物権ではない権利、であるにもかかわらず、第三者効をもつ権利として理解するのであれば、期待権はまさに物権であるからこそ第三者効をもつのであって、これを ius ad rem と位置づけることはできないということになる。

結局のところ、期待権の法的性質については、これを所有権に類似するものとみるか、あるいは、所有権が取得されていないにもかかわらず絶対効が認められる特殊な権利とみるかが、ius ad rem との関係で重要となる。すくなくとも、ドイツの判例は、これを所有権と同じく保護しているのである。

Ⅳ 譲渡禁止

1 具体例

譲渡禁止も ius ad rem と関連させて論じることができる。ドイツ法上の譲渡禁止には、法律に基づく譲渡禁止（BGB 135条）、職権による譲渡禁止（BGB 136条）と契約に基づく譲渡禁止（BGB 137条）の3種類がある。ただ

---

(33) 期待権の法的性質については、たとえば、*Peter O. Mülbert*, Das inexistente Anwartschaftsrecht und seine Alternativen, AcP 202 912 ff. (2002) などを参照。

(34) BGB § 135 (1): Verstößt die Verfügung über einen Gegenstand gegen ein gesetzliches Veräußerungsverbot, das nur den Schutz bestimmter Personen bezweckt, so ist sie nur diesen Personen gegenüber unwirksam. Der rechtsgeschäftlichen Verfügung steht eine Verfügung gleich, die im Wege der Zwangsvollstreckung oder der Arrestvollziehung erfolgt.
(2): Die Vorschriften zugunsten derjenigen, welche Rechte von einem Nichtberechtigten herleiten, finden entsprechende Anwendung.
第135条第1項：目的物に関する処分が一定の者の保護のみを目的とする法律による譲渡禁止に違反するとき、その処分は、この者に対してのみ無効である。法律行為上の処分は、強制執行または仮差押えの執行の方法で生じる処分と同じである。
第2項：無権利者から権利を導き出す者のための規定は、準用される。

(35) BGB § 136: Ein Veräußerungsverbot, das von einem Gericht oder von einer anderen Behörde innerhalb ihrer Zuständigkeit erlassen wird, steht einem gesetzlichen Veräußerungsverbot der in § 135 bezeichneten Art gleich.
第136条：裁判所またはその他の官庁によってその管轄内で発せられた譲渡禁止は、135条（法律上の譲渡禁止）で定められた種類の譲渡禁止と同じである。

(36) BGB § 137: Die Befugnis zur Verfügung über ein veräußerliches Recht kann nicht durch Rechtsgeschäft ausgeschlossen oder beschränkt werden. Die Wirksamkeit einer Verpflichtung,

し、いずれの譲渡禁止も、その効果は相対的である。

　法律に基づく譲渡禁止は、これによって保護を受ける者に対してのみ効力をもつ（BGB 135条1項）。つまり、相対効である。ただし、譲渡禁止に反して処分された目的物を承継取得した者は、善意取得の可能性が残されている（BGB 135条2項）。職権による譲渡禁止は、法律に基づく譲渡禁止と同じ規律に服する（BGB 136条）。したがって、同じく相対的な譲渡禁止であり、善意取得の余地もある。そして、法律行為に基づく譲渡禁止は、債権的効果を有するにすぎない（BGB 137条2文）。本稿でとくに問題となるのは、目的物が土地である場合の、法律行為に基づく譲渡禁止である。

　土地甲の所有者Aが、甲の所有権につきBとの間で売買契約を締結し、その所有権の譲渡についての合意もなされた。しかし、登記はA名義のままであった。そこで、AB間において、Aは甲の所有権をB以外の者に対して譲渡しない旨の特約がかわされた。この特約が、法律行為に基づく譲渡禁止である。この特約があったにもかかわらず、その後、AはCとの間で甲の所有権についての売買契約とその譲渡に関する合意を締結し、Cが登記を備えた。ここで、BはCに対してなんらかの請求権を有するか。

　処分権限を法律行為に基づいて制限することはできない（BGB 137条1文）。しかしながら、処分してはならないとする義務を売主である債務者に対して負わせることは、否定されていない（BGB 137条2文）。したがって、法律行為に基づく譲渡禁止に反して目的物を処分した者は、債務不履行として責任を負うことがありうる。それでは、上述の具体例におけるAが債務不履行責任を負うとして、AC間における甲の譲渡は影響を受けるのか。

2　ius ad rem

BGB 137条2文は、譲渡禁止の債権的効果を制限してはいない[37]。問題は、同条1文が禁止を制限している処分権限の内容である。この処分権限が物権

　　über ein solches Recht nicht zu verfügen, wird durch diese Vorschrift nicht berührt.
　　第137条：譲渡される権利の処分権限は、法律行為によっては排除または制限され得ない。そのような権利を処分しないとの債務の有効性は、本規定によっては影響を受けない。

(37)　このことは、契約自由の原則からも導くことができる。この点につき、*Peter Bülow*, Grundfragen der Verfügungsverbote, JuS 1994, 4 などを参照。

的な性質を有するものであれば、物権的効果をもつ譲渡禁止も、同条1文によって制限されていると解するのが素直であろう。[38]

そもそも、売買契約と所有権移転に関する物権的合意が締結されれば、その合意の中に、売主に対する譲渡禁止は含まれていると解することもできる。というのは、売買契約に基づいて、買主は売主に対して所有権譲渡を求める請求権をもち、同時に、売主は第三者にその所有権を譲渡してはならないという義務を負うと考えることができるからである。[39] そうすると、売買契約と物権的合意がなされた場合には、債権的効果をもつ譲渡禁止も存在するというのが通常といえるだろう。

BGB 137条1文を素直に読むかぎり、売主に対する物権的な譲渡禁止は制限されていると解するべきだろう。しかし、BGB 137条の立法趣旨に対しては、疑問の余地がある。物権法定主義をその根拠とするにしても、BGBが制定された後に、物権的効果を有する権利として認められたものは数多い。[40] また、売主の取引の自由をその立法趣旨とするのも、説得的ではない。BGB 137条2文がすくなくとも債権的な譲渡禁止については認めているのであるから、その限りで、すでに売主の取引の自由は制限されているのである。[41]

このように、BGB 137条の立法趣旨からだけでは、物権的な譲渡禁止の制限を根拠づけることはできない。したがって、別の観点からさらに検討する必要がある。そこで、譲渡禁止が具体的にどのような効果をもつかについて、当事者関係と第三者関係に分けて分析してみよう。

売主が買主からBGB 137条に基づく譲渡禁止を課されていたにもかかわ

---

(38) 処分禁止を、その目的に応じて2つに分類する見解もある。すなわち、積極的な処分禁止と消極的な処分禁止である。積極的な処分禁止は、買主が自らの履行請求権を保全するために行われるもので、消極的な処分禁止は、売主の不作為（譲渡禁止）を義務づけるだけのものであるとされる。このような分類を主張する見解として、*Klaus Schirig*, Das Vorkaufsrecht im Privatrecht -Geschichte, Dogmatik, ausgewählte Fragen-, Berlin 1975, S. 15 f. などを参照。

(39) 売主が第三者に目的物の所有権を譲渡することによって、当初の買主との売買契約に基づく債務が不能となるからである。この点につき、*Hans Eberhard* Sandweg, Anspruch und Belastungsgegenstand bei der Auflassungsvormerkung, BWNotZ 1994, 8 などを参照。

(40) その典型例は、譲渡担保である。

(41) このように、BGB 137条の立法趣旨を批判する見解として、*Christian Berger*, Rechtsgeschäftliche Verfügungsbeschränkungen, Tübingen 1998, S. 60 ff. などを参照。

らず、目的物を第三者に譲渡した場合には、買主は売主に対してどのような請求ができるか。買主は売主に対して、BGB 280条に基づく債務不履行責任を問うことができ、また、BGB 823条2項に基づく不法行為責任を問える可能性もある。しかし、買主は売主から目的物の引渡しを受けることは、ほとんどできない。たしかに、理論上、買主は売主に目的物の引渡しを求めることはできる（BGB 249条1項）。しかし、売主が第三者に目的物を譲渡し

---

(42)　BGB § 280 (1): Verletzt der Schuldner eine Pflicht aus dem Schuldverhältnis, so kann der Gläubiger Ersatz des hierdurch entstehenden Schadens verlangen. Dies gilt nicht, wenn der Schuldner die Pflichtverletzung nicht zu vertreten hat.
　(2): Schadensersatz wegen Verzögerung der Leistung kann der Gläubiger nur unter der zusätzlichen Voraussetzung des § 286 verlangen.
　(3): Schadensersatz statt der Leistung kann der Gläubiger nur unter den zusätzlichen Voraussetzungen des § 281, des § 282 oder des § 283 verlangen.
　第280条第1項：債務者が債務関係に基づく義務に違反するとき、債権者は、これにより生じる損害の賠償を請求することができる。前文の定めは、債務者が義務違反について責任を負わないとき、適用されない。
　第2項：債権者は、給付の遅滞に基づく損害賠償を286条（債務者の遅滞）の定める追加的要件のもとにのみ請求することができる。
　第3項：履行に代わる損害賠償を債権者は281条（給付が提供されなかったか負担するようには提供されなかったことによる給付に代わる損害賠償）、282条（241条（債務関係に基づく諸義務）2項による義務違反に基づいた給付に代わる損害賠償）または283条（給付義務の排除の場合における給付に代わる損害賠償）の諸要件のもとにのみ請求することができる。
(43)　BGB § 823 (1): Wer vorsätzlich oder fahrlässig das Leben, den Körper, die Gesundheit, die Freiheit, das Eigentum oder ein sonstiges Recht eines anderen widerrechtlich verletzt, ist dem anderen zum Ersatz des daraus entstehenden Schadens verpflichtet.
　(2): Die gleiche Verpflichtung trifft denjenigen, welcher gegen ein den Schutz eines anderen bezweckendes Gesetz verstößt. Ist nach dem Inhalt des Gesetzes ein Verstoß gegen dieses auch ohne Verschulden möglich, so tritt die Ersatzpflicht nur im Falle des Verschuldens ein.
　第823条第1項：故意又は過失により他人の生命、身体、健康、自由、所有権又はその他の権利を違法に侵害した者は、その他人に対し、これによって生じた損害を賠償する義務を負う。
　第2項：他人の保護を目的とする法律に違反した者も、前項と同様である。法律の内容によれば有責性がなくても違反を生じる場合には、賠償義務は、有責性があるときに限り生じる。
(44)　BGB § 249 (1): Wer zum Schadensersatz verpflichtet ist, hat den Zustand herzustellen, der bestehen würde, wenn der zum Ersatz verpflichtende Umstand nicht eingetreten wäre.
　(2): Ist wegen Verletzung einer Person oder wegen Beschädigung einer Sache Schadensersatz zu leisten, so kann der Gläubiger statt der Herstellung den dazu erforderlichen Geldbetrag verlangen. Bei der Beschädigung einer Sache schließt der nach Satz 1 erforderliche Geldbetrag die Umsatzsteuer nur mit ein, wenn und soweit sie tatsächlich angefallen ist.
　第249条第1項：損害賠償の義務を負う者は、賠償を義務づける事情が発生しなかったならば存したであろう状態を回復しなければならない。
　第2項：人の侵害または物の毀損に基づいて損害賠償がされなければならないとき、債権者は、原状回復に代えて、そのために必要な金額を請求することができる。物の毀損の場合、本条1文

たことによって、買主に対する履行は不能となっている。このため、買主は売主から金銭賠償を得るほかはない。[45]

このように、当事者関係をみると、当然、買主がもつ権利は物権とはいえない。これは、所有権が買主に帰属していないだけではなく、買主が絶対効を有する債権をももっていないということを意味する。[46]

これに対して、第三者関係はどうか。前述した具体例におけるBは、Cに対する直接の請求権を有するか。BGB 137条1文は、これを否定する。したがって、Aに譲渡禁止が義務づけられているにもかかわらず、その効果はBとの関係においてのみ有効であり、Cに影響を与えない。このため、Cの所有権取得が認められる。[47]

以上のことは、譲渡禁止全般にわたっていえることであるから、積極的な譲渡禁止にもあてはまる。このため、消極的な譲渡禁止の場合には、相対効がさらに徹底されることになろう。消極的な譲渡禁止は、そもそも第三者効を予定していない義務だからである。

3 小括

このように、譲渡禁止を ius ad rem との関係で分析してみると、ドイツ法における譲渡禁止は、その効果が法律に基づいて相対効に限定されていることがわかる。このため、譲渡禁止によって利益を受ける買主が、譲渡禁止それ自体に基づいて、第三者に対して請求権をもつことはない。この限りで、ドイツ法上の譲渡禁止から、ius ad rem が成立することはない。

により必要な金額は、販売税が事実上発生するとき、そして、そのかぎりで、販売税を含む。
(45) この点につき、*Berger*, a.a.O. 41, S. 121 ff. などを参照。
(46) なお、買主が売主に対して譲渡禁止を義務づける債権は、仮登記することもできないと解されている。この点につき、たとえば、BGHZ 12, 115 ff. などを参照。
(47) たとえば、*Wolfram Timm*, Außenwirkungen vertraglicher Verfügungsverbote?, JZ 1989, 14 を参照。もっとも、Aの譲渡禁止の義務がCに引き受けられていたのであれば、Cは自らの債務として、Bとの関係で義務を負う。この場合には、BはCに対して、Cが譲渡禁止に違反したことに基づいて、直接Cに対して解除を請求することができる。この点につき、OLG Köln NJW-RR 1996, 327 ff. を参照。しかし、ここでのBとCは当事者の関係にあるのであって、Bの請求権がius ad rem であると解する根拠とはならない。それでは、BはCに対してなんらの請求権をも有しないのか。CがAB間の譲渡禁止の合意について、悪意であった場合にはどうか。BGB 826条の適用の可否が問題となる。これについては、六で後述する。

たしかに、第三者が譲渡禁止の義務を引き継ぐ場合には、譲渡禁止によって利益を受ける買主は、その第三者に対して直接請求権を有する。しかし、この両者の関係は、もはや当事者関係に転換しているのであるから、ius ad rem の範囲外である。

それでは、債権的な譲渡禁止に反する行為がなされることを解除条件として、売主から譲渡禁止によって利益を受ける買主に、目的物の所有権移転の効果が発生するという内容で、契約を締結することはどうか。この方法は一般に認められてはいる。しかし、この場合の買主には、期待権が付与されると考えられており、期待権はむしろ物権そのものでもある。したがって、債権であることが前提となる ius ad rem とは、その性質を異にする。

V 先買権

1 具体例

ドイツ法は、先買権という概念を認めている。先買権には債権的先買権と物権的先買権がある。たとえば、土地甲の所有者 A が甲の所有権に関して B と売買契約を締結する予定であったところ、その後、A が第二買主 C との間において甲の所有権に関する売買契約を締結したとする。ここで、B が

---

(48) たとえば、BGHZ 134, 182 ff. などを参照。
(49) この点につき、*Michaels*, a.a.O. 14, S. 351 を参照。なお、土地所有権の譲渡が問題となっている場合には、要式行為であるその物権的合意に条件を付すことは許されない（BGB 925 条 2 項）。
BGB § 925 (1): Die zur Übertragung des Eigentums an einem Grundstück nach § 873 erforderliche Einigung des Veräußerers und des Erwerbers (Auflassung) muss bei gleichzeitiger Anwesenheit beider Teile vor einer zuständigen Stelle erklärt werden. Zur Entgegennahme der Auflassung ist, unbeschadet der Zuständigkeit weiterer Stellen, jeder Notar zuständig. Eine Auflassung kann auch in einem gerichtlichen Vergleich oder in einem rechtskräftig bestätigten Insolvenzplan erklärt werden. (2): Eine Auflassung, die unter einer Bedingung oder einer Zeitbestimmung erfolgt, ist unwirksam.
第 925 条第 1 項：第 873 条により土地所有権の譲渡に必要な譲渡人と譲受人との間の合意（アウフラッスンク）は、当事者双方が管轄官庁に同時に出頭して、これを表明しなければならない。いかなる公証人も、他の官庁の管轄にかかわらず、アウフラッスンクの受領につき管轄を有する。アウフラッスンクは、裁判上の和解又は確定力をもって認可された倒産処理計画においても、これを表明することができる。
第 2 項：条件又は期限を付けてしたアウフラッスンクは、これを無効とする。

甲の所有権に関して先買権を有していた場合には、その先買権はまずもって債権的効果をもつ。つまり、BはAに対して、先買権を行使することができる（BGB 463条・464条1項）。これにより、BとAの間で売買契約が成立する（BGB 464条2項）。

さらに、Bが有する先買権を土地甲に対する制限物権として設定することもできる。これが、物権的先買権である（BGB 1094条）。物権的先買権は登記することもでき、第三者に対してもその効果を有する（BGB 1098条2項）。

---

(50) BGB § 463: Wer in Ansehung eines Gegenstandes zum Vorkauf berechtigt ist, kann das Vorkaufsrecht ausüben, sobald der Verpflichtete mit einem Dritten einen Kaufvertrag über den Gegenstand geschlossen hat.
第463条：目的物の先買権を有する者は、義務者がその目的物に関する売買契約を第三者と締結した場合に、先買権を行使することができる。

(51) BGB § 464 (1): Die Ausübung des Vorkaufsrechts erfolgt durch Erklärung gegenüber dem Verpflichteten. Die Erklärung bedarf nicht der für den Kaufvertrag bestimmten Form.
(2): Mit der Ausübung des Vorkaufsrechts kommt der Kauf zwischen dem Berechtigten und dem Verpflichteten unter den Bestimmungen zustande, welche der Verpflichtete mit dem Dritten vereinbart hat.
第464条第1項：先買権の行使は、義務者に対する意思表示によって行う。この意思表示は、売買契約に関する特別な方式であることを要しない。
第2項：先買権の行使により、先買権者と義務者の間に、義務者が第三者と合意した内容の売買契約が成立する。

(52) ここでのBのCに対する先買権は、形成権である。

(53) BGB § 1094 (1): Ein Grundstück kann in der Weise belastet werden, dass derjenige, zu dessen Gunsten die Belastung erfolgt, dem Eigentümer gegenüber zum Vorkauf berechtigt ist.
(2): Das Vorkaufsrecht kann auch zugunsten des jeweiligen Eigentümers eines anderen Grundstücks bestellt werden.
第1094条第1項：土地は、先買権の目的とすることができる。先買権者は、所有者に対して先買することができる。
第2項：先買権は、他の土地の所有者のためにも、これを設定することができる。

(54) つまり、登記された物権的先買権は、仮登記された請求権と同じ機能をもつ。
BGB § 1098 (1): Das Rechtsverhältnis zwischen dem Berechtigten und dem Verpflichteten bestimmt sich nach den Vorschriften der §§ 463 bis 473. Das Vorkaufsrecht kann auch dann ausgeübt werden, wenn das Grundstück von dem Insolvenzverwalter aus freier Hand verkauft wird.
(2): Dritten gegenüber hat das Vorkaufsrecht die Wirkung einer Vormerkung zur Sicherung des durch die Ausübung des Rechts entstehenden Anspruchs auf Übertragung des Eigentums.
(3): Steht ein nach § 1094 Abs. 1 begründetes Vorkaufsrecht einer juristischen Person oder einer rechtsfähigen Personengesellschaft zu, so gelten, wenn seine Übertragbarkeit nicht vereinbart ist, für die Übertragung des Rechts die Vorschriften der §§ 1059a bis 1059d entsprechend.
第1098条第1項：先買権者と義務者との間の法律関係は、第463条から第473条までの規定に

2 ius ad rem

先買権は、二重売買がなされたときに効果を発揮する。BのAに対する先買権の行使はBの一方的な意思表示による形成権であって、Aの承諾を要しない。ただし、先買権を第三者Cにも主張するには、この権利を物権として構成し、しかも登記をしておかなければならない。登記をしておけば、Bによる先買権の行使によって、AC間の処分行為は相対的に無効となる（BGB 883条2項）[55]。そして、Cは、Bが甲の所有権についての登記をすることに対して、同意する義務を負う（BGB 888条1項）[56]。

より、これを定める。先買権は、倒産管財人が土地を任意に売却したときも、これを行使することができる。

第2項：先買権は、第三者に対しては、権利の行使によって発生する所有権移転請求権を保全するための仮登記の効力を有する。

第3項：第1094条第1項により設定された先買権が法人又は権利能力を有する人的会社に帰属する場合において、その譲渡が可能なことが合意されていないときは、その権利の譲渡について第1059a条から第1059d条までの規定を準用する。

(55) BGB 1098条2項により、物権的先買権は仮登記された請求権と同じ効果をもつとされている。このため、仮登記の条文が準用される。

BGB § 883 (1): Zur Sicherung des Anspruchs auf Einräumung oder Aufhebung eines Rechts an einem Grundstück oder an einem das Grundstück belastenden Recht oder auf Änderung des Inhalts oder des Ranges eines solchen Rechts kann eine Vormerkung in das Grundbuch eingetragen werden. Die Eintragung einer Vormerkung ist auch zur Sicherung eines künftigen oder eines bedingten Anspruchs zulässig.

(2): Eine Verfügung, die nach der Eintragung der Vormerkung über das Grundstück oder das Recht getroffen wird, ist insoweit unwirksam, als sie den Anspruch vereiteln oder beeinträchtigen würde. Dies gilt auch, wenn die Verfügung im Wege der Zwangsvollstreckung oder der Arrestvollziehung oder durch den Insolvenzverwalter erfolgt.

(3): Der Rang des Rechts, auf dessen Einräumung der Anspruch gerichtet ist, bestimmt sich nach der Eintragung der Vormerkung.

第883条第1項：仮登記は、土地を目的とする権利若しくはその権利を目的とする権利の承諾請求権若しくは放棄請求権又は権利の内容若しくは順位の変更請求権を保全するため、これを土地登記簿に登記することができる。仮登記は、将来の請求権又は条件付きの請求権を保全するためにも、これを登記することができる。

第2項：仮登記の後に土地又は権利についてされた処分は、これが前項の請求権の全部又は一部と抵触する限りで、その効力を有しない。強制執行若しくは仮差押えの手続においてされ、又は倒産管財人によってされた処分についても、同様とする。

第3項：請求権の目的が権利の承諾であるときは、その権利の順位は、仮登記によって、これを定める。

(56) ここでも、物権的先買権と仮登記された請求権が同じ効果をもつとされることから、BGB 888条が準用される。

BGB § 888 (1): Soweit der Erwerb eines eingetragenen Rechts oder eines Rechts an einem solchen Recht gegenüber demjenigen, zu dessen Gunsten die Vormerkung besteht, unwirksam

先買権は ius ad rem との関係でどのようにとらえられるか。債権的先買権は、第三者にこれを主張することができない。このため、先買権が債権にとどまっている場合には、ius ad rem と位置づけることはできない。これに対して、物権的先買権は、登記をしておけば第三者に主張することができる。しかし、この効果は、先買権がまさに物権化されたからであって、先買権が債権である状態で第三者に主張できるようになったわけではない。だとすると、先買権はいずれにしても ius ad rem とは異なるということになる。

ただし、物権的先買権が先買権者の保護に資することはたしかである。設例のBは、AC間で甲の所有権に関する売買契約がなされたことをもって、自らの先買権を行使し、AC間の売買契約を自らとの関係では無効とし、さらに、Cに対して、自らが甲の所有権に関する登記をすることについて同意を求めることができる。

しかし、これに対して、Cは、甲の利用を継続するために、役権を設定することで、Bの先買権の行使を事実上無力化することができる。判例もこの方法を認めている。そのかぎりにおいて、Bの先買権は、実際上あまり重要な機能をもちえていないともいえる。

3 小括

先買権は、物権として設定され、登記を備えなければ、第三者にこれを主張することができない。また、物権的先買権も、これが効果をもつのは、売主が第三者と売買契約を締結した場合に限られる。上述した役権の設定のように、土地所有者が第三者と売買契約を締結したわけではない場合には、少なくとも先買権者の土地利用権の保護という観点からみると、物権的先買権

---

ist, kann dieser von dem Erwerber die Zustimmung zu der Eintragung oder der Löschung verlangen, die zur Verwirklichung des durch die Vormerkung gesicherten Anspruchs erforderlich ist.

(2): Das Gleiche gilt, wenn der Anspruch durch ein Veräußerungsverbot gesichert ist.

第888条第1項：仮登記によって利益を受ける者は、登記された権利又はその権利を目的とする権利の取得が自己に対して効力を有しないときは、その取得者に対して、仮登記によって保全される請求権を実現するのに必要な登記又は抹消に同意することを請求することができる。

第2項：請求権が譲渡の禁止によって保全されるときも、前項と同様とする。

(57) この点につき、BGH NJW 2003 3769 ff. を参照。99年という長期間の役権が設定されることもある。

は機能しない。

　これらのことに鑑みると、先買権を ius ad rem と解することはできない。物権的先買権が一定の場合に絶対効を有するのは、それが物権であるからこそであって、演繹的に当然に導かれる。この効果は、特殊な第三者効ではない。

　しかも、土地利用権が保護されないという点も、ius ad rem との関係で重要な違いをもたらす。ius ad rem は、対象となる権利が本来は債権であって相対効しか有しないところ、これに絶対効を付与して、先に目的物を利用している者の利用権を保護することに、そのもっとも重要な目的がある。そうだとすると、長期間の役権が設定されることによって、利用権が容易に侵奪されてしまうことからして、そのような利用権を ius ad rem と評価するのは難しい。

VI　不法行為

1　具体例

　物権をまだ取得していない第一買主を第三者との関係において保護するために、ほかにどのような手段があるか。たとえば、土地甲の売主 A が B と売買契約を締結し、B は代金をほぼ全額 A に支払い、甲の利用を開始していたとする。しかし、B は未登記であった。その後、A は C との間でも売買契約を締結し、C は A に代金を全額支払い、登記も備えた。そして、C は所有権に基づいて B に対して甲を明け渡すよう求めた。ここで、B を保護するにはどうすればよいか。

　この場合に、B が A に対して債務不履行責任を問うことになんら問題はない（BGB 280 条 1 項 1 文）。しかし、B が求めているのは、甲を失うことによ

---

(58)　まさに、先買権の物権化である。
(59)　ドイツ法が採用する物権と債権の峻別は、BGB の制定にあたってもっとも重視された観点である。現行法、つまり、立法化されている明文規定において、絶対効が認められている権利は、物権として規定される。これは、法体系の観点から、当然の論理的帰結とされた。このため、今日において、かりに ius ad rem として性質決定することが許される権利が残されているとすれば、それは、判例をはじめとした解釈論においてのみ可能と考えられる。

る金銭的損害賠償ではなく、甲そのものの利用の維持である。Aの債務は法律上は履行不能に陥っていることから、BのAに対する債務不履行責任の追及は、Bにとっては、根本的な解決とはならない。

そこで、BはCに対して直接に甲の所有権の返還を求めることができるかが問題となる。この手法がもし認められるとすれば、Bは物権取得者ではないにもかかわらず、自らの債権のみに基づいて絶対効を享受することになる。これは、理論的にも目的論的にも、ius ad rem とかなり接近する。

2　ius ad rem

ここでのBのCに対する請求権は、不法行為または不当利得に基づく請求権にほかならない[60]。というのは、Bは未登記のため、ドイツ法によれば甲の所有権を取得しておらず、かつ、BC間には直接の契約関係が存在しないからである。この問題を不法行為に基づく請求権としてとらえるのであれば、CによるAB間の契約に対する侵害、つまり、第三者による債権侵害に基づく、BのCに対する請求権ということになる。

それでは、根拠条文はなにか。BのAに対する所有権移転請求権は、債権であって絶対効を有しない。このため、債権に対する侵害は、BGB 823条の要件を充足しないとされている。したがって、BのCに対する請求権がBGB 823条を根拠として基礎づけられることはない。

二重売買の事案で第一契約が侵害された場合に、第一買主の請求権を基礎づけるのは、BGB 826条であるとされる[61]。同条は[62]、良俗違反行為によって他人に故意に損害を与えた者に対して、損害賠償義務を課している。設例と

---

(60) ただし、判例と学説における議論は、不法行為に基づく請求権に限定されている。この点につき、*Felix Zulliger*, Eingliffe Dritter in Forderungsrechte -Zugleich ein Beitrag zur Lehre vom subjektiven Recht-, Zürich 1988, S. 8 を参照。

(61) BGB § 826: Wer in einer gegen die guten Sitten verstoßenden Weise einem anderen vorsätzlich Schaden zufügt, ist dem anderen zum Ersatz des Schadens verpflichtet.
第826条：善良の風俗に反する方法で他人に対し故意に損害を加えた者は、その他人に対し損害を賠償する義務を負う。

(62) 二重売買において BGB 826条の適用が問題となった重要な判例として、BGHZ 12, 308 ff. を参照。連邦通常裁判所は、第二買主が第一契約をたんに知っているだけでは BGB 826条に基づく責任を根拠づけるには不十分であるとした。ただし、判決中の二重売買に関する部分は傍論であることに、注意する必要がある。

の関係においていうと、CがAB間の売買契約の存在を知っていることを前提として、Cが良俗違反の行為に基づいてAB間の契約を不能に帰せしめ、故意にBに対して損害を与えたことが要件となる(63)。

二重売買においてBGB 826条を適用する場合の、故意および良俗違反とはなにか。まず、故意について、判例はたんなる悪意では足りないとする(64)。もちろん、過失では要件を満たさない。第二買主が、売主の第一買主に対する義務を認識し、かつ、その義務を履行できないように意図することまで求められる。

良俗違反も、厳格に解釈される。当然、故意であることから自動的に良俗違反が導かれるわけではない(65)。BGB 826条の文言からすれば、故意と良俗違反は別々の要件と解するのが素直であろうし、また、第一買主よりも第二買主が高値をつけることは、一般の取引通念に従うならば、かならずしも良俗違反の行為とはいえないであろう(66)。このため、良俗違反とされるためには、固有の事実の存在が求められる(67)。良俗違反の典型例としてよくあげられるのは、売主と第二買主が共同して、第一買主に損害を与えることを意図した場合である(68)。ここには、故意に加えて良俗違反とみることのできる行為が認められる。

---

(63) このように、BGB 826条の要件として、とくに、良俗違反の行為、および、行為者の故意が問題となる。いずれの要件も厳密な検討が求められる。このこととの関連で、BGB 823条ではなく826条が二重売買の場面で適用されることについて、BGB 823条よりも826条の要件が緩やかであると説く見解もある。しかし、この見解はかならずしも正しくない。BGB 823条は、その要件が日本の民法709条とは異なって厳格に構成されていることからしてわかる通り、一般条項とはいえない。このため、同条は、日本法と比較すれば、たしかに厳格な要件を求める。しかし、このことは、同条がBGB 826条と比較してより厳格であるということを意味しない。したがって、上記の解釈は、BGB 826条が二重売買に適用されると解するにあたって、積極的な理由づけとなっていない。この点につき、*Michaels*, a.a.O. 14, S. 376 f. を参照。

(64) BGHZ, a.a.O. 62, 317 f. を参照。

(65) たとえば、*Philipp Heck*, Grundriß des Sachenrechts, Tübingen 1930, S. 112 を参照。

(66) この場合には、第二買主は、売主と第一買主の間の売買契約を、まさに故意に基づいて侵害しようとしているのである。

(67) 通説といえる。BGB 826条は、故意と良俗違反を別々に把握していると読むのが素直であろう。この点につき、*Astrid Stadler*, Gestaltungsfreiheit und Verkehrsschutz durch Abstraktion - rechtsvergleichende Studie zur abstrakten und kausalen Gestaltung rechtsgeschäftlicher Zuwendungen anhand des deutschen, schweizerischen, österreichischen, französischen und US-amerikanischen Rechts-, Tübingen 1996, S.386 f. を参照。

(68) たとえば、BGHZ 14, 313 ff. などを参照。

さらに、ius ad rem との関連で重要な点として、第一買主は、BGB 826 条に基づく損害賠償請求権が肯定された場合には、第二買主に対して直接に目的物の譲渡を求めることができる。本来であれば、CからAに甲の所有権を復帰させた上で、BはあらためてAに対して債務の履行を求めるのが筋であろう。しかし、Aは、Bとの関係で自らが債務不履行に陥ることを認識した上で、二重にCと売買契約を締結した。だから、AはBに甲を譲渡する意欲をそもそもなくしている。そうだとすると、Aのもとに甲の所有権が復帰したからといって、AがあらためてすぐにBからの請求に応じるとはかぎらない。場合によっては、Aは別の第三者に甲の所有権を譲渡してしまうかもしれない。このため、CからBへ甲の所有権を直接移転させることが認められているのである。

ただ、ここでさらにもう1つの問題がある。それは、良俗違反の行為を無効とするBGB 138 条 1 項と 826 条の関係である。二重売買のケースで、かりにBGB 138 条 1 項が適用されると、AC間の売買契約は無効となり、甲の所有者はAとなる。このため、Bは、Aに対してのみ、甲の所有権の移

---

(69) 第二買主から第一買主への譲渡を正面から認めた判例として、RGZ 108, 58 f. を参照。
(70) この理由は、たしかに実務上の利益に適っている。しかし、理論上、正当といえるだろうか。不法行為に基づく請求権が、なぜ物権的効果をももたらすことができるのか、さらに検討されなければならない。
(71) BGB § 138 (1): Ein Rechtsgeschäft, das gegen die guten Sitten verstößt, ist nichtig.
 (2): Nichtig ist insbesondere ein Rechtsgeschäft, durch das jemand unter Ausbeutung der Zwangslage, der Unerfahrenheit, des Mangels an Urteilsvermögen oder der erheblichen Willensschwäche eines anderen sich oder einem Dritten für eine Leistung Vermögensvorteile versprechen oder gewähren lässt, die in einem auffälligen Missverhältnis zu der Leistung stehen.
第 138 条第 1 項：善良な風俗に違反する法律行為は、無効である。
第 2 項：とくに、ある者が他人の急迫、無経験、判断能力の欠如または意思の薄弱に乗じて自らまたは第三者に、給付と際だった不均衡にある財産的に有利な給付について約束または保証させる法律行為は、無効である。
(72) BGB 138 条 1 項の効果として、AC間の売買契約のみならず物権行為も無効となり、そのためAのもとから甲の所有権は移転しなかったと構成するのか、あるいは、BGB 138 条 1 項に従って無効となるのはAC間の売買契約のみであって、甲の所有権をCからAに復帰させるためには、別途、AからCに対する不当利得返還請求権（BGB 812 条 1 項 1 文）の行使が必要とされるのか、問題となりうる。しかし、ここでは、いずれの構成をとるとしても、結果として、Aに甲の所有権があることになる。
BGB § 812 (1): Wer durch die Leistung eines anderen oder in sonstiger Weise auf dessen Kosten etwas ohne rechtlichen Grund erlangt, ist ihm zur Herausgabe verpflichtet. Diese

転を求めることができる。つまり、BはCに対して直接に甲の所有権の移転を求めることができない。しかし、AB間の売買契約をCが侵害したという事実に着目するのであれば、第三者による契約侵害として、不法行為に基づく請求権をBに付与するのがより適切と考えられる。

3 小括

BGB 826条に基づく請求権は、ius ad rem と近似している。どちらも、第二買主の悪意を要件としており、第一買主による第二買主への直接請求を認めるという効果をもつ。

しかし、仔細に検討してみると、両者には違いもある。まず、第二買主の悪意認定の基準時である。BGB 826条に基づく請求権の場合、売主と第二買主が売買契約を締結した時点が基準となる。これに対して、ius ad rem であれば、第二買主が目的物の占有を開始した時点ということになろう。

また、第一買主は第二買主に対して直接の請求権を有するとはいっても、BGB 826条に基づく請求権の場合に第一買主が第二買主に対して請求できる内容は、厳密にいうと、売主に目的物を返還してその後売主が第一買主にその所有権を譲渡することを認めること、であろう。だとすれば、この効果は ius ad rem とは異なる。

以上のように、BGB 826条に基づく請求権は、ius ad rem とかなり近似

Verpflichtung besteht auch dann, wenn der rechtliche Grund später wegfällt oder der mit einer Leistung nach dem Inhalt des Rechtsgeschäfts bezweckte Erfolg nicht eintritt.

(2): Als Leistung gilt auch die durch Vertrag erfolgte Anerkennung des Bestehens oder des Nichtbestehens eines Schuldverhältnisses.

第812条第1項：他人の給付により、または、その他の方法により、他人の費用で法的な理由なく何かを取得する者は、その他人に返還を義務づけられる。この義務は、法的な理由が後に脱落するとき、または、法律行為の内容に従った給付で目的とされた効果が発生しないときにも存する。

第2項：債務関係の存在または不存在に関して契約によって生じた承認も、給付とみなされる。

(73) BGB 138条1項が826条に優先すると解する見解として、*Sylvia Sella Geusen*, Doppelverkauf -Zur Rechtsstellung des ersten Käufers im gelehrten Recht des Mittelalters-, Berlin 1999, S. 20 などを参照。

(74) さらに、一般法理と特別法理の関係とパラレルにとらえて、総則の規定よりも債務関係法の規定が優先適用されると考えることもできよう。

(75) この点につき、*Manfred Löwisch*, Der Deliktsschutz relativer Rechte, Berlin 1970, S. 113 f. を参照。

していると評価できるが、必ずしも同一の法的性質を有するとまではいえない。もっとも、判例と通説に従う限りにおいて、この請求権の法的性質は、他の請求権と比較して、最も ius ad rem に近いと評価できる。

Ⅶ　おわりに

　ここまで、ius ad rem 概念と類似する制度がドイツ現行法において存在するのかどうか、存在するとすればそれぞれと ius ad rem との異同はどうかについて、検討してきた。具体的には、占有改定、期待権、譲渡禁止、先買権および不法行為について分析を加えた。

　このうち、期待権と先買権は、物権そのものとして把握されている。だからこそ絶対効が付与されるのであって、ius ad rem とは異なる。また、譲渡禁止は相対効しか有しないため、これも ius ad rem とは評価できない。

　そして、動産所有権を占有改定を通じて取得した場合にも、譲受人はすでに所有者なのであるから、その絶対効は所有権に基づいて生じると解される。ただし、譲受人は、直接占有していないために、第三者によって目的物が善意取得される危険にさらされている。その限りにおいて、譲受人の所有権は不安定な状態にある。このような状態にある所有権の性質を、完全な物権ではないととらえるのであれば、占有改定によって取得された所有権に基づく絶対効は、ius ad rem と類似しているとも評価しうる。

　これらに対して、不法行為に基づく第一買主の第二買主に対する請求権は、きわめて ius ad rem に類似する。というのは、まさに債権である、不法行為に基づく請求権を行使することによって、第一買主は、第二買主から自らに対して目的物を直接返還するよう、求めることができるからである。

　以上のように、本稿で検討した概念のうち、BGB 826 条に基づく請求権のみが、現行法において、本質的な観点からみて、ius ad rem と解することができる。

【備考】
　本稿は、平成 28 年度基盤研究（C）・16K03418 に基づく研究成果の一部である。

民法177条の適用範囲について
―― 消極的公示主義構成からのアプローチ ――

多 田 利 隆

I　はじめに
II　登記がなければ対抗できない第三者の範囲について
III　登記がなければ対抗できない物権変動原因について
IV　消極的公示主義構成と177条の適用範囲

I　はじめに

　177条は、登記がなければ対抗できない物権変動の範囲や第三者の範囲については、特に限定を付してしない。そのいずれについても制限することなく、「対抗」については登記の有無のみによる画一的判断を行うというのが立法者の見解であった。いわゆる登記絶対主義といわれるものである。しかし、このような登記絶対主義は、その後の判例・学説の中で少なからぬ修正を被ってきた。物権変動原因の範囲についてみると、大連判明41年12月15日民録14輯1301頁以来、判例は無制限説を基本的立場としているが、たとえば取消や取得時効について、第三者の登場時期による区別的取り扱いを行う中で、登記ができたのにそれをしなかったという事情が配慮されており、学説においては、さらに、いろいろな形で、物権者側の事情や第三者側の事情あるいは衝突利益の内容を考慮すべきことが説かれている。第三者の範囲については、判例は、大連判明治41年12月15日民録14輯1276頁で、それまでの無制限説から、「当事者若クハ其包括承継人ニ非スシテ不動産ニ関スル物権ノ得喪及ヒ変更ノ登記欠缺ヲ主張スル正当ノ利益ヲ有スル者」に

限られるとする制限説に変わり、その正当性の中身は、客観面とともに主観面も及ぶものとしていわゆる背信的悪意者排除の法理が採用されている。学説では、「当該不動産に関して有効な取引関係に立てる第三者」のような一般的基準の下で具体的事案に応じて柔軟に対応すべきことや、そもそも「対抗」関係にない者は第三者たりえないことが従来から説かれてきたが、近年では、背信的悪意者排除にとどまらず悪意者は排除すべきであるとする見解が有力に説かれている。

　このような流れを全体として見るならば、もっぱら登記の有無のみによって画一的に「対抗」関係を処理すべきであるという立法者の選択は、その後の判例・学説によって修正を被り、具体的な事情への配慮が重要性を増してきたといえるであろう。登記の有無が「絶対的」なものであるようなシステムの採用は、立法当時のわが国においてはそれなりの合理性と必然性を持っていたものと推測されるが、それは、その後の実際の法的争訟を通じて、具体的妥当性の観点から修正を被らざるを得なかったのである。注目されるのは、そこで取り上げられている事情や価値判断が、信頼保護法理の内容と実質的に大幅に重なっているということである。信頼保護法理は、信頼の客観的基礎たりうる外観の存在を軸として、そのような外観の作出・存続についての真の権利者の帰責事由と、その外観に依拠して取引を行った者の保護事由とを要件として、信頼の内容に即した法律効果を認める法理である。これに対して、177条の「対抗」は、信頼保護とは異質の法理であるというのが従来からの通説的理解であった。そのような立場からは、このような接近現象は特別な意味は持たず、あくまで「対抗」の枠内での変化にすぎないということになるかもしれない。しかし、私見は、177条は信頼保護規範の一環に位置づけるべきものと考えており、そのような立場よりすると、上記のような接近あるいは重複現象は、きわめて興味深いものである。見方によっては、このような現象は当然のことといえよう。公示の原則は、登記に対する信頼を保護して第三者の取引の安全を保護することを趣旨とするものであり、177条もそのことと無縁ではありえない。このつながりは、実定法化の段階で排除されたようにも見えるが、それは単に条文には現れずに潜在化したのみであって、極端な登記絶対主義を導いた要因、たとえばわが国に早急

に登記を軸とした不動産取引き秩序を確立しようという法政策的ベクトルが後退し、私人間の衡平に適った取り扱いの要請が相対的に強くなるにつれて、このような「対抗」と信頼保護との内的関連性が次第に顕在化してきたものと見るべきであろう。

筆者は、主にドイツ法における信頼保護法理（レヒッシャイン（Rechtsschein）法理）と対抗要件主義規定（法人登記簿に関するドイツ民法典68条、70条、夫婦財産性登記簿に関する同1412条、商業登記簿に関するドイツ商法典15条等）をめぐる学説・判例を手がかりに、177条は不動産登記に対する消極的信頼保護を定めた規定として法律構成すべきではないかと考えるにいたり、消極的公示主義構成を唱えてきた。[1]しかし、このような構成は、フランス法継受という規定の沿革に沿ったものではないということもあり、広く受け入れられるところとはならなかったようである。具体的な解釈論への本格的な当てはめにまで及んでいなかったこと、たとえば、従来の公信力説と基本的な発想をともにしながら、第三者の善意無過失要件をそこから導くわけではないという点でインパクトに欠けていたということもあったであろう。[2]本稿は、その手薄な部分を少しでも埋めるべく、判例・学説の動向についての上記のような理解を基本的な視座として、177条の適用範囲の問題について考察を試みたものである。

II 登記がなければ対抗できない第三者の範囲について

1 対抗規定のメカニズム（形式的整合性論）から導かれる判断基準

私見の消極的公示主義構成は、177条の「対抗」の意味如何という問題には、対抗のメカニズム論（形式的整合性の問題）と、それを介して生じる権利変動を民法体系もしくは民法上の諸原理に照らしてどのようなものとして位

---

(1) 多田利隆「民法177条の「対抗」問題における形式的整合性と実質的整合性―消極的公示主義構成の試み―(1)(2)(3)」民商法雑誌102巻1号22頁以下、2号150頁以下、4号409頁以下（1990年）（以下、「形式的整合性と実質的整合性」と表記する）。特に、民商法雑誌102巻1号27頁以下。同・「公示方法に対する消極的信頼保護法理の分析――民法177条の対抗問題とドイツ法における消極的公示主義規定――」北九大法政論集18巻1号（1990年）126頁以下（以下、「分析」と表記する）。
(2) たとえば、松岡久和〈書評〉法時63巻2号（1991年）88頁。

置づけるべきかという権利変動の性質論（実質的整合性の問題）という性質の異なる二つの論点が含まれており、この二つを分けて考える必要があるという認識を踏まえて、まず、対抗のメカニズムについては次のように定式化する。すなわち、対抗規定においては、既存の法律関係とその主張関係とが区別され、一定の場合には既存の法律関係を特定の者（相手方や第三者など）には主張しえないものとされる。つまり、その特定の者が既存の法律関係を否定しうるものとされる（「対抗することができない」の消極的側面）。176条によって「排他性あるべき物権」をすでに取得しているとしても、既存の権利関係の否定可能性を認めるのが対抗規定なのであるから、177条によってそれを第三者に主張できないものとされることは矛盾ではない。むしろ、176条によってすでに完全に物権が移転しているからこそ、登記がない場合にその（真の権利関係にもとづく）主張を封じるとする対抗規定の出番があるのである。また、対抗のメカニズムにおいては、対抗できないものとされる相手方から当該法律関係が否定されると、その法律関係はあたかも当初からなかったかのように取り扱われ、その不在を前提とする別個の法律関係がその相手方との間にあったかのように処理される。主張関係が権利関係に反映して、新たな権利関係を生じさせることになるのである（「対抗」の積極的側面）[3]。

　このような対抗のメカニズムに照らして、その適用範囲に関しては、次のような判断基準が導かれる。すなわち、同規定の「第三者」は、既存の法律関係すなわち真の法律関係の不存在に依拠すべき法的立場にある者であるということである。対抗規定の予想している問題場面は、既存の権利関係に依拠すべき者とその不存在に依拠すべき者との利益衝突の場面であり、前者が一定の要件（たとえば登記）を欠いた場合に、例外的に真の権利関係が破られて後者の利益が優越すべきことを認めるところに対抗規定の独自性があるからである。不法占拠者や無権利者から権利の設定を受けた者、あるいは転々譲渡における前々主などは、このような基準に照らしても第三者性が否定されることになる。

　もっとも、177条の「対抗」は、このような場合だけに当てはまるもので

---

[3]　多田・前掲注（1）「形式的整合性と実質的整合性」、特に、民商法雑誌102巻1号27頁以下。

はない。たとえば、二重売買における第二買主が所有権取得（承継取得と構成するか善意者保護による取得と構成するかについては議論の余地があるが）を第一買主に対抗するという場合には、「第三者」に相当する第一買主は、既存の法律関係の不在に依拠して所有権を取得したわけではなく、真の法律関係にもとづいて所有権を承継取得したのであるから、上記のような対抗のメカニズムは当てはまらない。この場合には、「対抗」は、お互いに相容れない物的地位を相争う関係にある者の間における優劣の問題であり、登記の有無によってそれが決定されるというにすぎない。従来からの賃借人に対する新所有者の明渡請求も同様であり、いわゆる不動産賃借権の物権化によって物権相互の対抗関係に類するとして 177 条を適用するのが判例であり、学説にも特に異論はないところである。これらにおいては、第三者の地位取得が信頼保護によると考える余地はなく、「対抗」は、「物権変動を認めるとすれば内容が之と両立せざるが為め論理上当然に否認されねばならぬ権利を有する者」（末弘）とか「物的支配を相争う相互関係に立ち、かつ登記に信頼して行動すべきものと認められる者」（舟橋）の間における優劣の関係にすぎないことになる。このことよりすると、対抗問題説の述べるところが両方の場合を包摂

---

(4) 第三者の範囲について制限説の立場を明らかにした明治 41 年連合部判決も、「第三者」の例示として、賃借権を正当な権原にもとづいて取得した者を挙げている。

　賃料請求等や賃料不払いを理由とする解除請求あるいは解約申し入れについても、同様に 177 条の適用（あるいは転用）を認めるのが判例および多数説であるが、それらが賃借権の存在を認めたうえでの請求であり、本来は契約上の地位の移転の問題であることから、反対説も強いことは周知のとおりである（近時の不要説として、加藤雅信『新民法体系 II　物権法〈第 2 版〉』（有斐閣　2005 年）84 頁以下、松岡久和『物権法』（成文堂　2017 年）129 頁）。土地建物の賃貸借契約が信頼関係に基づく継続的契約であるところから、だれが賃貸人であるかは賃借人にとってきわめて重要であり、実際にも正当事由の有無など法的利害関係が生じること（その具体的内容については、たとえば、松尾弘＝古積健三郎『物権法』（弘文堂　2005 年）89 頁、山野目章夫『物権法〈第 5 版〉』（日本評論社　2012 年）43 頁以下参照）、また、不動産移転登記によって賃貸人の地位の移転が賃借人に明らかにされうることに照らして、判例及び多数説を支持すべきであろう。この場合の登記は、その機能に照らして、「賃料請求権行使の資格要件としての登記」（河上正二『物権法講義』（日本評論社　2012 年）137 頁）ということになろうか。なお、この問題は、今回の債権法改正で判例および多数説の立場に沿って立法的解決が図られ、賃貸人たる地位の移転は、賃貸物である不動産について所有権の移転の登記をしなければ賃借人に対抗することができないとする規定が置かれた（605 条の 2 第 3 項）。

(5) 末弘厳太郎『物権法　上』（有斐閣　1921 年）166 頁以下、舟橋諄一『物権法』（有斐閣　1960 年）182 頁。また、鈴木禄弥博士によれば、「もし、物権変動の前主（甲）自身が目的物につきある請求をしたならば、この請求に屈服しなければならないような者（丙ないし丁）は、

しうる第三者の意味であり、私見の消極的公示主義構成は、物権変動よりも後に第三者が出てきたときの第三者の権利取得のメカニズムを説明するものということになろう。そして、それに適っていることは、無権限者ではなく判例のいう「登記の欠缺を主張する正当の利益」を認めうる者であるというレベルの問題だといえるかもしれない。しかし、177条が対抗関係として主に想定しているのは――176条と177条の位置関係にも示されているように――物権変動が生じた後で出てきた第三者との関係であり、実際にも、適用範囲の問題が論じられているのはこちらのタイプである。したがって、これを対抗問題の典型タイプとしてその法的メカニズムを適用範囲の問題に当てはめて考察することが許されるであろう。

2 消極的公示主義構成（実質的整合性論）から導かれる判断基準
　　――悪意者排除について――

　177条の解釈をめぐっては、悪意の第三者は排除すべきか否かが重要な論点のひとつとされてきた。消極的公示主義の観点からはどのように考えられるのであろうか。最初に、立法者意思と判例・学説の状況を展望してみよう。

(1)　立法者意思、判例・学説の概況

　177条の第三者については、具体的な善意・悪意は問わないというのが立法者意思であった。この規定担当の起草委員であった穂積陳重によれば、登記制度は、私人相互の個々の利益調節よりも、人々が登記に依拠して安心して不動産取引ができるようにという社会公共の利益を図る制度であるから、諸外国の法典とは異なり、第三者の善意・悪意は問題とせず、登記の有無が「絶対的」なものとなるような物権変動のシステムを選択したのだと説明されている[6]。

　　177条の第三者ではなく、かかる者に対しては、物権変動の後主（乙）は、登記なくして、同じ請求をなしうる」とされている（鈴木祿弥『物権法講義〈第3版〉』（創文社　1985年）109頁）。
（6）　同じく起草者の一人であった富井政章は、後の教科書の中で、善意を要件としなかった理由について、もしも善意を要件とするならば善意・悪意についてしばしば争議が生じ、立証の困難さによって善意者が悪意者と認定されることが避けられず、結果的に取引の安全が害されてしまうという「実際上の便宜」を指摘している（富井政章『民法原論　第2巻　物権　上〈訂正5版〉』（有斐閣　1914年）63頁）。なお、ボアソナードは、登記制度が善意の第三者保護を趣旨と

しかし、その後、判例・通説は、単なる悪意者は177条の「第三者」から排除されないが、その悪意者が登記の欠缺を主張することが信義則に反するような事情が認められる場合には、その者には登記の欠缺を主張する正当な利益は認められないという、いわゆる背信的悪意者排除の法理を採用するようになり、これがわが国の判例として定着してきた（最判昭和40年12月21日民集19巻9号2221頁、最判昭和43年8月2日民集22巻8号2頁、最判昭和44年1月16日民集23巻1号16頁、最判昭和62年11月12日判時1261号71頁、最判平成8年10月29日民集50巻9号2506頁等）。また、近時の判例の中には、他人の権利の存在を認識しながら所有権を譲り受けたり抵当権を設定した者が、登記の欠缺を理由にその権利が対抗できないことを主張するのは信義則に反して有されないと判示した最高裁判決があり（最判平成10年2月13日民集52巻1号65頁、最判平成25年2月26日民集67巻2号297頁）、これらにおいては、悪意であること自体が信義則違反と評価されうる場合があることを認めた点で注目される。

　学説は判例と同じく、原則として第三者の善意・悪意は問題としないが例外的に背信的悪意者は排除されるとするのが多数説であるといえよう。もっとも、その根拠を信義則ではなく広く権利濫用や公序良俗も含めた一般法理あるいは「民法の基本精神」（近江）に求めるべきか、この法理を用いて微調整にとどまらず幅広く利益調節の受け皿として生かすべきかについては、見解が分かれている。これに対して、単純悪意者さらには有過失者も177条の

　するものであるとし、また、原則として登記の有無によって第三者の善意・悪意が推定されるものと解していた。
（7）　最判平成10年2月13日民集52巻1号65頁は、譲受人が、通行地役権自体の存在を知らなかったとしても、何らかの通行権の存在を認識していた場合あるいは認識可能であった場合には、何らかの通行権の負担のあるものとしてこれを譲り受けたものというべきであり、地役権設定登記の欠缺を主張することは、通常は信義則違反にあたるとして、何らかの通行権の存在についての悪意あるいは有過失でありながら抵当権を設定した者は177条の第三者から排除されるものとしている。また、最判平成25年2月26日民集67巻2号297頁は、抵当権設定時に、抵当権者が、継続的に通路として使用されていることを認識していたか又は認識することが可能であったときは、抵当権者が通行地役権者に対して地役権設定登記の欠缺を主張することは信義に反する。したがって、抵当権者は地役権設定登記の欠缺を主張するについて正当な利益を有する第三者に当たらないとしている。
（8）　後者の可能性に注目するものとして、加藤（雅）・前掲注（4）121頁、近江幸治『民法講義Ⅱ　物権法〈第3版〉』（成文堂　2006年）83頁以下、佐久間毅『民法の基礎2　物権』（有斐閣

「第三者」から除外すべきであるという見解（悪意者排除説）も有力に唱えられている。その根拠として説かれているところは一様ではない。公信力説や94条2項類推適用説は、善意あるいは無（重）過失は信頼保護構成から導かれる当然の要件であるとする。177条が取引の安全保護を趣旨とする制度であることに照らして悪意者は保護の範囲外である説く見解もこれに近いであろう。

　これに対して、悪意者は保護に値する正当性を欠いているという観点から悪意者排除を導く立場がある。すでに川井健博士は、背信的悪意者排除の立場をとりながら、この法理を、善意・悪意をひとつの要素として包摂する正当性（正当な取引関係に立っているか否か）の判断枠組みとして評価し、ほとんどすべての悪意者はこの正当性を満たさず、また、場合によっては善意有過失者も背信的悪意者に入りうるとして、悪意者排除に近い見解を述べられていた。また、悪意の第三者の物権取得行為は自由競争の範囲を逸脱しており正当性を欠くという観点から悪意者排除を説く見解も有力である。たとえば、所有権が譲渡人以外の第一譲受人に属すること知り、または、不注意でそれを知らずに譲り受けた者は、第一譲受人の所有権を違法に侵害するものと評価され、第二譲受人の買い受けが第一譲受人に対する不法行為となるので、それへの制裁として、第二譲受人は所有権を取得しえないとするものがある（不法行為構成）。あるいは、第一買主は、第二買主の特定物債権取得とその履行の受領により、自己の債権の実現が侵害されるのであるから、債権段階でも、第二売買契約そのものを詐害行為として取り消しうる可能性が生ずるとか、悪意による第二契約は原則として債権侵害として不法行為を構成

　　2006年) 82頁、山野目・前掲注 (4) 51頁以下。
(9)　悪意者排除説が多数説であると説かれることもある。たとえば、民法改正研究会の改正案参照。改正案の内容と趣旨については、松岡久和「物権変動法制のあり方」ジュリスト1362号 (2008年) 39頁以下など。
(10)　内田貴『民法Ⅰ　総則・物権総論〈第3版〉』（東京大学出版会　2005年) 454頁。第4版ではこの箇所は削除され、代わって、悪意者排除の理由として自由競争論の限界が指摘されている。
(11)　川井健「不動産物権変動における公示と公信」『我妻追悼　私法学の新たな展開』(有斐閣 1975年) 306頁以下等。
(12)　松岡久和「不動産二重譲渡紛争について (1)」龍谷法学17巻1号 (1984年) 14頁。同・前掲注 (3) 135頁以下では、二重譲渡をめぐる状況に照らして第三者の善意無過失要件が説かれているが、本文に掲げたような不法行為構成は掲げられていない。

する等と説かれている。[14]

(2) 悪意者排除の理由

　私見の消極的公示主義構成は、従来の公信力説とは異なり、177条が信頼保護規範であることの当然の結果として善意（無過失）要件すなわち悪意者排除を導くものではない。不動産登記に対する信頼保護については、善意が実際に当該取引行為の要因となったか否かを問わないドイツ法におけるいわゆる一般的・抽象的信頼保護があてはまると考えるからである。177条については、このような取り扱いの根拠については以下のように考えることができるであろう。すなわち、信頼度の高い人為的な外観である不動産登記が公示方法として制度化されたということの中には、それを権利関係の最優先の徴表と定め、それに即した取引秩序を形成維持するという方針あるいは社会的要請が含まれている。人々は、登記によって権利関係を正確に公示すべきこと、および、公示方法に依拠して取引をなすべきことが求められる。権利関係が変化すればそれを公示すべきなのであり、それをしなかったならば、それだけで法的不利益を被ってもやむをえない。他方、公示方法は信頼されるべきであり、取引者はそれに依拠して取引をなすべきであるので、登記があればそれを認識しそれに依拠して取引をしたものとして取り扱われてもやむをえないし、反対に、登記がない場合には、登記されるべき実質はないものと判断してその者が取引に入ったものと取り扱われる。つまり、登記が外観としての規範的性格を帯びているところから、登記の有無の中に、定型的に、第三者側の保護事由と物権者側の帰責事由が読み込まれているということである。[15]

---

(13)　たとえば、磯村保「二重売買と債権侵害——『自由競争論の神話』——（1）」神戸法学雑誌35巻2号（1985年）403頁以下によれば、「第一買主は、所有権取得の如何を問わず、第二買主の特定物債権取得とその履行の受領により、自己の債権の実現が侵害される点で、同じ保護をうけうる。また、第二売買契約そのものを詐害行為として取り消しうる可能性が生ずる。取消の結果、少なくとも第一買主との関係においては、第二買主の所有権取得が遡及的に否定されることになるから、第一買主は改めて売主に対して本来の債務の履行を求めることになろう。第二買主からの転得者については424条1項但書の適用があるから、その保護も必要な範囲で確保されうる。」とされる。

(14)　吉田邦彦『債権侵害論再考』（有斐閣　1991年）579頁。

(15)　多田・前掲注（3）民商法雑誌102巻4号413頁以下、同・「公示方法に対する消極的信頼保護法理の分析——民法177条の対抗問題とドイツ法における消極的公示主義規定——」北九大法

しかし、善意・悪意を一切問わない(反証による推定の排除も認めない)という一般的・抽象的信頼保護としても極端な取り扱いは、維持すべきではなく、悪意の第三者は177条の「第三者」から除外すべきであると考える。たとえば、所有権が第一譲受人に移転した後で、そのことを知りながら重ねて譲り受けた悪意の第二譲受人は、自分の行為によって第一買主の所有権が侵害されることを知りつつあえて譲り受けたのであるが、このような行為は、故意の不法行為に比すべき悪質性が認められるとともに、取引者に求められるべき広い意味の信義則に反しており、そのような行為を、真の権利者の犠牲において保護すべきではないからである。すなわち、所有権がすでに移転していることを知りながら登記がないことを奇貨として重ねて譲り受けて先に登記をした第二譲受人には、所有権侵害の故意と違法性の意識が認められ、そのような行為は不法行為に相当する。また、取引きに臨んでは、譲渡人以外の他人の物であることを認識したときはそれを取得するのをやめるべきであって、そうしなかったならば、悪意 (mala fides) の本来の意味である「その者の置かれた場において求められる誠実性を欠いていること」と評価されてもやむを得ない。善意の原型である古代ローマ法の bona fides は、同時に信義則の原型でもあって、取引き倫理あるいは社会道徳的観念であった。今日でも、悪意にはそのような要素が包含されており、そのことを再認識すべきであろう。登記に即した不動産取引き秩序の早急な確立という強い法政策的ベクトルが作用するなど、極端な一般的・抽象的信頼保護を導いた立法当時の特別の事情は、今日ではもはや存在していないのである。(16)

このような事情は、たとえば第一譲渡契約が締結されたがまだ所有権移転

政論集18巻1号(1990年)126頁以下。

(16) 善意・悪意要件のルーツである古代ローマ法の bona fides・mala fides はもともとそのような道徳的観念であって、取引安全との関係では「不知」という心理的事象へ、また、他方では債権法あるいは法全体を通じた原則である信義則へと分化発展した。善意・悪意の本来の意味、信義則と善意との結び付き、知・不知という心理的事象と善悪という道徳的評価概念との関係等については、多田利隆「善意要件の二面性 上・下」北九大法政論集21巻1号(1993年)23頁以下、同21巻2号49頁以下(1993年)参照。

なお、私見は、悪意の第三者の行為態様が不法行為に近いような悪質なものであるとする点で本文に挙げた不法行為構成と共通であるが、不法行為の効果として所有権を失うと構成する必要はなく、177条自体の内容として、対抗できないとされる根拠が不法行為に比すような悪質なものであることを明らかにすればよいのではないかと考える。

は生じていない場合には認められない。その場合には、たとえ債権侵害が生じるとしても、自由競争の範囲内としてそのような行為は容認されると解すべきであろう。もちろん、債権侵害であっても不法行為となる場合はあるし、要件を満たせば詐害行為取消権が認められるのは当然であるが、それは177条とは別の問題である。

Ⅲ 登記がなければ対抗できない物権変動原因について

次に、登記がなければ対抗できない物権変動原因か否かについて、いくつかを取り上げて考察を試みることにしよう。周知のようにこのテーマについてはすでに膨大な判例・学説が蓄積しており、それを網羅的に紹介・検討することは残念ながら私の能力を超えている。学説の整理紹介については、大筋の展望にとどまっていることをあらかじめお断りしておきたい。

1 意思表示による物権変動

意思表示による物権変動に177条が適用されることについては、学説に異論はないところであり、私見も同様である。176条が意思表示による物権変動について意思主義を定め、その直後の177条で対抗要件主義を定めているという規定の配置にもそれは示されているが、自らの意思にもとづいて主体的に物権関係を変動させたならば、取引の安全のためにそれを公示すべきであって、それを怠った場合には第三者に当該物権変動を「対抗できない」という不利益を被ってもやむをえないという判断が、この組み合わせの基礎をなしているからである。[17]

売買、贈与による所有権の移転や、地上権、地役権、質権、抵当権の設定のような物権設定契約がその例であることは特に問題はない。これに対して、遺贈については、それが遺言という単独行為を介して行われる処分行為であり意思表示の一種であることは確かであるが、177条の適用がある物権

---

(17) 意思主義の理念と沿革については、たとえば、滝沢聿代『物権変動の理論』(有斐閣 1987年) 95頁以下、松尾弘「不動産物権変動について、意思主義・対抗要件主義と形式主義・成立要件主義のいずれが採用されるべきか」椿寿夫・新見育文・平野裕之・河野玄逸編『民法改正を考える』(日本評論社 2008年) 119頁以下。

変動原因なのか否かについて議論がある。(18) 特定遺贈について、判例は、最判昭和39年3月6日民集18巻3号437頁において、「遺贈は遺言によって受遺者に財産権を与える遺言者の意思表示にほかならず、遺言者の死亡を不確定期限とするものではあるが、意思表示によって物権変動の効果を生ずる点においては贈与と異なるところはないのであるから……」として177条を適用している。その後も、同一不動産を被相続人がAに生前贈与し、重ねてBに特定遺贈したという事案において、「贈与および遺贈による物権変動の優劣は、対抗要件たる登記の具備の有無をもって決するのが相当であり、この場合、受贈者および受遺者が、相続人として、被相続人の権利義務を包括的に承継し、受贈者が遺贈の履行義務を、受遺者が贈与契約上の履行義務を承継することがあっても、このことは右の理を左右するに足りない」として同様に適用を肯定している（最判昭和46年11月16日民集25巻8号1182頁）。これに対して、学説は、登記必要説と不要説に分かれており、必要説は判例と同様に177条の適用場面であると考えるのであるが、不要説は、遺贈が取引行為とは異なり実質的には相続財産の分配の問題である点を重視し、また、受遺者は遺贈の存在を知らないことが多く登記具備を要求するのは酷であること、第三者については別途94条2項の類推適用等によって保護が可能であること等から、登記がなくても第三者に対抗できるとすべきであると説いている。

　特定遺贈は意思表示の一種であり、受遺者による遺贈の承認を経て物権変動が生じるのであるから、贈与と似ている。ただ、受遺者による承認は、相続の承認と同じく、受贈者の承諾のように物権変動自体に対する主体的な関わりが明確なわけではない。しかし、それは、遺贈による物権変動が意思表示による主体的なものであるということまで否定するものではない。問題は、遺贈による物権変動を直ちに登記しなかったことを以て、一律に、「対抗できない」という不利益を課すべき事由ありといえるかである。その点に

---

(18) 判例・学説の詳細については、たとえば、舟橋諄一＝徳本鎮編『新版注釈民法 (6)』（有斐閣　2009年）477頁以下（原島重義＝児玉寛）、七戸克彦「遺贈と登記」鎌田薫ほか編『新不動産登記講座 (2) 総論Ⅱ』（日本評論社　1997年）93頁、米倉明「遺贈と登記 (1)(2)」早稲田法学79巻2号（2004年）21頁、3号（2004年）1頁参照。

関しては、遺贈による物権変動は相続開始と同時に生じること、相続開始時には、遺贈がなされた事実を受遺者が知らず、したがって登記を期待できない場合が少なくないことに留意すべきであろう。しかし、逆に一律に登記不要とすると、登記を期待できた場合には、たとえば遺贈前に同一不動産の贈与を受けた者が、遺贈の事実を知らなかった場合には受遺者の保護に偏ることになる。したがって、特定遺贈においては、登記の有無即帰責事由の有無とする画一的な取り扱いを修正して、具体的に帰責事由の有無を判断するという方法をとるべきであろう（画一的取扱いの緩和については後述する）。

2　共同相続人の登記冒用

　相続と登記をめぐっては、遺贈と登記のほかにも、相続放棄と登記、遺産分割協議と登記、遺産分割方法の指定と登記、共同相続人の登記冒用と持分取得の登記などがをめぐって議論がなされているが、相続による物権変動が登記をしなければ対抗できない物権変動なのかが直接問題となりうるのは、共同相続人の登記冒用の場合である。すなわち、共同相続において、特定の不動産について相続によって取得した持分の登記をしない間に、他の共同相続人が書類を偽造して自分が単独相続したように登記し、それを他人に譲渡した場合、当該共同相続人は相続による持分取得を登記なくしてその第三者に対抗できるかという問題である。

　大判大正9年5月11日民録26輯640頁は、共同相続人の登記冒用の事例で、明治41年12月15日の大審院連合部判決にならって、177条は物権の得喪変更原因を制限するものではなく、その原因が意思表示であろうと相続であろうと、相続の原因が隠居であろうと死亡であろうと区別せずに同条を適用すべきであるとして、登記必要と解した。ところか、最判昭和38年2月22日民集17巻1号235頁は、同じく共同相続人の登記冒用の事例で、共同相続人がほしいままにした登記は、その者の持分を越える部分については無効であり、登記に公信力がない以上、第三者はその部分について権利を取得するいわれはないとして、当該相続人は、相続による法定相続分や指定相続分の相続財産の取得について、登記がなくても、無権利者である第三者に対抗しうるとした。その後もこのような立場が踏襲されているといえよう

（最判平成 5 年 7 月 19 日裁判集民事 169 号 243 頁、最判平成 14 年 6 月 10 日判タ 1102 号 158 頁）。学説も、最高裁判決と同様にいわゆる無権利説の立場から登記不要を導くのが通説的立場である。登記を信頼した第三者の保護については、94 条 2 項あるいは 110 条等の適用あるいは類推適用によって対応すべきものとされている。[19]

　共同相続人による登記冒用という問題場面には、相続によって権利を取得したのに登記をしなかったという共同相続人側の「対抗」の問題と、不実登記を信頼して取引をしたという第三者側の信頼保護の問題が含まれている。大正 9 年判決は前者の側面に注目して対抗の問題として取り扱い、昭和 38 年判決は後者の側面に注目して信頼保護の問題として取り扱った。私見の消極的公示主義構成によれば、両者とも登記に対する信頼保護の問題であることには変わりなく、その違いは、消極的信頼保護か積極的信頼保護かにある。この場合には、他の共同相続人が真の権利関係とは異なる物権変動を示す不実の登記を新たに作出し、第三者はその外形を信じて譲り受けたのであるから、積極的信頼保護の事例である。したがって、177 条は適用すべきではなく、登記の公信力の問題として取り扱っている昭和 35 年判決以降の判例の対応は適切である。

　ここで留意すべきなのは、この判例の変化によっても、明治 41 年大審院判決で示された無制限説の立場には変わりはないということである。共同相続人による登記冒用の事例においては、相続が登記しなければ対抗できない物権変動原因かという問題は顕在化することはない。学説も、共同相続人の登記冒用は公信力あるいは善意の第三者保護の問題であること、共同相続登記を怠ったことは相続登記の実状に照らして帰責事由とはなりえないこと、第三者保護については 94 条 2 項の類推適用その他で対応が可能であることなどを理由に、この場合は登記不要と解しているのであって、相続は登記の

---

(19) 近江・前掲注（4）115 頁、河上・前掲注（4）108 頁等。これに対しては、共有の弾力性論にもとづいて、共有者の一人のために単独登記がなされ他の共有者の持分権の登記がないときは、対第三者関係においてはその者の持分権が拡張していると考えてよいとして、登記必要と解する見解があるが、少数説である。我妻栄『物権法（民法講義Ⅱ）』（岩波書店　1952 年）75 頁以下、我妻栄＝有泉亨『新訂　物権法（民法講義Ⅱ）』（岩波書店　1983 年）111 頁以下（第三者の善意が必要とされている）、舟橋・前掲注（4）168 頁等。

必要な物権変動原因かという問題は依然として残されている。

この点に関しては、177条の適用は意思表示による物権変動に限定すべきであり、意思表示以外の物権変動については177条ではなく94条2項の類推適用によって対応すべきだとする加藤雅信教授による反対説があり、同教授の主催になる「民法改正研究会」の改正案もそれに沿った内容になっている[20]。この立場からは、相続は登記の必要な物権変動原因からははずすべきだ[21]ということになるが、相続にかぎらず時効取得など他の物権変動原因にも共通する問題なので、後に改めてとりあげることにしよう。

3 取消しと登記
（ⅰ）判例・学説の状況

取消権を行使した者は、物権変動の遡及的消滅（121条）に伴う物権関係の変化を、登記をしなければ第三者に対抗できないかという問題である。たとえば、甲土地がA→Bと売買されて移転登記がなされたが、AがBの詐欺を理由にAB間の売買を取り消した（96条1項）。Aが抹消登記をしないでいる間に、Bが甲土地をCに転売して移転登記がなされたとすると、Aは、取消しの結果所有権が回復したことをCに対抗できるだろうか。これとは異なりAの取消し前にBがCに転売して移転登記がなされていた場合はどうか[22]。

---

(20) たとえば、加藤（雅）・前掲注（4）144頁以下。
(21) 民法改正研究会編『法律時報増刊　民法改正　国民・法曹・学界有志案』（日本評論社2009年）140頁以下、民法改正研究会起草『日本民法改正試案（民法改正研究会・仮案［平成20年10月13日案］）』（有斐閣　2008年）94頁以下。
(22) 判例および学説状況の詳細については、たとえば、舟橋諄一＝徳本鎭編『新版注釈民法（6）〈補訂版〉』（有斐閣　2009年）572頁以下（原島重義＝児玉寛）、滝沢聿代「物権変動の遡及的消滅と登記(1)(2)」成城法学57号（1998年）79頁、58号（1998年）39頁、本田純一「法律行為の取消・解除と登記」鎌田薫等編『新不実登記講座Ⅰ総論Ⅰ』（日本評論社　1998年）を参照していただきたい。判例・学説の状況を要領よく展望した論稿は多いが、とりあえず、鎌田薫『民法ノート　物権法①〈第3版〉』（日本評論社　2007年）116頁以下、松岡・前掲注（4）154頁以下を挙げておく。
　なお、平成29年の民法改正によって錯誤の効果が無効から取消しに変わり（95条1項）、善意無過失の第三者には錯誤による取消しを対抗できないとする規定が付け加わったので（95条4項）、今後は、錯誤についても同様の問題が生じることになる。また、改正民法では96条3項および95条4項の第三者には無過失が必要とされている。

判例は、古くは、いわゆる無権利構成をとっており、上の例でいえば、取消の遡及効 (121条) によってBは無権利者となり、これは、96条3項の保護する第三者を除くすべての人との関係で妥当するので、Aは登記なくして取消しの効果をCに対抗できると解していた (大判明治39年12月13日刑録12輯1360頁、大判昭4年2月2日民集8巻59頁)。しかし、その後、第三者の登場時期が取消し前か後かで分けるといういわゆる二元的構成をとるようになった。すなわち、Cが取消し前に登場した場合には、取消の遡及効によりBは最初から無権利であったことになるのでBからの買主Cも無権利者であり、96条3項によってCが保護される場合以外はAは登記がなくても取消しの効果をCに主張できるが (大判昭和4年2月2日民集8巻58頁 (強迫を理由とする抵当権放棄の取消))、Cが取消後に登場した場合には、取消によるB→Aの「復帰的物権変動」とB→Cの譲渡による所有権移転とが二重譲渡と同様の関係となって、Aは登記がなければ取消しの効果をCに主張できないとされた (大判昭17年9月30日民集21巻911頁、最判昭32年6月7日民集11巻6号999頁 (公売処分の取消))。取消と登記に関する上級審判決は少数であり、近時のものは見あたらないが、このような立場が今日でも維持されているとみてよいであろう。

　学説は分かれている。従来の通説は、判例と同様に、取消し前の第三者との関係では96条3項の適用される場合以外は登記なくして取消しの効果を第三者に対抗できるが、取消後の第三者との関係では対抗問題となり、登記をしなければ第三者に対抗できないと解してきた (取消後登記必要説)[23]。たとえば、我妻栄博士は、取消しの遡及効と「復帰的物権変動」との関係について、「物権の変動があることは事実であって、ただそれが初めから生じなか

---

(23) 我妻・前掲注 (19) 96頁、我妻＝有泉・前掲注 (19) 100頁以下 (取消原因が制限能力であった場合には、「無能力者が追認をなしえない状態の下で取り消した場合には、その後に登記を得た第三者に対しても特別事情 (たとえば法定代理人が事情を知っている) がない限り取消をもって対抗できると解する」とされている。)。類似のものとして、末川博〈判批〉法学論叢22巻3号 (1929年) 410頁以下、舟橋・前掲注 (4) 162頁等。近時の学説としては、近江・前掲注 (8) 93頁以下、佐久間・前掲注 (8) 88頁以下、米倉明「『法律行為の取消しと登記』をどう法的構成すべきか——判例・旧通説へ帰ろう——」tâtonnement11号 (2009年) 1頁以下、松岡・前掲注 (4) 160頁、188頁以下。佐久間教授および米倉教授は、悪意の第三者は排除すべきであるとされる。

ったように（遡及的）に取り扱われるというだけである」とされ、また、対抗問題として取り扱うべき実質的理由として、取消後は登記できたのにしなかったA側の事情と第三者Cの利益（取引の安全）保護の必要性を考慮して判断するのが「公示の理想」に適った取り扱いであると説かれている。このような従来の通説に対しては、取消しの遡及効と「復帰的物権変動」との不適合、取消し前と後とで分けることによって物権者および第三者にとって不当な結果を生じうること等の批判が強く、以下のような見解が有力化するにいたった。[24]

そのひとつは、取消しによる復帰的物権変動は、第三者の登場が取消し前であるか後であるかを問わず生じるのであるから、常に対抗問題として取り扱うべきであるとするものである（対抗問題徹底説）。もっとも、その代表的な論者によれば、その場合の第三者は、「取消権発生の原因がやみ、かつ、取消権者が取消権の理由あることを知ったとき以降に登場した第三者」に限るとされており[25]、さらにその修正説として、取消権発生の原因がやまなくても対抗問題として処理すべき場合があることを認めるが、第三者が取消原因を知っているときは背信的悪意者として扱い登記なくして対抗できると説く有力説がある[26]。また、その後の学説の中には、96条3項を根拠として、Bが無権利者として扱われるという取消しの遡及効は、当事者A・Bおよび悪意の第三者Cしか拘束しないのであって、第三者Cが善意の場合は無権利とはならず有効にBから権利を取得しうるが（取消しの相対効）、原権利者への権利帰属が有利に取り扱われるべきとの価値判断が働くので、第三者が保護されるためには、第三者権利保護資格要件が必要であるとして、登記もその一つであると説く見解がある[27]。また、取消後登記必要説と対抗問題徹底説の中間的なものとして、取消しによって二重譲渡類似ではなくても物権の変

---

(24) 旧通説に対する批判については、米倉・前掲注 (23) 12頁以下で詳しく取り上げられ、反論が展開されている。
(25) 鈴木禄弥『物権法講義〈5訂版〉』（創文社 2007年）145頁以下。
(26) 広中俊雄「法律行為の取消と不動産取引における第三者の保護　学説史的検討をとおして」法律時報49巻6号 (1977年) 50頁以下。同・『物権法〈第2版増補〉』（青林書院　1987年）126頁以下。
(27) 松尾弘「権利移転原因の失効と第三者の対抗要件」一橋論叢102巻1号 (1989年) 86頁。松尾＝古積・前掲注 (4) 85頁以下。

動が生じることは確かであるので、取消しの前後を問わず、対抗問題とするのを原則とすべきであるが、取消し前に登場したCに、Aには登記がないという主張を許すと、法が認めた取消しの遡及効を「完全に無力化」することになるので、取消し前に登場したCに対してはAは未登記であっても、例外的に勝つことができると説く見解がある。[28]

他方、取消しによる遡及的無効によってBは無権利者となり、したがって、Cの地位については善意者保護の問題として取り扱うべきであるとする見解も有力に唱えられている（遡及効徹底説あるいは無権利の法理説）。[29]信頼保護の法律構成については、以下のように諸説に分かれている。①第三者の登場が取消の前後を問わず、（詐欺以外の原因による取消しの場合も）96条3項の類推適用、あるいは94条2項の類推適用によって処理すべきであるとするもの、[30]②すべての取消事由について、取消原因を免れて追認可能となった時点（登記除去の事実上可能時）以後に第三者が登場した場合に、94条2項の類推適用によるべきであるとするもの、[31]③第三者の登場が取消前の場合には（詐欺取消の場合にかぎり）96条3項により、取消後の場合には94条2項の類推適用によるとするもの、[32]④公信力をあてはめ、177条自体が信頼保護の根拠たり

---

(28) 佐久間・前掲注（8）89頁以下。

(29) 取消後の第三者との関係では取消しの遡及効を徹底する結果、Bは無権利者であるから対抗問題を生じることもないとする見解もあるが（薬師寺志光〈判批〉法学志林45巻4号（1943年）27頁、舟橋諄一〈判批〉民商法雑誌17巻4号（1943年）71頁等）、この見解は、善意の第三者保護の可能性を否定するものではなく、信頼保護説に解消されるべきものであろう。

(30) 96条3項説として、舟橋諄一編『注釈民法（6）』（有斐閣　1967年）286頁（原島重義）、平井一雄「解除・取消と登記」中川善之助ほか監修『不動産法大系1』（青林書院新社　1970年）174頁、94条2項説として、石田穣『物権法』（信山社　2008年）220頁、同・『民法総則』（信山社　2014年）330頁、363頁等。

(31) 幾代通「法律行為の取消と登記」『於保不二雄還暦記念論文集　民法学の基礎的課題（上）』（有斐閣　1976年）53頁以下、加藤（雅）・前掲注（4）146頁、山野目・前掲注（4）64頁以下。なお、加藤教授と山野目教授は、94条2項の類推適用は詐欺取消し以外の場合にかぎるとされる。

(32) 四宮和夫「遡及効と対抗要件」『四宮和夫民法論集』（弘文堂　1990年）10頁、四宮和夫＝能見善久『民法総則〈第6版〉』（弘文堂　2002年）211頁以下、238頁以下（第7版以降は変更）、下森定「法律行為の取消と登記」ロー・スクール23号（1980年）59頁、同・「民法96条3項にいう第三者にあたる場合」判タ322号（1975年）131頁、幾代通「法律行為の取消と登記——再論」法務総合研究所編『不動産登記をめぐる今日的課題——不動産登記制度100周年記念論文集——』（1987年）62頁、内田貴『民法Ⅰ〈第4版〉』（東京大学出版会　2008年）84頁以下、河上・前掲注（4）97頁以下、安永正昭『講義　物権・担保物権法〈第2版〉』（有斐閣

うるとして、取消後の第三者については、登記を怠った取消権者の帰責事由と善意の第三者の保護事由を要件として第三者の信頼保護の成否を判断し、取消前の第三者については、取消権者に被詐欺者や虚偽表示以上に強い帰責性が認められる場合にかぎって、96条3項および94条2項の趣旨を類推適用して保護を図るとするもの(33)等である。この中では、③の立場が今日の多数説といってよいであろう。

(ⅱ) 考察

このように、学説は、大きく、対抗問題構成と信頼保護構成に分かれており、さらに、第三者の登場時期や取消し原因によって区別的取り扱いをすべきか否か、また、信頼保護の根拠規定は何かについて見解が分かれている。しかしながら、ほぼ全体を通じて共通しているのは、登記が可能であったのにそれをしなかったことが取消権者側の不利益（対抗できないこと）を根拠づけるという価値判断であり、ただ、いかなる場合に不登記が帰責事由に相当するかについて見解が分かれている。そして、対抗問題として構成する立場は、あくまで、登記しなかったことによる対抗力の否定（不利益負荷あるいは制裁）という局面でこの帰責をとらえているのに対して、信頼保護構成は、信頼保護法理における帰責可能性要件の問題としてとらえているという違いがある。第三者側の事情については、信頼保護構成では具体的な善意・悪意が問われているが、対抗構成ではむしろ善意・悪意不問ということになる。ただ、先に述べたように、通常の対抗問題でも悪意者排除を説く見解が近年では有力になってきたことを考慮すると、この点においては両者が接近してきたと言えるであろう。

対抗問題は信頼保護の問題であるという私見の消極的公示主義構成からは、このような帰責事由についての共通性および保護事由についての接近は、むしろ当然のことであるといえよう。信頼保護を認めるに際して、対抗という法律構成を重視して登記の有無による決着を基本とするか、信頼保護という制度の根本的な趣旨を直視してその要件の中で登記の有無を考慮する

2014年）49頁以下等。なお、河上教授は、94条2項の類推適用においても保護資格要件としての登記を要すると解し、そうすると、登記を基準に対抗問題として扱う見解と結論においてきわめて接近することになるとされる。

(33) 鎌田・前掲注(22) 130頁以下。

か、そのいずれもが可能であるからである。

　消極的公示主義構成を説く私見は信頼保護的構成に属しているが、取消と登記の問題については、上記の学説の中の、④の立場とほぼ一致する。ただ、公信力説は、177条を信頼保護規定と把握することから当然に第三者の善意無過失と権利者の具体的な帰責事由を必要とするのであるが、私見は、Ⅱ2(2)で述べたように、177条の採用している一般的・抽象的な信頼保護の緩和修正の結果として悪意者は排除すべきものと解している。また、帰責事由については、取消と登記の場合には以下のような理由で、登記の有無による画一的な認定が緩和修正されるべきものと考えている。たしかに取消しは意思表示であるが、意思表示による主体的な物権変動であるとして登記の有無に定型的に帰責事由の有無を結び付けることには問題がある。取消の場合には、追認のように「取消しの原因となっていた状況が消滅し、かつ、取消権を有することを知った後でなければ、その効力を生じない」（124条）という制限がなく、制限能力者による取消しもいったんなされればもはやそれを撤回することはできない。このように、判断能力が不十分であったり冷静な判断や対応ができない状況でなされた場合を多分に含みうるのが意思表示としての取消しの特徴であることに照らすならば、不登記に画一的に帰責事由を認めるべきではないであろう。取消と登記の問題の核心はまさにこの帰責事由の取り扱いの点にあると思われる。この場合には、一律に帰責事由なしとすることも考えられるが、Ⅲ1で遺贈について述べたように、それでは逆に実状に合わないケースも出てくる。したがって、画一的取扱を緩和して具体的に帰責事由の有無を問うべきであろう。そのような取り扱いの根拠を、④説は177条に求めているのに対して、①②③説は、96条3項や94条2項に求めている。そのいずれによるべきか。これは時効と登記にも共通した問題であるので、後にまとめて検討することにしたい。

　取消し前の第三者との関係については、消極的公示主義構成は当てはまらない。取消しをするかしないかは基本的には取消権者の自由であり、また、取消し前から登記を回復しておくことは法律上不可能であるから、信頼保護規範の想定しているような帰責事由は認められないからである。ただ、正当な理由もないのに意図的に取消しを引き延ばし他人に重大な不利益を与える

ような場合には、信義則に反しあるいは権利濫用に相当するとして、取り消しうる権利関係にもとづく主張を退けることができると解すべきであろう。[34]

なお、従来の判例・通説に対しては、取消しの遡及効（121条）との整合性が問題とされることがあるが、「初めから無効であったものとみなす」という法律関係レベルの決着のつけかたと、当事者間の利益調節の実質的要因として、取消しという意思表示によって物権関係を変動させたにもかかわらず登記しなかったという取消権者側の事情を考慮することとは矛盾するものではないから、この問題点は決定的なものではない。もっとも、信頼保護構成においては、取消しの結果Ｂは無権利者であったものとして取り扱う（「みなす」）――第三者との関係でもそのような法的処理をする――のであるから、対抗問題構成と比較して121条の文言により忠実な解釈ということになるであろう。

4　取得時効と登記
（ⅰ）　判例・学説の状況[35]

次のような事例を想定して考察を進めることにしよう。ＢがＡから甲土地を買って引渡しを受け、13年間占有を続けてきたが、移転登記はしておらず、その間に、Ａは甲土地を重ねてＣに売却してＣに移転登記がなされた。ケースⅠ：Ａ→Ｃの売買と移転登記は、Ｂの占有開始後２年経過した時点で行なわれた。　ケースⅡ：Ａ→Ｃの売買と移転登記は、Ｂの占有開始後12年経過した時点で行なわれた。Ｂは、取得時効による甲土地の所有権取得をもってＣに対抗することができるだろうか（Ｂの占有は162条2項の要件を満たしているものとする。なお、未登記の第一買主も時効取得の援用ができることは、判例・通説の認めているところである。最判昭和42年7月21日民集21巻6号1643頁等）。

取得時効と登記についてこれまで形成されてきた判例準則は多岐に亘る

---

(34)　米倉・前掲注（23）22頁。
(35)　詳しい判例・学説の状況については、舟橋諄一＝徳本鎮編・前掲注（22）627頁以下（原島重義＝児玉寛）、草野元己『取得時効の研究』（信山社　1996年）等を参照されたい。判例・学説の状況を要領よく展望した論稿は多いが、とりあえず、鎌田・前掲注（22）151頁以下、松岡・前掲注（4）166頁以下を挙げておく。

が、取得時効による所有権取得は登記しなければ第三者に対抗できないのかという点に絞って見ると、取得時効完成時の所有者に対しては、登記がなくても時効による所有権取得を対抗できるが、完成後の第三者に対しては登記をしなければ対抗できないものとされている（前者について、大判大正7年3月2日民録24-423、大判大正13年10月29日新聞2331号21頁、最判昭和41年11月22日民集20巻9号1901頁、最判昭和42年7月21日民集21巻6号1643頁、後者について、大連判大正14年7月8日民集4巻412頁、最判昭和33年8月28日民集12巻12号1936頁）。上の設例にあてはめれば、ケースⅠでは、時効完成時にもＣが所有しておれば、ＢはＣに対して登記がなくても取得時効による所有権取得を対抗できる。その後Ｃが他に譲渡したとしても、時効完成時の所有者に対しては同様である。これに対して、ケースⅡでは、Ｃは時効完成後の第三者にあたるので、登記をしていないＢはＣに対して取得時効による所有権取得を対抗できない。このような取り扱いの理由については、ケースⅠでは、時効取得者と原所有者とは、承継取得における当事者類似の関係にあるものとされ、ケースⅡでは、177条との関係ではＢとＣとに二重に譲渡された場合と同視できるとされている。判決は明言していないが、時効完成後は所有権取得を登記することができたのにそれを怠ったのであるから第三者に対抗できないとされてもやむを得ないという価値判断が含まれていると解されている(36)。

これに対して、学説からは、次のような批判が向けられている。①占有期間が同じなのに、たまたま第三者の出現が完成の前か後かで結論が異なることになり、時効取得者の側から見れば占有期間の長短と保護の強弱とが一致しないし、第三者の側から見れば時効完成後に登記すれば保護されるのに完成直前に登記しても保護されないというのは不当ではないか。②善意・悪意と保護の強弱とが一致せず、悪意占有者のほうが有利になる場合が出てくる。たとえば、上の事例で、占有開始後18年で第三者が出現した場合には、Ｂが善意無過失の場合にはＣは時効完成後の第三者となり登記がなければ対抗できず、Ｂが悪意あるいは有過失の場合には完成前の第三者となり登記なくして対抗できることになる。③時効完成後すみやかに登記することは悪

---

(36) たとえば鎌田・前掲注（22）155頁、松尾＝古積・前掲注（4）頁参照。

意占有者には可能であっても善意占有者には通常期待できないので実状に反する等である。このような批判を踏まえて、学説の中では、判例準則に修正を加えたり別異のアプローチを提示する様々な見解が展開されてきた。主なものにかぎっても以下のような諸見解がある。

(a) 判例と同じく時効完成後の第三者に対しては登記がなければ対抗できないことを基本としつつ、完成までに第三者が登記に基づいて物権を取得した場合には、その登記以後においてさらに時効取得に充分な期間だけ占有が継続された場合でなければ、取得時効の効力は生じない（第三者の登記が時効中断と同じ効果をもたらす）とする見解（登記時効中断説）。(b) 取引の安全を考慮する必要がないような紛争類型の場合は別として、譲受人の登場が時効完成の前であろうと後であろうと、登記しなければ時効取得の効果を譲受人には主張しえないとする見解（対抗問題徹底説）。(c) 時効完成後の第三者との関係では登記の先後によって決着をつけるべきであるが、時効援用者は任意に起算点を選択でき、結果として、第三者を常に時効完成前の第三者とすることが可能であるとする見解（起算点選択可能説）。(d) 継続した占有という事実を基礎として現在における権利関係の確定を目的とするという時効制度

---

(37) 末川博『物権法』（日本評論社 1956年）124頁以下、我妻・前掲注 (19) 77頁、我妻＝有泉・前掲注 (17) 118頁（越境型の時効取得については逆算説を採る）。川井健『民法概論2 物権〈第2版〉』（有斐閣 2005年）47頁、鈴木・前掲注 (23) 141頁以下。「時効完成前に新たに対抗要件を備えた第三者が登場した場合には、その者を「第三者」ととらえ、その時点から時効を進行させる」としたうえで背信的悪意者排除の法理の活用を説く河上教授の見解（河上・前掲注 (3) 124頁）もこの立場に含めることができよう。なお、「対抗」の理論構成としてはこれらとは異なり、登記法定証拠説あるいは登記保護機能説の立場をとりつつ、結論としては登記が時効中断の作用をすると構成する見解がある。前者として、安達三季生「取得時効と登記」法学志林65巻3号 (1968年) 1頁以下、後者として、良永和隆「取得時効と登記」森泉章半田正夫ほか編『森泉還暦記念 現代判例民法学の課題』（法学書院 1980年）264頁。
(38) 広中・前掲注 (24) 155頁以下、柳澤秀吉「二重譲渡と取得時効」法学志林70巻4号 (1973年) 104頁以下。もっとも、広中説は、取得時効の完成を知って原所有者と取引した第三者は、背信的悪意者として取り扱うのを原則とし、また、時効取得者が、単なる占有ではなく現実の利用をしていた場合の悪意の第三者は常に背信的悪意者として取り扱うべきであるとして、利用利益尊重の立場から第三者保護の範囲の限定を図っている。また、山野目・前掲注 (8) 60頁以下は、取得時効における所有権移転の当事者とみるべき者は起算時の所有者であるとしたうえで、第三者の出現と時効完成の前後を問わず、時効による物権変動は常に登記なくしては第三者に対抗できないと説く。
(39) 柚木馨「時効取得と登記」柚木馨ほか編『判例演習物権法〈増補版〉』(1973年) 28頁以下、同・『判例物権法総論』（厳松堂書店 1955年）127頁。

の本質よりして、時効期間は逆算すべきであり、したがって、登記名義人は常に当事者となり対抗問題は生じないとする見解（逆算説）[40]。(e) 時効取得は登記なくして第三者に対抗できるとしたうえで、第三者は94条2項類推適用によって保護されうるとする見解（94条2項類推適用説）[41]。時効取得は登記なくして第三者に対抗できると解する理由については、①逆算説による見解と、②177条の適用を意思表示による物権変動に限定すべきものとする立場から、時効がそれに入らないことを理論的根拠とする見解がある[42]。(f) 占有継続の事実状態を尊重するという時効制度の本質よりして、時効期間は逆算すべきであり、また、時効取得者は時効の起算点や完成時は意識しないのが通常であるから時効が完成したらただちに登記せよというのは当をえないから登記不要を原則とするが、勝訴判決確定後は、「完全に近代的な観念的所有権に転化」しているので、登記をしなければ第三者に対抗できないとする見解（勝訴判決確定時基準説）[43]。(g) 時効の援用をした時以降は登記の先後によって決するとする見解（時効援用時基準説）[44]。(h) 実質的利益衡量の観点から取得時効と登記をめぐる紛争を類型化し、たとえば、「有効未登記型」（二重譲渡型）においては取引による取得であるから177条の趣旨に照らして登記を必要とするが、「境界紛争型」では177条が想定しているのと利益状況が異なるから占有を尊重して登記不要と解すべきであるとする見解（類型的考察論）[45]。(i)「自己の物であることが証明される限り取得時効は進行しない」

---

(40) 末弘厳太郎『民法雑記帳上巻』（日本評論新社 1953年）206頁以下、於保不二雄「時効と登記」法学論叢73巻5=6号（1963年）158頁以下、川島武宜『民法総則』（有斐閣 1965年）572頁、同・『所有権法の理論〈新版〉』（岩波書店 1987年）267頁、原島重義「対抗問題の位置づけ」法政研究33巻3〜6合併号（1967年）356頁、舟橋諄一編・前掲注（28）312頁以下（原島重義）

(41) 加藤一郎「取得時効と登記」法教5号（1981年）56頁（『民法ノート（上）』70頁以下所収）。

(42) 加藤（雅）・前掲注（8）137頁以下。

(43) 舟橋・前掲注（4）172頁以下

(44) 半田正夫『民法177条における第三者の範囲〈改訂版〉叢書民法総合判例研究⑦』（一粒社 1977年）61頁以下、滝沢聿代「取得時効と登記（2）」成城法学22号（1986年）23頁以下、同・『物権法』（三省堂 2013年）101頁 近江・前掲注（8）112頁。なお、時効による所有権取得は時効援用によって初めて生じるとの立場から、時効援用がなされた後は二重譲渡の関係が生じ、第三者は原則として悪意者として扱われるので、時効取得はその所有権取得を否認することができる（悪意者排除説）と解する見解もある。石田（穣）・前掲注（30）230頁以下。

(45) 安達・前掲注（37）1頁以下、山田卓生「取得時効と登記」『川島武宜教授還暦記念 民法

という前提に立ち、第一譲受人は真正所有者なのであるから取得時効は問題とならず、善意（無過失）の第二譲受人が公信の法理によって所有権を取得した時から他人の物を占有することになり取得時効が進行を開始する、そして、時効完成時の第三者に対しては登記なしに時効取得を対抗できるので、時効完成時から登記名義人は表見所有者となり、その者からの譲受人は善意（無過失）であることを条件に公信の法理によって所有権を取得しうる、その場合には、時効取得者は再び「他人の物」を占有することになり、その時から再度取得時効が進行するものと解する見解（公信力構成応用説）。

(ⅱ) 考察

このように、判例・学説は多岐に分かれているが、その基本的な対立軸となっているのは、長期間継続した事実の優先という時効制度の趣旨を優先させるか、公示制度を通じた取引の安全保護を優先させるかである。占有尊重説や逆算説あるいは起算点選択可能説は前者に、対抗問題徹底説や登記時効中断説は後者の立場に属しており、その他の学説や判例は、その中間に位置するといえよう。

その際共通して重視されているのは、登記が可能であったのにそれをしなかったことが不利益（対抗できないこと）を根拠づけるという価値判断が取得時効の場合にあてはまるか否か、あてはまるとするとそれをいかなる形で取り上げるべきかということである。占有尊重説や逆算説は時効制度の特質に照らしてそれを否定しているが、他はそれを肯定している。対抗問題徹底説や登記時効中断説は、公示の理想あるいは不登記による不利益負荷の観点か

学の現代的課題』（岩波書店 1972年）103頁以下、星野英一「取得時効と登記」竹内昭夫編『鈴木竹雄先生古希記念 現代商法学の課題（中）』（有斐閣 1975年）825頁（『民法論集第四巻』315頁以下所収）。社会的利益の類型化と関係当事者間の利益状況の分析によって妥当な結論を追及すべきことを説く水本浩「取得時効と登記――不動産物権変動における利益衡量（1）（2）――」立教法学19号（1980年）1頁以下、20号（1981年）160頁以下も、このような見解の一環として位置付けてよいであろう。松岡教授によれば、境界紛争型においては登記を不要とすることは最近の教科書では共通認識になりつつあるとされている。

(46) 鎌田・前掲注(22) 164頁。
(47) 判例は、形式的な理由付けとして、時効完成後の第三者は物権変動の存在を前提とした177条の第三者の関係にあるのに対して、時効完成前の第三者との関係では物権変動の当事者的な立場にあるとしているが、実質的には、このような価値判断の適否に留意していると解してよいであろう。

ら、取得時効完成後の不登記が帰責事由に当たるものと解しているが、勝訴判決確定時基準説や時効援用時基準説は、登記が可能であったのにそれをしなかったという事情は時効完成時に直ちに生じるものではないことに留意してその時期を後にずらそうとする。類型説は、同じく取得時効完成後に登記をしなかった場合でも、時効をめぐる紛争類型によって帰責事由たりうる場合とたりえない場合があるとして、紛争類型によって177条の適否を分けるべきものとする。94条2項説は、逆算説を前提に例外的に善意の第三者保護を認めるものと、177条は意思表示以外の物権変動原因には適用されないことを前提に当事者間の利益調節は94条2項によって行うべきであるとするものがある。また、対抗問題説は、登記しなかったことによる不利益負荷あるいは制裁という見地から不登記が帰責事由に当たるとしているのに対して、94条2項類推適用説や公信力構成適用説は、信頼保護法理における帰責可能性要件の問題としてとらえているという違いがある。第三者側の事情については、信頼保護構成では具体的な善意・悪意が問われ、対抗構成では善意・悪意不問ということになるが、先に見たように後者でも悪意者排除説が有力化しており、両者の接近が認められる。登記が可能であったのにそれをしなかったことが不利益（対抗できないこと）を根拠づけるという価値判断があてはまるか否か、あてはまるとするとそれをいかなる形で取り上げるべきかという問題を軸に判例・学説が分かれていること、第三者側の事情については対抗関係構成と信頼保護的構成の接近が認められることについては、「取得時効と登記」は「取消と登記」と共通しており、両者の問題状況はたいへんよく似ている。

　諸説について個別に詳しい論評をする余裕はないが、ここで簡単なコメントを試みることにする。勝訴判決確定時基準説や時効援用時基準説は、登記の実際の期待可能性あるいは当事者の意思を配慮する点で魅力的であるが、訴訟がないならばいつまでも登記不要のままでよいということにもなりかねず、また、勝訴判決や援用の時点と帰責事由の存否は必ずしも一致するものではない。たとえば悪意の占有者については、それ以前でも登記しないことが帰責事由たりうるのではないか。類型説については、対立利益の性質内容に注目してたとえば二重譲渡型と境界紛争型に分類することは利益衡量の座

標軸として魅力的である。しかし、第一譲受人にも取得時効の主張を認めるということは、当事者の主張（立証）として、譲渡による所有権取得とは別に、継続した事実状態にもとづいて取得時効による所有権取得を主張できるということであるから、その中には、両者の取り扱いを切り離して考えてよいという判断が含まれていると解すべきであろう。私見は、取得時効と登記については帰責事由を具体的に判断すべきものと考えるのであるが、その場合にはその具体的判断の中で、二重譲渡型か境界紛争型かという事情も考慮されることになる。公信力構成応用説は、公信力説に倣って、第三者（第二譲受人）の権利取得は信頼保護法理によるものと構成し、それが生じるまでは第一譲受人に所有権があるので第一譲受人の取得時効の起算点は善意無過失の第三者の登場時である（「自己の物であることが証明される限り取得時効は進行しない」）とすることによって、時効取得者と善意無過失の第三者との所有権の取得の問題として対抗問題が処理されるものとする。論理的に明快であり、時効の起算点が遅くなることと第三者に善意無過失を要求することによって妥当な利益調節に目配りされている。しかし、第一譲受人に取得時効による所有権取得の主張を認めるということの中には、占有を開始した時からその物を他人の物と考えてよいということが含まれており、善意無過失の第三者が登場して初めて取得時効が起算されると解するのはそのことに反するのではないかと思われる。また、この見解は、第二譲受人の権利取得を信頼保護法理によるものと構成しながら、第一譲受人の帰責可能性には触れていないが、取得時効が完成しながら登記をしなかったことの帰責事由の取り扱いにこそこの問題の核心部分があるのではないであろうか。94条2項類推適用説は、上に示したように、①の見解と②の見解の両者を含んでいる（24頁参照）。①については、その前提となる占有尊重説自体が問題であろう。②については、177条の適用を意思表示にかぎり他の物権変動原因については177条を離れて94条2項の類推適用によるという立場からの帰結であるが、この点については、物権変動原因全般にわたる論点でもあるので、項を改めて論じることにする。

　私見の消極的公示主義構成によれば、第三者Cの登場が時効の完成前か後かで取り扱いが異なることになる。Cが完成前に登場した場合には、Bは

完成前には移転登記はできないのであるから、登記なくしてCに対抗することができる。Cの登場が時効完成後の場合には、信頼保護の要件が満たされればCが所有権を取得しBは最初から所有者ではなかったことになる（私見によればCは善意でなければならない）。問題は、Bが登記をしなかった点に帰責事由が認められるか否かである。登記の有無による画一的な取り扱いは、意思表示による物権変動のように、定型的に見て不登記に帰責事由を認めてかまわない場合には妥当性を保持しうるが、取得時効はそれに当てはまらない。取得時効による物権変動は主体的なものではないし、時効の進行や完成をまったく意識しておらず登記のインセンティブを欠いている場合が少なくないからである。しかし、二重譲渡の場合のように不登記が時効取得者の帰責事由にもとづく場合もある。したがって、取消しと登記の箇所で提示したように、取得時効と登記の問題については、画一的な取り扱いを緩和修正して、信頼保護の原則的な場合に立ち戻り、帰責事由の有無を具体的に判断すべきであると考える。

Ⅳ　消極的公示主義構成と177条の適用範囲

1　消極的公示主義構成提示の意味

　民法典立法時に177条に関して選択された、あらゆる物権変動についてもいかなる第三者との関係でも登記の有無のみによって画一的に「対抗」の可否を決めるという方法は、その後の判例・学説によって修正を被ってきた。すなわち、今日では、その適用範囲を判断するにあたって、当該利益対立をめぐる具体的事情を考慮すべきことが様々に説かれるようになっている。177条が採用した極端な登記絶対主義は、実際にはすでに解釈によって大きく突き動かされていると言ってよい。このような解釈による具体的事情への配慮は、法律構成として二つの方向に分けることができる。ひとつは、不登記による「対抗できない」という不利益負荷を生じる独自の「対抗の法理」の枠内でそれを行うものであり、他のひとつは、「対抗」を信頼保護の問題場面と構成して、具体的事情をその要件として位置づけるものである。この二つのいずれの立場を取るかは、具体的な問題の解釈を進めるうえで基本と

なるべき重要な選択であると考える。

　規定の適用範囲を論じる場合には、一方において、その典型的適用場面における法的メカニズム、および、その基本的な価値判断を明らかにしたうえで、当該問題場面との距離を測定し判断する必要がある。また、他方においては、結果の妥当性の観点から、具体的な事情に配慮した実質的な要因を考慮しなければならない。従来の解釈論の中でも、この両方向からの検討がなされてきたことはもちろんである。そして、後者に関しては、理論構成の相違を越えて、ある程度のコモンセンスが形成されてきたように思われる。しかし、周知のように、前者に関しては未だに学説が錯綜しており——「対抗」の意義に関する不完全物権変動説、公信力説、法定説等の対立を想起していただきたい——、この側面が座標軸として必ずしも有効に機能しているとは言い難い状況にある。それに対応して第二の側面の比重が重くならざるをえず、結果的に、この問題をめぐる解釈論はかなり跛行的な状況になっているように思われる。177条の適用範囲の問題は、この理論構成の問題と密接に関係しているのであり、対抗関係的構成をとるのか信頼保護的構成をとるのかは、適用範囲を判断する基本的な視点として重要な意味を持っていると考える。私見は、177条は対抗規定を介して不動産登記に対する消極的信頼保護を認めた規定であるとの立場を取っており（消極的公示主義構成）、177条の適用範囲の問題に対してもそのような観点からアプローチすることになる。

　もっとも、Ⅱ1で述べたように、消極的公示主義構成が妥当するのは、物権変動が生じた後に第三者が登場してきた場合であり、第三者が登場したのちに物権変動が生じた場合には妥当しない。その点、適用範囲が問題とされるのは、取消と登記にせよ取得時効と登記にせよ、あるいは遺贈と登記や遺産分割と登記にせよ、いずれも物権変動の後に第三者が登場した場合である。したがってこのようなアプローチが許されるであろう。

2　信頼保護の要件と適用範囲の判断基準

（1）　消極的公示主義構成では、次のような信頼保護の基本的要件に即して、当該問題場面をめぐる諸事情が考慮されることになる。

［信頼保護の基本的要件］
（ⅰ）実質的権利関係とは異なる、信頼の客観的基礎たりうる外観があること。177条においては、不動産上の物権関係が変動しているのに登記簿上それに対応した記載をしなかったことによって生じた不実の登記（不作為型の不実登記）の存在がこれに当たる。
（ⅱ）信頼者側の保護事由としての善意あるいは善意無過失。177条においては、第三者が登記されていない物権変動はないものと信じていた（あるいは、さらにその点について過失がなかった）ということである。
（ⅲ）外観作出および存続に対して真の権利者側に帰責事由があること。177条においては、不作為型の不実の登記の発生・存続について、物権者の帰責事由があるということである。

　たとえば不動産登記の公信力を認めるドイツ民法823条は、真の権利者の帰責事由を要件としていない。しかし、177条においては、信頼保護の原則的形態に沿って帰責事由を必要とすべきであろう。それを不要としてまで不動産の取引利益を優先させるべき状況にはないし、わが国の不動産登記にそこまで強い権利外観としての力があるとは考えられないからである。[48]

(2)　登記がなければ対抗できない第三者の範囲は、対抗規定のメカニズムから導かれるべき基準すなわち、既存の法律関係（真の法律関係）の不存在に依拠すべき法的立場にある者か否かによって画されるとともに（Ⅱ1参照）、上記の（ⅱ）の要件を満たしているか否かによって画される。177条は善意（無過失）要件を特に掲げていないが、これは、（ⅱ）の要件を不要とするものではなく、登記の外観としての規範的性質にもとづいて、具体的な善意・悪意を問わない一般的・抽象的な信頼保護が採用されたものとして受け止めることができる[49]。しかし、善意・悪意を一切問題としないという極端

---

(48) 帰責可能性要件（帰責事由）を不要としてよいのはどのような場合にどのような考慮にもとづくのかについては、多田利隆『信頼保護における帰責の理論』（信山社1996年）223頁以下参照。帰責事由の要否という問題は、立法論として不動産登記に対する積極的信頼保護（いわゆる登記の公信力）を検討する場合にも問題となる。私見は、その場合にはドイツ民法とは異なり、帰責事由を必要とする公信制度（いわゆる相対的公信力）とすべきであると考えている。この点については、同書238頁参照。
(49) 一般的・抽象的な信頼保護という概念を持ち出すことについては、信頼保護構成の不都合を

な一般的・抽象的信頼保護は、それを支えるべき特別の要因を欠き現状に適さなくなっており、また、適法性の要請や取引倫理にも適合しないので、信頼保護規範の原則型に立ち戻ってこのような一般的・抽象的な取り扱いを修正する必要があり、悪意の第三者は除外されると解すべきであろう（Ⅱ2(2)参照）。

(3) 登記がなければ対抗できない物権変動原因の範囲の問題は、主として上記（ⅲ）の帰責要件に関わるものである。たとえば、意思表示による物権変動であっても、遺贈については、登記しなかったことが定型的に受贈者の帰責事由を満たすという事情が認められない。取消しによる物権変動においても、取消しをめぐる事情に照らしてそのような事情を認めることはできないし、取得時効についても同様である。いずれも、信頼保護法理における帰責事由の問題であって、登記の有無によって画一的にそれを判断することの当否が問われているのである。それらの問題場面においては、保護事由と同様、信頼保護規範の原則型に立ち戻って画一的取り扱いを修正し、帰責事由の有無を個別に判断すべきであり、悪意の第三者は除外されると解すべきであろう（Ⅲ参照）。

その場合には、実際にどのような見地から帰責事由の存否を判断すべきかという問題に遭遇する。ドイツの信頼保護理論においては、信頼保護における帰責の原理として、①意思にもとづいて（意図的にという意味ではなく、外観作出行為が意思にもとづいたものであったということ）不実の外観を作出・存続させたことに帰責根拠を求める与因主義（Veranlassungsprinzip）、②不実の外観の作出・存続について故意・過失があったことにそれを求める過失主義（Verschuldensprinzip）、そして、③取引事故の危険を生じさせたこと、あるいは、その危険を他方よりもより多く支配しうる地位にあったことにそれを求める危険主義（Risikoprinzip）が唱えられている。信頼保護における原則的な

示すもの、あるいは、「信頼保護法理の自己矛盾」であるとの批判がある。滝沢聿代『物権変動の理論Ⅱ』（有斐閣　2009年）140頁、153頁、七戸克彦「対抗要件主義に関するボアソナード理論」法研64巻12号（1991年）272頁。一般的・抽象的信頼保護は、信頼保護のひとつのタイプとしてドイツ法において広く説かれてきた概念である。まったく善意・悪意を問題としない場合もなおそれを信頼保護と位置づけられるかは微妙な問題であるが、177条及び公示の原則の趣旨に照らして、変則的ではあるがやはり信頼保護規範の一種と解してよいであろう。

帰責原理は①であるとするのが旧来の通説であり、近時は、③が通説的地位を認められている。しかし、不登記が「対抗できない」という不利益と結びつくのは、不登記が、物権変動が生じれば他人の利益および自己の法的地位を守るために登記すべきであるという、公示の原則から導かれる社会的義務に反するからであり、この義務違反がこの場合の帰責事由に相当する。義務違反がやむを得なかったか否かという登記の期待可能性が、帰責事由の有無を作用することになろう。(50)

3　94条2項の類推適用との関係

私見のように、意思表示であっても遺贈や取消しによる物権変動や取得時効による物権変動については物権者側に具体的な帰責事由（内容としては登記の期待可能性）を必要とし、またすべての物権変動原因について第三者の善意を要求するならば、177条の登記絶対主義は大きく修正されることになる。また、対抗構成か信頼保護構成かを問わず、すでに判例・学説が、当該利益対立をめぐる具体的事情を様々な形で考慮してきたことはこれまでに見たとおりである。たとえば、登記ができたのにそれをしなかったのか否かという事情は、対抗構成からは、「対抗できない」という不利益負負荷（制裁）を正当化する事情として、信頼保護候補構成からは、真の権利者側の帰責事由として考慮されてきた。このような場が増えてくると、それを177条の解釈適用に委ねておくべきか、あるいは、具体的事情をストレートに反映できる別の規範、たとえば94条2項の類推適用に委ねるべきかが問題となってくる。

たとえば、加藤雅信教授は、177条は意思表示による物権変動のみに限定すべきであって、他の物権変動原因については94条2項の類推適用法理によるべきことを説かれている。加藤教授によれば、「176条と177条は基本的にはセットとしてとらえられるべきものであって、177条の定める登記による対抗力の付与は、意思表示による物権変動とそれに準ずる特定承継および原始取得（具体的には、競売、公用収用等）に限定されるべきである。……（中

---

(50) 消極的公示主義における帰責をめぐるドイツの理論状況については、多田・前掲注（2）「分析」参照。特定遺贈と登記、取消しと登記、取得時効と登記のいずれにおいても、具体的に、登記の期待可能性の有無を問うべきである。

略)……意思表示以外による物権変動——意思表示の無効・取消し、取得時効、相続等の包括承継にともなう物権変動——は、対抗の問題としてではなく、未登記でも完全に物権的な効果は発生するとしたうえで、通謀虚偽表示の問題として解決すれば足りる」と説かれている。鎌田教授の言葉を借りれば、「最近では、無権利者からの譲受人を保護する法理として94条2項類推適用論が確立したため、第三者保護のために、あえて法律構成上の技巧をこらしてまでも177条に頼る(しかも結果的に悪意の第三者まで保護する)必要がなくなった。こうした展開を背景として、従来便宜的に対抗問題として処理されてきた問題を、94条2項類推適用等による公信問題としての処理の場面に引き戻そうとする動きが顕著にみられるところに最近の学説の特色があるということができる」ということになるであろう。もっとも、鎌田教授は、「対抗」の構成として公信力説を自説の基礎に据えておられるので、加藤説のように177条の外に信頼保護的解決を求めることはせず、177条の中でそれを考慮する方法を選択されている。私見の消極的公示主義構成もその点は同様である。

その理由は、94条2項類推適用法理は、177条に含まれている信頼保護に対応した内容の法理とは異なっているからである。177条と94条2項との類似性は、以前から、米倉明教授や川井健博士によって説かれてきた(もっとも、これらの諸説は、加藤説とは異なり、177条の解釈に94条2項の内容を生かそうとするものであった。川井博士の言葉を借りれば、「94条2項類推適用問題を民法177条のなかに位置付け、177条の解釈として解決」するということである)。また、94条2項を類推適用によって外観法理として再構成することには、一応の合理性を

---

(51) 加藤(雅)・前掲注(4)145頁以下。この見解は、同教授の主催になる「民法改正研究会」による改正案に反映されている。加藤雅信「『日本民法改正試案』の基本枠組」ジュリスト1362号(2008年)16頁、同・民法改正研究会『民法改正と世界の民法典』(信山社 2009年)26頁等参照。
(52) 鎌田薫「不動産二重売買における第二買主の悪意と取引の安全——フランスにおける判例の転換をめぐって——」比較法学9巻2号58頁以下。なお、鎌田・前掲注(22)22頁以下。
(53) 鎌田・前掲注(22)72頁以下、129頁以下、162頁以下等。
(54) 川井健「不動産物権変動補における公示と公信——背信的悪意者論、民法94条2項類推適用論の位置付け——」『我妻栄先生追悼論文集』(有斐閣 1975年)15頁以下。米倉説については、米倉明「債権譲渡禁止特約の効力に関する一疑問(三)」北大法学23巻3号(1973年)119頁以下。

認めることができるであろう。94条2項は、本来、意思表示の有効性に対する信頼を保護して表意者がそれら拘束されることを認めた規定であるが、現象的には外観に対する信頼の保護と重なり合うことが多く、そのことを接点として同規定の内容を外観法理と組み替えることは、類推適用の範囲内であると考えられるからである。しかし、177条における信頼保護と94条2項の信頼保護は、何に注目して信頼保護を認めるのかという基本的な考え方において明確に異なっている。この違いは、帰責事由の内容に端的に現れてくる。すなわち、94条2項においては、意図的に虚偽の意思表示を作り出したという点に通常よりも強い帰責性が認められているのに対して、177条においては、公示の原則に由来する登記すべきであるという社会的義務に正当な理由なく反した点に帰責事由が求められ、登記の期待可能性がなかった場合には例外的に帰責性なしとされる。このような違いは、94条2項の類推適用法理についてもあてはまるであろう。もしも類推適用によってその点まで変質させ、94条2項類推適用法理に信頼保護の一般的法理としての地位を認めるならば、通説的解釈論から拒否されるにいたったかつてのドイツにおけるレヒツシャイン法理汎用論と同様の重大な弊害があるといわなければならない。94条2項類推適用法理は、177条に含まれている信頼保護に対応し、それを包括的に拾い上げるに適したものではない。もちろん、94条2項の想定したものに近い状況がある場合には類推適用を認めることができるが、177条の「対抗」自体を94条2項の類推適用法理によって構成したり、意思表示以外の物権変動原因については177条ではなく94条2項の類推適用によって対処する方法はとるべきではないと考える。この点、旧説を改める。[55]

　むしろ、物権変動の後に第三者が出てきた場合には177条が信頼保護規範として作用することを端的に認め、それが、登記の外観としての規範的性格を反映した登記の有無による画一的判断を特徴とする変則的なタイプであることから、事情によっては信頼保護の原則的な内容に合わせる方向で緩和修正されざるをえないものと構成すべきであろう。すなわち、定型的に見て不

---

(55) たとえば、多田「民法177条と信頼保護」西南学院大学法学論集49巻2=3合併号2015年159頁、161頁参照。

登記が帰責事由に相当するとは判断できない場合には、帰責事由が具体的に認定される余地を認め、不登記がやむをえなかったという事情がある場合は帰責事由なしとして、登記なくして物権変動を対抗できるということである。取消しと登記とか取得時効と登記等の、177条の適用される物権変動原因の範囲の問題は、このような信頼保護における帰責の問題として位置づけるべきであろう。

　さて、このように考えると、将来の立法論として、対抗要件主義をどのような形で規定化すべきかについては、たとえば意思表示によるものとそれ以外に分けるというように物権変動原因によってそれを分けるよりも、現行法のように全ての物権変動原因について包括的な規定を置き、解釈によって個別の問題に対応するというスタイルのほうが望ましいように思われるのであるが、どうであろうか。

動産譲渡登記をめぐる諸問題の一考察

白　石　　大

```
Ⅰ　はじめに
Ⅱ　動産譲渡登記制度の規律
Ⅲ　動産譲渡登記をめぐる問題とその解釈
Ⅳ　おわりに——動産譲渡登記のメリットを見出しうる解釈の可能性——
```

Ⅰ　はじめに

　「債権譲渡の対抗要件に関する民法の特例等に関する法律」が2004（平成16）年に改正されて「動産及び債権の譲渡の対抗要件に関する民法の特例等に関する法律」（動産・債権譲渡特例法）となり、翌2005（平成17）年より動産譲渡登記制度が運用を開始してから、すでに10数年が過ぎた。しかし、法務省が公表する登記統計によれば、2017（平成29）年における動産譲渡登記の件数は4,957件、個数は48,674個にとどまっている。根拠法を同じくする債権譲渡登記は1998（平成10）年の創設から着実に利用実績を伸ばし、2017年における登記件数が14,647件、登記個数は46,846,989個にのぼったことと比べると、動産譲渡登記制度は所期の目的を十分に果たしていないように思われる。[1]

　このように制度の利用が進まない背景としては、民法467条所定の対抗要件（確定日付のある証書による通知・承諾）にはないメリットを有する債権譲渡

---
(1)　以上の統計は法務省のウェブサイト（http://www.moj.go.jp/housei/toukei/toukei_ichiran_touki.html）による（2018年10月21日閲覧）。

登記と異なり、動産譲渡登記には民法上の占有改定による対抗要件と比較したメリットが乏しいことが指摘されている。さらに、利用が進まない結果、裁判例が乏しいため動産譲渡登記に関する解釈がなかなか明らかにならず、このことがまた制度の敬遠をもたらすという悪循環に陥っているようにもみえる。

そこで本稿では、まず不動産登記制度との異同を意識しながら動産譲渡登記制度の規律を確認し（Ⅱ）、次いで動産譲渡登記をめぐる解釈につきいくつかの問題を取り上げて論じてみたい（Ⅲ）。そして最後に、動産譲渡登記制度のメリットを見出しうる解釈の可能性について若干の検討を行うこととする（Ⅳ）。

Ⅱ　動産譲渡登記制度の規律

1　動産譲渡登記制度の概要・問題点

動産譲渡登記は、バブル経済崩壊後の金融環境の変化を受けて新設された制度である。すなわち、バブル経済崩壊に伴う地価の下落によって、不動産担保に依存してきたわが国の金融慣行は行き詰まり、抵当権付融資にかわる新たな金融手法が求められるようになった。また、企業の債務を連帯保証した者が過大な負担を負い、それを苦にして自殺する者まで出てくるに及んで、個人保証に頼る融資慣行についても見直しが迫られるようになった。そこで、新陳代謝を繰り返す在庫商品や売掛債権などを活用し、これを担保として資金調達を行う手法（ABL, asset-based lending）が注目を集めるようになったのである。ところが、動産に譲渡担保が設定される場合には、従来は専ら占有改定の方法によっていたところ、これだと外形的にはその存在がわからず、公示機能はほとんど果たされないという問題があった。そこで、法人がする動産の譲渡について、公示性に優れた登記によって対抗要件を備えることを可能にしたのが動産譲渡登記制度である。

（2）　債権譲渡登記は、①債務者に知られないで第三者対抗要件を備えうる（いわゆる「サイレントの要請」に応えうる）、②債務者不特定の段階でも対抗要件具備が可能である、③多数の債権を譲渡する場合にも1回の登記で対抗要件具備が済む、などのメリットがあるといわれる。

（3）　植垣勝裕＝小川秀樹編著『一問一答　動産・債権譲渡特例法〔三訂版〕』（商事法務、2007

動産譲渡登記がされたときは、「当該動産について、民法第178条の引渡しがあったものとみなす」とされている（動産・債権譲渡特例法3条1項）。これは、動産譲渡登記による対抗要件の具備は、民法上の引渡しによる対抗要件具備と等しい価値を与えられる（動産譲渡登記の効力はそれ以上でもそれ以下でもない）という趣旨である。したがって、動産譲渡登記と民法178条の引渡しが競合した場合は、登記がされた時と引渡しがされた時の先後によってその優劣が決せられることになる。

　なお、動産・債権譲渡特例法の立法過程においては、登記の利用を促進し、動産譲渡担保の公示性を高めるため、「担保目的の動産譲渡については登記が常に占有改定に優先するものとする」という登記優先ルールを採用することが有力な選択肢として検討された[4]。しかし、時間的先後以外の基準により優劣を決するのは対抗要件理論との整合性が取れないのではないかとの理論的疑問が提起されたことに加えて、このルールのもとでは、①Aが担保目的の譲渡を受けて占有改定具備⇒②Bが真正譲渡を受けて占有改定具備⇒③Cが担保目的の譲渡を受けて登記具備、という順序で動産の多重譲渡が行われた場合に、A・B・Cの優劣を決することができないという「三すくみ問題」が存在することが指摘されて、結局この提案は採用されなかった[5]。

　また、動産譲渡登記をしていても、譲渡人が当該動産を重ねて譲渡した場合には、この第二譲受人に即時取得が認められるかどうかが問題となりうる。この点につき、動産・債権譲渡特例法は、どのような場合に即時取得が成立するかに関して特段の規定を設けていないが、これは、個別の譲渡の内容に即した裁判所の適切な判断に委ねる趣旨であるとされる。そして、即時取得の成否は、先行する動産譲渡登記の有無を第二譲受人が調査する義務があるかどうかにかかっているところ、このような調査義務が認められるケースは限定的であることが示唆されている[6]。

　　年）5-7頁。
（4）　真正譲渡についてまで登記優先ルールを採用すると、動産取引一般についても対抗要件を確実に備えるためには登記が必要ということになり、動産の流通を著しく阻害するとして、担保目的の譲渡に限った登記優先ルールが検討の対象とされた。
（5）　植垣＝小川編著・前掲注（3）34-37頁。

このように、㋐登記優先ルールが結局採用されず、先行する隠れた占有改定に動産譲渡登記が劣後するリスクがなおも残ることと、㋑動産譲渡登記の後に動産が重ねて売却された場合に、第二譲受人の即時取得を阻止する効力が明文で定められなかったことが、動産譲渡登記の普及が進まない大きな要因であると考えられる(7)。つまり、手間とコストをかけて動産譲渡登記をしてもメリットは乏しいため、従来どおり、譲渡担保設定契約書に占有改定条項を挿入するだけで対抗要件の具備を済ませるケースが依然として多いものと思われる。

2 不動産登記と比較した動産譲渡登記の特徴

Ⅰで述べたとおり、動産譲渡登記は、不動産登記と比べて判例・学説の蓄積が少ない。それゆえ、その解釈について疑義が生じると、不動産登記制度に関する判例・学説を参照しようという発想につながりやすい。しかし、動産譲渡登記はその基本的な仕組みにおいて不動産登記と異なっており、後者に関する解釈を前者にも推し及ぼすことについては慎重でなければならないように思われる。

まずなにより、不動産登記と動産譲渡登記は、その編成主義において顕著な違いがある。いうまでもなく、わが国の不動産登記は物的編成主義であり、ある不動産に関する権利関係を知るためには、当該不動産を単位として編まれた登記情報を検索すればよい。また、前主の権利取得が公示されていなければ新たな物権変動の公示はできないという「公示の連続性の原則」が採られているうえに、登記をすべき物権変動の範囲についても無制限説が判例の立場であり(8)、可能な限りそれぞれの不動産ごとに権利の所在を明らかにしようとする制度運用がされているといえる。

これに対し、動産譲渡登記が採用するのは人的編成主義である。すなわち、登記は権利変動の客体である動産ごとではなく、「譲渡を行った者が誰

---

(6) 植垣＝小川編著・前掲注(3)37-38頁。
(7) このほか、動産譲渡登記において要求される担保物記載が厳格に過ぎることも要因として挙げられよう(このことに対する批判として、森田修「UCCにおける担保物記載と倒産法」金法1927号(2011年)98頁以下参照)。
(8) 大連判明治41・12・15(民録14輯1301頁)。

であるか」ということを基準として編まれ、登記情報も譲渡人を基準として検索される。不動産登記と異なる編成主義が採られている理由は、動産の数が無限定かつ無尽蔵であることに求められる。つまり、個々の動産を単位として登記を編成することは事実上不可能であるため、いわば次善の策として譲渡人を編成の単位とすることにしたのである[9]。動産譲渡登記ができるのを譲渡人が法人である場合に限ったのも、法人登記簿とのリンクを行うことによって人的編成を実現しやすくするためだと考えられる。

そして、このように人的編成主義を採用したこととも関連するが、動産譲渡登記は当該動産に関する権利の所在を公示するものではない。個々の動産を基準とする検索ができない以上、第三者が登記を見て権利の所在を知ることは困難であるし、同一の動産について、両立しない複数の動産譲渡登記がされることもありうる（これは不動産登記ではほぼ起こりえない）。また、前述のとおり、動産・債権譲渡特例法3条1項は、動産譲渡登記を民法178条の引渡しと等価値のものとみなすにすぎないので、不動産登記と異なり、動産譲渡登記は動産物権変動についての唯一の対抗要件具備方法ではない。したがって、たとえすべての動産譲渡登記を参照しえたとしても、それだけでは動産に関する権利の所在は確定できない[10]。

以上、要するに、動産譲渡登記は動産自体の存在を証明するものではないし、動産の所有権の帰属を公示するものでもないのである[11]。

Ⅲ　動産譲渡登記をめぐる問題とその解釈

1　他人の動産の譲渡にかかる動産譲渡登記の効力

動産譲渡登記に関する諸問題を広く取り上げてこれらを網羅的に検討することは、紙幅が許さず、また筆者の能力を超えるところでもある。そこで以下では、筆者がこれまでに検討の機会を持ちえた2つの問題に絞って論じることにする。

（9）　植垣＝小川編著・前掲注（3）69-70頁。
（10）　なお、動産譲渡登記について本文で述べたことは債権譲渡登記にも当てはまる。拙稿「将来債権譲渡の対抗要件の構造に関する試論」早法89巻3号（2014年）170頁以下参照。
（11）　植垣＝小川編著・前掲注（3）73頁。

第 1 に取り上げる問題は、所有者と異なる者を譲渡人としてされた動産譲渡登記の効力である。これについては参照すべき下級審裁判例が存在するので、まずそれをみておく。広島高判平成 23・4・26（判タ 1366 号 186 頁）[12]は、本稿に関係する限りで簡略化すると、おおよそ次のような事案である。医療法人 Y_1 は、移動式レントゲン機器（本件物件）の所有権を放棄し、A がこれを無主物先占（民法 239 条 1 項）により取得してから X に譲渡した。しかしその後、Y_1 は本件物件について Y_2 のために譲渡担保を設定し、これを登記原因とする動産譲渡登記（本件登記）を行った。X は Y_1・Y_2 に対し、本件物件の所有権確認と本件登記の抹消登記手続を求めた。原判決（広島地判平成 22・11・26 公刊物未掲載）は X の請求を認容し、本判決も次のように判示して Y_1・Y_2 の控訴を棄却した。

> 「本件物件を対象とする平成 18 年 7 月 20 日付け譲渡担保を登記原因とする本件登記は、所有権を放棄した Y_1 が権原もなく行った効力を生じない本件物件の譲渡を登記原因とする不実・無効な登記であるから、本件物件の譲渡人である Y_1 及び譲受人である Y_2 は、本件物件の所有者である X に対し、本件登記に係る抹消登記を申請する義務を負うと解するのが相当である（動産及び債権の譲渡の対抗要件に関する民法の特例等に関する法律に基づく動産登記が動産譲渡の事実を公示することを目的とするものであり、動産の所有権の存在や真実に動産の譲渡されたことを公示するものではないとしても、本件物件に関する無効な登記が存在することは、本件物件の所有権の完全性を妨害することになるから、本件物件の所有者は、所有権を妨害する登記名義人に対し、所有権に基づく妨害排除請求権として、本件登記に係る抹消登記を請求できる、と解すべきである。）。そして、本件登記に係る抹消登記を申請する権限は、登記手続上、本件登記の譲渡人及び譲受人とされている（同法 10 条 1 項）から、本件物件の所有者である X は、譲渡人である Y_1 及び譲受人である Y_2 に対し、登記官に対する本件登記に係る抹消登記の申請の意思表示（すなわち抹消登記手続）を求めることができると解される。」

この判決では、「本件登記は、所有権を放棄した Y_1 が権原もなく行った効力を生じない本件物件の譲渡を登記原因とする不実・無効な登記である」

---

[12] この裁判例については、拙稿「判批」登記情報 676 号（2018 年）54 頁以下参照（本文の以下の記述はこれと重複する部分がある）。

とされている。簡潔な判示のためその趣旨は必ずしも明らかではないものの、これは、他人物の譲渡では所有権の移転効が生じないことを根拠としているように読める。しかし、動産の所有権を有しない者がこれを譲渡して動産譲渡登記を行った場合に、所有権移転効が生じないからといって、この登記を無効と解すべきかは検討を要するところである。

　これが仮に不動産登記であれば、この問題への回答は明らかである。すなわち、所有者でない者が不動産を譲渡し、これに基づいて譲受人名義の所有権移転登記が経由されたとしても、譲渡人が無権利者である以上は譲受人も無権利者であり、この所有権移転登記は実体法上の物権変動を伴わない「カラ登記」として無効である。しかし、Ⅱ2で述べたとおり、不動産登記における解釈を動産譲渡登記に当然に推し及ぼすことはできない。動産譲渡登記は権利の所在を公示するものではないのだから、登記された譲渡によっては譲受人が直ちに動産の所有権を得ることはないとしても、それだけで当然に登記も無効であるとはいえないようにも思われる。

　他人物の譲渡にかかる動産譲渡登記の効力を考えるにあたっては、将来動産の譲渡の場合との比較を行うのが有用であろう。ABLの例を想起すれば明らかなように、まだ存在するに至っていない動産(将来動産)を対象とする売買や譲渡担保設定は、(未発生の客体についての所有権移転を観念することはできないため)契約締結時点では当該動産の所有権を移転させないが、契約としては有効に成立しうる。そしてⅡ1でみたとおり、動産譲渡登記はABLでの対抗要件具備を可能にすることを主たる目的として創設された制度であり、将来動産にかかる動産譲渡登記も有効だとされているのである。[13]

　以上を前提として他人物の譲渡の場合をみると、わが国では他人物売買も契約としては有効であるとされており(民法560条参照)、この点では将来動産と同じである。また、譲渡人が当該動産の処分権限を有しない以上、この契約によって直ちに所有権が移転するわけではないことも将来動産の場合と同様である。将来動産の譲渡の場合には、客体とされた動産が存在するに至った時点で、その所有権が(改めて譲渡するまでもなく)譲受人に移転すると考

---

(13)　この場合、譲渡にかかる動産はその所在によって特定される(動産・債権譲渡登記規則8条1項2号)。

えられるが、他人の動産を譲渡した場合も、後に当該動産を譲渡人が取得した時点で、その所有権が（改めて譲渡することを要しないで）譲受人に直ちに移転すると解されている[14]。このように考えてくると、単にその時点での所有権移転効がないという理由だけでは、他人物の譲渡にかかる動産譲渡登記の効力を否定することはできないように思われる[15]。

　ただし、次の点には留保が必要である。かねてよりわが国では、いわゆる「集合物論」を用いることにより、将来動産の譲渡についての対抗要件を事前に（＝当該動産の発生前に）占有改定で備えることができると解されてきた[16]。動産譲渡登記はこの占有改定を置き換えるものだと理解すれば、将来動産の譲渡の対抗力が登記時に備わるという解釈も無理なく導くことができる。これに対し、他人物を二重譲渡した後で売主が目的物を取得した場合において、いずれの譲受人がこの目的物の最終的な取得者になるかについては、従来ほとんど実体法上の議論がされてこなかったように思われる。しかし、仮にこのケースにおいて、譲渡人が所有権を取得する前であっても、いずれかの譲受人が対抗要件を備えればその者が優先すると解するのであれば、他人物の譲渡にかかる動産譲渡登記を無効としてはならないことになろう。このような解釈のもとでは、他人物の譲受人は、その譲渡について動産譲渡登記を受けることで、将来的に譲渡人が当該動産を取得した際には優先的にその所有権の移転を受けられる地位を確保できるからである[17]。

---

(14)　最判昭和40・11・19（民集19巻8号2003頁）参照。
(15)　もっとも、動産・債権譲渡特例法10条1項1号は、「動産の譲渡……が効力を生じないこと」を理由とする動産譲渡登記の抹消登記申請を認めており、他人物の譲渡はまさに「動産の譲渡……が効力を生じない」場合だから、これにかかる動産譲渡登記の抹消は同法でも予定されていることだとも考えられる。しかし、同号にいう「動産の譲渡……が効力を生じない」ときとは、動産の譲渡の原因である売買契約等が当初から不存在である場合や、公序良俗違反・錯誤によって無効とされる場合などを指すというのが立案担当者の理解である（植垣＝小川編著・前掲注（3）108-109頁）。つまり、これらはいずれも譲渡の原因である契約自体が不存在ないし無効であるケースであって、「契約は有効だが所有権移転効は生じない」というケースは、同号の対象として念頭におかれていなかったと思われる。
(16)　最判昭和62・11・10（民集41巻8号1559頁）参照。
(17)　これに対し、このケースにおいて譲受人相互間に優劣関係はない（＝第一譲受人が先に対抗要件を備えても第二譲受人に優先を主張することはできない）と解するのであれば、将来動産の譲渡の場合と異なり、他人物の譲渡にかかる動産譲渡登記の効力は否定されることになろう。このように解する限り、この登記が対抗要件としての機能を果たす機会は永久に到来しないからである。

ところで、前掲の広島高判は、他人物の譲渡にかかる動産譲渡登記につき、「無効な登記が存在することは、本件物件の所有権の完全性を妨害することになる」としている。そこで次に問題とすべきは、仮に他人物の譲渡にかかる動産譲渡登記が不実登記として無効だとしても、この登記が本当に所有者を害することになるのかという点である。

ここでも、不動産登記の発想になじんだ者にとって、回答は容易であるようにも思われる。自己の所有する不動産に他人を所有名義人とする所有権移転登記が存在する場合、所有者は、所有権に基づく妨害排除請求権の行使として、この所有名義人に対して所有権移転登記の抹消登記手続を行うよう請求することができる。動産譲渡登記についてもこれとパラレルに考えるならば、前掲広島高判の事案でも、処分権限を有しない Y_1 が Y_2 に対して行った動産譲渡登記は X の所有権を妨害しているとして、X はこの登記の抹消登記手続を求めることができるとも思える。

しかし、上述の不動産登記と動産譲渡登記の違いをふまえるならば、これとは異なる考え方もありうる。物的編成主義を採用する不動産登記制度のもとでは、ある不動産の権利関係に関心を持つ者（当該不動産の購入を検討する者や、当該不動産に抵当権の設定を受けたうえで融資を検討する者など）は、その不動産を基準として登記情報を検索するため、当該不動産にかかる不実の登記をその者が目にすることは避けられない。その結果、この者が当該不動産の購入を断念したり融資を取りやめたりする事態も起こりうるだろう。その意味で、不動産登記制度における不実の登記は、たしかに所有者の利益を害しうるといえる。

これに対し、動産譲渡登記は人的編成主義であり、ある動産の購入を検討する者やこれに譲渡担保の設定を受けて融資を検討する者は、譲渡人となろうとする者（売主となろうとする者、譲渡担保設定者となろうとする者）を基準として動産譲渡登記の有無を確認する。ここで、仮に当該動産について無権利者を譲渡人とする動産譲渡登記がされていたとしても、その無権利者たる譲渡人を基準として登記情報を検索しない限り、この登記が購入や融資を検討する者の目に触れることはない。そのうえ、譲渡の当事者や利害関係人等以外の第三者が取得しうる登記事項概要証明書・概要記録事項証明書には、譲渡

にかかる動産を特定するために必要とされる事項は記載されない（動産・債権譲渡特例法 11 条 1 項・13 条 1 項、動産・債権譲渡登記規則 19 条 1 項 1 号参照）[18]。

このようにみてくると、不動産登記の場合と比べて、不実の動産譲渡登記が所有者を害するおそれは格段に小さい。したがって、仮に他人物の譲渡にかかる動産譲渡登記を無効と解したとしても、当該動産の所有者による抹消登記手続請求が当然に認められるというわけではないように思われる。

2　追加担保の設定と動産譲渡登記の要否

本稿で検討する第 2 の問題は、ある動産について譲渡担保の設定を受けた譲渡担保権者が、動産譲渡登記によって対抗要件を備えた後に、同一の動産について重ねて譲渡担保の設定を受けた場合、追加の譲渡担保についても改めて動産譲渡登記をしなければこれを第三者に対抗しえないかどうかである[19]。

ここでも、不動産における抵当権設定登記とのアナロジーによるならば、譲渡担保権者は譲渡担保の設定を受ける都度、重ねて動産譲渡登記をしなければならないようにも思われる。しかし他方で、不動産登記においても登記原因を「譲渡担保」として所有権移転登記をすることは認められているものの、被担保債権額・極度額は登記事項とされていないため、ひとたび登記原因を「譲渡担保」とする所有権移転登記がされれば、目的物価格全額をもって被担保債権全部を担保する旨の公示がすでに備えられているとも考えられる[20]。また、そもそも不動産については、設定者から譲渡担保権者への所有権移転登記を重ねて行うことは不可能である[21]。そうすると、不動産譲渡担保に関する登記とのアナロジーをいうのであれば、かえって、上記のケースにお

---

(18)　このような開示方法が採用された理由につき、植垣＝小川編著・前掲注 (3) 114-115 頁参照。

(19)　この問題の所在については、國學院大學の一木孝之教授からご示唆をいただいた。

(20)　鎌田薫ほか「不動産法セミナー（第 3 回）不動産登記法改正③」ジュリ 1294 号（2005 年）132 頁〔鎌田薫発言〕参照。ただし鎌田教授は、立法論的には、「譲渡担保」を登記原因とする場合には被担保債権額・極度額を必要的登記事項とすべきだと主張している（同 131 頁）。

(21)　公示の連続性の原則より、申請情報の内容である登記義務者が登記記録と一致しないときは登記申請が却下されるところ（不動産登記法 25 条 7 号）、当初の「譲渡担保」を登記原因とする所有権移転登記がされると登記記録上の登記名義人は譲渡担保権者になるため、重ねて設定者を登記義務者とする所有権移転登記申請は却下されざるをえない。

ける動産譲渡担保権者は重ねて動産譲渡登記をする必要はないということになりそうである。

　しかし、やはりここでも、不動産登記と動産譲渡登記の仕組みの違いを無視することはできないように思われる。というのも、第 1 順位の不動産譲渡担保について所有権移転登記がされると、同じ設定者が当該不動産について他の債権者に後順位譲渡担保を設定したとしても、すでに当該不動産の登記名義は設定者から第 1 順位譲渡担保権者に移転してしまっているため、設定者を登記義務者、後順位譲渡担保権者を登記権利者とする所有権移転登記を行うことはもはやできない（脚注 21 参照）。これはつまり、不動産譲渡担保においては後順位の譲渡担保権を公示・対抗する手段はないということであり、第三者に対抗しえない担保権はほぼ無意味である以上、後順位の不動産譲渡担保を設定することは事実上できないことになる[22]。したがって、不動産譲渡担保権者が後から追加融資を行い、それを担保するために同一の不動産に重ねて譲渡担保の設定を受けた場合でも、これによって害されうる後順位譲渡担保権者はおらず、専ら設定者との間の清算において被担保債権額・極度額の増額を考慮すればよいため、この追加分の譲渡担保について登記をしなくても（登記ができなくても）問題はないと考えられる。

　これに対し、動産譲渡担保においては、第 1 順位譲渡担保権者のために動産譲渡登記がされた後でも、後順位の譲渡担保権者はみずからの担保権について対抗要件を備えることが依然として可能である。すなわち、Ⅱ 2 でみたとおり、動産譲渡登記においては公示の連続性の原則は適用されないため、同一の動産について同一の譲渡人から異なる譲受人への動産譲渡登記を複数行うこともできるし、もとより後順位譲渡担保権者は民法上の対抗要件である引渡しを受けることも当然に可能である。そうである以上、不動産譲渡担保とは異なり、動産譲渡担保の場合には後順位譲渡担保権者の利益にも配慮した解釈を考えなければならないであろう[23]。

　とはいえ、動産譲渡登記においても、登記原因を「譲渡担保」とすること

---

(22)　近江幸治『民法講義Ⅲ担保物権〔第 2 版補訂〕』（成文堂、2007 年）309 頁参照。
(23)　なお、同一の動産に譲渡担保を重ねて設定しうることは判例も認めていると解される（最判平成 18・7・20 民集 60 巻 6 号 2499 頁参照）。

はできるものの、被担保債権額ないし極度額は必要的な登記事項ではない。したがって、後順位で動産譲渡担保の設定を受けようとする債権者は、動産譲渡登記を見ても、先行する譲渡担保の被担保債権額・極度額を知ることができるとは限らない。その意味では、回収見込み額に関する後順位譲渡担保権者の期待はさほど強固なものとはなりえない（したがってそれほど保護に値しない）ともいいうる。しかし、たとえそうではあっても、動産譲渡担保の実行に際して譲渡担保権者間で回収額をめぐる紛争が事後的に生じる場合には、後順位譲渡担保の設定後に先順位譲渡担保権者が取得した追加分の譲渡担保については、後順位譲渡担保権者に劣後させるのがやはり公平にかなう。したがって、先順位の譲渡担保設定について動産譲渡登記をした譲渡担保権者も、追加分の譲渡担保設定については、後順位譲渡担保の設定・対抗要件具備までに重ねて動産譲渡登記をしなければ、みずからが追加分についても優先することを後順位譲渡担保権者に対して主張できないと解すべきであろう。

　もっとも、上記のように解すると、譲渡人から同一の譲受人（譲渡担保権者）に対して複数の動産譲渡登記が重ねてされることになるが、これはやや奇異な感がある。しかし、動産譲渡登記においては公示の連続性の原則が妥当しないことはすでに述べたとおりであり、このような登記も可能であると解される。実体法的には、譲渡担保の法的構成次第ではあるが、設定者から譲渡担保権者に対して何らかの物権変動が複数回にわたって行われたと観念すればよいであろう。

---

(24)　日本司法書士会連合会編『動産・債権譲渡登記の実務〔第2版〕』（金融財政事情研究会、2016年）46頁。
(25)　もっとも、これを登記事項証明書等の備考欄に記載することはできる（日本司法書士会連合会編・前掲注(24)87頁参照）。しかし、仮に被担保債権額が備考欄に記載されたとしても、これが不動産の抵当権設定登記における被担保債権額の記載と同様の法的効力を有するとは必ずしも言えないように思われる。なお、立法論ではあるが、動産譲渡登記においてもこれを必要的登記事項とすべきだとする見解として、鎌田ほか・前掲注(20)131頁〔鎌田発言〕参照。
(26)　ただし、追加分の譲渡担保設定について民法上の対抗要件（引渡し）を備えることでも足りると解される。
(27)　これについての詳細は、近江・前掲注(22)294頁以下参照。

IV　おわりに——動産譲渡登記のメリットを見出しうる解釈の可能性——

II 1でみたように、動産譲渡登記の普及が進まない理由は、登記をしたとしても占有改定を上回るメリットが乏しいことにあった。すなわち、㋐登記優先ルールは採用されておらず、先行する隠れた占有改定に動産譲渡登記が劣後するリスクはなおも残っている。また、㋑動産譲渡登記の後に動産が重ねて売却された場合に、後続譲受人の即時取得を妨げる効力が明文で定められておらず、実際にも動産譲渡登記が即時取得を阻止しうる効果は限定的であると解されている。

このうち㋑については、動産取引の迅速性・安全性を図る観点からも、後続譲受人に対して、先行する動産譲渡登記の有無を調査する義務を一般的に課す（＝動産譲渡登記を確認しなかった後続譲受人の即時取得を一律に否定する）のは困難であると考えられる。[28] これに対し、㋐については、「動産譲渡登記による『引渡し』を受けることで即時取得が成立しうる」とする解釈論が試みられつつあるのが注目される。仮にこれが認められるならば、他の譲渡担保権者への占有改定が先行していたとしても、登記を備えた後続の譲渡担保権者が第1順位の譲渡担保権を即時取得できることになる。これは実質的に登記優先ルールを採用するのとほぼ等しいため、譲渡担保権者にとっても、動産譲渡登記を行うメリットが生まれるように思われる。そこで最後に、この解釈の可能性について若干の検討を加えて本稿を締め括ることとしたい。

この考え方は、経済産業省が実施した「平成24年度産業金融システムの構築及び整備調査委託事業『動産・債権担保融資（Asset-based Lending: ABL）普及のためのモデル契約等の作成と制度的課題等の調査』」で取りまとめられた、「ABLに係る法整備のあり方に関する提案書」[29] において本格的に検討

---

(28) ただし、近江・前掲注（22）312頁は、動産譲渡登記により譲受人の悪意ないし過失が推定されるとして、即時取得の成立を一般的に否定する。なお、フランスでは、登記を対抗要件とする類型の動産質権（非占有質権）について、後続譲受人の即時取得を否定する規定が設けられている（フランス民法典2337条3項。これに関しては、拙稿「フランスにおける動産・債権担保法制の現在」比較法学46巻2号（2012年）68頁参照）。

されている。そこでは、立法論としてではあるが、「法人が集合動産を譲渡した場合において、当該動産の譲渡につき動産譲渡登記ファイルに譲渡の登記がされたときは、当該動産について、民法192条の占有を始めたものとみなす」とする規定を動産・債権譲渡特例法に設けることが提案されていた。⁽³⁰⁾

　この提案書は、占有改定による即時取得を否定した最判昭和35・2・11（民集14巻2号168頁）が、「無権利者から動産の譲渡を受けた場合において、譲受人が民法192条によりその所有権を取得しうるためには、<u>一般外観上従来の占有状態に変更を生ずるがごとき占有を取得することを要し</u>、かかる状態に一般外観上変更を来たさないいわゆる占有改定の方法による取得をもっては足らないものといわなければならない」（下線は筆者による）と判示していたのをふまえつつ、動産譲渡登記による引渡し（の擬制）はこの点においては占有改定と別異に解しうるとする。すなわち、占有改定による即時取得が否定されるのは、外観上の占有状態に変更がなければ、原権利者の信頼が損なわれたことが現実化しておらず、取得者が設定者の権限を信頼したこともいまだ明確になっていないからであると説明されるところ、⁽³¹⁾動産譲渡登記がされた場合には、原権利者の信頼が損なわれたこと、取得者が設定者の権限を信頼したことのいずれについても、客観的に外部から認識することができるというのである。⁽³²⁾

　この提案書がいう「動産譲渡登記による即時取得」を解釈論としても認めうるかについては、動産譲渡登記は引渡しそのものではないなどとしてこれを否定的に解する見解がある一方で、⁽³³⁾動産譲渡登記には引渡しと同等以上の公示性があることなどを理由に、これが備われば即時取得を認めてよいとす

---

(29)　http://www.meti.go.jp/meti_lib/report/2013fy/E002425.pdf（2018年10月21日閲覧）。なお、同提案書の概略を紹介するものとして、粟田口太郎＝山本健一＝辻岡将基「『ABLに係る法整備のあり方に関する提案書』の概説」金法1970号（2013年）54頁以下参照。

(30)　「ABLに係る法整備のあり方に関する提案書」3頁。ただし同提案書は、動産譲渡登記による即時取得を認めることに伴う影響を低減するため、このルールの適用対象を集合動産に限定している（同5頁）。

(31)　川島武宜＝川井健編『新版注釈民法（7）物権（2）』（有斐閣、2007年）169頁〔好美清光執筆〕参照。

(32)　「ABLに係る法整備のあり方に関する提案書」3頁。

(33)　内田貴『民法Ⅲ債権総論・担保物権〔第3版〕』（東京大学出版会、2005年）535頁、山野目章夫『物権法〔第5版〕』（日本評論社、2012年）84頁。

る見解も現れている。ここで仮に肯定説を採ると、たとえば所有権留保付きの動産について買主を設定者とする譲渡担保が設定された場合に、譲渡担保権者は動産譲渡登記をすれば即時取得によって留保売主に優先しうるなど、動産担保の実務にかなり大きな影響が及ぶものと思われる。

たしかに肯定説がいうように、動産譲渡登記は一定の公示性を備えており、指図による占有移転のような公示の程度でも即時取得が認められる場合がある以上、動産譲渡登記にも即時取得の可能性を認めてよいとも思われる。観念的で不明確な占有改定のみでは原権利者の犠牲のもとに譲受人を保護すべきでないとしても、動産譲渡登記は譲渡担保権者にとっては採りうる最善の公示方法であるから、譲受人を保護するための要件として十分であるともいえよう。もっとも、動産譲渡登記をしたとしても物理的な支配には変更をきたさないので、「手は手を守るべし」という即時取得制度の沿革に照らせば原権利者の追及権はいまだ失われないとも考えうるが、動産譲渡登記がされれば原権利者の占有者に対する信頼は形の上でも裏切られたと評価することができ、これによって追及権は失われると解することも可能であるように思われる。

ただし、譲渡人がいまだ物理的支配を取得していない動産の譲渡についても動産譲渡登記をすることはできるところ、この場合に即時取得を認めるべきかについては慎重な検討を要する。たとえば、ある者が所有権も占有権もいまだ取得していない他人の動産を所有者に無断で売却し、これについて動産譲渡登記をしたとして（他人物の譲渡にかかる動産譲渡登記も有効であることについてはⅢ1参照）、この場合に買主による即時取得を認めるのは実質的にみても明らかに不当である。動産譲渡登記によって引渡しが擬制されるといって

---

(34) 佐久間毅『民法の基礎2 物権』（有斐閣、2006年）151頁、松岡久和『物権法』（成文堂、2017年）212頁、丸山絵美子「即時取得（善意取得）の現状と課題」名法270号（2017）62頁。
(35) 近時、東京高判平成29・3・9（金法2091号71頁）は、所有権留保が付された動産について譲渡担保権の成立を否定したが、この事案でも譲渡担保権者は動産譲渡登記を具備しており、肯定説を採れば即時取得によって譲渡担保権者が勝ったと思われる。
(36) 最判昭和57・9・7（民集36巻8号1527頁）参照。
(37) 安永正昭『講義 物権・担保物権法〔第2版〕』（有斐閣、2014年）116頁は、「動産譲渡登記は公示方法として法で認められたものであり、譲受人としてはこれ以上のことをすることができないしする必要はないので、真の所有者との利害の調整としては、現実の引渡しがあったものと評価してもよいのではないか」として、動産譲渡登記による即時取得を肯定するようである。

も、この事例では売主にそもそも占有がなく、買主も少なくとも譲渡の時点では占有を承継することはできない。したがって、買主は192条所定の「動産の占有を始めた」という要件を充足せず、即時取得は成立しないと解すべきであろう。将来取得する動産について譲渡担保が設定されて動産譲渡登記が行われた場合も、設定者が当該動産を取得してはじめて譲渡担保権者による占有の承継を語ることが可能になると考えれば、登記のみが具備された段階では即時取得は認められないことになろうか[38]。

　このようにみてくると、仮に動産譲渡登記による即時取得を認めるとしても、それに伴う譲渡担保権者のメリットは限定的なものにとどまるように思われる。やはり、動産譲渡登記のメリットを高めて普及を促進するためには、即時取得の解釈によるのではなく、むしろ登記優先ルールの立法の可能性を改めて検討するほうが適切なのではないだろうか[39]。

＊本研究は、早稲田大学特定課題研究助成費（課題番号2018K-053）の助成を受けたものである。

---

(38)　その後、設定者が動産を取得すると、その時点で譲渡担保権者は引渡しの擬制により「占有を始めた」と評価しうる。譲渡担保が多重設定されている場合には、各譲渡担保権者が同時に占有を開始することになるが、各譲渡担保権者が備えた対抗要件がいずれも動産譲渡登記であるときには、複数の譲渡担保権者のもとで同時に即時取得が起こるという矛盾が生じかねない。これに対し、先行する譲渡担保権者が占有改定、後続の譲渡担保権者が動産譲渡登記を備えたというケースでは、178条のもとでは前者が勝つものの、後者は即時取得によって第1順位の譲渡担保権を取得すると解することが可能である（前者は占有改定しか備えておらず、即時取得はできない）。
(39)　「ABLに係る法整備のあり方に関する提案書」ではこの方向性も検討されている（6頁以下）。

動産善意取得制度の私法上・憲法上の正当性について
―― ドイツ基本法の財産権保障をめぐる論争を手がかりに ――

田　口　　　勉

```
I　問題の所在
II　私法上の正当性
III　憲法上の正当性
IV　結びに代えて
```

I　問題の所在

　大陸法系だけでなく英米法系も、動産の所有権を有していない占有者からその動産を譲り受けた者を、一定の要件の下で保護する法制度を導入している[1]。このような無権利者からの取得者を保護する制度は、一般に善意取得制度あるいは公信の原則とよばれる。日本民法も、第192条以下の規定（「即時取得」よばれる）により無権利者からの動産取得者を保護する[2]。

　動産の善意取得制度は、その保護範囲について違いがあるとはいえ、日本民法に多大な影響を与えたフランス民法およびドイツ民法においても承認されていたためか、その立法化自体はむしろ当然であったように推測される。起草者の頭を悩ませたのは、これを時効と位置づけるか占有の効力と位置づけるかという問題であり[3]、善意取得制度の正当性は問題とされなかった[4]。こ

---

(1)　喜多了祐『外観優越の法理』（千倉書房　1976年）609頁以下。
(2)　我妻榮＝有泉亨補訂『新訂物権法』（岩波書店　1983年）214頁以下。なお即時取得を善意取得制度と呼ぶこともある。どちらもその制度趣旨は同じであるので、本稿では両者をとくに区別せず、同じ意味のものとして用いている。
(3)　広中俊雄＝星野英一編『民法典の百年 II』（有斐閣　1998年）464頁以下［安永正昭執筆］。

の点は、そもそも最初から公信の原則が認められず、その導入の是非自体が課題となっている不動産物権変動とは事情が異なる(5)。

これに対して、ドイツにおいては、特に第二次世界大戦後の1950年代に、ドイツ民法上の動産善意取得制度の正当性が問題となった。その後日本でも、喜多了祐博士が、ドイツにおける右の論争を手がかりに、動産善意取得制度の正当性を論じられ、日本民法の定める即時取得の正当性には問題があると述べられた(6)。

ドイツにおいては、その後新しい展開を見せた。すなわち善意取得制度の正当性が、憲法上の問題とされたのである（後述「Ⅲ　憲法上の正当性」参照）。

本稿は、上記のようなドイツおよび日本の議論を手がかりに、動産善意取得制度の「私法上の正当性」および「憲法上の正当性」について論じようとするものである(7)。

Ⅱ　私法上の正当性

1　分析の視角

動産善意取得は、ドイツ民法においても日本民法においても、表見代理などとともに権利外観法理の一つと捉えられている(8)。この法理によれば、実体的な権利関係とは異なる虚偽の外観が存在し、この外観作出につき真実の権利者に帰責性がある場合、この外観を信頼して取引をした者は保護されるべきとされる。動産善意取得の私法上の正当性についても、この権利外観法理の観点から検討することにしたい。

第一の観点は、無権利者が権利者らしい虚偽の外観を有することである。

（4）　ただし一部の学説は即時取得の正当性を問題としていた。例えば、舟橋諄一『物権法』（有斐閣　1960年）68頁以下、槇悌次「即時取得」［星野英一編『民法講座2物権(1)』（有斐閣1984年）所収］300頁など参照。
（5）　中舎寛樹『表見法理の帰責構造』（日本評論社　2014年）はこれまでの議論を総括したものである。判例学説の詳細については同書を参照されたい。
（6）　喜多・前掲註（1）参照。
（7）　このような試みとして、拙稿「動産の善意取得制度と基本権（1）」神奈川大学法学部50周年記念論文集（2016年）259頁以下において、動産善意取得制度の歴史的正当性を検討した。本稿はこれに続くものである。
（8）　喜多・前掲註（1）、中舎・前掲註（5）参照。

動産善意取得において虚偽の外観は占有に基く。占有があれば所有者らしい外観があるとされ、この信頼が保護の対象とされる。そこで、「占有を有する者は所有者である」という前提がはたして妥当なのかが問題となる。

さらに、仮に「占有を有する者は所有者である」という前提が認められるとしても、この信頼を保護する必要がはたしてあるのか、検討を要する。

第二の観点は、真実の権利者の帰責性である。まず、その帰責性の内容が問題となる。さらに、真実の権利者に帰責性がなくても即時取得が認められるべきかも問題となろう。この点は、善意取得制度の正当性に関する重要な論点である。

さらに第三の観点として、取得者の信頼が問題となり得る。しかし、ドイツ民法が重大な過失がある場合にも善意取得を認めているため問題を生じているのに対し、日本民法は無過失を要件としており、権利外観法理との関係で特に問題は生じない。そのため、本稿では、この点については省略する。

2　外観としての占有の信頼性

動産善意取得において外観の基礎となるのは占有である。その前提は、占有は物の占有者にその物の所有者であるという外観を生じさせる、ということである。このような前提が妥当であれば、動産善意取得の正当性は承認されようが、このような前提がはたして妥当なのであろうか。さらに、このような推定に基づいて占有に対する信頼を保護することがはたして妥当なのであろうか。以下ではドイツ民法と日本民法を取り上げ、この点を検証する。

(1)　ドイツ民法

(a)　ドイツ民法は、善意取得制度を不動産取引にも動産取引にも認める（ドイツ民法第892条以下、同第932条以下）。一般に、信頼の基礎は不動産では不動産登記簿であり、動産では占有であると考えられている。

通説によれば、動産についてはドイツ民法第932条が出発点とするのは占有である。日常生活では占有と所有は一致するのが通常であるという事実が基礎であり、その結果、所有権が占有から導かれる。しかし、占有に対する信頼性は低いとされる。

これに対し、不動産については、ドイツ民法第873条は不動産物権変動に

おいて登記強制の例外をほとんど認めておらず、登記は国家高権行為であることなどから、不動産登記簿上の権利外観と実体上の権利関係は正確に一致する。そのため登記簿の信頼性は、占有の場合とは比較にならないほど大きいことが承認されている。(9)

(b) 動産物権変動法

ドイツ民法の動産物権変動法は、いわゆる引渡主義 Traditionsprinzip である（ドイツ民法第929条）。動産の所有権は単なる合意だけでは移転せず、取得者は引渡しにより動産の占有をも取得しなければならない。ドイツ民法第一草案理由書（Motive）によれば、引渡主義の採用により、占有と所有の一致が確保されるとする。(10)

この引渡主義は占有者が所有者であるという推定の基礎とされるが、しかし実際には大幅に弱められている。たとえば、ドイツ民法第929条第2文によれば、取得者が賃借人であり、すでに目的物を占有している場合には、合意だけでよいとされる（「簡易の引渡し」）。この場合、取得者が占有を誰から取得したのかわからない。また、ドイツ民法第930条は、その引渡しはいわゆる占有改定で足りるとする。占有改定は取得者を間接占有者とし、譲渡人を直接占有者とするものであるから、外部からは物権変動があったことを認識できない。

このように引渡主義は法制度においても最初から相当に緩和されており、占有者が所有者であるという信頼は揺らいでいる。(11)

そのため、無権利者からの取得については、通常の権利者からの取得とは異なり、以下のような制約を受ける。第一の制約は、取得者の占有は譲渡人に由来しなければならないことである。したがって、簡易の引渡しにおいて、取得者が合意のときすでに有していた占有は譲渡人から取得したものでなければならない。(12)

---

(9) Harry Westermann, Die Grundlagen des Gutgläubensschutzes（Jus 1963）S. 4
(10) Benno Mugdan, Die gezamten Materialien zum Bürgerlichen Gesetzbuch für das Deutsche Reich（Scientia 1979）. S. 191.［Motive, S. 344.］
(11) Dieter Medicus, Besitz, Grundbuch und Erbschein als Rechtsscheinträger（Jura 2001）S. 295.
(12) Medicus, a.a.O. S. 295.［前掲註（11）］

第二の制約は、譲渡人はその占有を取得者に完全に引渡さなければならない。取得者は目的物の占有を完全に失うことが必要である。[13]

　なお、第二の制約から、権利外観の担い手は占有ではなく、譲渡人の有する「占有創造力」Besitzverschaffungsmachtであるという学説が主張されている。この学説はゲルマン法の考え方に基づくもので、古くから主張されていた。この学説の出発点は、占有が信頼の基礎として不十分であり、占有への信頼では善意取得が正当化できないという点にある。[14]

(2)　日本民法

(a)　公示制度

　登記は、国家が管理し、不動産上の権利関係を文字情報として公示するものである。これに対し、占有ないし引渡しは、当事者間で行なわれる私的な事実に過ぎず、占有の根拠を文字情報として示すものではない。権利外観としての占有の信頼性は、登記に比べてはるかに劣っている。それにもかかわらず、日本民法は、動産については即時取得を認めておきながら、不動産については公信の原則を認めないという態度をとった。[15]日本民法に見られるこのような「ねじれ」は、最初から即時取得の正当性に疑念を抱かせるに十分なものであった。

　しかし、即時取得の正当性は問題とされず、問題意識はむしろ動産には即時取得があるのに、不動産に公信の原則がないのはおかしい、不動産にもこれが認められるべきだ、という点に向けられた。[16]

(b)　物権変動

　日本民法は、ドイツ民法と異なり、意思主義（民法第176条）・対抗要件主義（同法第177条）を採用している。所有権の移転には意思表示だけで十分であり、引渡しは対抗要件に過ぎない。制度上も所有と占有との一致は図られていない。

---

(13)　Medicus, a.a.O. S. 295. ［前掲註（11）］
(14)　Johannes Hager, Verkehrsshutz durch redlichen Erwerb [1990] S. 239ff.
(15)　我妻・前掲註（2）43頁以下、舟橋・前掲註（4）215頁以下。
(16)　船橋諄一＝徳本鎮編集『新版注釈民法（6）物権（1）［補訂版］』（有斐閣　2009年）738頁以下［山田晟＝徳本鎮執筆］、半田正夫「不動産登記と公信力」［星野英一編『民法講座2物権(1)』（有斐閣　1984年）所収］197頁以下。

また動産が「現実の引渡し」(同第182条1項)により実際に引き渡されたときは、所有と占有が一致するけれども、対抗要件としての「引渡し」には、「簡易の引渡し」(同第182条2項)、「指図による占有移転」(同第184条)、占有改定(同第183条)などが含まれる。これらは意思表示のみで足りる。「簡易の引渡し」は問題ないとしても、「占有改定」は所有と占有が一致しないばかりでなく、譲渡人が引き続き現実の占有を継続するため、二重譲渡の危険性を生じさせる点で問題がある、といわれている。[17]

以上のように、日本民法の動産物権法は、所有と占有を一致させるシステムを採用しておらず、所有と占有の一致は法的に担保されていない。所有と占有を一致させようとするドイツ民法ですら、上述のように所有と占有の一致が破られているというのであるから、日本民法においては、いうまでもないことである。

このように、占有があるから所有がある、という前提は揺らいでいる。占有という外観は所有権の存在を示す権利外観としては不十分であり、即時取得の正当性には問題があると言わざるを得ないように思われる。

そうすると、即時取得の正当性が承認されるためには、権利外観として単なる占有だけでは足りず、これに加えて所有権の存在をうかがわせる特別な事情が必要となろう。しかし、この点については検討されていない。

(3) 占有と所有が一致する蓋然性

(a) 動産物権変動法は、占有と所有の一致をはかるものとして不十分であったが、実際にも占有と所有は一致するのであろうか。一致する蓋然性はどの程度なのか。次にこの点を考える。

日本民法第188条は「占有者が占有物について行使する権利は、適法に有するものと推定する。」と定める。多数説である実体法説は、本条について「占有して本権行使の外観をそなえる者は多くの場合適法な本権を有する者であるという蓋然性を基礎とする」[18]と理解する。

これに対し、訴訟法説は、本条は実体法上の推定という積極的な意味を持

---

(17) 我妻・前掲註(2)183頁以下、舟橋・前掲註(4)219頁以下。
(18) 川島武宜=川井健編集『新版注釈民法(7)』(有斐閣 2007年)八六頁以下[田中整爾執筆])。

たず、「たんに訴訟上、占有者が所有者から占有物の返還を請求された場合に、原告が所有権の証明をしえないときは占有者である被告は自己の権利を立証するまでもなく勝訴するにいたるという消極的なもの……を述べたにすぎない」とする。[19]

どちらの立場に立つにせよ、本条の推定に対し、反証をどの程度認めるかが重要である。[20]どこまで反証が認められるかは、結局のところ、所有と占有の一致の蓋然性がどの程度なのかに影響されよう。次にこの蓋然性がどの程度認められるのか、見てみよう。

(b) 民法上の蓋然性

一般論として、所有者はその所有物を占有していることが多いといえるけれども、民法上、盗難や遺失以外にも占有者が所有者以外の者である場合が多数存在する。例えば、賃貸借契約である。この場合、目的物の所有者は貸主、占有者は借主となり、占有と所有が一致しない。[21]賃貸借は民法上の一般的な契約形態であり、広く行なわれている。賃貸借の場合を、盗難や遺失の場合と同様に例外的なものとして評価することは妥当でない。

さらに、担保目的で行なわれる、所有権留保付き売買と譲渡担保がある。これらは所有権留保あるいは所有権譲渡を担保として利用するものである。この場合、売主や譲渡担保権者が所有者であり、買主や譲渡担保権設定者が占有者であることが一般的であるから、やはり所有と占有が分離され、一致しない。

上記の例を見ただけでも、民法上において所有と占有とが一致しない場合が多数あり、このような事態は恒常的ですらある。このような場合まで、占有と所有が一致しない、例外的かつ稀な場合として評価することは妥当とはいえない。

以上からすると、占有と所有が一致する蓋然性が高いとは必ずしもいうことができない、と思われる。むしろ、賃貸借契約などが一般的であるような状況では、蓋然性が認められないこともあろう。

---

(19) 川島＝川井・前掲註（18）86頁［田中整爾執筆］。
(20) 川島＝川井・前掲註（18）89頁以下［田中整爾執筆］。
(21) 正確には貸主も間接占有をしているから占有と所有が一致しているともいえるが、ここでは直接占有者に所有の外観があるかが問題となる。

そうすると、占有と所有とが一致しない事態が日常的に生じており、このような場合には占有に対する信頼がそれだけ弱まることになるから、これを保護する必要性もそれだけ低下しているといえよう。

3 原所有者の帰責性
(1) はじめに

権利外観法理の第二の要件として、動産の原所有者に権利を喪失してもやむを得ないという帰責性が必要とされる。しかし、条文上は、ドイツ民法も日本民法も原所有者の帰責性を必要としていないように読める。

動産の善意取得について帰責性が不要だとすると、日本民法においては、主として不動産取引に関して公信的保護をはかる民法94条2項類推適用論が真実の権利者の帰責性を要件とすることと対比しても、問題であるといえる。そのため、日本の即時取得においても、帰責性の検討は不可欠である。

帰責性とは、たとえば原所有者が処分者を本当の所有者と誰もが信じるような状況を作出した場合のように、原所有者の行為（態度）が不誠実ないし違法である場合である。しかし、原所有者が動産の占有を引き渡すことだけでは、不誠実ないし違法な行為であるということはできないであろう。そして右の「2 外観としての占有の信頼性」で検討したように、そもそも動産の占有自体が所有関係を不十分にしか示すことができないという限界を有するのであって、そのことは原所有者の責任ではない。[22]

そのため、学説は、帰責性を、盗品または遺失物の場合に動産善意取得が認められないこととの関連で論じることが多い。そこで、ここでも最初に、この観点から帰責性を考えることにしたい。

(2) 盗品または遺失物の例外
(a) ドイツ民法

ドイツ民法も、盗品と遺失物を動産善意取得の例外とするが、日本民法よりもさらに徹底させ、盗品と遺失物はそもそも善意取得することができないとする（ドイツ民法第935条）。

---

(22) Frank Peters, Der Entzug des Eigentums an beweglichen Sachen durch gutgläubigen Erwerb. [1991] S. 54。

ドイツ民法上の動産善意取得は、普通ドイツ商法典（1861年）第306条以下を承継したものである。盗品または遺失物について例外が定められた理由は、動産善意取得制度の起源としてのゲルマン法上の「ハント・ヴァーレ・ハント」原則を承継したものと理解されている。すなわち、この原則では所有者はその物を預けた者に対してのみ返還を請求することができるに過ぎず、第三者には返還請求できないけれども、盗品または遺失物の場合に限り第三者にも返還請求ができる、という例外を認めていたが、ドイツ民法の起草者はこの例外をそのまま承認した。

(b) 日本民法

日本民法第193条は、「占有物が盗品又は遺失物であるときは、被害者又は遺失者は、盗難又は遺失の時から二年間、占有者に対してその物の回復を請求することができる。」と定め、盗品または遺失物が即時取得されたときは、2年間に限ってであるが、被害者または遺失者に回復請求権を認める。

日本民法第193条が盗品または遺失物を即時取得の例外とする理由について、起草委員（穂積陳重）は、すべての場合に即時取得を認めることは所有者にとって酷に過ぎるから、というものであった。さらに詐欺によって動産を引き渡した場合を即時取得の例外とすべきかが問題となった際、梅謙次郎は、詐欺の場合は「自分が得心して渡したのであるから、自分の落ち度である」として、詐欺は即時取得の例外とならないと説明している。

起草者がすでに起草段階で原所有者の帰責性を考慮していた点が注目される。

(c) 盗品・遺失物例外の評価

わが国おいて盗品または遺失物を即時取得の例外とすることについては評価が分かれる。舟橋諄一博士は、次のように述べて、これに積極的な意味を認める。すなわち、「即時取得は、原権利者の権利の剥奪を伴うものであるから、取引の安全のためとはいっても、原権利者の保護を忘れてはならない。……有価証券ほど取引の安全を保障する必要のない一般動産については、

---

(23) 拙稿・前掲註（7）277頁以下。
(24) Mugdan, a.a.O. S. 193 f.［Motive, S. 348 f.］［前掲註（10）］
(25) 広中・星野・前掲註（3）466頁［安永正昭執筆］。
(26) 広中・星野・前掲註（3）466頁［安永正昭執筆］。

ある程度、原権利者の保護を考え」るべきであるとして、盗品または遺失物の例外に合理性が認められる、とされる。⁽²⁷⁾

これに対し、否定説には、二つの方向のものがある。第一は取引保護を重視する立場からの批判である。この代表的な論者は我妻博士である。博士は、近代法では取引安全の保護を広く認めることが要請され、この要請は即時取得にも当てはまるとされる。即時取得に盗品または遺失物の例外を設けることは、取引安全の要請に反し、妥当ではないとされ、この例外を廃止すべきことを主張される。⁽²⁸⁾

否定説の第二は、即時取得自体に批判的な立場である。その代表的論者は喜多了祐博士である。博士は、英米法の善意取得制度と比較されて、盗品遺失物を例外とする画一的な扱いでは即時取得を正当化することはできないとする。⁽²⁹⁾ただし、博士の主張の主眼は、即時取得を民事取引一般に適用することに反対することにあり、それとの関係での批判であることに注意を要する。

今日では、盗品遺失物を画一的に例外とすることを見直すべきであるという見解が有力である。⁽³⁰⁾

(d) 盗品遺失物の例外と取引安全

右の議論では、盗品遺失物の例外は取引安全を害するということが共通の認識とされている。しかし、この共通認識が妥当なものか、確かめておく必要があろう。スティーブン・シャベルは、この点を「法の経済分析」の観点から考察している。その概要は、以下のとおりである。

登録されていない物が盗難されて売買された場合について、所有権帰属の決定方法には2つの方法があり、「1つは、取引の時点で買主が不適法に取得された物でないと信じ、不適法に取得されたということが容易には判断できないならば、購入者を所有者とする、というルールである。このルールを善意取得ルール（bona fide purchase rule）と呼ぼう。……もう1つのアプローチは、当該目的物が不適法に奪われたことを元の所有者が証明できれば、購

---

(27) 舟橋・前掲註 (4) 350頁。
(28) 我妻＝有泉・前掲註 (2) 229頁。
(29) 喜多・前掲註 (1) 616頁以下。
(30) 川島＝川井・前掲註 (18) 200頁以下［好美清光執筆］。

入者は元の所有者にその物を返還しなければならない、とするルールである。このルールを原所有者ルール（original ownership rule）と呼んでおこう。」[31]

その上で、盗難や盗品売買を抑止する効果がどちらにあるかを考察し、「善意取得ルールにおけるよりも原所有者ルールにおけるほうが、盗取者にとって盗品の価値は低くなるため、盗取は抑止されやすくなる。この点から原所有者ルールのほうが優れていると示唆される。」という結論を導いている[32]。

そして、原所有者ルールが取引を阻害するという批判に関して次のように述べる。すなわち、その批判の理由は、買主の所有権取得不確実であるような状況に買主が置かれること、そのため売主が正当な所有者であることを確かめるため多大な労力を払わなければならないことである。

しかし、このような批判はあたらないという。なぜなら買主のリスクはさほど大きくはないのが普通だからである。盗品である確率は低く、たとえ盗品であったとしても原所有者が所有権の証拠を保管していないことが多く、そもそも原所有者はどこを探せば見つかるのかわからないであろう。以上のような理由で、原所有者ルールは取引安全を害しない、とする[33]。

以上のような法の経済分析による分析は説得力がある。盗品遺失物を善意取得の例外としたとしても取引安全を害することはないと考えてよいのではないか。

(3) 盗難の被害者および遺失者の帰責性

ドイツ民法も日本民法も、盗品及び遺失物を動産善意取得ないし即時取得の例外とする。このような例外を認める理由は、日本民法の起草者が述べているように、盗品または遺失物の場合にまで善意取得を認めることは被害者および遺失者に酷であるということである。

そして、原所有者の帰責性を問題とする学説は、このような例外が認められるのは原所有者に帰責性がないからであると理解する。

---

(31) スティーブン・シャベル［田中亘＝飯田高訳］『法と経済学』（日本経済新聞出版社　2010年）60頁。訳者は、日本法の原則は善意取得ルールであるが、193条により「部分的に原所有者ルールを織り交ぜている」とされる（同書63頁）。
(32) シャベル・前掲註（31）61頁。
(33) シャベル・前掲註（31）62頁。

このような学説を主張するのは、メディクスと鳩山秀夫博士である。
　(a)　メディクス

メディクスは、盗品と遺失物を善意取得の例外とするドイツ民法 935 条 1 項が示唆することは、第三者の善意取得によって原所有者が所有権を喪失することがいかにして正当化されるか、であるとして以下のように述べている。すなわち、喪失される動産は原所有者が意識的に他人にその直接占有を与えたものである。これにより、原所有者は直接占有者がその動産を横領する可能性を作り出したのである。それゆえ、原所有者は権利（所有権）と外観（直接占有）との間に生じた対立の危険を負担すべきである。明白に言われることはないが、これは与因主義（Veranlassungsprinzip）と言うことができる、と述べている。

　(b)　鳩山秀夫博士

鳩山博士は、日本民法第 192 条の即時取得を相対的公信主義と理解していた。そして、なぜこれが相対的公信主義なのかについて以下のように述べている。

> 「動的安全のために静的安全を犠牲とする場合においては原因無くして（過失と混同すべからず）損害を受けざるを以って原則と為さるべからず。……動産所有権の静的安全をその根底より動揺せしめざることに留意するは我が民法が盗品遺失品を除外したるの趣旨に適すべく、またここに述べた動的安全保護の基礎観念に適合するものと信ず。」

鳩山博士の相対的公信主義は、原因を与えた者に損害を負わせるべきという考えであるから、与因主義の立場といえる。

一般には、右のように、盗品または遺失物の例外が認められたのは、原所有者に帰責性がないからであると理解される。これに対し、喜多博士は、このような占有喪失の態様を基礎として、盗難の被害者および遺失者には常に

---

(34)　Medicus, a.a.O. S. 296.［前掲註（11）］
(35)　鳩山秀夫「法律生活の静的安全及び動的安全の調節を論ず」［同『民法研究第一巻（総則）』（岩波書店　1924 年）所収］8 頁以下、同「民法第百九十二条に於ける過失の意義」［同『民法研究第二巻（物権）』（岩波書店　1930 年）所収］179 頁。
(36)　鳩山・前掲註（35）「法律生活の静的安全及び動的安全の調節を論ず」51 頁。

(4) 任意の動産引渡における原所有者の帰責性

　右のように、原所有者の帰責性については、盗品または遺失物が即時取得の例外が出発点となる。この例外が認められたのは、原所有者に帰責性がないためであると理解する。その結果、原所有者が盗難あるいは遺失以外の理由で目的物を処分者に引き渡した場合には、原所有者に帰責性が認められる可能性が生じる。

　それでは、盗難あるいは遺失以外の場合には原所有者に帰責性がある、といえるのであろうか。すなわち、任意に目的物が引き渡された場合には、はたして原所有者の帰責性を基礎づけることが可能なのであろうか。

　この点に関する学説は様々主張されている。喜多博士は、過失責任説、危険支配説、外観創造説の3つに分類され、これらを「従来の法外観的与因主義を何ほどか現代化している」とされる。しかし、与因主義説は現在でも独立した1つの学説と見るのが一般的である。そこで以下では、過失責任説、与因主義説、危険支配説について検討する。

　(a) 過失責任説

　所有権の喪失を正当化する過失責任が、所有者の態容に認められ得るという見解である。「たとえば、所有者が軽率にも詐欺師に物を委託したときはもちろん、彼が自分の物を軽率に扱ったために遺失したときとか、自分の家にカギをかけ忘れて盗難に遭ったときも、自己自身に過失責任があるとみるべきである。」

　過失責任説については、喜多博士の批判が当てはまる。すわなち、過失責任説は英米法にいわゆる過失禁反言の根拠と同じ思想であるが、大陸法はその時々の所有者の過失責任の程度を考慮しない。過失責任説の理解は、日本民法第192条および同第193条をはじめとした大陸法の立場を基礎づけるものではない。

---

(37)　喜多・前掲註(1) 612頁以下。
(38)　喜多・前掲註(1) 612頁。
(39)　喜多・前掲註(1) 612頁。
(40)　喜多・前掲註(1) 612頁以下。

(b) 与因主義説

　与因主義説は、善意取得は原所有者が目的動産の直接占有を任意に引き渡した場合にのみ認められるから、法は善意取得の根拠を、原所有者自身がその原因を与えたことすなわち「寄与」（Beitrag）に求めていることにほかならない、とするものである(41)。前述のように、メディクスや鳩山博士が主張されている。

　しかし、与因主義説についてはペータースによる批判がある。すなわち、与因（あるいは寄与）を問題とする場合、ある原因によって善意取得が行われたという因果関係がなければならないが、原所有者による物の占有引渡しが善意取得の原因であるとは限らない。因果関係が認められるのは、原所有者が無権利の処分者が処分するのを知りながらこれを許した場合、あるいは原所有者自身が無権利者をあたかも所有者であるかのような外観を作り出した場合などである。これらの場合は、原所有者の行為により善意取得が行われたと評価しうる。しかも原所有者は非難されるべき行為を行ったのであるから、帰責性があり、自らの権利を喪失してもやむを得ないといえる。しかし、これ以外の通常の物の占有引渡しは、善意取得の与因とはいえないであろう(42)。

　ペータースが批判するように、何らの限定もせず、単に与因というだけでは広すぎよう。与因が単なるきっかけに過ぎないとすれば、帰責性がない場合も広く含むことになる。与因ありというだけでは、原所有者の帰責性を基礎づけることはできない。

(c) 危険支配説（Gefahrenbeherrshung）

　(ア)　危険支配説は次のような考えである。物の占有を誰に授与するか選択できる立場にある原所有者は、無権利者による処分を取得者よりも容易に阻止でき、取得者との衝突を回避できる立場にあるから、衝突の危険を支配していたといえる。このため原所有者は、権利喪失という厳しい結果を承認しなければならない(43)。

---

(41)　Peters, a.a.O. S. 57.［前掲註（22）］
(42)　Peters, a.a.O. S. 57f.［前掲註（22）］
(43)　Peters, a.a.O. S. 55.［前掲註（22）］　喜多・前掲註（1）613頁以下。

（イ）ペータースの批判

　危険支配説は、原所有者が取得者よりも衝突の危険を支配していることを根拠にする。この見解の妥当性はこの根拠が適切なものか否かにかかっている。そこで、ペータースは、危険を支配しうる可能性について取得者と原所有者それぞれについて検討する。

　（ⅰ）取得者の立場　　取得者が譲渡人たる処分者が真の権利者であるのか疑いを持ち、この点を調査しなければならない場合はごく限られている。一般に小売店で行われるような通常の取引では、取得者がこの疑念を持つ可能性はほとんど生じない。したがって、取得者が取引を中止し、原所有者との衝突を回避しうる可能性もなく、取得者には危険支配は認められない(44)。

　（ⅱ）原所有者の立場　　他方、原所有者にとっても事態はそれほど簡単ではない。原所有者が判断しなければならないのは、処分者が勝手に処分しないと信頼してよいかである。原所有者にとってそれを判断することは容易とはいえない。たとえば賃貸借契約の場合、原所有者は、比較的長期間にわたり占有者と一定の人的関係にあり、この判断を確実かつ容易に行うことができるように思われるかもしれない。しかし、この人的関係が築かれるのは賃貸借契約がうまく継続した結果であって、賃貸借契約を締結する段階では人的信頼関係はまだ生じていない。さらに一度なされた判断が、後の事情の変化により覆される危険がある。賃料が定期的に支払われている限り、原所有者はその変化に気づかないであろう(45)。

　さらに所有権留保つきの売買や譲渡担保においても同様の事情が認められる。原所有者が物の占有者が目的物を処分する可能性について調査することになろうが、最初から弁済する資力がない場合は別として、将来の事情については判断が困難である。それだからこそ所有権留保つきの売買としたのであるから、むしろ信用にある程度の不安があることが当然であるともいえる。また個人の信用についての調査は個人情報保護の問題もあり、一定の限界がある(46)。

---

(44)　Peters, a.a.O. S. 55.［前掲註（22）］
(45)　Peters, a.a.O. S. 55f.［前掲註（22）］
(46)　Peters, a.a.O. S. 56.［前掲註（22）］

以上からすると、原所有者も取得者もともに無権利者が処分するリスクを十分には予測しえないといえよう。原所有者が、取得者よりも容易に両者間の衝突を回避する危険を支配しているとは言えないように思われる、とする。[47]

（ウ）喜多博士の批判

喜多博士も、「往時の小さな村落共同社会の牧歌的状態でなら、原権利者が占有を託しようとする相手方の信頼可能性を判断することは困難でないから、占有受領者の背信の危険を原権利者が支配するといえようが、現代的大量取引の社会では、通常の場合そのようなことは全くの幻想」であるとして、危険支配説の実際的妥当性を疑問視される。[48]

(5) 帰責性についてのまとめ

これまで、原所有者の帰責性について検討してきた。結論としては、盗品及び遺失物以外において善意取得が認められる通常の場合においても、原所有者に帰責性が常に認められるとはいえないであろう。

このように善意取得は原所有者に帰責性がない場合にも認められるものであり、権利外観法理の観点からは問題がある。

4 私法上の正当性についてのまとめ

以上、私法上の正当性について、「2 外観としての占有の信頼性」と「3 原所有者の帰責性」という観点から考察してきた。結論としては、動産善意取得の私法上の正当性には疑問があると言わざるをえない。

Ⅲ 憲法上の正当性

1 憲法上の財産権概念の優位

(1) 近時、ドイツでは、基本法による財産権保障と、民法などの法律との関係が大きなテーマとなり[49]、わが国でも検討されるようになった。[50]

---

(47) Peters, a.a.O. S. 57.［前掲註（22）］
(48) 喜多・前掲註（1）614頁。
(49) ドイツの学説状況については、小山剛『基本権の内容形成―立法による憲法価値の実現』（尚学社 2004年）176頁以下参照。

次に、動産善意取得制度の憲法上の正当性について検討するが、この問題はもっぱらドイツでのみ議論され、わが国では検討されていないので、以下ではドイツの議論を紹介することにしたい。

(2) 憲法が民法や刑法などの単純法律に優位し、憲法の基本権保障を侵害する単純法律（の条項）が無効であることは自明のこととされる。この法理は財産権にも当てはまり、民法等の法律はドイツ連邦共和国基本法（以下では「基本法」と表記する。）第14条に適合したものでなければならないとされており、この点は一般論として異論なく承認されている[52]。

ところが、こと財産権の保障に関する限りでは、憲法と民法とは緊張関係にあるといわれている。その原因の一つは、財産権の内容は法律で定めるとされていることにある（基本法第14条1項）。そうであるならば、憲法の財産権の内容は民法により定められることになり、憲法独自の財産権概念は存在しないのではないか、という疑問が生じ得る[53]。

この点が問題となったいわゆる水管理決定において、ドイツ連邦憲法裁判

---

(50) わが国の学説状況については、小山・前掲註（49）164頁以下およびそこで引用されている文献参照。

(51) 法学教室の『特集 民法と憲法』において、山田誠一教授は、「民法206条および207条が定める内容が、憲法が保障する所有権の内容であるとするならば、234条1項の規定や177条の規定は、所有権に対する法律上の制限となり、憲法上その制限は許されるかどうかという問題になることになる。……また、このような考え方を受け入れると、所有者の処分を経ずに法律の規定にしたがって所有権を失うことは所有権に対する制限であるというべきであるから、善意取得について定める民法192条……もまた、憲法が保障する所有権に対する法律上の制限となり、憲法上許されるかどうかが問題となることになる。」（法学教室171号（1994年）37頁以下）と述べられている。しかし、山田教授は問題点を指摘するにとどまり、検討はされていない。

その後、わが国ではこの問題は検討されていないようである。

(52) ライナー・ヴァール（Rainer Wahl）（小山剛監訳）『憲法の優位』（慶應義塾大学出版 2012年）251頁以下。

(53) ヴァールは、このような疑問を持った著名な私法学者としてフリッツ・バウアー（Fritz Baur）を紹介する。ヴァールによれば、バウアーは「もし所有権（権限）の内容が単純法律の諸規範から明らかになるとすれば、どのようにして単純法律の合憲性を単純法律の規範に照らして判定できるというのか。これは、――あえていえば――循環論法ではないだろうか」と述べ、後掲註（54）の連邦憲法裁判所の水管理決定に疑問を呈した、とされる（ヴァール・前掲註（52）260頁以下）。

(54) 1981年7月15日連邦憲法裁判所第一法廷決定 連邦憲法裁判所判例集第59巻300頁以下。事案は以下のようである。原告は昔から砂利採取の目的で借地していた土地で地下水域まで砂利を採取していた。その後、市によって水道取水施設が建設され、この採取場所は水保護地区に含まれることになった。原告が砂利採取の継続のために水管理法上の許可を申請したところ、市は公共の上水道を危険にするという理由でこれを不許可にし、損失補償の請求も退けた。そこ

所は、以下のように判示し、憲法上の財産権観念は民法上の所有権規定と異なるものであり、前者が後者に優位するとした。

> 「民法上の所有権秩序を公法上の規定よりも上位におくことを指向する法的見解は、基本法に合致するものではない。憲法によって保障された所有権の概念は、憲法それ自体から引き出されなければならない。憲法の下位にある通常の法律の諸規範からは、憲法上の意味における所有権の概念は導き出され得ないし、私法上の法的地位からは、具体的な所有権の保障の範囲は規定され得ない。」[55]

しかし連邦憲法裁判所が右のような決定を下したからといって、問題が解決されたわけではない。依然として財産権の内容が立法者によって規定されることに変わりなく、財産権を立法者からどのように保護すればよいか、という難題は未解決のままである。[56][57]

2 憲法による財産権保障

(1) 保護の対象

保護の対象となる財産権は民法（ドイツ民法第903条）の定める財産権であり（基本法第14条1項1文）、動産所有権がこれに含まれることに異論はない。[58]

保護の範囲は、財産権の「既存の状態」とその「利用」である。前者は、財産権を保持することであり、後者は財産権の譲渡を含む。[59]

で原告は市に対し、砂利採取許可申請の拒否は営業及び土地所有権への収用的侵害であるとして、州に対して相当な補償の支払いを求めて出訴した。以上は、ドイツ憲法判例研究会編『ドイツの憲法判例』（信山社　1996年）256頁以下［西埜章　執筆］からの引用である。
(55) 西埜・前掲註 (54) 257頁、ヴァール・前掲註 (52) 263頁。
(56) ボード・ピエロート、ベルンハルト・シュリンク（永田秀樹・松本和彦・倉田原志訳）『現代ドイツ基本権』（法律文化社　2001年）324頁。
(57) なお、基本権が私人間の関係に直接適用されるか（いわゆる第三者効）が私人間の合意においては問題となり得る。しかし、善意取得制度は確かに私人間の関係に関するけれども、問題は私人間の合意内容にあるのではなく、取得者に強制的に権利を取得させるという強行性にある。これは善意取得制度の合憲性が立法上の問題であることを意味する。ここでは第三者効は問題とならない。仮に第三者効の問題なのかを論じたとしても、肝心の合憲性について解明が進むわけではない（Hager, a.a.O. S. 10 ［前掲註 (14)］）。したがって、本稿では第三者効の問題は取り上げない。
(58) ピエロート・シュリンク・前掲註 (56) 326頁。
(59) ピエロート・シュリンク・前掲註 (56) 329頁以下。

(2) 内容・制限規定

財産権は、法律によって内容が規定され、制限されることが認められている（基本法第14条1項2文）。これによって財産権的自由が拡大されることもあるし、縮減されることもある。⁽⁶⁰⁾

(3) 収用

収用は、基本法第14条1項1文によって保障されている「具体的な主観的法的地位の全部または一部を剥奪すること」をいう（基本法14条3項）。収用には、法律による収用と法律に基く行政による収用とがある。⁽⁶¹⁾

収用は、次の点で内容・制限規定と区別される。すなわち、収用は、①抽象的でなく具体的であること、②一般的ではなく個別的に行なわれること、③財産権者から財産を剥奪することである。剥奪は全部の剥奪だけでなく、一部の剥奪も含まれる。⁽⁶²⁾

一部の剥奪と、内容・制限規定による権能の縮減とを区別することは困難である。ピエロート・シュリンクは、両者の区別について前出の水管理決定を例にあげて次のように述べている。すなわち、水管理法は土地所有権者から地下水を自由に取得する権能を剥奪したのではなく、土地所有権と地下水の取得を異なる財産的権利として定義したのである、と。したがって、水管理法による制限は収用でなく、内容・制限規定に過ぎないことになる。⁽⁶³⁾

3 憲法上の正当化

(1) 内容・制限規定

基本法第14条1項2文による内容・制限規定は法律によって行なわれなければならないが、これは比例原則に従わなければならない。立法者は自由を比例性が要求する以上に制限してはならない。また基本法14条2項の社会的拘束についても比例原則が適用される。⁽⁶⁴⁾ したがって、立法者は比例原則による規制を受ける。

---

(60) ピエロート・シュリンク・前掲註 (56) 331 頁以下。
(61) ピエロート・シュリンク・前掲註 (56) 332 頁。
(62) ピエロート・シュリンク・前掲註 (56) 332 頁。
(63) ピエロート・シュリンク・前掲註 (56) 332 頁以下。
(64) ピエロート・シュリンク・前掲註 (56) 335 頁。

(2) 収用

収用は、立法者だけがいかなる目的のためにいかなる条件の下で収用を許すべかを定めることができる。そして、被収用者は補償を求めることができるが、それは法律上規定された場合に限られる。[65]

さらに収用は、公共の福祉のために必要な場合にのみ許される。収用が公共の福祉に適ったものか審査されなければならない。単に私的な利益を促進するための収用は、公共の福祉に適ったものとはいえない。[66]

収用補償は、公共の利益と当事者の利益を正当に衡量して確定される。単なる名目的な補償では不十分だが、完全な交換価値の補償を必要としない。[67]

4 動産善意取得制度と財産権保障

ドイツ民法は、不動産取引と動産取引の両方において公信の原則を立法化した（ドイツ民法典第892条以下、同932条以下）が、公信の原則における原所有者の権利喪失について補償のない収用であるという批判が法典制定当初からあった。

例えばその代表的な批判者の一人であるメンガー（A. Menger）は、不動産法上の公信の原則を定めるドイツ民法典第一草案第837条（現行第892条）の「規定に於いて、所有権制度に対する商業的精神に勝利［が］認め」られるとし、これにより「あらゆる国民の財産は取引の安全と云ふことの為めに、一定の制限はあるが、然し乍ら不断に行はれる没収の危険に曝されて居るのである」と、批判した。[68]

これが憲法問題として取り上げられるようになったのは第二次世界大戦後以降であった。最初にこの問題を指摘したのは、ハインツ・ヒュブナー（Heinz Hübner）であった。彼は、1955年に公刊された『動産物権法における権利喪失』において、善意取得制度は原所有者の意思に反してその所有権を原所有者から奪い、これを取得者に与える制度であり、このような原所有者の所有権侵奪ないし制限は、財産権を保障する基本法第14条第1項に反す

---

(65) ピエロート・シュリンク・前掲註（56）338頁以下。
(66) ピエロート・シュリンク・前掲註（56）340頁。
(67) ピエロート・シュリンク・前掲註（56）341頁。
(68) アントン・メンガー（井上登訳）『民法と無産者階級』（弘文堂書房　1926年）184頁以下。

る可能性があると、指摘した。ただし彼はこの問題を脚注で指摘したにとどまり、踏み込んだ議論はしなかった。

次にこの問題を取り上げたのは、ツヴァイゲルト（Zweigert）であった。彼は、右のヒュブナーの指摘を「いささか大胆にすぎる」とし、民法第932条以下は基本法第14条に合致し、同条3項の補償義務は生じないとした。なぜなら、権利取得者の立場と権利喪失者の立場とは相互に入れ替わり得るものであり、所有権の社会的結合関係（Sozialbindung des Eigentums）が認められるからである、とする。

しかし、その後、善意取得が憲法問題として議論された。そして1990年代にヨハネス・ハーガー（Johannes Hager）がそれまでの議論をまとめた著作を公刊し、フランク・ペータース（Frank Peters）がこれに続いた。

ドイツの代表的な民法コンメンタールの一つであるStaudinger（Wiegand）（2011年刊行）は、民法第932条の前註Rd. 6およびRd. 28ff. において、通説は動産の善意取得制度は合憲であると解していると述べる。

同じく代表的民法コンメンタールであるMünchener Kommentar（Quack）（2004年刊行）は、同932条Rd. 6において問題となり得ることを指摘するにとどまり、合憲か否かについては触れていない。

また前述の水管理法決定に異議を唱えた私法学者バウアーは、この問題についての満足すべき解答はこれまで得られていないと述べている。

以上のように、学説はこの問題に関して混乱しており、合意からはほど遠い状況にあるといえる。

5　善意取得制度の合憲性
(1)　収用とする見解
善意取得制度の合憲性をめぐっては、これを基本法14条1項の内容・制

---

(69)　Heinz Hübner, Der Rechtsverlust im Mobiliarsachenrecht. (1955) S. 13.
(70)　Konrad Zweigert, Rechtsvergleichend-Kritisches zum gutgläubigen Mobiliarerwerb. [im Rabels Zeitschrift für Ausländischen und Internationales Privatrecht. Bd. 23 (1958)] S. 15.
(71)　Hager, a.a.O.［前掲註 (14)］
(72)　Peters, a.a.O.［前掲註 (22)］
(73)　Baur-Stürner, Sachenrecht, §52 II
(74)　Hager, a.a.O. S. 9.［前掲註 (14)］

限規定の問題とする見解と、同条3項の収用の問題とする見解とが対立する[75]。立法当初は、これを収用とする批判があったことは前述した。そこでまず収用と捉える見解を見てみよう。

善意取得を収用と捉えるならば、収用の性質すなわち法定収用か行政収容かが問題となる。また収用が認められるためには、収用が公共の福祉に適合することおよび正当な補償がなされることという、二つの要件を満たさなければならない。以下これらについて検討する。

(a) 収用の性質

収用は、法定収用と行政収用とに区別される。法定収用は法律がすでに収用の効果を定めているのに対し、行政収用は行政行為によってはじめて収用の効果が生じる場合である[76]。

善意取得を法定収用と理解すれば、基本法施行より前に、民法典の施行により収用は終了したことになる。これでは基本法上の収用要件が何の影響もないことになり、妥当ではない。また実際に収用の効果が生じるのは無権利者が処分した場合であるから、むしろ行政収用に類似する[77]。

(b) 公共の福祉

公共の福祉の定義は多様である。比較的厳格な立場は、物が履行を強制した国家の任務に役立たなければならないことを要求する。これに対し、公の利用を目的としていれば十分であるという比較的緩い立場もある[78]。

純粋な私的利益が基本法14条3項1文の意味での公共の福祉を満たしているとすることはできない。このような観点から取得者と原所有者との対立を見れば、善意取得者の地位を原所有者の地位よりも例外なく優先することは不当である[79]。

これに対して、善意取得制度が目的とする取引保護を公共の福祉とみることができないかが問題となり得る。確かに、一連の民法規範は、取引の円滑および確実性に配慮する。善意取得制度も同様である。しかし公共の福祉を

---

(75) Hager, a.a.O. S. 49ff. S. 56ff.［前掲註（14）］
(76) Hager, a.a.O. S. 61f.［前掲註（14）］
(77) Hager, a.a.O. S. 62.［前掲註（14）］
(78) Hager, a.a.O. S. 59.［前掲註（14）］
(79) Hager, a.a.O. S. 59.［前掲註（14）］

このように緩和することには危険を伴う。私人の活動に役立つというだけで、公共の福祉に適うとすることは妥当でない。なぜなら、収用が正当化されるのは、対象となる物が公の任務に奉仕し、役立つときだけである。収用の対象となった物は常に公共のために利用されなければならないが、善意取得はあくまで私的な目的に奉仕するにすぎないからである。

したがって、善意取得を収用と理解するならば、ドイツ民法892条、同932条は、右の理由から違法であり、無効であるといわなければならない。[80]

(c) 正当な補償

善意取得を収用と捉えると、原権利者への正当な補償が必要となる。原権利者が補償を受けるためには、無権限処分者に対して損害賠償を請求するほかない。言うまでもなく、損害賠償が確保されるかは無権原処分者の資力により左右される。処分者が破産した場合には正当な補償は受けられない。この点は善意取得を収用と捉えることを躊躇させる大きな理由となる。[81]

(2) 内容・制限規定とする見解

以上のように、善意取得制度を収用と捉えると、克服しがたい問題を抱えてしまう。そのため、学説は収用ではなく、これを内容・制限規定の問題と捉えようとしている。[82]

そのため学説は、物の剥奪が違法な収用に当たらないとされる基準を追求する。以下において、このような学説を検討する。

(a) 抽象的利益説

この説は、公共の福祉は収用の前提要件ではないとする一方で、剥奪が公共の福祉に役立つならば収用とはいえないとする。[83]

この見解は収用の要件を緩和するが、これは違法な収用の範囲の縮小をもたらし、所有権の本質的保護に反するおそれがある。また、この見解によっても、いかなる場合が収用に当たり、内容・制限規定に当たるのかは明白でない。[84]

---

(80) Hager, a.a.O. S. 59ff.［前掲註 (14)］
(81) Hager, a.a.O. S. 64f.［前掲註 (14)］
(82) Hager, a.a.O. S. 65f.［前掲註 (14)］
(83) Hager, a.a.O. S. 67f.［前掲註 (14)］
(84) Hager, a.a.O. S. 68f.［前掲註 (14)］

(b) 重大理由説

この説は、基本権の効力が直接私法に及ぶというテーゼに立ち、基本法14条3項を私人の侵害可能性を排除する規範と捉える。第三者による所有権の侵害は国家のためであれば認められ、私的利用の侵害は収用に準じるものとして重大な理由があれば可能であるという[85]。

この見解は、そもそも前提となる基本権の直接適用という点に問題がある。さらに重大な理由の内容は結局のところ公の利益ということになろうが、善意取得は私人間の衝突であり、その剥奪は重大な利益のためとはいえない、との批判を免れない[86]。

(c) 補償義務説

この見解は、所有権への合法的な侵害において、正当化のための付帯的な状況としてその必要性と適正が考慮されなければならないとし、収用では正当性の根拠として公共の福祉が考慮されるのに対し、内容・制限規定では正当化事由として補償義務が考慮される、とする[87]。

そのうえで、善意取得を所有権の内容・制限規定と位置づけるけれども、その基準は明らかにされていない。

この見解は、善意取得を原所有者の価値の喪失と捉え、補償を重視する。しかし、基本法が保障するのは、単なる物の価値ではなく、その物自体を保持することである（所有権の存続保障）。この見解はこの点の批判に耐えることができないであろう[88]。

(d) 社会的拘束を超えた制限規制説

この見解は、善意取得を基本法第14条1項2文の内容・制限規定の特別な問題として承認し、社会的義務を超えた、したがって補償義務を伴う制限関係と理解する。しかし、その正当化のためには付加的に存続保障を否定することを正当化する追加的要件を必要とするが、それは同条3項の収用と完全に一致する必要はない、とする[89]。

---

(85) Hager, a.a.O. S. 69. ［前掲註 (14)］
(86) Hager, a.a.O. S. 69f. ［前掲註 (14)］
(87) Hager, a.a.O. S. 70ff. ［前掲註 (14)］
(88) Hager, a.a.O. S. 73f. ［前掲註 (14)］
(89) Hager, a.a.O. S. 74. ［前掲註 (14)］

この見解では、存続保障を凌ぐほどの特別な高次の利益が重要となり、それがどのような利益かが再び問題となるが、この点は明らかでない。[90]

　(e)　衝突調整説

　ハーガーは、以上のように、学説を検討したうえで、善意取得は基本法14条3項の収用ではなく、同14条1項の内容・制限規定の問題と捉える。彼が強調するのは、この問題が憲法上承認された対等な財産権の私的な衝突であるという点である。私的な利害の調整では公共の福祉を考慮する必要はないから、収用にはあたらない、という。[91]

　そして、彼は次のように述べて、善意取得制度の合憲性を肯定する。

　　「善意取得制度は、一瞥したときに見られたような、原所有者の利益を侵害するするものでは決してなく、むしろ反対である。確かに個々の場合において、原所有者にとって所有権喪失は過酷なものであるけれども、他の多くの状況においては反対であり、原所有者も善意取得制度の恩恵を享受している。法秩序は無権利者と契約する取得者を保護するのであるから、取得者は疑わしい事実がない限り、コストのかかる調査をしなくてよいであろう。その結果ドイツ民法892条および同932条は、原所有者がする処分を容易にすることにも役立っている。

　　これは公の利益にも結びつく。公の利益は善意取得制度を正当化するために必要とされないとしても、衝突問題においては考慮に値する。取引安全と取引簡易化が公の利益として要請されるが、このような要請があることは取得者保護を支持する主張を補強する。」[92]

　ここでハーガーの衝突調整説に対する私見を述べたい。彼の見解によれば、原所有者もその他の場合には善意取得制度の恩恵を享受しているとするが、この指摘は確かに頻繁に取引をする商人には当てはまるが、自己の物を譲渡する機会がそれほど多くない一般市民には当てはまらないであろう。この理由よる善意取得制度の正当化は、商取引に限られるので、かなり限定的である。

---

(90)　Hager, a.a.O. S. 74f.［前掲註（14）］
(91)　Hager, a.a.O. S. 75ff.［前掲註（14）］
(92)　Hager, a.a.O. S. 80f.［前掲註（14）］

6 ドイツの議論のまとめ

以上、動産善意取得制度の合憲性をめぐるドイツの議論を概観したが、議論は混沌としていると言わざるを得ない。

まず善意取得の問題をどのように捉えるのかという前提において基本的な対立があり、収用と捉える立場と内容・制限規定の問題と捉える立場が対立している。

そして、収用と捉えるときには、公共の福祉と正当な補償という点で大きな問題に直面し、これを回避するため内容・制限規定の問題とする立場が有力である。

しかし、内容・制限規定であるとしても問題が解決されるわけではない。善意取得制度は、私的利益の衝突を調整するものである。衝突する原所有者・取得者双方の利益はほぼ対等であり、財産権の存続保障という点からは原所有者がむしろ優先されるべきである。

どの学説も、このような原所有者からの所有権剥奪を正当化するために一定の公益性を持ち出す。しかしその結果、収用でないとして排除したはずの公益性が再び要件化されるというジレンマに陥っている。そのためこの公益性はいかなる内容のものか、公共の福祉とどのような関係にあるのかが再び問題化する。どの学説もこの問題を克服しようと努力しているけれども、説得力のある論証には成功していないように思われる。

以上からすると、動産善意取得制度の憲法上の正当性についてドイツにおいていまだ議論が十分に熟しておらず、合憲性を立証しているとはいえない状況である。これは、とりもなおさず、動産善意取得制度が違憲であることを示唆しているように思われる。

7 日本国憲法の財産権保障と即時取得

(1) 日本国憲法における財産権保障

これまで動産善意取得制度の合憲性をめぐるドイツでの論争を見てきたが、動産善意取得制度は、日本国憲法第29条の財産権保障においても問題となり得るのであろうか。

通説は、日本国憲法第29条1項は「個人の現に有する具体的な財産上の

権利の保障と、個人が財産権を享有しうる法制度、つまり私有財産制の保障という二つの面を有する」と理解し、2項は「1項で保障された財産権の内容が、法律によって一般的に制約されるものであるという趣旨を明らかにした規定である」と理解する。[93]

そして、29条1項で保障される「個人が現に有する具体的な財産上の権利」は、所有権など民法等の法律よって定めれたものであるが、法律による財産権の内容規定も無制限に許されるものではなく、そこには憲法上の限界があるという前提があるとされる。このような前提に立つならば、法律による権利の制限が憲法で保障された財産権の制限に当たるのかが問題となることになる。[94]

判例は、いわゆる森林法違憲判決（最大判昭和62年4月22日民集41巻3号408頁）において上記の通説の立場を承認していると理解されている。[95]

以上から、動産善意取得制度が財産権を制限するものとして憲法上の財産権保障に違反するか否かが問題となり得るといえよう。

(2) 動産善意取得制度の合憲性

それでは、日本民法第192条以下の即時取得は、日本国憲法第29条に違反するのであろうか。本稿ではこれを詳細に検討する余裕がなく、ドイツでの議論を参考に問題点を指摘するにとどめざるを得ない。

問題点として挙げられるのは、第一に即時取得が収用に当たるのかあるいは財産権の制限に過ぎないのか、第二に補償を要するのか、第三に公共の福祉に適合するのか、などである。

（a） 収用なのか財産権の制限なのかは、ドイツでの議論を参照する限りでは、どちらの理解も可能であると言えよう。

（b） 補償を要するかについては、隣接する土地所有者相互間の権利制限を定める相隣関係（日本民法第209条以下）においては補償が不要とされることと対比されよう。相隣関係は相互的であり、財産権の本質的内容を侵すほ[96]

---

(93) 芦部信喜＝高橋和之補訂『憲法（第6版）』（岩波書店　2015年）233頁以下。
(94) 野坂泰司「共有林の分割制限と財産権——森林法違憲判決」（法学教室313号　2006年）82頁。
(95) 小山・前掲註（49）165頁以下、野坂・前掲註（94）83頁。
(96) 芦部＝高橋・前掲註（93）238頁。

ど強度なものではないのに対し、本稿「Ⅱ　私法上の正当性」の検討で明らかなように、即時取得は特定の個人（原所有者）の権利を剥奪するものであり、原所有者がこれを受忍すべき特別な理由（すなわち帰責性）がない場合にも認められるものである。以上からすると、相隣関係と即時取得とを同一視することはできず、即時取得は原権利者に特別な犠牲を強いるものとして補償が必要とされよう。しかし、原所有者は処分者に対して損害賠償請求権を有するが、処分者が破産した場合などには賠償を受けることができないという問題が生じる。

　（c）　即時取得と公共の福祉との関係である。即時取得は原所有者と取得者との利益を調整するにあたりもっぱら取得者の保護を優先するが、これは一般に取引安全からの要請に基くものとされている。これを憲法上の問題として位置づけると、取引安全を公共の福祉からの要請であると理解することになろう。しかしながらこのような理解は妥当でないように思われる。対立するのはあくまで対等な私人である原所有者と取得者であり、憲法の財産権保障の趣旨からはむしろ原所有者の保護こそが優先されるべきであろう。即時取得が保護するのは取得者の経済的利益に過ぎないのであり、このような即時取得の性質からすると、これを公共の福祉との関連で正当化しようとすることには無理があるように思われる。

　ドイツでの議論でも、動産善意取得を対等な私人間の利益調整を目的するものとして、公共の福祉によって正当化することには慎重であることが注目される。それでも何らかの公益性が正当化のためには必要とされており、学説は、そのため公共の福祉を緩和したり、重要な利益という概念による正当化を試みているが、必ずしも成功していないことはすでに見たとおりである。

　仮に一歩譲って、円滑かつ安定的に社会経済取引が行なわれることが公共の福祉に役立つものであり、その意味で即時取得は公共の福祉を目的とするとしよう。しかし、前記森林法違憲判決の採用した違憲審査基準によれば、単に目的に適合するだけでは不十分であり、規制手段が目的を達成するための手段として必要であり、合理的でなければならない、とされる。[97]この点に

---

(97)　森林法違憲判決は違憲審査基準を以下のように述べている。「財産権に対して加えられる規

関しては、本稿「Ⅱ　私法上の正当性」における検討が参考になろう。そこでの検討からすると、即時取得は、取引安全を達成するための手段として合理性に欠けると言わざるを得ないであろう。

　(d)　以上からすると、即時取得の合憲性を承認するためには課題が多く、その克服には相当な困難が伴うように思われる。結論としては、即時取得が違憲とされる可能性は否定できないように思われる。

Ⅳ　結びに代えて

　動産善意取得制度は原所有者の利益を犠牲にして取得者の保護を優先するものであるが、これまで、はたしてこのような規制が私法上および憲法上、正当なものと認められるのかという問題意識から、おもにドイツ法における議論を手がかりに、この制度の正当性を考察してきた。

　この点についての本稿の検討は、不備な点が多々あり、決して十分とはいえないけれども、動産善意取得制度の正当性には、私法上ばかりでなく憲法上も、疑念が生じることが明らかにされたと思われる。

　今後の方向としては、まず、このような批判を受けて、正当性に疑問のある動産善意取得制度自体を廃止するという方向性が考えられよう。しかし、比較法的に見て動産善意取得制度が認められていない法体系はない、といえるから[98]、これを全く廃止してしまうことには躊躇を覚える。

　そうすると、今後とられるべき方向は、この制度を、その正当性が承認されるように、どのように再構築していくか、であろう。英米法、ドイツ民法、フランス民法そして日本民法におけるこの制度は、その適用範囲や個々

　　　制が憲法二九条二項にいう公共の福祉に適合するものとして是認されるものかどうかは、規制の目的、必要性、内容、その規制によつて制限される財産権の種類、性質及び制限の程度等を比較衡量して決すべきである」としたうえで、「立法の規制目的が前示のような社会的理由ないし目的に出たとはいえないものとして公共の福祉に合致しないことが明らかであるか、又は規制目的が公共の福祉に合致するものであつても規制手段が右目的を達成するための手段として必要性若しくは合理性に欠けていることが明らかであつて、そのため立法府の判断が合理的裁量の範囲を超えるものとなる場合に限り、当該規制立法が憲法二九条二項に違背するものとして、その効力を否定することができるものと解するのが相当である」（最大判昭和62年4月22日民集41巻3号411頁）。

(98)　喜多・前掲註(1) 576頁以下。

の要件は様々である。このような各国の法制を参考にしながら、正当性のある動産善意取得制度が再構築されるべきである。(99) この点は今後に残された課題である。

　［最後に、近江幸治先生が古希を迎えられたこと、心よりお慶び申し上げます。またこれまで先生からいただきましたご厚情および学恩に感謝申し上げるとともに、先生の今後のますますのご活躍とご健勝を祈念しております。　田口　勉］

---

(99)　すでに喜多博士がこのような検討を行なわれている（喜多・前掲註（1）648頁以下）。

占有の推定効に関する覚書・序説
―― 先ずは、即時取得における無過失の推定をめぐって ――

草 野 元 己

```
I   はじめに
II  民法 188 条の沿革に基づく検討
III 民法 186 条及び 192 条の沿革に基づく検討
IV  本稿の結論と今後の課題――結びにかえて――
```

I　はじめに

1　占有の推定効に関する 2 つの代表的判例

（1）　わが民法 188 条は、「占有者が占有物について行使する権利は、適法に有するものと推定する」との規定を設けている。そして、即時取得（民 192 条）の要件たる占有取得者の無過失の立証責任の問題に 188 条を適用した判例として有名なのが、〔1〕最判昭和 41 年 6 月 9 日民集 20 巻 5 号 1011 頁であるが、同判決は、「およそ占有者が占有物の上に行使する権利はこれを適法に有するものと推定される以上（民法一八八条）、譲受人たる占有取得者が右のように信ずるについては過失のないものと推定され」るとして、占有取得者の無過失の立証責任を否定し、同事案における即時取得の成立を肯認している。但し、この判決は、188 条により即時取得者の前主の占有に認められる本権推定効を根拠に、取引を通じて動産を取得した者の前主の所有

（1）　同旨――〔2〕最判昭和 45 年 12 月 4 日民集 24 巻 13 号 1987 頁。
（2）　なお、千葉恵美子「〔1〕判決判批」松本恒雄＝潮見佳男編『判例プラクティス民法 I 総則・物権』（信山社出版、2010）287 頁等参照。
（3）　なお、〔1〕の事案で、即時取得の対象とされたのは、総トン数 20 トン未満の不登記船舶

者らしき外観への信頼を保護するものであり、所有権等の本権を有するものと推定される占有者自身を保護するために同条が用いられたものではない。

(2) 一方、民法188条によって本権の推定が規定されている占有者自身の保護の可否に関しては、今日、〔3〕最判昭和35年3月1日民集14巻3号327頁が代表的判例の一つとして、各所であげられている。この判決は、X所有（登記済）の甲地上に存在する乙建物に居住し、その敷地たる甲地を占有するYが、甲地はAがXから使用貸借により借り受けてその地上に乙建物を建築し、YがAから乙建物を賃借したものであるとして、甲地の占有権原を主張した事案であるが、これについて、最高裁は、Yが甲地の占有権原を主張するにあたっては、占有者たるYに立証責任の存することは明らかであり、Yは188条を援用して自己の占有権原を甲地所有者たるXに対抗することはできない、と判示した。要するに、〔3〕判決は、不動産所有者の所有権を肯定した上で同人から占有権原を与えられたと主張する者については、民法188条は適用されえないと断じた判例であるが、そのような解釈を採る理由については何ら触れられていない。

(商686条・687条等参照）である。

(4) 舟橋諄一『物権法』（法律学全集18）（有斐閣、1960）308頁（第24刷〔1972〕を参照）、柚木馨（高木多喜男補訂）『判例物権法総論〔補訂版〕』（判例民法論第四巻）（有斐閣、1972）358頁、我妻榮（有泉亨補訂）『新訂物権法』（民法講義Ⅱ）（岩波書店、1983）491頁、稲本洋之助『民法Ⅱ（物権）』（現代法律学講座10）（青林書院新社、1983）229頁以下、松坂佐一『民法提要物権法〔第四版・増訂〕』（有斐閣、1984）123頁、広中俊雄『物権法〔第二版増補〕』（現代法律学全集6）（青林書院、1987）47頁、加藤雅信『新民法大系Ⅱ物権法第2版』（有斐閣、2005）226頁以下、川井健『民法概論2物権第2版』（有斐閣、2005）119頁以下、近江幸治『民法講義Ⅱ物権法〔第3版〕』（成文堂、2006）202頁、佐久間毅『民法の基礎2物権』（有斐閣、2006）268頁、鈴木禄弥『物権法講義五訂版』（創文社、2007）91頁、石田穣『物権法』（民法大系(2)）（信山社、2008）543頁、松尾弘＝古積健三郎『物権・担保物権法〔第2版〕』（弘文堂NOMIKA）（弘文堂、2008）113頁、144頁〔松尾〕、山野目章夫『物権法〔第5版〕』（日本評論社、2012）139頁、田山輝明『物権法』（民法要義2）（成文堂、2012）165頁、生熊長幸『物権法』（三省堂テミス）（三省堂、2013）143頁以下、七戸克彦『基本講義物権法Ⅰ総論・占有権・所有権・用益物権』（ライブラリ法学基本講義4-Ⅰ）（新世社、2013）115頁以下、石口修『民法講論2物権法』（信山社、2015）447頁以下、平野裕之『物権法』（日本評論社、2016）243頁、松井宏興『物権法』〔民法講義2〕（成文堂、2017）251頁等。

(5) なお、〔3〕判決以前の大審院判例において同趣旨を判示したものとして、〔4〕大判大正6年11月13日民録23輯1776頁、〔5〕大判昭和4年11月18日新聞3065号13頁などがあげられる。このうち、〔4〕判決は、建物の占有者が同建物の所有者に対して、自己の占有が正当権原に基づくものであると主張するためには、占有者自身においてかかる事実を立証する責任があるとするものであり、また、〔5〕判決も、他人が所有する土地の占有者がその占有の正当性を

2 代表的判例を受けた学説の動向

(1) 民法 188 条の占有の推定効により本権の立証責任を免れる者の範囲について

では、以上のような判例を受け、学説は、占有の推定効についてどのような解釈を展開してきたのであろうか。まず、[3] 最判昭和 35 年 3 月 1 日が問題とした民法 188 条の占有の推定効により本権の立証責任を免れる者の範囲についてであるが、これには、学説上、2 通りの考え方がある。すなわち、1 つ目としてあげられるのは、不動産物権変動の対抗要件が登記とされている（民 177 条）ことから、不動産については登記に推定力があるとして、①既登記不動産の場合は当然に、（ⅰ）188 条による占有の推定効が排除される、ないしは、（ⅱ）登記の推定力が占有の推定力に優先し、これが破られた場合に初めて占有の推定力が機能する、という見解である。

主張するためには、占有を正当化する権原を立証しなければならないものとする。

　これらに対し、[6] 大判大正 4 年 4 月 27 日民録 21 輯 590 頁では、動産の所有者と称する者（A）から当該動産を賃借したと主張する占有者（Y）は、民法 188 条によって賃借権者との推定を受けるため 178 条の「第三者」に該当するとされ、動産所有者（B）からその譲受人（X）に対し当該動産の引渡しがない場合において、X は所有権の取得を Y に対抗できないものとされた（但し、X・A 間の別訴で、X から A に対する当該動産の引渡請求が認諾されていることからすると、同別訴ではおそらく A の所有権が否定されたものと鑑みられる。しかし、そうだとすれば、Y が正当権原を有する占有者だとする推定は、既に破られているものと思量されるかもしれない。さらに、X と Y は同一人から権利を得た者同士ではなく、二重の権利変動における「食うか食われるか」の関係にはないと見られるのであって、これらのこと等を考え合わせれば、Y を 178 条の第三者と断じた判旨には疑問がもたれるところである）。また、[7] 大判大正 13 年 11 月 15 日判例彙報 36 巻上（民）183 頁は、他人の土地に家屋を建築して当該土地を使用し占有している者は 188 条により当然その使用権を有するものと推定され、地上権ニ関スル法律（明治 33 年法律 72 号）1 条により、その使用権の性質は地上権と推定されるものとしている。他方、占有に基づく所有権の推定に関する大審院判例としては、土地の境界確認請求をした者（X）の前主（A）の占有を根拠に、係争地に対する X の所有権を推定した [8] 大判大正 10 年 3 月 2 日新聞 1834 号 17 頁がある。

（6）　末弘嚴太郎『物権法上巻』（有斐閣、第 5 版、1922）171 頁以下、252 頁、石田文次郎『物権法論』（有斐閣、第 5 版、1937）309 頁、林良平『物権法』（有斐閣、再版、1956）166 頁、末川博『物権法』（日本評論社、1956）151 頁、217 頁、田中శ爾「[3] 判決批判」民商 43 巻 2 号（1960）101 頁以下、舟橋・前掲注（4）213 頁、308 頁、稲本「[3] 判決批判」法協 79 巻 2 号（1962）93 頁、同・前掲注（4）民法Ⅱ 228 頁以下、於保不二雄『物権法（上）』（有斐閣、1966）195 頁、星野英一『民法概論Ⅱ（物権・担保物権）』（良書普及会、合本再訂、1980）107 頁、我妻（有泉補訂）・前掲注（4）490 頁、広中・前掲注（4）47 頁、川井・前掲注（4）41 頁、佐久間・前掲注（4）270 頁以下、河上正二『物権法講義』（日本評論社、2012）246 頁、安永正昭『講義物権・担保物権法第 2 版』（有斐閣、2014）215 頁、石口・前掲注（4）445 頁等。

（7）　鈴木・前掲注（4）90 頁、191 頁、我妻（有泉補訂）・前掲注（4）245 頁以下（なお、同頁以

他方、上述のように、〔3〕判決は係争地の占有者Ｙが同土地の明渡しを請求してきたＸの所有権を認めた上で、自己の側の係争地に対する使用権原を主張したものであるが、このように、②自己の占有権原が訴訟の相手方の所有権に由来する場合は、民法188条によって本権が推定されることはなく、一般原則に従い、占有者は、その権原について立証責任があるとする見解も広く行きわたっている。

　　下の記述は、前注（6）であげた同書490頁の説明と相矛盾するように思われるが、両者の関係は不明である）。同旨――勝本正晃『物権法』（創文社、訂正版、1952）172頁、柚木（高木補訂）・前掲注（4）357頁以下、石田喜久夫『口述物権法』（口述法律学シリーズ）（成文堂、1982）124頁、264頁、松坂・前掲注（4）123頁、加藤・前掲注（4）57頁、227頁、近江・前掲注（4）201頁、138頁、内田貴『民法Ⅰ〔第4版〕総則・物権総論』（東京大学出版会、2008）406頁、石田（穣）・前掲注（4）197頁、544頁、松尾＝古積・前掲注（4）74頁、144頁〔松尾〕、山野目・前掲注（4）136頁、139頁、生熊・前掲注（4）144頁、255頁、平野・前掲注（4）43頁等。

(8)　田中・前掲注（6）民商102頁、川島武宜＝川井健編『新版注釈民法（7）物権（2）占有権・所有権・用益物権§§180〜294』（有斐閣、2007）95頁以下〔田中〕、舟橋・前掲注（4）308頁、井口牧郎「〔3〕判決判解」最高裁判所判例解説民事篇昭和三十五年度（法曹会、1961）20事件59頁、稲本・前掲注（6）法協93頁以下、同・前掲注（4）民法Ⅱ229頁以下、柚木（高木補訂）・前掲注（4）358頁、星野・前掲注（6）107頁、我妻（有泉補訂）・前掲注（4）491頁以下、槇悌次『物権法概論』（有斐閣、1984）150頁以下、広中・前掲注（4）47頁、加藤・前掲注（4）226頁、川井・前掲注（4）119頁以下、近江・前掲注（4）202頁、鈴木・前掲注（4）91頁、松尾＝古積・前掲注（4）113頁、144頁〔松尾〕、山野目・前掲注（4）139頁、田山・前掲注（4）165頁、安永・前掲注（6）講義215頁、石口・前掲注（4）447頁以下、松井・前掲注（4）251頁等。反対――遠山純弘「民法188条による無過失推定――占有と信頼の保護に関する一考察」大塚龍児先生古稀記念『民商法の課題と展望』（信山社、2018）344頁注（28）。

(9)　なお、前注（6）、前注（7）では、①民法188条は既登記不動産についてその適用が制限されるとする学説をあげたが、前注（8）で示すように、それらの多くの学説は、②占有者が相手方からその所有物を賃借したり、買い受けたりしたというように、自己の占有権原が相手方の所有権に由来していると主張することをも、188条の占有の推定効を適用できない理由としている。しかし、これら学説は、(a)　①による占有の推定効の不動産に対する制限を前提に、動産あるいは未登記不動産の占有に限って、②の理由による占有の推定効の排除を論じているのか、それとも、(b)　占有の推定効を排斥する理由として、①と②を単に並列しているに過ぎないのか、この点は明らかでない（但し、田中・前掲注（6）民商102頁は、「いま、かりに一八八条の権利の推定を既登記不動産の占有についても認める立場にたつてみても」と述べ、①の理由が否定されると仮定した場合について、②の根拠が妥当するものと明言している）。ちなみに、稲本・前掲注（6）法協93頁以下によれば、他人の既登記不動産に対する用益権を主張する占有者は、当該不動産に対する登記名義人の所有権を前提としてその主張をしているのであるから、この点から見れば、上記①のような、不動産についての「登記推定力の優先」という理由で民法188条の不適用を説明することは困難である、と述べられている。

(2) 民法 188 条を根拠とした即時取得における占有取得者の無過失の推定について

次に、本第Ⅰ節 1 (1) で記したように、〔1〕最判昭和 41 年 6 月 9 日は、民法 188 条によって占有の適法性が推定されることを根拠に、前主の権利者らしき外観（占有）を信頼した動産の占有取得者について、即時取得の要件である無過失を推定しているが、今日までの学説も、188 条のこのような場面への適用に賛意を表するものがほとんどである。

(3) 民法 188 条の適用場面に関する近時の学説のまとめ

では、以上の判例・学説の動向をまとめると、占有の推定効を規定する民法 188 条は、おおよそどのような場面に適用される条文と捉えられるのであろうか。

(a) 鈴木説

(ア) この点について、例えば、鈴木禄弥は、そもそも既登記不動産に関しては、登記の推定力が破られた場合でなければ占有の推定効が機能する余地はないとした上で、動産を例にあげて以下のように説く。

---

(10) 〔1〕判決以前に、民法 188 条を用いて占有取得者の無過失を推定すべしと主張した学説として、我妻『物権法』（民法講義Ⅱ）（岩波書店、改版、1952）135 頁以下、柚木『判例物権法総論』（判例民法論第四巻）（有斐閣、1955）347 頁、林・前掲注 (6) 物権法 103 頁、末川・前掲注 (6) 238 頁、金山正信『物権法〔総論〕』（有斐閣、1964）365 頁、於保・前掲注 (6) 214 頁以下。〔1〕判決以後の学説として、柚木（高木補訂）・前掲注 (4) 388 頁、石田（喜）・前掲注 (7) 144 頁、金山「〔1〕判決判批」昭和 41・42 年度重判解（1973）34 頁以下、我妻（有泉補訂）・前掲注 (4) 221 頁、広中・前掲注 (4) 194 頁以下、加藤・前掲注 (4) 201 頁、223 頁、川井・前掲注 (4) 88 頁以下、近江・前掲注 (4) 154 頁、185 頁、佐久間・前掲注 (4) 143 頁、269 頁、内田・前掲注 (7) 474 頁、松尾＝古積・前掲注 (4) 119 頁、134 頁以下〔松尾〕、山野目・前掲注 (4) 85 頁、90 頁以下、134 頁以下、清水元『プログレッシブ民法〔物権法〕〔第 2 版〕』（成文堂、2010）106 頁、田山・前掲注 (4) 135 頁以下、河上・前掲注 (6) 168 頁、生熊・前掲注 (4) 135 頁以下、144 頁以下、278 頁、七戸・前掲注 (4) 153 頁、石口・前掲注 (4) 426 頁、松井・前掲注 (4) 136 頁、松岡久和『物権法』（法学叢書 9）（成文堂、2017）213 頁等。

(11) なお、民法 188 条に基づいて占有取得者の無過失の推定を導出する判例・通説に反対するものとして、舟橋・前掲注 (4) 298 頁、林「〔1〕判決判批」判評 98 号（1967）21 頁〔判時 468 号 95 頁〕（林・前掲注 (6) 物権法 103 頁を改説）、遠山・前掲注 (8) 344 頁以下、345 頁以下、348 頁。ちなみに、同論文 336 頁以下も参照。また、民法「188 条はどれほど意味のある規定か疑問であり」、「経験則により動産では占有者＝所有者という事実上の推定が認められ、それを覆す特段の事情が証明されない限り無過失と評価されると考えれば十分である」とするものとして、平野・前掲注 (4) 192 頁。

(12) 鈴木・前掲注 (4) 90 頁、191 頁（本稿前注 (7) 参照）。

すなわち、BがAの占有する動産を自己の所有物であるとして、所有物返還請求の訴えを提起した場合、Bは「自己に所有権があることを立証しなければならない」が、これは「原告がその請求を根拠づけねばならぬという訴訟法上の大原則によるもので」あって、占有の推定効が機能する場面ではない。また、A占有の動産について、Bが「自己に所有権のあることの立証に成功したか」、あるいは、AがBの所有権を承認した場合、当該動産をBから賃借していることを理由に返還を拒絶するAは、自己の占有により賃借権が推定されると言うことはできない。これは、「他人の所有権の存在を争いえない状態でこの者から権利を取得したとする占有者は、当該の他人に対しては一八八条の推定を援用しえない」からである。従って、Cが自己の所有権を立証してDの占有物の返還を請求してきたときに、Dが占有物はCから買い受けたものであると主張して争う場合も、Dは、188条の推定を受けることはできず、「売買契約の存在を立証しなければならない」。

　このようにして、鈴木は、占有者のために推定効が働くのは、「占有者が原告として自己の所有権の存在の確認を請求する場合」に限定されるとする。要するに、鈴木説では、推定効の対象たる占有者自身の保護という点に関しては、占有者は、（ⅰ）自己の占有物に対して他者からなされる所有物返還（ないしは引渡）請求訴訟に対しては、民法188条を援用して応訴することはできず、（ⅱ）占有者の側から積極的に所有権確認請求訴訟を起こす場合にのみ占有の推定効が機能する、とされるのである。

　（イ）　一方、上掲（2）の、民法188条を根拠とした即時取得における占

---

(13)　鈴木・前掲注（4）90頁。同旨のものとして、藤原弘道「占有の推定力とその訴訟上の機能」司法研修所論集1968—Ⅰ（通巻39号）（1968）31頁〔時効と占有（日本評論社、1985）所収、193頁〕においては、「民法一八八条は、占有による権利推定を規定したものというよりはむしろ、挙証責任分配の法則から生ずる当然の結果を内容とするものであって、あえてこのような明文の規定をおくほどのことはなかった」と説かれている。

(14)　鈴木・前掲注（4）91頁。

(15)　鈴木・前掲注（4）91頁。なお、同頁では、このほか、民法188条の推定が機能する場合として、Aが、現在Bの占有している物を自己の所有物だとして返還請求をする際に、過去に自己がその物を占有していたことを立証できれば、その当時所有権を有していたとの推定を受け、「現在もその所有権が存続していることの推定をうける」ことになるという例があげられている。しかし、このような事例に188条が適用できるかどうか等については、続稿で検討することにしたい。

有取得者の無過失の推定に関しては、〔1〕最判昭和41年6月9日を引用して、「判例は、この点の推定をも認めるに至っている」と述べ、特に否定はしていない。従って、この説によれば、188条が作用する場面は、おおむね、①動産または未登記不動産について、所有者が原告として能動的に所有権確認の請求をする場合と、②動産の即時取得における無過失の推定の前提として機能する場合、に限られることになろう。

(b) 生熊説

次に、生熊長幸は、上記鈴木説を受け、以下のように論ずる。

すなわち、第1に、「Aの占有する甲につき、所有者Bが所有権に基づく返還請求訴訟を提起した場合、原告であるBは、自己に甲の所有権があること（……）を主張・立証しなければならない」が、「Bのこの主張・立証が認められた場合、被告である占有者Aは、甲につき占有権原を有することにつき188条の本権推定（……）により証明責任を転換することはできず（これができるとすると、所有者BがAの賃借権や地上権などの不存在を証明しなければならないことになる）」、Bからの所有権・賃借権などの取得、時効取得、即時取得等、「Bの所有権に基づく返還請求を拒むことができる事由」を主張・立証する必要がある。

第2に、「動産甲の占有者Aが、原告となって、甲の所有権を主張するBを相手に、甲の所有権がAにあることの確認請求訴訟を提起する場合（……）や所有権に基づく妨害排除請求訴訟を提起する場合（……）には、占有者Aは188条の推定規定を使うことができる」。なお、Aの占有する甲がB名義の既登記不動産である場合は、登記の推定力が優先し、「Aは、Bの登記の推定力を覆して初めて188条による占有による権利適法推定を使用」できることになる。

第3に、動産の即時取得に関し、民法188条によって、動産甲の占有者

---

(16) 鈴木・前掲注（4）212頁。
(17) 生熊・前掲注（4）143頁参照。
(18) 生熊・前掲注（4）143頁以下。
(19) 生熊・前掲注（4）144頁が引用する近江・前掲注（4）203頁参照。
(20) 生熊・前掲注（4）144頁。
(21) 生熊・前掲注（4）144頁。なお、同様の記述は、前出の鈴木・前掲注（4）91頁にも記されているところである。

Aが占有物について行使する権利の適法性が推定されることから、Aから甲を譲り受けたCの無過失が推定され、無権利者Aからの譲受人Cは、自己の無過失の立証を要せずに即時取得が認められる(22)。

　以上のところから、生熊説においては、民法188条による占有の推定が働く場合は、①動産や未登記不動産の占有者が原告として所有権確認請求や妨害排除請求の訴えを提起する場面と、②動産即時取得の要件たる占有取得者の無過失の推定の前提として機能する場面の2場面に限定されることが明確に示されているのである(23)。

(c)　山野目説

（ア）　さらに、山野目章夫に至ると、①所有物返還請求の訴えに占有者が応訴する場合のみならず、上記（b）の生熊説が肯定している、②占有者による所有権に基づく妨害排除請求訴訟への占有推定効の援用すらも否定し、この場合も、原告たる占有者（A）が所有権を主張・立証する必要があるものと主張するのであるが、その理由としては、次の2つがあげられる。

　すなわち、第1として、②の場合に、Aの占有している事実さえ立証すればよいとするならば、「占有保持の訴えと請求原因事実が異ならないことになり、民法が占有訴権の制度を置いていることを体系整合的に説明することが難しくなる」。第2に、①の場合も②の場合も、「原告が所有権を主張立証しなければならないのは、それが権利根拠事実の一つであるからであり、占有の所在とは関係がない」、と(24)。

（イ）　以上のように、山野目は、民法188条が占有者自身のために機能することは全く否定しているのであり、「占有の推定力は、現在の占有を有する者その本人のためでなく、その承継人のために働くべきものである」（傍点——引用者）と主張する。そして、占有の推定効が機能する局面としては即時取得があげられ、取引により動産の「占有を取得する者は、前の占有者が適法に当該動産を占有していたものとする推定に依拠」することによって、無過失の主張・立証責任を免れることになる、とされるのである(25)。

---

(22)　生熊・前掲注（4）144頁以下。
(23)　生熊・前掲注（4）143頁参照。
(24)　山野目・前掲注（4）134頁。
(25)　山野目・前掲注（4）134頁以下。なお、山野目は、民法192条の即時取得と同じく、無過

(d) 佐久間説

(ア) 最後に、佐久間毅は、「Ａが、Ｚから甲自転車を買い受けた。Ｂが、甲は自己の所有物であるとして、甲の返還をＡに求めた」という設例をあげた上で、民法188条による本権の推定が機能する範囲を次のように説明する。

すなわち、Ａの甲に対する占有を根拠にＡの所有権が推定されるとすると、Ｂが甲の所有権を取得したことを立証しても、その所有権は、現在、Ａに占有があるという一事をもって喪失させられることになり、「これでは、所有者は不法占有者すら排除できないことになりかね」ない。従って、「188条による本権の推定は、所有権に基づく返還請求に対しては働かない」（傍点——引用者）。また、同様の理由から、「賃借権等の所有権以外の本権の推定も認められない」。これに対し、上記設例で、Ａが甲を即時取得したとして争う場合は、「188条によって前主Ｚが所有権を有すると推定されることから」、ＡによるＺの所有権の存在に対する信頼が保護され、その結果、即時取得の要件である無過失が推定される、と。

以上は、動産の占有の場合に関する説明であるが、この場合、佐久間の説に従えば、民法188条が機能するのは、主として、占有者の外観を信頼して取引した者に認められる即時取得の前提としてということになるであろう。

失が要求される162条2項の所有権の短期取得時効について、「自分の土地に流れ着いた伐木の占有を始めた」という例をあげ、所有権の短期取得時効の場合は、「一般には、占有の承継がなく、したがって前の占有者の占有の適法推定への信頼という契機が存在しないから」、時効取得を主張する側から、「無過失の評価根拠事実を主張立証しなければならない」としつつ、「地上権者として土地を占有するとみえる者から地上権の譲渡を受けると共に土地の占有を開始した場合において、じつは地上権は存在していなかったというときに、地上権の10年の時効取得を主張する際には、前主が地上権者として適法に占有していたという推定に依拠」して無過失の主張・立証責任を免れることができる、とする（山野目・前掲注 (4) 135頁）。

(26) 佐久間・前掲注 (4) 268頁。なお、佐久間によると、Ｂの「返還請求が地上権や賃借権に基づくときも、状況は全く同じである」とされる（同頁）。ほぼ同旨——道垣内弘人「会社法一三一条一項による権利の推定について——占有の推定力または資格授与的効力——」星野英一先生追悼『日本民法学の新たな時代』（有斐閣、2015）523頁。

(27) 佐久間・前掲注 (4) 268頁以下。

(28) なお、佐久間・前掲注 (4) 268頁、269頁においては、占有者が原告となって所有権確認請求や所有権に基づく妨害排除請求をする場合については、何ら言及されていない。もっとも、後述するように、同書272頁では、未登記不動産に関する所有権確認の訴えに対して188条の適用を否定するに際し、「動産についてと違い」と述べていることから、占有動産に関する所有権確

(イ)　(α)　一方、不動産については、「甲建物の登記名義人Bが、甲建物は自己の所有に属するとして」占有者「Aに明渡しを求めた」という設例をあげ、まず、①「Bが甲建物の所有権取得原因を主張立証して明渡しを求めた場合には」、(ア)の動産の場合と同様、「Aのために188条の推定は働かない」と述べる。そして、その上で、②「Bが甲建物につき自己名義の登記があることを主張立証」した場合について、「名義人が登記どおりの権利を有することにつき高度の蓋然性が認められ」、「その蓋然性の程度は、不動産の占有者が所有権を有することの蓋然性の程度をはるかに超えるということ」から、この場合は、登記による所有権の(事実上の)推定力が優先して「Bの甲建物所有権が一応推認され」、占有の推定力は働かないものとされる。[29]

　(β)　これに対して、未登記不動産については、民法188条が適用されるとする一般的見解に従う。そこで、佐久間は、Aが占有する未登記建物甲の外壁にCが落書きをしたため、Aが所有権侵害を理由として賠償請求をしたという設例をあげ、この場合は、Aが甲の占有を立証すれば甲に所有権を有することが推定され、その結果、所有権の侵害が認定されると論ずる。[30]但し、そこでは、未登記建物甲の所有者と称する者(D)が占有者Aに対して建物返還請求をしてきた場合については何ら言及されていない。もっとも、「未登記不動産については188条が適用される」という叙述に従うならば、この場合も、Aは甲の占有によって所有者と推定され、Dが反対証拠を提出しない限り返還請求を拒絶できるという説を採っているようにも見えないわけではない。[31]

　しかし、上述(ア)の動産のところで、占有の推定効は所有権に基づく返還請求に対しては機能しないと解釈する際にあげられた《占有の推定効が働くと、取得が立証された所有権が他者の占有の一事をもって喪失させられ、不法占有者すら排除できなくなる》という理由は、――それが正しいとするならば――不動産の占有の場合にも通底するものであると言うことができよ

認の訴えについては、占有の推定効を肯定しているようである。
(29)　佐久間・前掲注(4)269頁以下。
(30)　佐久間・前掲注(4)269頁以下、271頁。
(31)　佐久間・前掲注(4)271頁。

う。そこで、このように捉えるならば、佐久間説においては、占有者が占有物の返還請求に応訴する場合は、動産・不動産を問わず、188条の適用範囲外になると思われる。

　（γ）　なお、叙上の見解は、未登記不動産の占有に関する一般的見解に一応従った上でのものであるが、佐久間は、「不動産については、登記の有無にかかわらず188条は適用されない」とする異論にも好意を示している。

　すなわち、「甲建物について保存登記がなされていない場合に」、占有者Aが登記名義を「得たいと考え」て所有権確認の訴えを提起したという事例をあげ、「ここで188条の適用を肯定すると、Aに188条に基づく登記手続請求権を認めることと同じ結果になってしまう」。そこで、「これを避けるためには、未登記不動産に関する所有権確認の訴えについては、動産についてと違い、188条の適用はないとする」上記異論のほうが、妥当な結果が得られるとするのである。

　（ウ）　以上が佐久間説の概要であり、同説を細かく見れば、①動産占有者が所有権確認の訴えを提起する場合や、②未登記不動産の占有者が所有権侵害を理由とした賠償請求をする場合にも、民法188条の占有の推定効を肯定しているようであることが看取される。

　しかし、道垣内弘人も引用するところであるが、上記（ア）以下にあげた各代表例の説明の冒頭で、佐久間は、「188条を広く適用することは、占有者を過当に保護し、真の権利者を著しく害する結果にな」るため、「188条による本権の推定が働く範囲には、相当限定が加えられている」と述べている。これを要するに、佐久間説によれば、188条による占有の本権推定効の

---

(32)　不動産登記法74条1項2号参照。
(33)　佐久間・前掲注（4）271頁以下。なお、民法188条の占有の推定効に基づく登記手続請求の可否について、古くは、[9] 大判明治39年12月24日民録12輯1721頁が存在する。同判決によれば、188条は占有者の占有権原を争ってくる者から現に物を占有する占有者を保護するため、占有者が現在行使している権利の立証責任を免れさせる趣旨の規定に過ぎないとされ、Yの所有地に建物を所有して土地を占有するXが、Yに対して地上権設定登記手続の請求をするには、その取得原因を証明しなければならず、188条を根拠に占有者が地上権を取得したものと推定し、この推定に基づいて地上権の登記を可能とするような解釈は許されないものとされる。
(34)　前注（28）参照。
(35)　道垣内・前掲注（26）520頁以下。
(36)　佐久間・前掲注（4）267頁以下。

主たる適用場面は、動産の即時取得の要件としての占有取得者の無過失の推定がもたらされる場合に絞られるということになるのかもしれない。

(e) 以上、占有の推定効の適用範囲について俯瞰的に説明する近時の学説をいくつかピックアップして紹介してみた。そして、それら学説（及び判例）を瞥見することにより、民法188条による占有の推定効は、動産の即時取得（民192条）の要件たる無過失の推定の前提として機能するのがメインであり、動産・不動産の占有者がその物の所有者と称する者から返還請求を受けるような場合に、占有者自身を保護するために働く制度ではないと解するのが今日の学説・判例の主流であることをうかがい知ることができた。

3 論点の提示

では、上述の学説・判例の傾向に対して、即座に賛意を表することができるかというと、それには若干躊躇される面があることも認めざるを得ないのではなかろうか。というのも、第1に、民法188条の文理に従うのならば、同条によって権利推定の保護を受ける対象としては、一義的には、現に物を占有して事実上所有権などの権利行使をしている占有者自身を想起するのが通常のことと思われる。そうすると、占有者が他者から占有物の引渡（明渡）請求の訴えなどを起こされた場合に188条が適用されないというのは、同条の立法趣旨からすれば少し問題があるように捉えられよう。また、第2に、即時取得における無過失の推定は、あくまでも前主の占有という外観信頼の問題であり、それが占有者本人に関して認められる権利の推定とどのように結びつくのであろうか。この点、学説・判例による説明は、必ずしも十分でないようにも思われるからである。

そこで、本研究では、上掲の2つの疑問を中心に、民法188条による占有の推定効の適用範囲を考察する所存であるが、まず本稿においては、上の第2で取り上げた《188条に基づいて即時取得（民192条）の要件たる無過失の推定をすることができるのか、視点を変えれば、他の条文こそ即時取得における無過失の推定の根拠になるのではないか》という問題を、以下、考究し

---

(37) ほぼ同旨——道垣内・前掲注（26）520頁以下、523頁。
(38) 同様の疑問を提起するものとして、遠山・前掲注（8）337頁、342頁。

ていくことにしたい。

II　民法188条の沿革に基づく検討

1　現行民法188条の淵源

(1)　前述のように、民法188条は、占有者が占有物について所有権等の本権を行使している場合、その者はそれら本権を有するものと推定する規定であるが、1894（明治27）年5月29日に開催された第16回法典調査会において、現行民法起草委員の一人で、188条の担当者と推測される穂積陳重は、同条の起草委員原案について、次のように説明する。

> 本条ハ財産編第百九十三条ノ規定ト少シモ変ツタコトハゴザイマセヌ唯其文字ヲ改メマシタノト夫レカラ其規定ノ一部分ヲ省キマシタノデアリマス事柄ニ於テハ酷ク違ヒハアリマセヌ……

また、第9回帝国議会に上程された現行民法前3編（総則・物権・債権）の法案の提出理由がまとめられていると考えられる『未定稿本民法修正案理由書自第一編至第三編完』（以下、『民法修正案理由書』と略称する）には、188条の

---

(39)　第16回法典調査会の議事速記録については、法務大臣官房司法法制調査部監修『法典調査会民法議事速記録一　第一回―第二十六回』（商事法務研究会、1983）641頁以下参照。

(40)　現行民法の起草委員は、穂積陳重・富井政章・梅謙次郎の3名である。なお、この点について、拙稿「日本民法学史における取得時効要件論――『所有の意思』を中心に――」平井一雄＝清水元編『日本民法学史・続編』（信山社出版、2015）104頁以下、および、同書105頁注17掲記の諸文献参照。

(41)　仁井田益太郎ほか「仁井田博士に民法典編纂事情を聴く座談会」法時10巻7号（1938）29頁以下資料、星野通『明治民法編纂史研究』（ダイヤモンド社、1943）176頁以下〔日本立法資料全集別巻33（信山社出版、復刻版、1994）にて復刻〕、福島正夫編『明治民法の制定と穂積文書――「法典調査會　穂積陳重博士関係文書」の解説・目録および資料――』（民法成立過程研究会、1956）52頁以下〔穂積陳重立法関係文書の研究（日本立法資料全集別巻1）（信山社出版、1989）に復刻版として所収〕、小林一俊『民法総則理由概要』（三和書房、1974）21頁以下等参照。

(42)　法典調査会において起草委員が提出した188条原案は、以下のようである。「占有者カ其占有物ノ上ニ行使スル権利ハ反対ノ証拠ナキトキハ之ヲ適法ニ有スルモノト推定ス」（法務大臣官房司法法制調査部監修・前掲注（39）641頁）。

(43)　法務大臣官房司法法制調査部監修・前掲注（39）641頁。

(44)　会期は、1895（明治28）年12月28日から1896（明治29）年3月28日までである。

(45)　なお、第9回帝国議会に上程された「民法中修正案」（前3編）には、逐条理由書としてま

提案理由の冒頭で次のような記載がなされている。すなわち、「本条ハ既成法典財産編第百九十三条ノ字句ヲ修正シ又其一部ヲ削除シタルニ止マル」と。[47]

(2) 以上のように、法典調査会における穂積起草委員の発言、および、『民法修正案理由書』の記述からすると、現行民法の 188 条は、ボアソナードが起案した旧民法の財産編 193 条に由来し、それと内容的に異なるところはないということになる。[48]とすると、現行民法 188 条の趣旨を理解するためには、旧民法の財産編 193 条に遡って考察することは必要欠くべからざることと言えよう。そこで、次には、同条はいかなる規定であったのか、また、同条の趣旨はどのように捉えられていたのかについて検討していくことにしたい。

2 旧民法財産編 193 条とその注釈

まず、旧民法財産編 193 条の条文は以下のようである。

　法定ノ占有者ハ反対ノ証拠アルニ非サレハ其行使セル権利ヲ適法ニ有スルモノトノ推定ヲ受ク其権利ニ関スル本権ノ訴ニ付テハ常ニ被告タルモノトス

そして、旧民法の立法理由を説く『民法理由書』(以下、『旧民法理由書』と呼ぶことにする) によると、上記条文に対しては、次のような注釈がなされている。

　本節ニ於テ立法者ハ占有ニ附着シタル三個ノ利益ヲ明示シ而シテ占有ノ担保タル占有訴権ノコトヲ規定セリ[49]
　占有ニ附着シタル利益ノ第一ハ法律上ノ推定ナリ即チ事実上権利ヲ行使スルモ

とまったものは用意されていなかったようであり、『未定稿本民法修正案理由書自第一編至第三編完』（以下、『民法修正案理由書』と略称）は、各法条の提案理由が記されてはいるものの、議会には提出されず、後でまとめられて関係者のみに配られたもののようである。以上の経緯については、廣中編著『民法修正案（前三編）の理由書』（有斐閣、1987）3 頁以下参照。

(46) 第 9 回帝国議会「民法中修正案」の 188 条案（衆議院議案・貴族院議案共通）は、以下のとおりである。「占有者カ占有物ノ上ニ行使スル権利ハ之ヲ適法ニ有スルモノト推定ス」（廣中編著『第九回帝國議會の民法審議』〔有斐閣、1986〕293 頁参照）。

(47) 前掲注（45）民法修正案理由書 168 頁〔廣中編著・前掲注（45）理由書所収、228 頁〕。

(48) なお、遠山・前掲注（8）338 頁、345 頁以下参照。

(49) 旧民法財産編第 1 部「物権」第 4 章「占有」第 3 節「占有ノ効力」のこと。

ノハ真ニ権利ヲ有スルモノト推定スルコト是ナリ……
（中略）
占有者ハ総テ訴訟ニ於テ被告ノ地位ニ立ツノ利益ヲ有スルモノナリ而シテ此利益ハ実ニ著シキモノナリトス蓋シ訴訟ニ於テ被告ト為ルモノハ自カラ進ンデ自己ノ権利ヲ証明スルコトヲ要セス原告ヨリ提出シタル証拠ヲ争ヒ之ヲ打破ルヲ以テ足レリトス而シテ原告及ヒ被告共ニ自己ノ権利ヲ証明スルコト能ハサル場合ニ於テハ占有者ハ原告ノ請求ヲ排斥セシメテ訴訟ノ勝利ヲ得ベシ是レ即チ被告ノ地位ニ附着シタル利益ナリトス
（後略）[50]

3 検　討

(1) (a)　以上、旧民法財産編193条の条文と『旧民法理由書』における注釈をあげたが、これらを敷衍すれば、以下のようになろう。

すなわち、事実上所有権などの権利を行使している占有者は[51]、反対の証拠が提出されない限り、当該本権の正当な権利者であると法律上推定され、所有権等本権に関する訴訟では、常に被告の地位に立つ。そして、占有者にとって、訴訟で被告の地位を占めることにはきわめて大きな利益が含まれることになる。というのは、訴訟で被告となる者は、自分のほうから所有権など自己が主張する権利を積極的に証明する必要はなく、相手方たる原告が提出した証拠に異議を唱え（contester）、これを攻撃し（combattre）さえすればよく、原告・被告双方ともその権利を証明できなければ、占有者は原告の請求が棄却されることによって勝訴することになるからである[52]、と。

このように、旧民法においては、例えば、所有者として物を占有している占有者は、その占有事実から真の所有者と推定され、当該占有物の所有者と

---

(50)　城數馬訳『民法理由書財産編物権第四』（手稿本、法務図書館蔵）17丁裏以下〔『民法理由書第一巻財産編物権部』（ボワソナード民法典研究会編『ボワソナード民法典資料集成第Ⅱ期後期四第1巻』）（雄松堂出版、2001）（以下、「雄松堂版」と略称）所収、466頁以下〕。

(51)　なお、旧民法財産編193条の規定では、本権の推定効を得られる占有者は「法定ノ占有者」とされているが、この点は本稿の主題とはさしあたり関係がないため、続稿において議論することにしたい。

(52)　V. *Code civil de l'Empire du Japon accompagné d'un exposé des motifs*, t. Ⅱ, *Exposé des motifs du livre des biens*, traduction officielle, Tokio, 1891, pp. 192-193 ; http://dl.ndl.go.jp/info:ndljp/pid/1367487/101?full=1.

称する者が返還を請求してきた場合、その原告が自己の所有権を立証しない限り、常に被告たる立場に立つ者として保護され、占有物を奪われることはない。そして、占有者にこのような利益が与えられるのは、事実上所有者として占有している者にこそ真実所有者である蓋然性が存するからである、と考えて然るべきであろう。

(b) ところで、旧民法財産編193条の条文と現行民法188条のそれとを比較すると、現行民法においては、旧民法において存在していた「其権利ニ関スル本権ノ訴ニ付テハ常ニ被告タルモノトス」という文言は見出すことができない。よって、この点については、現行民法規定における旧民法規定の継受如何という観点から、一応、吟味してみる必要があるかもしれない。

しかし、ここで再び、法典調査会における穂積委員の説明に戻ると、穂積は、この点について、次のように言う。

> ……又百九十三条ノ中ニ「本権ノ訴ニ付テハ常ニ被告タルモノトス」ト云フ文章ガゴザイマス是ハ固ヨリ此権利行使ノ推定ノ結果デアリマシテ殊更ニ此処ニ書カナクテモ本権ノ訴デハ自身ニ被告トナルノデ書イテアルガ為メニ被告トナルト云フコトハ訴訟上出ルノデハアリマセヌカラシテ是ハ書ク必要モナシ又分リ切ツタコトデアリマスルカラ此処ニ之ヲ省イタノデゴザイマスル……(傍点——引用者)

---

(53) なお、本稿本文で引用したように、城訳・前掲注(50)財産編物権第四19丁表〔雄松堂版467頁〕では、——手稿本のため読みにくい点はあるが——占有者は「総テ訴訟ニ於テ」被告の立場に就く、と書かれているようである。しかし、仏文の『旧民法理由書』の文章では、ここは、《Quant à l'avantage, pour le possesseur, d'être défendeur aux actions qui tendraient à l'évincer, il est considérable.》(*Supra* note 52, p.193.) となっていて、あくまでも、占有者が他の者から占有物追奪の訴権を行使された場合が想定されているようである。ちなみに、この点について、ボワソナード氏起稿『再閲修正民法草案註釈第二編物権ノ部下巻』(発行所・刊行年無記載)〔三百二〕114頁〔ボワソナード氏起稿『再閲修正民法草案註釈第二編物権ノ部』(ボワソナード民法典研究会編『ボワソナード民法典資料集成後期一—二第I巻』)(雄松堂出版、2000)(以下、「雄松堂版」と略称)所収、408頁〕)では、「占有ヲ追奪セントスル訴訟ニ就キ被告人タル占有者ノ利益ニ至リテハ実ニ著大ナルモノト云フヘシ」という記述がなされている。

(54) 法務大臣官房司法法制調査部監修・前掲注(39)642頁。なお、『民法修正案理由書』では、この点について、以下のように叙述されている。「……占有者ハ本権ノ訴ニ於テ常ニ被告ノ位置ニ立ツコトハ此推定ニ本ツキ権利行使ノ自然ノ結果トシテ生スル利益ニシテ特ニ明文ヲ以テ之ヲ指定スル必要ナキヲ以テ本案ハ既成法典財産編第百九十三条ノ末文ヲ除キタリ」(前掲注(45)民法修正案理由書168頁以下〔廣中編著・理由書228頁以下〕)。

すなわち、上の穂積の説くところによると、占有者が所有権等本権の訴えについて常に被告となるのは、当該本権が法律上推定される当然の結果である。従って、これをことさら書く必要はないので省略した、とされる(55)。そうすると、旧民法と同様、現行民法においても、188条が本来機能するのは、本権を有すると推定される占有者が、本権者と称する者から占有物の引渡(明渡)請求がなされた訴訟で被告の地位に立つという場合が想定されていた、と理解することが可能であろう(56)。

(2)　だが、そうだとするならば、民法188条で占有者に本権が推定され、それを否定せんとする相手方に自らが所有権等本権を有することの立証責任を負わせるのは、通常は本権者であるところの占有者を保護し、この者の享受している本権者の利益が訴訟の場でむやみに奪い取られることのないようにするためである、とその趣旨を捉えるのがもっとも至極なことと考えられる。端的に言えば、占有に基づく本権の推定は、占有者が実際上本権者であることが多いからこそ、この者に証明責任を免れさせる目的で設けられたものであって、例えば所有権の即時取得について考えると、即時取得の前主たる占有者に所有権推定の利益が与えられるからといって、動産の譲渡人たる占有者の外観を信頼した譲受人の信頼の妥当性が担保されるわけではない。そうすると、民法188条の占有に基づく本権の推定を根拠に、動産の占有者からその物を譲り受けて占有を取得した者の無過失を推定する判例・学説の法理には、何らかの論理的飛躍が存すると言わざるを得ないであろう。

Ⅲ　民法186条及び192条の沿革に基づく検討

1　民法186条の規定と学説

(1)　民法186条の規定

では、民法188条による推定が否定されるとするならば、即時取得の要件としての占有取得者の無過失について、法律上の推定は認められないのであろうか。現行民法で占有の態様を推定する条文としてあげられるのは186条

---

(55) 遠山・前掲注(8) 345頁参照。
(56) ほぼ同旨の見解として、遠山・前掲注(8) 345頁以下参照。

1項であるが、同項は、「占有者は、所有の意思をもって、善意で、平穏に、かつ、公然と占有をするものと推定する」と規定しており、善意の推定は明文で肯定されているものの、無過失については何ら触れられていない。

(2) 我妻説とその検討
(a) 我妻説

この点、例えば、我妻榮によると、まず民法186条の趣旨について、同条は「社会の事実状態を一応正当視して、これを保護し、社会の平和・秩序を維持しようとする占有の作用から見て、極めて妥当な規定である」、とされる。そして、その上で、「民法は占有者の無過失を推定し」（傍点——原文）ていないところ、「善意を推定することは平和の維持に至当なことであるが、それに過失があるかどうかは、必ずしも一律に推定すべき理由がない」とされるのである。このようにして、我妻は、186条による無過失の推定を否定し、「時効取得を主張する場合などには、無過失を挙証しなければならないのは当然である」とするが、即時取得については別異の解釈がなされなければならないとされ、既述のように、これについては、188条による無過失の推定が提唱されるのである。

(b) 検　討

しかしながら、第1に、民法186条の推定規定が社会の平和を維持するため現在の占有の保護を容易化する目的で設けられたとするならば、善意のみならず無過失をも推定し、占有者が占有の効果をより主張しやすくするほうが自然なことであろう。

第2に、我妻は占有制度の根拠として社会の現在の秩序の維持を掲げ、「本権のない占有者（……）が占有の効果を主張すること——とりわけ取得時効を主張すること——が」186条によって「著しく容易となる」と論じているが、この点により根本的な疑問が感じられる。というのは、占有制度につ

---
(57) 我妻（有泉補訂）・前掲注 (4) 478頁以下。同旨——石口・前掲注 (4) 433頁。
(58) 我妻（有泉補訂）・前掲注 (4) 221頁。ほぼ同旨——柚木（高木補訂）・前掲注 (4) 341頁、388頁、加藤・前掲注 (4) 201頁、松尾＝古積・前掲注 (4) 119頁、134頁以下〔松尾〕、田山・前掲注 (4) 134頁以下、150頁、河上・前掲注 (6) 168頁、216頁、生熊・前掲注 (4) 135頁以下、七戸・前掲注 (4) 153頁、石口・前掲注 (4) 426頁、松岡・前掲注 (10) 213頁等。
(59) 我妻（有泉補訂）・前掲注 (4) 478頁以下。
(60) 我妻（有泉補訂）・前掲注 (4) 478頁以下。

いては、《動産・不動産を占有している者にこそ、本権者——とりわけ、所有権者——である蓋然性が存在するのであるが、このような蓋然性を基盤とする占有制度は、①真の本権者たる蓋然性を有する者、また場合によっては、②前主を真の本権者と信頼して取引した者を保護するためのものである。そして、民法188条は、先の第Ⅱ節3（2）で示唆したように、上記のうち、①の本権者の蓋然性を有する者自身を保護する規定であるが、186条は、①所有権等本権の証明に困難を来す占有者、あるいは、②前主を真の本権者と信じて占有を取得した者を保護するため、様々な占有の態様を推定する規定である》という視点から捉えることも可能と考えられるからである。そして、仮にこのような見地に立つのならば、所有者等本権者の蓋然性を帯有する前主を信頼した者の保護（上の②の場合）をも目的としているにもかかわらず、無過失のみを推定できないとするのはあまりにも理に適わないように思量されうるのである。

(3) 舟橋説とその検討

一方、上の我妻説に対し、舟橋諄一は、次のように述べる。すなわち、無過失の占有とは、善意の占有において、「その善意なることについて」過失がないことを言うが、「ここで無過失とは、無過失なる善意をいい、いわば完全な善意を意味するわけであるから、無過失の立証を要するとすることは、結局、完璧な善意の立証を要するとすることとなり、一八六条が善意を推定したことと矛盾する。したがって、いやしくも善意が推定されるかぎり、無過失もまた、推定されるものと解すべきであろう」と。以上のところから、舟橋は、即時取得における無過失の推定についても、通説・判例と異なり、186条を根拠とするのである。

確かに、舟橋も説くように、善意を推定するという規範が設けられた以上、その規範の下では、善意に至る過程の過失・無過失を問うことは本来許されないはずである。そうすると、民法186条が善意を推定しているということは、無過失も同条で暗黙のうちに推定されていることになると思われ、このように解することこそ順当な解釈のようにも考えられるのである。

---

(61) 舟橋・前掲注（4）298頁。
(62) 舟橋・前掲注（4）242頁。

しかし、上記に対しては、186条を即時取得における善意・無過失推定の根拠条文とするならば、192条で、善意・無過失が即時取得の明文の要件とされているのであるから、186条でも無過失の推定が明定されていなければならないはずである、という反論がなされうるかもしれない。そこで、これに答えるため、次の**2**からは、民法192条及び186条の沿革をたどり、このことによってその疑問を解明することを志していきたい。

2 民法192条の沿革
(1) 民法192条の制定過程
(a) 現行の民法192条は、「取引行為によって、平穏に、かつ、公然と動産の占有を始めた者は、善意であり、かつ、過失がないときは、即時にその動産について行使する権利を取得する」と規定されている。この条文は、2004（平成16）年に民法が現代語化された時に改正されたものであり、1896（明治29）年に制定された、現代語化以前の192条は、下記のようであった。

> 平穏且公然ニ動産ノ占有ヲ始メタル者カ善意ニシテ且過失ナキトキハ即時ニ其動産ノ上ニ行使スル権利ヲ取得ス

(b) ところで、現行民法起草委員が提出した192条の原案は、前述の188条原案と同様、1894（明治27）年5月29日開催の第16回法典調査会で説明がなされたが、そこで示された条文案は、以下のようであった。

> 所有ノ意思ヲ以テ平穏且公然ニ動産ノ占有ヲ始ムル者カ善意ニシテ且過失ナキトキハ即時ニ其動産ノ所有権ヲ取得ス

そして、同条案には、旧民法証拠編144条が参照条文としてあげられていたが、188条案と同様、192条案の起草担当者と目される穂積委員は、同条案について、次のように述べた。すなわち、「本条ハ通常即時時効ノ規定ト

---

(63) なお、ここで述べたことは、占有開始時における善意・無過失を要件とする短期取得時効（民162条2項）にも当てはまることである。
(64) 前注（42）参照。
(65) 法務大臣官房司法法制調査部監修・前掲注（39）656頁。
(66) 法務大臣官房司法法制調査部監修・前掲注（39）656頁。
(67) 前注（41）にあげた文献参照。

称シマスルモノデアツテ既成法典ニハ証拠編ニ挙ゲテアツタ」[68]。しかるに、即時取得というものは、時の経過とは無関係にその効果が生ずるものであるから、これを「時効ノ部ニ入レルト云フコトハ不都合デアラウト」考えられる。そこで、本案では、これを「占有ノ直接ノ効果デアルト」[69]位置づけた、と。このようにして、即時取得は、旧民法では、「即時時効」として、証拠編の第2部である「時効」の部の第6章「動産ノ取得時効」に規定されていたが、現行民法では、第2編「物権」の第2章「占有権」第2節「占有権の効力」の中に収められ、時の効果ではなく、占有の効果であるとされるに至った。しかし、以上の叙述からは、旧民法においては、現行民法192条の前身として、証拠編144条の「即時時効」の規定が存在していたということが明らかとなるのである。なお、前掲『民法修正案理由書』における192条の理由説明では、この点について、「本案モ既成法典第百四十四条ト其精神ヲ同フス」[70]と明確に記されている。

(2) 旧民法証拠編144条

(a) 条文

では、旧民法証拠編144条は、どのような規定だったのであろうか。まず、その条文を掲げてみると、同条は、2つの項からなり、次のような定めがなされていたことがわかる。

第1項 正権原且善意ニテ有体動産物ノ占有ヲ取得スル者ハ即時ニ時効ノ利益ヲ得但第百三十四条[71]及ヒ第百三十五条[72]ニ記載シタルモノヲ妨ケス

---

(68) 旧民法において、即時取得を「即時時効」と呼んでいたことについては、例えば、城訳『民法理由書証拠編第弐部完』(手稿本、法務図書館蔵)113丁表〔民法理由書第五巻証拠編〕(ボワソナード民法典研究会編『ボワソナード民法典資料集成第Ⅱ期後期四第5巻』)(雄松堂出版、2001)(以下、「雄松版」と略称)所収、403頁〕。
(69) 法務大臣官房司法法制調査部監修・前掲注(39)657頁。
(70) 前掲注(45)民法修正案理由書171頁〔廣中編著・理由書231頁〕。
(71) 旧民法証拠編134条1項「配偶者ノ一人ヨリ他ノ一人ニ対シテ行フ可キ権利ニ関シテハ婚姻中ト雖モ時効ハ進行ス」2項「然レトモ其時効ハ最後ノ一ヶ年停止ス又一ヶ年以下ノ時効ニ関シテハ其最後ノ半期間停止ス」3項「第百四十四条ノ場合ニ於テハ動産回復ノ期間ハ三ヶ月トス」。
(72) 旧民法証拠編135条1項「時効ハ財産ノ管理人ト其管理ヲ受クル者トノ間ニ於テ其保存スルコトヲ任セラレタル権利ニ付テハ管理人ノ為メニ停止ス」2項「時効ハ管理力止ミシ以後ニ非サレハ更ニ進行セス又第百四十四条ノ場合ニ於ケル動産ノ時効ニ関シテハ三ヶ月ヲ以テスルニ非サレハ成就セス」。

第 2 項 此場合ニ於テ反対カ証セラレサルトキハ占有者ハ正権原且善意ニテ占有スルモノトノ推定ヲ受ク

　現行民法 192 条の前身と捉えられる旧民法証拠編 144 条は、以上のような内容の規定であった。そして、前者と後者との間には、前主を信頼して動産の取引をした者を保護するという点で根本的な共通性が存在するが、細かい点ではいくつかの違いも見られる。とりわけ、本稿の論点との関連からすると、現行民法 192 条が占有取得者の善意・無過失を即時取得の要件としているのに対し、旧民法証拠編 144 条では、「正権原且善意ニテ」動産の占有を取得することが要件とされている点が注視されるべきことになる。

(b)　旧民法理由書

　(ア)　そこで、この旧民法証拠編 144 条が定める、「正権原かつ善意にて占有を取得する」という要件に関して、『旧民法理由書』が論述しているところを摘記すると、以下のようになる。

　　（前略）
　　本条ニ依レハ占有ニ二箇ノ資格備ハルコトヲ必要トス而シテ此二箇ノ資格ハ不動産ノ取得時効ノ場合ニ在テ時効ノ期間ヲ二分ノ一ニ短縮スル所ノモノナリ即チ占有カ正権原ト善意トヲ以テ取得セラレタルコトヲ要ス而シテ何等ノ期間ヲ要セス……
　　（中略）
　　又時効ハ占有ノ正権原及ヒ善意ナル二箇ノ条件ヲ要スルノミナルカ故ニ更ニ進テ此二箇ノ条件ノ備具スルコトヲ証スル方法如何ヲ説明スヘシ
　　若シ夫レ占有者ニシテ正権原ニ依リテ占有スルコトヲ直接ニ証セシトキ善意ハ一般ニ推定セラル、モノナリ（第百八十七条参看）
　　然フシテ所有権ヲ付与スルヲ得ヘキ権義上ノ所為（un acte juridique：「法律

---

(73)　以上の点を取り上げているものとして、遠山・前掲注（8）340 頁。
(74)　城訳・前掲注（68）証拠編第弐部 114 丁表〔雄松堂版 404 頁〕。
(75)　ここでは、旧民法証拠編 144 条が定める「即時時効」のことを意味する。
(76)　旧民法財産編 187 条（「正権原ノ証拠アル占有ハ之ヲ善意ノ占有ナリト推定ス但反対ノ証拠アルトキハ此限ニ在ラス」）のこと。
(77)　*Code civil de l'Empire du Japon accompagné d'un exposé des motifs*, t. Ⅳ, *Exposé des motifs du livre des garanties des créances et du livre des preuves*, traduction officielle, Tokio, 1891, p.521 ; http://dl.ndl.go.jp/info:ndljp/pid/1367489/264?full=1.

行為」のこと——引用者注）ニ依リテ動産ヲ受取リシコトハ占有者ヲシテ直接ニ立証スルノ義務ヲ負ハシムヘキヤ（財産編第百八十一条参看）(78)

若シ斯ノ如キ義務ヲ占有者ニ負ハシメンカ是レ特ニ有益ナル此時効理論ヲ無効(79)ナラシムルモノト云フヘシ何トナレハ動産ニ関スル取引ノ瞬速ナルカ故ニ縦ヒ私署ノモノタリトモ証書ヲ作ルノ遑アラス又証人ヲ立会ハシムルハ殆ント為シ難キ所ナレハナリ夫レ然リ故ニ必スヤ正権原ノ成立ニ付キ法律上ノ推定ヲ許サヽルヲ得ス固ヨリ此推定タル軽易ニシテ総テノ反対ノ証拠ヲ以テ之ヲ破ルコトヲ得ヘシ是レ本条第二項ニ明示スル所ナリ(80)

（イ）　以上要するに、『旧民法理由書』によれば、第1に、旧民法証拠編144条が定める「即時時効」には、占有取得における正権原及び善意の2個の要件が必要であるが、この要件は、同編140条1項（「占有カ上ニ定メタル条件ノ外財産編第百八十一条(81)ニ記載シタル如キ正権原ニ基因シ且財産編第百八十二条(82)ニ従ヒテ善意ナルトキハ占有者ハ不動産ノ所在地ト時効ノ為メ害ヲ受クル者ノ住所又ハ居所トノ間ノ距離ヲ区別セス十五个年ヲ以テ時効ヲ取得ス」）が規定する短期取得時効の要件と同じであり、本質的に何ら変わるところはないものとされる。そこで、第2に、この2個の要件を証明する方法が次のように説明される。

すなわち、財産編187条（「正権原ノ証拠アル占有ハ之ヲ善意ノ占有ナリト推定ス但反対ノ証拠アルトキハ此限ニ在ラス」）に従えば、占有取得者が正権原によって占有したことを証明できれば、その占有取得は善意のものと推定される。これに対し、正権原の占有については、その推定を定める一般規定は設けられていない。それでは、動産の取引の場合、占有取得者は、正権原、つまり、〈譲渡人が所有者でありさえすれば、所有権を移転しうる法律行為〉によって当該動産の占有を取得したことを直接に立証しなければならないのであろ

---

(78)　旧民法財産編181条1項「法定ノ占有カ占有ノ権利ヲ授付ス可キ性質アル権利行為ニ基クトキハ譲渡人ニ授付ノ分限ナキヲ以テ其効力ヲ生スル能ハサルトキト雖モ其占有ハ正権原ノ占有ナリ」2項「占有カ侵奪ニ因リテ成リタルトキハ其占有ハ無権原ノ占有ナリ」。
(79)　「即時時効」の理論のこと。
(80)　城訳・前掲注（68）証拠編第弐部116丁表以下〔雄松堂版406頁以下〕。
(81)　前注（78）参照。
(82)　旧民法財産編182条1項「正権原ノ占有ハ権原創設ノ当時ニ於テ占有者カ其権原ノ瑕疵ヲ知ラサリシトキハ之ヲ善意ノ占有トシ此ニ反スルトキハ悪意ノ占有トス」2項「法律ノ錯誤ハ善意ニ付テノ利益ヲ受クル為メニ之ヲ申立ツルコトヲ許サス但第百九十四条ノ規定ヲ妨ケス」3項「善意タルコトハ権原ノ瑕疵ヲ覚知シタルトキハ止ム」。

うか。しかし、動産の取引はその迅速性ゆえに証書を作成できない――ましてや、証人を立ち会わせることができない――のが通常と考えられる。そこで、この場合は、特別に、正権原の成立について法律上の推定を認めなければならず、これについては、証拠編144条2項に明示した、と。

(c) 考　察

このように、旧民法証拠編144条2項は、即時時効の要件である正権原かつ善意の占有取得の推定を規定するのであるが、上段の説明から明らかなように、この条文は、善意のみを推定する財産編187条の特別規定として定められたものであり、同条の例外として、正権原の推定をも容認する点にその意義が存すると言うことができよう。一方、善意の推定については、証拠編144条2項を待つまでもなく、既に一般規定たる財産編187条が認めているのであるが、このことからは、即時時効の主観的要件の推定も、その出自は、短期取得時効の主観的要件の推定と共通に、占有に関する様々な推定規定（旧民財産編186条~188条）の中にある、ということが理解されるのである。

---

(83)　旧民法財産編186条「占有者ハ常ニ自己ノ為メニ占有スルモノトノ推定ヲ受ク但占有ノ権原又ハ事情ニ因リテ容仮ノ証拠アルトキハ此限ニ在ラス」。

(84)　旧民法財産編188条1項「強暴ノ証拠ナキ占有ハ之ヲ平穏ノ占有ト推定ス」2項「占有ノ公然ハ之ヲ推定セス必ス之ヲ証拠スルコトヲ要ス」3項「前後二箇ノ時期ニ於テ証拠アリタル占有ハ其中間継続シタリトノ推定ヲ受ク但其占有ノ中断又ハ停止ノ証拠アルトキハ此限ニ在ラス」。

(85)　ちなみに、本文中、先の (a) にあげた旧民法証拠編144条の原案である民法証拠編再調査案1481条は、以下のような条文であった。第1項「正名義且善意ニテ有体動産物ノ占有ヲ取得スル者ハ即時ニ其所有者ト為ル」第2項「此場合ニ於テ反対カ証セラレサルトキハ占有者ハ正名義ニテ占有スルモノト推定セラル」。ところで、この再調査案の条文で注目すべきは、同条2項の推定規定では「正名義（正権原）の推定」のみが掲げられ、旧民法証拠編144条2項で含まれるに至った「善意の推定」が規定されていないという点である。そして、この点については、旧民法案を審議した法律取調委員会の第44回会議（1888〔明治21〕年12月25日開催）で質疑応答が行われ、第1項で正名義と善意にて動産を占有することが即時時効の要件とされているのに、第2項ではなぜ「善意の推定」が抜けているのか、という質問がなされた。これに対して、南部委員が行った回答は、次のようである。「之ハ斯フ云フ理屈カ御座リマス成程正名義ニテ且善意ト前ニ言ツテアリマスガ正名義ノモノニハ善意ノ占有者ト推定セラルルト前ニ言ツテアリマスカラ其レデ除イタノデアリマス」。すなわち、第1項には正名義かつ善意の占有を要すると定めているが、前のほうの条文で、既に、正名義の占有者は善意の占有者と推定されると言っているから、本項では、善意の推定について言及しなかったのである、と（以上について、法務大臣官房司法法制調査部監修『法律取調委員会民法証拠編再調査案議事筆記』〔日本近代立法資料叢書11（他の『議事筆記』と合本したもの）〕〔商事法務研究会、1988〕141頁参照）。このように、旧民法証拠編144条が制定されるまでの立法経緯を観察すれば、同条2項は一般規定たる旧民法

だが、もしそうだとするならば、現行民法192条の即時取得が旧民法証拠
編144条の即時時効を承継している以上、即時取得における主観的要件の推
定の根拠規定も、即時時効の主観的要件の推定を定める旧民法財産編187条
を引き継ぐ条文、すなわち、現行民法186条1項と捉えるほうが理に適って
いるように思われないわけでもない。そこで、この点については、次の**3**
において、さらに考察を深めていくことにしたい。

3　再び、現行民法186条について
(1)　旧民法財産編187条から現行民法186条への継受

上述したように、旧民法財産編187条の現行民法における承継条文は、既
に本第Ⅲ節**1**（**1**）で条文を掲げた186条1項と考えられる。これにつき、
念のため、法典調査会における穂積起草委員の186条案に対する説明を引用
すると、以下のようになる。

> 本条ハ占有ノ推定ニ関スルコトヲ定メタルモノデアリマシテ既成法典財産編第
> 百八十六条第百八十七条及ビ第百八十八条ノ規定ヲ一纏メニ致シマシテ之ニ聊
> カ修正ヲ加エテ居ルノデゴザイマス（後略）

このように、法典調査会においては、起草委員穂積により、現行民法186
条は、旧民法における占有の推定に関する条文、すなわち、財産編186条・
187条・188条の3ヵ条を——若干の修正を加えた上で——1ヵ条にまとめ
たものである、と明言されている。従って、同編187条が現行民法186条に
受け継がれていることは、論を俟たないところと言えよう。

　財産編187条の特別規定であったことが得心されよう。なお、川島＝川井編・前掲注（8）192
　頁〔好美清光〕も参照。
(86)　186条の民法起草者原案は、1894（明治27）年5月25日の第15回法典調査会で審議された
　が、同原案の条文は、以下のようであった。第1項「占有者ハ所有ノ意思ヲ以テ善意、平穏且公
　然ニ占有ヲ為スモノト推定ス但反対ノ証拠アルトキハ此限ニ在ラス」　第2項「前後二箇ノ時期
　ニ於テ占有ノ証拠アルトキハ其占有ハ継続シタルモノト推定ス但中断ノ証拠アルトキハ此限ニ在
　ラス」（法務大臣官房司法法制調査部監修・前掲注（39）634頁）。
(87)　186条案も穂積が担当と推定される点については、前注（41）にあげた文献参照。
(88)　法務大臣官房司法法制調査部監修・前掲注（39）634頁。
(89)　穂積発言の同様の部分を取り上げるものとして、遠山・前掲注（8）339頁。
(90)　ちなみに、『民法修正案理由書』では、次のような記載がなされている。「本条ハ占有権ニ関
　スル推定ノ規定ニシテ既成法典財産編第百八十六条乃至第百八十八条ヲ纏括シテ聊カ之ニ修正ヲ

(2) 学説の対応とその検討

そうすると、以上のところからは、短期取得時効や即時取得における占有取得者の善意等の主観的要件は、民法186条を根拠として法律上推定されるとするのが同条の沿革に忠実な解釈ではないかとも捉えられるのであるが、翻って学説に目を向けると、そこでは、いったいどのような議論がなされているのであろうか。

(a) 善意の推定について

(ア) 学　説

この点、まずは、善意の推定についての論述から見ていくと、例えば、前出の我妻は、次のように述べる。「第一八六条の規定によって、占有者は、善意・平穏かつ公然に占有するものと推定される。この規定は、本来は取得される占有の状態に関するものだから、取引の際の要件に関するものとしては、必ずしも適切ではない。しかし、この規定の趣旨からいって、即時取得の場合にも、平穏・公然・善意に取引がなされたと推定してよい」と。また、舟橋も、ほぼ同様に、以下のごとく論ずる。「一八六条の規定によって、占有者は、善意で占有するものと推定される。この規定は、取得者（たとえば時効取得者）自身の占有に関するものであって、即時取得におけるように信頼される前主の占有に関するものではないけれども、この規定の趣旨からいって、即時取得の場合にも準用してさしつかえない。したがって、取得者は、善意で取引行為をしたものと推定される」と。

　　加ヘタリ既成法典ハ正権原ノ場合ノミヲ規定スト雖モ占有ノ保護ハ其正権原タルト無権原タルトヲ区別セサルヲ以テ本案ハ之ヲ省ケリ又既成法典ハ公然ノ占有ニ付テハ法律ノ推定ヲ与ヘス而シテ其理由トスル所ハ公然ノ占有ヲ証明スルコトハ有的事実ニ属スルヲ以テ極メテ容易ナレハ之レカ為ニ特ニ推定ヲ下ス必要ナシトスルニ在リ然レトモ占有保護ノ必要上ヨリ一般ニ推定ヲ下ス以上ハ独リ公然ノ占有ヲ除外スル理由ナキヲ以テ本案ハ公然ノ占有ニモ法律ノ推定ヲ与フルコトト為セリ」（前掲注（45）民法修正案理由書166頁以下〔廣中編著・理由書226頁以下〕）。
(91)　我妻（有泉補訂）・前掲注（4）221頁。
(92)　同旨のものとして、例えば、内田・前掲注（7）473頁は、「取得時効の『善意・無過失』は、占有者が自らに占有権限があると思っているかどうかの問題であるのに対し、192条の『善意・無過失』は前主の権限の有無に関するものである」と述べる。このほか同旨のものとして、末川・前掲注（6）238頁、広中・前掲注（4）194頁、安永「民法一九二条～一九四条（動産の善意取得）」広中＝星野編『民法典の百年Ⅱ個別的観察（1）総則編・物権編』（有斐閣、1998）486頁、同・前掲注（6）講義112頁、七戸・前掲注（4）153頁等。
(93)　舟橋・前掲注（4）242頁。

要するに、これら学説によれば、民法186条は現に占有する者自身の占有の態様を推定するものであるから、短期取得時効の要件としての善意がこの条文により推定されるのは当然のことである。これに対し、即時取得における善意は、占有取得者が信頼した前主の占有に関するもの、換言すれば、取引の際の要件に関わるものであるから、本来は、186条に基づいて即時取得の要件としての善意を推定することは適切ではないかもしれない。だが、この規定が占有という「事実状態を一応正当視」するという趣旨を含むことから言えば、同条を即時取得に準用しても差し支えない、とされるのである。

（イ）検　討

（a）　しかしながら、上記学説の主張するように、短期取得時効の要件たる善意の対象と即時取得におけるそれとを異なるものと解することには、果たして妥当性は存在するのであろうか。というのは、民法162条2項の条文から明らかなように、短期取得時効における占有者の善意は、物を占有している期間を通じて必要とされるものではなく、あくまでも占有開始時の要件として要求されているのであり、我々は、この点にこそ注目すべきであると考えられるからである。

　ところで、仮に私見に従うことが許されるならば、現行民法162条2項に

---

(94)　我妻（有泉補訂）・前掲注（4）478頁。
(95)　これに対して、末川・前掲注（6）238頁は、「即時取得にあっては、動産の占有そのものを保護するのではなくて、動産の占有者を権利者だと信じて取引をした者を保護するのが主眼なのであるから、ここでは、占有者が占有物上に適法に権利を有しているという推定（一八八条）に重点を置いて、占有者と取引をした者が占有者を本当の権利者だと信じたことには無理がないという推定（すなわち取得者の善意・無過失の推定）もなされる」とし、また、山野目・前掲注（4）85頁は、「前主の占有について推定力（188条）が働くときは、占有移転時の後主の善意無過失も推定してよい」として、即時取得における占有取得者の無過失要件のみならず、善意要件も民法188条を根拠条文とする。これらと同旨──広中・前掲注（4）194頁以下、内田・前掲注（7）473頁。なお、安永・前掲注（92）百年486頁以下によれば、186条1項で推定されるのは、現在の占有状態に関する善意であり、「前主が無権利であることについての善意」が直接推定されるわけではないという解釈を前提に、「前主が無権利であることについての善意は」、「動産の占有は一般に所有権に基づいており、従って、取引に立つ者は、占有者を所有者と信じてもよいとの事情に基礎をおいている」ということを理由に、無過失と同様、186条1項の「所有の意思」の推定と188条の権利適法性の推定によって根拠づけられる、とされる（ちなみに、以上の安永説を要約したものとして、安永・前掲注（6）講義112頁）。
(96)　拙著『取得時効の研究』（信山社出版、1996）69頁以下〔初出：拙稿「取得時効と取引の安全──短期取得時効の存在理由と適用範囲──」松商短大論叢33号（1985）25頁以下〕、173頁以下〔初出：拙稿「取得時効と登記──取得時効の存在理由との関連で──」松商短大論叢35

よって規定される短期取得時効については、その沿革、および、192条が定める動産の即時取得との対比などからして、取引の相手方（その者は、①非所有者である場合と②真実所有者である場合の双方が含まれる）を所有者と過失なく信頼して有効に不動産を譲り受けた者の取引の安全を保護する――取引の相手方が真実不動産の所有者であった場合（②の場合）は、真の所有者からの譲受人の立証困難を救済する目的も含む――制度、とその趣旨を捉えることが可能であろう。

　そうすると、民法162条2項が定める占有開始時の善意とは、むしろ不動産を占有していた前主を取引時に真の所有者と信頼していたということを意味すると考えられるのであって、決して、前記学説が言うような、占有取得者自身の占有を対象とするものではないということになる。そして、現行民法の短期取得時効の前身は、正権原かつ善意の占有取得を要件とする旧民法証拠編140条1項の短期取得時効と理解されるが、同法財産編182条1項では、「正権原ノ占有」のうち、「権原創設ノ当時ニ於テ占有者カ其権原ノ瑕疵ヲ知ラサリシトキハ」これを「善意ノ占有」とする、と規定されている。すなわち、ここで「其権原ノ瑕疵ヲ知ラサリシトキ」とは、有効な取引行為によって不動産の占有を取得したが、前主が無権利者であることを知らなかった場合を意味すると考えられ、この規定からも、ここでいう善意が前主の占有を対象とするものであることをうかがい知ることができるのである。

　しかし、もしそうだとするならば、この場合の善意は、取引時における前主の占有への信頼という点で、動産の即時取得と共通のものと思量されよ

　　号（1986）27頁以下〕等。
(97)　2004（平成16）年の民法現代語化以前の162条2項は、「十年間所有ノ意思ヲ以テ平穏且公然ニ他人ノ不動産ヲ占有シタル者カ其占有ノ始善意ニシテ且過失ナカリシトキハ其不動産ノ所有権ヲ取得ス」と規定されており、短期取得時効の目的物は「不動産」とされていた。そうすると、短期取得時効の対象は不動産、即時取得の対象は動産というように、短期取得時効と即時取得とは、截然と対比することができたのである。ところが、同年の現代語化に伴う改正で、当時の通説（例えば、我妻『新訂民法総則』〔民法講義Ⅰ〕〔岩波書店、1965〕479頁）に従い、同時効の目的物は、現在のように、「物」とされるに至った（なお、民法162条2項の改正の意義については、例えば、池田真朗編『新しい民法 現代語化の経緯と解説』〔ジュリストブックス〕〔有斐閣、2005〕63頁〔沖野眞已〕参照）。
(98)　拙著・前掲注(96)113頁、176頁以下等。
(99)　条文は、本第Ⅲ節 **2** (2) (b) (イ) に掲記。
(100)　条文は、前注(82)に掲載。

う。換言すれば、民法 186 条 1 項が定める善意の推定は、もともと取引の相手方の占有に対する占有取得者の主観を推定するという役割を与えられたものであり、同項のこの機能からすれば、即時取得における善意の推定も、同項の本来の適用場面と解されるのである。[101]

（β）　なお、以上の私見に対立するものとして一つ存在するのが、安永正昭の次のような見解、すなわち、186 条 1 項で推定されるのは「現在の占有者は自分の占有（状態）について善意であるということであ」[102]り、この推定は「例えば一八九条から一九一条の本権者からの回復請求に対し主として意味を持つ」ものであるという論述[103]である。この見解は善意の推定が機能すべき場面についても言及しており、注目すべき言説であるが、それゆえ、上記の私見を展開していくためには、何らかの応接を示す必要があろう。

そこで、簡単ながら、安永が指摘する現行民法 189 条～191 条の沿革を以下探究するに、189 条は旧民法財産編 194 条[104]、190 条は同編 195 条[105]、191 条は同編 198 条[106]をそれぞれ修正した条文であるということが明らかになる[107]。そ

---

(101)　同旨のものとして、林・前掲注（11）判評 20 頁〔判時 94 頁〕は、「現行一八六条は旧民法財産編一八六条—一八八条を修正整理したものであるが、そこで推定される善意は占有取得の際における善意であり、元来は自己に権利を移転した前主が権利者たることについての善意であった」（傍点——引用者）と論じ、「一八六条は、……一六二条にも、一九二条にも援用可能な規定と解すべきものと」する。なお、「現行法の解釈としては、186 条の推定は占有状態のみならず占有取得のためにも及ぼして妨げないと解」（傍点——原文）するものとして、川島＝川井編・前掲注（8）192 頁〔好美〕。

(102)　なお、安永と同様、〈民法 186 条 1 項の「善意」の対象は現占有者自身の占有である〉と表明する各学説については、本第Ⅲ節 3 (2) (a) (ア) の本文、および、前注（92）にあげたところである。

(103)　安永・前掲注（92）百年 486 頁、同・前掲注（6）講義 112 頁。なお、前注（95）も参照。

(104)　第 1 項「正権原且善意ノ占有者ハ天然ノ果実及ヒ産出物ニ付テハ自身又ハ代人ヲ以テ土地ヨリ離シタル時ニ於テ之ヲ取得シ法定ノ果実ニ付テハ用益者ニ関シ規定シタル如ク日割ヲ以テ之ヲ取得ス」第 2 項「占有者カ正権原ヲ有セスシテ事実又ハ法律ノ錯誤ニ因リテ悪意ナキトキハ其消費シタル果実ニ付キ利益ヲ得サリシ証拠ヲ挙クルニ於テハ之ヲ返還スル責ニ任セス」第 3 項「占有者カ其占有セシ物又ハ権利ノ自己ニ属セサルコトヲ覚知シタルトキハ将来ニ向ヒテ果実返還ノ責ヲ生ス又訴訟ニ於テ確定ニ敗訴シタルトキハ其出訴ノ時ヨリ此責ヲ生ス」。

(105)　第 1 項「悪意ノ占有者ハ回復ノ請求ヲ受ケタル物又ハ権利ハ勿論現物ニテ仍ホ占有スル果実及ヒ産出物ヲ返還シ且其既ニ消費シ又ハ過失ニ因リテ損傷シ又ハ収取ヲ怠リタル果実及ヒ産出物ノ代価ヲ償還スル責ニ任ス」第 2 項「回復者ハ果実ノ通常ニ負担タル費用ヲ占有者ニ償還スルコトヲ要ス」第 3 項「強暴又ハ隠密ノ占有者ハ其権原ノ正当ナルコトヲ自ラ信セシトキト雖モ果実ニ関シテハ常ニ之ヲ悪意ノ占有者ト看做ス」。

(106)　「物カ毀損ヲ受ケ又ハ価格ヲ減シ其責ヲ占有者ニ帰ス可キトキハ悪意ノ占有者ニ在テハ如何ナル場合ニ於テモ所有者ニ賠償ヲ為シ善意ノ占有者ニ在テハ其毀損又ハ減価ニ因リ己レヲ利シタ

して、例えば、同編194条1項の条文を見ると、「正権原且善意ノ占有者ハ天然ノ果実及ヒ産出物ニ付テハ自身又ハ代人ヲ以テ土地ヨリ離シタル時ニ於テ之ヲ取得シ……」と定められているのであり、この規定からは、ここで問題となる占有が正権原に基づく善意の占有であるということが了解される。しかし、そうだとするならば、果実の取得等で問題となる占有者の善意も、基本的には、前述と同様、有効な取引行為によって不動産の占有を取得したが、前主が無権利者であることを知らなかった場合を意味するのではないかと推量されることになる。よって、この見地に立つならば、上記のような安永の見解は否定されて然るべきものと思量される。

(b) 無過失の推定について

では、上述のように、民法186条1項が占有取得者の前主の占有に対する善意を推定する規定であるとするならば、同じく占有取得者の主観に属する無過失も、この規定によって推定されるとは解しえないであろうか。

(ア) 学説

この点、前述のように、我妻説では、186条の文言どおり、無過失の推定は否定され、時効取得を主張する場合には無過失の挙証が必要とされるが、即時取得については、188条による推定が認められるとされる。

他方、舟橋説では、善意を推定するというのは完全な善意の推定でなければならず、この意味からすれば、186条が即時取得における善意を推定している以上、同条によって無過失が推定されるのは必然であると論じられる。ただ、(a) の (ア) で紹介したように、同説においては、186条が推定する

ル場合ニ於テ其利シタル限度ニ応シ賠償ヲ為スコトヲ要ス」。
(107) 法務大臣官房司法制調査部監修・前掲注 (39) 643頁以下、前掲注 (45) 民法修正案理由書169頁以下〔廣中編著・理由書229頁以下〕。
(108) 前注 (104) 参照。
(109) 同旨のものとして、例えば、山野目・前掲注 (4) 135頁があり、前注 (25) であげたように、山野目は、「短期取得時効を主張しようとする者は」、原則として、「無過失の評価根拠事実を主張立証しなければならない」とするが、その根拠とされるのが、短期取得時効については、一般に、「占有の承継がなく、したがって前の占有者の占有の適法推定への信頼という契機が存在しないからである」という言説である。しかし、もし本稿本文で述べたように、短期取得時効は取引行為によって不動産の占有を取得した場合の規定であり、占有の始めにおける善意・無過失は、前主の占有に関するものであると考えるならば、山野目の見解に賛同することは困難となろう。

占有の態様は元来、現在の占有者自身に関するものであり、前主の占有に関するものでないということを理由に、即時取得の場合は、同条が準用されることになる、とされる。だが、上の (a)(イ) で開陳したように、186条1項の効用が取引の相手方である前主の占有に対する占有取得者の主観を推定するという点にあると仮定するならば、即時取得の場合も、同項の本来的適用の場面と解することが可能になるものと思われる。

(イ) 沿革からの考察

(α) ところで、既述のように、現行民法192条の即時取得は、旧民法証拠編144条の即時時効を承継したものと捉えられるのであるが、即時時効が「正権原且善意ニテ」動産の占有を取得することを要件としていたのに対し、即時取得においては、正権原の要件を削除するとともに、占有取得者の主観的要件については、単なる善意ではなく、新たに、善意でかつ無過失であることが必要とされるに至った。そして、このことは、現行民法162条2項が定める短期取得時効においても同様であった。

一方、先述のように、旧民法の即時時効については、同法証拠編144条2項で、正権原と善意が推定されていたが、同項は一般規定たる財産編187条の特別規定であり、占有取得者の善意という主観的要件を推定する淵源は、短期取得時効の場合も含め、財産編187条にあったと言って間違いはないであろう。

(β) ところが、まず、旧民法証拠編144条2項で規定されていた即時時効における推定規定は、現行民法192条の即時取得には全く規定されておらず、法典調査会においても、『民法修正案理由書』でも、その削除について、何らの説明もなされていない。[110]

一方、占有の態様の推定に関する現行民法186条1項への修正について、法典調査会における穂積委員の説明、および、『民法修正案理由書』の記述

---

[110] 法務大臣官房司法法制調査部監修・前掲注(39)656頁以下、前掲注(45)民法修正案理由書171頁以下〔廣中編著・理由書231頁以下〕参照。なお、本文で述べた点について、安永・前掲注(92)百年485頁では、民法192条「が由来する旧民法の証拠編一四四条では、即時取得の要件であった『正権原』『善意』を、第二項で推定していた。本条の成立時には、その点の顧慮はなく、右に代わる善意・無過失についての推定規定が置かれないままとなっている」という指摘がなされている。

においては、①旧民法では、正権原の場合のみに推定の保護を与えているようであるが、現行民法案では、占有保護に関し、正権原と無権原で区別するということを廃し、「正権原ノ場合ハ之ヲ保護シ正権原デナイ場合ハ之ヲ保護シナイト云フコトハナイカラ」、正権原の推定は省いたということ、②旧民法では、占有の公然性は推定されないこととなっていた（旧民財産編188条2項）が、現行民法案では、「迅速ニ占有ヲ保護スルト云フ必要」から言って、これだけを除外する理由はないとして推定の対象に組み入れたことはあげられている[111]。ところが、占有者の主観的要件の推定については、現行民法186条1項は、旧民法財産編187条が定める善意の推定をそのまま引き継ぐだけであり、これに関する言及は、どこにも見いだすことができない[113]。

（γ）　しかし、旧民法の即時時効が正権原かつ善意にて動産の占有を取得することを要件とし、主観的要件たる善意の推定を、特別規定としての同法証拠編144条2項、または、一般規定としての財産編187条に委ねていたところ[114]、現行民法の即時取得は、その主観的要件を、善意でかつ無過失の占有取得に改め[115]、また、即時時効における推定のための特別規定を削除したのであるから、本来、現行民法においては、186条1項で、善意のみならず、過失なきことをも推定する定めを設ける必要があった。にもかかわらず、現行民法制定の際、それはなされなかったのであるが、これは、明らかに、起草時ないしは立法時における過誤であり、このことによって、一種の法の欠缺が生じてしまったと断言することができよう[116]。ちなみに、現行民法起草者の

---

(111)　条文については、前注（84）参照。

(112)　法務大臣官房司法法制調査部監修・前掲注（39）634頁、前掲注（45）民法修正案理由書167頁〔廣中編著・理由書227頁〕。なお、本稿と同様の叙述として、遠山・前掲注（8）339頁。

(113)　法務大臣官房司法法制調査部監修・前掲注（39）634頁以下、前掲注（45）民法修正案理由書166頁以下〔廣中編著・理由書226頁以下〕参照。なお、本文で述べたことと同様の指摘をするものとして、遠山・前掲注（8）339頁は、「民法草案186条の審議においても、無過失の推定の問題については、まったく議論されていない」と述べている。

(114)　これに対し、短期取得時効については、即時時効の場合のように、推定のための特別規定はないため、その主観的要件たる善意を推定する根拠条文には、単純に、旧民法財産編187条が該当することになる。

(115)　短期取得時効でも同様である。

(116)　なお、遠山・前掲注（8）342頁は、次のように論述する。すなわち、「民法192条における占有者の無過失は」、「現行民法の起草段階で新たに付け加えられたものである」から、「本来、民法186条1項または民法188条の起草段階で、無過失の立証責任についてどうするかを顧慮す

一人である富井政章は、その著書『民法原論』において、この点について、次のような論述を行っている。

> （前略）
> ……若夫レ一般ノ原則ニ依ルヘキモノトセハ占有カ自主占有ナルコト又強暴、隠秘若クハ不継続ノ瑕疵ナキコトハ之ヲ主張スル占有者ニ於テ其事実ヲ証明セサルヘカラス占有カ善意且無過失ナルコト亦同シ然ルニ此等ノ事実ハ之ヲ立証スルコトノ困難ナル場合少ナシトセス従テ占有者ハ其証明ヲ為スコト能ハサル為メ遂ニ占有ノ利益ヲ失フニ至ルコト屢之アルヘシ此ニ於テ法律ハ普通ノ状態ヲ根拠トシテ占有者ノ為メニ若干ノ推定ヲ設ケ以テ占有保護ノ本旨ヲ貫徹センコトヲ期セリ……（傍点──原文）
> （中略）
> ……但占有者ノ無過失ナル一事ハ之ヲ推定スル明文ナキカ故ニ占有者ニ於テ其事実ヲ立証セサルヘカラサルモノト為ス説多シ（……）此解釈ハ全ク法文ノ不備ヨリ起レルモノニシテ一理ナキニハ非スト雖モ一旦善意ヲ推定スヘキモノトスル以上ハ無過失ニ付キ決定ヲ異ニスヘキ理由アルコトヲ見ス惟フニ善意ハ無過失ヲ包含スルモノ為スコト古来ノ観念ナルヨリシテ立法者ハ此点ニ付キ注意ヲ欠キタルモノ謂フヘシ故ニ余輩ハ無過失ニ付キ明文ナキニモ拘ラス善意ト同一様ニ之ヲ推定スルコトニ解釈セント欲スルナリ（傍点──引用者）

以上のように、起草者の一人たる富井自身、立法者の不注意による法の不備を指摘し、善意は過失をも包含するものであるから、たとえ明文がなくても、善意を推定する以上は無過失も同様に推定すべきであるという解釈を提唱している。では、我々は、どのような解釈態度を採るべきかと思量する

べきであったが」、「両規定とも、旧民法財産編の規定を維持しただけであり、占有者の無過失については、顧慮されることはなかった」と。ちなみに、平野・前掲注（4）192頁においては、「旧民法では善意と正権原が問題となっていたので善意の推定で十分であったが、正権原が削除され無過失が追加されたために、無過失の推定につき欠缺が生じてしまったのである」と説かれている。

(117) 前注（40）参照。
(118) この傍点部分を引用し、立法時の過誤を指摘するものとして、川島＝川井編・前掲注（8）190頁〔好美〕がある。なお、山内敏彦「所有権取得時効の『無過失』は推定されるか」判タ206号（1967）57頁参照。
(119) 富井政章『民法原論第二巻物権』（有斐閣、第2巻下冊11版、合冊版、1923）〔民法原論第二巻物権大正12年合冊版完全復刻版（有斐閣、1985）として復刻〕643頁以下。なお、林・前掲注（11）判評20頁以下〔判時94頁以下〕参照。
(120) この点、前掲の舟橋説につながる面も見ることができる。

に、上に述べた明白なる法の欠缺を埋めるためには、民法186条1項は、その存在意義からして、善意のみならず、無過失をも推定する規定である、あるいは、仮に前掲の舟橋説にならおうとするならば、同項は、完全なる善意、換言すれば、過失なき善意を推定した条文であると解するのが、今日、採るべき解釈としては最善のものである、と言うことができよう。そうすると、即時取得──及び短期取得時効──における善意・無過失の占有取得という要件は、この186条1項に基づいて法律上の推定がなされることになるのである。[121]

Ⅳ 本稿の結論と今後の課題──結びにかえて──

　最初に述べたように、今日の判例・通説の解釈によれば、即時取得における占有取得者の無過失は、民法188条を根拠規定として推定されることになる。これに対し、本稿では、同条は、〈占有者には所有者等本権者である蓋然性が具備されている〉ということを基盤に、所有権などの本権の推定を占有者に与え、そのことによって占有者自身を保護する規定であって、決して、占有者の外観を信頼した者の無過失を推定するための条文ではない。むしろ、即時取得における占有取得者の無過失の推定は、明文はないが、善意の推定と同様、186条1項によってなされることになる、ということを沿革等に基づいて説明してきた。

　ところで、ここで論じたテーマに関しては、本稿の執筆中、筆者とほぼ同一方向の解釈を目指すと思量される遠山純弘教授の秀作「民法188条による無過失推定──占有と信頼の保護に関する一考察」[122]に邂逅し、筆者としては、本稿が屋上屋を架すことになるのではないかという懸念から、一時、執筆継続に躊躇することもあった。しかしながら、筆者の本研究における究極の目的は、民法188条が本来有する趣旨の考究であり、本稿は、そのための前提として必要欠くべからざる考察を行うものと位置づけられる。このよう

---

(121)　ちなみに、好美清光は、取得時効については留保しつつ、「少なくとも即時取得のためには、……立法技術上の不注意によるミスであったことをも考慮して、186条の善意の中に無過失をも読み込みたい」という解釈を提唱する（川島＝川井編・前掲注 (8) 192頁〔好美〕）。
(122)　遠山・前掲注 (8) 333頁以下。

な観点から、筆者は本稿をまとめ上げることにし、脱稿するに至った。従って、続稿において筆者に託された課題は、188条のあるべき姿の解明であり、今後は、これに向けた研究を進めていくことにしたい。

民法 185 条前段「所有の意思の表示」の判断基準についての一考察

田 中 淳 子

I　問題の所在――民法 185 条前段の「所有の意思の表示」はどのように理解すべきか――
II　最高裁第一小法廷平成 28 年 9 月 1 日決定を素材に
III　民法 185 条前段の「所有の意思の表示」はどのように理解すべきか
IV　結論

I　問題の所在――民法 185 条前段の「所有の意思の表示」はどのように理解すべきか――

　民法 185 条は、「権原の性質上占有者に所有の意思がないものとされる場合には、その占有者が、自己に占有をさせた者に対して所有の意思があることを表示し、又は新たな権原により更に所有の意思をもって占有を始めるのでなければ、占有の性質は、変わらない」と規定する。他人の所有物を借り受け、占有者が一方的に内心で「所有の意思」を抱いて占有を継続したとしても直ちに他主占有から自主占有に転換するわけではなく、同条前段は、所有者に対し「所有の意思」を有することを「表示」しなければならない。条文上、「所有の意思を表示する」と規定されているだけで「所有の意思」の定義や、またどのように「表示」すべきかが明らかでないためこれまで 185 条の条文の理解をめぐり学説において議論が錯綜している。[1]

（1）「所有の意思」をめぐる問題について、藤原弘道『取得時効法の諸問題』（特に、第 3 章「さまよえる『所有ノ意思』――自主占有における権原と善意について」）（有信堂、1999 年）74 頁以

同条後段における「新権原」による転換の場面でも、何が新権原に該当するかも問題であるが、新権原が明らかな場合であっても、当該権原のみから画一的に所有の意思を判断できるものではなく、占有をめぐる種々の実態を考慮し、「所有の意思の表示」の有無によって判断しているという評価もある。このような判断枠組みは、「占有に関する外形的・客観的事情」（所有者であれば当然とるべき態度をとったか否・所有者を排他する意図をもって占有支配をした）等、占有に対する外形的に認められる占有の全態様（積極的・消極的態様）によって判断するとの立場が示されている。あくまで、所有の意思を「客観

下、田中整爾『自主占有・他主占有』（法律文化社、1990年）117頁以下、辻伸行①『所有の意思と取得時効』（有斐閣、2003年）、同②「所有の意思の判断基準について（1）——不動産所有権の取得時効を中心にして—」独協法学29巻（1989年）113頁、下村正明「占有の性質判定に関する一考察（1・2完）」民商①116号6号838頁、②117巻1号1頁以下（1997年）、草野元巳「取得時効における『所有ノ意思』とボアソナード占有理論」遠藤浩先生傘寿記念『現代民法学の理論と課題（第一法規出版、2002年）121頁以下、德本伸一「自主占有における『所有の意思』について—通説的見解への疑問——」みんけん49号（1998年）20頁　同「取得時効における所有の意思」と旧民法の占有規定——容仮占有との関連を中心に——」法と政治62巻1号1（2011年）101頁以下。なお、近時、民法185条が、短期・長期の各時効取得制度（民法162条）の要件であり、その際、「所有権」の移転を生じさせる「権原」により始まった占有を要件にしている点から、民法185条も「自己が所有者であることを表示」（積極的態様）し、それに対し真の所有者が異議を述べないとき（消極的態様）、または占有者が、新たに「所有者としての権原」により占有を始めたときに限り所有者の権原に基づく占有に変更されるとし、「所有の意思」を本条の沿革・運用を考慮した法改正が必要だとするのが草野元巳「取得時効の占有規定との関係をどう考えるのか」椿寿夫他編『民法改正を考える』法時増刊（2008年9月）96頁-98頁。
(2)　権原の性質のほか、占有実態等を考慮し総合的判断により結論づけている裁判例として、①売買を権原としているが、一部売買契約の対象でないとして引き渡さず継続した売主の占有状況から売主・占有者の占有は他主占有としたのが広島高判昭和23年7月21日高民集1巻2号142頁、②売買による売主による買主への引き渡しまでの占有について売買契約上の善良なる注意義務に基づいた保管義務による占有（他主占有）としたのが、鹿児島地裁鹿屋支判昭和48年12月3日訟月20巻5号15頁、同種の事案として名古屋高判昭和49年2月28日判時742号65頁等。
(3)　辻・前出注（1）①6頁。辻①論文の指摘のなかで、特に、本件とのかかわりにおいて、共同相続人の一人が遺産に属する不動産を単独で占有している場合、この相続人の占有は単独自主占有といるか、という問題提起がある（7頁）。この点については藤原・前出注（1）33頁に同種の指摘あり。これらによれば、判例（共同相続事件として、最2小判昭和47年9月8日民集26巻7号1348頁）は、占有者（単独占有する相続人）の具体的な占有に関する種々の事情を総合的に判断し「所有の意思」を判断しているとする。
(4)　最1小判昭和58年3月24日民集37巻2号131頁、最1小判昭和44年5月22日民集23巻6号99頁、最1小判昭和45年6月18日集民99号375頁、最1小判昭和45年10月29日判時612号52頁、最3小判昭和54年7月31日民集127号317頁、最1小判昭和58年3月24日民集37巻2号131頁、その後、同趣旨の判決として最3小判平成6年9月13日民集173号53頁、最2小判平成7年12月15日民集49巻10号3088頁等。本件もこの2つの判決を引用して結論づけている。なお、昭和58年以前にも、福島地平支部判昭和31年3月30日下民集7巻3号

化」し、占有に関するあらゆる事情（消極的・積極的態様）を考慮するため、外形的・客観的に明らかになっている占有に関するいろいろな事情を通じ「所有の意思の表示」の解釈を行うため、実際には権原の範囲をより「広範に」解釈することになり、その結果、自主占有への転換が認められ易くなる。そして、占有の推定（168条）を受けることで占有者側の時効取得の立証負担が著しく軽減されることになり時効取得の成立も容易となろう。このような判例の判断枠組みは、時効取得制度を永続した事実状態を権利状態にまで高めるという占有秩序の維持のための制度と理解するならば民法185条とは整合的な運用であると評価できる。しかし、時効制度は「真の権利者を保護するための制度」であり、「証拠をなくした所有者をして所有権の証明を容易なら占める趣旨のもの」と考える立場や民法185条が「所有の意思の表示」を求めているのは占有者の意思を知らずに時効中断の機会のないまま自主占有に転換し、所有者に取得時効の成立による不利益を受けることがないようにするための制度であると考える立場に立てば、民法185条の「所有の意思の表示」は、外形的・客観的基準はもとより、一層、真の所有者の保護の観点に配慮した解釈がなければならないことになる。また、近時、共同相続人の一部の者による時効取得を原因とする登記手続きの簡略化を含め、登記制度や土地所有権の在り方等について議論がある（詳しくは本稿Ⅳ「結論」）。手続きの簡略化には権利を失う者のための手続きが保障されなければならない。

　本稿では、建物・土地の所有者を自分の父であると誤想した占有者（相続人）による占有を所有者側が黙認していたところ占有者が所有者の同意なく

　　792頁、宇都宮地判昭和45年4月9日判時594号35頁、最2小判昭和41年10月7日民集20巻8号1615頁、宮崎地判昭和47年1月24日判時658号5頁等も種々の考慮要素をもとに総合的判断を行っている。
（5）　辻・前出注（1）②123頁。
（6）　判例は、新たな自主占有の成立の客観的徴憑として考える（札幌地判昭和40年9月24日訴月12巻2号267頁）。
（7）　藤原・前出注（1）96頁。
（8）　辻・前出注（1）①41頁。
（9）　起草者には取得時効制度の存在理由と関連付けて所有の意思を捉えるという発想はなかったとの指摘もある（辻・前出注（1）②151頁）が、解釈論として関連づけることまでは否定していない（辻・前出注（1）②151頁引用注（1））。

建物を取り壊して再築したことは「黙示の使用貸借の使用方法の変更」であり「所有の意思」の表示がなされていないとした一審判断を変更した最高裁平成29年9月1日決定(以下、「本決定」とする。)を素材に、民法185条前段の「所有の意思の表示」の判断基準の考え方について検討することにしたい。

II 最高裁第一小法廷平成28年9月1日決定を素材に

1 事案の概要

本件は、亡Eとその妻子らの住居としてEの四男である亡Fの名義で昭和26年に購入された土地(以下「本件土地」という。)及びその上に存した建物(以下「旧建物」という。)の所有権の帰属をめぐる争いである。まず[本訴]として、Fの子である上告人兼申立人A(本訴原告兼反訴被告・被控訴人)が、本件土地はFが取得し、Aがその所有権を相続により承継したと主張して、Eの三男(昭和26年当時長男及び二男が既に死亡していたため実質的には長兄)である亡Gの子で出生以来旧建物及びその建替え後の建物(以下「本件建物」という。)に居住する被上告人兼相手方B(本訴被告兼反訴原告・控訴人)に対し、本件建物の収去、本件土地明渡しを、及びBの内縁の夫で本件建物に同居する被上告人兼相手方C(本訴被告、控訴人)に対しては本件建物退去、本件土地の明渡しをそれぞれ求めた。これに対し、[反訴]として、BがAに対し、所有権に基づく登記手続請求として《1》主位的に、本件土地はEが取得したものであり、黙示の遺産分割協議によりGがその所有権を取得し、Bが相続によりこれを承継したと主張して、本件土地につき真正な登記名義の回復を原因とする所有権移転登記手続を求め、《2》予備的請求①として、Gが旧建物を取り壊し本件土地上に本件建物を建築することにより本件土地につき所有の意思があることの表示(民法185条前段)をした昭和44年12月31

---

(10) 最高裁第一小法廷平成28年9月1日決定(平成28年(オ)第1079号、平成28年(受)第1386号(建物収去土地明渡本訴請求事件、土地所有権移転登記反訴請求事件[LEX/DB:25545714])。第一審:東京地裁平成27年8月31日判決(平成25年(ワ)第32351号、平成26年(ワ)第28209号)[LEX/DB:25545712]、第二審:東京高裁平成28年4月26日判決(平成27年(ネ)第4817号)[LEX/DB:25545713]。

日からの20年間にわたるG及びその承継人であるBの占有によりBにおいて本件土地の所有権を時効取得した（無断で家を取り壊し同じ場所に自分の家を建て直し公然と住み続けることは底地たる土地を自己の所有であると示すことの最たるもの）と主張して、本件土地につき同日の時効取得を原因とする所有権移転登記手続を求め、《3》更に予備的請求②として、昭和45年12月8日のGの死亡に伴いBが「相続」という新たな権原により所有の意思をもって本件土地の占有を始め（民法185条後段）、同日からの20年間にわたる占有により、Bにおいて本件土地の所有権を時効取得したと主張して、本件土地につき同日の時効取得を原因とする所有権移転登記手続を求めた反訴の事案である。ちなみに反訴予備的請求①に対し、AはGを不法占拠者と同列とするのは失当で、建物の老朽化による建替えであり所有の意思の表示にはあたらない、また占有状態は外形的・客観的にも変更はなく、F名義であることを知りながら名義変更等を求めなかったことやGの死亡前に協議を申し入れたが拒絶されたこと等を主張している。

　一審は、売買契約により本件土地及び旧建物の所有権を取得した者はFであり、G及びBによる本件土地の占有は黙示の使用貸借を権原とする所有の意思のない占有であり、Gによる所有の意思があることの表示も、Bによる新たな権原による所有の意思をもってする占有も認められないとして、B・Cへの本訴請求をいずれも認容し、Bの反訴請求をいずれも棄却した。

　そこで、B・Cがこれを不服として控訴したところ、本件売買契約により本件土地及び旧建物の所有権を取得した者はFであり、Gによる本件土地の占有は黙示の使用貸借を権原とする所有の意思のないものとして始められたものと認めるが、Gは旧建物を取り壊し本件土地上に本件建物を建築することにより遅くとも昭和44年12月31日にはFに対して本件土地につき所有の意思があることの表示をしたものと認められ、同日からの20年間にわたるG及びその承継人であるBの占有により、Bにおいて本件土地の所有権を時効取得したものと認められるとして時効取得を原因とする所有権移転手続きを認めるとし、これを否定した原判決を変更し、Aの本訴請求はいずれも理由がないので棄却し、Bの反訴請求は主位的反訴請求を棄却して予備的反訴請求を認容すべきものとして控訴人の反訴請求を一部認容判断した

【関係図】

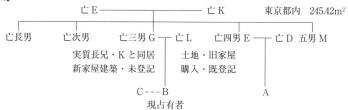

【時系列】

	本件土地建物	本件建物【旧建物】
昭和 26 年 11 月 28 日	H 所有	
昭和 26 年 11 月 28 日	H → F 名義　売買契約（72 万円）	
昭和 26 年 12 月 12 日	F に登記済証交付	
昭和 26 年 12 月 18 日	F に所有権移転登記	
昭和 27 年	EKGLFM　6 名居住	
昭和 27 年	E 死亡　5 名居住	
昭和 29 年	B 出生　6 名居住	
昭和 29 年	F 転出（都内の別の場所に居宅）	
昭和 40 年	M 転出（都内の別の場所に居宅）、K と G 家族のみ居住　G が K 介護	
昭和 44 年（1969 年）	G 旧家屋建て替え「新家屋」建築（未登記）、引き続き G 家と K 居住。F 承諾なし（1 月～11 月出張中、事情を知ったがそれに異議を述べていない）	
昭和 45 年（1970 年）12 月 8 日	G 死亡　L（1/3）及び被告 B（2/3）が G を相続	
昭和 47 年 9 月 29 日	K 死亡	
昭和 48 年	被告 C 居住始める	
平成 19 年 7 月 18 日	L 死亡　被告 B が L を相続　「本件建物」被告ら BC のみ居住	
平成 23 年（2011 年）10 月 15 日	F 死亡　D 及び原告 A 相続　相続税 2000 万円 A 負担 F の生前に本件土地について権利関係の確認はしていない。契約書も新建物内にて保管 A は B と協議を重ねたが決裂	
平成 24 年 8 月 28 日	「平成 23 年 10 月 15 日」F 死亡による相続を原因に「本件土地」について D・A 各 1/2 の所有権移転登記	
平成 25 年 12 月 3 日	A は BC に建物収去、土地明渡（理由：昭和 29 年土地と旧建物に使用貸借契約あり、59 年経過、建物築造から 44 年経過、同契約解除）	
平成 26 年 4 月 10 日 平成 26 年 6 月 3 日	第二回口頭弁論期日において B 時効援用の意思表示 D 死亡により D の持分 A 相続	

ため、被控訴人 A（本訴原告兼反訴被告）、反訴被告より上告。

2 裁判所の判断

最高裁は上告棄却（不受理）の決定をしたため、本稿では、原審（東京高裁平成 28 年 4 月 26 日判決）の判断を参考にする。

原審である東京地裁平成 28 年 4 月 26 日判決によれば、「本件土地及び旧建物の所有権については、G と F との間において、これを F から G に譲る等の話合いがあった可能性を否定することができないが、この点は当事者からの主張がないので、G による本件土地及び旧建物の占有は、F との間の黙示の使用貸借を権原とする所有の意思のないものとして始められたものと認めるのが相当である。」とし、そこで、「G において、民法 185 条前段にいう所有の意思があることの表示があったか否かを検討すると、占有における所有の意思は、占有者の内心の意思によってではなく、占有取得の原因である権原又は占有に関する事情により外形的客観的に定められるべきものであるところ（最高裁昭和 57 年（オ）第 548 号同 58 年 3 月 24 日第一小法廷判決・民集 37 巻 2 号 131 頁参照）、G が F に断ることなく昭和 44 年頃に行った旧建物の取壊行為と本件土地上での本件建物の建築行為は、外形的客観的にみれば、本件土地及び旧建物の所有者としての行為にほかならず、このことに、使用貸主である F においても、G による上記各行為並びにその後の G 及び控訴人 B らによる本件土地の占有の継続を前記のとおりのおよそ所有者らしからぬ態度で黙認していたという事情を併せ考慮すれば（最高裁平成 5 年（オ）第 118 号同 6 年 9 月 13 日第三小法廷判決・裁判集民事 173 号 53 頁参照）、G は、遅くとも本件建物が完成した後である（弁論の全趣旨）昭和 44 年 12 月 31 日には、F に対して、本件土地につき所有の意思があることの表示をしたものと認めるのが相当である。」とした（下線引用者）。

「なお、前記前提事実によれば、G 及び同人の占有を承継した控訴人 B において、〔1〕F に対し本件土地の所有権移転登記を求めなかったこと、〔2〕本件建物の保存登記をしなかったこと、〔3〕F 名義で課されていた本件土地の固定資産税を納付していたことが認められ、また、控訴人 B において、〔4〕G 及び L の各相続の際に本件土地の相続税を納付しなかったことが認められる。しかしながら、これらの諸事情をもってしても、G において上記

のとおりの所有の意思があることの表示があったとの認定を妨げる事情として十分であるとはいえない。すなわち、〔1〕自己の占有する他人名義の不動産につきその名義人に対して所有権移転登記を求めないことが、外形的客観的にみて当該占有者の所有の意思と明らかに矛盾するとはいえず、本件に即していえば、F名義であることを奇貨として相続税、贈与税等の課税を逃れるために所有権移転登記をしなかった可能性があり、〔2〕所有建物の保存登記の有無についても、そのことが外形的客観的にみてその敷地についての所有の意思の有無を左右するものとは解されない。また、〔3〕Gらが納付していた本件土地の固定資産税がF名義で課されていたのは、本件土地の所有名義人がFであったことの帰結にすぎず（地方税法343条1項、2項）、〔4〕控訴人Bが本件土地の相続税を納付しなかったのも、上記〔1〕のような考慮の結果である可能性がある。

　そうすると、上記所有の意思があることの表示があったと認められる昭和44年12月31日からの20年間にわたるG及びその承継人である控訴人Bの占有により、控訴人Bにおいて本件土地につき民法162条1項の取得時効が完成したものと認められる。そして、控訴人BがFの承継人である被控訴人に対し平成26年4月10日の原審第2回口頭弁論期日において上記取得時効を援用する旨の意思表示をしたことは当裁判所に顕著であるから、これにより、控訴人Bは本件土地の所有権を取得したものと認められる」とした。

　なお、原審は、被控訴人の主張に鑑みて付言として、「仮にFが親族としての情誼から、Gらによる本件土地の使用を容認していたのだとしても、前記のとおりのおよそ所有者らしからぬ態度を長年にわたりとり続けられたのでは、控訴人BらにおいてFがもはや本件土地の所有権を主張しないとの信頼を抱くに至るのも無理からぬところであり、このような永続した事実状態に裏打ちされた信頼は法の保護に値するものというべきであって、その反面においてFがいわば権利の上に眠れる者として本件土地の所有権を失うことになるとしてもやむを得ないものといわざるを得ない。なお、被控訴人がF及びDの相続に伴い納付した本件土地に係る相続税は、別途解決されるべき問題である」とした。

〔裁判所の判断の整理〕

	一審	原審・最高裁
土地・建物の所有者	F・費用は別荘地、父の書籍売却代 Fが売買契約の買主、仮装ではない E→Fへの売買代金の贈与、あるいは土地・旧建物の贈与	形式的にはF、実質的にはE
占有の根拠	Fは疎開先から戻るために本件土地旧建物購入、親族に無償で利用させる意思あり、どのように使うかは家族にゆだねていたと推認	<u>黙示の使用貸借</u>（実母の面倒のため）あるいは、<u>譲渡（贈与）の合意の可能性</u>（当事者は主張していないが裁判所が指摘）
占有に関する全態様	○ **185条前段関連** 土地旧建物の使用方法は当時利用していたG家族（Bを含む）に委ねていた。建物の建替えも使用方法の一類型として老朽化による建替えであるため、所有の意思の表明とはいえない ○ **185条後段関連** Bが相続により新権原を取得したか、という点について、BがGを相続したのが15歳11か月の少年、観念的に法定相続分を取得してもこれまでの<u>一連の法的状態を脱していない（使用貸借のまま）</u> ○本件のような場合に相続人に独自の所有の意思を認めるならば、使用貸借（599条で契約終了の場面）において、借主の死亡によっても使用借権が消滅せず、借主の相続人を使用借人として使用貸借が存続する場合に、外形的客観的な占有態様の変化がないにもかかわらず時効取得が認められることになってしまい、むしろ、真の所有者の利益を害することになり相当でない	○**所有者F（A）の事情** 40年以上占有黙認、契約書等関係書類建物内に放置、権利関係明確にし、契約等締結できるのにしなかった、固定資産税は占有者に負担させていた、Fの態度は所有者であれば通常とらない態度をとっていること ○**占有者G（B）の事情**（土地所有権名義の移転を求めていないこと、建物の保存登記をしていないこと、固定資産税をF名義で納付していたこと、土地の相続税を納付していないことは結論に影響を与えない
引用判決	最3小判昭和46年11月30日民集25巻8号1437頁、最3小判平成8年11月12日民集50巻10号2591頁	最1小判昭和58年3月24日民集37巻2号131頁、最3小判平成6年9月13日集民173号53頁

III　民法 185 条前段の「所有の意思の表示」は どのように理解すべきか

1　整理の視点

　他主占有権原による占有状況を占有者側で変更した場合に、民法 185 条の「所有の意思の表示」があったとして自主占有へ転換するのか。この点について、民法 185 条が、権原の性質上占有者に「所有の意思がないもの」とされる場合には、その占有者が、自己に占有をさせた者に対して「所有の意思があることを表示」するか、又は「新権原」により更に所有の意思をもって占有を始めるのでなければ、占有の性質は、他主占有から自主占有に変わらないと規定する。しかし、いかなる事実・行為があれば「所有の意思の表示」があったと評価されるか、「新権原」とはどのようなものか、という点についても明文規定を欠いているため問題となる。この点について、判例は、外形的・客観的判断のため占有に関するあらゆる事情（消極的・積極的態様）によって「所有の意思の表示」を判断するする立場に立つ。また、185 条と 162 条が関連する判例では、占有者が『自己を所有者であると<u>信じて占有してきたことが示された</u>場合には、その占有に『所有の意思』を肯定し、取得時効の成立を認める傾向にあり、判例はこのような「善意性に引きずられて、その利益への配慮がやや過大になっていた反面、善意占有者のための取得時効の成立を争う者（占有をなさしめた者や他の共同相続人）の利益に対する配慮が欠けている」との指摘もある。すなわち、占有者の内心において「他人の所有物を借りている」という占有に対する意思に何らの転換がない場合

---

(11)　学説・判例についての整理は、前出注（1）のほか、川島武宜＝川井健編『新版注釈民法（7）物権（2）』（有斐閣、2007 年）45 頁以下［稲本要之助］参照。

(12)　権原による性質判断では解決できない問題として、前出注（1）①辻論文によれば、①有効な売買・贈与・賃貸借締結後、土地売買契約の越境問題、贈与の誤信による占有開始（誤想受贈者）の占有取得問題、②農地売買（農地法上の固有の所有権移転効力発生原因）問題、③契約が無効の場合、仮装売買による占有、④譲渡担保契約に基づく受託者の占有、⑤契約後引渡しせず占有を継続した場合の占有、⑥相続人が他主占有（使用借主）である被相続人の占有を承継した場合、⑦共同相続人の一人が遺産である不動産を単独占有、⑧盗取による占有（売買・贈与という権原に基づく占有と異なる）。

(13)　辻・前出注（1）①304 頁。

であっても、真の所有者の好意を良いことに、外部的には所有者のように積極的（強引）に振舞う（表示する）ことで外形的客観的な考慮事情が積み重なり、自主占有に転換する可能性もあり得る。このような場合にも民法185条は他主占有から自主占有への転換を認めると解しているのか。

2　旧民法185条とボアソナードの見解[14]

185条の「所有の意思」のない占有について一定の要件を定め、自主占有への転換を認めている。このような占有の性質の転換については、母法フランス民法も同様制度を置いている（関連する条文として、「所有者としての占有」についてフランス民法2229条、所有の意思の推定について同法2230条、「異議」のある場合について同法2236[15]、占有の性質転換について同法2238条、自ら転換不可について同法2240条）。現行民法185条のもとになった旧民法財産編185条1項[16]では、「容仮ノ占有トハ占有者カ他人ノ為メニ其ノ名ヲ以テスル物ノ所持又ハ権利ノ行使ヲ謂ウ」と規定され、「容仮の占有」とは、ボアソナードによれば、占有代理人が「所有する意思をもって」占有しても権原をもって主張することは許されない占有をいう[17]。また、受寄者、使用借主、用益権者、質権者等は契約に基づき、他人の所有権を承認し、かつその物を所有に返却することを約束する。返却する約束がなければそもそも占有すらさせてもらえないも

---

(14) 沿革、立法過程の議論については、前出注（1）参照。
(15) フランス民法2236条（旧2238条）
　　①他人のために占有するものは、いかに期間が経過しても、時効によって権利を取得しない。
　　②したがって、定額小作人、受寄者、用益権者及びその他所有者の物を仮に所持するすべての者は、時効によってその物を取得することができない。
(16) 旧民法財産編185条
　　財産編185条1項　容仮ノ占有トハ占有者カ他人ノ為メニ其ノ名ヲ以テスル物ノ所持又ハ権利ノ行使ヲ謂ウ
　　二項　容仮ノ占有者カ自己ノ為ニ占有ヲ始メタルトキハ其ノ占有ハ容仮ハ止ミテ法定ト為ル
　　三項　然レドモ占有ノ権原ノ性質ヨリ生スル容仮ハ左ニ掲クル場合ニ非サレハ止マス
　　　第一　占有ヲ為サシメタル人ニ告知シタル裁判上又ハ裁判外ノ行為カ其人ノ権利ニ対シ明確ノ異議ヲ含メルトキ
　　　第二　占有ヲ為サシメタル人又ハ第三者ニ出テタル権原ノ転換ニシテ其占有ニ新権原ヲ付スルトキ
(17) 本稿では、真正の占有とは、占有取得の原因となる法律行為＝権原が、所有権の移転を目的とする権原に基づいた占有であり、これに対し、容仮の占有とは他人の所有権を承認する権原に基づいた占有と理解する。

のと考えられている。したがって、契約当初から他人の所有物であることを承認し、あるいは少なくとも承認しなければならなかったことから、そのような占有は常に容仮の占有（他主占有）となる。また、同法2240条において「意思だけによって占有の原因および起因を自ら変更することはできないという意味において自己の名義に反して時効によって取得することはできない」旨の規定により容仮占有者の個人的・具体的意思によって所有者名義の占有に転換する危険を防止（他人に所持をさせた所有者の利益を保護）しているといえる。それでも、例外的に、同条二項において「容仮ノ占有者カ自己ノ為ニ占有ヲ始メタルトキハ其ノ占有ノ容仮ハ止ミテ法定ト為ル、同条三項　然レドモ占有ノ権原ノ性質ヨリ生スル容仮ハ左ニ掲クル場合ニ非サレハ止マス」とし、①占有ヲ為サシメタル人ニ告知シタル裁判上又ハ裁判外ノ行為カ其人ノ権利ニ対シ明確ノ異議ヲ含メルトキ　②　占有ヲ為サシメタル人又ハ第三者ニ出テタル権原ノ転換ニシテ其占有ニ新権原ヲ付スルトキ」には自主占有が認められる場合に限ってのみ占有の名義が転換するとした。いわば、意思の転換には明確な変更事由があった場合に限って原則を修正する仕組みであり、ボアソナードも同様の理解であると言えよう。その際の「表示」の方法についても同法2240条のように裁判上、または裁判外で、あるいは執行官の文書によってその所有権を否定する明確な行為によらなければならず、「所有の意思の表示」とは、単に内心で「所有の意思」を有していることが客観的諸事情によって認定できというだけでは占有の性質は転換しない仕組みであると考えられる。しかしながら、現行185条において起草者は

---

(18)　「容仮の占有」が民法185条、186条により他主から自主に占有の性格を転換する場面とはどのような場合であり、いかなる要件によりそれが認められるか。この点について、ボアソナード民法草案197条（再閲修正民法草案697条）によれば、法律行為がない場合、権原を想定することができない、あるいは権原の範囲を誤想していた場合等、権原を前提に判断できない場合を前提にしているものであり、他主占有権原者が内心で勝手に横領の気持ちをいただいたことで占有を継続していること「心素」としているものではない。契約にしたがって返還義務が存在する場合に、自己の物として返却を拒むことは「正当とするに背反」するからである、と分析するのが草野・前出注（1）。

(19)　辻・前出注（1）②148頁によれば「だれも自ら自分のために占有の原因を変更しえない」というローマ法の法諺を明言したものとされる。

(20)　たとえば、賃借人が真の所有者だと誤信した者から賃借物を購入したような場合、売買契約により所有権という新権原を取得した場合等である。

(21)　辻・前出注（1）②142-143頁。

「所有の意思」の表明の方法は特別の方法を必要とするものではなく、「黙示」によるものでもよいとし、その上で「表示」という用語で表したと解される[23]。「まさにこの点」が「所有の意思」の「表示」が不明確なものとなり、あるいは他主占有から自主占有へ容易に転換できるという現行185条の問題性を内在させることとなったといえよう[24]。

3 学説

民法制定当初「所有の意思」は、主観的な内心の意思と解されてきた。そして、その「表示」については、旧民法財産権185条3項の「告知」に該当し、富井によれば、「変更したる意思を実行しなければならない」と解し、「現実に所有者の行為を為すに因り始めて占有の性質に変更を来すもの」として、明示的な意思表示が必要と解する（主観説）立場であった。これに対し、「所有の意思の表示」は意思の発露であり、具体的・客観的な所持の態様の変更が必要と解する（客観説）が説かれ、その後、「占有の意思」、「所有の意思」といった「意思」は、純粋に客観的に占有を所持させた原因（権原）の性質によって決すべきとの立場が通説化したものといえる。これと同様に判例も、「所有の意思」は、「占有に関する外形的・客観的事情」（所有者であれば当然とるべき態度をとったか否・所有者を排他する意図をもって占有支配をした）[25] 等、占有に対する外形的に認められる占有の全態様（積極的・消極的態様）に

---

(22) 草野・前出注（1）によれば、仮に旧民法証拠編138条1項の「所有者ノ名義」に基づく占有を、売買契約、贈与契約、交換契約など、所有権を取得する権原に基づいて生じた占有と解し、それを「所有の意思」をもっている占有と同意義であれば、「所有の意思」の存否は、権原に基づいて判断され、内心の意思は考慮されない。旧民法ボアソナードの占有に関する一般理論の研究を通じ、旧民法の「所有者ノ名義」、さらには現行民法の「所有の意思」を真の所有権取得者を保護し、容仮占有者（他主占有者と同義）を排除するためのメルクマールととらえ、要件の存否は、原則として、権原に基づいて判断するのが望ましいとの立場に立つ。

(23) 法務大臣官房司法法制調査部監修『法典調査会民法議事速記録一（日本近代立法資料叢書1）』631頁以下。

(24) 辻・前出注（1）②。なお、権原によらない占有においてについて「初めから所有の意思をもってする占有」と「はじめ所有の意思を持たずに占有（容仮占有）しその後所有の意思を有するに至った」場合を区別する理由がないとの指摘をしたのが磯部四郎「大日本新典民法釈義財産編第一部」（1891年）881頁以下。

(25) 我妻栄＝有泉亨『新訂物権法（民法講義Ⅱ）』（1983年）471頁、通説的立場については、他に、舟橋諄一『物権法』（1960年）295頁、川島武宜『民法総則』（1965年）554頁、末川博『物権法』（1956年）191頁、幾代通『民法総則〔第二版〕』（1984年）489頁他。

よって判断するとの立場が示されている(26)。

近時の学説として、185条の沿革から占有を委ねた者が知らない間に所有の意思が認められ所有権を喪失する不利益を回避するため、185条の「所有の意思」は、単に「所有者として振る舞っているだけでは足りず、黙示・明示は問わないが占有を委ねた者に所有の意思明らかにする積極的行為が必要、他方、民法186条の推定を覆すには、権原の性質から当該占有が他主占有（いわゆる容仮占有）であることを証明が必要とする立場(27)、所持は意思の発露であり、権原はその一徴憑として考え(28)、考慮すべきは、内心の意思ではなく、外形的事物状態（事物状態は権原ではない）であり、全外形的所持態様を基準に判断すべしとする立場(29)。所有の意思」の存否は、不動産の場合、所有権の表示等に意思が具現化（不動産登記への記載）され、それを具備していることが時効取得の要件であるという不動産の時効取得制度の沿革的研究を通じ、権原の有無により判断されるべきであり、内心の意思は考慮しないとする立場も説かれている(30)。

4　裁判例

〔事例1〕　福島地判平支部昭和31年3月30日民集7巻9巻3号792頁（参照条文162条）

寺で維持管理した山林を住職名義で登記した場合、寺による時効取得が認められるかが問われ、山林を寺のものとして住職らが維持管理継続したことにより、寺院と住職の法的関係（準委任）と認め、寺の「所有の意思」を肯定した事案。

〔事例2〕　最2小昭和41年10月7日（民集20巻8号1615頁判決（参照条文162条）

---

(26)　前出注（4）参照。
(27)　辻・前出注（1）②152-153頁。「所有の意思」の存否は、不動産の場合、所有権の表示等に意思が具現化（不動産登記への記載）され、それを具備していることが時効取得の要件であるという不動産の時効取得制度の沿革的研究を通じ、所有の意思の表示は「権原」の有無により判断されるべきであり、内心の意思は考慮しないとする。
(28)　田中・前出注（1）9頁。
(29)　前出注（1）の藤原説、下村説。
(30)　草野・前出注（1）。

15歳のころから隣接地部分（他人の山林越境部分）を占有し、杉等を植林して維持管理し、その後立木を伐採し、搬出したため、所有者から損害賠償請求がなされた事案に対し、15歳でも自主占有をなし得る（実際の山林の管理の能力の有無は問わず、事実的支配（法律行為の意思能力とは異なる）が存在することを考慮）とし、15歳の養子が養父の財産を承継したとして、15歳の養子の「所有の意思」を肯定した事案。

〔事例3〕宇都宮地判昭和45年4月9日判時594号35頁（参照条文162条）

日光東照宮と輪王寺との間で東照宮境内にある仏式の七堂塔の所有権の帰属を争った事案に対し、明治4年に日光において神仏分離が実施された際に、県知事による神仏分離の処分（行政行為・処分）がなされ、また、日光東照宮が民法施行時には建造物のうち護摩堂については社務所等として使用することで、鐘楼、鼓楼および虫喰鐘堂についてはその修理を担当し、加えてその看守や夜警にあたってきた等の占有維持管理実態から、日光東照宮の「所有の意思」を肯定した事案。

〔事例4〕最3小判昭和46年11月30日民集25巻8号1437頁（参照条文185条）

亡夫の生前より夫の父の不動産の管理人として一室に居住していた妻が時効取得を主張事案に対し、妻による賃料の支払い行為があり、全体として「賃借人」としての振る舞いから、亡き夫（妻）には、不動産の管理（委任？）権原のみを与えたとし、当該不動産については、黙示の使用貸借契約が成立しているとして、妻側の「所有の意思」を否定した事案。

〔事例5〕大阪地判昭和47年11月30日下民集23巻9～12号670頁（参照条文162条、185条）

小作人が自作農創設特別措置法（行政行為・処分、売買）によって従前の小作地の売渡しを受けたものと誤信し　所有の意思表示を行い、その後は一度も賃料を支払わず、固定資産税も負担している事実に対し、買受人の「所有の意思」を肯定した事案。

〔事例6〕東京地判昭和51年2月27日判時844号57頁（参照条文162条、185条、177条）

建物の管理を委託された者が所有者の行方不明を契機に所有者として占有

してきたとして時効取得主張したところ、当初は使用貸借契約であったものの、建物の買い取りを求めるべく法的手続きをとったが所有者が行方不明であったため完全な手続きを完了することができなかった。そのような中、建物の税金、地代、電気・ガスの敷設費用の負担していたことから、実質上、占有者が管理（委任）に伴う黙示の使用貸借契約と判断したものの、その後相続人が明け渡しを求めるのは権利濫用として、管理者の「所有の意思」を肯定した事案。

〔事例7〕東京地判昭和54年4月27日判タ392号108頁（参照条文162条、185条）

小作人が自作農創設特別措置法によって耕作地を過って譲り受けたまま耕作していた者からの時効取得事案（行政行為・処分、払い下げ相手を誤認している）。「他主占有者の内心の意思の転換（所有の意思への）が推認されるような客観的な状況が存し、かつ占有をなさしめた側にあってもそれを認識しながら、当該占有を容認しているような場合には、なお、自主占有ありと解して妨げない」とし、耕作していたことに対し、何人よりも異議を述べられることなく、使用料の請求もされずに本件土地の耕作を継続し、反面、被告所有者は買収により本件土地所有権を取得したにもかかわらず、本件土地使用を黙認し、かつ、その対価を請求すらしていないことを総合的に考慮し、譲受人の所有の意思の表示を肯定した事案。

〔事例8〕東京高判昭和55年4月15日訟月26巻9号1491頁（参照条文162条、185条）

寺所有不動産が未登記であったため、財務局から国有財産であると言われたため時効取得を主張した事案に対し、寺の土地建物は、別の寺との間で「寄附をしてもらえるならば、今使用している本件土地と本件建物を譲渡する」旨の契約により取得している事実から、寺に売買による新権原による占有を肯定した事案。

〔事例9〕名古屋高判昭和57年12月27日判時1075号127頁（参照条文185条、162条）

家督相続人である兄A名義の郷里の不動産を占有・管理している弟Bから時効取得の主張がなされ、Bは、父の家業を承継、不動産維持管理、租税

負担しているが、他方、Ａによる目的物に無関心な所有者の振る舞いがＢに所有の意思を抱かせ、占有維持管理によって黙示に所有の意思を表明したと評価し、(家督相続・事務管理・贈与・使用貸借かは不明) Ｂの時効取得を肯定した事案。

〔事例10〕 最１小判昭和58年３月24日民集37巻２号131頁（参照条文162条、186条）

いわゆる「お綱の譲り渡し」事件。被相続人所有不動産長男が地方の慣習にしたがって農地の管理、家計の一切を引き継いだとして他の相続人に対し、時効取得を原因として所有権移転登記手続きを求めた事件において、いわゆる「お綱の譲り渡し」は「贈与」ではなく、その実態は管理・処分権原の移転といえ、権原の性質から所有の意思の有無は判断できないため、被相続人と相続人の外形客観的事情から判断すると、仮に土地の所有権移転を伴わない担保権を設定できたとしてもそれだけでは所有の意思は認められず、占有者が所有者であれば当然とるべき態度、行動でなかった事情（印鑑、権利証等の所持、管理実態がない等）等、外形的客観的にみて占有者が他人の所有権を排斥して占有する意思を有していなかつたものと解される事情が証明されるときは、186条１項については占有者の内心の意思のいかんを問わず、客観的外形的に判断しその所有の意思を否定した（使用貸借と判断か）事案。

〔事例11〕 東京高判昭和60年２月14日判時1146号119頁（参照条文185条、186条、162条）

自分の土地の隣接地を賃借地していたところ、隣接地も併せて自創法による売渡（賃借土地の行政行為・処分）を受けたものと誤信（？）し、賃料支払わず占有継続したことを理由に時効取得を主張したところ、前掲［事例10］を引用し、自己が居宅の敷地として使用していた土地の範囲の地積と売渡された土地の地積の差（約二反二畝歩なのに合計約三反五畝歩取得）から、本件土地は本件隣接地とは別筆と認識することは可能であり、認識できなかったことに過失ありとし、時効取得を否定した事案。

〔事例12〕 最２小判平成１年12月22日判時1344号129頁（参照条文162条、187条）

寺には、宗教法人所有名義の不動産以外に、以前住職であった個人の名義の土地が存在する場合、当該土地も法人による継続した占有があるため時効取得が成立する旨主張した事案に対し、寺としての運営を考えると、公租公課を負担し、本件土地を第三者に賃貸するなどして、その賃料で住職の生活費を賄ってきた経緯があること、このような占有状態に対しこれまで異議を申し立てられていない等から「所有の意思」を認めた（なお、本件事案は、187条1項は法人にも適用がある点について、寺と住職との関係（準委任）類似の関係か）事案。

〔事例13〕 東京高判平成1年5月24日判タ725号158頁（参照条文185条、162条）

被相続人から本件土地の贈与を受けた相続人から当該土地に建物を建てて占有を継続している者に対する明け渡しに対し、占有者が時効取得を主張した事案に対し、隣接土地所有者の紛争であり、土地利用中、所有者が隣地に居住し、耕作もしていたにもかかわらず、賃料請求、明け渡しも求められたことはないこと、固定資産税は負担していないが、払っているものと誤解していたと判断し、特に、占有者側において、被相続に死亡時に建物の半分を改築し、小屋も築造したことを新権原と認めた。「占有者側は六人兄弟の末子として両親、兄、姉と共に本件建物に居住、父の相続人である占有者らも本件土地は祖父において隣地の所有者から買受け所有していたものと信じていたとして、時効取得を肯定した事案（実質的には使用貸借か）。

〔事例14〕 大阪高判平成3年2月28日判時1392号86頁（参照条文186条、185条、180条）

叔母の不動産を無償で使用する占有者に対し、叔母の養女から明け渡しを求めたことに対し、占有者側は、無償で不動産は使用してきたが、介護や保険料、固定資産税等の負担をしてきたことをもって時効取得した旨主張した事案に対し、本件不動産の占有を承継した相続人が、現実の建物の占有支配をしてきた事実、叔母を含めた相続人らの祭具を用いて当該建物内に祭祀を執り行ってきたことをもって185条の新権原による占有の性質の変更を認めた事案（実質的には使用貸借か）。

〔事例15〕 最3小判平成6年9月13日判タ867号155頁（参照条文162条、

185条)。

　農地解放後の地主の所有する小作地の小作人より、賃料などを支払わず自由に小作してきたことをもって所有の意思が承認されてきたと時効取得を主張したところ、農地解放後（行政行為・処分）、地代を一切支払わず、土地を自由に占有・利用していたことを容認していた事実から所有の意思の表明があったと評価し、客観的事実の変化があったと評価し、時効取得を肯定した事案。

〔事例16〕最2小判平成7年12月15日民集49巻10号3088頁（参照条文162条、186条）

　親族間で土地の贈与を受けたが、所有権の移転を求めたり、租税の負担を申し出てないが、時効取得を主張した事案に対し、所有の意思のない占有であることを、占有者の内心の意思によってではなく客観的に証明すべきであり、長期間にわたって移転登記手続を求めなかったこと、及び本件土地の固定資産税を全く負担しなかった事情は、他主占有事情を判断する要素ではあるが、事情によっては言い出せない、という場合もあり、常に決定的な要素ではない。そこで、本建物の移築、増築、資力のある本家が税負担、支援実体があることから、本件では、資力のない分家の占有者が税負担、登記移転を求めないことがただちに他主占有事情にあたるとは言えないとして、他主占有事情の有無（贈与なのか否か等）について検討するよう差し戻した事案。

〔事例17〕最3小判平成8年11月12日民集50巻10号2591頁（参照条文162条、185条、186条、187条、896条）

　被相続人の5男である夫が生前より被相続人である父の不動産を管理し、賃料を生活費として費消してきたところ、夫の死後妻から時効取得による登記移転を求めた事案に対し、他主他主占有者の相続人が独自の占有に基づく取得時効の成立を主張する場合、占有者である当該相続人において、その事実的支配が外形的客観的にみて独自の所有の意思に基づくものと解される事情を自ら証明すべきものと解するのが相当であり、従来の占有の性質が変更されたものであるから、右変更の事実は取得時効の成立を主張する者において立証を要するものと解すべきであり、また、この場合には、相続人の所有の意思の有無を相続という占有取得原因事実によって決することはできな

い。したがって、客観的事実の証明必要であり、具体的には、相続税の申告について相続人は無関心、占有者が負担継続、相続開始後15年排他的占有状態が継続、賃料を生活費に充て、その間、何の異議も申し立てられていないことは、いわば、特に、「所有者であれば当然とるべき態度に出なかつた」事由に「家庭内の不和を恐れて登記済証の所在を確かめかなった」ことは本件人間関係からすれば所有者として異常な態度であるとは言えず、所有の意思の妨げにならないと判断し（準委任、使用貸借、ないし贈与と評価したか）時効取得を肯定した事案。

〔事例18〕 大阪高判平成15年5月22日判タ1151号303頁（参照条文162条、186条）

国有地の不法占拠者が取得時効を主張した事案に対し、建物登記の申請時に「官有地」と記載していたため、所有の意思がないと評価し、黙示的に公用（堤防は公共用物）が廃止されたとはいまだ認め難いとして、時効取得を否定した事案

〔事例19〕 東京高判平成20年12月18日判時2031号18頁（参照条文185条・162条）

宗教法人（神社）の境内地として使用されてきた土地の一部が、かつて旧国有財産法（昭23法73号による廃止前）24条1項に基づき国から無償で貸与されたものであり、その後規則認証行為（財産目録等添付）によって所有の意思の表明（行政行為・処分・規則認証行為）をしたとして取得を主張した事案に対し、土地の占有・維持管理をなしその場所で宗教行為を行い、賃料支払は一切行っていない。規則認証行為（当該土地が財産目録に記載、知事に届出）によって所有の意思は表明されているとして時効取得を肯定した事案。

〔事例20〕 東京高判平成25年4月10日訟月60巻6号1199頁（参照条文185条、896条）

薬師堂の敷地になっている国名義の土地について、旧国有財産法が廃止された後の無償使用、売払申請（行政行為・処分）、薬師堂の再建等により所有の意思の表示ありとして時効取得を主張した事案に対し、立ち入りや使用は無償使用を許可しただけにすぎず、薬師堂側も旧国（現県）所有を認識して売払申請をしている等から所有の意思を否定した事案。いわば、無償貸付

は、当該土地が国有地であることを前提であり、各申請に対する行動は、無償貸付における境内地としての使用の域を超えるものでなく、むしろ被控訴人が本件土地の所有者であることを前提とした行動と認定（実質的占有状況についての考慮度が低い事案といる）し時効取得を否定した事案。

〔事例21〕最1小決平成28年9月1日［LEX/DB：25545714］（参照条文186条、896条）

建物・土地の所有者を自分の父であると誤想した相続人による占有を黙認していたところ占有者が建物を所有者の同意なく取壊し、建替えた占有者が時効取得を主張した事案に対し、「黙示の使用貸借の使用方法の変更」であり「所有の意思の表示がなされていない」と判断した一審を変更し、原審、最高裁が占有者による「取壊し、再築」と占有実態等から占有者に「所有の意思の表示」があったとし時効取得を認めた［事例10］［事例15］を引用し、①権原の性質から判断できるか（使用貸借or負担付贈与契約か否か）、②権原で判断できない場合でも、客観的外形的に所有の意思を判断し転換可能か否か。すなわち、占有者が所有者であれば当然とるべき態度、行動にでなかった事情＝外形的客観的にみて占有者が他人の所有権を排斥して占有する意思を有していると解される事情が証明されれば自主へ転換するとし、本件は、「親族関係を前提とした使用貸借」と解し、権原の性質は他主占有、時効取得を主張する側において、他主から自主への客観的事実の変化があったことを建物の「取壊し、建替え」で表示したと判断した。いずれにせよ、これまでの判例の判断枠組に則って時効取得を肯定した事案（本稿Ⅱ「本決定」）。

5 小括

以上の学説・裁判例の分析を通じて、以下のように整理することができる。

1）権原基準説（通説と同じ立場）　占有の根拠となる権原の性質によって結論づけていると考えられるものとして、最1小判昭和44年5月22日民集23巻6号993頁（自作農創設特別措置法による売渡）、最1小判昭和45年6月18日集民99号375頁（農地調整法所定の認可の有無）、最1小昭和45年10月

29 日集民 101 号 243 頁（賃貸借）、最 3 小昭和 54 年 7 月 31 日集民 127 号 315 頁（相続）、最 3 小昭和 56 年 1 月 27 日集民 132 号 133 頁（国有地払い下げ）。なお、下級審として資料［事例 8］、［事例 16］、［事例 20］。

　2）　占有態様考慮説（権原＋占有態様）　　占有にかかわる種々の態様から権原の性質を判断して結論づけていると考えられるものとして、［事例 4］最 3 小昭和 46 年 11 月 30 日民集 25 巻 8 号 1437 頁（賃料支払い、管理維持、生活援助関係、親族）、最 2 小昭和 47 年 9 月 8 日民集 26 巻 7 号 1348 頁（管理維持、租税公課負担、異議の有無、排他的占有の有無）、最 3 小昭和 54 年 4 月 17 日判時 929 号 67 頁[31]（相続放棄、借り受け事情認識、黙示の承認）、［事例 7］最 1 小判昭和 58 年 3 月 24 日民集 37 巻 2 号 131 頁（お綱の譲り渡しの慣習（権原）、親族関係を前提とした利用状況、所有者としての態度の有無[32]）、［事例 15］最 3 小平成 6 年 9 月 3 日判時 1513 号 99 頁（農地解放（権原）、地代の支払い中止、占有実態）、［事例 16］最 2 小判平成 7 年 12 月 15 日民集 49 巻 10 号 3088 頁（親族、占有実態、租税公課負担、所有者としての態度の有無[33]）、［事例 17］最 3 小判平成 8 年

---

(31)　本件は、他主占有から自主占有への転換について右所有の意思表示を要求するゆえんは、占有の形態の転換が他主占有者の内心の意思あるいは他主占有者側の事情のみによりては定まらず、それが所有の意思表示という行為を通じて、占有をなさしめた者においても客観的に認識され、容認されることが必要であるとの点にあるものと解され、そうだとすれば、所有の意思表示という明示の行為がない場合でも、他主占有者の内心の意思の転換（所有の意思への）が推認されるような客観的な状況が存し、かつ占有をなさしめた側にあってもそれを認識しながら、当該占有を容認しているような場合には、なお、自主占有ありと解して妨げないものと考える。

(32)　具体的には、占有者がその性質上所有の意思のないものとされる権原に基づき占有を取得した事実が証明されるか、又は占有者が占有中、真の所有者であれば通常はとらない態度を示し、若しくは所有者であれば当然とるべき行動に出なかったなど、外形的客観的にみて占有者が他人の所有権を排除して占有する意思を有していなかったものと解される事情が証明されるときは、占有者の内心の意思いかんを問わず、その所有の意思を否定し、時効による所有権取得の主張を排斥しなければならない、との判断枠組みを示している。今日まで判例はこの立場を踏襲しているものと考える。

(33)　判決は、「所有権移転登記手続を求めないことについてみると、この事実は、基本的には占有者の悪意を推認させる事情として考慮されるものであり、他主占有事情として考慮される場合においても、占有者と登記簿上の所有名義人との間の人的関係等によっては、所有者として異常な態度であるとはいえないこともある。次に、固定資産税を負担しないことについてみると、固定資産税の納税義務者は「登記簿に所有者として登記されている者」である（地方税法 343 条 1、2 項）から、他主占有事情として通常問題になるのは、占有者において登記簿上の所有名義人に対し固定資産税が賦課されていることを知りながら、自分が負担すると申し出ないことであるが、これについても所有権移転登記手続を求めないことと大筋において異なるところはなく、当該不動産に賦課される税額等の事情によっては、所有者として異常な態度であるとはいえないこともある。すなわち、これらの事実は、他主占有事情の存否の判断において占有に関する外形

11月12日民集50巻10号2591頁(34)（相続、親族、租税公課負担、異議なし、保守管理実態）、［事例12］、［事例21］。なお下級審として資料［事例6］、［事例9］、［事例11］、［事例13］、」［事例14］、［事例19］。

3）　具体的な考慮要素　「所有の意思」が単なる内心の意思ではないこと、判例と同じく真の所有者、権原の有無、占有者の占有実態を判断基準として考慮する立場は共通するが、権原から所有の意思を判断する立場、あるいは占有実態から権原を解釈するアプローチ、意思は個別に考慮せず権原のみで判断する考え方が存在し、個別の考慮要素が所有の意思の判断をする際の重みづけは異なるものといえる。

判例について　1）の立場では、当然ながら事実関係から所有権に基づく権原による占有が明らかな事例が多く、他の事情にその根拠を求めなくとも判断できた事案（売買、贈与、あるいは占有者が不法占拠者等）対しとられた立場といえる。他方、2）の立場は、占有に関するなんらかの「権原」（他主占有権原のほか、自主占有権原を取得したと評価できる事情はある）等の有無、その権原の性質を証明することが困難な場合が多い。そのような場合であってもまず、①占有の権原の有無、性質を探り、その権原を前提に具体的にどのような権利行使実態があるかが判断されているといえる。その際の考慮要素には、たとえば、②排他的に不動産の管理・使用（賃料等の収益の独占）実態、③公租公課の負担、④所有者として権利関係に対し無関心、異議を述べない（占有状況を黙認）、⑤人的関係性（親族、扶養支援・資力の程度、同居の可否、家業の承継、分家といったこれまでの人的関係性の有無や濃淡を踏まえて占有実態）等を総合的に考慮する立場といえよう。

裁判例　［事例20］と本決定［事例21］はいずれも占有者の占有権原を使用貸借に基づく他主占有事案であるが、所有の意思の有無については異なる判断をしている。［事例20］は、所有権取得のための行政上の行為がなさ

　　的客観的な事実の一つとして意味のある場合もあるが、常に決定的な事実であるわけではない」とする。
(34)　本判決には「占有者が悪意であるときは、悪意の占有者が所有名義人に対し所有権移転登記をとめることがないのは当然」との可部判事による補足意見があるが、この立場に立てば、所有権移転登記請求をしないこと、公租公課を負担していないことは、他主占有事情として考慮する際、意味を持たないことになるのか。

れていないことが考慮され、建物の改築等の占有実態があったとしても占有の性質は転換しないとした。権原の有無を重視した判断といえる。これに対し、［事例21］では、所有権取得のための法律行為等の有無を判断せず、当初の使用貸借時の建物の占有の事実状態を変更（取壊し、再築）したことをもって占有者側の占有実態の総合的評価によって占有の性質は転換したともいえる。［事例9］［事例10］、［事例17］のように真の所有者から使用、収益権能（処分権能も含むか）を移転された事例は、真の所有者と占有者との間には、権能の移転について一種の承諾（黙示）があるといえるよう。しかし、［事例11］、［事例12］［事例16］、［事例20］のように判例の多くは所有権の移転に関する法律行為・行政行為（権原の根拠）等の存在が明らかでないような場合には自主占有への転換を認めることには慎重といえる。

Ⅳ　結論

検討事案の評価　検討素材とした近時の最高裁の事案（［事例21］）は、土地・建物の排他的占有の権原は「黙示の使用貸借」（593条）として権原を特定している。事実によれば、相続開始時に相続人は被相続人の所有財産だと信じて包括承継し、排他的、独占的な占有を継続している。所有者に所有権能を譲渡する等の同意なく、「建物を取り壊し」（所有権の消滅）、「再築」（新たな所有権の取得）と理解したものといえよう（一連の排他的使用状態から新たな事実的支配秩序を創設し確立したか）。かりに、使用貸借であったとしても所有権者として振舞っていただけでなく、占有を委ねた者に所有の意思を表す積極的な行動に出たこと、同時に、真の所有者がそれらの行動を黙認していたことから判断している。このような判断枠組はこれまでの通説・判例の立場と同じ考え方であるといえる。

　しかし、裁判例の中で所有の意思への転換が肯定された事案は、多くが所有権取得の根拠となる法律行為、行政行為が存在している。同時に、［事例20］のように明確な所有権移転手続きを経ていなことで占有の性質転換否定している。当初使用貸借であっても自主占有への転換が認められた［事例9］、［事例10］、［事例17］は占有の実態を分析すれば、占有を委ねた者から

積極的な利用を許されている事案である（生前贈与等）。

　本件の使用貸借事案にもそのよう積極的な利用の承諾があったといえるのかは明らかにされていない。加えて、所有者側の相続を原因とした税の負担、所有権名義のままであった事実は確認されているものの、結論には影響を与えていない。このような間接事実が独立して意味を持つ、ということではなく、総合的な考慮要素の中で、所有の意思を否定するような事情として意味を持つ、ということまでは否定されるものではないと考える。

　なお、裁判所は、本件占有について、「付言」とし、負担（介護）付き贈与であるとの指摘をしているが、当事者からそのような主張をしたものではない。[35]

　結論　沿革的には、185条は容仮占有者の個人的・具体的意思によって所有者名義の占有に転換する危険を防止（他人に所持をさせた所有者の利益を保護）するための制度と理解するのであれば、「所有の意思」の「表示」があったか否かの判断は、「権原」の有無と性質が重要である。[36] 占有実態を判断する具体的視点として、所持の態様（権原に即した占有実態か否か）、当初の占有実態から客観的に変更されているか（従前の態様と変更による態様との比較）、その変更によって所有の意思があることを事実上表示されたと評価できるか（占有者側の事情）、他方、従前の態様の変更を認識し、その変更状態をあたかも認容したかのような態度（積極・消極）の有無が挙げられる。ただし、所有権に基づく占有ではない点をこれらの具体的事実のみをもって補完するものではない。例えば、借主が所有権自身に所有権が帰属すると貸主に知らしめるため勝手に老朽化した建物を建て替えた場合なのか、あるいは、これまでの未払い賃料相当を建物の建て替え費用として支出したのであり、新たな建物

---

(35)　末川民事法研究会平成30年3月例会にて本テーマについて報告した際、本件訴訟に関与された立命館大学の松岡久和教授、同大学の平野哲郎教授から大変貴重な情報のご提供とご示唆を頂戴し、本事案の紛争の背景ならびに争点を理解することが可能となった。

(36)　権原も基づかず占有者の具体的・客観的占有態様のみで容仮占有となり、一定の要件を充足すると自主占有へ転換することが可能か。この点について、「事務管理」のほか、盗取、越境による占有の場合も占有に権原による占有の性質を判断できないたが、当該占有に対する所有の意思は外形的・客観的に判断することについて、肯定するのが辻・前出注②137頁、これに対し、越境占有は、所有権取得行為により始まった占有と考え、「事務管理」のみ権原によらず外形的・客観的事情によって判断できるのが草野・前出注（1）148頁以下。

を占有する、という占有状況（使用形態）の変更にとどまる場合なのかによって「所有の意思」を認めるか否かの判断は異なる。重要なのは、原所有者の占有秩序に変更を加え、占有者のもとで新たな占有秩序を形成しているような変更が必要だと考える。

さらに、権原から自主占有でないことがあきらかな場合として、黙示の使用貸借契約による占有と盗取行為も内心の意思を考慮せず、客観的外形的な占有態様のみで判断すべきか。占有という事実状態に法的保護を与える（186条、188条の推定規定からも）のが占有権であったとしても、本権者がなすべき権利の行使や義務の履行がなされていないかが問われるのであれば、保護されるべき占有権の内心の意思も考慮要素の一つとして、別途判断することも必要であると考える。(37)

特に、親族間の事例は別の考慮要素が求められるとも考える。たとえば、親族間での使用貸借　負担付贈与、占有当初の合意内容（両親の面倒）の履行後は、所有権者側からの一方的な明け渡しは権利濫用になると考える。なぜなら、親族間の関係性の特殊性を考慮するならば、建替建物の保存登記等、権利を明確にすることを求めることにより平穏な関係が崩れることを恐れ、あらたな紛争を生じさせるような行動をとることをためらい、権利の帰属関係が不鮮明になることが実情である。(38) したがって、未登記であったこと、改めて権利関係を明確にするような経緯がなくとも親族間の事案の場合は占有の転換が比較的認容されやすいといえよう。

そこで、民法185条前段の「所有の意思の表示」―特に、相続人間の紛争事案の場合―の判断基準は、占有者へ所有権に基づく占有の移転の意思、すなわち権原の取得があったといえる客観的事情の有無、それが無い場合に(39)

---

(37)　下村・前出注（1）②18頁によれば、意思は所持に発露するという理論を承認し、内心意思説を放棄し、所有の意思はもっぱら外形的所持態様に在るとみる時には、権原が明らかにされれば占有の性質はこれに応じて変更しうることが認められる。さらに、かかる事実状態の形成を知って容認する態度を示したこと―この態様の存否の当事者の主観を離れて外形的客観的に吟味されるべきである―が必要である旨を、『表示』の文言に読み込むことができるとし内心の意思を別途考慮しない立場といえる。

(38)　しかし、このような実情であったとしても、たとえば、それまで支払っていた賃料の支払いを中止する、収益を独占する、所有権の内容を実行する等から時効の援用の意思は客観化できる。

(39)　ここでの「権原」は、所有権移転を目的とした法律行為等（売買、交換、贈与のほか、行政

は、当該所有権に基づく占有の移転の意思を補完できる占有状況の明らかな変更の有無といった考慮要素を前提に、紛争当事者間が親族間であるか否かといった占有に至る人的関係・経緯等を踏まえて総合的に判断することが求められると考える[40]。なお、検討事案（[事例21]）のように「相続」を原因とする権利変動を登記に反映させるためには遺産分割協議が整っていることが必要であり、それが困難な場合には、相続人は時効取得を選択するが、それが認められるのは容易ではない[41]。この点に関連して、近時、所有者情報を円滑に把握することを目的に相続を原因とする登記手続きの義務化・簡素化、また、時効取得を原因とする登記手続きの簡素化について改正の議論が進められている[42]。たしかに、数次に渡って相続登記がなされていない場合や共同

行為も含む）を想定（藤原・前出注（1）8頁以下）。それとは異なり、本権とは無関係な事実上、法律上の占有取得原因であるとして法律行為等に限定しない立場もある（田中・前出注（1）84頁）。

(40) 共同相続人の一人が占有に基づき他の共同相続人に対して取得時効を主張することの困難性について、内田貴教授は「通常、共同相続人の一人が遺産に属する不動産の全体について占有管理していても、他の共同相続人の相続分については、いわば事務管理であって他主占有である」点をあげる（内田貴『民法IV　親族・相続（補訂版）』（東京大学出版会、2002年）445頁）。ただし、例外として他主占有から自主占有に転換する場合を肯定し、その場合の考慮要素については前出注（3）の最2小判昭和47年9月8日（民集26巻7号1348頁）を引用している点から、例えば、時効取得を主張する側の事情（単独相続をしたことを信じて疑わず（自主占有性）、相続時から現実の占有をしていること、占有・管理・収益の独占、租税公課の負担）と所有権者（他の共同相続人）側の事情（相続財産に対し無関心、他の共同相続人の占有状態に対し異議を述べてこなかった（現占有状況の黙示の承認））との総合的な比較衡量による立場に立つものと考えられる。

(41) 前出本稿検討事案（[事例21]）の一審判決引用の最判昭和46年11月30日民集25巻8号1437頁の評価について、近江幸治『民法講義II物権法〔第三版〕』（成文堂、2006年）183頁-184頁参照。

(42) 平成29年6月9日閣議決定等の政府の基本方針において、今後、人口減少に伴い所有者を特定することが困難な土地が増大することも見据えて、登記制度や土地所有者の在り方等の中長期的課題については、関連する審議会等において速やかに検討に着手することとされた。それを受けて、登記制度・土地所有権の在り方に関する研究会等で具体的な検討がなされている。山野目章夫教授を座長とする「登記制度・土地所有権の在り方等に関する研究会」の議論について、大谷太・佐藤丈宜「『登記制度・土地所有権の在り方に関する研究会中間とりまとめ』の概要」登記情報681号11頁参照。具体的には、①登記手続きの簡略については、共同相続人の一部の者による時効取得を原因とする登記手続きの簡略化、②登記義務者の所在が知れない場合の時効取得を原因とする登記手続きの簡略化の議論がある。特に、①については、本稿前出注（3）最2小判昭和47年判決において示された要素を含めて、登記官が共同相続人の一部の者による時効取得の要件充足性を判断することが困難であるある点等が会議で指摘されている。また、登記手続き自体の簡略化は慎重に行うべきであり、仮に単独申請可能とした場合であっても権利を失う者のための手続保障の制度の創設や他の相続人に異議がないことがわかる書類を添付すべき等

相続人の所在が不明の場合、永年に渡り事実上排他的に占有し、権利取得を主張する側にとっては訴訟提起等の手続き的負担が重く、他方、真の権利者側にとっても遺産分割協議を整える等、相続登記の手続き的負担も重い。しかし、登記の真正性を保持するのと同時に、登記義務者の手続保障等に配慮する必要性から民法185条の「所有の意思の表示」については、今後も事案の特殊性に応じたきめ細かな考慮要素による総合的な判断が必要だと考える。[43]

の意見も出されている。これらの議論の詳細については、「研究会だより」登記情報679号4-5頁、同・684号4頁以下参照。

(43) 本稿の検討事案「本決定」（[事例21]）後に、相続不動産（土地）の占有と建物の建築といった外形的客観的な独自の占有の意思に基づく占有によって時効取得が成立した（民法162条、185条）と主張する共同相続人の一人からの所有権移転登記手続請求に対する高裁判決が出された（大阪高判平成29年12月21日判時2381号79頁。その後の上告・上告受理申立てに対し上告棄却・不受理決定がなされすでに確定）。原審である京都地判平成29年4月26日（判時2381号83頁）では、建物の完成と土地の固定資産税の永続した納付事実を重視し取得時効の成立を認めたが、控訴審では一転、遺産分割協議が未成立であることをふまえ、独占的支配事情だけで当然に自主占有になるものでもなく、単独所有になったと信じて占有を始めたなどの自主占有事情が基礎づけられるものでもないとして取得時効の成立を否定した。相続固有の権利帰属のしくみ、相続人間固有の人的関係性、占有に至る詳細な経緯等を考慮しながら総合的な判断を行っていることが判決文から理解できる。

オーストラリアの水法改革と
水アクセス・ライセンス
——ニューサウスウェールズ州における
水利権原の持続可能な割当てへの転換——

宮　﨑　　　淳

```
I   はじめに
II  オーストラリア水法の発展過程
III 2000年水管理法における水アクセス・ライセンス制度
IV  水利権原と水管理計画の関係
V   むすびにかえて
```

I　はじめに

　オーストラリアで2002年から2010年頃まで続いた渇水は、「ミレニアム大渇水」と呼ばれ、「世界で最も乾燥した大陸」である同国における今世紀初頭の象徴的な出来事であった。この期間の農作物の収穫量は大幅に落ち込み、国際的にも大きな影響をもたらした。長期間続いた渇水が同国の水利改革を加速させ、持続可能な水管理制度を発展させる一つの要因にもなったことは容易に想像できる。

　四半世紀にわたるオーストラリアの水利改革において、1994年および2004年に公表されたオーストラリア政府評議会（Council of Australian Governments）による水利政策の指針は、歴史的意義をもつ水法改革を進展させた。この水法改革には、二つの柱がある。その一つは、既存の水利権原

---

(1)　同国の水利制度改革の内容については、木下幸雄「水利改革と農業水利制度の基本構造――オーストラリアNSW州の事例――」水利科学273号（2003年）35頁以下および近藤学「オーストラリアの水改革――その概説――」滋賀大学環境総合センター研究年報3号（2006年）49頁以下が詳細である。

(water entitlements) につき水取引市場を創設するために財産権 (property) としての性質をもつ権原に転換することである。もう一つは、環境の持続可能性を確保するとともに財産権としての水利権原を確立するために、制定法上の水管理計画 (water management plan) を策定し実施することである。

オーストラリアの水利用に関する権利は、コモン・ローにおいて土地の所有 (占有) に付随するものとして形成されてきた。しかしながら現在では、すべての州が、同政府評議会による水利改革の指針にしたがい水利権原を土地から切離させている。水取引市場の設立のためには、水利権原を受益地から分離させる必要があると考えられたからである。

また、気候変動等で水不足の危機にさらされている同国にとって、水資源の持続可能性の確保は喫緊の課題である。これに対応するためには、州が水管理計画を策定し実施することにより、持続可能な水管理を実現することが要請される。そこで、土地から切離され取引可能となった水利権原および持続可能な水管理を具現化する水管理計画について、それらの仕組みと関係性を考察することが重要となる。本論考では、水資源の過剰配分と過剰利用が常態化し、水利権原の抱える問題の解決および制定法上の水管理計画の実施が急がれた、ニューサウスウェールズ (New South Wales) 州における両者について取り上げる。

本稿では、まずオーストラリアにおける水法の発展過程を四つの段階に区分し水法改革の背景とその内容を明らかにしたうえで、ニューサウスウェー

---

(2) 木下幸雄「オーストラリアの水利制度改革における農業環境政策」農業農村工学会誌80巻12号 (2012年) 993頁は、オーストラリアについて世界で最も効果的な水資源管理制度をもつ国の一つであると評価する。
(3) 木下幸雄「オーストラリアにおける農業環境・資源政策」荘林幹太郎=木下幸雄=竹田麻里『世界の農業環境政策―先進諸国の実態と分析枠組みの提案―』(農林統計協会、2012年) 102頁は、同国では水取引市場がすでに確立していると指摘する。
(4) Alex Gardner, Richard Bartlett and Janice Gray, *Water Resources Law*, LexisNexis Butterworths, 2009, at [26.1].
(5) 本稿では、オーストラリア首都特別地域および北部準州の二つの特別自治区を含めて「州」と表記する。
(6) Jennifer McKay, 'The Legal Frameworks of Australian Water: Progression from Common Law Rights to Sustainable Shares', in Lin Crase (ed.), *Water Policy in Australia: The Impact of Change and Uncertainty*, RFF Press, 2008, at 44 は、同国の水に関する法と政策の発展過程を四つに区分し、それらの内容と特徴について考察する。

ルズ州の 2000 年水管理法（Water Management Act 2000（NSW））に焦点をあて、本法における水利権原である水アクセス・ライセンス（water access licences）の性質およびその制度運用ならびに水管理計画の役割について論及することにより、水法改革の二つの支柱である財産権としての水利権原および水管理計画の関係性について考察する。

II　オーストラリア水法の発展過程

1　コモン・ローにおける水利用の権利

オーストラリアの最高裁判所は、地表水および地下水の利用に関する事案についてイングランドのコモン・ローの準則を適用してきた。両国は自然環境において大きな違いがあるにもかかわらず、コモン・ローが採用されたことにつき、1962 年の Gartner v. Kidman において Windeyer 裁判官はつぎのように判示したあとで、1867 年 Dunn v. Collins を引用する。

> 「これらの準則は非常に古い。人が水を利用し水流の利益を享受して何世紀もの間、定住してきた河岸に沿った水流に関する権利と義務を判断し明確にするために、数え切れないほどの事案において、これらの準則がイングランドで適用されてきた。慣習法（customary law）が発展した定住、気候および地理の条件は、オーストラリアの多数の地域で広く行われているものとはかなり相違する。そしてこれは、イングランドの裁判所による特定の判決が推論としてもたらされるときに念頭に置かれるべきである。しかし、これらの準則は、オーストラリアが継承したコモン・ローの一部であり、重要な部分であることは疑いない。」

コモン・ローの沿岸権に関するオーストラリアの指導的判例は、前掲の Dunn v. Collins であると指摘されている。本判決における Wearing 裁判官

（7）　Gartner v. Kidman（1962）HCA 27, 108 CLR 12.
（8）　D E Fisher, *Water Law*, LBC Information Services, 2000, at 119 は、Gartner v. Kidman（1962）HCA 27, 108 CLR 12 について詳しく分析する。
（9）　Dunn v. Collins（1867）1 SALR 126.
（10）　Gartner v. Kidman（1962）108 CLR 12 at 23.
（11）　McKay, *op. cit.*, at 45.

の見解は、地下水を含む数多くの水資源に関するコモン・ロー上の権利について言及した。この判断は、1859 年の Miner v. Gilmour において Kingsdown 卿によって解釈されたように、コモン・ロー上の沿岸権の法理をオーストラリアに適用したと評価されるのである[13]。

イングランドにおける地表水に関するコモン・ロー上の権利は、沿岸権（riparian rights）として認識されている。沿岸権とは、上流地の占有者が下流地の占有者による自然水流の利益を侵害しない条件のもとで、土地上を流れる流水の利益を享受しうる権利である[14]。このように解される沿岸権は、水流に接している土地に対する私人の所有または占有から派生する権利である[15]。すなわち、沿岸権は、沿岸の土地とは無関係にまたはその土地とは関連のない目的のために、水を利用する権利ではないのである。

これに対して地下水の法準則は、地表水に関する沿岸権にみられるような制限を負うことなく、土地所有者は利用可能な地下水のすべてを利用する権利を有する。かかる地下水の準則を絶対的所有権のルールという[16]。当該ルールは、一般的に「共有地の悲劇」を促すと考えられている。この準則によれば、井戸の水を枯渇させた隣接地の所有者にその行為をやめさせることはできないのである。

コモン・ローでは、地下水が存する土地の所有者は、その水を所有することはできないが、その土地を所有（占有）する者が欲するいかなる目的でも、地下水を無制限に専用し利用する権利を有する[17]。このような見解は、土地所有者の目的が隣人の井戸を侵害しようとする害意のみが存在する場合でさえも適用されるといわれている[18]。

---

(12) Miner v. Gilmour (1859) 12 Moo PCC 131, 14 ER 861.
(13) McKay, *op. cit.*, at 45.
(14) Kate Stoeckel, Romany Webb, Luke Woodward and Amy Hankinson, *Australian Water Law*, Thomson Reuters, 2012, at [2.20].
(15) 沿岸権については、宮﨑淳『水資源の保全と利用の法理―水法の基礎理論―』（成文堂、2011 年）12 頁以下参照。
(16) 絶対的所有権のルールについては、宮﨑・前掲注（15）45 頁以下が詳細である。
(17) Ballard v. Tomlinson (1885) 29 Ch D 115; Chasemore v. Richards (1859) 7 HL Cas 349.
(18) McKay, *op. cit.*, at 45.

2 水利用に関するライセンス制度とその問題点
(1) 制定法における水利用の権利

コモン・ローの沿岸権に基づく水利用は、沿岸地の所有または占有を基礎とするものであるから、沿岸地以外では水利用ができないという考え方を包摂する。そのため、社会経済の発展に伴う農地拡大の要請とともに、沿岸から離れた土地で水を利用できる制度の構築が求められた。そこで各州は、コモン・ロー上の権利とは別途に、制定法によって地表水と地下水の利用に関するライセンス制度を創設した。

1890年代後半から1900年代初頭にかけて、各州は水資源にアクセスしそれを利用するための、土地の所有（占有）者の権利について定める法律を制定した。この制定法の枠組みは、水へのアクセスに関する原初の (primary) 権利を王位 (Crown) に授与し、その権利に基づき王位が水にアクセスし利用する権利を土地の所有者または占有者に付与する仕組みになっている。[19] すなわち、水にアクセスし利用する権利の法制度は、水の利用に関する原初の権利を王位に授与し、その権利に基づき王位が水にアクセスし利用する権利を土地の所有者等に付与するという二重の構造をもつのである。

ニューサウスウェールズ州は、1896年水利権法 (Water Rights Act 1896 (NSW)) 1条によって「すべての河川と湖における水の利用 (use)、流れ (flow) および統制 (control) に関する権利」を王位に授与した。このような権利の王位への授与は、コモン・ロー上の沿岸権の効力を消失させるものではない。すなわち、州の立法府は、沿岸権に優先する新しい制定法上の水利権を王位に与えたのである。[20] したがって、制定法上の水利権は土地所有者の沿岸権と併存すると解される。しかしながら現在では、多くの法域において、水流を利用しうる沿岸地所有者のコモン・ロー上の権利は制定法によって廃止されている。[21]

水利用に関するライセンス制度は、このような権利構成のもと地表水と地下水を対象に各州で設置され、州が水利権原をライセンス保持者に与えてき

---

(19) Stoeckel, *op. cit.*, at [2.35].
(20) *Ibid.*, at [2.40].
(21) この点については後述するが、ニューサウスウェールズ州では水管理法393条がこれに該当する。

た。しかし、この権原は自由に譲渡できなかったため、法的には財産権と解されてこなかった[22]。

地下水の利用に関しては、地下水障害が発生した場合に個別に対処するのみで、法的にはオープンアクセスが原則であった。また州は、掘抜井戸の数または総採取量に対して一般的に制限しなかった。そのため農場主は、地下水のライセンスを権利として捉えるとともに[23]、掘抜井戸やパイプのようなインフラには料金を支払ったが、利用された水自体に対しては料金を支払わなかった。このような現象は、地表水より長くコモン・ローのもとで規範形成されてきた地下水につき、当初から確立されてきたコモン・ローの伝統が影響していると指摘されている[24]。このように、地下水に関しては多くの無制限の掘抜井戸が設置され、ライセンス保持者の思い通りに水が採取されてきたのである。

(2) 伝統的なライセンス制度の問題点

1890年代後半から約1世紀近くの間、水を採取し利用するライセンスは、伝統的な水利特権であった。すなわち、掘抜井戸やため池を建設する許可および水の採取や給排水の目的で水利設備を設置する許可につき、古い形式のライセンス制度を採用していたのである。特権（privilege）とは、その名義人に対して特定された活動を行うことを許可することである。つまり、ライセンス保持者はその条件と更新に服し、その保持者自らそれを他人に譲渡できない許可をいうのである。また、制定法上の特権は特定の目的のために設定され、通常、土地と関連し広い自由裁量が認められる行政的権限のもとで許可されるものである。したがって、特権のシステムは官僚的な水管理を含意するため、水取引には不適切な制度であるといわれている[25]。

伝統的な水利特権の制度では、採取が許可された水について特別な定量化がなされているわけではない。すなわち、採取しうる水量が明確に特定されていないのである。またこのことは、水配分の権原と設備建設のそれが分離

---

(22) McKay, *op. cit.*, at 47.
(23) 新ライセンスへの転換により水量配分が減少した際に、ライセンスの財産権としての性質をめぐる訴訟が提起された背景には、このような意識が長く続いてきたことがあったと考えられる。
(24) McKay, *op. cit.*, at 45.
(25) Gardner, *op. cit.*, at [18.2].

されることなく、水利設備から分水する権原を付与する設備ライセンスによって水利用が可能となっていることを意味する。

　水利特権制度は、ライセンスの内容が明らかでなく不明確な権利を与えるものであるから、ライセンスにつきその財産権としての性質が否定されてきた。このようなライセンスは、水不足の際における利用可能な水量やライセンス相互間の優劣関係の制度を欠くから、実際にどれくらいの水が利用可能で、取引可能かについても明らかではなかった。また、このライセンスは譲渡できないし、その登録制度も欠如するうえ、有効期間についても存在しなかった。さらに、ライセンスの許否やその条件付与について過度な自由裁量が認められるとともに、水資源の管理計画もなかった。このような状況のもとで許可されたライセンスは、その財産的価値が低かったと考えられる。[26]

　水利用の効率性を高める際の最大の障害は、水利権が受益地に付着することである。水利権の譲渡およびその取引市場は、かかる障壁によって厳しく制限される。水利権原の土地への付着を除去する必要性、つまり水利権原を土地から切離する要請は、水法改革の過程で早くから認識され、後述する1994年の水利改革枠組みおよび2004年の国家水イニシアティヴの本質的な部分であった。[27]

3　1994年水利改革枠組みと採取制限制度の導入
(1)　1994年水利改革枠組み

　水についての連邦政府の関心は、水管理がオーストラリア政府評議会(以下、「政府評議会」という。)の競争枠組みに編入されることによって著しく変化した。これは、連邦による州の水利政策への関与を正式に認めたことになるため、各州の水利政策に決定的な変化をもたらした。また、多くの公共事業体の一部分または全体の売却を進める国家競争政策は、各州が水に関する国家の協定にしたがうことを促すための基金につき、共同出資の仕組みを創り出した。[28]

---

(26)　*Ibid.*, at [12.2].
(27)　*Ibid.*, at [12.9].
(28)　McKay, *op. cit.*, at 50.

オーストラリアではいくつかの重要な政策が水利権の発展を導いてきたが、その最初に位置づけられるものは、1994年に公表された政府評議会の水利改革枠組み（Water Reform Framework）である。これは、オーストラリアの水資源の効率的かつ持続可能な管理のための改革の枠組みを定めている。本枠組みは、「資源の利用が生態学的に持続可能であることを保証する一方で、共同体の利益のために制限された資源の最高かつ最善の価値」の実現に向けて、土地の権原から切離された水に関する財産権のスキームを取り入れ、所有、水量、確実性および譲渡可能性を明確に特定する水配分の制度を考案することについて宣明した。さらに、このような水利権原を定めるとともに、州際間の取引を含む水利権原の取引に関する制度の構築を求めた。[29]また当該枠組みは、将来の水プロジェクトが地域レベルの水に関する管理と計画につき、より多くの私的セクターの参加および公共団体の関与によって、環境的に持続可能な開発（environmentally sustainable development: ESD）の原則に基づくことについて各州が保証することを唱えている。かかる枠組みは、政策変更に関する主要な動機となり、各州の新しい水管理体制および水法の再構築をもたらしたと評価されている。[30]

同枠組みには、いくつかの中核的な要素が存在する。すなわち、第一に各州は環境目的のために水を配分することを含む、水配分の包括的システムを採用すべきであること、第二に土地と水の権原は切離され、水利権原を取引可能とすること、第三に州の各制度は水取引を促進するために調整されること、第四に将来の灌漑に対するすべての投資は、実施前に経済的かつ環境的な持続可能性の基準を満たすべきであること等が要請されたのである。なかでも、水利権原が土地の権原から切離されることは最重要の課題とされた。土地からの水利権原の分離が、水を最も高い価値の利用へと移転させ、水利権原の取引を促進させると考えられたからである。

2000年には、塩害および水質のための国家行動計画（National Action Plan for Salinity and Water Quality）において、生活用、工業用および環境用の確実な水量配分を保証するために設定された目標が公表された。この目標を達成

---

(29) Gardner, *op. cit.*, at [12.3].
(30) McKay, *op. cit.*, at 50.

するためには、水利権原の財産権としての性質を確立することが要請された。そして、各州が個人の権利と調整するために補償を行い、地下水および地表水を買い戻すかまたは買収することにより、水利権原を土地の権原から切離することを奨励した。水利改革は、補償なしでは公共団体から支援されず、それがむしろ紛争の火種となり、おそらく達成不可能となるであろうと、本行動計画は認識していたのである。

(2) 採取制限制度の導入

オーストラリアの水利改革の中で最も重要な決定の一つとして評価されてきたものは、採取量の制限制度（Cap）の創設である。すなわち、1995年のマレー・ダーリング流域（Murray-Darling Basin）における採取に関する暫定的制限制度の導入である。本制度は、消費的利用のために分水されうる水の総量につき1994年6月30日時点で分水された水量まで制限するものである。当該制限は、分水量の増加を抑制することを目的としている。ただし、新しく開発された水がその効率的利用または既存開発からの水の購入により取得されたものである場合には、この制限には含まれないとする例外が設けられている。この暫定的制限システムは、1997年7月1日からニューサウスウェールズ、ヴィクトリアおよびサウスオーストラリアで常設の制度となった。

このような制限制度に関する協定のもとで各州は、分水、水利権原、水量配分、州内での水取引、当該州への水取引、当該州からの水取引および達成目標の遵守について監視するとともに、マレー・ダーリング流域委員会（Murray-Darling Basin Commission）への報告を要求される。

当該流域委員会は、1999年に制限制度の運用について評価を委託し、つぎのような結論を得た。第一に当制度は流域の河川システムの生態学的な持続可能性の確保という政府評議会の目的に貢献してきたこと、第二に同制度の実施は流域の持続可能な生態系の実現に向けた本質的な第一歩であったこ

---

(31) 木下幸雄「オーストラリアにおける農業水利権買い戻し問題―ニュー・サウス・ウェールズ州灌漑地域を中心に―」2009年度日本農業経済学会論文集641頁以下は、灌漑用水から環境用水への水の再配分を実現する農業水利権の買い戻しについて考察する。
(32) Stoeckel, *op. cit.*, at [2.05].
(33) McKay, *op. cit.*, at 48.

と、第三に本制度がなければ河川システムの環境が悪化するリスクは著しく増加するはずであったこと等であった。また、制限制度について法的観点から特筆すべき点は、州レベルでの実施が要求され、連邦はその実施を命令する権限を有していないことであると指摘されている。[34]

以上のことから、本制度は当流域の持続可能な生態系の構築に関する取り組みとして高く評価されていると考えられる。

4　2004年国家水イニシアティヴ

政府評議会による1994年の水利改革枠組みは、オーストラリアの水法および水資源管理の改革に向けた定型的なアプローチを提示した。それにもかかわらず、各州における水利制度は複雑で、首尾一貫性の欠如が目立っていた。そこで政府評議会は、2004年に国家水イニシアティヴ（National Water Initiative: NWI）として知られる2番目の重大な改革を公表した。[35] NWIは、地表水と地下水の持続可能な管理を達成するために、市場、規制および計画のスキームに関して国家レベルで適合させることを目的とする。

NWIの主要な特徴は、第一に水の消費的利用につき水アクセス権原を要求するとともに、その権原の定義とその性質を明らかにした点であり、第二にESD原則に関する連邦政府および各州政府の責務を表した点にある。

NWIは水アクセス権原について、「関連する水計画（water plan）によって決定し、特定の水資源の消費的貯水（consumptive pool）に対する永続的あるいは無期限の割当て（share）」として定義するとともに、土地から切離することを求める。[36] また、水アクセス権原の性質として、水の所産の本質的特徴が特定され、排他的で、取引・贈与・遺贈・賃貸が可能で、分割または統合でき、担保の対象となり、強制可能でかつ強制され、そして公的にアクセス可能で信頼できる水登録簿（water registers）に登録されることを要請する。[37]

---

(34)　Ibid., at 48.
(35)　NWIの協定は、2004年6月29日の政府評議会総会においてタスマニアおよびウェスタンオーストラリアを除く、すべての州政府によって署名された。のちに両州は、2005年と翌年にそれぞれNWIへの署名州となった。
(36)　Council of Australian Governments, *Intergovernmental Agreement on a National Water Initiative*, 25 June 2004, para 28.
(37)　Ibid., para 31.

ESD原則に関する連邦政府および各州政府の責務については、オーストラリアの水利用に関する生産性および効率性を向上させるための継続的な国家の責務、農村および都市の公共団体に提供する必要性ならびに河川および地下水のシステムの健全性を保証することの重要性を認識し、責務を果たさなければならないとされる。

　またNWIは、環境およびその他の公益に適合するために提供される水について制定法で定められ、その権原は少なくても水アクセス権原と同程度の安定性（security）をもたなければならないことを要求する。このことは、環境のための水利権原に対する安定性が消費的利用のための水利権原に対するそれより低いものであってはならないことを保証している。

　NWIは、目標と成果を含む包括的な改革に関する協定であり、水管理につき相互に関連する事項について政府が実施を引き受けている点でその実効性が担保されている。

III　2000年水管理法における水アクセス・ライセンス制度

1　水アクセス・ライセンス

(1)　ライセンスの内容

　土地の権原から水利権原を切離することは、1994年の水利改革枠組み以来、各州の政府に求められてきた。またNWIは、水の消費的利用の際には水アクセス権原が要求されることを示し、その権原を水資源の消費的貯水に対する割当てとして定義した。

　このようにNWIで要請され、消費的貯水に対する割当てと定義された新権原への切替えは、ほとんどの州においてまだ移行の途上である。ニューサウスウェールズおよびクィーンズランドにおける権原の切替えは、流域および地下水管理区域で水管理計画が策定され、それが実施された場合に行われる。なぜなら、水資源の消費的貯水に対する割当てに応じて配分される水量

---

(38)　*Ibid.*, para 35.
(39)　McKay, *op. cit.*, at 53.
(40)　*Ibid.*, at 52.

は、水管理計画に基づき決定されるからである。

　ニューサウスウェールズでは 2000 年水管理法 (Water Management Act 2000 (NSW)) を制定することによって、政府評議会の水利改革に対応する。このことは、「本法の目的は、現在および将来の世代の双方の利益のために、当州の水源に関する持続可能で統合された管理について定めることである」とする同法 3 条の文言が、政府評議会の水利改革の指針と一致することからも明らかである。また本法は、NWIにしたがい水アクセス権原に一層の明確性を与えるために 2004 年に改正されている。

　水アクセス権原に関し、水管理法 56 条はアクセス・ライセンス (access licences) について規定する。すなわち、同条 1 項 (a) では「アクセス・ライセンスは、特定の水管理区域内または特定の水源からの利用可能な水 (available water) における特定の割当て (specified shares) に対する権原がその保持者に付与される (割当要素 (share component))」と定められ、同条項 (b) では「アクセス・ライセンスは、(i) 特定の期間、特定の割合もしくは特定の状況またはこれらの組合せにおいて、および (ii) 特定の区域内または特定の場所から、水を採取する権原がその保持者に付与される (採取要素 (extraction component))」と規定される。したがって、アクセス・ライセンスとは利用可能な水における特定の割当てに対する権原であると定義できる。

　このようなアクセス・ライセンスの定義には、土地との関係性が意識的に排除されている。すなわち、同ライセンスは特定の土地 (受益地) と結合していないし、土地の所有 (占有) 者によって取得されることも要求されてはいないのである。しかしながら、ニューサウスウェールズを含むすべての州

---

(41)　この他、水管理法は頻繁に改正を重ねている点に留意すべきである。
(42)　水利改革の要請に対応するために作出された水利権原の名称は、法域の間で異なる。クィーンズランドでは「水量配分 (water allocations)」と表現され、ヴィクトリアでは「水割当て (water shares)」、サウスオーストラリアとタスマニアでは水量配分が書込まれた「ライセンス (licences)」、準州では特定された権原とともに「ライセンス」の用語が使用される。ウェストオーストラリアでは、改革前の権原につき「ライセンス」の用語が用いられる (Gardner, *op. cit.*, at [12.8])。
(43)　水管理法 56 条 5 項は「本法の目的のために、アクセス・ライセンスを水アクセス・ライセンス (water access licence) または WAL と称することもできる」と規定する。したがって、水アクセス・ライセンスとアクセス・ライセンスは同一概念である。
(44)　アクセス・ライセンスの採取要素において、特定の区域内または特定の場所から水を採取す

は、水利権原に付される条件(conditions)または水使用承認(water use approvals)もしくは水管理設備承認(water management work approvals)の仕組みによって、水が利用されるべき場所を特定する権限を有する。このような権限は、水利権原とそれに関連する土地(受益地)の結合を認めるものであるから、権原の譲渡に関する制限を意味する。したがって、水利制度全体でみれば、水利権原と土地が完全に切離されているわけではない点に留意する必要がある。

ここで、水利用に関する権利を表す用語の関係について、整理しておきたい。水にアクセスし利用するための、財産権としての新しい水利権原に与えられた一般的用語は、「水アクセス権原(water access entitlements)」であるが、ニューサウスウェールズ州の水アクセス権原は前述のように水管理法で水アクセス・ライセンスと規定されている。「権原(entitlement)とは、その他の場合には法律によって禁止される活動を行う制定法上の権限のもとで政府により付与される許可(permission)である」から、水アクセス・ライセンス等のwater entitlementsとコモン・ロー上の沿岸権等のwater rights(水利権)を訳し分けるため、本稿では水利用に関する行為を正当化する制定法上の原因という意味で、water entitlementsを「水利権原」と訳出した。したがって、同州の水アクセス権原は水アクセス・ライセンスであり、これら両者は水利権原に包摂される概念である。

(2) ライセンスの性質

ニューサウスウェールズ州の水管理法71条Mの1項では、「アクセス・

る権利がライセンス保持者に与えられるとしている点で、土地との関連性を完全に否定しているわけではない点に留意すべきである。
(45) 水アクセス・ライセンスは、大臣がときとして負わせる条件に服する(水管理法66条)。
(46) 水使用承認は、特定の目的のために特定の場所で水を使用する権利をその保持者に与える(水管理法89条)。
(47) 水管理設備承認は、特定の場所に特定の設備を建設し使用する権利をその保持者に与える(水管理法90条)。
(48) Gardner, *op. cit.*, at [12.9].
(49) これに対し「水アクセス権(water access rights)」は、水アクセス権原より広い概念で、財産権としての権原に切替えられていない土地所有者に残存するアクセス権やその他のアクセス権等を包摂する。
(50) Gardner, *op. cit.*, at [18.1].

ライセンスは本条にしたがい、譲渡することができる」と定め、ライセンスの譲渡に関する事項について規定する。また、同条Qはアクセス・ライセンスのもとでの権利の譲渡について定め、同条Tの1項は「水量配分（water allocations）は本条にしたがい、あるアクセス・ライセンスから別のアクセス・ライセンスに譲渡されうる」と規定する。71条Rはアクセス・ライセンスの割当要素の修正について、同条Sは当ライセンスの採取要素の修正について定める。さらに、本条Pではアクセス・ライセンスを二つ以上のライセンスに分割またはそれらを統合しうることを認める。

　このようなライセンスの取扱い（dealings）は、権原の有効性を保証する公的登録簿に記録される。水アクセス・ライセンス登録簿（water access licence register）は、71条に規定されている。

　このように水アクセス・ライセンスの譲渡、担保および登録等を認めることは、ライセンスに財産権としての価値を与える。かかる法制度は、その保持者と投資家が要請する法的安定性をライセンスに付与し、その水利権としての価値を高めるのである。

　水アクセス・ライセンスへの譲渡可能性の付与は、その権利を単なる人に対するライセンス以上のものまで高める一方、それは土地に関する権原を狭めることにもなる。さらに、当該ライセンスは制定法により強制可能であるとともに、それによって制限を受けるという、制定法上のアクセス権原を越えるものではない。

　水アクセス権原に関する制定法上の枠組みは、権原に法的安定性を与えその価値を高めるが、他方で権原を厳格に制限する側面も有する。たとえばニューサウスウェールズ州では、水に関する権原の付与、譲渡、担保、停止ま

---

(51) 木下・前掲注（3）102-103頁は、水利権取引のプロセスについて、①用水取引所やブローカーによる情報収集と取引相手の探索、②取引成立の場合にはブローカー等による契約書の作成と取引許可の申請、③州政府の水管理当局が第三者に及ぼす影響等を検討し許可を判断、④許可されると行政書士による取引裁定と権利登記によって完了すると説明する。
(52) 木下幸雄＝Lin Crase「日本における農業用水管理制度デザインの再検討—プロパティ・ライツ制度論によるアプローチ—」水資源・環境研究26巻2号（2013年）68頁は、Crase等の分析枠組みを用いて、プロパティ・ライツの構成要素を①排他性、②継続性、③移転性、④分割性、⑤柔軟性、⑥正当性に分解したうえで、これらの要素の不完全性の程度を検討することにより農業水利権の制度的特徴について考察する。
(53) Stoeckel, op. cit., at [2.50].

たは取消は行政上の同意を必要とするが、大臣は新しい水アクセス・ライセンスの付与およびそれらの取引を禁止する権限を有している。

2 水アクセス・ライセンス制度の運用
(1) ライセンス制度の運用

2000年水管理法は、NWIの多くの要請を具現化するとともに、1986年水行政法（Water Administration Act 1986 (NSW)）および1912年水法（Water Act 1912 (NSW)）の一部を含む多くの水関連法を廃止した。

水管理法392条2項は、廃止された1986年水行政法12条と類似する文言を用いて、「州の水利権（State's water right）」は王位に授与されると規定する。州の水利権とは、同条項によって、「河川、湖および帯水層にあるすべての水、大臣の統制または管理のもとにある事業によって保全されるすべての水ならびに地表上または地表下で自然に発生するすべての水につき、それらを統制し（control）利用し（use）流す（flow）権利」として定義される。かかる州の水利権の規定に基づき、水アクセス・ライセンスを付与する権限が州（大臣）にあるとされるのである。このような水利用に関する権利は、第一次的には王位に授与される制定法上の権利であり、第二次的には水アクセス・ライセンスの保持者に付与される契約的な権利（contractual rights）であるといわれている。

また、水管理法393条は、沿岸地の水流から水を採取し利用する沿岸地所有者のコモン・ロー上の権利を廃止した。沿岸権は、沿岸地所有者に寛容すぎるうえ、土地の分割に伴って激増する可能性があると懸念されたのである。

現在、ニューサウスウェールズ州では2000年水管理法と1912年水法の二つの法律が、水にアクセスし利用する権利について定めている。したがって、同州で水にアクセスし利用する権利を取得しようとする者は、どちらかの法律によって制定法上の権原を取得しなくてはならない。

---

(54) *Ibid.*, at [2.55].
(55) *Ibid.*, at [4.01].
(56) その他、サウスオーストラリア州は2004年天然資源管理法128条8項によって、またタスマニア州は1999年水管理法7条1項によって、水利用に関するコモン・ロー上の権利を廃止した。

水にアクセスし利用する権利は、主に水管理法のもとで水利権原を発行する大臣によって管理されている。水利権原は、それを付与する州の水管理制度の基礎的要素を形成し、水の採取および利用を律する役割を果たしている。ニューサウスウェールズでは、このような水利権原を水アクセス・ライセンスと呼んでいる。

水アクセス・ライセンスは、高い信用で担保される場合もあれば一般的な信用で担保される場合もあり、地表水に適用される場合もあれば地下水に適用される場合もある。すべての水アクセス・ライセンスは特定の水源と関連しており、また特定の採取地点を指定していなければならない。[57]

それぞれの水アクセス・ライセンスには、独自の水口座（water account）が設定される。所管大臣は、7月1日から翌年の6月30日までの水利年度（water year）にライセンス保持者が採取できる量的な権原を示す利用可能な水（available water）について決定する。この水量は年度毎に水口座に振込まれ、採取地点から水が採取されるときに引落とされる。水アクセス・ライセンスの水口座に振込まれる水量は、水量配分（water allocations）と称される。より多くの水が利用可能になった場合には、水利年度の途中で追加の利用可能な水に関する決定が公表されることもある。

水アクセス・ライセンス制度は、水管理法によって定められた水割当計画（water sharing plan）に基づき管理される水源に対してのみ適用される。[58] 本法がまだ適用されていない地域では、1912年水法が適用される。ニューサウスウェールズでは多数の地下水源が水割当計画の対象になっていないため、1912年水法がいまだに適用されている地域も少なくない。水割当計画に基づき管理されている河川から農地に水を引くためには、一般的に水管理法の水アクセス・ライセンスが要求される。他方、当該計画によって管理されていない地下水源から水を採取するためには、1912年水法における掘抜井戸ライセンス（bore licences）が必要とされる。[59]

---

(57) Stoeckel, *op. cit.*, at [4.05].
(58) ニューサウスウェール州の水割当計画は、水管理計画の一類型である。
(59) Stoeckel, *op. cit.*, at [4.05].

(2) ライセンスの免除

ニューサウスウェールズ内の特定の水管理区域または特定の水源から水を採取しようとするすべての者は、水管理法のもとで水アクセス・ライセンスを取得しなければならない。同法60条Aは、故意または過失によって水アクセス・ライセンスを取得することなく、本法が適用される水源から水を採取することは犯罪となると規定する。[60]

水管理法に定められた以下の三つの権利は、水アクセス・ライセンスの取得要件が免除されている。すなわち、家庭用および家畜用の権利（domestic and stock rights）、収取可能権（harvestable rights）ならびに先住民の権利（native title rights）については、当該ライセンスを取得しなくても水を採取し利用できるのである。[61]

水利用の目的が単に家庭での消費または家畜への水やりであるならば、土地の所有（占有）者は、水アクセス・ライセンス、水供給設備承認（water supply work approval）または水使用承認（water use approval）を必要とすることなく、土地が接する河川、河口、湖からもしくは地下の帯水層から水を採取する権原および当該目的のために水供給設備（water supply work）を建設し使用する権原が付与され、そこから採取された水を利用することができる。[62]

家庭での水の消費は土地上に建つ生活用建物における通常の家事用途のために水を消費することであり、家畜への水やりは当該土地で飼育されている家畜の非商業的な水やりを指す。[63]

収取可能権の区域内における土地の所有（占有）者は、当該区域の収取可能権に関する命令（harvestable rights order）にしたがい、水アクセス・ライセンス、水供給設備承認または水使用承認なしに、本命令によって規定された水を収取し貯留する目的のために水供給設備を建設し使用することができるとともに、この水を採取し利用することができる。[64]

---

(60) 2004年水管理（一般）規則（Water Management (General) Regulation 2004）は、水アクセス・ライセンスの取得要件に関する限定的な適用除外について定める。
(61) このような例外は、オーストラリアのすべての法域において存在する。
(62) 水管理法52条1項。
(63) 水管理法52条3項。
(64) 水管理法53条1項。

水供給設備の容量が収取可能権に関する命令によって定められた最大収取可能権量（maximum harvestable right volume）を超過しない場合には、収取可能権の行使によって収取された水および水源から適法に採取された水を貯留するために、水供給設備を建設し使用することができる[65]。

　先住民の権原保持者は、水アクセス・ライセンス、水供給設備承認または水使用承認なしに、先住民の権原の行使内において水を採取し利用することができる[66]。しかしながら、先住民の権原保持者がため池（dam）または掘抜井戸を建設するためには、水供給設備承認が要求される[67]。また、水アクセス・ライセンス、水供給設備承認または水使用承認の免除は、先住民の所有地外において水供給設備の建設または使用を先住民の権原保持者に許すものではない点に留意すべきである[68]。

IV　水利権原と水管理計画の関係

1　水管理計画の役割

　オーストラリアの水法において環境の持続可能性を確保する法装置は、立法に委ねられてきたところが大きい。環境の持続可能性を定義しそれを保証するための主要な制度は、政府による計画である。オーストラリアでは、近時まで制定法に根拠をもたない水管理計画が政策の指針となってきた[69]。水法改革のもとで推進されてきた水利権原の明確化とその安定性の確立とともに、環境の持続可能性やその他の公益の実現を図る水管理計画もまた、制定法上の根拠を与えられるべきである。したがって、水管理法によって規定された当該計画は、持続可能な水管理のための規制を定め、財産権としての水利権原を基礎づけるものである。

　NWIは、水利権原としての消費的貯水の割当てがそれに関連する水管理計画に基づき決定されるべきであり、そしてその権原に応じた水量配分もま

---

(65)　水管理法53条2項。
(66)　水管理法55条1項。
(67)　水管理法55条2項（a）。
(68)　水管理法55条2項（b）。
(69)　Gardner, *op. cit.*, at [2.23].

た同計画に合致しなければならないことを要求する。そこでニューサウスウェールズ州は、水管理法20条において水管理計画で環境用水（environmental water）および水アクセス・ライセンスに関する準則を定めなければならないと規定する。また当該計画は、ライセンスの付与やその管理に関するルールおよび利用可能な水の決定に関する準則を定めなければならないとされ、水の利用可能性が減少した場合における水量配分を調整すべき優先関係についての準則も規定することができるとされる。

　オーストラリアの水利改革において法理論上もっとも重要な課題の一つは、水利権原に関する新旧の制度移行をいかに実施するかという点にあった。[70]旧ライセンスから新形式のそれへの切替えに際しては、水資源の持続可能性の理念がその基軸となる。ニューサウスウェールズ州における新制度のもとで切替えられたライセンスは、流域における将来の持続可能な水利用を保証するために、現存するライセンスの水利権原を縮減させる目的で、水管理法が定める水割当計画に基づき発行された。すなわち、水割当計画に基づき交付された新ライセンスは、流域における水資源の持続可能な利用を保証するために、旧ライセンスの水利権原を縮減させた内容となったのである。換言すれば、水資源の持続可能性を確保するために水割当計画を策定し、その実施によって個人の水利権原が縮減されたと解されるのである。[71]

　水管理権限をもつ州は、水資源の持続可能な管理を実現するために水割当計画を策定し、それに基づき水利権原を縮減した新ライセンスを発行する。このような立論には必然性がある。水資源の過剰配分と過剰利用が常態化しているニューサウスウェールズ州においても、水利制度改革の主眼である水資源の持続可能な管理を実現するためには、水資源の持続可能性を損なわない限度まで水利用を制限する必要がある。その制限を法的に正当化するためには、水管理計画（水割当計画）の策定が不可欠であり、それに基づき既存の

---

(70)　*Ibid.*, at [2.26].
(71)　新制度への移行に際し、新ライセンスに基づき配分される水量が減少し既存の水利権原の縮減を招いたことが州による財産権の取得に該当するか否かについて、憲法上の問題が発生する。これに関しては、宮﨑淳「オーストラリアにおける水利権原の性質と持続可能な水資源管理―ニューサウスウェールズ州における財産権の取得に関する判例の分析を手掛りに―」創価法学47巻3号（2018年）63頁以下が詳細である。

水利権原を縮減させたのである。⁽⁷²⁾

2　水資源の持続可能性と利用可能な水の変動

　新しい水利権原に応じて配分される水量は、水管理計画に基づき決定される。したがって、当該計画が策定されその効果が生じない限り、既存の権原を新権原に転換できないことになる。

　持続可能な水管理に関し、各河川システムにおける年度毎の利用可能な水量は、環境的に持続可能な開発を達成することが要求される。そのため、利用可能な水量は経済的・社会的情報と科学的データを統合する水管理計画の過程で決定される。

　また、水利権原に関する利用可能な水の変動について、持続可能性の確保の視点から、つぎのように捉えることができる。ニューサウスウェールズ州は、NWIの要請に基づき水利権原を利用可能な水における特定の割当てであると定義した。このように定義された権原は、利用可能な水の変動可能性を認識し、この変動可能性を割当ての概念の中に取込んでいる。そのため、かかる権原に応じた水の配分は、利用可能な水に関する判断にしたがって変化することになる。したがって、ニューサウスウェールズ州の水アクセス・ライセンスは、利用可能な水の変動可能性をその割当ての概念に内在させることにより、気候変動等による水不足が生じたときでも、利用可能な水に関する判断に応じて水量配分することができる。要するに水利権原の再定義は、変動しうる利用可能な水およびその割当てを観念することにより、持続可能な水管理に必要な理論的基盤を提供したといえるのである。

V　むすびにかえて

　ニューサウスウェールズ州における水法改革の内容を一言で表現すると、既存の水利権原を水資源の持続可能な年間利用量における割当てに切替えたことである。つまり、水利権原を持続可能な利用水量における特定の割当てとして定義し直したのである。

---

(72)　宮崎・前掲注（71）90頁。

水利権原の割当てへの転換は、割当ての概念を通して権原の中に利用可能な水の変動可能性を取込んだ点がその本質的変更をもたらしている。すなわち、水利権原に利用可能な水の変動可能性を内在させることにより、過剰配分を適切な水量に縮減したり、気候変動等による水不足にも対応できる装置を権原内に埋込むことができたのである。

　持続可能な年間利用量は、水管理計画（水割当計画）に基づき決定される。そのため、同計画が策定され、それが実施されることで初めて持続可能な利用量が判断できることになる。したがって、水管理計画の実施まで既存の水利権原を新制度のそれに転換することはできないのである。

　このことから、水管理計画は、利用可能な水の割当てである新権原の理論的な基礎として位置づけられる。というのは、当該計画に基づき利用可能な水が決められ、その利用可能量の割当てに応じて水量配分されるからである。それゆえ、新しい水利権原と不可分の関係にある水管理計画は、新権原の理論的基礎を提供するとともに、水資源の持続可能性と新権原の媒介としての機能を果たしているといえるのである。

　ニューサウスウェールズ州の水管理法は、水アクセス・ライセンスと土地（受益地）を結合させてはいないし、土地の所有（占有）者によってライセンスが取得されるべきことも要求してはいない。しかしながら、オーストラリアのすべての州は、水利権原に付される条件または水使用承認もしくは水管理設備承認の仕組みによって、水が利用されるべき場所（受益地）を特定する権限を有している。このような権限は、水利権原とそれに関連する土地を結合するものであり、権原の譲渡に関する制限を意味する。したがって、水利制度全体でみれば、水利権原と土地の関係が完全に切離されているわけではない。

　この点につき、水資源は流域単位で管理すべきことを重視するならば、土地との関連性を完全に排除しないことには合理的な理由があるといえよう。すなわち、水資源の効率的利用の観点からは、水利権原の財産権としての性質を確立し、権原の取引可能な制度を構築することが肝要であるのに対し、持続可能な水資源管理の視点からは、流域管理が基本となるため水利権原に付される条件または水使用承認等の仕組みによって土地との関連性を最小限

保持せざるをえないと解される。

　要するに、水の効率的利用を実現するために水利権原を土地から切離し取引可能な権原とする一方で、持続可能な流域管理のために水利権原の条件や水使用承認等の制度によって土地との最低限の関連性を維持させたのである。近時では、水利用の効率性を高めるために水利権原の取引可能性に焦点をあて、水利権原の土地からの分離が強調される傾向にあるが、水利権原と土地の関連性を完全に否定してしまうと、持続可能な流域管理の基礎を失うことになりかねない点も看過できないのである。

【付記】
本稿は、JSPS 科研費 15H05175 による研究成果の一部である。

フランス法における留置権の効力に関する一考察
―― 非占有動産質権を中心として ――

下 村 信 江

```
Ⅰ  はじめに
Ⅱ  フランスにおける留置権の概要
Ⅲ  フランスにおける非占有動産質と擬制留置権
Ⅳ  おわりに
```

Ⅰ　はじめに

　民法295条は、「他人の物の占有者は、その物に関して生じた債権を有するときは、その債権の弁済を受けるまで、その物を留置することができる」と規定する。留置権は、「『他人の物の占有』を中核とする、『債権』担保のための法定担保物権[1]」であるといわれている。占有の形態は、留置による債権担保機能が働いているのであれば、債権者自身が占有するものに限られず、債権者が間接占有を有するものでも良いとされるが、債権者が現実に目的物を占有しているか、あるいは、支配していることに意味があるものと思われる[2]。留置権は、被担保債権の弁済を受けるまで、目的物を留置することが認められる権利であり、優先弁済的効力が認められておらず、弱い担保物権のようにみえる。しかし、例えば、第三者が留置物を競売するような場合には、他の債権者に優先して被担保債権の弁済を受けることができる場合があり（事実上の優先弁済効）、必ずしも、弱い担保物権とはいえない面があるこ

（1）　林良平編『注釈民法（8）物権（3）』（有斐閣、1965年）21頁〈田中整爾〉。
（2）　安永正昭『講義　物権・担保物権法（第2版）』（有斐閣、2014年）465頁。

とも否定できない。

　また、民法342条は、「質権者は、その債権の担保として債務者又は第三者から受け取った物を占有し、かつ、その物について他の債権者に先立って自己の債権の弁済を受ける権利を有する」と規定している。質権の特色は、質権者が目的物を占有する担保であり、質権において、占有（移転）は、質権の公示となり、また、（債権質を除いて）被担保債権の回収について留置的効力が機能する。他方、質権の目的物の現実の占有移転が必要とされる結果、質権設定者が質権の目的物を利用しつつ担保目的物とすることができないため、事業者が、その営業に必要な財産を担保とする場合には、質権ではなく、譲渡担保が利用されている。質権は、要物契約とされ（民法344条）、質権において占有移転は不可欠のものであるが、占有担保であるがゆえに、実際に利用されなくなっている。

　わが国におけるこのような状況に対し、フランスにおいては、近時、担保法の改正によって、留置権（留置権限）に関する規定が整備され、また、動産質権の要物性は否定され、さらに、債権者に占有を移転しない、非占有の動産質権を認めるに至っている。わが国における担保の概念や諸制度は、フランス法のそれとは必ずしも同じであるとはいえず、また、フランス民法典の改正は、フランスにおける社会的要請に応えるものであろうから、これを単純に比較検討することは難しいが、非占有担保をどのようなものと考えるか、あるいは、非占有担保の効力の範囲や効力を認める場合に重要となる点はなにかを考慮する際には、規律の在り方を示す一例となりうるとも思われる。フランスにおいては、質権者に留置権が認められると考えられており、わが国のように、別個の担保物権として規定されているわけではない。また、そもそも、担保として認められるかといった留置権の法的性質がフランス担保法の改正後も未解決の問題として残されているような状態であるが、非占有動産質権に擬制的な留置権を認めて、非占有動産質権の効力を強化しており、フランス法は、留置権と占有の関係、あるいは、非占有担保の公示を検討する格好の素材を提供するものと考えられる。そこで、本稿は、フランス法における留置権と非占有動産質権について検討を加えることとする。フランス法における留置権について[3]、あるいは、非占有質権について[4]、これら

をめぐる法制度や理論状況を紹介、検討する研究は、すでに存在しているが、本稿はあらためてフランス法の留置権及び非占有質権を取り上げて、特色や課題を検討することを試みるものである。

II　フランスにおける留置権の概要

1　フランスにおける留置権（droit de rétention）の概念

フランス民法典においては、近年の改正までは、留置権に関する一般的な規定がなく、債務の弁済を受けるまで物の引渡しを拒絶する物の占有者の権利を認める規定が個別的に存在しているだけであった。しかし、判例は、次第に条文がない場合にも留置権を認め、留置権の適用範囲を拡大し、学説においても同時履行の抗弁権（l'exception d'inexécution）との異同が検討されるようになり、1958年の破毀院判例以後、留置権に関する一般法理が判例法理として確立されるようになった。

2006年3月23日のオルドナンス2006-346号により、フランス担保法が改正され、改正前のフランス民法典の人的及び物的担保の規定は、新たな規定を加えつつ、フランス民法典第4編「担保（sûreté）」に置かれることとな

（3）　フランス法における留置権に関する研究として、清水元『留置権概念の再構成』（一粒社、1998年）8頁以下、関武志『留置権の研究』（信山社、2001年）121頁以下がある。また、フランス民法典の2006年改正後の留置権についての検討を行うものとして、武川幸嗣「留置権の『対抗可能性』に関する一考察」法學研究84巻12号785頁以下（2011年）がある。
（4）　後記注（25）に引用の諸文献を参照。
（5）　本稿では、フランスの留置権及び質権について、主に、以下の文献を参照している。Michel Farge, Les Sûretés, PUG, 2007, Aynès L. et Crocq P., Droit des sûretés, LGDJ, 11e éd., 2017, Legeais D., Droit des sûretés et garanties du crédit, LGDJ, 12e éd., 2017, Jorbard-Bachellier M.-N., Bourassin M. et Brémond V., Droit des sûretés, Sirey, 5e éd., 2016, Simler Ph. et Delebecque Ph., Les sûretés-La publicité foncière, Précis Dalloz, 7e éd., 2016, Y.Picod, Droit des sûretés, puf, 3e éd., 2016, J-B.Seube, Droit des sûretés, Dalloz, 8e éd., 2016, Ch.Albiges et M.-P.Dumont-Lefrand, Droit des sûretés, Dalloz, Hypercours, 6e éd., 2017, M.Mignot, Droit des sûretés et de la publicité foncière, LGDJ, 3e éd., 2017.
（6）　不動産の付合や受寄者が支払いを受けるべき債権に関する留置権など、留置権を認めているとされる個別の規定については、清水・前掲注（3）8～10頁、武川・前掲注（3）804、805頁に条文訳ととも列挙されている。
（7）　清水・前掲注（3）8頁以下を参照。
（8）　Jobard-Bachellier, Bourassin et Brémond, op.cit., n° 727.

った。この 2006 年の担保法改正により、フランス民法典 2286 条として、留置権に関する一般的規定が設けられた。その後、2008 年 8 月 4 日の経済現代化法 (Loi n° 2008-776 du 4 août 2008 de modernisation de l'économie) により、2286 条 1 項に、4 号が追加され、占有を奪わない動産質権 (gage sans dépossession) を有する者にも留置権が認められることになった。

そこで、フランス民法典 2286 条は留置権について以下のとおりに定める。

第 2286 条
① 物について留置権を行使することができるのは以下の者である。
 1 その債権の支払いまで物の引渡しを受けた者
 2 その物の引渡しを義務づける契約から生じた未払いの債権を有する者
 3 その物の所持 (détention) に際して生じた未払いの債権を有する者
 4 占有を奪わない動産質権を有する者
② 留置権は、任意に占有 (dessasissement) を失うことによって消滅する。

2006 年担保法改正により、設けられた 2286 条 1 号から 3 号は、従来、判例において留置権が認められていた債権者を明記したものであって、担保法改正以前に、判例や学説が留置権を認める基準としていた法的または事実的あるいは実質的な関連性 (connexité) という概念を直接に明示するものではない。

このように、フランス民法典 2286 条は、特に、留置権の定義を明示する

---

(9) 2006 年のフランス担保法改正については、山野目章夫＝平野裕之＝片山直也「フランス担保法改正の概要」ジュリ 1335 号 32 頁以下 (2007 年)、平野裕之＝片山直也＝山野目章夫「特集フランス担保法 2006 年改正」日仏法学 25 号 9 頁以下 (2009 年) 平野裕之＝片山直也「フランス担保法改正オルドナンス (担保に関する 2006 年 3 月 23 日のオルドナンス 2006-346 号) による民法典等の改正及びその報告書」慶應法学 8 号 163 頁に詳しい。
(10) 条文訳については、平野裕之＝片山直也「フランス担保法改正オルドナンス (担保に関する 2006 年 3 月 23 日のオルドナンス 2006-346 号) による民法典等の改正及びその報告書」慶應法学 8 号 196、197 頁、武川・前掲注 (3) 805 頁 (注 11) を参照させて頂いた。
(11) détention は、自主占有 (possession) とは区別される、他人の物の事実上の支配であるとされており、容仮占有と訳されることもあるが、本稿ではとりあえず「所持」の訳語を用いる。détention については、Ch. Albiges et M.-P. Dumont-Lefrand, $op.cit.$, n°s 380 et s, Jobard-Bachellier, Bourassin et Brémond, $op.cit.$, n°s 730 et s. を参照。
(12) 平野裕之「特集フランス担保法 2006 年改正／改正経緯および不動産担保以外の主要改正事項」日仏法学 25 号 9 頁以下 (2009 年) 13 頁参照 (以下、平野①と引用する)。Jobard-Bachellier, Bourassin et Brémond , $op.cit.$, n° 745.

規定にはなっていない。フランス担保法の基本書等においては、留置権は、返還すべき物を留置する権利であると定義される。すなわち、債権者が債務者に属する物の所持者（détenteur）であるときに、その債務者がその債務を履行しない限りは、債権者がその物の債務者への返還（restitution）を拒絶することを認める権利である。

また、2006年改正以前には、留置権は、物権であるのか、あるいは、担保（sûreté）であるのか、といった法的性質が議論されていたが、2006年改正法によっても、これらの問題に結論は下されていないとされている。第4編「担保（sûretés）」に、2286条は規定されているが、冒頭部分であり、フランス民法典2329条が規定する動産についての担保の中に留置権は列挙されていない。そこで、改正前の判例が判示したように、担保（sûreté）ではないと考えられているようであり、留置権は担保（garantie）として理解されているようである。

2006年の担保法改正によっても、留置権については、従前、問題とされていた点が、立法によって解決されたとはいえず、今後も、判例及び学説により個別の問題につき判断がされていくものと思われる。

2　フランスにおける留置権の要件

2006年担保法改正前に、フランスの判例は、留置権が認められる要件として、被担保債権（la créance garantie）、所持（la détention）、被担保債権と財

---

(13)　Aynès et Crocq, *op.cit.*, n° 430、Legeais, *op.cit.*, n° 706.
(14)　「担保」の意味で、garantie と sûreté という単語が用いられる。sûreté は、garantie であるが、全ての garantie が sûreté ではない、とされている（Aynès et Crocq, *op.cit.*, n° 2.）。また、sûreté は、債務者の支払不能から債権者を保護することを唯一の目的（finalité exclusive）とするが、garantie は、債権者の債権回収を容易にするが、それが唯一の効果ではないことが違いとして説明されることもある（M.-N. Jobard-Bachellier, M. Bourassin et V. Brémond, *op.cit.*, n°s 8 et 9）。この点につき、大澤慎太郎＝白石大＝杉本和士＝原恵美「フランス物的担保法制・倒産法制の概観」池田眞朗＝中島弘雅＝森田修『動産債権担保—比較法のマトリクス』（商事法務、2015年）160頁を参照。なお、両者の異同については、拙稿「フランス先取特権制度論（上）」帝塚山法学3号61頁・注（28）でも取り上げたことがある。また、2つの単語の定義については、P. Crocq, Propriété et garantie, LGDJ., 1995, n°s 282 et 287 も参照。
(15)　Legeais, *op.cit.*, n°s 721 et 722, Aynès et Crocq, *op.cit.*, n° 453, Jobard-Bachellier, Bourassin et Brémond, *op.cit.*, n°s 718 et s.
(16)　Ch. Albiges et M.-P. Dumont-Lefrand, *op.cit.*, n° 368.

産 (bien) の所持との間の関連性 (connexité) をあげていた。

留置権の被担保債権は、金銭債権であることが最も多く、例としては、自動車修理業者の自動車の修理や保全費用があげられている。[17]

次に物の所持 (détention) については、先に見たとおり、仮の (précaire) 占有であるとされる。例としては、フランス民法典2277条 (改正前2280条) 1項の代価弁償の請求権があげられる。[18] この占有は、第三者占有委託 (entiercement) でも良い。物が奪われたような場合、すなわち、任意で所持を失ったのではない場合には、留置権の行使が認められるが、任意に所持を失った場合には、もはや、留置権は行使できないと考えられていた。2006年担保法改正により定められたフランス民法2286条2項は、これを明文化するものである。また、この所持については、擬制的な占有 (possession fictive) であっても、留置権の基礎として認められることがある。それが自動車質の場合である。フランスにおける自動車質は、1934年12月29日の法律及び1953年9月30日のデクレによって定められていた。[19] 自動車を買主に引き渡した自動車の売主は、当該自動車につき質権が認められるが、擬制的な占有を取得するものとされ、これにより、留置権が認められていた。[20] 2006年担保法改正により、自動車質に関する規定は、フランス民法典2351条〜2353条に置かれるようになっている。[21] 擬制的な占有を取得するに過ぎ

---

(17) Jobard-Bachellier, Bourassin et Brémond, op.cit., n° 729.
(18) フランス民法2277条1項は、次のように定める。

　2277条1項　盗品または遺失物の現在の占有者 possesseur actuel がその物を不定期市若しくは定期市において、又は公売において、又は同種の物を販売する商人から購入した場合には、本来の所有者 propriétaire originaire は、占有者にその物の購入に要した代価を償還しない限りは、その物を返還させることができない。

　なお、条文訳に際しては、法務大臣官房司法法制調査部編『フランス民法典─物権・債権関係』(1982年) 378頁の訳文を参照させていただいている。
(19) フランス法において、自動車質は、1934年12月29日の法律及び1953年9月30日のデクレによって定められていた。フランスの自動車質を紹介するものとして、伊藤英樹「フランスの自動車質 (1) (2) (3・完)」法学研究23巻3＝4号1頁以下 (1980年)、24巻1＝2号1頁以下 (1980年)、24巻3＝4号1頁以下 (1981年) がある。また、Jobard-Bachellier, Bourassin et Brémond, op.cit., n° 1729 et s.
(20) 自動車質に関する擬制的占有と留置権については、清水・前掲 (3) 76頁以下に詳しい。
(21) 2006年担保法改正後のフランスの自動車質については、下村信江「フランスにおける動産質 (3・完)」近畿大学法科大学院論集9号109、110頁 (2013年) において、簡単に紹介したことがある。

ないが、この自動車質は、占有を奪う動産質（占有動産質権）のひとつであるとされている。

　フランス民法典2351条によれば、登録された陸上用自動車及び牽引車に質権が設定される場合には、質権は、コンセイユ・デタのデクレにより定められる要件の下に公的行政機関になされた届出（déclaration）により第三者に対抗できる。そして、この届出の受付証の交付（délivrance du reçu de la déclaration）により、質権者は、質権の設定された財産について占有を保持しているものとみなされることになる（フランス民法典2352条）。受付証の交付が物の引渡しと同等であるとされるのである。そこで、自動車質における擬制的な占有は、2006年の担保法改正後も維持されているといえ、この犠牲的な占有に基づき、債権者には留置権が認められる。これが、擬制的な占有を債権者に認める利点である。

　留置する目的物は、フランス民法典2286条によれば、「物（chose）」である。判例は、不動産の留置も認めていた。判例は、有体財産ではないものについても留置を認めていたが、2006年の担保法改正後も、無体財産（bien incorporel）も対象になりうるかについては議論がある。

　2006年担保法改正前に、判例は、留置権が認められる要件として、債権と物の所持との間の関連性が必要であるとしていた。法的な関連性（connexité juridique）、物的な関連性（connexité matérielle）、法的であり、かつ物的でもある関連性の3つである。2006年の担保法改正において、設けられたフランス民法典2286条1項1号〜3号が列挙する留置権者は、このような3つの関連性に立脚するものと考えられているので、各条項について、確認しておきたい。

　フランス民法2286条1項1号は、「その債権の支払いまで物の引渡しを受けた者」が留置権を行使できるとする。これは、合意による関連性（la connexité conventionnell）に基礎を置くとされており、占有を奪う動産質権者

---

(22) Legeais, *op.cit.*, n° 709. Jobard-Bachellier, Bourassin et Brémond, *op.cit.*, n° 729.
(23) 平野裕之「2006年フランス担保法改正の概要／改正経緯及び不動産担保以外の主要改正事項」ジュリスト1335号38頁（以下、平野②として引用する）。Legeais, *op.cit.*, n° 710. Jobard-Bachellier, Bourassin et Brémond, *op.cit.*, n° 730.
(24) 合意による関連性については、清水・前掲注（3）57、58頁参照。Simler Ph. et Delebecque

(le créancier gagiste avec dépossession) 及び不動産質権者に適用される[25]。これらの場合には、動産質及び不動産質に関する規定において留置権の存在が認められており、特に、被担保債権と物の所持との関連性を論じる必要もないように思われる[26]。

　フランス民法典2286条1項2号は、「その物の引渡しを義務づける契約から生じた未払いの債権を有する者」に留置権を認める。この条項は、従前、説かれていた法的な関連性に基礎を置くものと考えられている。寄託の場合の受寄者が例としてあげられる[27]。同時履行の抗弁と同様の機能を果たすことが多いとされる。

　留置権者の債権が物の所持に結びつけられる場合には、物的な関連性があるとされる。そのような場合として、フランス民法2286条1項3号は、「その物の所持 (détention) に際して生じた未払いの債権を有する者」に留置権を認める。例として、宝石加工業者が、所有者から支払を受けられない間に取得する保管費用について、宝石を留置する場合があげられている。もっとも、被担保債権と物の関連性が、法的であり、同時に物的でもあることは珍しくないとされている。修理費用 (facture de réparation) が支払われるまで、自動車を留置する自動車修理業者 (garagiste) のような場合がその例とされる[28]。

　フランス民法典2286条1項3号の後に、2008年8月4日の経済現代化法

　　Ph., *op.cit.*, n° 607, Ch. Albiges et M.-P. Dumont-Lefrand, *op.cit.*, n° 386.
(25)　占有質権と留置権の関係については、下村・前掲注 (21) 106頁も参照。また、2006年担保法改正後のフランスの担保制度については、白石大「フランスにおける動産・債権法制の現在―近年の担保法改正・担保信託導入をふまえて」比較法学46巻2号53頁以下 (2012年) (以下、白石①と引用する)、白石大「フランスの動産・債権担保制度」池田真朗＝中島弘雅＝森田修編『動産債権担保―比較法のマトリクス』(商事法務、2015年) 171頁以下 (以下、白石②と引用する) に詳しい。
(26)　わが国では、留置権は質権とは別個の担保物権として規定されているが、フランスにおいては、質権に留置権が認められるとされる。この点について、平野①・前掲注 (12) 40頁 (注 (41)) では、「担保のための留置権限を広く留置権という慣わしである」とされる。また、白石①・前掲注 (25) 58頁 ((注) 15) でも「留置権限」と訳するほうが適切とも考えられるとする。本稿でも、わが国の担保制度とは異なることを前提として、フランス法における質権者に認められる留置権限を「留置権」と訳している。
(27)　Legeais, *op.cit.*, n° 714, Ch. Albiges et M.-P. Dumont-Lefrand, *op.cit.*, n° 384.
(28)　Legeais, *op.cit.*, n° 715, Ch. Albiges et M.-P. Dumont-Lefrand, *op.cit.*, n° 385.

79条は、4号を追加し、「占有を奪わない動産質権を有する者」に留置権を認める。この占有を奪わない動産質権については、後に改めて概観することにしたい。

3 フランスにおける留置権の効果

フランス民法において、留置権の効果に関して、一般的に定める条文は存在していない。このため、2006年改正以前からの判例及び学説による検討が改正後にも維持されている。

担保（sûreté）ではないとされているにもかかわらず、留置権には、担保のような一定の効果があるとされている。当事者間においては、留置権は、物に対する留置権者の単なる留置権限をもたらすものでしかない。しかし、債務者が物の返還を望む場合には、債権の弁済がされることになるため、留置権を有する債権者にとって有益なものとなるからである。

留置権者は、物を返還しない権利を有するが、他方では、物を保管する義務を負うとされている。(29) 留置権は、物を返還を拒絶できるという消極的な権利であって、物の価値に対するいかなる権利も留置権者に付与しない。したがって、債権者は、財産の実行（réalisation）を申し立てる権限を有していないとされている。(30)

また、物的担保のように、留置権は不可分性を有するとされている。(31) そこで、被担保債権の全てが弁済されるまでは、物全体を留置することができる。

さらに、債権者は、物に対する追及権を有しない。先にみたとおり、留置権は、留置権者が自発的に占有を失った場合には、消滅することになる（フランス民法典2286条2項）。

留置権は、目的物の価値に対する権利を留置権者に与えるものではない。ただし、債務者が裁判上の清算手続に入った場合には、清算人（liquidateur）は、財産を換価することができ（フランス商法典L.642-20-1条）、留置権は、そ

---

(29) Ch. Albiges et M.-P. Dumont-Lefrand, *op.cit.*, n° 392.
(30) Ch. Albiges et M.-P. Dumont-Lefrand, *op.cit.*, n° 393. 強制競売も、所有権の裁判上あるいは合意による付与 attribution も認められていないとする。
(31) Simler Ph. et Delebecque Ph., *op.cit.*, n° 610. Aynès et Crocq, *op.cit.*, n° 448.

の代金の上に移されることになる（フランス商法典 L.642-20-1 条 3 項）。そこで、この場合には、留置権は、優先権と区別されない結果となっている。倒産手続における留置権の処遇については、後にもう一度、確認することにする。

　また、留置権が第三者に対して対抗しうるかが問題とされてきている。留置権の対抗可能性については、倒産手続が開始していない場合と倒産手続が関係している場合とを区別して説明されることが多い。

　まず、倒産手続に関係しない場合、判例、学説によれば、留置権は第三者にも対抗することができる。債務者の一般債権者にも対抗することができるとされている。留置権者と担保権を有する債権者との優劣が問題となる。2006 年担保法改正で新設されたフランス民法典 2340 条 2 項は、占有を奪わない動産質権が設定された財産が、その後、占有を奪う動産質権の対象とされた場合には、先行する質権者の優先権は、それが正式に公示されているときには、その後に質権を取得した債権者に、その留置権に妨げられることなく対抗することができる旨を定めている。

　債務者に倒産手続が開始した場合には、まず、留置権者の権利がどのように扱われるかが問題となる。わが国における再建型手続に該当する手続として保護手続（procédure de sauvegarde）及び裁判上の更正手続（procédure de

---

(32)　Simler Ph. et Delebecque Ph., *op.cit.*, nº 614、

(33)　フランス法における留置権の対抗可能性については、武川・前掲注（3）788 頁以下に詳しい。

(34)　フランスにおける倒産手続については、小梁吉章『フランス倒産法』（信山社、2005 年）、同「フランス倒産規則」広島法学 30 巻 1 号 228 頁以下、2 号 172 頁以下（2006 年）、同「2008 年フランス債務整理法改正の意義」広島法学 33 巻 2 号 286 頁以下（2009 年）、竹下守夫監修『破産法比較条文の研究』（信山社、2014 年）25 頁以下〈西澤宗英〉、山本和彦「フランス倒産法制の近時の展開―迅速金融再生手続（sauvegarde financière accélérée）を中心に」『民事手続法の比較法的・歴史的研究』（慈学社出版、2014 年）519 頁以下、大澤＝白石＝杉本＝原・前掲注 33）166 頁以下、杉本和士「フランスにおける物的担保法制と倒産法制の関係」池田眞朗＝中島弘雅＝森田修『動産債権担保―比較法のマトリクス』（商事法務、2015 年）237 頁以下、杉本和士「企業倒産法制の改革（立法紹介）」日仏法学 28 号 225 頁以下（2015 年）、マリー＝エレーヌ モンセリエ＝ボン〔荻野奈緒・齋藤由起共訳〕「フランス倒産法概説（1）（2）（3・完）」阪大法学 65 巻 4 号 157 頁以下、65 巻 5 号 149 頁、65 巻 6 号 85 頁以下（2015～2016 年）を参照。

(35)　Ch. Albiges et M.-P. Dumont-Lefrand, *op.cit.*, nᵒˢ 396 et s.

(36)　フランスの倒産手続における担保権の処遇については、これまで引用してきたフランス担保法に関する諸文献のほか、ピエール・クロック（下村信江訳）「フランス倒産手続における担保の処遇」近畿大学法科大学院論集 10 号 161 頁以下（2014 年）も参照。

redressement judiciaire) があり、清算型手続に該当する手続として、裁判上の清算手続 (procédure de liquidation judiciaire) がある。すべての債権者は、開始裁判から一定の期間内に、債権の届け出を行わなければならないとされており、また、開始裁判後、債権者は、個別的権利行使が禁止される。そこで、留置権を有する債権者が定められた期間内に、その債権の届出を行わなかった場合には、その留置権を倒産手続に対して対抗しえなくなる。

なお、個別的権利行使の例外として、留置権者が優先的な弁済を受けられる場合がある。保護手続及び裁判上の更正手続の観察期間 (période d'observation) 中に、事業活動に必要と認められる場合には、主任裁判官は、正当に留置された (légitimement retenue) 物の取戻しのため、債務者に開始前債権の弁済を許可することができる（フランス商法典 L.622-7 条 Ⅱ-2 項、L.631-14条1項）。したがって、この場合には留置権者は、優先的に弁済を受けることができることになる。なお、この点は、目的物の占有を有する動産質権者も同様である。観察期間中あるいは保護計画・裁判上の更正計画の認可決定後に、目的物が換価されると代金は供託され、留置権者は、配当を受けることができるが、労働債権に関する先取特権 (superprivilège) には劣後することになる。清算手続においても、質物または正当に留置された物の受戻しのために、主任裁判官は、清算人あるいは管理人に開始前債権の弁済を許可することができるとされている（フランス商法典 L.641-3 条 2 項）。この受戻しがない場合には、清算人は、裁判上の清算開始から6ヶ月以内に、主任裁判官に対して換価の請求をしなければならず（フランス商法典 L.642-20-1 条 1 項）、換価がされると、留置権は当然にその代金の上に移転する（同条3項）。また、フランスにおいては、事業譲渡 (cession de l'entreprise) は、清算手続に含まれており、譲渡計画による事業譲渡に質権の目的物が含まれる場合には、目的物に対応する代価から支払いを受けることになるが（フランス商法典 L.642-12条1項）、譲渡に含まれる財産上の留置権は影響を受けないとされているので、留置権者は被担保債権の弁済を受けるまで目的物を留置することができることになろう（同条5項）。

---

(37) フランスの倒産手続においては、わが国のように、担保権が別除権として扱われるということはない。

III フランスにおける非占有動産質と擬制留置権

1 フランス民法典2286条1項4号の擬制留置権（droit de rétention fictif）

占有を奪わない動産質権（非占有動産質権）を有する者にも留置権が認められたが、この場合には、被担保債権と物の間にいかなる関連性もなく、単なる法律上の擬制（fiction légale）であると考えられている。そこで、フランス法においては、占有を奪う動産質権（占有動産質権）のように、現実の占有を伴う留置権（droit de rétention effectif）、自動車についての質権のように、非物質化された擬制留置権、そして、占有を奪わない動産質権（非占有質権）に認められる経済現代化法の擬制留置権が存在することになる。

2 フランス民法典における非占有動産質

(1) 概要

2006年のフランス担保法改正後の非占有動産質権については、すでに紹介がされているが、本稿の問題関心にかかわる範囲で、概要をまとめておくこととする。

2006年改正のフランス担保法は、質権の成立のために目的物の占有を債権者に移転することを不要とした。占有を移転する動産質権（占有動産質権）についても規定があるが、これに加えて特別法ではなく、民法上の一般的な動産質権として非占有質権を認めたことになる。そこで、フランス民法典においては、動産質権は、占有を基準に分類されているわけではないが、従来どおりの占有を奪う（占有を移転する）動産質権が残され、占有を奪う動産質権に特有の規定と占有を奪わない（占有を移転しない）動産質権（非占有動産質

---

(38) Ch. Albiges et M.-P. Dumont-Lefrand, op.cit., n° 387.
(39) 注（9）に引用のフランス担保法改正に関する諸文献のほか、白石①・前掲注（25）65頁以下、白石②・前掲注（25）176頁以下を参照。また、筆者も、下村・前掲（25）110頁以下において紹介したことがある。
(40) gageという同じ呼称で、占有を奪う担保と占有を奪わない担保を指すことについては、疑問も呈されている。Legeais, op.cit., n° 477.

権)に関する規定が併存することとなっている。

占有を奪う動産質権と占有を奪わない動産質権に共通する事項を指摘しつつ、占有を奪わない有体動産質権に特有な規定を中心に概観する。このような占有を奪わない動産質権を認めたことが2006年の担保法改正の主要な改正事項の1つであるとされている。

(2) 成立に関する問題

占有を奪う動産質権と同様に、非占有動産質権においても書面の作成が有効要件である（フランス民法典2336条）。目的物については、占有を奪う動産質権と同様に、現在ないし将来の動産財産（bien mobilier）を目的物とすることができる（フランス民法典2333条1項）。この非占有動産質権は、在庫商品を目的物とする動産質権となりうるが、2006年3月23日のオルドナンスは、フランス商法典に、在庫商品についての占有を奪わない動産質権を導入した。その結果、在庫商品を担保とする手段として、民法の動産質権と商法の動産質権の両方が競合するため、両者の関係が問題とされている。質権の成立のために目的物の引渡しを必要としないので、同一の財産（bien）に複数の動産質権が設定されうるからである。同一の財産に占有を奪わない動産質権が設定された場合には、動産質権者の順位は、その登録の順序により決定される（フランス民法典2340条1項）。また、占有を奪わない動産質権が設定された財産（bien）が、その後、占有を奪う動産質権の対象とされた場合には、先行する質権者の優先権は、それが正式に公示されているときには、その後に質権を取得した債権者に、その留置権に妨げられることなく対抗することができる（フランス民法典2340条2項）。被担保債権については、占有を奪う質権と同様であり、将来の債権も担保することができる（フランス民法典2333条2項）。

(3) 対抗要件

フランス民法典2337条は、有体動産質権の対抗要件は公示（publicité）であると定める。この公示は、2006年担保法改正前の物の引渡しに相当する

---

(41) 平野＝片山・前掲注（9）227頁以下に、フランス商法典に挿入された動産質権に関する規定の翻訳がある。
(42) 平野②・前掲注（23）43頁、平野①・前掲注（12）21頁を参照。

ものであるとされる。動産質権の公示は、特別の登記簿への登録（une inscription sur un registre spécial）によって行われる（フランス民法典2338条）。その方式は、2006年12月23日のデクレ及び2007年2月1日のアレテによって定められている。また、有体動産質権が適式に公示された場合には、設定者の特定承継人は、フランス民法典2276条（改正前2279条）を援用して、目的動産を即時取得することができない（フランス民法典2337条3項）。設定者は、担保された債務が、元本及び利息ならびに費用について全部支払われるまでは、登録の抹消を求めることはできないとされている（フランス民法典2339条）。

(4) 非占有動産質権の効力

占有を奪わない動産質権が設定された場合には、設定者が質権の目的物を占有することになるため、質権者の利益を保護するための規定が設けられている。占有を奪わない動産質権の設定者は、その動産質権の対象とされた財産を保管する義務を負う。設定者にこの義務に対する違反があった場合には、動産質権者は、質物の補充を了承しない限り、担保された債務の期限の利益の喪失を主張することができる（フランス民法典2344条2項）。

占有を奪わない動産質権が消費物（chose fongible）を対象とする場合には、同等の物の同量によって補塡することを義務づけ、合意により容認しているときには、設定者は、その物を譲渡することができる（フランス民法典2342条）。

占有を奪わない動産質権が公示されたときには、その債権者には優先弁済権と追及権が認められることになる。

占有を奪わない動産質権の実行方法は、占有を奪う質権の実行方法と変わるところはない。債権者は、裁判上の決定により質物を自分に帰属させることもできるし（フランス民法典2347条）、動産質権設定者と動産質権者は、債

---

(43) 平野＝片山・前掲注（9）240頁以下に2006年12月23日のデクレ及び2007年2月1日のアレテの翻訳がある。また、商事裁判所書記課が所管する申請書の記載内容等の詳細については、白石①・前掲注（25）66頁に詳しい紹介がある。
(44) Legeais, *op.cit.*, n° 486.
(45) フランス法における動産質権の実行について検討するものとして、直井義典「フランスにおける動産質権の実行」筑波ロー・ジャーナル19号25頁以下（2015年）がある。

務の履行がない場合には、債権者が質権の目的物の所有者になることを合意することができる（フランス民法典2348条）。なお、フランス民法典2348条は、担保法改正前に禁じられていた流質を認めるものであるが、鑑定人の目的物の評価が義務づけられており、設定者の保護が図られている。

　また、先に見たとおり、有体動産質権が適式に公示された場合には、設定者の特定承継人は、フランス民法典2276条を援用することができない（フランス民法典2337条3項）、すなわち、目的物の即時取得を主張することができないとされている。この規定の適用範囲については議論がある。設定者の特定承継人はフランス民法典2276条を援用することができないが、目的物の転得者（sous-acquéreur）は、2276条を援用しうる可能性があり、そうであれば、動産質権者が保護されない場合があることになる。

　2006年担保法改正時には、占有を奪わない動産質権には留置権は認められず、占有を奪う動産質権には留置権が認められるため、占有を奪う動産質権のほうが、占有を奪わない動産質権よりも、債権者にとって有用であるとされていた。しかし、すでに見たとおり、2008年8月4日の法律2008-776号（経済現代化法）が、フランス民法典2286条1項に4号を追加し、「占有を奪わない動産質権を有する者」を加えた結果、占有を奪わない動産質権者にも留置権が認められた。

(5)　フランス倒産手続における非占有動産質権の処遇[50]

　2008年の経済現代化法によって、フランス民法典2286条1項に4号が加えられ、非占有動産質権にも留置権が認められるようになったことにより非

---

(46)　フランス民法典2337条3項に関する問題については、白石①・前掲注 (25) 68、69頁に詳しい検討がある。

(47)　R.Boffa, L'opposabilité du nouveau gage sans dépossession, D. 2007, chr. p. 1361, Legeais, *op.cit.*, n° 488, Albiges et Dumont-Lefrand, *op.cit.*, n° 449, Aynès et Crocq, *op.cit.*, n° 511.

(48)　Farge, *op.cit.*, n° 255.

(49)　フランス民法典2286条1項4号については、S. Piedelièvre, Le nouvel article 2286, 4°, du code civil, D. 2008, p. 2950を参照。動産質権者が現実に占有をしているわけではないことから、占有を奪わない動産質権者が、どのようにして留置権を行使するかの問題が生じる。この問題につき、Albiges et Dumont-Lefrand, *op.cit.*, n° 425.

(50)　フランス倒産手続における非占有動産質権の処遇を検討するものとして、白石①・前掲注 (25) 69〜71頁、杉本・前掲注 (34) 253、254頁、ピエール・クロック・前掲注 (36) 180頁を参照。

占有動産質権の効力が強化されたといえよう。しかし、再建型の倒産手続において、非占有動産質権者の有する擬制留置権は、その効力を制限されることがある。

　2008年12月18日のオルドナンスにより、フランスの倒産手続が改正された。この改正により、フランス民法典2286条1項4号の擬制留置権は、観察期間（période d'observation）及び保護計画、裁判上の更生計画遂行中は、対抗できないとされている（フランス商法典 L.622-7条 I-2項、L.631-14条 1項）。ただ、質権の対象となる財産が、保護計画または裁判上の更生計画による事業活動の譲渡に含まれている場合には、例外的に、擬制留置権は対抗可能であるとされており（フランス商法典 L.622-7条 I-2項、L.631-14条 1項）、この場合には、被担保債権の弁済を受けるまで、目的動産を留置できると解することができる可能性が生じる[51]。

　裁判上の清算手続においては、非占有動産質権者の擬制留置権は対抗可能であるとされ、動産質権者が、擬制的に留置された目的財産の売却代金に対する留置権を行使することが可能となる。清算手続において、質物または正当に留置された物の受戻しのために、主任裁判官は、清算人あるいは管理人に開始前債権の弁済を許可することができる（フランス商法典 L.641-3条 2項）。そして、この受戻しがない場合には、清算人は、裁判上の清算開始から6ヶ月以内に、主任裁判官に対して換価の請求をしなければならず（フランス商法典 L.642-20-1条 1項）、換価がされると、留置権は当然にその代金の上に移転する（同条3項）。また、先にみたように、フランスにおいては、事業譲渡（cession de l'entreprise）は、清算手続として位置づけられており、譲渡計画による事業譲渡に質権の目的物が含まれる場合には、目的物に対応する代価から支払いを受けることになるが（フランス商法典 L.642-12条 1項）、譲渡に含まれる財産上の留置権は影響を受けないとされているので、留置権者は被担保債権の弁済を受けるまで目的物を留置することができる（同条5項）。したがって、清算手続においては、占有動産質権を有する債権者と同様に、非占有動産質権者は、優先的に弁済をうけることができることになる[52]。この場合に

---

(51)　Legeais, *op.cit.*, n° 719.
(52)　クロック・前掲注（36）180頁。

は、留置権を有する債権者は、労働債権の先取特権（superprivilège：スーパー先取特権と呼ばれることもある）を有する労働債権者に優先することができる。

このように、非占有動産質権者に認められる擬制留置権が対抗可能とされている清算手続（及び清算手続として位置づけられる事業譲渡）においては、非占有動産質権者は、占有動産質権者と同様に優先的に弁済を受けることが可能となっている。他方、再建型手続である保護手続及び裁判上の更正手続においては、擬制留置権の対抗力が否定される結果、非占有動産質権者は、占有動産質権者よりも、優先的に弁済を受けられる場面が限定されているといえる。

なお、わが国の譲渡担保にあたるものとして、2009年に、担保目的の信託（fiducie-sûreté）に関する規定がフランス民法典に導入されたが[53]、倒産手続において、担保目的の信託は、非占有動産質権と同様に扱われる[54]。

IV おわりに

2006年のフランス担保法改正において、非占有の動産質権が認められたことは注目されよう。名称は質権であっても、その実質は、わが国の譲渡担保に類似するものであると理解することができるように思われる。また、立法の経緯からすれば、占有移転型の動産質が動産質権の基本型であり、それを前提として、占有を擬製し、その擬制された占有を基礎として留置権を認めている点を重視すれば、占有概念の拡張であると捉えることも可能であるかもしれない。フランス法においては、例えば、自動車質のように、2006年のフランス民法典の改正前から、占有を擬制することによって、質権を認める特別法が存在していたこともあり、このような概念の緩和を受け入れやすい素地があったと思われる。自動車質において認められていた擬制留置権が、フランス民法典2286条1項4号により一般化されたともいえる。占有

---

(53) フランス法における担保目的の信託については、平野裕之「フランス民法担保編における譲渡担保規定の実現」法学研究82巻8号77頁以下（2009年）、原恵美「担保目的の信託」「フランスの動産・債権担保制度」池田真朗＝中島弘雅＝森田修編『動産債権担保―比較法のマトリクス』（商事法務、2015年）193頁以下に詳しい。

(54) Legeais, *op.cit.*, n° 719. 白石①・前掲注（25）82頁。

が擬制される場合には、擬制された占有を質権の公示方法とすることは困難となるところから、対抗要件が整備されているが、この点は、抵当権のような非占有担保を考えると、当然であるようにも解される。

　また、非占有動産質権者に認められる擬制留置権は、留置権が擬制されているものであって、もはや、この成立を、従来のフランス法における判例、学説との関係で理論的に説明することは難しいような印象を受ける。しかし、倒産手続における非占有動産質権の処遇をみれば、擬制留置権を認める目的を理解することは容易であると思われる。フランス民法典2286条1項4号の擬制留置権は、倒産手続のうち、裁判上の清算手続において、占有動産質権と同様の権利行使が認められる点に意味があると思われる。フランスの倒産手続においては、わが国のように担保権が別除権として扱われることはないから、倒産手続に対抗しうる担保は強力な債権回収手段となりうるものであり、担保としての効用を最もよく発揮するものと考えられる。このような場面を考える場合には、非占有動産質権者に擬制留置権を認める意義は大きい。留置権といっても、実際には、清算手続においては優先弁済権が認められるに等しいと解されるからである。他方、保護手続や裁判上の更生手続のような再建型手続において、擬制留置権が対抗できないものとされることは、これらの担保権の効力を弱めるものであり、擬制によって留置権を認める意義が損なわれている。このように、担保法において強化された担保の効力が、倒産法の規律によって制限されることには問題も指摘されているが、倒産手続において他の担保よりも強い効力を有する留置権と同様の効力を、擬制的な留置権に認めることは、他の担保とのバランスを考慮したときには、擬制留置権の行きすぎた強化となるおそれがある[55]。

　債務者に倒産手続が開始していない場合には、擬制的な留置権であっても、第三者に対抗することができ、擬制的ではない、現実の占有に結びつけられる留置権と同様の効力を有することになる。この場合には、擬制的な留置権は、非占有動産質権者に認められる権利であり、非占有動産質権については、フランス民法典において対抗要件が定められているので、第三者との

---

(55) この点については、杉本・前掲注（34）254頁。また、再建型手続における担保権の制限の必要性も考慮されうる。

優劣を判断する基準が用意されているといえる。2006年のフランス担保法改正前には、動産質権において、占有移転は公示として機能していた。したがって、占有移転以外の公示方法が整備されるときには、動産質権にとって占有移転は必ずしも必要ではないことになる。占有移転が成立要件ではなくなったことから、将来の動産を目的とする動産質権の設定も可能となっている。そこで、フランス法においては、占有移転は、動産質の成立に不可欠のものではなくなっているように思われる。占有移転を伴わない動産質権の場合には、占有移転以外の公示手段が必要となるのである。公示との関係もあるが、占有移転を成立要件としないことによって、動産質権が用いられる場面がさらに増えることも考えられる。

　このようなフランス法における、非占有動産質権及びそれに伴う擬制的な留置権の制度のあり方やこれらの担保の倒産法上の処遇は、わが国における譲渡担保に関する諸問題についての解釈論に示唆を与えるものと思われる。わが国においては、営業用動産を担保として融資を得ようとする場合には、占有移転を要件とする民法の動産質権は用いることができず、現実の占有移転を必要としない動産譲渡担保が利用されているからである。フランス法においては、フランス商法典の在庫質権（gage des stocks）や非占有動産質権（及び擬制留置権）と信託担保との関係も重要であると思われるが、本稿では検討することができなかった。これらの問題を含め、フランス法における非占有担保制度の動向や課題については、今後さらに検討していきたい。

フランス抵当制度論の到達点と課題
―― Recherches sur les régimes hypothécaires francais
――ses arriveé et sujet prochain――

相 川 修

```
I  はじめに
II  フランス法における抵当制度
III  むすびにかえて
```

I はじめに

　多くの研究者が、法は近代社会の発展に伴い、典型的に発達すると仮定し、近代法の典型を析出しようとした時期が存在した。この近代法論争は、民法では、おもに、近代的所有権のあり方が問われるかたちでなされた。すなわち、川島武宜教授の所説を契機とし、水本浩教授と渡辺洋三教授とのあいだでの論争、さらには甲斐道太郎教授の研究発表などにより、所有権のあり方、賃借権の物権化をめぐって百家争鳴の論争が存在したのである。

　この論争と軌を同じくする問題として、近代的抵当権の問題がある。周知のように、戦後、抵当権法は、その発展の理想型としてのドイツ法と、きわ

---

(1) この近代的土地所有権論争を整理し、問題の所在を明確にし、研究の方向性を定立しようとする動きがあった。東海林邦彦「いわゆる『土地所有権近代化論争』の批判的検討」北法36巻3号1007頁以下（1985）、池田恒男「戦後近代的所有権論の到達点と問題点（一）」法雑35巻3・4号601頁以下（1989）、同「『近代的土地所有』と『近代的土地所有権』――近代的土地所有権論の再生のための覚書――」乾昭三編『土地法の理論的展開』所収、28頁以下（法律文化社・1990）等。

(2) 川島武宜『所有権法の理論』（岩波書店、1949）、渡辺洋三『土地・建物の法律制度㊤』（東大出版会、1960）、水本浩『借地借家法の基礎理論』（一粒社・1966）、甲斐道太郎『土地所有権の近代化』（有斐閣・1967）等。その後、稲本洋之助教授、原田純孝教授、戒能通厚教授らの研究がつづくのである。

めて原初的なイギリス法とを対峙させ、その中間形態的なものとしてフランス法が存在すると位置づけてきた。このため、ドイツ法を抵当権法のあるべき姿、抵当権法の理想型として過大に評価し、ドイツ法を基準としたため、その近代化が遅れている日本を含む各国の抵当制度は、ドイツ抵当制度を近代化の模範とすべし、との見解が支配的であった。しかし、厳密には、この近代的抵当権に関する通説的な理解について、広範なる研究者による、批判的検討ないし見解が確立しているわけではない。敷衍すれば、一部のドイツ法研究者とフランス法研究者とが抵当権に関する個別命題について、通説の批判的検討を行ったあるいは行いつつある、というものであろう。なお、この批判的研究が未成熟な理由は、本稿には直接の関係がないので省略する。

しかし、端緒を開いた批判的研究によって、その問題点が徐々に顕在化してきたのは事実である。言い換えれば、こうした研究の成果により、近代法研究の意義、近代法を絶対視することへの懐疑的な見解が展開されるようになり、抵当権法について、ドイツ法研究者の中からも異論が出るに及んだのである。そこで指摘された問題点は、おもに二点に集約されよう。

第一に、抵当制度の理想型とされたドイツ法は、近代社会の発展の結果、

（3） 担保化至上主義について、鈴木禄弥教授は、「必ずしも十分な検討を経ぬままに、今日もなお通説として温存されています。民法学者としては、この点についての自己批判が必要なのではあるまいか。」とその理由を述べている。『不動産金融・水資源と法　土地問題双書10』3～4頁（有斐閣・1978）。

近代的抵当権についての先駆的な研究については、我妻栄「近代法における債権の優越的地位」志林29巻6号～31巻10号（1929～1931）『近代法における債権の優越的地位』所収、5頁以下（有斐閣・1953）、石田文次郎「所有者抵当論」法協48巻5号1頁以下（1929）『投資抵当権の研究』所収、228頁以下（有斐閣・1932）参照。

（4） 第一点については、鈴木禄弥「ドイツ抵当権法と資本主義の発達」法時28巻11号12頁以下（1956）『抵当制度の研究』所収、3頁以下（一粒社・1968）、田中克志「プロイセンにおける投資抵当権成立史」民商75巻3号71頁以下（1974）等。第二点については、池田恒男「フランス抵当権改革前史（一）（二）——共通慣習法における土地の交換価値把握の過程と形態について——」東社30巻5号1頁以下、31巻2号130頁以下（1979）、同「共和暦3年法論（一）（二）——革命期抵当権改革の研究（その1）（その2）——」東社32巻1号1頁以下、3号1頁以下（1980）、今村与一「クレディ・フォンシェの成立とフランス抵当制度」東社36巻2号1頁以下（1984）、同「19世紀フランスの抵当改革（一）（二）——その理論史的考察——」東社37巻6号1頁以下、38巻1号45頁以下（1986）、同「フランス抵当制度の起源（一）——抵当権と不動産公示の邂逅——」東社47巻4号37頁以下（1995）、拙稿、次注（5）掲載論文が、「フランス法自体の内在的理解（北村一郎「契約の解釈に対する破毀院のコントロオル（一）」法協93巻12号3頁（1976）」を念頭にした研究である。

必然的に生じたものか、という疑問である。すなわち、過度の法技巧が内在し、抵当権の流通性を高めているドイツ法は、いかなる要請により確立されたのか、典型的な市民革命の所産として成立したものなのか、という核心を突いた疑問であった。言い換えれば、ドイツ抵当権法の特質を確立したとされるプロイセン期の法に、果たして近代市民社会に共通の範として妥当性があるのか、という疑問なのである。

　第二に、最も典型的な近代市民革命を経験したフランス、その法こそが近代法の規範としては妥当性があるのではないか、という疑問である。すなわち、フランス革命が近代市民社会の奔りであれば、フランス社会に根ざした法こそが、近代法にふさわしいものではあるまいか。フランス民法典などのフランス法の中に貫徹している諸原理こそは、近代法、近代的抵当権の原理として、妥当性を有しているのではないか、という疑問である。

　筆者は、こうした問題意識で、フランス法について、抵当権のあるべき姿がどのようなものか、いわゆる近代的抵当権論との関係では、近代市民社会における抵当権あるいは抵当権法のあるべき姿を析出しよう、と研究を続けてきた。その研究対象は、フランス民法典の抵当権に関する規定に始まり、ついで、抵当制度に関する特別法、具体的には、共和暦3年の法律や共和暦7年の法律、1852年のデクレや1976年の法律であった。その経緯をごく簡単に説明しておくと、共和暦3年法と共和暦7年法は、まさに市民革命の混乱期に制定された法律である。したがって、典型的な市民革命を経験した社会が、その社会を規律する規範としての法を模索し、探求していたならば、これら特別法の中に、近代的抵当権ともいうべきものないしその片鱗を見出

（5）　拙稿「フランス抵当制度についての一考察——抵当権の流通性の問題を中心にして——」早研43号1頁以下（1987）、同「フランス法における抵当権の流通性について（1）（2）・完——公証人証書謄本を規制する1976年の法律を素材にして——」早研47号1頁以下、48号1頁以下（1988）、同「フランス抵当制度と公証人慣行の役割（1）・未完——判例法上の公証人証書謄本を素材にして——」早研52号1頁以下（1990）、同「フランス法と抵当制度」『名古屋経済大学法学部開設記念論集』所収、195頁以下（1991）、同「19世紀フランスの判例法にみる抵当制度——公証人介在の証書による抵当権の問題を中心にして——」『民法学の新たな展開』所収、231頁以下（成文堂・1992）、同「フランス民法典抵当規定における公証人慣行の役割——フランス抵当制度と公証人慣行の役割研究その1 ——」名経法5号1頁以下（1997）。なお、本稿はこれら研究を踏まえ、フランス抵当制度の法的性格や法的特徴を整理することとする。これ故、一部、叙述、表現等が既発表のものと重複することをお断わりしておく。

すことができるのではないか、と推論したからである。次章以下で詳論するように、これら特別法には、高度に法技巧を凝らしたドイツ法的な規定とフランス革命以前の社会の名残をとどめる規定とが相矛盾する形で混在しており、これが筆者の問題意識との関係で、研究対象として興味を引いたのである。

また、1852年のデクレは、フランス土地信用銀行が発行する土地債券制度の創設を規定する法律である。19世紀半ば、近代市民社会が成熟し、農工業の近代化の必要性なかで、土地所有権を動化することによって金融資本を導入し、その資本により近代化をはかることが行われた。このため、近代的抵当権の特質のひとつとされる抵当権の流通性、抵当権の流動化との関係で、研究対象にせざるを得なかったのである。

さらに、1976年の法律は、抵当権の流通性を確保するかのような外観を呈している公証人慣行に大幅な修正を施すものであり、これも筆者としては無視しては通れないものといえる[6]。

本稿は、上述のような問題意識のもとでの、これまでの個々の研究をまとめその到達点を明示するとともに、同様の問題意識に基づいて2006年のフランス民法典の改正規定についての検討を行い、そのうえで残された研究課題を明確にし、その意義が重要であることも提示しようとするものである[7]。

---

(6) 拙稿・前掲注(5)「19世紀フランスの判例法」12頁以下参照。要約すれば、フランス法では、殊に不動産取引や金融取引の分野で、実定法を補充する公証人慣行が広く存在するので、その解明なしには、ある分野の特徴を特定することが不可能なのである。この脈絡での研究には、前掲注(4)の論文のほか、鎌田薫「フランス不動産取引と公証人の役割(1)(2)・未完――「フランス法主義」の理解のために――」早法56巻1号31頁以下、同2号1頁以下(1980)、稲本洋之助『近代相続法の研究』(岩波書店・1968)、原田純孝『近代土地貸借法の研究』(東京大学出版会・1980)等がある。

(7) フランスの公証人は、日本と異なり、その職能、職域が広範であり、その社会的活動が重要視される。筆者は、その慣行の中に埋もれている抵当制度について解明したいと考えている。Kleber VEYSSET, Panonceaux et enseignes du notariat, Paris, 1979, p.21 et s. 三堀博「各国公証制度の沿革と現状」公証法創刊号20頁以下(1972)、鎌田薫「フランスの公証制度と公証人」公証法11号1頁以下(1982)、日本公証法学会・日本公証人連合会編『各国公証法Ⅰ』169頁以下(成文堂・1983)等参照。

Ⅱ フランス法における抵当制度

1 共和暦3年のデクレと抵当制度

　まず、フランス民法典、特別法そしてデクレ等を含むフランス法における抵当権規定を検討する前に、旧フランス民法典（EC 統合後の民法典改正があるので、以下、「旧民法典」とする。）を一瞥しておこう。次節での検討のように、ドイツ法と比べると前近代的と評価される構成になっていた旧民法典（1804年施行）が存在したが、旧民法典は、1955年のデクレにより公示の原則が採用されたため、ドイツ法的な見解に従えば、いわゆる近代的な規定になったと結論づけることもできよう。しかし、ここで詳論はしないが、ここ四半世紀に著された「フランス法主義的理解」に立脚した研究がこうした旧民法典を初めとするフランス法の評価を変えたのであった。[8]

　そこで、フランス法における抵当制度の「フランス法的理解」を深めるため、本節において、特別法の中に存在した抵当制度、これは旧民法典の抵当権規定を補完しうるものであるが、この検討を行い、その法原理を明らかにしたいと思う。その第一の対象は、共和暦3年の法律である。なお、同時期の共和暦7年法については、もっぱら技術上の理由で割愛する。[9]

　共和暦3年の法律は、正式には、共和暦3年メシドール9日（1795年6月27日）の法律 Le Décret contenant la Code hypothécaire のことである。周知のように、旧民法典は1804年に公布、施行されたが、その11年前の1793年のフランス革命の最中に、この抵当制度についての法律が公布されている。この共和暦3年の法律は、「抵当権法典に関するデクレ」及び「土地申告に関するデクレ」から成り、これらを総称して共和暦3年の法律とい

---

(8) 前掲注 (4)、(5) を参照。詳細は、北村一郎「契約の解釈に対する破毀院のコントロオル (1)～(10 一〇・完)」法協 93 巻 12 号～95 巻 5 号（1976～1978 年）参照。

(9) 共和暦7年ブリュメール11日（1798年11月1日）の抵当制度に関する法律 La loi sur la régime hypothécaire は、旧民法典に比べ、革命以前の古法時代の色彩が強い。また、共和暦3年法と同じく、同法も施行されなかった？このため、同法についての資料（法案審議の議事録等）は入手困難である。初期の研究でも、同法の存在の指摘に止まっていた。野田良之『フランス法概論 上巻』665頁以下（有斐閣・1954年）、今村・前掲注 (5)「抵当改革 (1)」7頁以下等。

う。この共和暦3年の法律がフランス法研究者の関心を引いたのには理由があった。第一に、同法には、旧民法典に比べ、著しくドイツ法的と評価できる規定が存在する一方で、他方、フランス革命以前の古法時代の残滓とも評価できる規定も混在していたからである。敷衍すれば、共和暦3年法には、ドイツ法的な斬新性を採用したような公示制度が採用されており、登記制度の整備、自己抵当権の承認、抵当証券制の導入等が規定されていたのであるが、他方、公示制度を採用しつつも、革命以前からの名残である包括抵当権や秘密抵当権も温存されていたからである。このため、同法の立法趣旨をめぐって議論されたのである。[10]第二に、同法は、フランス革命の直中に制定されており、近代法的な諸原理が採用され、貫徹されているのではないか、という理由であった。

当時、共和暦3年法の評価を巡っては、ドイツ法的な理解とフランス法的な理解とが対峙していた。前者は、同法の公示制度の採用、自己抵当権の承認、抵当証券制度の導入等を積極的に評価し、市民革命の直中に公布された同法こそが、市民革命の神髄を反映するものであり、同法を貫く諸原理は近代法に普遍的に妥当する抵当権理念であると評価したのである。これに対して後者は、共和暦3年法には、これまでフランス法では採用されなかった高度な法技巧が存在するのは事実であるが、こうした法技巧を導入するには、あまりに拙速な点が同法のなかには多々存在するとするのであった。[11]しかし、後者の見解は、同法がドイツ法的な法技巧の採用を目的とする法律であるならば、フランス法的な概念を維持した諸規定を何故に残存させたのか、ここには別の立法者意思が存在したのではないだろうかと指摘するに止まっていた。なお、この評価を巡る対立については、前者の見解が、同法の中心

---

(10) 共和暦3年法では、公示主義が採用され、抵当証券制度が導入された。しかし、革命以前の古法時代の残滓ともいえる包括抵当権や抵当権が証書、判決により成立するという名義成立主義が残存していた。また、登記簿は、人的編成主義である等、制度の狙いが不明であった。池田、前掲注(4)「3年法論」(2) 23頁、拙稿、前掲注(5)「一考察」10頁以下参照。

(11) Emmanuel BESSON, Les Livres fonciers et la réforme hypothécaire, Paris, 1891, p. 86 et s; Philippe SAGNAC, La législation civile de la Révolution francaise, Paris, 1898, p. 206 et s. 同法の中心は、前者は公示制度であるとし、後者は抵当証券制度であるとする。高橋康之「フランス法における資本主義の発達と抵当権の変遷」法時28巻11号21頁以下(1956年)、野田、前掲注(9)概論623〜625頁は、同法の法規範的な特徴を指摘するだけであったが、池田、前掲注(4)「3年法論」は、同法の審議過程まで遡り立法者意思を検証した。

は、財政法的な性質を帯びたドイツ法に接近したと評価された規定よりも、古法時代の残滓とされたフランス的な規定に置かれていると結論づける研究が出現するまで支配的であったのである。

現在、同法の評価については、「フランス法主義的理解」による検討により、ほぼ一定の方向性の下で見解の一致をみるにいたっている。以下にその概要だけをごく簡単に紹介しよう。

革命当時の政治・経済・社会的混乱が原因で、フランスは、通貨アッシニアの急激なる信用下落とそれに伴うインフレに直面し、この難局の克服のために、アッシニアの回収、回収に伴うアッシニアの信用維持の方策を模索していた。そして、その役割を担わされたのが共和暦3年法、それもドイツ法的と評価された「自己抵当権」と「抵当証券」の制度なのである[12]。このように、同法の中核が公示主義の採用ではなく、抵当証券制度の導入であると評価すれば、たとえば、同法は公示主義を採用しつつも、これに反する包括抵当権の併存も何故認めていたかという矛盾も、同法の第一義は抵当証券の発行であり、その前提として公示主義を採用し、対象不動産の特定と評価を意図していたからである、と容易に説明がつくのである。また、公示主義に関わる斬新性も、抵当権者との関係から必然的に要請されたものであり、包括抵当権や抵当権の「名義成立主義」等が残存していても矛盾しないのである。したがって、同法は、日本の地券制度同様、不動産取引の安全一般を意図するものではなく、革命期の経済的混乱から国家を救済する財政・経済政策的な改革を担うものであったと結論づけたのである[13]。

2 旧フランス民法典と抵当制度

まず、2283条から成っていた旧民法典の抵当権規定について、その概観を一瞥しておこう[14]。

---

(12) BESSON, op.cit., pp. 86-89; SAGNAC, op.cit., p. 206.
(13) 公示制度の導入の試みは、徴税当局の関心によることが多い。民法典改革の議論、1855年の抵当謄記法、1955年の土地公示の改革に関するデクレ等もこの関心の延長線上にある。この中にあって、自己の職域と職能を確立、維持してきたのが、公証人である。AMOS AND WALTON, Introduction to French Law, Oxford, 1967, p. 23 et s; Christian DADOMO & Susan FARRAN, The French Legal System, Sweet & Maxwell, London, 1993, p. 1 et s. イギリスで出版されたフランス法入門書にも、その公証人の役割が素描されている。

旧民法典の抵当制度は、法定抵当権 Des hypothèques légales〔第 2121 条から第 2122 条〕、裁判上の抵当権 Des hypothèques judiciaires〔第 2123 条〕、約定抵当権 Des hypothèques conventionnelles〔第 2124 条から第 2133 条〕の 3 種類の抵当権から成る。この 3 種類の抵当権は、わが民法典と対比させると奇異な感じを若干受けるかもしれない。殊に、法定抵当権と裁判上の抵当権という概念は、わが民法には存在しないものであり、これ故に、きわめて特異な法制度を有するとの誤解を与え兼ねないので、以下に簡略に摘示しておこう。(15)

第一に、法定抵当権とは「他の法典又は特別の法律から生じる法定抵当権とは別に、法定抵当権が付与される権利及び債権は、〔以下のもの〕である（第 2121 条）」と規定された、法律上、当然のものとして発生する抵当権である。しかし、この法定抵当権が成立する場合が、夫婦の一方が他方の権利や財産について認められる場合、未成年者などが、後見人や法定管理人の財産に対して認められる場合などであることを考えると、なぜ法律上当然に、法定抵当権が成立するのか、その理由は容易に理解できるのである。すなわち、夫婦の共有財産の配偶者による一方的な処分、後見人や法定管理人の恣意的な財産処分から、もう一方の配偶者や未成年者を守ろうということであろう。(16)こうしたことから、法定抵当権の制度の目的が、夫婦共有財産制の維持や未成年者の保護といったことが目的であることが、容易に理解されるのである。

第二に、裁判上の抵当権とは「裁判上の抵当権は、あるいは退席の、あるいは欠席の終局又は仮の判決から、その判決を得た者のために生じる（第 2123 条）」抵当権である。この裁判上の抵当権も、日本法に照らすと違和感があろうが、端的には、裁判所の給付判決を受けた者が、その強制執行を容易にする、そのための抵当権である。強制執行手続との関係において裁判上の抵当権を評価すれば、裁判上の抵当権の性格を理解することは容易であ

---

(14) 法務大臣官房司法法制調査部編『フランス民法典…物権・債権関係…』（法曹会・1982 年）、Dalloz, Code Civil の最新版を参照。
(15) フランス法研究者にも理解できなかった時期がある。高橋、前掲注（11）「変遷」24 頁以下。
(16) 高橋、前掲注（11）「変遷」25 頁以下。

る。したがって、あまり馴染みのない裁判上の抵当権も、強制執行という観点から見れば、その存在は何ら不思議なものではない。

最後に、約定抵当権は、わが民法典の抵当権とほぼ類似するものと理解できよう。当事者が、抵当権設定契約を締結し、債務者や物上保証人などの所有する動産、不動産に抵当権を設定するものである。その性質や制度の目的等は、日本民法やドイツ民法の約定抵当権と同一のものといえよう。

さて、以上の旧民法典の抵当権規定について纏めておこう。法定抵当権や裁判上の抵当権は確かに注目されうるが、これらの制度趣旨に照らせば、何ら特殊な規定とはいえず、旧民法典においても、抵当制度の中心は、契約自由の原則に立脚した約定抵当権であるといえよう。ところで、この旧民法典の抵当権法の根本原理は何か、換言すれば、ドイツ法で採用されている近代的と評価される、特定の原則、公示の原則、抵当権独立の原則、公信の原則といった諸原理は、旧民法典において存在していたのか簡潔に整理しておこう。

旧民法典においても、特定の原則や公示の原則は、例外はあるが、採用されている。すなわち、約定抵当権につき、被担保債権額の確定（第2132条）、目的不動産の特定（第2129条）、将来の財産上の設定の禁止（第2130条）といった規定である。しかし、目的不動産の特定と将来の財産上の設定の禁止は、1955年1月4日のデクレによるものであり、それまでは、この原則の採用は不完全であったとされてきた[17]。なお、法定抵当権や裁判上の抵当権において、特定の原則（第2121条）は、法定抵当権の被担保債権が特定されるだけあるが、すでに検討した法定抵当権や裁判上の抵当権の性格や制度趣旨から考慮すれば当然の規定であろう[18]。また、法定抵当権についての公示主義[19]

---

(17) 旧民法典の公示制度は、1955年のデクレによって整備されたが、これ以前には不完全なものであった。なお、公示制度の不備を補完し、国家権力、徴税当局の捕捉から逃避するための自生的な代替制度——公証人——の存在がその後の研究で明らかになった。拙稿、前掲注（5）「フランス民法典」17頁以下、鎌田、前掲注（6）「公証人の役割」（2）33～34頁参照。国家権力、徴税当局からの逃避は、革命以来の伝統である。フランスの登記制度については、鎌田薫「不動産登記制度の基本原則」鎌田薫＝寺田逸郎＝小池信行編『新不動産登記講座——総論Ⅰ』所収、23頁以下（日本評論社・1998年）参照。
(18) 星野英一『民法論集第2巻』（有斐閣・1970年）109頁以下参照。
(19) 革命前の古法時代の包括抵当権である。この包括抵当権は旧民法典の法定抵当権に推移したといわれている。フランス抵当制度の理解には、各時代の抵当権概念の定立が必要である。

(第2135条以下)も、抵当権設定登記は抵当権の効力発生要件ではないから、公示主義は該当しないのである。その理由も、既に検討した制度趣旨から考えれば明白である。[20]

約定抵当権の特徴は、抵当権の被担保債権額の特定の原則、抵当権の目的物の特定の原則、登記主義といった諸原理が採用されていることにある。しかし、抵当権の目的物の特定については、現存する債務者の財産を対象として特定すべき旨の規定(第2129条)があるが、現存する財産で不足の場合には、債務者の将来の財産にまで追及効が及ぶとする例外規定(第2130条)も存在した。また、公示主義に関しては、登記なしには第三者対抗力はないが、抵当権の順位は登記の前後で決まるという特徴がある。これは、フランスの登記簿システムから生じるものである。

さらに、旧民法典の特色として、所有者抵当・抵当証券を認める独立性の原則・流通性確保の原則は完全に否定されている点が挙げられる。なお、この点は、初期の研究において、フランス法はドイツ法とイギリス法との中間形態を成すと評価された最大の理由であるといえる。[21]

以上のように、旧民法典においては、特定の原則・公示主義・順位確定の原則・独立性の原則・流通性確保の原則などの取引の安全から要請される抵当権の諸原理がまったくあるいは不完全にしか採用されていないのである。その理由を、旧民法典編纂時の基本理念にあるいは公証人慣行の中に求める見解が存在する。[22]しかし、旧民法典の規定だけを直視しても理解できないのではあるまいか。それ故、筆者は、その研究対象を特別法や公証人慣行にまで拡げて、理解しにくいとされてきたフランス法を理解しようと試みるのである。[23]

---

(20) 公証人証書などの証書や判決により抵当権が成立するという古法時代からの概念で、抵当権の「名義成立主義」と呼ぶ。池田、前掲注(4)「3年法論」(2)の23頁参照。
(21) 高橋、前掲注(11)「変遷」28頁以下。フランスでも前掲注(11)のように、その 評価について見解が分かれていた。
(22) 前者は、高橋、前掲注(11)「変遷」。後者は、TROPLONG, Commentaire de la loi du 1855 sur la transcription en matière hypothécaire, Paris, 1864, p. 5 et s, 鎌田、前掲注(6)「公証人の役割」(二)の1頁以下、同「フランス不動産譲渡法の歴史的考察(1)～(四)」民商66巻3号～6号(1972年)の(四)の1030頁以下。
(23) 「特殊事情」という言葉にすべてを帰着せしめる傾向は否めない。各国の資本主義の確立・発展には、その社会・経済的背景が多少なりとも影響を及ぼしており、そこに固有の発展法則が

3 フランス土地信用銀行と抵当制度

本節では、本稿での問題意識である「フランス法主義的理解」をさらに深めるため、特別法の中に存在した抵当制度に関する事象の検討を行うことにする。本稿では、三つ目の検証対象となるが、ドイツのラントシャフトを模して設立されたフランス土地信用銀行 Le Crédit Foncier de la France と同銀行が発行する土地債券 la obligation foncière の制度について概観しよう。1852年2月28日のデクレによって創設されたフランス土地信用銀行と土地債券の制度は、旧民法典の抵当権規定との関係で、それを補完するいかなる機能を予定されていたのか、この土地債券は、抵当権の流通性や独立性の法理との脈絡でどのような評価ができるのか以下に纏めておこう。この制度は、フランス法を検討するときには看過できない存在なのである。[24]

まず、この制度が創設された理由や制度趣旨等、その制度の背景にあるものを明確にするために、当時の、19世紀前半から中葉にかけてのフランスの経済情況について簡単に触れておこう。この時期のフランスの農業経済の状況は、革命政府が、旧民法典の所有権概念の確立を行うに留まり、農業の改善に着手しなかったため、フランス国内には多くの休耕地が残存し、また農業機具の開発も行われず、さらに新たな農地を拓くための開墾もほとんど実施されていなかった。こうした経済状況を打開するために、大土地所有者保護の農業政策が実施されるに至ったが、農産物価格の下落と農民が副業とする農村手工業の不振と相俟って、この農業経済は危機的情況下にあったことが指摘されている。[25]このため、農業を近代化するには、土地（農地）の動

生ずる原因があるのである。グローバルな時代の現代とは根本の部分が違うのである。下山瑛二「外国法研究の課題と方法」法時38巻12号4頁以下（1966年）、村上淳一「ヨーロッパ近代法の諸類型」平井宜雄編『社会科学への招待法律学』（日本評論社・1979年）所収、41頁以下、堀部政男「イギリス近代法の形成1」東社19巻1号（1967年）4-7頁、田中英夫「アメリカ法」伊藤正巳編『岩波現代法講座14巻 外国法と日本法』（岩波書店・1966年）所収、287頁以下、北川善太郎『日本法学の歴史と理論』（日本評論社・1968年）179頁以下。

(24) 拙稿、前掲注（5）「一考察」15頁以下、今村、前掲注（4）「抵当制度」36頁以下等参照。同銀行は、融資を希望する農民の農地所有権に抵当権を設定し、債権額に基づき小口の土地債券を発行し、これを証券市場を介し一般投資家に発売することで、貸出資金を調達した。この債券には、抵当権の詳細、年利や償還方法等が記載された。この点で、抵当権の流通性の問題が論じられたのである。

(25) Henri SEE, Histoire Economique de la France, Paris,1939, tome II, pp. 89-240; Du même, Esquisse d'une histoire economique et sociale de la France, Paris, 1929, p. 415 et s.

化による土地所有権者への資金供給が不可欠である。そこで、旧民法典公布直後から、土地の動化の障壁となっている規定から成る旧民法典の抵当権規定を含む諸規定の不備を指摘し、その旧民法の抵当権規定の改正を要求する動向がフランス各地に沸きあがるのである。すなわち、カジミール・ペリエ Casimir Perier の「望ましき抵当権像」を問う懸賞論文を契機に、抵当制度の改革を要求する論説や改正私案が相次いで公表された。ついには、トゥールの登録監督官 inspecteur de l'enregistrement ロロ Loreau がフランス抵当制度の改革に関する論文を公表するのであった。こうして事態が逼迫し、抵当権規定の改革の機運が高まるにつれ、国爾尚書 Garde des Sceaux マルタン・デュ・ノール Martin du Nord は、1841年、旧民法典の抵当権規定改正に関するアンケートを全国の法曹関係者に送付する事態になるのである。

　フランスでは、市民革命の所産として、所有権絶対の原則、意思主義等に基づいた旧民法典が成立した。旧民法典は、近代市民社会の準則となるべく使命を以て誕生したはずである。しかし、農業経済の悪化に困窮する農地所有者を土地債務から解放してくれるはずの市民革命にもかかわらず、フランス農業経済は改善の動きをみせなかったのであった。そこで、前述のマルタンのアンケート結果が慎重に審議検討され、1855年の謄記に関する特別法に纏められたのである。

　19世紀中葉のフランスの、このような経済的・社会的情況下、農地所有者に資本を集める目的のこの導入に最も執心だったのは、殊にルイ・ナポレオンであったことが明らかになっているが、フランス政府は、旧民法典に内

---

(26)　G. RONDEL, La Mobilisation du Sol en France, Paris, 1888, p. 189 et s. この懸賞論文は、①抵当貸付に関する立法・行政上の規定の不備・欠陥は何か、②資本を抵当貸付に振り向けられない障壁は何か、③この点に関し、国庫と債務者の必要性および債権者の要求する担保と最も調和のとれたプランを作るための最良の規定は何か、を課題とするものであった。

(27)　この調査については、GRASSET, Les projets de reforme hypothecaire depuis le Code Civil, These Montpellier, 1907, pp. 90-91. 拙稿、前掲注（5）「公証人慣行」（1）14〜15頁参照。その結果は《documents relatifs au régime hypothécaire et aux réformes qui y ont été proposées》として公刊され、抵当謄記法（1855年）の資料にされた（BESSON, op.cit., p. 111)。また、ロロは、その上司ドゥディフル侯爵に、抵当制度の改革について上申書を提出している（1826年）。後の《Du Crédit foncier et des moyens de la fonder, 1841》である。同書は、同銀行の理論的基礎になったとされている。RONDEL, op.cit., p.194; BESSON, op.cit., p. 109.

(28)　J. B. JOSSEAU, Traité du Crédit Foncier, Paris, 1884, pp. 27-33; SEE, op.cit., p. 240; Francois MARSAL, Encyclopedie de banque et de bourse, Paris, 1931, tome 3, p. 589.

在する制度的欠陥を改善し、当時の市民層の中心を形成する農民を土地債務から解放するために、フランス土地信用銀行と土地債券の制度を導入したのである。なお、この動向は、前述の旧民法典の改革を要求した法曹界の動向とある意味では軌を一にしていたのである。なお、この1855年のデクレによって設立された同制度の概要を以下に概観しておこう。

同銀行は、手元に資金がなく融資を希望する、主に土地（農地）所有者に対して融資を行うのである。その際、この貸付に対して、同銀行はその者が所有する不動産に、第一順位の抵当権を設定する。そして、同銀行は、この抵当権に基づき抵当債券 titre ou lettre du gage を発行し、この債券を金融市場に流通させることによって、貸付資金を調達するという運用方法を採用する国策的な金融機関であった。(30)

しかし、この制度は、旧民法典の内在的な欠陥からすれば当然想定されたように、予想に違わず貸付金の調達がうまく運ばず、このため活発な融資活動ができず業績不振に終始するのである。その一例を指摘すれば、同銀行の抵当貸付の実績は1億フランにも満たないのに対し、同時期、公証人が窓口になった抵当貸付の実績は8億フランにも達することことが挙げられ、ここに同制度の低迷が明示されている。(31) 既述したように、旧民法典の公示制度の不備に多くの原因があるのである。旧民法典の公示制度は、こうした抵当貸付にはそぐわず、その改善を意図して1855年の抵当謄記法が制定されたの

---

(29) JOSSEAU, ibid., pp. 33-41. Wolowski がフランスにドイツ土地信用銀行を紹介した。当時の政府高官ロワイエ Royer はドイツに調査に赴き、デュマ Dumas とシュガレ Chegaray によってデクレ草案が作成、提出された。その直後、ルイ・ナポレオンのクーデタが発生する。その3ヶ月後、この制度が創設されだが、その性急な導入は、問題点を放置したままの見切り発車であり、頓挫が必然視されていた。JOSSEAU, ibid., p. 41, 桂圭男『パリ・コミューン』18頁以下（岩波書店・1971年）。

(30) JOSSEAU, ibid., p. 24 et s. この貸付は、土地評価額のÑが上限であった。抵当債券は無記名式と記名式の二種類で、前者は引渡しにより、後者は裏書により転々譲渡された。この制度で、土地債務（145億フラン）から農民を解放しようとしたのである。なお、titre ou lettre du gage と obligation foncière は、フランス人研究者でも概念を峻別していない。土地債券の呼称は、数度のデクレによる改正で変化して行った。obligation foncière はその総称ともいえる。

(31) この時期、公証人による抵当貸付は、7億4800万フランに達する（1912年）。Théodore ZELDIN, Histoire des passions francaises 1848-1945, tome. 1, Paris, 1979, pp.59-60. なお、同銀行が実施した抵当貸付実績（1910年まで）は、年平均1億数千万フランであった（JOSSEAU, ibid., pp. 45-49）。拙稿、前掲注（5）「公証人慣行の役割」（1）22頁参照。

である。しかし、本稿において再三指摘してきたように、フランス国民の公示制度に対する抵抗、忌避感、嫌悪感、換言すれば公示制度を徴税手段に利用されることへの嫌悪感、抵当貸付に関し生ずる金融資本に対する課税への拒否感等のため、国家が行う公示制度には真実の権利義務関係が反映されていないとの深い現実認識があり、金融投資家の投資意欲を削ぐ結果になっていたのである。

このため、その後、フランス政府は幾編かのデクレによりその修正を行い、公示制度の不貫徹さ、秘密抵当の存在等、土地の動化の障壁となっていた旧民法典の諸規定の不備を補完しようと試みたのであった。だがその帰結は、前述した理由により、公証人介在の抵当貸付とは異なり、フランス国内で土地信用銀行による抵当貸付が活用されることはなかったのである。

以上の検討から明らかなように、フランス土地信用銀行と土地債券の制度は、過去行われた研究者の研究活動の中にあった近代的抵当権からの要請から創設されたものではなく、イギリスにおいて起こった産業革命、その側圧を受けたフランス農業の近代化の目的で、また、財政的な危機に瀕していたフランス政府の窮状を農業振興により農業を活性化させ、その農地に課税すること、この徴税によって財政難から救済するという経済・財政的観点から採用された財政法的な性格を有する制度だと結論づけることができる。

4　1976年の法律と抵当制度

本節では、ここまでに検討した抵当権に関する特別法につづき、1976年法について簡潔に検討を行いたい。同法は、La loi no.76-519 du juin 1976 relative àcertaines formes de transmission des creances《La transmission

---

(32) 1855年の抵当謄記に関する法律は、同銀行との脈絡で理解されねばならない。同法は、意思主義の原則に象徴される個人主義的な市民法という旧民法典の基本理念に抵触しない範囲で、同銀行を整備し、その上で徴税当局の経済的・財政的要請にも答えようとしたものである。TROPLONG, op. cit., p. 5; GOBERT, op. cit., p. 210; JOSSEAU, ibid., pp. 60-61.

(33) JOSSEAU, ibid., pp. 49-50. フランス各地に設立された同銀行の統合（1852年12月のデクレ）、抵当債券の発行条件の緩和（1853年12月のデクレ）、同銀行の大蔵省監督下への移管（1854年6月、同年7月のデクレ）等である。

(34) 1976年法の詳細については、拙稿、前掲注（5）「抵当権の流通性（一）（二）・完」を参照されたい。

des creances hypothécaires》という法律で、公証人の抵当権実務に関する慣行に法規制を加えようとする法律である。

すでに検討したように、民法典の抵当権規定は、不十分な規定から成っているといっても過言ではなかった。また、1855年の抵当権謄記に関する法律 La loi sur la transcription en matière hypothécaire、1955年の土地公示の改革を定めるデクレが公示制度を整備するために制定されたといっても、これらを以て十全とすることはできまい。フランス社会だけが、公示制度を必要としないはずがない。不動産の売買や抵当権の設定が一切なされない社会など存在するはずがない。この法と実務との狭間を埋めていたのが、公証人とその慣行なのである。[35]

ところで、フランスでは、所有権や抵当権に関する権利の設定や移転が、社会の表面に表出しにくいのには理由がある。すなわち徴税に対する国民の抵抗であり、これは旧く封建時代にまで遡るほど根深いものである。その結果、地租や課税に結びつくような取引、権利の移転は、封建領主や徴税当局が関与できない形式で行うことが定着したのである。すなわち、封建領主の抑圧や地租への抵抗から始まる農民層を中心とする市民の公示制度に対する根強い抵抗は、市民革命後、革命政府が経済政策の一環として、徴税目的で登記制度の導入を図ったことでさらに堅固なものとなったのである。このように、公示制度導入は徴税当局を利するだけのもので、容認しがたい。しかし、不動産に関する取引や契約の安全を確保するものとして、公証人が、いわば「かかりつけの医者」と同様、市民生活に深く根ざして不動産取引の安全を維持してきたのである。最近まで、フランスでは、国の土地台帳に記載されていない権利の移動も、その土地について権利の移転を記録してきた公

---

(35) 公証人慣行を過大視する気はない。この慣行の位置づけをめぐって、鎌田教授と池田教授の論争があったことも記憶している。だが、公証人の職能や職域が日本とは異なり、フランスでは社会的な評価や重要性が高かったことは認識されたい。「そもそも我々人間の性命及び存在は、霊魂、肉体、財産の三つにかかわる。(中略)法曹家は財産に対してだ。」とパンタグリュエルがパニュルジュに語るが (RABELAIS, Le Tiers livres des faicts et dicts héroïques du bon Pantagruel, Paris, 1546, chap. xxix. 渡辺一夫訳『ラブレー第三之書 パンタグリュエル物語(ワイド版岩波文庫)』175〜176頁(岩波書店・1991年))、この法曹家が公証人であり、かかりつけの公証人 le notaire de famille と呼ばれ、フランスにおいては、売買、相続、抵当権設定等の法律行為につき重要な役割を果たしてきた(鎌田、前掲注(6)「公証人の役割」(1) 31頁)。この点については、VEYSSET, op. cit., p. 21 et s.

証人は十分掌握していたのであり、公証人と公証人台帳が、登記所と登記簿の役割を整然と果たしていたのである。市民層は、不動産について何らかの権利の移転を希望するときには、公証人のところへ赴いたのである[36]。

さて、19世紀中葉から、フランス全土で、この公証人が行ってきた抵当権に関する慣行の存在が指摘されてきた。すなわち、公証人が作成する公証人証書 le acte notarié の謄本証書 la grosse を活用して、抵当権付きの証書を金融市場に流通させ、土地所有者ないし債務者に資金を調達させようという慣行である。この慣行の詳細については別稿に譲るが、地下資金として年間数十億フランが、この慣行を利用した金融市場に投資されていたのである。しかし、徴税当局はこれを一切捕捉することができなかったのである[37]。そこで、この慣行が広まった19世紀後半以降、徴税当局の重大関心事は、この慣行をいかに規制し、徴税対象として捕捉できるものにするか、ということであった。この1976年の法律は、地下資金として徴税当局が捕捉できない資金の表面化を狙ったものであった[38]。

同法の詳細については既に検討したことがあるので、立法趣旨の概要だけ再論するが、同法は、無記名式〔抵当権付債権の〕謄本証書 la grosse au porteur と記名式〔抵当権付債権の〕謄本証書 la grosse à ordre から成るこの慣行のうち、前者の発行を禁止する法律である。すなわち、金融市場に流入すると捕捉が困難になる無記名式[抵当権付債権の]謄本証書を廃止したのである。既述のように、無記名式謄本証書は、徴税当局の最大の障害であったのであるから、その発行の禁止は、問題解決に不可欠なものであったの

---

(36) フランスでは、お金を借りる場合、まず公証人のところに赴く。公証人は融資先を斡旋し、契約書の作成から抵当権設定までの手続を踏むのである。ZELDIN, op. cit., tome.1, pp. 59-60. 鎌田、前掲注 (6)「公証人の役割 (一)」35頁参照。

(37) 拙稿、前掲注 (5)「抵当権の流通性」(1) 15頁参照。Michael DAGOT, La transmission des créances hypothécaires, Paris, 1977, pp. 24-28.「莫大な遊休資本を保有する者が、その資金を租税上の理由で秘匿する場合、これに投資するほか、秘密維持ができる投資手段は他には存在しない。何らの証書にも署名せず、何らの申告も行わない。すべては闇の中である。」とダゴは形容する。また、「この制度は中間法 (共和暦3年法のこと) le droit intermédiaire 時代の抵当証書 la cédule hypothécaire に酷似する。(DAGOT, op. cit., pp. 26-27)」と興味深い指摘がある。

(38) 前掲注 (13) のように、この時代のフランスにおける公示制度導入の試みは、徴税目的からである。このため、フランスで、公示制度の導入が図られるとき、その多くは、徴税当局と市民層の当局の追求から逃れたいという欲求にたまたま合致した、公証人の旧い職能主義 le corporatisme 的利害関心との旧体制下以来の対立と妥協の産物であると評価することができる。

である。

　そして、同法は、記名式〔抵当権付債権の〕謄本証書に一定の法律上の制約を付与し、その存続を承認することと引き替えに、徴税当局がその発行者や投資家について捕捉することが可能な制度に変貌させたのであった。[39]さらには、同法は、その呼称を、記名式〔抵当権付債権の〕強制執行のための写本 la copie exécutoire à ordre に改めさせたのである。[40]こうして、同法は、この公証人慣行を全面的に改正し、法務省と経済・財政省の監督下にその制度を置くことに成功したのである。

　したがって、この1976年の法律も、1855年の法律や1955年のデクレと同じく、国家の要請に基づく財政・経済政策的な立法であるといえよう。[41]筆者の関心事である近代的抵当権論との関係に限定すれば、同法もまた、何らかの解答を提示しうるものではない。しかし、同法によって全面的に禁止された無記名式謄本証書の法的性格や法的形式については、まだ検討が残されている。すなわち、抵当権の流通性が確保されているようなこの慣行の本質は何か、筆者の問題意識との関連では、大いに興味をそそられる対象である。その検討は、一部行ったが、残りの課題についても、稿を改めて行いたい。[42]

---

(39)　この書式 formules などについては、DAGOT, op. cit., p. 157 et s. 同法の制度は、完全に一新された制度である。同法の全文は、旧民法典第1701条の後書き、改正民法典1321条の後書きに掲載されている。仮訳は、拙稿、前掲注（5）「抵当権の流通性」（2）16頁参照。

(40)　この謄本証書と抄本（写本）証書は仮訳である。grosse という語は、語源的には、公証人が使う普通の字体よりも丸みのある円字体文字を意味する。転じて、grosse は、円字体文字の公証人証書の抄本を意味するようになった（DAGOT, ibid., pp. 18-19）。また、前掲注（14）『旧民法典』の翻訳書では、第1335条で、grosse と copie に「正本」と「写本」の訳を当てている。

(41)　DAGOT, ibid., p. 16. 同法の法案提出者は、Ministre de la Justice と Ministre de l'Économie et des Finances の両者であった。DAGOT, ibid., p. 21. そして、Conseil Supérieur du Notariat（全国公証人会連合会）も同法案に賛成した。DAGOT, ibid., pp. 25-28. その詳細は、拙稿、前掲注（5）「抵当権の流通性」（1）の18頁以下参照。

(42)　PLANIOL-RIPERT-BECQUE, Traité Pratique, tome. XIII, no.1311; S. 1838. 1. 208; S. 1838. 1. 371; D. 1852. 2. 280. 19世紀にその萌芽が存在したことが記されている。また、マルタンの調査の第2項目の「判例法上の証書の裏書の制度」もこのことであろう。GRASSET, op. cit., pp. 90-91. 過去の研究はその存在の指摘や素描に留まっていた。なお、19世紀から判例上承認されてきた、抵当制度に関するこの公証人慣行については、紙幅の関係上言及できないので、拙稿、前掲注（5）「19世紀フランスの判例法」を参照されたい。

5 改正民法典と抵当制度

フランスにおいては、すでに検討したように、19世紀中葉から旧民法典の担保法制についての改正の要請が存在していたし、また20世紀後半からの欧州での経済統合、そしてEU統合に伴う欧州での経済的・政治的緊密化により、この旧民法典改正の要請がさらに強まったといえる。その旧民法典改正の要請の核心は、以下のような諸点にあった。まず、本質論として、担保法制は、経済活動の基礎であるから、経済取引の実務の要請に適うものであり、しかも実務家が利用するのが容易な制度である必要があるというものである。具体的には、従来なされてきた対症療法的な立法を整理しより明確なものとし、担保権設定方式を簡略化し、担保権実行に関する諸問題（実行手続の簡便化、迅速化、費用の軽減等）を解決することによって、資金の流動を促進し、フランス国内経済の国際的競争力を立て直そうという意図であった。また判例法によって集積されたきた留置権等に関する領域を明文化しようという意図もあった。2003年9月24日、国璽尚書・司法大臣がパリ第2大学教授であるミシェル・グリマルディMichel Grimaldiに担保法制の全体についての見直しをするように検討が要請された。そこで、グリマルディ教授を委員長とする担保法改正委員会が組織され検討が行われた。2005年3月31日、担保法改正委員会は、司法大臣に担保法改正草案及び報告書が提出された。その内容には以下のような改正点が含まれていた。現行民法典では、新しく担保を規定する本編を創設し、加えて商法典にも担保関係の諸規定を追加する内容であった。この改正草案の主旨は、司法大臣の諮問にもあった担保法制の明確化、そして改正により現代化された新民法典が民事法のいわば憲法典としての地位を回復すること等であった。フランス経済からの信頼回復、フランス社会において現代的な規範的機能を果たすことを予定された、この草案は、2005年7月26日の法律第842号 Loi n° 2005-842 du 26 juillet 2005 pour la confiance et la modernisation de l'economie の第24条により、議会が政府にオルドナンスによって民商法典の改正をする権限を付与したのである。そして2006年3月23日のオルドナンス第2006-346号

---

(43) 山野目章夫「企画趣旨の説明及び今般改正の評価」ジュリ1335号（2007年）32～33頁、平野裕之「改正経緯及び不動産担保以外の主要改正事項」ジュリ1335号（2007年）36頁等。

Ordonnance n° 2006-346 du 23 mars 2006 によって民法典は改正された。この改正により、旧民法典の担保に関する諸規定が削除され、新たに第4編 livre 担保（第2284条〜第2488条）が編まれたのである。[44]

次に、現行民法典（以下、「民法典」とする。）の抵当権規定について、その概観を一瞥しておこう。民法典（全2534条、旧民法典では全2283条）の抵当権規定は、端的に表現すれば、新たに編まれた第4編 livre 担保（第2284条〜第2488条）にその諸規定が置かれているものの、抵当権概念やその法律要件及び法律効果に著しい改正はなされていないのが特徴であるといえよう。[45]

民法典における抵当権は、旧民法典の抵当制度と同じく、法定抵当権 Des hypothèques légales〔第2400条乃至第2411条、旧民法典では第2121条および第2122条〕、裁判上の抵当権 Des hypothèques judiciaires〔2412条、旧民法典では第2123条〕、約定抵当権 Des hypothèques conventionnelles〔第2413条乃至第2424条および2440条から第2443条、旧民法典では第2124条から第2133条〕の3種類の抵当権から成る。旧民法典を踏襲した民法典のこの3種類の抵当権は、わが民法典と比べると奇異な感じを若干受けるかもしれない。すなわち法定抵当権と裁判上の抵当権という抵当権概念がわが民法には存在しないからであり、特異な抵当権制度との誤解を回避すべく、以下に簡略にその要件等を摘示しておこう。なお、民法典第2400条に規定する法定抵当権は狭義のものであり、この狭義の法定抵当権と裁判上の抵当権とを合わせて、広義の法定抵当権と称することに留意しなければならない。要は、一定の法律要件の下で、法律上当然に発生する抵当権を広義の法定抵当権といい、この広義の法定抵当権には、狭義の法定抵当権と裁判上の抵当権が含まれるのである。[46]

---

(44) この改正に関する多くの研究が集積されている。Laurent Aynes, Pierre Crocq, Les Suretes la Publicite fonciere, 3e edition, Defrenois, 2008, no 19. 現行民法典において、その第4編第2章が物的担保に関する規定（2323条〜2488条）であり、その枝規定に当たる第2-2章の動産担保に関する規定（第2329条〜2372条）の中に、これまで不完全であった動産質の第三者対抗要件の規定（第2337条第1項第2項）が置かれた点が主要な改正点のひとつである。動産質 gage は以下の公示をすることで第三者対抗力をもつ。「動産質は当該目的物を債権者あるいは合意された第三者に現実に占有移転 depossession することにより等しく第三者対抗力をもつ。」。

(45) 大澤慎太郎「物的担保法制における過剰」215頁以下参照。P. Malarurie et L. Aynes, Droit Civil, Les suretes, la publicite fonciere, par L.Aynes et P. C-rocq, 8e ed., LGDJ, 2014, no707, p370.

第一に、狭義の法定抵当権は、「夫婦の一方の権利および債権について、他方の財産に対して」設定されるもの（第2400条1項、旧民法典2121条）、「未成年者または後見に付された成年者の権利および債権について、後見人または法定管理人（admisistrateur legale）の財産に対して」設定されるもの（同条2項）、「国、県、市町村および公の施設の権利および債権について、収入吏（receveur）および管理者（administrateur comptable）の財産について」設定されるもの（同3項）および「受遺者の権利および債権（第1017条）について、相続財産に対して」設定されるものなどであり、法律上、当然のものとして発生する抵当権である。しかし、この法定抵当権が成立する場合が、夫婦の一方が他方の権利や財産について認められる場合、未成年者などが、後見人や法定管理人の財産に対して認められる場合などであることを考えると、なぜ法律上当然に、法定抵当権が成立するのか、その理由は容易に理解できるのである。すなわち、夫婦の共有財産の配偶者による一方的な処分、後見人や法定管理人の恣意的な財産処分から、もう一方の配偶者や未成年者を守ろうということであろう。こうしたことから、法定抵当権の制度の目的が、夫婦共有財産制の維持や未成年者の保護といったことが目的であることが、旧民法典と同じく容易に理解されるのである。

　第二に、広義の法定抵当権に内包される裁判上の抵当権とは、裁判により有責判決（jugement de condamnation）を得た債権者の債権を担保する目的で、確定判決に対して当然に付与される抵当権のことである（第2412条、旧民法典第2123条）。この裁判上の抵当権も、わが民法典に照らすと違和感があろうが、裁判所の給付判決を受けた者が、その強制執行を容易にする、そのための抵当権であるといえる。強制執行手続との関係において裁判上の抵当権を評価すれば、その法的性質は容易に理解できるのである。したがって、馴染みのない裁判上の抵当権という概念呼称も強制執行の観点からすれば、その存在は合理的で不思議なものではないのである。[47]

---

(46)　法定抵当権概念の理解がフランス法研究者にも難しかった時期がある。高橋、前掲注（11）「変遷」24～25頁。
(47)　この裁判上の抵当権に類似する概念として、「保全抵当権（hypotheque judiciare conservatoire）」という裁判上の担保（surete judiciare）がある。これは裁判所によって付与される裁判上の抵当権であり、フランス法においても、「裁判上の抵当権」は、「保全抵当権」を意

最後に、約定抵当権は、わが民法典の抵当権とほぼ類似するものと理解できよう。当事者が、抵当権設定契約を締結し、債務者や物上保証人などの所有する動産、不動産に抵当権を設定するものである。その性質や制度の目的等は、日本民法やドイツ民法の約定抵当権と同一のものといえる。1955年のデクレ及び2006年の民法改正により、公示制度が整備されたほか、すでに指摘した抵当権の内容の変更（被担保債権と抵当不動産の価値の不均衡の際の抵当権の縮減等）についての改正があったこと等が現行民法典の特徴として指摘することができるが、基本的には、保全抵当権の法的性質を維持していると結論づけることができよう。

　さて、現行フランス民法典の抵当権規定について纏めておこう。旧民法典の規定を維持した、法定抵当権や裁判上の抵当権という概念は注目に値するが、既述したそれらの制度趣旨に照らせば、特殊な規定とはいえず、現行民法典においても、抵当制度の中心は、契約自由の原則に立脚した約定抵当権であるといえる。ところで、現行フランス民法典の抵当権法の基本原理は何か、かつて近代的と評価されるメルクマールとされた特定の原則、公示の原則、抵当権独立の原則、公信の原則といった諸原理が現行民法典に存在するのか簡潔に整理しておこう。

　現行フランス民法典においても、特定の原則や公示の原則は、例外はあるが、旧民法典よりも広範にしたかたちで踏襲されている。すなわち、約定抵当権につき、被担保債権額の確定（第2418条、旧第2132条）、目的不動産の特定（第2398条及び第2418条、旧第2129条）、将来の財産上の設定の禁止（第2421条、旧第2130条）といった規定であるが、目的不動産の特定と将来の財産上の設定の禁止は、1955年1月4日のデクレによって採用されたものであり、[48]

　　味することが少なくない。民法典の規定する裁判上の抵当権は、その順位が判決日となるが、保全抵当権は、民事執行手続において、その順位が保全される点、債権者にとって優位であるとされる。大澤前掲論文230頁。フランス法では、不動産について仮差押えが存在しないので、訴訟継続中に、債務者が財産（不動産）を隠匿するおそれがあった。このため、1955年11月12日の法律第1475号によって採用されたのが、この保全抵当権である。その意義は順位保全効にあるが、実務では、債務者に対する圧力として用いられていた。なお、1991年の執行法改正により、民事執行法にその規定は移されている。

(48)　前掲注(17)参照。フランスの公示制度は1955年のデクレによって整備されたが、公示制度の不備を補完し、国家権力、徴税当局の捕捉から逃避するための自生的な代替制度──公証人──の存在した。拙稿、前掲注(5)「フランス民法典」17頁以下、鎌田、前掲注(6)「公証人

それまでは、この原則の採用は不完全であったといえよう[49]。なお、法定抵当権や裁判上の抵当権において、特定の原則（第2400条第5項、旧第2121条）は、法定抵当権の被担保債権が特定されるだけあるが、すでに検討した法定抵当権や裁判上の抵当権の性格や制度趣旨から考慮すれば当然の規定であろう[50]。また、法定抵当権についての公示主義（第2402条以下、旧第2135条以下）も、抵当権設定登記は抵当権の効力発生要件ではないから、公示主義は該当しないのも既に検討した制度趣旨から考えれば明白である[51]。

　約定抵当権の特徴は、抵当権の被担保債権額の特定の原則、抵当権の目的物の特定の原則、登記主義といった諸原理が採用されていることにある。また改正民法では、公証人証書による抵当権の設定が有効であるとする規定（第2416条）が加えられている。しかし、抵当権の目的物の特定については、現存する債務者の財産を対象として特定すべき旨の規定（第2393条および第2418条、旧第2129条）がありながら、現存財産で不足の場合には、債務者の将来の財産にまで追及効が及ぶとする例外規定（第2421条、旧第2130条）も存在する。また、公示主義に関しては、登記には第三者対抗力があり、その順位は設定登記の前後で決まるというものである。これは、フランスの登記簿システムから生じるものであり、わが法とも親和的である。なお、かつて近代的抵当権論で挙げられた所有者抵当・抵当証券を認める独立性の原則・流通性確保の原則は完全に否定されていることを指摘しておこう[52]。

　以上のように、現行フランス民法においては、特定の原則・公示主義は採用されてはいるが順位確定の原則・独立性の原則・流通性確保の原則などの取引の安全から要請される抵当権の諸原理が十全なかたちでしか採用されていない。その理由を、旧民法典編纂時の基本理念および今回の民法改正議論のなかにあるいは公証人慣行の中に求める見解が存在する[53]。しかし、これら

　　の役割」(2) 33〜34頁参照。国家権力、徴税当局からの逃避は、革命以来の伝統である。
(49)　前掲注 (18)、星野、前掲書109頁以下参照。
(50)　前掲注 (19) でも指摘したように、革命前の古法時代の包括抵当権のことである。これが旧民法典及び改正民法典の法定抵当権に推移したといわれている。
(51)　前掲注 (20)、池田、「3年法論」(2) の23頁参照。公証人証書などの証書や判決により抵当権が成立するという古法時代からの概念で、抵当権の「名義成立主義」と呼ぶ。
(52)　前掲注 (21)、高橋、「変遷」28頁以下、フランスでも前掲注 (11) のように、その評価について見解が分かれていた。

を直視してもフランス抵当推法の全貌を理解するのは困難ではあるまいか。それ故、筆者は、その研究対象を特別法や公証人慣行にまで対象として、フランス法を理解しようと試みてきたのである。

Ⅲ　むすびにかえて

　筆者は、本稿において、フランス民法典改正までの抵当制度につき全般的に検討してきた。すなわち共和暦3年の法律、旧民法典及び現行民法典の抵当権規定、1852年のデクレ、そして1976年の法律について、経済・財政学的視点からあるいは各々の法律に求められた社会的要請までをも検証した。その帰結として、前稿において導き出された2点が維持されていることを確認した。

　第一に、第一章で措定した筆者の研究成果からのフランス抵当権法の本質についての仮説である。フランス法においては、いわゆる近代的抵当権の典型とされているドイツ法に合致した法制度は存在しないのであり、ドイツ法では採用されている抵当権特定の原則、抵当権公示の原則、抵当権順位確定の原則、抵当権の被担保債権からの独立の原則、公信の原則、流通性確保の原則といった諸原理が完全には貫徹していないフランス法は、ドイツ法とは異なる発展形態を示していることである。しかし、フランス法は前近代的な抵当権法であると結論づけることは早計であり、ドイツ法の発展形態は近代法の典型ではなく特殊ドイツ的な事情からのものであり、また近代法を析出することの意義についての疑念があることが指摘され、近代社会の発展形態が異なる以上、その近代法の発展形態も国によって異質なものなのである。

---

(53)　前掲注（22）でも指摘したが、前者は、髙橋、前掲注（11）「変遷」。後者は、Troplong, Commentaire de la loi du 1855 sur la transcription en matiere hypothecaire, Paris, 1864, p.5 et s, 鎌田、前掲注（6）「公証人の役割」（2）の1頁以下等。

(54)　前掲注（23）引用の文献参照。「特殊事情」という言葉にすべてを帰着せしめる傾向は否めない。各国の資本主義の確立・発展には、その社会・経済的背景が多少なりとも影響を及ぼしており、そこに固有の発展法則が生ずる原因があるのである。

(55)　フランス法でも、実定法は必然だが、それ以外の事象につき研究の必要性があるのではないか。市民社会の中に根づいている法慣習や市民の良識の中にこそあるべき法の姿がある（篠塚昭次『不動産法の常識　上巻』2～8頁（日本評論社・1970年））。

したがって、フランスには、当然フランス法の発展形態があることになるのである[56]。しかし、近代法の典型を析出することに積極的な意義がないとしても、ただちにドイツ抵当権法のメルクマールを全面的に否定する必要はなく、その中には普遍性を有するものもあるのではないかという問題提起であり、抵当権の流通性については、本稿で言及してきた公証人慣行の存在があるからである。この検証は現地調査に委ねられている。

第二に、抵当権の客体の所有権について、フランス法では、取引の安全を確保する公示制度は、登記（謄記）制度と公証人慣行との両者が研究対象として認識されるようになり、また、抵当権も、その客体が所有権である以上、抵当権も登記（謄記）制度と公証人慣行の両者を研究対象にする必要があることを指摘したが、この点についても上述の結論がなお妥当するのである。フランス法主義とは何かを理解するためには、不動産譲渡法と同一にとはいわないが、登記制度と公証人慣行の両者を常に意識した本格的な研究の必要性が依然指摘されるのである。すなわち本稿でも検討した抵当権の流通性に合致するかのような外観を呈する公証人慣行の具体的で実証的な研究が筆者の最終的な課題になろう[57]。

---

(56) 「各国においてその国の資本主義的な信用制度にもっとも適合した抵当権が、すなわちその国の近代的抵当権である（松井宏興「近代的抵当権について」甲法23巻1号19～20頁（1982年）」。筆者は基本的にこの見解を支持するが、抵当権の流通性の問題だけは結論を留保したい。
(57)　賃借権の第三者対抗力（旧民法典1743条）の公証人慣行が一例である。JEAN-LOUIS SOURIOUX, Recherches sur le rôle de la formule notariale dans le droit positif, Paris, 1967, no.63 et s. 筆者は、すでにこの慣行の検討を行いその成果の一部を公表した。拙稿、前掲注（5）「19世紀フランスの判例法」、「公証人慣行」等である。在学研究の機会はあったのであるが、前々任校から前任校、前任校から現任校への着任時に該当してしまい、その機会を辞退したため、この実証的な研究が頓挫してしまった。また本稿は、本来は、近江教授の兄妹弟子である亡き佳子（2014年11月に51歳2ヶ月で死去）が書くべきであったのかも知れない。近江教授には、亡き妻との披露宴にご臨席いただいたご縁がきっかけで、それ以後夫婦揃ってご厚誼をいただいてきた。ここに亡き妻共々近江教授の古稀を謹んでお祝い申し上げる次第である。

仮想通貨の法的性質
―― 担保物としての適格性 ――

道 垣 内 弘 人

```
I   はじめに
II  仮想通貨の性質
III 仮想通貨の担保物としての適格性
IV  まとめ
```

I　はじめに

1　仮想通貨に関する東京地裁判決

（1）　仮想通貨は、ネット上のデジタル通貨として、現在、世界経済の中で重要な地位を占めつつある。そのうち、代表的なのはビットコインであり、その時価総額は刻々と変わるものの、2位を占めるイーサリアムの2倍近いものとなっている。

ビットコインについて、日本をベースとする交換業者として著名だったのは、マウントゴックスである。一時期は世界最大の取引量を誇る交換業者だったようだが、2014年頃から、ビットコインの払戻が停止され、2015年2月28日に、東京地方裁判所に民事再生手続の開始が申請された。しかし、東京地方裁判所はこれを棄却し、同年4月24日に、破産手続開始決定がされるに至り、完全に破綻した。

さて、マウントゴックスには、2万人を超える債権者がいるといわれ、それらの多くは、マウントゴックスでビットコインの取引をし、残高を有している者である。これらの者は、破産債務者であるマウントゴックスの有する

ビットコインにつき、それが自らの物であるとして、同社の破産手続において取戻権の行使を主張した。これに対して、東京地判平成27年8月5日 (LLI/DB L07030964) は、取戻権を否定する判決を下したのである。ビットコインにかかわる紛争で、世界で最初に下された判決だといわれる。

(2) 同判決は、まず、「所有権の対象となるには、有体物であることのほかに、所有権が客体である『物』に対する他人の利用を排除することができる権利であることから排他的に支配可能であること (排他的支配可能性) が、個人の尊厳が法の基本原理であることから非人格性が、要件となると解される」という一般論を述べる。

個人は他者の排他的支配の対象とはならないから (個人の尊厳に反する)、排他的支配可能性が満たされるためには、非人格性が必要である、という論理である。

そのうえで、「ビットコインは、『デジタル通貨 (デジタル技術により創られたオルタナティヴ通貨)』あるいは『暗号学的通貨』であるとされており (……)、本件取引所の利用規約においても、『インターネット上のコモディティ』とされていること (……)、その仕組みや技術は専らインターネット上のネットワークを利用したものであること (……) からすると、ビットコインには空間の一部を占めるものという有体性がないことは明らかである」とした。

その理由のポイントは、「口座Aから口座Bへのビットコインの送付は、口座Aから口座Bに『送付されるビットコインを表象する電磁的記録』の送付により行われるのではなく、その実現には、送付の当事者以外の関与が必要である」こと、「特定の参加者が作成し、管理するビットコインアドレスにおけるビットコインの有高 (残量) は、ブロックチェーン上に記録されている同アドレスと関係するビットコインの全取引を差引計算した結果算出される数量であり、当該ビットコインアドレスに、有高に相当するビットコイン自体を表象する電磁的記録は存在しない」ということにある。

2 本稿で扱う問題

(1) この判決によって、ビットコインには、何らの法的保護もないとの

誤解をした者も多かったといわれるが、もちろん、そのような内容の判決ではない。破産法上の取戻権が否定されただけであり、原告らは破産債権者として権利行使をすることになる。しかし、この紛争は、ビットコインを代表とする仮想通貨とはどのような法的性質を有するものか、という問題につき、興味深い素材を提供するものである。

仮想通貨の法的性質については、徐々に見解が示されてはいるが、いまだ確立した見解があるわけではない。そこで、本稿では、不十分ながら、この問題を取り扱う。そして、仮想通貨の出現がもたらす法的問題は多岐にわたるが、ここでは、とくに担保目的物としての適格性について、各論的な考察を行いたい。

(2) もっとも、その前に注意すべき点がある。

上記の東京地裁判決は、交換業者の顧客の権利が問題になった事例である。後に述べるように、ある者が交換業者を通じて仮想通貨を「購入」したとき、当該仮想通貨の権利者として、仮想通貨のネットワークにおいて認識されうるのは当該交換業者のみであり、当該顧客の「有している」仮想通貨の量は、当該交換業者のもとで帳簿上管理されているにすぎない。したがって、仮に、仮想通貨のネットワークにおいては当該交換業者が一定の権利を有しているとされても、当該顧客は当該交換業者に対する権利しか有しておらず、ネットワーク上の権利としての仮想通貨については何らの権利も有していないと結論づけられる可能性がある。もちろん、当該交換業者のもとで帳簿上管理されているにすぎない顧客であっても、当該仮想通貨についての権利を直接に有しているとされる可能性もある。

しかし、いずれにせよ、交換業者の権利とその顧客の権利とは区別して考えなければならないのである。

3 本稿の構成

以上の注意点を踏まえ、以下、次のような構成をとって論じていく。

まず、Ⅱにおいて、仮想通貨の法的性質について検討する。このとき、交換業者が有している権利とその顧客が有している権利とを区別して論じる。

---

(1) 2016年1月4日日本経済新聞朝刊23頁。

次に、Ⅲにおいて、担保目的物としての適格性を検討する。このときも、交換業者が有している権利とその顧客が有している権利とを区別することが必要になる。最後に、Ⅳにおいて、簡単なまとめを付す。

Ⅱ 仮想通貨の性質

1 仮想通貨のネットワーク上の参加者（交換業者）の権利
(1) 仮想通貨の仕組み

（ア） 仮想通貨において、たとえばビットコインの仕組みとイーサリアムの仕組みには、若干の違いがある。しかし、以下述べるところに関していえば、有意な違いはない。以下では、ビットコインを念頭に置きながら、なるべく一般性を失わないように論じていきたい。

（イ） そもそも、仮想通貨とは何か、仮想通貨を「有する」とはいかなる法的性格を有するものなのか。関連する文献も多々あるところではあるが、私の観点から再整理しておきたい。

① いま、A、B、C、D、Eの5人が、各10のビットコインを「有する」とする。このとき、当該5人は、各10のビットコインについて、他者に移転することのできる地位を有していることになる。そこで、Aがその権限に基づいてEに1のビットコインを移転しようとすると、その旨の通信が公に開示されたかたちで行われる。そして、この通信が承認されると、A＝9、B＝C＝D＝10、E＝11という新たな段階になる。

これがビットコインの本質である。

「アドレス」、「秘密鍵」、「ブロックチェーン」などといった耳慣れない概念が登場するが、すべては、上記の単純な仕組みの中に位置づけられる。

② つまり、「AがEに1のビットコインを移転しようとする」場合、Aの「有する」ビットコインが1減り、Eの「有する」ビットコインが1増える、という状況が生じるが、そのことを示すためには、AとEとに、ネットワーク上、名前が付いている必要がある。それが「アドレス」である。

また、Aの「アドレス」に、それまでの取引によって10のビットコインが入っているとき、そのビットコインをA以外の者が勝手に移転できない

ようにする必要がある。そこで、「秘密鍵」が必要になる。

　さらに、「AがEに1のビットコインを移転する」とは、AがEに1のビットコインを移転する旨の通信が公に開示されたかたちで行われ、その通信が承認されることが必要になるが、この通信が、「ブロックチェーン」である。

　先に挙げた例では、A、B、C、D、Eの5人が、各10のビットコインを「有する」という状況から出発した。しかし、この状況も、A、B、C、D、Eの5人が、差し引き10の移転を受けているという通信が存在し、それが承認されることによって生じている。

　③　もっとも、これを「ブロックチェーン」、つまり、「ひとかたまりのつながった鎖」と称する意味を理解するためには、2つの段階を考えなければならない。

つまり、
　【原初段階】A＝B＝C＝D＝E＝10
　　　【移転行為1】Aがその権限に基づいてEに1のビットコインを移転する旨の通信が公に開示され、この通信が承認される。
　【第1段階】A＝9、B＝C＝D＝10、E＝11
　　　【移転行為2】Eがその権限に基づいてCに1のビットコインを移転する旨の通信が公に開示され、この通信が承認される。
　【第2段階】A＝9、B＝10、C＝11、D＝10、E＝10

という変化であるが、このとき【第2段階】になっていることを明らかにするのは、【移転行為1】におけるAからEへの1の移転を示す通信と、【移転行為2】におけるEからCに1の移転を示す通信との積み重なりである。したがって、移転が繰り返されるたびに、この通信の積み重ねが「ひとかたまりのつながった鎖」として存在し、それが現段階の状況を示すことになる。そこで、当該通信の積み重ねを「ブロックチェーン」と呼ぶわけである。

　④　この通信、すなわち、「ブロックチェーン」、つまり、通信の積み重なり以外には、ビットコインの実体は存在しない。ビットコインは、それ自体として何かの実体あるいは価値と結びついたものではなく、通信の積み重ね

(2) 各参加者の「有する」もの

（ア）　それでは、上記のような仕組みにおいて、A、B、C、D、Eの5人は何を「有している」のであろうか。

これは、《自分が他者から承認されている保有単位数を、他の参加者に移転することができる権利》である。そして、その保有単位数は、「他者から承認されている」ということだけに正当性があるのであり、実体的な何かとは結びついていない。

しかるに、物権の目的物は、物、すなわち有体物であることを原則とし、その特定性が必要である。したがって、《自分が他者から承認されている保有単位数を、他の参加者に移転することができる権利》について所有権または占有を権利内容とする他の物権は成立しない(2)。

また、《自分が他者から承認されている保有単位数を、他の参加者に移転することができる権利》について、義務を負う特定の者が存在するわけではないので、債権とも言いがたい(3)。

（イ）　しかし、物権でもなく、債権でもない、ということは、《自分が他者から承認されている保有単位数を、他の参加者に移転することができる権利》が、何らの財産的価値のないものであること、あるいは、何らの保護も与えられないことを意味しない。民法709条は、「他人の権利又は法律上保護される利益」という文言によって、「利益」について広い保護を与えているし、信託法2条1項は、信託の定義にあたって、「財産」という表現を用いているが、これは、旧信託法1条が「財産権」としていたところを変更し、「具体的な名称で呼ばれるほどに成熟した権利である必要はなく、金銭的価値に見積もることができる積極財産であり、かつ、委託者の財産から分離することが可能であればすべて含まれる趣旨を明らかにしたもの」(4)と説明

（2）　末廣裕亮「仮想通貨の私法上の取扱いについて」NBL1090号68頁（2017年）、同「仮想通貨の法的性質」法教449号53頁（2018年）。
（3）　小林信明「仮想通貨（ビットコイン）の取引所が破産した場合の顧客の預け財産の取扱い」金法2047号42〜43頁（2016年）、武内斉史「仮想通貨（ビットコイン）の法的性格」NBL1083号15頁（2016年）、末廣・前掲注（2）68頁。
（4）　寺本昌広『逐条解説新しい信託法〔補訂版〕』32頁（2008年）。

されている。物権・債権というカテゴリーのいずれかに属することを要件とはしていないのである。

　(ウ)　そして、このような権利は、ネットワーク上の合意によって成立していると考えてよいであろう。

　「合意」を根拠とする考え方については、「本来の意味での合意や契約は、当事者の意思表示の合致が要求されるところ、コードに対する『合意』は、コードによって一定の行為が制約され又は一定の行為が可能になるというルールに従うこと、そのような無意識的な受容をも含むものであり、意思表示の合致と同じではない。このような希薄な『合意』により、本来の意味での合意や契約と同じような拘束力を認めることができるかが理論的な検討課題である」という指摘がある。

　ここでは、2つのことが問題とされている。1つは、合意の形式であり、もう1つは、合意の希薄性である。しかし、まず、前者は、組合について、その非対立的な合意の性格から、合同行為という分析もされるものの、そのときでも、同じ方向の意思表示の合致があると考えられているのであり、合意を根拠とすることの問題点とはならないであろう。次に、後者は、合意の成立には、どこまでの理解が必要かという問題であるが、当該仮想通貨について≪自分が他者から承認されている保有単位数を、他の参加者に移転することができる権利≫を移転し、あるいは、取得するということが理解されていれば十分であろう。

　(エ)　また、以上の分析は、ビットコインに限らず、一般的に仮想通貨について当てはまると思われる。

2　交換業者の顧客の権利

(1)　ネットワーク上の権利者

　交換業者から仮想通貨を「購入」し、仮想通貨を「有している」と考えている者は、しかしながら、当該仮想通貨のネットワーク上に、「アドレス」

---

(5)　末廣・前掲注(2)(法教)55頁。もっとも、末廣・前掲注(2)(NBL)68〜69頁では、末廣自身は、合意に基づく権利であるとの見解をとっている。

(6)　なお、ここで「合意」を根拠としても、権利帰属などの処理において、物権的な考え方をとることとは矛盾しない。合意によりできあがった権利の性格は別に考えることができる。

を有し、そのアドレスにおいて、「秘密鍵」を用いて、≪自分が他者から承認されている保有単位数を、他の参加者に移転することができる権利≫を有しているわけではない。

　ビットコイン交換業者の顧客は、当該交換業者が自ら構築したITプラットフォームを用いて開設していた、当該交換業者における口座（ここでいう口座とは、アドレスとは全く別の存在である。）を有するものの、ビットコイン・ネットワーク上のアドレスを有するわけでも、その「秘密鍵」を有するわけでもない。これらを有するのは、交換業者のみである。顧客は、交換業者に対する権利を有しているにすぎない。当該交換業者のもとで「取引」が行われたからといって、ビットコイン市場において、その移動について、通信が積み重ねられていたこと、つまり、ビットコイン市場の参加者によりブロックチェーンが承認を受けることが積み重ねられていたことを意味しない。たとえば、マウントゴックスの顧客間の取引は、マウントゴックスが管理しているデータベース上の数字（預金残高及びビットコイン残高）の調整だけで行いうるものであり、ビットコイン市場において≪自分が他者から承認されている保有単位数を、他の参加者に移転することができる権利≫を有していたのは、唯一またずっとマウントゴックスにすぎなかったのである。[7]

(2)　顧客の権利の可能性

　（ア）　以上を踏まえるとき、交換業者の顧客は、たんに交換業者に対する債権を有しているにとどまるというべきであろう[8]。そして、その債務の内容としては、顧客の帳簿を管理すること、顧客の帳簿上の残高に対応する仮想通貨を有し、管理することなどが考えられるが、中心となるのは、顧客の帳簿上の残高に応じて、顧客の指示の下に、交換業者の有する≪自分が他者から承認されている保有単位数を、他の参加者に移転することができる権利≫を行使し、移転すること、および、≪自分が他者から承認されている保有単

（7）　マウントゴックスは、顧客ごとのアカウントを有していたわけではなく、プールして管理していた。読売新聞 2015.1.1 朝刊 39 面。
（8）　末廣・前掲注（2）（NBL）70 頁。また、森下哲朗「FinTech 時代の金融法の課題」月刊資本市場 374 号 62 頁（2016 年）は、「私自身は仮想通貨を保有しているつもりになっていますが、実は事業者に対する何らかの債権的な権利しか有していないのかもしれません」と述べる。ただし、森下自身は、顧客の権利保護のために、顧客の権利を物権法理によって規律すべきことを説く。

位数を、他の参加者に移転することができる権利≫を取得すること、ということになろう。

（イ）　もっとも、顧客が、自らが有するアドレスを、秘密鍵とともに、交換業者に対して移転し、その管理を委任していたような場合には、顧客こそが、≪自分が他者から承認されている保有単位数を、他の参加者に移転することができる権利≫を直接的・排他的に支配する権利を有しているというべきかもしれない。また、顧客から交換業者に対するアドレスの移転がないとしても、顧客の求めに応じて交換業者が顧客のためにアドレスを取得した場合や、逆に、交換業者が有するアドレスを当事者間では顧客に移転したが、名義の帰属および管理は交換業者が継続するという場合には、顧客が、≪自分が他者から承認されている保有単位数を、他の参加者に移転することができる権利≫を直接的・排他的に支配する権利を有し、秘密鍵の正当な帰属権利者であるといえるかもしれない。

そして、物権の本質が、直接的・排他的な支配権であることに鑑みれば、≪自分が他者から承認されている保有単位数を、他の参加者に移転することができる権利≫が直接的・排他的な支配が可能なものであれば、それが有体物ではなくても、顧客の有する権利を物権的に捉えることができよう。

しかしながら、上記のような事例が多いとは考えにくい。東京地裁判決の事案において問題となったマウントゴックスはきわめて多数のアドレスを有し、そのアドレス間におけるビットコインの移転は、マウントゴックスが自由に行っていたようである。そして、それらのアドレスについての「秘密鍵」は、マウントゴックスが管理し、マウントゴックスだけが知っているのである。そうすると、顧客は、≪自分が他者から承認されている保有単位数を、他の参加者に移転することができる権利≫を直接的・排他的に支配する権利を有しているとも、秘密鍵の正当な帰属権利者であるということもできない。これが通常の事態であると思われる。

（ウ）　なお、以上のように考えるとき、顧客の権利が混合寄託されていると考えることも理由がないことになる。

混合寄託の特徴は、寄託物の所有権が、複数の寄託者の共有になっている

（9）　読売新聞 2015.1.1 朝刊 39 面。

ところにある。

　しかし、顧客は、≪自分が他者から承認されている保有単位数を、他の参加者に移転することができる権利≫を直接的・排他的に支配する権利を有しているとも、秘密鍵の正当な帰属権利者であるということもできない。混合寄託であることの前提を欠いているのである。

　（エ）　これに対して、顧客の有する権利を、物権法のルールに従うものと捉える見解もある。(10)この見解は、ペーパーレス化された証券の帰属についての規律が、仮想通貨にも当てはまるというものである。

　国際的な社債については、Euroclear などが、その保有状況を管理するが、Euroclear に対して直接に口座を有しているのは、大手の証券機関・金融機関等だけである。一般の顧客が外国社債を証券会社（Euroclear の直接の参加者である場合を想定する）を通じて購入するときには、当該証券会社におけるデータ上は、当該顧客が債券保有者とされているが、Euroclear は、当該証券会社が顧客分としてどれだけの債券を保有しているかについてデータを管理するのみであり、当該証券会社の顧客についてのデータは持たない。また、日本における社債、株式等の振替に関する法律による振替社債等でも、振替機関の下部に口座管理機関があり、多くの場合、顧客は口座管理機関に口座を有するのみであり、振替機関には口座管理機関のみが口座を有する。仮想通貨ネットワークと取引業者、顧客との関係は、たしかに、このようなペーパーレス化された（あるいは、大券のみが存在し、実質上、ペーパーレス化された）証券の保有関係に類似している。

　しかし、前者の国際的な債券管理のシステムにおいては、だからこそ、証券会社の破綻時などにおいて、債券を「保有」している顧客の保護が問題になり、国際的な条約等につながっているのであり、(11)後者については、法律の定めにより、口座管理機関に口座を有する顧客の権利は、法律上、社債等を有するものとされている（同法76条（振替社債）、101条（振替国債）、127条の19（振替受益権）、143条（振替株式）、177条（振替新株予約権）、208条（振替新株

---

(10)　森下・前掲注 (8) 63～64頁、同「FinTech 時代の金融法のあり方に関する序説的検討」江頭憲治郎古稀『企業法の進路』807～808頁（2017年）。

(11)　たとえば、森下哲朗「国際的証券振替決済の法的課題 (5完)」上智法学論集51巻1号13頁以下（2007年）参照。

予約権付社債））。このような対応は、特別な条約や法律がないときには、顧客は、自らが証券等の取得を依頼した金融機関に対して債権しか有しないことを、かえって前提にしていると思われる。

立法論としてはともかく、解釈論としては、無理があるように思われる。

Ⅲ 仮想通貨の担保物としての適格性

1 仮想通貨のネットワーク上の参加者（交換業者）の権利
(1) 譲渡担保

（ア）《自分が他者から承認されている保有単位数を、他の参加者に移転することができる権利》は、譲渡が可能である。また、100単位を有しているとき、30単位を譲渡することも可能である。したがって、その権利を担保目的で移転することは当然に可能である。

債務者によって被担保債権に係る債務が弁済されたときには、債権者は当該権利を債務者（以下、債務者＝担保提供者とする）に再移転しなければならないが、不動産・動産などの譲渡担保と異なり、ネットワーク上での再移転が生じない限り、当事者間においても、再移転は生じないと解すべきであろう。設定者が有する返還請求権は、本質的に種類債権であると考えられるからである。特定のデータが再移転されるわけではなく、保有単位数の変更が行われるだけなのである。

（イ）そうなると、ここでいう「担保目的での移転」は、特定の財産につき、（譲渡担保の法的構成によって説明の仕方は異なるが）設定者留保権が債務者に留保され、担保の目的の範囲でのみ権利移転が生じている、という譲渡担保の場合とは異なり、完全な権利が債権者に移転し、敷金類似の関係が生じると考えるべきである[12]。

債権者に、担保として有している仮想通貨については、別のアドレスで管理し、他の仮想通貨と混蔵しないという義務を負わせることは考えられてよい。そして、このときは、当該分別管理によって、債権者の倒産時に、当該

---

[12] この問題につき、清水恵介「担保化された金銭の担保法的考察」日法80巻3号303頁以下（2015年）が参考になる。

アドレスに存在する仮想通貨を移転する権利は倒産財団に組み込まれない、という結論を導くことができるかもしれない。しかし、これは、仮想通貨の性格からそうなるわけではなく、敷金を別口座で管理していた場合にはどうなるか、といった一般論の問題である。

（ウ）　以上のように考えるときは、債権者が、担保として移転を受けた仮想通貨に対応する残高を第三者に移転したとしても、それは、債務者から債権者に対する損害賠償の問題しか生じさせないというべきである。

(2)　質権

これに対して、質権の設定はできないというべきであるが、より正確に言えば、質権の設定は、上記の譲渡担保と同様の法律関係になると考えるべきである。

つまり、質権設定目的で仮想通貨を債権者に移転しても、完全な権利が債権者に移転するといわざるを得ない。

2　交換業者の顧客の権利

(1)　設定

交換業者の顧客の権利を、交換業者に対する債権と捉えるならば、それについて、譲渡担保・質権を設定することは可能である。

(2)　実行

質権の実行にあたっては、質権者が債権者として、債務者が交換業者に対して有する権利を代位行使し、換金した上で、その弁済を受けるという方法によることになろう。

IV　まとめ

(1)　本稿で述べたところを簡単に整理しておく。

①　仮想通貨のネットワーク上への直接の参加者は、《自分が他者から承認されている保有単位数を、他の参加者に移転することができる権利》を有する。

②　これに対して、交換業者との取引によって仮想通貨を「保有」してい

る顧客は、交換業者に対する債権のみを有する。

　③　≪自分が他者から承認されている保有単位数を、他の参加者に移転することができる権利≫を担保目的で譲渡することは可能である。しかし、その法律関係は、譲渡担保一般とは異なり、債権者が完全な権利を有すると解するべきである。

　④　顧客が交換業者に対して有する権利は通常の債権であり、譲渡担保または質権の目的とすることが可能である。

　(2)　なお、本稿では、担保目的となりうるか、ということのみを論じたが、信託財産としての適格性についても、同様の議論が妥当する。

　≪自分が他者から承認されている保有単位数を、他の参加者に移転することができる権利≫は、移転できる財産であり、信託財産と当然になり得るし、顧客が交換業者に対して有する権利は通常の債権であるから、債権として、信託財産になり得る。

（本稿は、全国銀行学術研究振興財団の助成を得た研究成果の一部である）

動産譲渡担保の実行制度とソフトロー
── UNCITRAL 及び米国 UCC 第 9 編との比較から ──

青 木 則 幸

I　問題意識
II　UCC 第 9 編
III　UNCITRAL
IV　わが国の議論との比較

I　問題意識

　わが国で動産譲渡担保が、体系書ないし教科書上、また、おそらく実務においても、確立した概念となって久しい。近年では、いわゆる「アセット・ベースト・レンディング」（ABL）[1]のように、動産譲渡担保を組み込んだスキームをもつ担保取引も展開されているところである。

　それにもかかわらず、動産譲渡担保は、依然として、制定法による担保法としての規律がなされておらず、判例の運用に依拠している。しかも、動産譲渡担保に関する判例の蓄積は、不動産譲渡担保に比べて圧倒的に少なく、動産譲渡担保の理論でも、不動産譲渡担保に関する判例の理論の類推による部分が少なくない。

　このような概念の定着と実務による利用の進展にそぐわない規範内容ないし理論の不明確さは、国内の議論では、あまり意識されておらず、集合動産譲渡担保の議論など応用的な理論的問題を除き、さして問題が残されていな

（1）　定義として、森田修「ABL-比較法の問題系列」池田眞朗他『動産債権担保』（商事法務・2015 年）3 頁以下に整理されている。

いかのような議論状況である。

　しかし、ガイドライン等を通じて漏れてくる実務家間の規範には、動産譲渡担保のより基本的骨格に近い部分についても、教科書では論じられていないものがあるようである。そのようなもののひとつが、平成20年5月に経済産業省が公表した『ABLガイドライン』における「担保物件の換価・処分に関する留意点」（同ガイドライン第5章）である。[(2)]

　ここでいう換価・処分が、動産等の譲渡担保の実行として理論化されている、担保権の実行手続に関する民事執行法の適用のない換価・処分であることは明らかである。周知のように、理論的には、従来、帰属清算ないし処分清算の別が論じられ、弁済による担保権の消滅をなしえる終期（受戻権）、所有権の移転の確定時期、清算金の算定時期、引換え給付ないし留置権による清算金請求権の担保的効力などが関連付けて論じられてきた。

　しかし、ガイドラインは、（章立てが処分となっていることからも明らかなように）「貸し手」による処分か「貸し手が処分業務を委託した場合の処分業者」による処分に関する規範を描く。処分における法令遵守や清算義務の存在といった学説と共通の記載もみられるが、次のような、目新しい規範をおいている。①処分を行う貸し手・処分業者に「条件の良い換価処分となるよう努める」義務を規定する。②処分内容の説明に関しては、処分業者の貸し手に対する説明義務として「十分」な説明を求め、貸し手の借り手に対する説明義務としては、「可能な状況であれば」説明することを認める。③貸し手及び処分事業者の処分に関する情報の機密保持を求めている。④処分事業者に対して、公正取引義務やモニタリングと換価処分の区別義務を課している。前者は、処分事業者が独占的である可能性を踏まえたものである。後者は、評価業務と換価処分業務を兼ねる処分事業者が、敢えて低い評価をしたうえで自ら買取り、高値で転売するといった事態を阻止するためのものであるとされる。

　問題は、このガイドラインの位置づけである。まず、このガイドラインは、貸し手ないし処分事業者にいくつかの義務を課す内容になっている。直

（2）　経済産業省「ABLガイドライン」（平成20年5月）http://www.meti.go.jp/policy/economy/keiei_innovation/sangyokinyu/ABL/03.pdf

接には、ガイドラインは、ソフトローの一種であり、国家による強制力のない努力規範だということになろうが、裁判規範となり、国家の強制力の対象となる場合はないのだろうか。また、法的規範に準ずる効力をもつ場合に、このガイドラインの規範内容は、動産譲渡担保の実行制度の在り方として正当か。

このような問題に答えるために、わが国の伝統的な議論から導くことができる理論は多くない。動産譲渡担保の実行について、処分清算をする場合の処分のあり方の法的規制の議論については、学説も判例も、あまり取り上げてこなかったからである。

これに対して、動産非占有担保権の処分型実行の在り方については、国際的な動きがある。UNCITRAL が 2007 年に立法提案を、2016 年にはモデル・ローを策定しており、ここでは、処分型の実行の在り方が詳細に規定されているのである。

もちろん、UNCITRAL は、立法提案の域を出ず、その意味で国際私法の文脈におけるソフトローである。しかし、上記の問題に関しては、国内法の

（3） UNCITRAL Legislative Guide on Secured Transactions（2007）http://www.uncitral.org/pdf/english/texts/security-lg/e/09-82670_Ebook-Guide_09-04-10English.pdf
　起草過程に関して、わが国の代表者等として起草過程に関わった研究者による、次の先行研究がある。池田眞朗＝石坂真吾「UNCITRAL「担保付取引に関する立法指針」作成作業について」NBL748 号 19 頁（2002 年）、沖野眞己「UNCITRAL「担保付取引に関する立法ガイド」（案）の検討状況（1）～（3）」NBL759 号 19 頁、761 号 41 頁、763 号 45 頁（2003 年）、沖野眞己「UNCITRAL「担保付取引に関する立法ガイド」（案）の検討状況・続報」NBL770 号 6 頁（2003 年）、沖野眞己「私法統一の現状と課題（1）（2）」NBL999 号 58 頁、安永正昭＝沖野眞己「UNCITRAL 担保取引立法ガイドの策定」金融法研究 25 号 3 頁（2009 年）など。
（4） UNCITRAL Model Law on Secured Transactions（2016）．http://www.uncitral.org/pdf/english/texts/security/ML_ST_E_ebook.pdf
　邦訳に、曽野裕夫＝山中仁美訳「担保取引に関する UNCITRAL モデル法の対訳（1）（2・完）」北大法学論集 68 巻 1 号 268 頁、2 号 508 頁（2017 年）がある。
（5） ソフトローは、多様な規範を議論の俎上に乗せるべく「裁判所等の国家機関によるエンフォースが保証されていないにもかかわらず、企業や私人の行動を事実上拘束している規範」と捉えてきた。中山信弘編『ソフトローの基礎理論』（有斐閣・2008 年）2 頁以下及び 227 頁［藤田友敬］。関連文献を網羅的に紹介する余裕はないが、国際私法の文脈では、小寺彰「現代国際法学と「ソフトロー」」中山信弘編集代表『国際社会とソフトロー』（有斐閣・2008 年）9 頁以下、私法領域に関する最近の簡明な整理として、清水真希子「ソフトロー─民事法のパースペクティブ（1）（2）」阪大法学 67 巻 6 号 277 頁、68 巻 2 号 395 頁（2018 年）参照。なお、私見も法律行為論との関係で検討を試みた。拙稿「ソフトローに違反する法律行為」NBL1128 号 31 頁（2018 年）。

問題として参照する意義があるように思う。まず、わが国の現状は、立法しなくても、学説・判例から、UNCITRAL に規定された規範が求められる事案で、十分な裁判規範を導けるとは言い難い。ほかならぬ日本法が立法提案の名宛人たる地位に甘んじている可能性にも目を向けるべきである。また、UNCITRAL には、米国の UCC 第 9 編の極めて大きな影響がみられる。⁽⁶⁾ UCC 第 9 編に関する米国内の議論では、ソフトローという概念は一般的でないが、実際には、客観的証拠によって、事実問題に関する争点の立証を求められる問題として、商業上の合理性を求めており、種々のガイドライン等に表れた合理的な商慣習が、制定法としての UCC 第 9 編所定の規範を介して、裁判規範として作用する構造になっている。UNCITRAL は、その構造を吸収する形での立法提案をしているとみられる。

このような国際的な動向は、わが国でも、ABL ガイドラインの規範内容の相当性と、それが裁判規範として作用する余地の検討を進めるべきことを示唆しているものと思われるのである。

本稿では、以下、このような問題意識から、UNCITRAL のモデルとなった UCC 第 9 編における動産の非占有担保の実行方法に関する規範の内容を、特に商業上の合理性の位置づけに注目しつつ、分析する。そのうえで、UNCITRAL がそのような UCC 第 9 編の構造をどの程度吸収しているのかを検討する。最後に、わが国の議論の現状との比較を試み、上記の示唆の可能性を整理する。

なお、本稿では、かなりプリミティブな意味での動産譲渡担保の実行制度を検討対象とする。すなわち、単独の担保権者による実行、及び、複数の担保権が重複設定がある場合でも、最先順位の担保権者が、実行担保権者となって進める実行のみを検討対象とする。

債務不履行前の処分の問題は扱わない。また、何が債務不履行かということ自体が問題となり、UCC 第 9 編等でもこの点に関する規定が存在するが、本稿では、この点を検討対象とせず、債務不履行が生じていることに争いが

---

(6) 批判的に指摘されることも多い。*See*, Gerard McCormack, *American Private Law Writ Large? The Uncitral Secured Transactions Guide*, 60 INTERNATIONAL AND COMPARATIVE LAW QUARTERLY 597（2011）.

ない事案のみを想定した検討を行う。また、担保権の効力としては、実行手続によらなくとも、例えば一般債権者による強制執行や倒産手続における別除権等の処遇などが問題となる場合がある。また、担保権の実行に準ずる効力としても、物上代位や、物上代位でなくとも包括的担保によって、動産以外の目的財産の価値からの回収が図られる場合がある。さらには、担保権の存在を前提に、実行手続によらずに回収を図る方法に関する議論や、債務者たる企業の支配に向けられた効力の議論もあるが、これらについても本稿では扱わない。さらに、上記を除いた担保権の実行についても、後順位担保権者が実行担保権者としてなんらかの手続を進める場合には、別途の議論が必要となるが、これも検討対象から外す。以上のように、想定事案を限定したうえで、基本的な実行制度の制度設計における考え方の違いを、なんらかのソフトローが作用する可能性を意識しつつ、検討しようとするものである。

II　UCC 第 9 編

まず、米国の UCC 第 9 編に基づく動産担保権の実行制度をみてみよう。

前提として、債務不履行後の当事者の権利について、次のように規定している。「債務不履行後、担保権者は、UCC 第 9 編第 6 章において規定される権利、及び、9-602 条に規定される場合を除き、当事者の合意によって供される権利を有する（以下略）」。また、債務者についても同様に、「債務不履行後に、設定者（a debtor）[7]および債務者（obligor）[8]は、UCC 第 9 編第 6 章で規

---

[7]　設定者（debtor）は、次のように定義されている。「目的物上に、担保権ないし他のリーエン以外の権利を有している者であり、債務者であるとないとを問わない」（§9-102 (a) (28) (A)）。日本語と完全に一致しないが、設定者及びその承継人という意味で、設定者という訳語を充てる。なお、UCC 第 9 編は、債権等の真正売買等にも適用があるため、設定者（debtor）という同一の用語が、文脈に応じて、「売掛勘定債権、動産担保証書、支払無体財産、ないし約束手形の売主」という意味や、「委託販売の受託者」という意味を持ちうる。

[8]　債務者（obligor）とは、「目的物上の担保権ないし農業リーエンの被担保債権について、(i) その債務の支払いその他の履行の義務を負う者、(ii) 債務の支払いないし履行のために目的物以外の財産を提供している者、ないし、(iii) 債務の支払いその他の履行の全部ないし一部につき責任を負う者を含む」とされる（§9-102 (a) (59)）。わが国の用語には完全に一致しておらず、連帯債務者や保証人、物上保証人を含む概念である。もっとも、この債務者（obligor）のうち、「(A) 債務者の債務が二次的である場合、ないし、(B) 債務者が被担保債権について債務者、他の債務者、ないし、それらの者の財産に対して求償権を有する者」を「二次的債務者

定される権利、及び、当事者の合意による権利を有する」(U.C.C.§9-601)と。この設定者ないし債務者の権利として規定されるのが、実行制度の実体法的規範である。

　UCC第9編第6章の実行方法は、「第1節　債務不履行及び担保権の実行 (enforcement)」に規定されているが、大別すると、①債務不履行後の担保権者による占有取得、②目的物の処分等による実行、③目的物の取得による実行、④債務者等による受戻に関する規定が存在する。また、「第2節　本編の不遵守」として、UCC第9編の規範に違反する場合の処遇を規定する。UCC第9編に関する実行以外の救済に相当する。ただし、注目すべきは、ここで扱われている不遵守の多くが、実行手続に関するものであることである。

1　占有取得

　UCC第9編では、債務の放棄や整理の段階を経た後、担保権者が実行を開始する段階に入った最初の行動として、担保権者による目的物の占有の取得が規定されている。

　この占有取得は、体系書や実務書では、しばしば、占有の再取得 (repossession) と呼ばれている。売主が目的物を売却し引渡しつつその上に担保権の設定を受けている売買代担保権の事案などを想定すると、理解できなくもない。しかし、UCC第9編が、担保取引一般に適用されることを考えると、実行に入った担保権者が、この占有取得の手続によって、目的物の占有を初めて取得するケースも多い。実際、UCC第9編の条文や公式解説では、債務不履行後の占有の取得と規定されているので、この用語に従う。

　関連するUCC第9編の現行規定は次のような内容である。すなわち、「債務不履行後、担保権者は、(1) 目的物の占有を取得できる。また、(2) 目的物を動かすことなく、設備品を使用禁止にし、債務者の住所で目的物の処分を行うことができる」とし (U.C.C.§9-609 (a))、これらの手続は、「前項に

(secondary obligor)」と定義する (U.C.C.§9-102 (a) (71))。二次的債務者も債務者に包摂される概念の一部ではあるが、二次的債務者に適用されるルールには、この用語が挙げられているため、本稿では、煩雑を避けるべく、obligorを債務者と訳出する。

基づき、担保権者は、(1) 司法手続に従って、あるいは、(2) 平穏を乱すことなく手続を進めることができる場合には、司法手続によることなく、手続を行うことができる」とする（U.C.C.§9-609 (b)）。なお、合意によっては、債務者が半製品等の目的物を完成させたうえで、債務者の支配下におさめるようにすることも認められている（U.C.C.§9-609 (c)）。

以上のように、UCC 第 9 編が規定する、実行手続における最初の行為は、担保権者による目的物の引揚げである。これには、占有回収じたいについて設定者の事前ないし事後の合意は必要がない。特約ではなく、担保権の本来的な効力として認められているのである。

この占有取得の方法には、司法手続によるものと自力救済によるものの両方が認められている。通常は、コストの低い、自力救済による占有取得が行われるが、設定者の抵抗がある場合など平穏を乱さない占有取得ができない場合でも、司法手続による占有回収が認められる。[9]

なお、後述のように、UCC 第 9 編でも、私的実行は、処分型と帰属型とに区別されている。帰属型については違いも大きいが、この債務不履行後・処分前の占有取得については、処分型だけでなく帰属型の場合でも同じように適用される点に注意が必要である。

2　処分等による実行

UCC 第 9 編が予定する、標準的な実行方法は、処分型の私的実行である。次のような制度として規定されている。

(1)　処分権限

まず、処分権限については、処分に関する当事者の合意の有無を問わず、制定法上次のような処分権限が規定されている。すなわち、「債務不履行後、担保権者は、目的物につき、現状であるいは商業上合理的な準備ないし加工をしたうえで、その一部ないしすべての売却、リース、ライセンス、ない

---

(9) 4 JAMES J. WHITE & ROBERT S. SUMMERS, UNIFORM COMMERCIAL CODE 450 (6TH ED. 2010). 例えば、ニューヨーク州法では、（エクイティ上の代替的手続が認められているものの）主に、Civil Practice Law and Rules（CPLR）§7102 に依拠した差押えが行われる。判決を得たうえで関係書類を執行官（Sheriff）に提出し、執行官が占有を回収するという手続きである。Bank of America, N.A. v. Won Sam Yi, 2018, 294 F. Supp. 3d 62（W.D.N.Y. 2018）。

し、他の処分をしてよい」(U.C.C.§9-610 (a)) とする。

なお、ここでリースや、ライセンスと規定するのは、リース契約やライセンス契約をして、その賃料回収を図ることであり、わが国の整理でいうと「収益」に相当しよう。もっとも、UCC 第 9 編の条文では「処分 (dispose)」として整理されており、以下ではその用語法に従う。

以上の規定は、処分権限が、当事者の合意の有無にかかわらず、制定法によって与えられるものであることを明文規定するものである。

(2) 処分の方法

処分の在り方については、次のように規定する。「目的物の処分のあらゆる側面、すなわち、処分の手段 (method)、手法 (manner)、時期 (time)、および、その他の条件などにつき、商業上合理的なものでなければならない。商業上合理的なものである場合、担保権者は、公的な手続 (public proceedings) と私的な手続 (private proceedings) を問わず、単一の契約によることと複数の契約によることを問わず、一定単位での処分とバラでの処分とを問わず、いつでもまたどこでもどんな条件でも、目的物の処分をしてよい」(U.C.C.§9-610 (b))。

ただし、かような処分型実行において、担保権者による買取が行われる場合には、処分の方法が制限されている。すなわち、「担保権者は、(1) 公開の処分 (public disposition) の場合、あるいは、(2) 非公開の処分 (private disposition) では、目的物が慣習的に公知の市場で売却されている種類のものである場合か、広く拡散された価格指標の対象物である場合にのみ、担保目的物を買い取ることができる」(U.C.C.§9-610 (c)) とする。

要するに、担保権者による処分には、州法に準拠した公的な処分手続と、UCC 第 9 編に基づく方法でなされる私的な換価手続による（私的実行）があり、後者の場合、原則は、商業上の合理性がある処分であれば、どのような方法でも適法だということになる。

ただし、注意すべきは、条文上担保権者による買取についてのみ規定されている私的な換価手続における公開処分と非公開処分の区別が、買受人が担保権者以外の場合にも存在することである。

(3) 処分前の通知義務

処分に際しては、公開処分と非公開処分を問わず、書面による事前の通知を要することが規定されている。すなわち、「U.C.C.§9-610 に基づいて目的物を処分する担保権者は、(c) 項で列挙する当事者に対して、合理的かつ認証された処分通知書を送付しなければならない」とされる（U.C.C.§9-611 (b)）。

通知の時期や内容については、通知義務の相手方に応じて、詳細な要件を規定する。すなわち、担保権者の通知義務の相手方を、①債務者（U.C.C.§9-611 (b) (1)）ないし二次的債務者（U.C.C.§9-611 (b) (2)）と、②後順位担保権者その他の目的物上の権利者（U.C.C.§9-611 (c) (3)）に分け、次のように規定している。

第一に、債務者・二次的債務者に対しては、合理的な通知を要する（U.C.C.§9-611 (b)）との規定がある。この合理性には、方式の合理性も含意されているが[10]、合理的な時期の合理性も含意されている。この時期の合理性については、次のような規定がある。「(a) 合理的な時期とは、事実の問題である。通知が合理的な時期に送付されたか否かも事実の問題である。ただし、(b) 項の場合を除く。(b) 非消費者取引では、10 日間は十分な期間である。消費者取引以外の取引では、債務不履行後に送付され、通知において定められた処分時の 10 日前ないしそれ以前に送付された通知は、処分前の合理的な時期に送付されている。」

また、目的物の処分前通知の内容および形式については、次のような規定がある。「消費者物品の取引の場合を除き、次のルールが適用される。(a) 通知が (1) 設定者及び担保権者を記載しており、(2) 意図された処分の対象である目的物を記載しており、(3) 意図された処分の方法を記載しており、(4) 設定者が未払い債務に関する決算（accounting）および決算のために必要であれば負担（charge）に関する説明（state）を求める権利を有する旨の記載、及び、(5) 公開処分のなされる時期と場所に関する記載ないし他の処分が開始される時期に関する記載」である（U.C.C.§9-613）。

もっとも、これは有効な通知自体の要件というわけではない。次のような

---

(10) U.C.C.§9-612. cmt. 3.

明文規定がみられる。「(a) 項所定の情報のいずれかを欠く通知の内容が、それにもかかわらず、通知として十分であるか否かは、事実問題である」(U.C.C.§9-613 (b))。

また、記載の体裁等について、次のような規定を置く。「実質的に (a) 項所定の情報を提供する通知の内容は、次のようなものを含んでいる場合であっても、十分 (sufficient) である。(1) (a) 項で特定されていない情報、ないし、(2) 些細な誤記や深刻でない誤解を招きかねない記載」。「通知の特定の語句 (phrasing) は要求されていない」(U.C.C.§9-613 (c))。

加えて、次のようなひな型 (form) が、規定されている (U.C.C.§9-613 (e))。

目的物の処分通知

あて先：（通知が送付される、設定者、債務者、その他の人の名称）
送信者：（担保権者の名称、住所、電話番号）
設定者（ら）の名前：（設定者（ら）に関する言及がない場合にのみ、記載に含めよ。）
（公開処分の場合：）我々は（記載の目的物を）下記のごとく公開に（有効な最高価格入札者に対して）売却（ないし、妥当する場合には、賃貸ないしライセンス）する意思である：
日付 (Day and Date)：
時間：
場所：
（非公開処分の場合：）我々は（日付）の後何時でも、（記載された目的物）を売却（妥当する場合には、賃貸ないしライセンス）する意思である。
貴方は、我々が（$　の負担のために）売却（妥当する場合には、賃貸ないしライセンス）を意図している財産によって担保された未払い債務の決算を求める権利を有する。貴方は、我々に（電話番号）に電話をすることで、決算を請求することができる。

また、目的物が消費者物品である場合には、通知すべき内容は、次のように加重されている。「(a) 処分通知は下記の情報を提供しなければならない：(1) 9-613 (a) 所定の情報、(2) 通知が受領される相手方の不足額に関する責任の記載、(3) 9-623 により受戻をするために、担保権者に支払われるべき金額を問い合わせることができる電話番号、及び、(4) 処分及び被担保債権に関する追加的な情報を問い合わせることができる電話番号ないし宛先住所」(U.C.C.§9-614)。また、これらの追加的記載事項に関する記述を盛り込んだひな型が規定されている (U.C.C.§9-614 (e))（本稿では省略する）。

第二に、後順位担保権者ないしその他の目的物上の権利者に対する通知に

ついて、次のように規定されている。「(3) (A) 担保権者が通知の日の前に、目的物上の権利の請求につき認証された通知を受領していた場合には、そのような者すべて。(B) 他の担保権者ないしリーエン権者で、通知日の10日前に、適切な貸付証書の綴込登記により対抗力を具備した目的物上の担保権ないしリーエンを有している者すべて。適切な貸付証書とは、(i) 目的物を特定していること、(ii) 登記日時点での債務者の名前に索引づけられていること、(iii) 登記日時点で、目的物を記載し債務者に対する貸付証書を綴込登記する登記事務所で綴込登記のなされていること、である。(C) 通知日の10日前に、9-311 (a) に記載する、制定法、規則、ないし、条約に従って、対抗力を備えた目的物上の担保権を有するすべての者」。

以上のように、第三者に対する通知を要するのは、(UCC 第9編以外の法令による担保権を除くと)「通知日」前に、担保権者に対する通知書を送付した者か、②「通知日」の10日前までに適切な登記をしていた者ということになる。「通知日」とは、「(1) 担保権者が債務者及び二次的債務者に、認証された処分通知書を送付する日か、(2) 債務者及び二次的債務者が通知受領の権利を放棄した日のいずれか早い日付である」(U.C.C.§9-611 (a)) とされる。

さらに、この通知義務には、目的物の種類に応じた除外規定を設けている。「(b) 項は、目的物が、腐敗しやすい (perishable) ものである場合、急激に価値を減ずる恐れがあるものである場合、公知の市場で売却される慣行があるものである場合には、適用されない」というのである (U.C.C.§9-611 (d))。

(4) 被担保債権への充当と余剰

UCC 第9編は、(司法手続外の処分を許容する実行方法において、配当に相当する制度として) 担保権者による充当の準則を置く。原則は、換価金が現金ないし小切手等によって支払われる場合、すなわち、文字通り、換価金が存在する場合 (=キャッシュ・プロシーズ (cash proceeds) が存する場合) について、次のように規定する。「担保権者は、9-610 条に基づく処分の換価金 (cash proceeds) を、以下の順序により、充当 (apply) ないし充当のために支払わ (pay over for application) ねばならない。「(1) 占有の取得、保管、処分準備、手続遂行、および、処分の合理的な費用、及び、合意によってそのように規

定され、法令に違反しない場合には、担保権者が負担することになった合理的な弁護士費用及び法的費用、(2) 実行がなされた担保権ないし農業リーエンの被担保債権の満足、(3)(A) 換価金の分配が完了するまでに、実行担保権者が、劣後的担保権ないし劣後的なその他のリーエン権者から、認証された換価金の要求書を受領している場合、および(B) 委託販売委託者が目的物上に担保権を有し、劣後的担保権やリーエンが、その委託者の権利に優先する場合には、当該目的物上の劣後的担保権ないし劣後的リーエンの被担保債権の満足、及び、(4) 換価金の分配が完了するまでに、実行担保権者が、委託販売委託者から、認証された換価金要求書を受領している場合には、目的物の委託販売委託者である担保権者」(U.C.C.§9-615 (a))。

また、担保権者の清算義務についても、明文規定を置く。すなわち、以上の分配がなされた後に余剰がある場合には、(上記 U.C.C.§9-615 (a)(4) 所定の委託販売委託者に対する支払い義務がある場合を除き)「担保権者は、清算を行い (account to)、余剰を債務者に支払わねばならない」(U.C.C.§9-615 (d)(1)) と規定する。逆に、「債務者 (obligor) は、不足金につき責任を負う」(U.C.C.§9-615 (d)(2)) との原則も規定する。

この清算に関する計算方法について、次のような規定をおく。

まず、「(1) 処分における譲受人が、実行担保権者、実行担保権者に関係のある人、ないし、二次的債務者であり、かつ、(2) 処分の換価金の額が、実行担保権者、関係人、ないし二次的債務者以外の人に対する適法な処分がもたらしたであろう換価金の範囲よりも著しく低い場合には、担保権者、関係人、ないし二次的債務者以外の譲受人に対する本章の規定を遵守する処分により実現されたであろう換価金の額に依拠して計算される」旨を規定する (U.C.C.§9-615 (f))。

また、消費者物品を目的物とする担保取引の場合について、余剰ないし不足金の計算に関する説明として、次のような規定を置く。「9-615条に基づき、設定者が余剰に権利を有する消費者物品取引又は消費者たる債務者が不足金を支払う義務を負う消費者物品取引では、担保権者は、(1) その設定者ないし消費者たる債務者に対して、適宜、債務不履行後、(A) 担保権者が設定者に清算を行う時以前ないし処分後に消費者たる債務者に最初に書面に

よって不足金の支払いを求める時以前、かつ、清算請求書の受領後 14 日以内に、その設定者ないし消費者たる債務者に対して説明書を送付しなければならない。もしくは、担保権者は、(2) 不足金につき責任を負う消費者たる債務者の場合には、清算請求書の受領後 14 日以内に、債務者たる債務者に不足金についての担保権者の権利を放棄する旨の記録 (record) を送付しなければならない」(U.C.C.§9-616 (b))。[11]

同条 (1) 項にいう「請求書」とは、「(A) 余剰ないし不足金の金額を記載し、(B) 担保権者がその余剰ないし不足金を計算した方法について記載し、(C) 適宜、将来のデビットやクレジットや、追加的なクレジット・サービス・チャージを含む課金 (charge) や、払戻しや、費用が、余剰ないし不足金額に影響を及ぼしうる旨の記載、及び、(D) 当該取引に関する追加的な情報を得られる電話番号ないし住所の記載のある書面のことをいう」とされる (U.C.C.§9-616 (a) (1))。

この (B) 号の計算方法の記載については、さらに、次のように規定する。当該書面に、次の事項を、次に挙げる順序で記載しなければならないとする。「(1) 下記所定のいずれかの時点で計算された、目的物の処分がなされる担保権の被担保債権の合計額、及び、その金額が、不労利益 (unearned interest) ないしクレジット・サービス・チャージの割引を反映している場合には、その事実の記載。計算日は、(A) 担保権者が、債務不履行後に、目的物の占有を取得ないし受領している場合には、占有開始の日の 35 日前を超えない時点、(B) 担保権者が、債務不履行前から目的物の占有を取得ないし受領している場合、あるいは、占有を取得していない場合には、処分の日から 35 日前を超えない時点」、「(2) 処分換価金額の記載」、「(3) 換価金額を差し引いたあとの被担保債権の総額の記載」、「(4) 実行に要した費用の種類と金額について、総額あるいは種類ごとの記載。費用には、担保者に知られまた現在の処分に関連する、目的物の占有再取得、保管、処分準備、処分手続、処分の費用、及び、目的財産によって担保された弁護士費用を含

---

(11) なお、設定者ないし消費者たる二次的債務者は、6 か月に 1 度は無料で担保権者からの通知を受領する権利を有し、それを超える場合には、担保権者が 25 ドルを超えない費用を請求しうるとの明文規定もある (U.C.C.§9-616 (e))。

む」、「(5) §9-616 (c) (1) に基づく金額に反映されておらず、債務者がその権利の存在を知らされている、利息ないしクレジット・サービス・チャージの割引などの供与金の種類と金額について、種類ごとの金額ないし総額の記載」、及び「不足金ないし余剰金の額」である（U.C.C.§9-616 (c)）。

なお、これらの記載については、実質上 U.C.C.§9-616 (a) の要件を充足していれば足り、特定の文言は必要でなく、また、深刻な誤解を招くものでない限り些細な誤記も許されると規定されいてる（U.C.C.§9-616 (d)）。

なお、処分による換価金が、現金やそれに準ずる小切手等によって支払われなかった場合（＝いわゆるノン・キャッシュ・プロシーズ（non-cash proceeds）が存する場合）は、以上の UCC 第9編上の原則的ルールから除外される。「商業上の合理性を欠く場合」でない限り、UCC 第9編による分配に従う必要はなく、また、分配を行う場合にも、「商業上合理的な方法」で行えばよいとする（U.C.C.§9-615 (c)）。これは、担保権の実行における処分の相手方が、現金以外の財産で支払いをするという事案の多くが、動産担保証券などの一定の商慣習ある方法による支払いであることから、それらについて蓄積された判例に委ねる趣旨であると説明されている。[12]

3 目的物の取得による実行

帰属型の実行も明文で承認されている（U.C.C.§9-620）。しばしば「厳格フォークロージャー（strict foreclosure）」と呼ばれる実行方法である。[13]

かような実行が認められる要件としては、まず①債務不履行後の債務者の承諾（consent）（U.C.C.§9-620 (c) (2)）が必要である。ただし、目的物の債権者への帰属をもって被担保債務の一部でなく全部の弁済とする場合には、債務不履行の債権者による提案通知の送付後 20 日以内に債務者からの拒絶通知を受領していない場合には、承諾と同様の効力が認められる（U.C.C.§9-620 (c)）。

加えて、②所定の第三者から所定の期間内に拒絶通知（notification of

---

(12) U.C.C.§9-615, cmt3.
(13) ただし、消費者が占有している消費者物品を目的物とする担保権については帰属型の実行は認められない（U.C.C.§9-620 (e)）。本稿では事業者融資を検討対象としているので詳細は割愛する。

objection）を受領しないことが要件となる。第三者のひとつの類型は債権者に帰属実行の提案通知の義務ある第三者であり、(i) 債務者が承諾をするまでの間に債権者が目的物上の権利を主張する旨の認証済通知を受領していた第三者、(ii) 債務者が承諾をする10日前までの間にファイリングによって対抗力を具備した担保権ないし他の種類のリーエンを保有していた第三者である（U.C.C.§9-621 (a)）。このような者については、提案通知後20日以内に拒絶通知を受領しないことが要件とされる。これ以外の第三者であっても、帰属実行提案に服する担保権に劣後する目的物上の担保権を保有している者には拒絶権限が認められうる（U.C.C.§9-620 (a) (2) (B)）が、そのような拒絶が試みられる場合には、債権者が上記の類型の第三者への通知を最後に送付してから20日以内か、通知の送付が行われない場合には債務者の承諾前に拒絶通知を受領しないことが要件となる（U.C.C.§9-620 (d) (2)）。

　帰属実行が有効に生じた場合の効果は、(1) 債務者によって承諾された範囲内で被担保債権が消滅し、(2) 目的財産上の債務者の権利のすべてが担保権者に移転し、(3) 目的財産上に付着していた劣後担保権およびその他の劣後的権利を消滅させる（U.C.C.§9-622 (a)）。

　以上のように、実行局面での債権者の提案について、債務者および劣後担保権者が拒絶をしない場合にのみ帰属実行が行われうるのであり、わが国のような清算手続は予定されていない。

　また、消費者物品については、以上のような処分を伴わない帰属型の実行は制限されている。すなわち、「(1) 消費者物品の売買代金担保の場合で、現金払正価の60％が既に支払われている場合、ないし (2) 消費者物品上の非売買代金担保権たる担保権の場合には、被担保債権の元本額の60％が既に支払われている場合」（U.C.C.§9-620 (e)）には、目的物の処分は強行法であり（mandatory）、この処分は、「(1) 占有取得の後90日以内か、(2) 債務不履行後に、設定者及びすべての二次的債務者の間で認証された書面によって合意された90日を超える期間内」になされねばならないとする（U.C.C.§9-620 (f)）。

　さらに、消費者取引では、「担保権者は、被担保債権の部分的満足としては、目的財産を受領することができない」とされている（U.C.C.§9-620 (g)）。

4　受戻

UCC 第9編は、債務者、二次的債務者、ないし、実行担保権者以外の担保権者とリーエン権者に、受戻 (redemption) 権を認める (U.C.C.§9-623 (a))。その要件は、被担保債権の完済 (U.C.C.§9-623 (b) (1)) と、支出された費用及び弁護士費用の支払 (U.C.C.§9-623 (b) (2)) である。また、受戻権の終期については、目的物の処分に係る契約の成立時、ないし、帰属の合意の成立時（さらに、目的債権など回収可能な目的物の場合には回収）である (U.C.C.§9-623 (c))。

5　不遵守の効果

UCC 第9編は、第6章第2節として、「不遵守の効果」に関する規定をまとめている。

(1)　司法による強制と損害賠償請求権

まず、担保権者が UCC 第9編の規定に違反する場合の原則的な設定者等の救済方法として、①「担保権者が本編に合致する手続をとっていないことが立証された場合には、裁判所は、適切な条件での目的物の回収、強行、ないし処分を命じあるいは禁止することができる」旨 (U.C.C.§9-625 (a))、及び、②損害賠償請求権を認める (U.C.C.§9-625 (b))。損害賠償の内容として、「設定者が獲得できず、あるいは、獲得の費用が増大した、代替金融の金額を含む」とする他、通知の形式の不遵守等（実行に関しては、U.C.C.§9-616 (b) 所定の清算における計算通知）について1通あたり500ドルの損失を規定する (U.C.C.§9-625 (e) (5), (6))。

また、消費者物品取引については、上記②の原則に加え、「担保権者の不遵守の時点で設定者ないし二次的債務者であった者は、いずれについても、クレジット・サービス・チャージに債務元本の10%を加算した金額か、現金価格とクレジット価格の差額に現金価格の10%を加算した金額のいずれかを下回らない金額の回復をすることができる」とする (U.C.C.§9-625 (c) (2))。

---

(14)　U.C.C.§9-625, cmt 1.

(2) 不足金判決の制限

もう1つの規定は、担保権者が、UCC第9編の規定を遵守しない場合の効果として、実行によって満足を得られない被担保債権の残額について、一般債権者としての権利行使を制限する内容を規定している。

現行規定（U.C.C.§9-626）は、次のような内容である。まず、「(1) 担保権者は、設定者ないし二次的債務者が担保権者の法令順守を争点にしない限り、回収、強行、処分ないし受領に関して、本章の規定の遵守を立証する必要はない」。しかし、「(2) 担保権者の法令遵守が争点にされた場合には、担保権者は、回収、強行、処分ないし受領が本章（UCC第9編第6章）に従って行為した旨につき立証責任を負う」。そして、(3) 原則として「担保権者が、その回収、強行、処分ないし受領が、それらに関する本章の規定に従って行われたことを立証できない場合、設定者ないし二次的債務者の不足額についての責任は、以下の額に限定される。被担保債権額、費用、弁護士費用の合計が、(A) 実際の回収、強行、処分ないし受領の換価金か、(B) 不遵守担保権者が、それらに関する本章の規定に従って手続を進めていたならば実現していたであろう換価金額のいずれか大きい方を超える金額までである」。上記 (3) 項 (B) 号については、担保権者の反証なき限り、本章規定を遵守して実現していた換価金額は、被担保債権、費用、弁護士費用と同額であったと推定される（U.C.C.§9-626 (4)）。

したがって、本章の規定を遵守して実行手続を進めた旨を立証できない担保権者は、仮に遵守して実行していた場合でも得られたはずの換価金額が被担保債権等の合計額よりも少額であったことを立証できない限り、不足金判決を得て被担保債権の強制執行をする資格を得られない、ということになる。

以上の規定との関連で、不足金判決が排除されたり減額された場合につき、損害賠償請求が認められるのは、不足金がないことが認められた場合に、逆に、さらにあり得た余剰の損失について、設定者が損害賠償請求をすることのみであることが規定されている（U.C.C.§9-625 (d)）。

なお、このルールには、除外規定がある。まず、消費者物品を目的物とする担保取引は除外される。既述のように、帰属型の実行については、部分的

な満足を禁ずる規定があり（U.C.C.§9-620 (g)）、そもそも不足金判決を求める余地がない。処分型の場合について、本規定（U.C.C.§9-626）の適用が除外されるが、これは、UCC 第9編ではなく消費者法上の準則に従って決すべきであるとの趣旨であると、明文規定されている（U.C.C.§9-626 (b)）。全米を概観しても、不足金の請求を認めていない法域が多いとされる[15]。また、非消費者物品担保取引であっても、設定者ないし二次的債務者について、担保権者が了知していない者であったり、同一性を認識していない者であったり、あるいは、その者との連絡手段を了知していなかった場合には、本章の規定を遵守しない場合でも、不足金判決の制限に関する責任を問われない（U.C.C.§9-628 (a) (2)）。

前提として、UCC 第9編のもとでも、担保権には付従性がある。被担保債権がなければ存立せず、また、被担保債権が消滅すれば消滅する。また、被担保債権が存在する以上、担保権を実行せずに、あえて、被担保債権による強制執行に相当する手続をすることも可能である。例えば、ニューヨーク州法では、担保権を無視し、被担保債権について、判決リーエンを得て、差押えを行うことの有効性が認められた裁判例がみられる[16]。

(3) 商業上の合理性の判断基準

実行に関する規定の随所に見られ、欠如する場合に、設定者等からの損害賠償請求や不足金判決の限定につながる「商業上の合理性」要件の判断基準について、次のような規定を置く。

まず、（帰属型の実行に相当する目的物の取得や目的物が債権等である場合の回収を含む）一般的な原則として、「担保権者によって選択されたものと異なる時期ないし方法であれば、より多くの金額が得られていたであろうという事実は、それだけでは、担保権者が商業上合理的な方法で行為したということの立証（establishing）を妨げない」とする（U.C.C.§9-627 (a)）。

---

(15) 執行秀幸「担保法における消費者保護──米国統一商事法典第9編に関する消費者保護を中心に」清水元他編『財産法の新動向』3頁（信山社・2012年）33頁。

(16) S. M. Flickinger Co., Inc. v. 18 Genesee Corp. (4 Dept. 1979) 71 A.D.2d 382, 423 N.Y.S. 2d 73. なお、ニューヨーク州では、強制執行といっても、判決リーエン成立時を基準とする優先弁済を受けることになるから、成立時までに他の担保権の対抗要件具備や各種のリーエンの成立がなければ、一般債権者がいても、担保権の実現と同様の満足を得ることができる。

次に、処分がなされた後の事後的判断基準として、次のような類型的な判断基準（いわゆるセーフハーバー）を規定する。すなわち、処分が以下のような方法でなされた場合には、商業上合理的であるとする。「(1) 公知の市場における通常の方法、(2) 処分の時点での公知の市場における現在価格、ないし、(3) その他、処分の客体たる財産と同種のもののディーラーの間で合理的な商慣習（reasonable commercial practices）に従う場合」(U.C.C.§9-627 (b))。

この規範は、公知性の高いセカンダリー・マーケットが確立されている場合に限り、商業上の合理生を擬制する、いわゆるセーフ・ハーバー・ルールである。もっとも、上記 (1) (2) 所定の公知の市場については、判例上争いが大きい。コンセンサスがあるのは株式や投資商品の市場（ニューヨーク証券取引所等）くらいである。判例上頻繁に争われるのは、家畜や自動車についてであり、立場が分かれる。公知性否定説は、自動車や家畜は目的物の個性の強い特定物であることから少なくとも時価の基準は存在しないことを根拠とする。一方で、自動車については、一定の地域における公知の市場該当性を認める裁判例も少なくない。(3) の基準は、航空機やヨットなど、セカンダリー・マーケットの規模が小さいものを想定した規定であるが、ここでは該当性の判断がより個別の事実に大きく左右されることが指摘されている。

逆に、処分がなされる前に、事前承認を受けることで商業上合理的であったと判断される場合について、次のように規定する。「回収、強行（enforcement）、処分、ないし受領は、それが下記の者によって承認されていた場合には、商業上合理的である。(1) 司法手続、(2) 誠実債権者委員会、(3) 債権者団体の代表者、ないし (4) 債権者らの利益のための譲受人」(U.C.C.§9-627 (c))。ただし、この事前承認は、「取得されていなければならないものではなく、承認を欠いていることが、回収、強行、処分ないし受領が商業上合理的ではないということを意味するわけではない」との確認規定を

---

(17) 4 WHITE & SUMMERS, supra note 9, at 462.
(18) U.C.C. §9-611 cmt. 9. See also, TIMOTHY R. ZINNECKER, THE DEFAULT PROVISIONS OF REVISED ARTICLE 9, 52 (1999).
(19) See e. g., Ford Motor Credit Co. v. Devalk Lincoln-Mercury, Inc., 600 F. Supp. 1547 (D. Ill. 1985)（シカゴ市内の中古車ディーラーの相場）.
(20) ZINNECKER, supra note18, at 189.

置いている。

なお、公式解説は、上記(1)～(4)の内容を、次のように説明する。「裁判所の命令によって、あるいは、債権者委員会ないし債権者団の代表との交渉によって、強行についての提案した方法について、事前承認を得ていた場合である」とする。(2)～(4)号の定義については、何ら記載がない。この規定は、1999年改正前からほぼ同内容で存在するが、蓄積された判例は、ほとんどが倒産事件に関するものである。[21]

6 検討―商業上の合理性のソフトローの側面

以上の検討から、UCC第9編における担保権の実行方法の規範は、次のような特徴をもつものと整理できよう。

第1に、司法手続上あるいはそれに類比する公的手続による実行も否定はされないが、その手続に関する具体的規範はUCC第9編には包摂されていない。UCCと別の統一法典も存在しないことから、事情は各州で異なることになる。UCC第9編の担保権の実行としては、私的実行が予定されているといってよい。

第2に、私的実行について、処分清算が原則とされている。帰属型の実行は、債務不履行後の債務者の合意があって初めて認められるにすぎず、その場合には清算が予定されていない。結果的に担保権者が目的物の所有権を取得するケースも多いが、（公知の市場での公定価格が存在する場合などの例外を除き）公開処分における入札による自己競落の形式をとっている。

第3に、おそらく、処分清算を前提とすることと関連して、事前の占有取得（repossession）が大前提とされている。所有権の移転を清算金の支払いと引換えとする同時履行の抗弁権や留置権による設定者の保護の必要性は、まったく考慮されていない。

第4に、これらにかえて、設定者の保護の中心を担うのは、「商業上の合理性」準則である。優先弁済や余剰の引当てとなる換価金を生じさせる換価の正当性を、UCC第9編に規定するのではなく、法令以外の基準において

---

(21) 誠実債権者委員会は、レシーバーシップを利用した収益管理における判断権者のことを意味するものと思われるが、解説書等では、ほとんど言及がない。

いる。この「商業上の合理性」は、事実たる慣習に相当するものかもしれないが、当事者の意思によって採否が判断されたり、当事者意思の解釈基準となるものではない。法令によって、当事者意思による実行方法を制限する規範として導入された、書かれざるルールという意味で、ソフトローとしての性質をもとう。

以下では、この「商業上の合理性」の具体的な規範内容の検討を試みたい。

(1) 通説としての適正手続説

(a) 通説の生成と展開

「商業上合理的な処分」とは何か、という点について、原則的な見解は、適性手続説（procedure test）として整理されている考え方であり、UCC 第9編の成立時典から採用されてきた通説であるといえる。

私的実行について、商業上の合理性を求める規定は、1999年改正前からみられた。規定の仕方は、現行法とほぼ同様である[22]。

商業上の合理性の基準そのものについて、改正前の公式解説には、追加的な説明は見られないが、Gilmore 教授（当時）のモノグラフィーに、沿革および基本的概念を知るうえで、有益な説明がある。

次のような説明である。まず、In re Kiamie's Estate 事件判決[23]という、UCC 第9編成立前のニューヨーク州法における、動産質の目的物の処分の裁判例が引かれる。この裁判例は、担保権者と設定者にエクイティ上の信託の関係があることから、目的物を売却する担保権者に「受託者の信認義務

---

[22] 処分等による実行に関して、「処分の手段（method）、手法（manner）、時期（time）、場所（place）、および、条件を含む、処分の各側面は、商業上合理的なものでなければならない」（U.C.C. 旧§9-504）とし、また、別途に、「担保権者が選んだものと異なる時期ないし方法での売却によって、よりよい価格が獲得されていたであろうという事実は、それ自体では、当該売却が商業上合理的な方法でなかったことを立証するに十分ではない」としていた（U.C.C. 旧§9-507 (2)）。また、「公知の市場における通常の方法による売却」、「目的物と同種のものを扱うディーラーの間で共有されている合理的な商慣習に従う場合」には合理的であったとされるという基準（U.C.C. 旧§9-507 (2)）や、「司法手続、ないし、善良な債権者の委員会、あるいは、債権者らの代表による事前承認」が商業上の合理性を充たすとの規定も存在した（U.C.C. 旧§9-507 (2)）。

[23] 130 N.E.2d 745 (N.Y. 1955). 事案は、株式質の事案であり、担保権者が公告をすることなく売却をしたことが、信認義務違反にあたるとされたものである。

(fiduciary duty)」があり、その内容は"時間、場所、及び広告のすべての点において、可能な限り有利に、目的物を売却するすべての努力をなす"ことにあると説示している。Gilmore は、この信認義務を、「誠実（in good faith）」および「商業上の合理性（commercially reasonable manner）」と言い換えており、UCC 第9編の「商業上の合理性」の概念への接続をうかがわせる。[24]

そのうえで、担保権者に処分に関するかような義務を課すことは、相関的権利関係における義務違反を理由とした損害賠償訴訟の濫用を招きかねないとする。この問題意識から、次の3点の対応を述べる。①「かような濫用に対する最善のセーフガードは、裁判所の態度じたいになければならない」としたうえで、担保権者の義務違反について、それを主張する者に立証責任があることを挙げる。② UCC 第9編における、「公知の市場での売却」等々の基準を、かような濫用的な訴訟からの担保権者の保護の枠組みであると位置づける。③以上の文脈で、「よりよい価格で売れたこと自体が、商業上の合理性を否定するわけではない」(U.C.C. 旧§9-507 (2)・現行§9-627 (a)）というルールの趣旨を、「担保権者は、預言者たることを求められていない。彼は、市場の成り行きを予想することを求められていないのである。彼が求められているのは、"設定者の権利に合理的な配慮"をなすべく、相当の注意（due diligence）を払い、最善の努力をすることだけである」と説明する。[25]

1999 年改正前の UCC 第9編において、このような考え方が、判例に支持されてきた、代表的な裁判例として引かれるのは、ニューヨーク州法における In re Zsa Zsa 事件判決[26]である。事案は、次のようなものである。債務者（倒産会社）は化粧品及び関連品の販売を行う会社であり、担保権者（銀行）が、債務者の「すべての人的財産、棚卸資産、及び、受取勘定債権上の担保」の設定を受けていた。被担保債権は、45 万ドルの将来貸付債権であり、これは、債務者の受取勘定債権の7割にのぼる金額であった。その後、連邦倒産法第 11 章に基づく、倒産事件開始後、宣告前にあたる 1971 年 10 月 28 日、連邦判事の許可のもと、倒産債務者が一定の担保権者との間で担保権の

---

(24) 2 GRANT GILMORE, SECURITY INTERESTS IN PERSONAL PROPERTY 1232-34 (1965).
(25) 2 Gilmore *Id.* at 1235-37.
(26) In re Zsa Zsa Ltd., 352 F.Supp. 665 (S.D.N.Y. 1972)

実行による決済の合意をした。この合意後 1972 年 2 月 2 日に任命された管財人がこの合意に反対したが、許可が覆ることなく、1972 年 3 月に実行が行われたので、管財人が、商業上の合理性を欠く処分であったと主張し、改めて許可の取消しを求めた事案である。

　裁判例の認定したところによると、実行は、次のような、公開処分であった。担保権者は、1972 年 3 月 8 日に処分を予定し、「1972 年 3 月 2 日、5 日、8 日に、ニューヨーク・タイムズ紙上で広告 (public notice) が行われた。その内容は、目的物の種類を的確に叙述していた。売却条件を適切に特定していた。売却日の前に入札者が査察することのできた書類とサンプルに言及していた。当該売却が、倒産判事の承認のもとになされるものであることに言及していた」。「1972 年 1 月 31 日時点での棚卸資産のリストが、倒産債務者の倉庫と、競売業者のニューヨーク事務所で閲覧可能であった」。「棚卸資産のサンプルが売却の 5 日前に倉庫で査察可能であった」。交替した管財人の倒産裁判所における異議申立ての結果、売却は 3 月 10 日に延期され、実施された。当日「売却は、設定者 (debtor) の主要な棚卸資産が置かれていた、クイーンズ区アストリア 46 番街 24-32 で行われ、25 年の経験をもつ競売業者である、David Staraus & Co. Inc. 社の社長 Stanley Straus 氏が担当した。14 人が競売りへの出席を登録していた。」「競売人は、全財産の包括的な入札を伺い、McBrides 社が、30 万ドルで入札した。同社は当該公開処分以前に、非公開処分を打診されており、入札金額はその交渉において同社が提示した最低額と同額であった。この包括的入札で、同社が唯一の入札者であった。その後、競売人は、広告に示されていたとおり目的物を 5 つのロットに分けた入札を伺ったが、同社がより低い金額を付けた以外に入札者はいなかった。そこで、同社による、より高額にあたる 30 万ドルでの包括的入札で、落札した。」競売業者は、当該競売が合理的な商事慣習に従っていたと証言した。また、目的物は、小売価格で 350 万ドル、卸売価格 150 万ドルの棚卸資産を含むものと見積もられていた。競売業者は、その棚卸資産とその他の財産の包括財産の卸売価格を 175 万ドルと見積もり、手数料込の価格を 50 万ドルとし、手数料が目的財産の卸売価格の 10～15％ であるのは至当であると証言した。

判旨（Pollack 判事）は、「U.C.C.§9-507（当時）は、商業上の合理性の要点が、売却によって得られる換価金額ではなく、売却に採られた手続であることを明らかにしている」と説示し、本件事案では、倒産判事の承認につき「通常みられない倒産手続上の状況（unusual bankruptcy context）」が存するものの、上記判断基準の趣旨及び実質を逸脱するものではないとして、商業上の合理性を認定している。また、売却価格と小売価格との格差の大きさに触れ、「厳格な審査（close scrutiny）」を要すると説示している。（この説示自体は後述の適正価格適正手続推定説（Ⅱ 6 (2) (c)）につながる立場を内包しているものと言えようが）本件では、別件の競落人や倒産判事の算定額の記録を参照して、30 万ドルという入札額が廉価ではなかったと結論づけており、適正手続性に関する上記の判断に影響がないとしている。

(b) 公開処分と適正手続

　それでは、適正手続を充たす私的実行とはどのようなものであろうか。既述のように、UCC 第 9 編は、処分清算に相当する私的実行を、公開処分と非公開処分に分けているが、実行担保権者の自己買受け等の場合を除き、いずれをも承認する。商業上の合理性に関する準則は、公開処分を中心に論じられてきた。

　公開処分と非公開処分の区別は、2001 年法典への改正前からみられる。当時は、公開売却（public sale）と非公開売却（private sale）とされていたが、上記のように 2001 年法典は、賃貸などの収益に相当するものを含めた処分（disposition）という概念を用いているために、改称されたとみられる。規範内容じたいは、現行法とほぼ同様であった（U.C.C. 旧 §9-504 (3)）。

　当時（1962 年法典及び 1972 年法典）の公式解説には、その内容について、直接的な説明がみられない。起草当時の議論としては、Gilmore 教授の著作が参考になる。教授は、この担保権者による買受の事案にこのような準則を含める見解を「伝統的なアプローチである」としたうえで、その趣旨を次のように説明している。

　前提として、「"公開売却"では、入札者らの活発な参入があり、それによって担保権者を彼自身の薄弱さ（weakness）から保護し、価格を公正価格の

極みそしてその真の価値へと高めるであろうと、期待されるかもしれない。しかし、そのような期待はほとんど裏切られるであろう。典型的なフォークロージャー売却における入札者の参入は、たしかに"公開"かもしれないが、葬式の会葬者の集まりと同程度にしか活発でない、ということになりがちである」という。

そのうえで、このような理解にもかかわらず、UCC 第 9 編の起草者が伝統的なアプローチに従ったのだとして、「公開売却」の実質を次のように説明していく。

まず、「"公開売却"の核心は、関連する公衆が参加するために招かれているだけでなく、いつどこで売却が開催されることになっているのか、何らかの適切な公告方法によって、知らされてもいる、ということであろう。売却が適切に公告されていなかった場合、どこでどのようにその売却がなされたかにかかわらず、その売却は公開売却ではないであろう。」

次に、公開売却を「競売り（auction）」と同義だと解すべきか、それとも、広告によって、特定の時と場所で開催される入札への参加に招待されていれば足りるのか、という点について述べる。適切な通知があっただけで、公正な競売が行われるわけではないことは当時の議論でも指摘されてきたが、UCC 第 9 編は、適切に公告されていれば、競売にみられるような一定の形式や、競争入札者の存在、最低入札価格等を充たさない、担保権者の自己買受を無効だとはしない立場に立つとする。債務者への通知で、債務者に不当な公開売却を阻止する余地が生まれることと、過去に厳格に要件が規律された競売（モーゲージの制定法によるものなど）が必ずしも公平な価格での換価を実現していなかったといった背景からなされた、政策的判断であったことが示唆されている。

このように、公開処分の要点を、入札可能性のある処分の日時・場所を公衆に知らしめることに置いていることから、適性手続説のとる適正手続は、すべてではないものの、基本的に適切な通知と重なるのである。

処分清算型の私的実行に関する通知義務については、次のような議論がある。

まず、Gilmore 教授は、「通知要件の目的は、債務者、その代表者及び競

合する担保権者に、目的物の受戻を行うか、あるいは、売却において入札するかを決定するために、必要とする情報を提供することにある」と説いていた[27]。それゆえ、最低限の情報を、目的物の記載と実行担保権の被担保債権額であるとし、この目的を充たさない通知は、商業上合理的なものでないとする。

その後の議論では、さらに、いくつかの機能が析出されている。例えば、1999年改正後のUCC第9編について、代表的な体系書も、次のようにいう。「通知の目的は、債務者に弁済をして目的物の受戻をするか、他の買主を生じさせるか、あるいは、売却が商業上合理的な方法で行われたことを監視するかのいずれかである[28]」。これは、改正前の詳細な議論の影響を受けている。ここでは、そのような分析として、Lloyd教授の論文を取り上げよう。

Lloyd論文は、設定者・二次的債務者に対する通知と、後順位担保権者等への通知を区別したうえで、次のように詳述する。

まず、設定者・二次的債務者に対する通知については、競売りを予定する公開処分の場合と、予定しない非公開処分の場合で、役割に次のような違いがあるという。

まず、競売りを伴う公開処分を行う場合に、事前通知を要することは、古くから認識されてきたとし、Gilmoreの指摘する上記の機能をはじめとして、次のような機能があるとする[29]。

①受戻権（redemption）の終期を債務者及び2次的債務者に知らしめること。後述のように、UCC第9編でも処分型実行がなされたときの受戻権の終期は処分の時点であるので、事前通知により受戻権行使の機会を保障することが重要な役割であるとされる。

②競売りの形式で行われる処分に際して、債務者ないし二次的債務者に入札の機会を与えること、も受戻権の終期の通知とは別の機能として指摘されている。債務者、二次的債務者共に受戻しの資格はある。しかし、受戻しが

---

(27) 2 GILMORE, *supra* note 24, at 1241.
(28) See, White & Summers, *supra* note 9, at 485.
(29) Robert M. Lloyd, *The Absolute Bar Rule in UCC Foreclosure Sales: A prescription For Waste*, 40 U.C.L.A. L. REV. 695, 715-16 (1993). *See*, WHITE & SUMMERS, *supra* note 9, at 485.

できない場合にも、なお、入札による目的物の買受のメリットがあるとされる。債務者について指摘されてきたのは、とりわけ目的物が複数の物品に及ぶ場合に、部分的に、必要な範囲で、場合によっては安価に所有権を再取得することのメリットである。一方、二次的債務者は、受戻を行うと、目的物の所有権を取得するわけではなく、弁済による代位（subrogation）が生じ、担保権を承継する。この場合、担保の実行に伴うコストやリスクを引き受けることになるので、それを避けるべく入札による所有権の取得を認める必要があるとされる。

③とりわけ事業者の財産が目的物である場合、競売りの入札を希望しうる者は、債務者の同業者に多く、その意味で、債務者やその関係者である二次的債務者に対する通知は、債務者からの連絡を介して、入札者を増やす役割があるとされる。

④設定者に対する通知がある場合、債務者が入札をしない場合でも、入札の場に立ち会い、競売りの進行を見守ることにつながる。競売りが商業的に合理的な方法で行われたのかどうか、それを債務者自身が確認するメリットもあるのであり、そのような立ち合いの機会を保障することも、事前通知の機能として挙げられている。

⑤さらに、設定者が、債務不履行に陥った事業者である場合、担保権の実行が開始されてしまうと、もはや再建型倒産手続を開始し、事業の再建を図ることが困難となる。連邦倒産法は、倒産事件開始後に、担保権の実行を含む債権者の権利行使を自動的に停止し、そのうえで、整理・再生を図るシステムをとっているが、倒産事件開始前に開始された実行手続には、原則的には及ばないからである。このことから、通知は、そのような設定者が、DIPを予定した倒産事件開始の申し立てを決断する期日のような役割を果たしているという見方が強いという。

(c) 非公開処分と適正手続

以上の議論に対して、適正手続説に立つ場合、非公開処分はどのように解されているのか。

---

(30) *See*, Restatement of Security §141（1941）. See, Lloyd, *Id.* at 715 n. 117.

前提として、担保権者等の当事者が買受人となる非公開処分は認められていないが、そうでない場合に、UCC 第 9 編が、非公開処分を不当な類型だとみてはいないことは明らかである。Gilmore も、次のように述べている。「UCC 第 9 編の債務不履行後の処分の処遇が前提とした、基本的なポリシー決定は、非公開ないし交渉による売却による処分を奨励するというものである」[31]。また、その後の判例では、非公開処分を選択することが、それ自体、商業上の合理性に反するとの主張がみられたものの、基本的に否定されてきた[32]。

問題は、その商業上の合理性がどのように判断されるのか、である。

この点、UCC 第 9 編の条文から明らかなのは、非公開処分の 10 日前以前に通知を要することである。しかし、この通知が、処分の商業上の合理性を支えるメカニズムとして、公開処分のようには機能しないことが指摘されている。

1999 年改正前の条文を前提にした、Lloyd 論文の分析を見てみよう。非公開処分は、担保権者と買受人の長期的な交渉の成果として行われる。改正前の条文は、「それ以降に非公開売却その他の意図的な処分がなされることになる時期」の通知を要求していた。これを前提に、米国の実務では、洗練された担保権者は、債務不履行後直ちに通知を行い、その後じっくり交渉をして、債務者に追加的な通知をすることなく非公開処分を完了する慣行が生じたという。しかし、非公開処分では、商業上の合理性を否定されない限り有効であり、その場合の通知義務は、最速で処分がなされる日のみであり、具体的な処分の日時・場所の通知は要求されない、ということになる。その結果、公開処分の場合に通知が果たす機能として指摘されてきたもののうち、入札の機会保障や、潜在的買主への通知、債務者の立ち合い、倒産手続開始判断の終期といった機能は成り立たない。妥当するのは、受戻権の機会保障くらいであるが、債務不履行直後になされる、数日後以降には処分がなされる旨の通知があったところで、直ちに受戻が行われるわけではない。むしろ、米国の実務、とりわけ設定者が事業者である場合に受戻権の行使が行わ

---

(31) GILMORE, *supra* note 24, at 1245-46.
(32) WILLIAM HOUSTON BROWN, THE LAW OF DEBTORS AND CREDITORS §7: 97 (REVISED ED. 2013).

れる例は、ほとんどないことが知られてきたという。[33]

それでは、判例は、非公開処分の商業上の合理性をどのように判断してきたのだろうか。

もちろん、非公開処分としての事前通知の欠如は商業上の合理性を否定する要因として扱われてきた。[34] しかし、多くの判例は、このような通知がある場合でも、なお商業上の合理性が否定される余地のあることを示している。

第1に、結果的に非公開処分と認定された事案でも、公開処分とほぼ同様の競売りや競売りに準ずる処分を行っており、その広告や態様によって商業上の合理性を判断している事案が少なくない。これには2つの理由がある。

ひとつは、担保権者としては公開処分を進めたが、広告が不十分であったり、然るべき広告があっても入札に誰も来なかったというような事案が、非公開処分と認定されうることである。[35]

もうひとつは、設定者に対しては、非公開処分である旨の通知のみを行っており、その参加や立会はなかったが、実際には公告を行ったり、あるいは、（公衆に向けた公告とはいえないが）同業者など買受人になりそうな複数の者に対する勧誘を行うなどしたうえで、競売りに準ずる売却を行った事案が、非公開処分の判例のかなりの部分を占めることである。[36]

これらは、UCC第9編が、商業上の合理性を支えるメカニズムとしては、基本的に公告と競売りによる手続的保障のみを予定しているというGilmoreの理解に連なる現象であると思われる。

第2に、公知の市場で扱われる種類の目的物であったり、あるいは、確立

---

(33) See, Lloyd, supra note 29, at 717-20.
(34) Franklin State Bank v. Parker, 346A. 2d 632 (N.J.Dist.Ct. 1975); Connecticut Bank ad Trust Co., N.A. v. Incendy, Conn. 540 A. 2d 32 (Conn. 1988).
(35) Hall v. Owen County State Bank, 370N.E.2d 918 (Ind.App. 1977)（トラクターが唯一の入札者に売却された事案で商業上の合理性認定）; Matter of Marino, 90 B.R. 25 (Bankr.D.Conn 1988)（設備機械の処分について、公開処分の主張、商業上の合理性の主張を共に斥けている）.
(36) In re Globe Motor Homes, Inc., 51 B.R. 691 (M.D.Fla. 1985)（特殊自動車につき、設定者の住所と異なる場所で競売した事案・合理性認定）; K.B. Oil Co. v. Ford Motor Credit Co. Inc., 811 F. 2d 310 (Ohio 1987)（トラックにつき、業界誌での公告・同業者へのダイレクトメールによる勧誘の後に売却した事案・合理性認定）; Folkes v. Del Rio Bank and Trust Co., 747 S.W.2d 443 (Tex. App. 1988)（航空機が、非公開処分としての通知の後、公告がなされ最高額入札者に売却された事案・合理性認定）; Beard v. Ford Motor Credit Co., 850S.W. 2d 23 (Ark. App. 1993)（古い中古車についてディーラーのみを対象とする競売りが行われた事案・合理性認定）.

された価格相場がある種類の目的物について、それに遜色ない価格で処分する場合に、非公開処分が行われる事案がみられる。この場合、その基準となる価格を超えた処分であったかどうかが、商業上の合理性の判断基準となっている。[37]

第3に、これら以外の要素として、目的物の価値の維持という点から、非公開処分による迅速な処分と買受人による管理の継続を基準としている裁判例もみられる。[38] UCC第9編の条文にある、腐敗性動産の処分について、通知なく商業上の合理性を承認する準則と通ずる趣旨を有するものとみられる。

以上のようにみると、米国の議論では、設定者に適切な通知を行い、非公開処分を行ったところで、担保権者の自由な裁量が全面的に適法であると考えられているわけではないことがわかる。条文にあるとおり、商業上の合理性を要するのであり、その商業上の合理性準則の判断基準は、公開処分の場合と共通の基礎を持っているといえよう。非公開処分を選択した担保権者も、設定者側の異議に備え、公開処分に準ずる手当てを講じている。このことは、公開処分と認定された判例にも、本命の特定買受人との間で、買取価格の内諾のある事案が珍しくないことからも、裏付けられよう。

(2) 極端に低廉な価格での処分に関する議論——2つのアプローチ

(a) 適正手続説に残された問題

上記のような適正手続説に対して、1999年改正以前より問題とされてきたのは、通知を中心とする適正手続がとられたとして、それでも売却価格があまりに低廉である場合に、この点に配慮せず、商業上の合理性を認めてよいのか、という点であった。

このような問題意識が持たれてきた背景には、通説的地位を維持してきた適正手続説に対する次のような疑問であった。

---

(37) Mount Vernon Dodge, Inc. v. Seattle-First Nat. Bank, 570P. 2d 702(Wash App. 1977)(トラック等の処分について公知の市場による価格を参照して合理性を認定); Jackson State Bank v. Beck, 577P.2d 168(Wyo. 1978)(棚卸資産や設備等の包括担保の非公開処分について、公知の市場で扱われている物でないことを理由に合理性を否定); Beninati v. F.D.I.C., 55 F.Supp.2d 141(E.D.N.Y. 1999)(株式の非公開処分について商業上の合理性を認定)。

(38) Lilly v. Terwilliger, 796 P.2d 199(Mont. 1990)(養殖漁業の包括担保について、債務者の管理が劣悪になっていた事案で、事前の査定なくなされた非公開処分の合理性を認定)。

第1に、適性手続説の理論的前提となっている、担保権者の設定者に対する信認義務の存在が、実務上共有されていないとの批判である。すなわち、担保権者の商業上合理的な行動は、被担保債権の回収に向けられている。目的物の価値に余剰がある場合や不足金請求権を確保できそうな場合には、債務者を慮って可能な限り高額で目的物を売却する努力が当然に求められるとはいえないというのである。(39)次に、担保権者が最も高額での売却が期待される方法を選択することは少ないとの実証研究もあり、(40)その理由としては、高く売れなくても迅速に低コストで処分できる方法を選ぶとか、後に訴訟になったときに問題の少ない公開処分を無難な選択と考えているとか、あるいは、担保権者が自動車のディーラーであるような場合には、通常の在庫品の高額処分を優先するために、引き揚げた中古車たる担保目的物の処分について効率的な処分方法を選ばないといった、多様な理由が指摘されてきた。(41)

第2に、適正手続説が、UCC第9編の明文規定の解釈として蓄積してきたのは、公開処分の手続であるところ、仮に担保権者が公開処分を選び、手続的に適正に実行したところで、競争入札者が現れることはむしろ稀であり、結果的に適切な価格形成になっていないという批判である。(42)

このような問題意識から、学説は、裁判例には、適正価格を意識した規範に依拠しているものがあることに注目してきた。興味深いことに、そのような展開を見せる法域のひとつとして注目されてきたのは、適正手続説をとる代表的な判例として引用される前掲 In re Zsa Zsa 事件判決を出したニュー(43)

---

(39) See, David B. McMahon, *Commercially Reasonable Sales and Deficiency Judgments Under UCC Article 9: An Analysis of Revision Proposals*, 48 CONSUMER FIN. L.Q.REP. 64（1994）, at 64-66; Donald J. Rapson, *Deficient Treatment of Deficiency Claims: Gilmore Would Have Repented*, 75 WASH. U. L. Q. 491（1997）, at 502-503.

(40) Philip Shuchman, *Profit on Default: An Archival Study of Automobile Repossession and Resale*, 22 STAN. L. REV. 20, 31-33（1969）.

(41) McMahon, *Id*. at 65-69; Michael Dunagan, *Vehicle Repossessions and Resales Under Revised UCC Article 9: The Requirements and the Consequences*, 54 CONSUMER FIN. L. Q. REP. 192（2000）, at 199.

(42) Gail Hillebrand, *The Redrafting Of UCC Articles 2 and 9: Model Codes or Model Dinosaurs?*, 28 LOY. L.A. L. REV. 191, 207（1994）; Luize E. Zubrow, *Rethinking Article 9 Remedies: Economic and Fiduciary Perspectives*, 42 UCLA L. REV. 445, 513（1994）; Rapson, *supra* note 39, at 503-05; Michael Korybut, *Searching for Commercial Reasonableness under the Revised Article 9*, 87 IOWA L. REV. 1383（2002）, at 1404-07.

ヨーク州法である。ここで注目される判例の規範には、2つのアプローチがある。順にみていこう。

　(b)　適正価格説

　ひとつのアプローチは、手続が適正である場合でも、換価金額が著しく少額であること自体が、商業上の合理性を欠くものとして扱う立場（適正価格説と呼ぶ）の展開である。

　ここでは、ニューヨーク州法における両説の併存を前提に適性金額説による判断をした先例として、FDIC v. Herald Square Fabrics Corp. 事件判決[44]を見ておこう。

　事案はこうである。織物製造業者である設定者（Herald Square Fabrics 社）が、6台のメリヤス機械の購入に際し、購入物を目的物として、売主に対して、代金残額及びサービスチャージ等合計 $88,192 を被担保債権（手形）とする担保権を設定した。被担保債権の譲受人である銀行が、1973年11月16日に、債務不履行を理由に残額 $78,392.88 及び遅延損害金 $489.96 の即時の支払いを求めたが、設定者が受領後間もなく倒産事件の開始を申し立てた。その後、1974年10月8日に、本件の銀行も破たんし、本件担保権付債権は銀行の管財人にあたる FDIC（連邦預金保険公社）に帰属した。FDIC は、設定者の本件倒産事件において、倒産裁判所の決定（surrender order）を得て 1975年6月13日に公開処分を行い、$8,393.14 で売却された。その後、FDIC が、$73,027.08 の不足金判決を申し立てた。第1審（Supreme Court, Special Term・Levitt 判事）がこれを認容したのに対し、倒産会社及びその保証人らが上訴。

　本件判決（Supreme Court Appellate Division・Mangano 判事）は、ニューヨーク州法において、適性手続説と適性金額説の両方が有効であると認められていることを確認したうえで、次のように説示し、原判決を棄却している。「"適正価格"説に依拠すると、担保権者の不足金判決の申立ては、適正な売却価

---

(43)　In re Zsa Zsa, *supra* note 26.
(44)　Federal Deposit Ins. Corp. v. Herald Square Fabrics Corp., 439 N.Y.S. 2d 944（N.Y. App. Div. 1981）. *See e.g.*, Bankers Trust Co. v. Dowler & Co., 390 N.E. 2d 766, 769（N.Y. 1979）（地方債を目的物とする担保取引で、事案としては処分の商業上の合理性を認めた）; First Interstate Credit Alliance, Inc. v. Clark, 11 UCC Rep. Serv. 2d 1012（S.D.N.Y. 1989）.

格（optimum sales price）が債務不履行後の目的物処分で獲得されたか否かについて、事実に関する争点が残されている場合には、棄却されることになる」とする。そのうえで、本件事案について、次のような分析をする。「本件事案で、目的物の処分価格は、元の売却価格のおよそ10%である。処分当時におけるその価値（value）の唯一の指摘は、倒産裁判所による、目的物の解放決定における、決定的でない叙述のみであり、6台のメリヤス機械の実現しうる価格は担保権者であるFDICに対する負債額を（約$73,000）下回るであろうとする叙述であった。これは、処分で実現された低収入を十分に説明し正当化するほどに、6台のメリヤス機械の価値（value）が約9割も低減していたという立証（proof）を十分に考慮したものであったとは到底いいがたい。それゆえ、処分価格と売買価格の間の大きく顕著な乖離について、なおも商業上合理的な説明及び正当化がなされていない。さらに、原告は、処分価格が、当該状況下で、達成することのできた最高価格であったことを証明していない。結論として、仮に目的物の処分が手続上適正に行われたことが、"適正手続"説の一般的なルールに基づいて商業上の合理性についての事実に関する問題を解決しうるほどに証明されていたとしても、そのような解決は、本件争点において決定的ではない」。

本判決の立場は、適性手続の有無を問題とせず、適正価格のみを問題として、商業上の合理性の判断を行う余地を認める。価格が、「商業上の合理性」の要素の一つであると考えていることになる。

(c) 適正価格適正手続推定説

もうひとつのアプローチは、価格が低廉であることを、考慮に入れつつも、直接に商業上の合理性を否定する要件とするのではなく、ただ適正価格が適正手続の推定となることから、適正価格でない場合には、適正手続につきヨリ厳格な審査が必要だとする立場（適正価格適正手続推定説と呼ぶ）である[45]。ニューヨーク州法において、このような立場から、適正手続性を否定した事案類型を示すものとして指摘されている、2つの裁判例をみておこう。

まず、Central Budget Corp. v. Garrett 事件判決[46]は、次のようなケースで

---

(45) *See*, WHITE & SUMMERS, *supra* note 9, at 467-68.

ある。Yに対する自動車の割賦払売買（売買代金 $1,627.50）で、売買目的物上に売買代金担保権が設定されたという事案で、売主から即日債権譲渡を受けた金融機関Xが、Yの債務不履行後に担保権を実行（処分型）。具体的には、次のような態様で行われた。①Xが占有を取得。② 1968年4月29日、週間以内に売却を実施する旨及び予め売主（厳密にはその承継会社）から $300 で買い取る旨のオファーを受けておりそれが最高額である旨の通知書面を送付。③ 1968年5月7日、公売（public sale）を行い、Xが300ドルで入札。免許ある競売人（licensed auctioneer）によって取りおこなわれ、5～6人の入札参加者がいたが、そのうち売主の従業員が何人いたのかは明らかにされておらず、最初の100ドルないし150ドルの入札をだれが行ったのかもわかっていない。④Xは、Yに、再度受戻の機会を与える旨を通知したが、Yが受戻を行わなかった。⑤Xが、本件自動車を、売主に $300 で売却し、あわせて、Yに対して不足金判決を求める本件訴訟を提起した。第1審は、X勝訴。第2審は、第1審判決を破棄したため、Xが許可による上訴（appeal by permission）をしたのが本件である。争点は、Xの処分型実行における商業上の合理性の有無であった。

　本判決は、「本件事案における'商業上の合理性'とは、適正な処分が、当事者双方の'最大利益'を得るために誠実（in good faith）に目的物の処分が行われることを意味する」とする。そのうえで、「担保権者が選択した方法と異なる時と方法の売却によってヨリ高額が得られたはずだという事実は、それだけでは、当該売買が商業上合理的な方法でなされなかったと判断するに、十分でない。しかし、処分価格と売買価格の顕著な差異は、ヨリ詳細な精査を必要とするシグナルである。とりわけ、本件のように、自己取引の可能性がある場合には、重要である。」「このような状況において、当裁判所は、処分の条件が実際に商業上合理的であったことを積極的に立証することを求める。そして、かような立証を欠く以上、当裁判所は、UCC9-504(2)（当時）に基づき、不足金判決による回復の否定を強いる。」

　次に、Paco Corp. v. Vigliarola 事件判決である[47]。事案は、セメント製造機

---

(46) Central Budget Corp. v. Garrett, 368 N.Y.S. 2d 268 (N.Y. App. Div. 1975).
(47) Paco v. Vigliarola, 611 F. Supp. 923 (E.D.N.Y. 1985).

を $306,198.69 で売却する際、当該機械上に売買代金担保権が設定された事案であり、売主 X が、処分型の実行の後、買主の保証人 Y に対して、不足金判決を訴求した事案である。処分は、1983 年 9 月 6 日に、競り売りによってなされたが、処分をする旨の通知書面は、9 月 1 日に投函され、設定者は 9 月 3 日に、保証人 Y は競売り当日に受領していた。また、X は、ニューヨーク・タイムズ紙に競売りの広告を出したが、それも当日であった。競売りは、売買代金担保権者 X、後順位担保権者、及び、買主の事業の一部を承継しようとしていた者の 3 者が参加して行われ、X が $1000 で落札。被担保債権との差額は、$104,000 であり、これについて、不足金判決を求めたのが本件である。

本判決は、「商業上の合理性があるといえるためには、通知が債務者に"代替的な金融措置を講じるために幾日かの営業日を与えるに十分な時期に"なければならない」とする。本件では、投函から競売りまで 6 日でさらに祝日を挟んでいたこともあり、「重大な事実問題」が存するとする。また、競売りの場に担保権者以外に 1 人しかいない場合に担保権者に入札の資格があるかどうか、あるいは、6 年前の売買価格よりかなり低い金額での入札であることについても、同様に、「X の誠実性について問題がある」ことをうかがわせるとし、「公正な市場価格の立証」がないことを理由に、不足金判決を否定した。

(d) 1999 年改正への収斂

処分清算における商業上の合理性について、通説的地位を占めてきた適正手続説の問題点に注目し、価格の低廉による商業上の合理性の判断を目指すのであれば、適正価格説が端的な立場であるといえよう。

しかし、適正価格説には、いくつか問題が指摘されてきた。

第 1 に、UCC 第 9 編の条文の解釈の問題である。価格の低廉をもって商業上の合理性を欠くと解する場合には、「目的物の処分のあらゆる側面、すなわち、処分の手段（method）、手法（manner）、時期（time）、および、その他の条件などにつき、商業上合理的なものでなければならない。」との規定（U.C.C. 旧 §9-504 (3)）の「条件」に、価格が入ると解釈することになる。し

かし、このように解することは、「担保権者によって選択されたものと異なる時期ないし方法であれば、より多くの金額が得られていたであろうという事実は、それだけでは、担保権者が商業上合理的な方法で行為したということの立証（establishing）を妨げない」とする規定（U.C.C. 旧§9-507 (2)）と矛盾を来すというのである。[48]

　第2に、上記のような解釈の前提にある実質的な理由として、適正価格の判断基準についてコンセンサスがないことが指摘されている。同一法域においてすら、価格の判断基準として、「卸売り価格（wholesale value）」、「小売価格（retail value）」、「公正市場価格（fair market value）」、「合理的な価格（reasonable value）」といった基準が、事案によって混在している状況であるという。

　これらの基準について、1999年改正前の学説では、単に「公正市場価格」とか「合理的な価格」といったのでは、具体的な判断基準にならないとみる向きが強く、具体的な判断基準をめぐる議論として、とりわけ、消費者たる設定者の自動車上の担保権の実行に関する膨大な判例を踏まえつつ、棚卸価格を水準とするのでよいのか[49]、それとも、小売価格を水準とすべきか[50]、という点で争われてきたことが知られていた。しかし、コンセンサスが形成されている状況にはなく、価格の低廉のみをもって商業上の合理性を否定する確かな根拠となりづらいことが指摘されている。[51]

　第3に、一定の判断基準に依拠することが決まった場合であっても、実際にその基準に照らして、適正価格での売却であったのか否かを決することは

---

(48) *See,* WHITE & SUMMERS, *supra* note 9, at 466-70. *See also,* Korybut, *supra* note 42, at 1409-1420.

(49) 主な理由は、まさにそれが取引慣行に他ならないことにある。また、このような慣行を改め、小売価格による売却を強制する場合の実行に要するコストの増大を問題視する。*See,* Schwartz, *The Enforceability of Security Interests in Consumer Goods,* 26 J.L. & ECON. 117, 130-32 (1983); Credit Practices Rule: *Statement of Basis and Purpose, and Regulatory Analysis,* 49 FED. REG. 7740, 7783 (March 1, 1984) (to be codified at 16 C.F.R. pt. 444).

(50) 主な問題意識は、とりわけ買受人が業者である場合、実行に際して基準とされた卸売価格に比して、その直後に行われる小売価格がかなり高いといった事情である。*See,* Philip Shuchman, *supra note, at* 33; Ellen Barrie Corenswet, Note, *I Can Get It For You Wholesale: The Lingering Problem of Automobile Deficiency Judgments,* 27 STAN. L. REV. 1081, 1104 (1975).

(51) *See,* Korybut, *supra* note 42, at 1409-20.

困難であり、訴訟でそのような争いをする場合には、二次的証拠（secondary source evidence）の提示や専門家の証言などを要し、当事者にかなりの費用負担を課することが指摘されてきた。

この議論で興味深いのは、適正な価格について、書かれたソフトローともいえそうな、公刊物を、二次的証拠として争われた裁判例が多いという指摘である。[52]

例えば、目的物が自動車の場合、NADAと略称される全米自動車販売業者連盟（National Automobile Dealers Association）が発行してきた公式中古車ガイドという刊行物（「ブルーブック」と通称されているという）があり、これを客観的証拠として提示する慣行が形成されてきた。[53]

しかし、中古車のような特定物には個性がある。また、適正な価格には主観的価値の影響を排除できない。これらのことから、この価格指標は、一般に、値段交渉の入り口の資料として利用されているとされる。[54]

このような公刊物を提示すること自体は費用の点で安価である。少なくとも価格帯を示す点で、裁判例における二次的証拠としての利用については、学説に一定の評価がある。[55]しかし、問題は、それのみを基礎にはできないことであり、適正価格を裁判所で認定するためには、結果的に手続費用の増大につながる事例が多い。そこまでやらせるべきか、という問題意識が残されていた。

---

(52) なお、この現象は、ここで見ているように、事後的に処分の商業上の合理性が争われる事案と、担保権者による非公開処分での自己競落を認める要件たる「広く拡散された価格指標」（U.C.C.旧§9-504（3）、現行§9-610（c））があることを認める事前のセーフハーバーとしての判断基準に、共通の証拠の利用方法として論じられている。See, Korybut, supra note 42, at 1409-20; ZINNECKER, supra note 18, at 55, n. 263.

(53) See, Wombles Charters, Inc. v. Orix Credit Alliance, Inc., 39 U.C.C. Rep. Serv. 2d（CBC）599（S.D.N.Y. 1999）. なお、現在では、ホームページでも参照可能である。https://www.nadaguides.com/

(54) See, Korybut, supra note 42, at 1418; ZINNECKER, supra note 18, at 263. なお、1999年改正の起草過程においても、このような実務家筋の指摘を受けて、「被担保債権に与えられた信用を確定するために、担保権者と設定者が利用することに合意するような水準として、公刊された価格ガイド（例えば、自動車の"ブルーブック"）を、不足金の計算に許容される手続として規定する」という法案が、選択肢の1つ（新代替案6）として示されていた。See, Rapson, supra note 39, at 548（改正法案起草者であるMooney、Harris両教授からの書簡の紹介）。

(55) See, Gail Hillebrand, supra note 42, at 207; Shuchman, supra note 40, at 31-32 n. 45.

UCC 第 9 編の 1999 年改正の起草過程では、当初、処分清算の商業上の合理性に関しては、通説と目された適正手続説を前提とした修正のみが検討され、適正価格説を反映した案は議論の俎上に上らなかったとされる。しかし、適正価格説を反映した改正の必要性が主張された結果、いわば折衷的に、適正価格適正手続推定説の影響がみられる改正案が起草された。

　1999 年改正法は、この「適用される手続要件を遵守しているが、低廉であるとみられる価格しかもたらさない処分」についての処遇について、担保権者等担保契約当事者による自己競落の場合にのみ適用される 9-615 (f) で取り扱われている。既述のように、自己競落で得られた価格が、第三者競落で生じるであろう換価金の「価格帯 (range)」よりも「大幅に低廉 (significantly below)」である場合について、第三者競落によって得られたであろう金額を基準に、余剰ないし不足額の算定を行う旨の規定である。

　公式解説は、①この規定が、「実行担保権者ないしその関係者が目的物の譲受人である場合には、担保権者が処分の換価金を最大化するインセンティブを欠いていることがままあり、その結果として、処分が UCC 第 9 編の手続要件を充足したかもしれない（例えば、合理的な通知の後に商業上合理的な方法で行われた場合）が、しかしそれにも拘わらず低廉な価格で売れる」ということを問題意識としていることを明言している。また、②この規定が、「担保権者が競売によって低廉な価格を受け取ったことが、UCC 第 9 編第 6 章の規定に違反するという考え方を受け入れていない」が、「そのような価格が司法による高度の審査を必要とする」という考え方を容れているのだとする。

　学説も、改正法が、適正価格適正手続推定説を導入したものであると評価するものが多数である。例えば、1999 年改正後に出された代表的な体系書である White 教授と Summers 教授の著書は、上記の公式解説を引いたうえ

---

(56) 担保権者の信認義務を中心に構成する案であり、通説を分析した Zubrow 教授の意見に依拠していた。Zubrow, *supra* note 42.

(57) *See*, U.C.C. §9-627, cmt 2.

(58) ただし、異論も存在する。*See*, Alvin C. Harrell, *UCC Article 9 Revisions Move Toward Summer 1998 Approval, Pt. II*, 52 CONSUMER FIN. L.Q. REP. 227, 234 (1998); Robert M. Lloyd, *The New Article 9: Its Impact on Tennessee Law (Part II)*, 67 TENN. L. REV. 329, 363 (2000).

で、「1999年改正法の起草者らは、旧9-504条にいう売却価格（resale price）と売却時点での物品の公平市場価格（fair market value）との間の食い違いは、それのみで、当該売却を商業上非合理的なものであるとすることはできない、とする1972年法典下の一連の判例を、効果的に是認した（indorsed）」と述べている。[59]

(3) 立証責任に関する議論

「商業上の合理性」を欠く旨が争われる紛争類型には、いくつかがありうる。既述のように、UCC第9編には、規定に反する担保権の行使の停止を求める請求権と損害賠償権を求める権利を認めており、これらの権利が行使された事例も見られる。

しかし、学説には、「担保権者に対する不適切な処分の差止命令、ないし、損害賠償を求める訴訟は稀である」との見方が強い。[60]実際に機能している類型は、目的物の処分後に、担保権者に不足金判決を認めるか否かであるという。

UCC第9編のもとでも、担保権には付従性があるが、被担保債権は担保権とは独立の債権である。担保権が実行されても被担保債権が完済されない場合には、債権が残る。その債権を行使すべく、担保権実行後の債権者がする司法手続による債権回収が、不足金判決の訴求である。では、担保権者が商業上の合理性ある処分をしなかった場合に、そのことは、不足金判決の判断にどのように影響を及ぼすのか。

1999年改正前のUCC第9編は、この点について、特段の規定を置いていなかった。ただ、①「他に特段の合意がない場合には、設定者は不足金について責任を負う」旨の規定（U.C.C. 旧§9-504(2)）と、②担保権者が、UCC第9編を遵守しない場合に、設定者に損害賠償請求権や差止請求等を認める旨の規定（U.C.C. 旧§9-507(1)）を置くのみであった。

---

(59) WHITE & SUMMERS, *supra* note 9, at 469. また、ケースブックの記述であるが、改正法案の起草者である Harris 教授及び Mooney 教授らによるケースブックの注釈でも、これらの規定が「極端に低廉な価格が、それ自体、商業上の合理性を否定するとの立場をとる判例の見解を否定する」と説明されていることも、注目に値しよう。STEVEN L. HARRIS & CHARLES W. MOONEY, JR., SECURITY INTERESTS IN PERSONAL PROPERTY 621-22 (4 TH ED. 2006).

(60) Lloyd, *supra* note 29, at 722.

UCC 第 9 編が実験的に一部法域（ペンシルバニア州が最初）に導入され始めた当初から、不足金判決への影響について、2つの理解の対立がみられるようになった。

1つは、損害賠償に関する U.C.C.§9-507（1）をそのまま適用する説である。この場合、実行後に被担保債権に残額がある場合には、実行担保権者が債務者に対して不足金請求権を有すると同時に、設定者が実行担保権者に対して損害賠償請求権を有することになる。そうすれば、その相殺によって、不足金請求権の減額ないしは免責の効力が生ずるという考え方である。この説は後に相殺説（setoff rule）と呼ばれるようになる。

もう1つは、UCC 第 9 編を遵守しなかった担保権者に対する制裁として、裁判所が実行担保権者の不足金判決請求権を否定するという理解である。この説は、絶対的無効説（absolute bar rule）と呼ばれるようになる。

敢えて、UCC 第 9 編の不遵守が不足金請求権に及ぼす影響を規定しなかったということからは、相殺説を前提にしていたと読むのが自然にも思われる。しかし、意外にも、Gilmore 教授は、モノグラフィーにおいて、UCC 第 9 編の初期の裁判例を引きつつ、絶対的無効説を支持している。[61] UCC 第 9 編の前に存在していた制定法のうち、一部の法域が採用しており、なおかつ、起草責任者が同じ（Karl Llwellyn）であった UCSA（統一条件付売買法）に、UCC 第 9 編の旧規定同様の規定（上記①・②）があり、その運用として、裁判所は「適切な売却は、不足金の回収の先行条件である、このような考え方は至極当然であり、分析も先例の引用も要しない」と考えていたというのである。そして、「UCSA のもとで明白であったことは、同様に、UCC 第 9 編の元でも明白であったのだろう」として、明文化されてはいないが、「起草者らは、担保権者が（旧）第 5 章の債務不履行規定－通知等の形式要件と売却の"商業上の合理性"の実質的要件の両方－を遵守することは、不足金の回復の先行条件であるという結論に至っていた」というのである。[62]

相殺説と絶対的無効説の重要な違いは、立証責任である。相殺説が前提と

---

(61) Skeels v. Universal C.I.T. Credit Corp., 222 F. Supp. 696 (W.D.Pa. 1963).
(62) 2 GILMORE, *supra* note 24, at 1261-64. なお、このような、Gilmore 教授の UCSA 下の判例に関する理解については、誤解であったとの分析がなされている。Lloyd, *supra* note 29, at 709-10.

する、損害賠償請求は、設定者側に、担保権者の商業上の合理性を含むUCC 第 9 編の実行に関する規定についての不遵守の立証責任がある。そのようにして認められるべき損害賠償請求権を自働債権とする相殺である。それに対して、絶対的無効説に立つ場合には、不足金請求権を訴求する実行担保権者に、先行条件を充足することの立証責任がある。

　その後の判例が多く直面したのは、担保権者自身が、公開処分の形式要件を充足しつつ、単独の入札者として自己競落する事案で、換価金額が低廉であるという問題であった。通知の形式上の要件であればともかく、処分の実態における商業上の合理性を、設定者が立証するのは困難を伴う。担保権者の実行に対する損害賠償請求については、設定者の濫用がありうるとの観点から、設定者に立証責任があることが積極的に評価されたのに対して、自己競落の事案では、担保権者の二重どりを助長する結果を招きかねない。このような観点から、少なくとも、立証責任の点については、多数法域が完全阻却説の帰結を支持するようになっていった。

　しかし、完全阻却説には、問題点も多かった。政策的に、UCC 第 9 編の規定を遵守しなかった担保権者に制裁を課するということ以外に、法令遵守を不足金請求権の先行条件とすることを説明できる理論は存在しない。また、立証責任を担保権者に負わせるメリットは、目的物の評価額の問題であるにも拘わらず、完全阻却説によれば、その要素には関連しない、例えば後順位担保権者への通知の瑕疵なども、実行担保権者の不足金請求権を否定する結果となり、衡平な処遇とは言えない。

　このような問題意識から、完全阻却説にかわって、注目されるようになったのが、実行担保権者が別途の立証をしない限り、自ら値をつけた売却価格の多寡に拘わらず、目的物の残存価格が被担保債権額と同額であったと推定するという準則である。推定説と呼ばれるようになる。嚆矢となったのは、アーカンザス州における Norton v. National Bank of Commerce 事件判決[63]であったとされる。「公平な取引の単純な発想として、銀行に立証責任を負わせるべきである。債務者に通知をせずそれゆえに不当な処分を行ったのは銀行である。設定者に、その損失についての合理的な確実性のある立証を、不

---

(63) Norton v. National Bank of Commerce, 398 S.W. 2d 538 (Ark. 1966).

可能ならずとも困難にせしめているのは、銀行の行為なのである。」と判示している。1999年改正は、この立場に依拠しているものとみられる。

さらに、興味深いのは、以上のように、商業上の合理性について、担保権者側に立証責任が移されていく中で、担保権者側が、商業上の合理性の客観的証拠として、業界内における価格基準を示す公刊物に広く依拠するようになったことが指摘されていることである。この事実は、1999年改正の過程においても注目されていたようである。改正法案起草過程で、次のような案が出されていた。「「処分において受領する"価格"が、商業上の合理性の要件である処分の"条件"であることを明文規定する」。この案は、不合理な廉価を不足金判決の計算の基礎とすることができない旨を規定する一方で、あらゆる不足金判決の請求に向けられた評価要件の難点を幾分緩和すると説明されている」（新代替案5）という、改正後のU.C.C.§9-615（f）に採用された案と共に、次のような案が出されていたという。「「被担保債権に与えられた信用を確定するために、担保権者と設定者が利用することに合意するような水準として、公刊された価格ガイド（例えば、自動車の"ブルーブック"）を、不足金の計算に許容される手続として規定する」（新代替案6）。この案は、明文化はされなかったが、偏在するソフトローを訴訟にくみ出すメカニズムの実態を捉えている。

Ⅲ　UNCITRAL

それでは、UNCITRALは、以上のようなUCC第9編の実行制度の影響をどの程度またどのように受けているのか。ここでは、2016年に公表されたモデル・ローを主な素材に、同法上の規範を素描したあと、UCC第9編との比較を試みる。

---

(64)　Rapson, *supra* note 39, at 543-46.
(65)　Korybut, *supra* note 42, at 1475-78.
(66)　UNCITRAL Model Law on Secured Transactions, *supra* note 4. なお、本章本文中では、単に条文番号を挙げる形で引用する。

1 占有取得

債務不履行後、目的物の占有を取得できる。この占有の取得も、司法手続による場合とよらない場合の両方を認める（77条1項）。

司法手続外の占有取得のためには、①設定者の予めの同意があり、②占有を取得しようとする担保権者が債務不履行及び占有取得の意思の通知を行い、かつ、③目的物の占有者が異議を述べないことが必要であるとされる（77条2項）。

なお、上記②の通知は、第三者が目的物を占有している場合には、その者にもする必要がある。また、目的物が腐敗性動産など迅速な処分を要する場合には、上記②の通知義務は除外される。

2 処分等による実行

担保権者は、債務不履行後に、目的物につき、処分や、賃貸ないしライセンス契約による収益を行うことができる。この債務不履行後の処分・収益権限の行使も、司法手続による場合とよらない場合の両方を認める（78条1項）。司法手続による場合には、その依拠する制定法が適用される（78条2項）。司法手続外の場合、担保権者が、処分・収益権限の行使の内容（いずれを選ぶか、また、方法、手段、時期、場所について）を選択することができる（78条3項）。

また、司法手続外の場合には、処分ないし収益の開始の前に、設定者及び債務者に対し、①担保目的物の説明、②被担保債権額（利息、実行の合理的費用を含む額）、③処分・収益権限の行使の内容を通知する義務がある。

なお、この通知義務は、㋐目的物上の他の権利者がおり、その旨が債務者に対する上記通知が送付される制定法所定の期間前に書面によって担保権者に知らされていた場合には、その権利者にも、㋑債務者に対する上記通知が送付される制定法所定の期間前に、登記をしていた他の担保権者がいる場合にはその担保権者にも、さらに、㋒実行担保権者が占有を取得するときに目的物を占有していた場合にはその者にも、なされねばならないとされる（78条4項）。この債務者等以外の第三者に対する通知の内容は、「(a) 目的物の記載、(b) 通知時における被担保債権の残額および利息と合理的な費用の記

載、(c) 設定者、目的物上のあらゆる権利者、ないし債務者が75条に基づく手続を終了させることができる旨、及び (d) いつ以降に目的物が売却その他の処分、賃貸ないしライセンス契約に付されるかという日付、あるいは、公開処分の場合には、日時、場所と処分方法」であるとされる (78条5項)。

また、この通知義務は、目的物が、腐敗性動産の場合、価値が急激に下落しうる物である場合、あるいは、公知の市場で売却される種類の動産である場合には、除外される (78条8項)。

第78条に基づく処分がなされた後の分配について、次のような規定がある。司法手続上の処分の場合には、その依拠する制定法による配当が行われるが、その際には本法の規定に従う必要があるとする (79条1項)。また、私的実行たる処分の換価金の分配については、「(a) 実行 (enforcement) の合理的な費用を控除したうえで、実行による換価金を被担保債権に充当しなければならない」とし、「(b) 余剰は、余剰の分配に先行して、実行担保権者に請求権の通知をした競合する劣後的請求権者に、その請求権の範囲内で、支払わなければならず、さらにその余剰 (remaining balance) を設定者に送金しなければならない」とする (79条2項)。なお、複数の劣後的担保権者の優先関係に争いがある場合には、供託に相当する制度の利用を規定する (79条2項 (c) 号)。

なお、実行の結果不足金がある場合には、「債務者は、実行による正味の換価金を被担保債権に充当した後に負っている金額について依然として責任を負う」との規定がある (79条3項)。

さらに、処分がなされた場合の目的物に関する買受人の権利について、次のような善意者保護の規定を置く。「担保権者が目的物の売却その他の処分、本章の規定に従わず、賃貸ないしライセンス契約に付す場合、その買主その他の譲受人、賃借人、ライセンス権者は、設定者ないしその他の者の権利を実質的に侵害する本章の規定の違反について善意 (no knowledge) である場合、［司法手続による場合と同様に］権利ないし利益を取得する」(81条5項)。

3　目的物の取得による実行

　目的物の取得による実行も認められているが、担保権者がすることができるのは、設定者等に対する（80条2項）、書面による提案であり（80条1項）、債務者および設定者ないし所定の他の担保権者等（80条2項）から異議がない場合にのみ、所有権を取得するとされている（80条4項）。書面には、①被担保債権額、②被担保債権の満足のために提案書面記載の目的物の取得を提案する旨の記載、③担保権者が目的物の所有権を取得する日についての記載を要するとされる（80条3項）。

　提案が被担保債権全額の弁済に替えた取得である場合、提案に対して、相手方の受領後所定の期間に書面による異議がない場合には、担保権者が目的物を取得するとする（80条4項）。対して、提案が被担保債権の一部の弁済に替えた取得である場合、提案通知の受領権者全員の書面による同意が所定の期間内にあった場合にのみ、担保権者が目的物を取得するとする（80条5項）。

　なお、目的物の取得による実行を、設定者が催告することも可能であるが、提案を為した場合の処遇は、上記と同じである（80条6項）。

4　債務者の弁済の終期

　UNCITRAL は、受戻権（redemption）という用語を用いないが、それに相当する被担保債権の弁済による実行の排除の終期について、次のように規定している。「設定者、その他の目的物の利害関係人、ないし債務者は、被担保債権及び合理的な実行費用の完全な弁済ないしその他の履行によって、実行手続を終了させることができる」という（75条1項）。これを終了権（right of termination）と呼び、終了権の終期を、「(a) 担保権者により、目的物の売却その他の処分、取得、ないし回収がなされる時、及び、(b) 担保権者によって、目的物の売却その他の処分のための合意が確定する時のいずれか早い方が到来するまで」であるとする（75条2項）。また、目的物が賃貸やライセンス契約に付されたに過ぎない場合には、終了権は消滅しないが、終了権によって賃貸借やライセンスの負担のついた権利を受け戻すことができるのみであるとする（75条3項）。

5 不遵守の効果

本章規定の義務違反があった場合について、模範法典は、2種類の効果を規定している。①司法手続上の救済を求める権利を規定する（74条）。②違反した処分等がなされた場合について、善意取得（81条5項）制度が規定されている。債務不履行前には、設定者又は債権者が、本章の規定に基づくいかなる権利も、一方的に放棄・修正することができない旨を規定している（72条3項）。

ところで、実行方法に関する違反について、2007年の立法ガイドには、[67]興味深い条文提案が存在した。すなわち、「第8章　実行方法」の最初の提案条文として、〔提案131条（実行の内容に関する一般的行為規範）〕「法は、人が、誠実（good faith）ないし商業上合理的な方法で（commercially reasonable manner）で、権利を実現しまた義務を履行しなければならない旨を規定するべきである」という規定をおいていた。また、この提案131条は、「当事者自治の制限」に服さねばならないとされていた。すなわち、〔提案132条〕「〔提案131条〕に規定される一般的行為規範は、何時においても、一方的に放棄されたり、変更されたりしてはならない」とされていた[68]。

モデル・ローも、この「誠実性ないし商業上の合理性」の規定を排除したわけではない。第1章の一般規定として、次のように規定されている。「人は、誠実かつ商業上合理的な方法で、本法に基づく権利を行使し、また、義務を履行しなければならない」というのである（4条）。この変更の理由について、「施行ガイド」は、比較的簡素な説明を置くだけである。「その準則は、実行の局面以外であっても、模範法典に基づく権利の行使や義務の履行に際して、当事者らが遵守すべき行為規範（standards of conduct）であるから」だという[69]。また、この規定は、当事者自治の例外であるとされ（3条1項）、明示的な強行法である。

しかし、この変更によって、実行に誠実性違反ないし商業上合理性違反があった場合の具体的効果が分かりにくくなった感がある。立法提案では、誠

---

(67)　UNCITRAL Legislative Guide on Secured Transactions, *supra* note 3.
(68)　*Id*. at 278-89, 310-11.
(69)　UNCITRAL Model Law on Secured Transactions: Guide to Enactment, 27-28, ¶76 (2017). http://www.uncitral.org/pdf/english/texts/security/MLST_Guide_to_enactment_E.pdf

実性・商業上の合理性が、とりわけ実行手続にとって重要であるとの立場が明確にされており、実行手続における誠実性・商業上の合理性違反の効力の具体的な規定が提案されていたからである。次のように述べられていた。「担保権の実行は、設定者、債務者及び利害関係人（例えば、後順位担保権者、保証人、ないし、目的物の共有者）に深刻な影響力をもつ。この理由により、いくつかの国では、担保権者の一般的かつ最優先の義務として、担保権の実行のときに、誠実に行為し、商業上の合理性の基準に従うべき特定の義務 (specific duty) を課している。この義務の重要性のために、それらの国は、担保権者および設定者がなんどきにおいても放棄や修正をなしえない旨を規定している。さらに、課された実行上の義務を順守しない担保権者は、その不遵守によって損害を被った人に対する損害賠償義務を負いうる」と説明し、これが次の提案にあたるとする。「法は、実行に関する規定に基づく種々の義務を遵守しない場合、その不遵守によって生じた損害賠償の責任を負う旨を規定すべきである」という提案である（提案136条（責任））。さらに、次のような具体例を挙げて説明する。「例えば、担保権者が目的物の処分において、商業上合理的な方法で行為をせず、商業上合理的な処分がなされていたならば得られていたであろう金額より少ない額を担保権者が取得する結果になる場合、その担保権者は、当該差額について害されたすべての人に対して損害賠償の責任を負うことになる」というものである。

6 　検討―― UCC 第 9 編の影響

以上のようにみると、UNCITRAL のモデル・ローには、UCC 第 9 編が、極めて大きな影響を与えているものといえる。

第 1 に、司法手続上の実行手続の立法とともに、それと併存する私的実行を予定した立法提案をしている。規律内容は主に後者である。

第 2 に、UNCITRAL モデル・ローも、司法手続外の私的実行については、処分清算を原則とした制度設計を採用している。帰属型は、債務不履行後の債務者の合意があって初めて成立する内容である。

---

(70)　UNCITRAL Legislative Guide on Secured Transactions, *supra* note 3, at 278, ¶ 15.
(71)　UNCITRAL Legislative Guide on Secured Transactions, *supra* note 3, at 279, ¶ 15.

第3に、これを前提に、債務不履行後には、担保権者による占有取得を認めており、目的物の占有を清算金請求権の担保に利用しようとする発想は見られない。

　第4に、債務者の保護は、清算義務と、通知義務の法定による。通知義務については、非公開処分と公開処分の区別があり、前者については処分日の所定期間以前の通知を、後者については競売の日時・場所の通知を所定期間以前に行うべきとされており、通知の相手方は、債務者並びに債務者の保証人や目的物の後順位担保権者ないし法定担保権者等である。

　以上の仕組みは、UCC第9編と基本的に同じである。

　しかし、一方で、UCC第9編の準則が、汲み上げられていないかにみえる側面もある。本稿で注目すべきは、「商業上の合理性」である。

　UCC第9編と異なり、UNCITRALモデル・ローでは、一般準則として、担保取引全体が商業上の合理性を旨とすべきことを規定するにとどまる。しかし、商業上の合理性がいかにして判断されるか、明文規定もなければ（モデル・ローである以上当然ながら）判例があるわけでもない。処分清算を基本とする私的実行制度のもとでは、実行通知が、商業上の合理性の一角を占め、具体的なルールを明文化しやすい部分であることは確かであろう。

　しかし、米国の経験からは、次のような不足が容易に推測されよう。非公開処分を認める場合には、実行通知が、設定者に対する受戻の催告程度の意味しか持たない。公開処分の場合にも、通知はしたが、入札が活発でなく、担保権者自身が自己競落せざるを得ない状況もあるはずであり、その場合の商業上の合理性をいかに判断するのか、UNCITRALのモデル・ローは何も規範を示していない。さらに、商業上の合理性に反する事態が生じたとして、その効果が、担保権実行の差止や司法手続上の実行への移行、損害賠償の請求を求め得るとするのでは、立証責任の点で、問題が残りそうである。処分を行う実行担保権者に立証責任があってこそ、その処分の商業上の合理性の客観的証拠が、当該業者から示されるのであって、取引業者の間に共有される、当事者意思を拘束する書かれざる規範としてのソフトローは、このメカニズムがないと、規範性を持ちにくいように思う。

　もっとも、以上のようなUNCITRALとUCC第9編の差異は、UCC第9

編がソフトローとしてのモデル・ヌードから制定法化された後に蓄積された議論に相当する。この意味で、ソフトローが制定化される際に、制定法化されるルールとソフトローに残されるルールの関係の制度設計の問題が残されているのだとみることもできよう。別途検討すべき課題であると思われるが、ソフトローとしての UNCITRAL の規範内容に注目してきた本稿では、むしろ UCC 第 9 編との共通性を確認しておきたい。

Ⅳ　わが国の議論との比較

UNCITRAL が、UCC 第 9 編の影響を受けつつ抽出した準則が、国際的なソフトローの一つであるとすれば、わが国の議論状況は、どのように位置づけられるのであろうか。

第 1 に、私的実行を中心とした規範であることは、UCC 第 9 編および UNCITRAL と同様であるといえる。ただし、UCC 第 9 編および UNCITRAL が、司法手続上の実行制度の存在を前提に、私的実行を選択した場合の規範を定め、それゆえ、担保権者の不遵守など所定の場合には、司法手続上の実行への司法手続による移行が想定されているのに対し、わが国では、少なくとも、民事執行法による担保権の実行手続が排除されている点で、制限がある。

第 2 に、処分清算を原則とする実行制度になっているのかどうか。

UCC 第 9 編や UNCITRAL は、処分清算によって清算金請求権を適正に発生させるメカニズムについて蓄積された判例をもとにルール作りをしているのに対し、わが国では、処分のあり方よりも、むしろ清算金請求権の確保に実行局面における債務者保護の議論の力点が置かれてきた。[72]

しかし、これは、わが国における不動産譲渡担保の歴史を背景としてこそ

---

[72] このような問題意識を強く認識し、不動産譲渡担保の判例を批判し、帰属清算の維持を説かれるものとして、生熊長幸『担保物権法』310 頁以下（三省堂・2013 年）。近年、判例を支持し処分清算を認める説が大勢を占めつつあるが、同時履行の抗弁権としての性質をもつ帰属清算における引換給付にかえて、留置権の作用に注目する見解が有力であるといえる。高木多喜男『担保物権法〔第 4 版〕』（有斐閣・2005 年）、道垣内弘人『担保物権法〔第 4 版〕』（有斐閣・2017 年）（ただし、この作用を、設定者留保権に基づく占有として説明される）、松岡久和『担保物権法』（日本評論社・2017 年）。

成り立つ議論であって、動産譲渡担保に移し替えるのは、あまり説得的ではないのではないか。また、貸主に対する清算金請求権について、留置権その他の担保を必要とするというのも、債務者保護のために当然とは言えないのではないか。清算金請求権を訴求し、貸主に対する強制執行が認められれば足りる話ではないのか。もちろん、判例に登場する不動産譲渡担保の貸主には、いつまでも所在が明らかであるとは限らない者や、一般財産が潤沢にあるとは思われない者も見受けられ、そのイメージが動産譲渡担保に移植されたものと思われる。これが、一般論として該当するのかどうか。

さらに、動産譲渡担保では、動産の減価率の高さから、処分の適正の有無が被担保債権残額として争われることが多いのは、わが国でも同じではないか。その場合、同時履行の抗弁権や留置権が債務者の担保になるのか。すなわち、実行担保権者が残債務の不存在、あるいは、適正額であることを認めるまで、目的物を留置することが可能か。なお、見直しの余地があるように思う。

第3に、処分清算を前提とする場合、処分前に目的物を引き揚げることができるのか。少なくとも、民法の教科書では、この点を明らかにしているものは少ない。

近江教授は、処分清算を原則とする立場から、弁済期後における譲渡担保権の実行行為（目的物引渡請求権）としての搬出行為を認めるべきとされている[73]。もっとも、この説でさえ、引用される判例は、実行担保権者の引き揚げに対する、後順位担保権者の不法行為に基づく損害賠償請求権を否定した最判昭43.3.8判時516号41頁である。債務者が、清算金請求権の給付と引換えに引き渡す旨の抗弁権を主張したり、留置権を主張する場合の処遇については、なおも明確でない[74]。

実務では、処分清算による実行段階で、債務者の協力が得られるのが通常であることも考えられる。約款等で、債務不履行後の借主の引渡義務を定めているのが通常であるといったことも考えられる。しかし、債務不履行前の

---

(73) 近江幸治『民法講義〔第2版補訂〕』（成文堂・2007年）316頁。
(74) 近江説も、動産譲渡担保の目的物引渡請求権について、不動産譲渡担保の記述を引用し、そこでは引換給付を原則とすべきことが説かれている。近江・前掲注（73）316頁、299頁。

合意による引渡しへの協力が妥当か、債務者が引渡に協力しない場合に、訴訟による引渡しの請求が認められるか、など、検討すべき課題は残されていよう。

　第4に、商業上の合理性はどうか。UCC第9編とUNCITRALの違いもあるところであるが、それ以前の問題として、両者の共通点である通知要件について、わが国との違いが鮮明に出そうである。

　わが国の譲渡担保の実行でも、帰属清算においては、担保権者の債務者に対する通知は重要な役割を担っている。しかし、処分清算における実行担保権者の設定者に対する通知は、判例上、ほとんど顧みられてこなかった。処分清算では、第三者に対する処分自体が、債務不履行によって発生した処分権限の行使だと説明され、これによって帰属の確定的移転が生じる。設定者が、通知がなかったことを理由に、処分の不成立を主張する余地は想定されていないようである。

　このような議論状況は、『ABLガイドライン』にもうかがえよう。処分清算における実行担当者の説明義務を規定するものの、処分業者の貸し手に対する責任が「十分」であることを求めるのに対し、借り手に対しては「可能な状況であれば……説明を行う」ので足りるとされている。さらに、第三者に対しては、むしろ、「借り手への風評を含め、無用の害を及ぼす可能性が高い」として、秘匿を求めているのである。UCC第9編が予定する「公知の市場」への提供のような場合であれば、担保物件の処分に関する情報が秘匿されても、商業上合理的な処分がなされようし、ガイドラインはこのような公知の市場を評価業務をも行う独占的業者に、独占禁止義務を課したうえで任せることで、育成する方向に向けられているようにも読める。しかし、そうでない場合には、第三者への広告なくして商業上合理的な処分がなされているのか、問題が残ろう。

　最後に、通知の側面を除く、商業上の合理性について、わが国の議論はどのような位置づけにあるのであろうか。

---

(75)　学説では、処分清算前の事前通知の必要性も説かれている。近江・前掲注(73) 299頁、315頁、松岡・前掲注(72) 329頁。
(76)　前掲注(2)参照。

明白なのは、UCC 第 9 編に関する議論状況との違いである。わが国では、不動産譲渡担保の判例を中心に、処分による換価金額が市場価格より極端に廉価な場合に、公序良俗の観点から、清算の見直しが認められた裁判例がみられる。米法が適正手続説を原則としつつ、一部で展開された適正価格説を、適正価格適正手続推定説に改めて受け入れたという経緯とは、逆方向の議論展開である。結果的な価格を直接の根拠とすることは、一面において、合理的解決であるかにみえるが、他面において、処分清算において、いかなる処分が適正手続なのか、当事者意思を覆しうる規範としての商事慣習が十分に抽出されていないという問題が垣間見える。ソフトローの形成・公開過程に問題がありそうである。

　不動産譲渡担保では稀であろうが、動産譲渡担保では、目的物の価格が被担保債権残額より低廉になっているという事態は、珍しくないのではなかろうか。米法では、担保権者による不足金請求権の訴求に際して、担保権者に立証責任を課し、前提としての担保権の実行が適正に行われたことの立証の過程で、当事者の依拠する商事慣習にかかわるソフトローを提示させるメカニズムが形成されたといえる。しかし、わが国では、担保権実行後に残存する無担保の債権については、あるのが当たり前で、ほとんど関心を集めてこなかったといえよう。

　もっとも、最後の点については、UNCITRAL のモデル・ローの規範自体、UCC 第 9 編と異なっており、一般化はできないのかもしれない。この点、「ABL ガイドライン」が、評価機関と処分機関を兼ねる処分事業者を想定しており、場合によっては、行政がこの処分事業者に、ガイドライン等による縛りをかけていく方向性もうかがわせていることは、ソフトローの在り方の比較から表れる文化の違いとして興味深い。ただ、わが国が、債務者のための機密保持の美名のもと、UCC 第 9 編はもちろん、UNCITRAL でも認められている、債務者や後順位担保権者等利害関係人に対して通知すべき情報さえ秘匿する方向に向かう可能性がある点には用心すべきであろう。ソフトローは、裁判規範性すらもちうるのであり、行政と業界団体の内部にのみ共有される機密の規範とされるべきではなく、公開されていくべきであろう。

以上のように概観すると、わが国の動産譲渡担保の実行制度は、UNCITRALに汲み上げられたUCC第9編と共通の基礎をもつ制度設計と、かなりの違いがある。UNCITRALが予定するような処分清算による実行をなしうるかという問いに対して、「同様の実行は可能である」とは言い難いのが現状である。桎梏となっているのは、目的物の占有に担わされた帰属清算を原則とする議論以来の清算金請求権の担保機能である。しかし、この考え方は、不動産譲渡担保には妥当するが、動産譲渡担保では綻びも見えるところである。清算金請求権の担保よりも、清算金を発生させるもととなる処分自体の商業上の合理性に目を向け、そこでの商業上の合理性を、ソフトローから引き出すべく、検討進めるべきであると考える。

機能的アプローチによる担保の統制

清 水 恵 介

```
I  総論
II  担保的流用に対する統制
III 担保的濫用に対する統制
IV  担保の統制の限界
V   結語
```

I 総 論

　担保法の領域において、担保当事者（一般には、担保権設定者及び担保権者）の意思はどの範囲まで尊重されるか、裏を返せば、強行法規は何がどの範囲まで妥当するかが、極めて重要な問いかけとなる。

　この点、一瞥するならば、一方において、物権法定主義（民法175条）の拘束が妥当するはずの物的担保の領域でさえ、譲渡担保のような、民法中に明文規定のない物的担保手段が許容されていること、他方において、契約自由の原則が妥当するはずの人的担保の領域でさえ、貸金等根保証契約（民法465条の2〜465条の5）のような強行法規的規律が存在することが、容易に観察されよう。したがって、この問いかけに対する答えは、決して単純なものではなく、およそ物的担保か人的担保かを問わず、各担保類型の実質や機能に即して、その有効性や限界が示されるものといえる。[1]

---

(1) この問題のうち、物的担保に関する先駆的取組みとして、平野裕之「物権法及び担保物権法と契約自由」法律論叢84巻2＝3号401頁（2012年1月）、同「物権法及び担保物権法と個人

1 「担保取引立法ガイド」における機能的アプローチ

こうした観点から注目されるのが、UNCITRAL（国連国際商取引法委員会）において、2007年に採択された「担保取引立法ガイド〔Legislative Guide on Secured Transactions〕」（以下、「立法ガイド」という。）、及び、2016年に採択された「担保取引モデル法〔Model Law on Secured Transactions〕」（以下、「モデル法」という。）が採用する機能的アプローチ〔functional approach〕である。これは、もともとアメリカ統一商法典〔UCC〕を中心とする英米法系の国の動産担保法が採用してきたアプローチで、すべての種類の動産担保権を単一の準則に従わせるものである。例えば、立法ガイドは、このアプローチを各国の法律に採用することで、「取引の形式又は当事者によって用いられた用語法が何であれ、債務の弁済その他の履行形式の担保としての合意によって生じた動産上のあらゆる権利（…）にも適用され」、「債務の履行を担保するすべての権利を担保権と呼び、かつ、それらの権利を共通の準則の全体に従わせるように実施されなければならない」と勧告する（勧告8）。実際、モデル法における「担保権」とは、「当事者が担保権と称するか否か、及び、財産の種類、設定者若しくは担保権者の地位又は被担保債務の性質を問わない」で、「支払その他の債務の履行を担保するための合意により発生した動産を目的とする物権」を意味するものとされている（第2条(kk)(i)）。

もちろん、この機能的アプローチは、民法典中に伝統的な担保物権の規定を擁する多くの大陸法系の国の動産担保法にも採用することが可能である。もっとも、これを採用した場合には、動産質か動産抵当か、あるいは動産譲渡担保かといった類型や名称の如何を問わず、単一の準則に従うこととなるため、その結果、担保類型ごとの実質的差異が無くなるばかりか、そもそも

意思」新世代法政策学研究17号125頁（2012年7月）、同「財の法、担保法における個人の意思」法時84巻11号88頁（2012年10月）があるものの、本稿はより広く、機能的アプローチという視点から、人的担保を含めた担保の統制のあり方について考察するものである。

（2）　草案段階における邦訳につき、石坂真吾「UNCITRAL『担保付取引に関する立法指針』草案（原案）」別冊NBL86号（新しい担保法の動き）87頁（2004年4月）参照。策定後の解説として、沖野眞已「UNCITRAL担保取引立法ガイドの策定」金法1842号14頁（2008年8月）参照。本稿に掲げる立法ガイドの邦訳にあたっては、これらの先行業績を参考にした。

（3）　邦訳として、曽野裕夫＝山中仁美訳「担保取引に関するUNCITRALモデル法の対訳（1）（2・完）」北大法学論集68巻1号268頁、2号508頁（2017年5〜7月）がある。本稿に掲げるガイド法の邦訳はこれに依拠した。

類型化自体の意味を失わせることにもつながる。したがって、こうした機能的アプローチは、その効率性や優位性を論拠として、大陸法系の動産担保法を英米法系のそれに吸収・統合させる方向での勧告といえる。

2 純粋な機能的アプローチ

しかし、ここでは、こうした文脈から離れて、いわば純粋な機能的アプローチの有用性について考察したい。立法ガイドが指摘するように、「この新たなアプローチの主題が、実質は形式に優位しなければならないということ」（Ⅰ103）にあるとするならば、単一の担保権への統合・包括は、機能的アプローチの論理的帰結ではないはずだからである。

大陸法系の担保法のように、様々な類型の動産担保の併存を認めながらも、そのそれぞれの準則の適用を実質・機能によって決するとのアプローチもまた、機能的アプローチの1つと言って差し支えなかろう。しかも、こうした純粋な機能的アプローチによれば、大陸法系の伝統的な担保物権にあえて立法的改変を加える必要がないばかりか、こうしたアプローチは、むしろ、わが国を含む大陸法系の物的担保法においても暗黙の前提として考慮されるべきものであるとさえいえる。

3 債権回収秩序としての担保法

更には、こうしたアプローチは、動産担保以外の物的担保を含む物的担保法一般や、ひいては人的担保法をも含めた形で、担保法全般に妥当するとさえいえるように思われる。冒頭で述べたように、一見すると、契約自由の原則が支配する人的担保法の領域では、当事者の意思を無視してまで担保の実質・機能を優先させることはないようにも考えられるが、担保法の要請は、およそ債権制度の存立基盤として、他の債権者との調整を含めた、手続法に必ずしも還元できない債権回収の実現過程を秩序づけるところに特色があるのであって、その特色は人的担保法においても妥当するはずだからである。

---

(4) 紙数の都合上、担保法の国際的多様性については省略する。担保法に関する近時のまとまった国際比較として、池田真朗＝中島弘雅＝森田修編『動産債権担保』（商事法務、2015年8月）、近江幸治ほか「シンポジウム・担保法の国際的動向」比較法研究77号2頁（2015年12月）、金山直樹ほか「日仏民法セミナー・担保法」法時88巻7号46頁（2016年6月）参照。

物権・債権の峻別を基礎とするパンデクテン体系上、担保法は、物的担保法と人的担保法とに大きく分断されるため、両者を通じた担保法の基本構造が隠蔽されがちとなるものの、物権法における財貨帰属秩序とも、あるいは債権法における財貨交換秩序とも区別された担保法秩序、いわば債権回収秩序（ないしは優先秩序）というものが観念されて然るべきである。債権法における契約自由の原則にも、あるいは物権法における物権法定主義にも与しない担保法独自の機能的アプローチが妥当する所以である。

　この点、確かに、債権回収秩序は、究極的には債権法に従属することとならざるを得ない存在ではあるものの、他面、純粋な債権法に還元できない独自の役割を担う存在であることにも留意すべきである。なぜなら、現実的な債権回収の場面においては、互いに排他し合わない債権の一般的性質（非排他性）から離れて、債権者間における過酷な競争原理が作用するはずだからである。それゆえ、この競争が表面化する倒産手続の場面においては、民法の基本的立場とは異なる倒産秩序独自の担保統制が許容されることにもつながる。

　また、担保法が主に念頭におく金融の場面においては、与信を行う金融機関の側に圧倒的なイニシアチブがあり、担保設定契約を含む金融契約というものが本質的に非対等的な契約構造（いわば金融構造的非対等性）を内包していることも、担保法の独自性を根拠づける重要な要素となり得る。この点からは、消費者保護法制に類似した担保設定者保護の要請が妥当することとなる。

（5）　物的担保と人的担保との区別を相対化する上で示唆を与える両者の境界問題に属する、いわゆる直接請求権を論ずるものとして、拙著「債権担保手段としての直接請求権序論―自賠法16条1項から担保権侵害まで」みんけん688号2頁（2014年8月）参照。
（6）　実務書によくみられる債権回収の実践的ノウハウを超え、これを学問的に体系化しようとした先駆的試みとして、森田修『債権回収法講義』（有斐閣、2006年10月、第2版2011年4月、法学教室連載2004年4月～2005年9月）が特筆されよう。
（7）　したがって、この観点からは、フランスの2006年改正担保法が「担保」のために独立の編を割り当てたことにつき、市民のアクセシビリティを改善するとの一般的趣旨に収まらない積極的価値を見出すことができよう。
（8）　この観点からは、担保契約における有償性・対価的均衡性とは何かを解き明かすことが重要な課題となろう。
（9）　それゆえ、債権回収秩序としての担保法は、担保の仕組みを構成し、その優先関係を明らかにするだけでなく、広い意味においては、貸金業法にみられる取立規制のような行為規範として

そのため、他の法領域とは異なり、前述の機能的アプローチが全面的に妥当するものといえ、したがって、また、この点において、担保法は、自律性を備えた法体系として考察されるべきものといえないであろうか。

4　一般担保法の確立

なお、債権回収秩序としての担保法の観点を推し進めると、担保権をもたない一般債権者と債務者との関係もまた、債務者が有する一般財産（ないしは責任財産）からの債権回収をはかる上で、そのプロセスを規律する必要性が認められることから、担保法に含めて考察すべきこととなる。すなわち、従来の担保法を特別担保法と称するならば、いわば一般担保法とでも称すべき法領域を担保法に取り込むべきこととなる。

結局のところ、一般債権者といえども、他の債権者との関係では優先秩序への組込みを避けることができないことに鑑みるならば、かかる一般担保法をも統括した広い意味での担保法を構想すべきこととなろう。

以上の総論的考察を踏まえて、本稿では、担保法における機能的アプローチがもたらす具体的作用として考えられるもの、すなわち、担保法の規律の潜脱を企図した他の法制度の担保的流用を統制する作用（Ⅱ）や、担保当事者の地位の濫用を統制する作用（Ⅲ）について考察し、その上で、これら担保の統制の限界（Ⅳ）についても最後に若干検討を加えることとする。

Ⅱ　担保的流用に対する統制

まず、一定の担保類型に対する規制を回避するために類似の機能を営む他

の役割や、刑法にみられる財産犯規制のような一般予防としての役割をも担うことすら想定されてよいように思われる。そして、いずれの役割にせよ、担保法秩序の構築には一定の厳格さが求められることとなろう。
(10)　実際、ポルトガル民法典のように、同一の編の中に、一般担保法と特別担保法とを並べて規定する立法例もみられる（民法典601条～622条）。そこでは、債権者の一般担保に関する通則のほか、債権者代位権や詐害行為取消権などが一般担保法に属するものとして規定されているほか、責任制限に関する一般規定や、保存差押え Arresto に関する規定等が置かれている。
(11)　例えば、当事者間の合意により一般債権よりも劣後する債権を生じた場合には、当該劣後債権との関係では、一般債権といえども優先性が認められることとなる。

の法制度を流用することは、機能的アプローチの観点に照らして許容されるべきでない。この流用を統制するためには、いわゆる仮登記担保法のように、流用する法制度（代物弁済の予約等）の構成を維持しつつ、規制の回避を無意味化するような統制を施す手法もあり得るところであるが、解釈論のレベルにおいては、そもそも流用を認めずに（いわば脱法行為の禁止）、本来の制度に包摂して規律する手法、すなわち、当該他の法制度を包摂できるように各担保類型を機能面から定義づけ、これを適用（ないしは類推適用）する手法が考えられよう。

法の潜脱を統制するこのような手法は、決して目新しいものではない。一時、立法化が検討されていたファイナンス・リース契約[12]も、賃貸借の法制度を融資目的に流用したものといえるし、より視野を広げれば、借地借家法・農地法による賃借権の物権化もまた、用益物権の設定を回避してなされる賃貸借を統制する趣旨の立法措置と評することができる。つまり、流用統制そのものは、部分的には、契約法や一般の物権法においてもみられる一般的な現象といえる。

したがって、かかるアプローチは、強行法規の適用回避行為に対する統制の担保法的顕現であるにすぎず、その限りで、担保当事者の意思が劣後することとなっても、それは、担保法の実効性を確保するためのやむを得ない内在的制約というべきである。

実際、先にみた立法ガイド等にいう機能的アプローチの具体的目的も、かかる流用の統制にあるといえるし、原始的で卑近な例としては、保証金等の名称にとらわれない敷金の法的性質決定を挙げることができる。これもまた、賃貸借契約時における賃借人の交付金を機能的観点から敷金として統制し、法の潜脱や流用を認めないといった方向での議論であったといえるからである。[13]

---

(12) 法制審議会民法（債権関係）部会「民法（債権関係）の改正に関する中間試案」（2013 年 3 月）第 38 の 15「賃貸借に類似する契約」においてライセンス契約とともに立法化が検討されていたが、この中間試案に対するパブリック・コメント手続において多くの反対意見が寄せられたことから、立法化は断念された。

(13) 敷金関係に担保法的構造を見出す研究として、拙著「金銭の担保化の担保法的構造──敷金関係を中心に」私法 78 号 132 頁（2016 年 4 月）参照。

1 担保の機能的定義の形成

したがって、担保的流用の統制にあたっては、担保の実質を明らかにする機能的定義が重要となる。すなわち、立法ガイドやモデル法のような動産担保権への限定を付すこともなく、不動産担保権や人的担保権を含めた約定担保権の全般につき、各担保権類型に対応した機能的アプローチによる担保概念（担保の機能的定義）を抽出した上で、この概念に即して担保当事者の合意を規律していくという作業が要求される。

ここで、担保の機能的定義とはいかなるものであり、「担保」（ないしは「担保権」）に関する従前の定義との間にいかなる差異があるのかについて明らかにしておく必要があろう。もっとも、わが国においては、物的担保と人的担保が物権法と債権法とに分属しているためか、「担保」の統一的な定義が体系書等で語られることはほとんどない。そこで、日本の担保法の母法の１つであるフランス法における「担保」の定義を参照することが有益であろう。フランス法においては、かねてより、人的担保と物的担保とを統括した「担保法 droit des sûretés」が単一の教科とされてきた伝統があり、この担保法の体系書をひも解くことにより、「担保」の定義に関する記述を容易に発見することができるからである。とりわけ、フランスでは、1995年に公刊されたクロック Crocq 氏の著名な論文『所有と担保 Propriété et garantie』[14]が、担保 garantie と担保権 sûreté という２つの基本概念につき、これらを混同して用いていた時代から歩を進めて、その各内容と両概念の関係を明確にしたことから、それ以降に執筆された担保法の体系書では、この論文の見解に触れつつ「担保」の定義に言及するといった傾向がみられる。以下、クロック教授の定義を含めていくつかの定義を紹介したい。

(1) 一般的定義

例えば、アンリ・カピタン協会の後援による法律辞典である『法的語彙 Vocabulaire juridique』は、「債権者にとって、ある債務の履行のために、ある者によって供与され（約定担保権）、法律によって成立し（法定担保権）、又

---

(14) P. Crocq, *Propriété et garantie*, Bibliothèque de droit privé, Tome 248, LGDJ, 1995. なお、この論文を紹介するものとして、藤澤治奈「『契約の中の担保』と『物による金融』」本郷法政紀要12号86頁以下（2003年）等がある。

はより稀に裁判から生ずる（裁判上の抵当権）担保。債務者の支払不能にもかかわらず、弁済期にある債務の弁済を担保するための規定」というように、担保権 sûreté の概念を、トートロジーを含む漠然とした形で定義づける。[15]

(2) カブリヤック Cabrillac 及びムリー Mouly らの定義

カブリヤック氏とムリー氏らは、物的担保権の定義にあたって、①債権者が享受する優先的弁済という「目的」、②その目的に達するために実施される充当 affectation の「技術」、及び、③債権の付従性という特別の「性質」といった3要素の重要性を指摘した。かくして、物的担保権は、「債権者に充当される財産又は財産の総体の価値に関する優先弁済権をその債権者に付与する債権の付従物」として定義づけられる。[16]

これは、物的担保権に限定されてはいるものの、満場一致で担保権 sûreté とされるものの共通要素を帰納的に抽出して定義を試みるという意味において、(1) のような一般的定義をより洗練させた、いわば帰納的定義（機能的定義ではない。）の先駆けといえる。

(3) クロック Crocq の定義

以上に対して、クロック教授の担保権概念は、(2) とはやや異なり、①「目的」、②「技術」、及び、③「効果」という3要素に着目した上で、「担保権とは、債権者の満足のため、基本契約から通常生ずる権利につき、その債権に付従するものとして能動的権利を付加することにより、物、物の総体若しくは資産を充当することである。その権利は、だからといって利益の源となることなしに、その一般担保権の不十分さを治癒することでその法的地位を改善する。その実行は、債権を全部又は一部、直接又は間接に消滅させる

---

(15) Gérard Cornu, *Vocabulaire juridique*, 9ᵉ éd., PUF, 08/2011, p. 994. 同様に、物的担保権 sûreté réelle についても、「ある物（有体若しくは無体の動産又は不動産）に立脚し、その債権の担保のために、（人的担保権のように）ある者の支払能力ではなく、担保が負担された物の価値を担保にとった債権者に提供する」もの、「より正確には、動産担保権（動産先取特権、有体動産質権、無体動産質権、担保名義で留保された所有権、民法典第2329条）及び不動産担保権（先取特権、不動産質権、抵当権、担保名義で留保された所有権、民法典第2373条）のように、債務者又は第三者に属する1つ又は複数の特定の動産又は不動産に及び、債権者に対して、その財産上に、（優先権及び追及権を含んだ）ある物権を与えることにある」ものといった定義を掲げる。

(16) Michel Cabrillac, Christian Mouly, Séverine Cabrillac et Philippe Pétel, *Droit des sûretés*, 10ᵉ éd., Lexis Nexis, 11 / 2015, n° 582.

ことで、債権者を満足させる」といった定義を掲げた[17]。フランス法上、人的担保を含めた担保権一般の帰納的定義に到達した最初の試みとして評価されよう。

(4) ボルガ Borga の機能的定義

もっとも、以上の学説的到達点にもかかわらず、クロック教授の定義もまた、担保法の機能的アプローチにおいて必要とされる担保の機能的定義としてはなお不十分である。なぜなら、こうした定義（帰納的定義）により、現存する典型担保権の共通的性質を語ることは可能であっても、それを超えた変則的な担保権を取り込むことまでできず、そのため、担保の機能面から規律を加えるための定義（機能的定義）としてはなお不完全といえるからである。例えば、担保権に通常内在する共通の性質である、いわゆる通有性（付従性・随伴性・不可分性・物上代位性）は、担保権としての性質決定後に付与される特性の問題であって、そもそもいかなる場合に担保権としての性質決定をすべきかという問題に関する機能的定義としては必ずしも作用しない。また、フランスの2006年改正担保法は、「第4編　担保権 Des sûretés」の表題の下に、支援状（民法典2322条）や留置権（同2286条）、所有権留保（同2367条～2372条）に関する新たな「担保権 sûretés」の規定を設けたところ、クロック教授の定義は、こうした明文上の「担保権 sûretés」を十分に取り込むことができないように思われる。

この点において、「公序と約定担保権」の関係について考究したボルガ教授が同名の論文において言及する担保権の機能的定義が注目される。すなわち、同教授によれば、担保権とは、「ある債務の履行を直接又は間接に得るために債権者によって実行される、又は債務者によるその債務の不履行に備えることを債権者に可能にするすべての特殊な方法」をいうとして、かなり広汎な定義を掲げる。また、同定義の延長上において、物的担保権につき、「債務者の資産若しくは資産の一定の構成部分を対象とし、債権者によって実行され、かつ、債権者に対して、ある債務の履行を直接若しくは間接に得るための能動的権利、又は不履行に備えることを債権者に可能にする異議申立権を付与するすべての特殊な方法」との定義を掲げる[18]。

---

[17] P. Crocq, *op. cit.*, n° 282.

ボルガ教授が配慮するのは、法解釈論上は、公序に属する担保の共通規定の適用範囲を画するという実践的問題である。例えば、期限の利益喪失事由における「担保権」概念（民法典1188条）や、債権者の担保保存義務における「担保権」概念（同2314条）がどの範囲まで及ぶかといった問題がこれに属する。これらの点は特に、日本法上も同様の規定（民法137条、504条）が存するだけに、得られる示唆も大きいように思われる。

2　機能的定義の特徴と流用統制

　もっとも、以上のことは、ボルガ教授の機能的定義が唯一絶対的に正しいということを強調するものではない。仮に、同教授が念頭に置く「担保権」の共通規定が日本法と必ずしも重複するとは限らない点を度外視できたとしても、なお私見との間には、次に述べるように、無視できない差が存在するからである。すなわち、機能的定義の尊重が必ずしも同一の見解に到達するとは限らないのである。

　その無視できない差とは、私見によれば、担保の機能的定義は、「担保権」あるいは「物権担保権」・「人的担保権」といった基本概念のみならず、およそ約定による設定が可能な担保権類型のそれぞれにおいて必要とされるはずであるとの点である。

　したがって、例えば、抵当権、質権及び譲渡担保権などといった担保権類型それぞれにつき、機能的アプローチによる定義付けが要求されよう。そうすることにより、適用ないしは類推適用すべき法準則を特定することができるからである。当事者の合意から生ずる権利関係が、個別の担保権類型に備わる担保権の一般的効力（優先弁済的効力・留置権効力など）を現実的に発揮できるものであるか否かの実質的な判断基準として用いられるべきものこそが、担保権の機能的定義であるとの考えである。換言すれば、担保的流用の統制を通じて、より積極的に当事者間の担保関係を規律し、禁止規範としての担保法をいっそう重視する方向性をもった考えである。

　それゆえ、先に例示した「担保権」の共通規定における適用だけが、機能

---

(18)　Nicolas Borga, *L'ordre public et les sûretés conventionnelles – Contribution à l'étude de la diversité des sûretés*, Nouvelle bibliothèque de thèse 82, Dalloz, 04/2009, n° 405 et 407.

的定義の活用場面ではないとの結論に至り、ボルガ教授の見解とはこの点において袂を分かつこととなろう。

3　流用統制における譲渡担保（非典型担保物権）の位置づけ

では、このような流用統制において、非典型担保物権はいかに位置づけられるのであろうか。とりわけ、その中でも譲渡担保については、元来、それ自体が他の制度の担保的流用であるとみられがちであった点において、その位置づけをあらためて確認しておく必要がある。

例えば、不動産譲渡担保は、売買の法的仕組みを流用して、抵当権の規律を潜脱しようとしたものにすぎないと考えるのであれば、本稿の機能的アプローチからは、あくまで抵当権として処遇するとの結論に達することとなろう。同様に、債権譲渡担保を債権質として、動産譲渡担保を実定法上例外的な動産抵当として、それぞれ処遇するとの結論がとられるとするならば、結局、実定法上の根拠を有する典型担保物権だけが物的担保のすべてであり、いわゆる所有権移転型の非典型担保は、典型担保物権のいずれかに属するものとして処遇すればよいとの極端な見解に至る。

しかし、譲渡担保法の体系が判例・実務上明確に承認されている現在、そのような見解が極めて非現実的であることは明らかである。ただ、ここで述べておきたいことは、典型担保物権のみに機能的定義を適用していった場合の結末は、このような非現実的見解への到達であって、この結末を回避するためには、非典型担保にもまた、類型ごとの機能的定義を観念してそれを適用していく必要があるということである。

したがって、この観点からは、制限物権型の典型担保物権に還元できない非典型的な所有権移転型の担保を積極的に承認していくべきこととなる。元来、民法には、所有権移転型担保に属する買戻しに関する規定（民法579条以下）が存在しており、再売買予約と相まって売渡担保の仕組みを承認していたことが想起されるべきであろう。実際のところ、制限物権型の典型担保物権を中核とする大陸法系の担保法をもった国々でも、譲渡担保や所有権留保に相当する所有権移転型担保の出現を抑え込むことはできなかったのである[19]。おそらく、一般には所有権者がイニシアチブを握る用益物権の領域とは[20]

異なり、担保物権の領域では、融資を行う債権者の側にイニシアチブがあり、そのため、一般には、債権者の側に有利な担保として、所有権を根こそぎ移転させる所有権移転型担保が選択され易い契約構造となっているがためであろう。今日に至る譲渡担保法の生成は、典型担保物権からの歴史的発展としてみるというよりは、むしろ担保法の欠如に由来する歴史的必然としてみるべきではないだろうか。

それゆえ、他の制度を流用して譲渡担保法の規制を潜脱することは、譲渡担保それ自体の機能的定義に照らして禁じられることとなる。そのことの例証、すなわち、いまや譲渡担保が、典型担保物権に勝るとも劣らない担保法の受け皿となっていることの例証として、売渡担保（買戻し・再売買予約）の契約を譲渡担保契約へと組み換える近時の最高裁判決(21)を挙げることができよう。

また、1978（昭和53）年には、いわゆる仮登記担保法が制定され、代物弁済等の担保的利用に対する規律が施されることとなった点も特筆される。同法は、当事者間における担保の目的の存在(22)を規律の前提条件としており（同法1条）、実質的観点からの法適用を企図していることから、いわば機能的アプローチの先駆けであるとも評することができるものである。

以上に対し、非典型担保の流用統制でもっとも問題となるのは、類似する担保権類型間でいずれの流用かを判別することの困難さである。例えば、債権質と債権譲渡担保、あるいは動産譲渡担保と特殊動産（船舶・航空機・自動車など）に関する動産抵当との間で、いずれの流用として統制するかをいかなる基準で判別したらよいのであろうか。この点は、各論的に詰めて検討すべき課題である。

---

(19) たとえば、フランスでは、2006年の担保法全面改正に際し、「担保名義で留保された所有権」に関する規定（2367条以下）を創設したほか、2009年改正法により、「担保名義で譲渡された所有権」に関する規定を創設するに至った（2372-1条以下）。
(20) そのため、用益物権の付与を回避して、債権的な賃借権が選択され易い。そこで、不動産の賃借権については、立場の弱い賃借人の政策的保護（借地借家法）がはかられることとなる。
(21) 最三小判平成18年2月7日民集60巻2号480頁。拙著「譲渡担保契約の性質決定」月刊民事法情報282号86頁（2010年3月）参照。もっとも、売渡担保を譲渡担保に完全に統合してしまうことが妥当かは、それ自体1つの問題である。
(22) 法務省民事局参事官室編『仮登記担保法と実務』5頁以下（金融財政事情研究会、1979年3月）。

4 その他の流用統制

以上に対し、他の担保法領域において、流用統制はいかなる形をとるものであろうか。

この点まず、抵当権・質権といった典型担保物権については、先にみた所有権移転型担保が独自の担保類型として承認されているとみる限り、これらの流用形態自体をそもそも観念しにくいように思われる。

これに対し、人的担保としての保証に関しては、例えば、付従性を排除する目的で他の制度（連帯債務、併存的債務引受など）を潜脱的に流用することにつき、機能的観点から保証契約として再構成すること（契約の組換え）は十分にあり得るところであろう。したがって、機能的定義は、契約自由の原則が支配するはずの人的担保の領域においても等しく妥当するものというべきである。

Ⅲ　担保的濫用に対する統制

つぎに、担保当事者の地位を濫用することもまた、機能的アプローチの観点に照らして許容されるべきではない。一般の権利濫用（民法１条３項）と同様に、担保権者による担保権の濫用（ないしは担保権者の地位の濫用）が抑止されるべきはもちろんであるが、ここでは、担保権設定者側の地位の濫用についても併せて考察したい。これらの考察を通じて、担保の包括的（類型横断的）統制に関する、規範的意義をもった真の担保法総論が構築できるように思われるからである。

1 担保権設定者の地位の濫用

ここにいう担保権設定者の地位とは、具体的には、責任財産の保有者としての地位を指す。すなわち、担保権設定者は、その者が債務者であるか否かを問わず、自己が保有する責任財産の限りで責任を負えば足りるという立場にあるため、その責任財産が他者に移転され、あるいは滅失したような場合には、当該財産についてはもはや責任を負わなくてよい結果となる。

したがって、このような立場にある担保権設定者がその地位を濫用して、

いたずらに責任財産を減少させるような所為に出ることのないよう、統制を行う必要がある。

　この点、一般的な統制手段としては、民法中、既に詐害行為取消権（民法424条）が債権者一般に付与されているものの、担保権設定者が当該担保目的財産を減少させる所為に出た場合における担保権者の保護手段としては現実に機能していない。[23]

　そこで、当面において検討に付されるべきは、担保権設定者側の義務として観念されている"担保価値維持義務"である。[24] 実定法上、この義務を正面から規定するものはみられないが、期限の利益喪失事由として掲げられるもの（民法137条2号・3号）の背後にかかる義務が存在するものと考えられる。

　最高裁も、近時、そのような義務の存在に言及したほか、[25] フランスの担保法が近時明文化したように、[26] 集合動産譲渡担保の設定者には、かかる義務が課されて然るべきである。

　問題は、かかる担保価値維持義務の発生根拠であり、担保契約や同契約上の信義則から生ずるとの考えもあり得るものの、本稿の機能的アプローチからは、担保権設定者の地位の濫用を統制する手段として、いわば当事者間の担保関係から当然に生ずるものと理解すべきこととなろう。[27]

　したがって、原則的には、先取特権のような法定担保物権においても、担保価値維持義務は観念し得るというべきであるが、動産売買先取特権（民法

---

(23)　もっとも、片山直也「新たな合意社会における債権者代位権・詐害行為取消権」『詐害行為の基礎理論』626頁（慶應義塾大学出版会、2011年5月）〔初出、池田真朗ほか編著『民法（債権法）改正の論理』172頁（新青出版、2010年10月）〕は、著者の担保価値維持義務論を更に発展させて、「同義務の懈怠および違反に対するサンクションとして、債権者代位権・詐害行為取消権の行使を認めるという制度設計」を提唱する。この見解によれば、詐害行為取消権の制度を担保権者の保護手段としても活用できることとなる。

(24)　広い意味では、民法504条が象徴するように（あるいは留置権者や質権者につき明文化されているように）、担保権者側にも担保価値維持義務（ないしは担保保存義務）が課され得る。しかし、この点は、地位の濫用以外の統制原理が妥当するものと思われるゆえに、本稿では検討の対象としない。

(25)　最一小判平成18年12月21日民集60巻10号3964頁。

(26)　2006年改正法が導入した非占有動産質につき、フランス民法典2342条参照。

(27)　近江幸治『民法講義III担保物権〔第2版補訂〕』7頁（成文堂、2007年）。また、拙著「担保価値維持義務について―最高裁判所平成18年12月21日判決に示唆を受けて」民事法情報250号20頁（2007年7月）も参照。

321条）のように、担保目的物の転売が通常想定され、その転売に際して代金債権に対する物上代位権の成立が確保されている場合には、同義務違反として評価すべきでないといえよう。

2　担保権者の地位の濫用

以上に対し、担保権者側の地位の濫用は、いわゆる過剰担保を統制する重要な役割を担うものとして、レベルの異なる2つの意味において捉えられるべきであろう。

(1)　清算義務

すなわち、まず、第1に、譲渡担保における担保権者の清算義務のように、既に取得された担保権の実行段階において担保権者に過剰な利得を与えない趣旨で統制が加えられる場合である。具体的には、被担保債権額を超える金額の利得が否定されることとなるため、その過剰性の判断は形式的かつ明確である。

これは、一般には、財産権移転型担保に特有の統制手法といえるが、典型担保物権の枠内でも、私的実行型の流担保特約を認める場合には、同様の統制が必要となろう。担保権の濫用において一般条項の適用（1条3項）がおよそ問題とならないのは、強行法規的に清算義務が課されることで、濫用状況が回避されているがためであるとの説明が可能である。

同様に、債務者に付与された留置権消滅請求権（民法301条）や、根抵当権設定者等に付与された極度額減額請求権・消滅請求権（同398条の21・398条の22）も、過剰担保の状態を解消させる手段として認められている。

(2)　担保取得の否定

また、第2に、最高裁が債権譲渡担保に関して認めるように[28]、約定担保の設定契約の場面において、公序良俗（民法90条）の適用により、そもそも過

---

[28]　最三小判平成11年1月29日民集53巻1号151頁。「契約締結時における譲渡人の資産状況、右当時における譲渡人の営業等の推移に関する見込み、契約内容、契約が締結された経緯等を総合的に考慮し、将来の一定期間内に発生すべき債権を目的とする債権譲渡契約について、右期間の長さ等の契約内容が譲渡人の営業活動等に対して社会通念に照らし相当とされる範囲を著しく逸脱する制限を加え、又は他の債権者に不当な不利益を与えるものであると見られるなどの特段の事情の認められる場合には、右契約は公序良俗に反するなどとして、その効力の全部又は一部が否定されることがある」と判示する。

剰担保の取得自体を否定する趣旨で統制が加えられる場合がある。もっとも、この場合は、清算義務における形式的かつ明確な過剰性の判断とは異なり、実質的かつ不明確な過剰性の判断とならざるを得ない。とりわけ、担保権の設定段階における過剰性の判断においては、実行時までの担保価値の減少によって事後的に過剰状態が解消されることもあり得ることを考慮に入れる必要があるため、より慎重な判断が要求されることとなろう。[29]

ただ、その反面、過剰な抵当権設定のように、典型担保の設定契約においても妥当する余地があるほか、清算義務が課される譲渡担保においては、担保価値が被担保債権額を下回る場合においてはじめて統制の意義が認められるため、ここでの過剰性の判断が必ずしも被担保債権額を基準とするものではないことを示す結果となる。これらの点において、第1の場面とは異なる独自の適用領域をもつものといえよう。

具体的には、かかる統制手法は、倒産手続など、複数債権者間の利害対立が先鋭化する場面において用いられるものと思われる。そして、そのような場面では、担保設定契約を絶対的に無効とするまでもなく、他の債権者との関係で過剰性を判断し、その上で担保設定契約を相対的に無効とすれば足りるといえよう。その結果、この統制手法は、実定法における担保の優先関係を倒産処理の実情に即して実質的に調整する機能を果たすこととなる。

Ⅳ　担保の統制の限界

以上に述べた担保の統制に共通する問題として、最後に、その妥当範囲の限界について考察したい。すなわち、担保的流用について言えば、実務上生成される新たな担保手段を、独自の規律対象となる新たな担保類型として承認し得るか、もし承認した場合には、その規律を回避する目的でなされた他の制度の流用をも統制し得るかが問題となるし、担保的濫用について言えば、その統制は、こうした実務上の新たな担保手段をも柔軟に取り込むことができるものであるのかが問題となる。

---

(29)　したがって、統制すべき場合においても、あくまで過剰部分のみの一部無効による処理を原則とし、全部無効による処理は、極めて悪質な例外的場合に限定すべきであろう。

1 物的担保の第3領域へのアプローチ

債権回収秩序の厳格性は、一見すると、新たな担保類型の承認を拒絶するかのようにみえるが、経済的合理性・効率性の要求と、一定の状況における担保実務慣行の確立、更には他国における当該担保の法制化の影響などから、立法化前の段階から新たな担保類型の承認が促される場合がある。

これもまた、担保法秩序の特色の1つであり、実務動向に柔軟に対応できる開かれた法体系を志向するものといえる。したがって、担保法は、この点においては、禁止規範というよりは、物権法定主義（ないしは人的担保法定主義？）から解放された許容規範としての性格を帯びることとなる。

実際、物的担保についていえば、典型的な制限物権型担保と非典型的な財産権移転型担保のほかに、法人・信託の担保的機能を活用した証券化・資産流動化法制が存在する。これは、財産権分離型担保とでも呼ぶべき物的担保の第3領域[30]を形成するものとみられ、その担保法的規律が課題とならざるを得なくなってきている。それゆえ、物的担保の第2領域に属する譲渡担保のように、この第3領域においては、例えば、資産流動化法上のSPVを独自の規律対象となる受け皿的な担保類型として承認するなどの対処が求められることとなろう。

また、人的担保についていえば、典型的な保証と、近時拡大してきている、付従性のない非典型的な人的担保のほかに、責任保険制度[31]の位置づけが問題となり得る。すなわち、人的担保の第3領域を形成するものであるのか否かが問題となろう[32]。

2 第3領域における担保的流用・濫用への対応

以上の検討を通じて、当該第3領域が担保的統制の独自の担保類型として承認された場合には、前述した担保的流用及び担保的濫用の各統制が当該担

---

(30) もっとも、これは、第三者の下に責任財産を移転する仕組みであって、物的担保としての要素と人的担保としての要素とが混在していて、そもそも物的担保と称してよいかすら判然としない。物的担保と人的担保の区別の限界を示す例の1つといえよう。
(31) フランス2006年改正担保法が明文化した独立担保（民法典2321条）がこれに当たる。
(32) 前述した物的担保における第2領域と第3領域との違いほど明確ではないため、この問題の検討はひとまず別稿に委ねる。

保類型について妥当することとなる。

すなわち、担保的流用としては、例えば、資産流動化法の規制を回避するために、より規制の緩和された別の事業体を流用するようなことがあったとすれば、機能的アプローチ（ないしは同アプローチに基づく機能的定義）に基づき、当事者の意思如何にかかわらず、これを資産流動化法上のSPVと同視して扱うことが求められよう。

また、倒産法における担保の別除権・更生担保権的取扱いのような「担保」共通規定についても、性質上可能な限り、第3領域の担保類型も当該「担保」概念に包摂されるものとして適用されるべきであろう。[33]

これに対し、担保的濫用としては、担保価値維持義務や公序良俗に基づく担保取得の否定といった統制手法を第3領域の担保類型に関しても採用することへと導くであろう。

V 結 語

債権回収秩序を基盤とする担保法は、禁止規範として、当事者の意思に優越する厳格な流用・濫用統制が妥当する反面、許容規範として、新たな担保類型を承認する柔軟性をも兼ね備えた特殊な法体系であり、一般の物権法とも債権法とも異なる自律的な地位こそが与えられるべきではなかろうか。

すなわち、物的担保か人的担保かを問わず、機能的アプローチを機能させる前提条件として、個々の担保類型ごとの定型性が重視される。物権法定主義とは区別された"担保定型主義"なるものが妥当し、これが人的担保にも適用され、当該定型を逸脱した担保の実践に対しては、厳格な流用・濫用統制を加えるとともに、新たな定型の承認を迫る担保の実践に対しては、担保法秩序全体と整合させつつ、その承認を決すべきものと解すべきでないかと考える。

必ずしも示し得なかった日本法における担保権（や各担保権類型）の機能的

---

(33) この場合の「担保」概念は、各規定の趣旨に応じて相対的に内容を異にする余地がある。したがって、前述したボルガ教授の一般的な「担保権」概念とは必ずしも一致することにならないように思われる。

定義を明らかにする作業など、本稿は、現代担保法の理論的構築に向けた各論的作業へのささやかな橋渡しにとどまる。機能的アプローチそのものの当否を含め、議論の触発を期待したい。

留保所有権の譲渡と譲受人の法的地位・続編
—— ドイツ連邦通常裁判所（BGH）2008年3月27日判決に現れた問題点を中心として ——

石　口　　　修

```
I   本稿の意義と目的
II  ドイツにおける留保所有権の譲受人の地位
III 日本法との若干の比較検討
```

I　本稿の意義と目的

1　序　論——近時の判例に現れた問題点

　本稿は、売主・買主間の所有権留保売買に金融機関が参加する三者間契約による所有権留保に関する諸問題について考察するものである。近年、自動車の所有権留保売買にはローン提携販売が利用され、立替払約款や集金保証（支払保証）約款を用いて、留保売主と買主の間に金融機関（特にメーカー系信販会社）が入り、留保売主に立替払や連帯保証債務の弁済をすると同時に、この金融機関が売主から留保所有権の譲渡を受けるという三者間契約による所有権留保が多く見られる。本稿は、この類型の所有権留保に焦点を当てて、留保売主と留保買主の法的地位、ならびに、留保所有権の譲受人（以下、「譲受け留保所有者」と称する。）の地位に関して考察を加えるものである。

　筆者は、既に別稿において、三者間契約による所有権留保に関する事案において、わが国の最高裁が打ち出した問題点とその解決策に関して考察を試みた。即ち、最（二小）判平成22年6月4日（民集64巻4号1107頁）は、A

---

(1) 拙稿「留保所有権の譲渡と譲受人の法的地位——最（二小）判平成22年6月4日の再検討・日独比較法の観点から——」千葉大学法学論集第28巻第1・2号（2013年）39頁以下所収。

自販会社とYとの間において自動車の所有権留保売買をすると同時に、X信販会社が売買代金を立替払し、Xが売主Aから留保所有権を譲り受けるという三者間契約による所有権留保を締結した後、Yが支払停止に陥り、立替払債権者Xに対して期限の利益を喪失したところ、Yが小規模個人再生による再生手続開始を申し立て、その決定を受けたことから、Xが本件自動車の留保所有権に基づき、別除権の行使として自動車の引渡しを請求したという事案である。

このような事案において、平成22年最判は、民事再生手続開始前に生じた登記・登録原因に基づき、再生手続開始後にされた登記・登録等の効力を認めない旨を規定する民事再生法第45条を適用し、再生手続開始時においてXが本件自動車の所有者として登録を受けていない以上、留保所有権に基づく別除権を行使することは許されないと判示した（第1審も同趣旨）。即ち、本判決が示した規範は、登録自動車の留保所有権者が民事再生法上の別除権を行使するためには、その目的物たる自動車について、再生手続開始前に自己所有名義の登録を受けていなければならないということである。

このように、平成22年最判においては、直接的には、民事再生手続における留保所有者の取扱いが問題となり、登記・登録制度の完備した目的物に関する所有権留保については、その登記・登録が再生債務者に対する対抗要件となるので、民事再生手続開始前に再生財産に関して所有権を取得した者は、登記・登録を経由しなければ、民事再生手続における再生債務者に対して対抗することができず、ひいては、別除権を行使することもできないとした。即ち、平成22年最判の示した判例法理は、留保所有権の対抗に関するものとも位置づけられる(2)。しかし、留保所有権の対抗といっても、破産法第49条、民事再生法第45条の趣旨が、倒産手続開始により個別の権利行使が禁止される一般債権者と倒産手続によらずに別除権を行使することができる

（2） 類似の問題について、最判平成29年12月7日民集71巻10号1925頁は、「支払保証方式による三者間契約類型の所有権留保における信販会社は保証債務の弁済により留保売主に法定代位するから、販売会社に所有者登録があれば、信販会社に登録がなくとも、買主の破産手続において信販会社は別除権を有する」と判示し、法解釈ないし法政策上、集金保証（支払保証）という約款上の工夫により、対抗要件ないし権利主張要件を回避することができることとなった。この問題については、既に拙稿「所有権留保売買における信販会社の法的地位」愛知大学法学部法経論集213号（2017年）69頁以下において、原々審・原審の検討とともに詳細に論じた。

債権者との衡平を図ることにあるとし、あるいは、「破産法第49条は……破産財団の保全を図りながら、破産手続開始について善意の者を例外的に保護して、取引の安全を図るための規定」であるとすると、一般的な権利変動に関する「対抗」(第176条、第178条、第467条)とは意味が違うのではないかとも考えられる。

2 所有権留保の本質論

(1) 商品信用と金融信用との分離解釈

しかしながら、判例法理に関する問題点は、これに止まるものではない。三者間契約における所有権留保の意義・性質、即ち、平成22年最判や平成29年最判の事案のように、三者間契約による信販会社など金融機関の所有権留保と、売主・買主という二当事者間における原初的な所有権留保との異同という本質論が問題とされるべきである。それは、二当事者間における単純類型の所有権留保は、留保売主が商品を媒介として買主に信用を与えるという「商品信用取引（Warenkredit）」であるのに対し、三者間契約による所有権留保は、信販会社が「金融を与える」という意味における与信、即ち、「金融信用取引（Geldkredit）」として位置づけられるべきだからである（わが国の論者は、異口同音に、この後者の観点からのみ考察するが、この姿勢は妥当ではない）。

即ち、前者（商品信用取引）は、留保売主が買主に代金分割払いで商品の占有・使用を完全に許すという類型の契約であるところ、この契約類型は留保売主にとって極めて危険な取引であることから、留保売主の所有権は停止条件付の所有権留保特約の内容（特に留保買主の期待権との関係）に拘束されるものであり（BGB第158条1項、日民第128条〔条件付法律行為における条件の成否未定

---

(3) 最判平成22年6月4日民集64巻4号1107頁、札幌地判平成28年5月30日金法2053号86頁（最判平成29年12月7日の原々審）、東京高判平成29年3月9日金法2091号71頁など。
(4) 札幌高判平成28年11月22日金法2056号82頁（最判平成29年12月7日の原審）。
(5) 破産法第49条が、別除権の成否に関して、①破産債権者の保護、②一般債権者との衡平を図るという目的を有するのであれば、第三者対抗というよりは、むしろ、権利主張ないし保護要件であり、延いては倒産手続上の公序規定（強行規定）とも位置づけられる。したがって、この観点からは、別除権を主張しようとする者は、倒産手続開始前に権利変動の登記・登録を求められて然るべきものとなる。

の間における権利侵害行為の禁止〕)、間接自主占有権 (mittelbarer Eigenbesitz) を伴う所有権 (いわば完全所有権〔Volleigentum〕) と解される。

　しかし、後者 (金融信用取引) は、売主は既に信販会社から代金を回収して売買契約から離脱し (だが、アフターサービスなどの複合契約部分は残存する。)、あとは、売主から留保所有権の譲渡を受けた信販会社と留保買主との関係が残り、この両者の関係は、買主が信販会社から融資を受けて留保売主に代金を弁済し、その融資の担保として、留保買主が、信販会社のため、留保商品に譲渡担保権 (Sicherungsübereignung) を設定した場合と類似の担保権と解することができる。それゆえ、この場合、即ち、三者間取引による譲受け留保所有者の留保所有権は、譲渡担保権者 (担保物受領者〔Sicherungsnehmer〕) の所有権と同様、担保所有権 (Sicherungseigentum) ということになる。

(2)　買主の倒産手続における通説的見解

　然るに、わが国における現在の通説的見解は、二当事者間の所有権留保を含め、所有権留保契約を一般に担保権設定契約と解し、少なくとも、留保買主の倒産事案においては、留保所有者に別除権を認めるに過ぎない。

　この解釈によると、留保所有権を担保権とし、別除権と解するのであれば、その換価手続を倒産管財人の管理下に置くことができるので、少なくとも、留保売主の「清算」を確保しうるとして、別除権と位置づける必要性が強調されている。また、この解釈は、「実質が担保であることを認めながら、二者間の所有権留保の場合にのみ、別除権の行使に手続開始時までの対抗要件具備を求める手続に例外を認めるのは、倒産法秩序を乱すことにもなる」として、所有権留保一般に対抗要件具備の必要性を強調している。

　しかし、所有権留保の場合に「清算」を強調することには、あまり意味がない。即ち、割賦弁済中、留保買主は留保商品を使用していたという事実が

---

(6)　田髙寛貴「譲渡担保と所有権留保」法教424号 (2016年) 81頁 (82頁、83頁以下) は、譲渡担保権はもちろん、留保所有権も、「所有権が担保権へと変容＝変動したことを意味している」ものと解し、物権変動ありとして、「物権変動としての対抗要件具備は観念でき、また必要なものと解される」として、対抗関係説を主張する。この点は、同「自動車販売における留保所有権に基づく信販会社の別除権行使」金法2085号 (2018年) 24頁 (33頁) においても、同様に論じている。

(7)　田髙・前註「論文」金法2085号32頁。

あり、例えば、価格180万円の自動車を月々5万円の36回払いという割賦弁済で支払う旨を約定し、1年間は支払ったとする。この場合における割賦弁済額は60万円である。しかし、買主は1年間使用していたのである。そうすると、1年間で中古品と化した自動車が30パーセント引きの査定を受けたとすると、留保売主が自動車を処分できた価額は最高でも126万円である。買主の使用料相当額を換算せずに弁済額のみで計算しても、差額は6万円となる。しかし、引揚げ・処分に要した費用が6万円を超えれば、清算金はなくなる。このような単純計算でも、清算金はなくなる可能性が高い。したがって、所有権留保売買における割賦弁済金と処分価額との単純比較においても、「清算」を強調することにあまり意味はないことがわかる。自動車に関して清算にあまり意味がないという点は、論者も理解しているようである。それゆえ、論者が強調したかったのは、留保所有権を倒産手続において

(8) 国税庁の公表に係る耐用年数表（https://www.keisan.nta.go.jp/survey/publish/34255/faq/34311/faq_34353.php）によると、自動車は4年から5年程度であるため、減価率が大きく、業界では年に30パーセントとされているようである。これに対して、大型の機械・設備は耐用年数が10年以上（但し、自走式の建設機械〔ブルドーザー、パワーショベル〕は8年）と長期にわたるため、減価率は比較的小さい。

(9) ドイツにおいては、ライヒ裁判所時代の判例は、支払遅滞による解除の事案において、留保買主は既に支払った一部代金の返還を請求することはできないと解し（RG, Urt. vom 11. 7. 1882, RGZ 7, S. 147）、また、受領した一部代金額を返還しなくとも、売買目的物の返還を請求することができ、売主は不当利得にはならないと解していた（RG, Urt. vom 4. 2. 1908, RGZ 67, S. 383）。また、この判例法理は、戦後のBGHにも承継された（BGH, Urt. vom 4. 7. 1979, NJW 1979, S. 2195）。この1979年BGH判決は、代金債権の時効消滅と留保売主の目的物返還請求の事案において、買主が既に支払った代金の返還請求を認めないという点の理由付けとして、代金債権の時効消滅までの目的物の使用料としての差引計算を掲げている。従来、この既払い代金の返還請求を殆ど何の理由付けもなしに当然のこととして排斥し、損害賠償の中に算入してきた姿勢に比べれば、一歩前進として評価される。

　このような意味において、本来は、買主に使用料をも観念し、解除に伴う清算金を計算することとなる。そうすると、通常は、留保売主に損失が出るので、買主への清算金返還は実現しない例が多くなる。但し、建設、印刷、鉄鋼・金属加工機械など大型の機械・設備類のように、中古品と化しても需要が大きく、耐用年数が長く、減価率が比較的小さい場合には、清算に意味があるケースもある。

(10) 田髙・前掲（註6）「論文」法教424号84頁は、「目的物の価額と被担保債権額とはほぼ等価といえるし、また、動産は使用により減価するため、買主が分割払をすすめ残代金が減少していったとしても、両価額の差異はそれほど大きくならない。したがって、……譲渡担保とは異なり、……所有権留保においては、清算義務の問題がそれほど顕在化することはない。」と述べている。

　この点は、夙に、高木多喜男『担保物権法』（有斐閣、第4版、380頁）が指摘していた点と同旨である。高木博士は、譲渡担保よりも清算義務の範囲は狭いものの、①残代金完済時に目的

別除権とすることにより、留保所有者を倒産管財人の管理下に置くという点に尽きる。

また同様に、執行法研究者の側からも、留保所有者に取戻権ではなく別除権を認めることの必要性が強調される。即ち、「別除権の目的物については、破産管財人の換価への介入権限や担保権消滅が認められるから（破産第78条2項14号〔受戻し〕、第154条〔目的物の提示・評価〕、第184条2項〔換価手続〕、第185条1項〔別除期間の指定〕、2項〔処分権不行使による権利喪失〕、第186条以下〔担保権消滅請求。以上、括弧内は筆者註〕）、取戻権とされる場合とで違いが存在しないとはいえない」が、「別除権とされても、その実行方法として目的物の引渡し及び留保売主による換価が認められれば（破産第185条1項参照）、取戻権とされる場合とその点については差異を生じない」とされる。また、抑も、「最近の学説は、すでに買主が条件付所有権という物的支配権を目的物について取得している以上、留保所有権は本来の意味での所有権ではありえず、代金債権を担保する目的の担保権の一種であるとする点でほぼ一致している。これを前提とすれば、留保所有権は別除権とみなされる」として、従来の下級審裁判例を引用し、更に、「判例法理としても、留保所有権を担保権の一種とする考え方が確立されている」として、平成22年6月4日最判を引用指示する。

　　物の価額はゼロではないこと、②支払済み代金額が買主の使用利益と均衡しているわけではないことから、売主の清算義務と買主の物権的支配を否定するのは正当ではないと言う。
(11) 田高・前掲（註6）「論文」法教424号82頁は、譲渡担保権者に対する倒産管財人のコントロール、即ち、別除権の行使（破産第65条1項）に対し、倒産管財人による、目的物の提示・評価（同第154条）、受戻し（同第78条2項14号）、換価手続（同第184条2項）、担保権消滅請求（同第186条）など、権利行使の必要性を説き、譲渡担保権者を別除権者として扱う意義を強調する。この点には筆者も異論はない。また、田高教授は、同「論文」85頁及び前掲「論文」金法2085号33頁において、所有権留保と倒産手続に関して、判例が取戻権ではなく別除権と解しているのは、所有権留保により、「売買前には売主が有していた所有権が担保権へと変容＝変動したことを意味している。」と解しているので、譲渡担保権と留保所有権を「担保権」という意味において同列に位置づけている。
(12) 伊藤眞『破産法・民事再生法』（有斐閣、第3版、446-447頁）。
(13) 伊藤眞『破産・民事再生』446頁。引用裁判例は、札幌高決昭和61年3月26日判タ601号74頁、諏訪簡判昭和50年9月22日判時822号93頁、大阪地判昭和54年10月30日判時957号103頁である。
(14) 伊藤眞『破産・民事再生』446頁。

(3) 近時の「通説」への批判的考察

　確かに、譲渡担保権の設定は、当事者の意思表示により、「債権を担保するため、設定者は債権者に対し目的物の所有権を移転する」と約定しているので、明確に「担保所有権（Sicherungseigentum）の移転」と理解することができる。しかし、所有権留保によって売主に留保された所有権は、譲渡担保とは異なり、担保所有権へと転化せずに売主に留保されている。そのため、「物権変動」は生じていない。この意味において、二当事者間取引による所有権留保において売主に留保された所有権は単なる担保権ではないことに帰着する。この理解により、売主の所有権留保下にある商品を買主が第三債権者に対して譲渡担保に供した場合には、設定者は、自己の所有に属しない物を譲渡担保に供したのであるから、譲渡担保権者は「所有権」を取得しえないので、原則として、留保売主が勝訴することとなる。

　ここで「原則として」というのは、例外的に即時取得（第192条）の適用がありうるからである。譲渡担保権の設定にあたっては、動産譲渡の対抗要件として（第178条）、占有改定による引渡し（第183条）が利用されるので、

---

(15) 譲渡担保権の設定による目的物所有権の担保所有権への転化原理である。この点に関しては、拙著『所有権留保の研究』（成文堂、近刊）の「序章」を参照。

(16) 二当事者間所有権留保約款においても、当事者により、「代金債権を担保するため」などと、債権担保権であることが明確に約定されていれば、譲渡担保とは異なると解する必要はないであろう。しかし、通常、二当事者間の所有権留保約款は、「所有権留保　売主は、本件ブルドーザーの引渡し後も、本件契約一の売買代金を完済するまでの間、本件ブルドーザーの所有権を留保する（第3条）、……使用貸借　売主は、買主から頭金の支払等を受けるのと引換えに本件ブルドーザーを買主に貸し渡し、買主は、本件ブルドーザーの所有権を取得するまで、無償でこれを使用することができる（第5条）」という文言なので（東京地判平成27年3月4日判時2268号61頁の事案から転用）、約定からは、「代金債権担保目的」という文言は読み取れない。

(17) 最判昭和58年3月18日判時1095号104頁、東京高判平成29年3月9日金法2091号71頁は、設定者は、代金を完済しない限り、留保商品の所有権を取得しえないのだから、有効に譲渡担保権を設定しえないと言う。

　しかし、田髙・前掲「論文」法教424号87頁は、所有権留保が譲渡担保に常に優先するのは、「被担保債権と目的物との間に強い牽連性が認められる」からであるとしている（前掲「論文」金法2085号30頁も同旨）。だが、両者をこのように扱うと、留保所有権と譲渡担保権とを同様の担保権と解しながら、両者の性質に差異を設けることとなり、また、上記平成29年東京高判の事案のように、留保所有権者が債務者（買主）に留保商品に関する処分権限を与えた場合には、同様に債務者に集合動産の処分権限を付与している譲渡担保権者の権利関係との間に差異はないのではないかと解され、「牽連性」という言葉の意味とともに、田高教授がいずれも「約定担保権」と解する両者の性質上の相違点を検証する必要に迫られることとなる。

このような従来の占有状態に何ら変更のない引渡方法でも即時取得の要件たる「占有」を充たすのかが問題となる。[18]

この問題について、従来の判例・通説は、占有改定による引渡しでは即時取得の要件たる占有の取得にならないという否定説を採っている。[19]しかし、恒常的に占有改定による引渡しを利用する譲渡担保の場合には、即時取得に関して例外的に所謂「折衷説」を適用し、[20]現実の引渡しを受けるまでの暫定

---

(18) 立法例として、ドイツ民法は、「第930条に従って譲渡された物が譲渡人の所有に属しない場合において、その物が譲渡人から取得者に引き渡されたときは、取得者は所有者になる。ただし、その当時、取得者が善意でないときは、この限りではない。」と規定する（BGB 第933条〔占有改定の場合における善意取得〕）。

本条は、占有改定による引渡しを用いて物が譲渡された場合には、取得者が無権利者たる譲渡人から「引渡し」を受けなければ、善意取得が成立しないという規定である。引用条文たる第930条は、占有改定（Besitzkonstitut）の規定であり、「所有者が物を占有しているときは、引渡しは、所有者と取得者との間において、取得者が間接占有を得るという権利関係が合意されることによって、これに代えることができる。」と規定する。この場合には、最初から「引渡し」は、占有改定で充たされているので、譲渡人が無権利者であれば、そのまま善意取得が成立しそうである。しかし、敢えて譲渡人から取得者への「引渡し」を求めていることから見て、第933条は、取得者への「現実の引渡し」を求めた規定と解される。したがって、占有改定による引渡しでは、善意取得は認められない。この点については、Baur= Stürner, Sachenrecht, 18. Aufl., 2009, §52 Rdn. 1ff., S. 662-663 を参照。

(19) 大判大正5年5月16日民録22輯961頁、最判昭和32年12月27日民集11巻14号2485頁、最判昭和35年2月11日民集14巻2号168頁は、いずれも、無権利者からの譲受人が民法第192条によりその所有権を取得しうるためには、一般外観上、従来の占有状態に変更を生ずるがごとき占有を取得することを要し、かかる状態に一般外観上変更を来たさない、いわゆる占有改定の方法による取得をもっては足りないと言う。学説も、中島玉吉『民法釈義巻之二物権篇上』（金刺芳流堂、1916年）184頁、三潴信三『全訂物権法提要』（有斐閣、1927年）296頁、末川博『物権法』（日本評論社、1956年）235頁、舟橋諄一『物権法』（有斐閣、1960年）245-247頁、好美清光「即時取得と占有改定〔判批〕」一橋論叢41巻2号（1959年）86頁（90頁以下）、近江幸治『民法講義Ⅱ物権法』（成文堂、第3版、2006年）158頁、などは、否定説を採り、判例とともに通説を形成する。

(20) 元々、末弘厳太郎『物権法上』（有斐閣、1921年）267頁（取引安全保護法理という観点から、取得者の占有が外部から認識しうるか否かは無関係と言い、判例を批判する。）、我妻榮「占有改定は民法第一九二条の要件を充たすか」（初出：『法律学事典』〔有斐閣、1930年〕）『民法研究Ⅲ物権』（有斐閣、1966年）148頁（156頁以下は、占有改定による引渡しでも何ら一般取引の安全を害することはないと言う。）、柚木馨『判例物権法総論』（有斐閣、1955年）348頁以下は肯定説を展開した。肯定説の論拠は、即時取得制度自体、ゲルマン法の「Hand Wahre Hand」、即ち、真の所有者が信頼して支配を委ねた占有者が、その信頼を裏切って、第三者に占有物の支配を移転した場合には、真の所有者はその第三者に対しては追及しえないという法理であるところ、近代法は、本権と占有とを分離するので、ゲルマン法思想から脱却して解釈しうるという発想から、即時取得を第三取得者の取引安全を保護する制度として理解し、第三取得者の占有状態とは無関係という理論である（田中整爾「判解（最判昭和32年12月27日）」『民法の判例』〔有斐閣、第3版、1979年〕76頁〔78頁〕の解説を参照）。

的な譲渡担保権の即時取得を認めるという理論構成が考えられる(21)(但し、現実には、所有権留保に関する厳格な注意義務が適用されるので、譲渡担保権者が勝訴するとはほとんど考えられない)。

然るに、三者間取引による所有権留保は、売主・買主間の所有権留保という関係に、信販会社等の金融機関が割って入り、買主に融資をし、その担保として、買主から物権的期待権を譲渡担保に取るのと同様の構造で、売主から留保された所有権を取得する。この場合において、留保売主には所有権があるものの、経済的な観点からは、留保買主の支払済み金額に応じて、留保買主には物権的期待権という財産権が観念されるので、留保売主からは留保所有権を取得し、留保買主からは物権的期待権を取得しうる。しかし、留保買主には割賦弁済金を完済すれば、売買目的物の所有権を取得しうるという物権的期待があるので、金融業者による物権的期待権の取得は、留保買主が割賦弁済金の支払につき遅滞に陥り、期限の利益を喪失したり、あるいは、倒産状態となったときに限り、それまでの間は、留保買主に留保される。いずれにせよ、信販会社が取得する所有権は、金融信用たる融資債権を担保するという意味において、留保売主の真正所有権が、まさに担保所有権へと転化すると言うことができる。このような意味において、二当事者間の所有権留保と三者間のそれとを分けて考える実益がある。

　しかし、その後、我妻博士は、否定説からの反論を一部受け入れ、『物権法』(岩波書店、1952年)137-138頁において折衷説を展開し(我妻＝有泉『新訂物権』223-224頁)、取得者は占有改定によって所有権を即時取得するが、これは確定的なものではなく、後に現実に引渡しを受けたときに確定的に所有権を取得すると改説した。恰も、我妻博士の提唱する不完全物権変動理論と同様の理論構成である。折衷説に賛意を示す学説として、鈴木禄彌『物権法講義』(創文社、5訂版、2007年)213-214頁、同『抵当制度の研究』(一粒社、1968年)415頁、内田貴『民法Ⅰ総則・物権総論』(東大出版会、第4版、2008年)470頁などがある。なお、松岡久和『物権法』(成文堂、2017年)221-222頁は、ネームプレートなど明認方法を備えることを条件として、占有改定による引渡しでも即時取得を認める。

(21) 所謂「類型説」である。廣中俊雄『物権法』(青林書院新社、第2版、1982年)192頁は、複数設定の場合には現実の引渡しを受けた時点での善意・無過失者を第一順位とし、槇悌次「即時取得」星野編『民法講座2物権(1)』299頁(325頁)は、原則として同順位で成立し、実行のために善意・無過失で現実の引渡しを受けたときに、その者が初めて即時取得によって優先権を取得すると言う。これらの理論構成は、いずれも、折衷説にその基礎を置くものということができる。なお、「占有改定による即時取得の成否」に関しては、拙著『物権法―民法講論第2巻』(信山社、2015年)349-357頁、同『民法要論Ⅱ物権法』(成文堂、2017年)215-220頁を参照。

3　本稿の目的

上述したように、近時の通説的見解は、倒産手続における倒産管財人の立場からは大変に都合のよい解釈となる。しかし、この解釈によると、倒産手続において、取戻権が認められるのは、たまたま第三者所有物が倒産財団中に紛れ込んでいたという事案に限定されてしまう。しかしながら、この静的状況における真正所有者の「所有権」と、留保売主が買主に対し代金完済を停止条件として所有権を移転する旨を約定したところの、動的状況において留保された「所有権」とを、いかなる規準によって分類し、区別ないし差別化するのかについては、何ら明確な規準が示されていない。私は、これらを分離する明確な規準を見いだせないならば、いずれも「真正所有権」と解すべきものと思う。本稿においては、その理由について論ずる。

私は、既に別稿において、二当事者間の所有権留保に関し、ドイツの法制度を引き合いに出して、留保売主の所有権を「真正所有権」と位置づけた。まず、留保売主（留保所有者）と留保買主の原則的な位置づけ、即ち、両者の法的地位（留保所有権者と物権的期待権者）の若干の検討を行い、次に、三者間契約による所有権留保における譲受け留保所有者の法的地位（実質的譲渡担保権者）に関して若干の検討を加えた[22]。この点に関しては、先行的に問題を解決してきたドイツにおける解釈を参考にしたのであるが、紙数の関係上、その状況に関して詳細に検討を加えることができなかった。

そこで、本稿においては、わが国の解釈にも有益な示唆を与えると思しきドイツにおける譲受け留保所有者の法的地位について、連邦通常裁判所（以下、「BGH」と略称する。）の判例（BGH, Urt. vom 27. 3. 2008）に現れた問題点、即ち、①三者間所有権留保の意義・類型（拡張類型＝コンツェルン留保と交互計算留保）・内容、②留保所有権譲渡の構造（返還請求権の譲渡類型、法定債権譲渡類型、契約上の地位の譲渡・引受類型）、③取戻権と別除権、④商品信用と金融信用、に関する問題点を中心として詳細に検討することとし、前稿において論じた、わが国における議論を踏まえつつ、所有権留保の本質に関する解釈論について、総合的に考察を加えることを目的として執筆する次第である[23]。

---

(22)　拙稿「留保所有権の譲渡と譲受人の法的地位」千葉大学法学論集 28 巻 1・2 号 39 頁以下掲載論文（前掲註 1）。

Ⅱ ドイツにおける留保所有権の譲受人の地位

1 BGH, Urt. vom 27. 3. 2008[24]の概要

【事案の概要】
　(1) B会社（以下、「商人」または「債務者」という。）は、1999年に、A自動車販売会社（以下、「A」または「供給者」という。）と、Aの自動車販売及びこれと結びついた顧客サービスに関する定型約款による販売契約を締結した。商人（B）は、X（被上告人・被控訴人・原告、反訴被告）、即ち、Aコンツェルンに属するX銀行を経由して、その仕入れ（供給者（A）における新車及びその顧客における中古車）への融資を受けた。この件に関して、商人（B）とXとの間において、「販売・仕入れ融資に関する基本契約（Rahmenvertrag）」が締結された。AとXとの間には、既に1992年以来、仕入れ融資に関する「基本合意[25]（Generalvereinbarung）」が存在していた。この販売契約において引用され、これに付加された「普通販売・供給約款」により、Aは、商人（B）と供給者（A）及びX銀行との契約約款に基づき、Bが、現在及び将来発生するすべての請求権（XのAに対する貸付債権を含む）を弁済するまで、Aの供給した自動車及びその他の製品の所有権をAに留保した。Aは、この基準により、商人（B）に新車を供給した。Xは、商人（B）の委託を受け、商人（B）の勘定で、その時々における計算額を供給者（A）

---

(23) 本稿の内容のうち、「留保所有権の譲渡」に関しては、既に前掲した千葉大学法学論集第28巻1・2号39頁以下掲載論文（前掲註1）と、愛知大学法経論集213号69頁以下掲載論文（前掲註2）において詳細に検討した。そこで、本稿においては、ドイツにおける同種の問題を含めた問題点の全体について、これを総合的に把握し考察することによって、わが国における所有権留保法の解釈ならびに法制化へ向けた議論を展開することとした。

(24) BGH, Urt. vom 27. 3. 2008-Ⅸ ZR 220/05, BGHZ 176, S. 86=NJW 2008, S. 1803=ZIP 2008, S. 842. この2008年BGH判決は、長文であるが、判旨は問題点に関する箇所のみを取り上げた。

(25) A・X間の基本合意B部第4条（判旨Rdn. 20掲載）
1. Aが供給した自動車は、Aの商人（B）に勘定がつけられる。商人（B）は、販売・仕入れ融資に関する、特に、Aの側で設定されたすべての自動車に関する基本契約の締結とともに、勘定づけの時点において、X側における勘定額での融資を申し込む。この場合において、信用限度の枠内にあるときには、Xは、商人（B）の委託を受け、商人（B）の勘定に関して、その時々における勘定額をAに支払う。
2.（原文において省略。筆者註）
3. XのAに対する支払と同時に、Aは、その時々における供給に基づいて商人（B）に対して有するすべての請求権をXに譲渡する。同様に、売買代金債権の支払と同時に、Aのために存在するすべての担保権（所有権留保、保証など）はXに譲渡される。

に支払った。この供給者（A）は、支払の入金後、その請求権と留保所有権をXに譲渡した。

（2）　その後、2000年（月日不明）に債務者（B）の財産に関して倒産手続が開始され、Y（上告人・控訴人・被告、反訴原告）が倒産管財人に選任された。Xは、留保所有権に基づいて、自身が融資した新車の取戻権を主張したところ、自身が融資した中古車につき、別除権が与えられた。

当事者は、本件自動車を換価し、争点となる法的状況が明らかになった後、2つの担保売得金勘定口座（Sicherheitenerlöskonto）に入金された売上代金を権利者に支払うことを合意した。その換価は遅くとも2001年の末には完了していた。2002年8月には、その2つの勘定口座は、総計212万4911.45ユーロという残高を示した。

（3）　当事者双方ともに、本件において問題となる訴え及び反訴により、XがYに対し7万6964.15ユーロという金額で権利を有している口座残高の支払に対する同意を請求している。この金額で、──その内部では法的効力を有する──反訴原告（Y）に対する一部認諾判決（Teilanerkenntnisurteil）が下された。

地方裁判所（LG）は、この訴えを認容し、一部認諾判決によって決着がつかないままの反訴は棄却された。

Yの控訴により、上級地方裁判所（OLG）は、まず、訴えを5万58.04ユーロにおいてのみ認容し、その他においては、XはYに対する支払に対する同意をせよという敗訴判決が下された。

BGHは、2005年1月18日の決定（BGH, Beschl. 18. 1. 2005-XI ZR340/03, BGH-Report 2005, S. 939=BeckRS 2005, 02248）によって、Xが抗告した限りにおいて、この判決を取り消し、事件を控訴裁判所に差し戻した。その結果、控訴裁判所は、Yに属すべき金額を8万9278.41ユーロと確定し、その他においては反訴を棄却して、Xの訴えを認容した。

【原審判旨】

留保所有者たるXが実質的な権利者であるから、新車の換価に基づく売却代金は、──Yに認められるべき換価費用の概算額を差し引いて──Xに属する。

Xのためにする「普通売却・供給約款」に含まれるコンツェルン留保は無効（unwirksam〔nichtigの誤りか：筆者註〕）である。しかし、供給者（A）のためにする所有権留保の合意は残っており、Xは、この所有権留保を自身に移転している。Xと商人（B）との間において締結された基本契約によって

も、また、Xと供給者（A）との間において締結された基本合意によっても、XのAに対する支払は、その時々において、売買代金債権上のものではなく、その弁済のためのものである。したがって、消滅していない売買代金債権は譲渡され、留保所有権も譲渡される。売買代金債権及び信用契約に基づいて発生した求償債権の担保のためにする所有権留保は、Xのためのものである。留保所有者たるXが取戻権を有していても、Yには、留保物（118台の在庫車両及び15台の展示用車両ならびに22台の展示用自動車）の売却代金に基づいて、換価費用概算額の5％だけは帰属する。

【上告許可】
　BGHは、更なる5万9402.02ユーロの支払に対する同意を求める訴えが認容され、同様の範囲で——新車に関する固定費用の概算額に応じて——、反訴が棄却された部分において、Yの上告を許可した。

【判旨】破棄自判
　「7　1.　Xは、換価合意と関わる新車に関して、取戻権（倒産法第47条）を有するのではなく、別除された満足を受ける権利（倒産法第51条）を有するに過ぎない。」

　「8　a）……供給者（A）の留保した所有権は、商人（B）とXとの法律関係に基づく請求権をも担保していることから、コンツェルン留保という類型の拡張された所有権留保が合意されていた（販売契約に引用されている「普通販売・供給約款」のNr. Ⅷ.1.）。供給者（A）は、このコンツェルン留保により、留保された所有権によって、Xの消費貸借に基づく返済請求権を填補したかった。Xの信用債権（例えば、利息）がまだ決済されていない間は、商人（B）による売買代金の支払後も、所有権は、Bに移転しない。このコンツェルン留保は絶対無効（nichtig）である（1999年1月1日の規定ではBGB旧第455条2項、現在ではBGB新規定第449条3項）。しかしながら、残っている供給者（A）のためにする単純な所有権留保は有効である。」[26]

　「16　aa）原則として、留保売主は、留保所有権の譲渡を妨げられない。[27]も

---

(26)　BGH, Beschl. 18. 1. 2005- XI ZR340/03, BGH-Report 2005, S.939, 940=BeckRS 2005, 02248. 本註からこの判旨の終わりまでに付した註のうち、条文以外の引用文献は、すべて2008年BGH判決の付した括弧書きの引用文献を註に落としたものである。ただし、BGHの引用指示に係る括弧書きは文献等の引用指示のみであり、その他の内容は、筆者が調べて付した説明である。なお、本決定の内容に関しては、2008年BGH判決の本文及び脚注に現れた全ての問題について、後掲の判例分析で検討する。

(27)　判旨は、Peter Bülow, Recht der Kreditsicherheiten, 7. Aufl. Rdn. 770; Staudinger/Beckmann, BGB Neubearbeitung 2004, §449 Rdn. 83; MünchKomm-BGB/H. P. Westermann, 5. Aufl. §449

ちろん、売買代金債権の譲渡では、この留保所有権の譲渡をもたらさない。所有権留保は、BGB第401条の意味における担保権ではない。むしろ、物権的合意、及びBGB第346条により、BGB旧規定第455条1項、BGB新規定第449条1項によって行使された解除権に基づいて発生する返還請求権の譲渡による特別な譲渡を必要とする。新所有者は、権利者から所有権を取得している。しかし、新所有者は、解除しない限り、留保買主に対して、その物の返還を請求することができない。留保買主は、売主に対して占有権を有しており、売主の権利承継人に対して、BGB第986条2項による抗弁権を行使することができる。売主だけが契約を解除することができる。ただし、<u>留保所有権の取得者が、三面的な合意か、あるいは、残留する当事者の同意とともに、脱退した当事者と新たな当事者との間における合意を必要とする契約引受を、売主と合意している場合には、この限りではない</u>。留保買主は、売買代金の完済によって所有権を取得し、取得者は所有権を失う。」

「24 aa) <u>単純な所有権留保の下で譲渡された物は、売買代金を完済していない留保買主の倒産手続においては、原則として、売主において取り戻すことができる</u>。倒産法の改正に関する議論の段階では、留保売主を取戻権者の範囲から外し、別除権を与えればよいという提案がなされた。今日まで、<u>単純な所</u>

Rdn. 23. を引用指示する。

(28) BGB第401条（従たる権利、優先権の移転）
　第1項：譲渡された債権のために存在する抵当権、船舶抵当権、質権、ならびに、その債権のために設定された保証に基づく権利は、譲渡された債権とともに新債権者に移転する。
　第2項：強制執行もしくは倒産手続の場合のために債権と結びつけられた優先権は、新債権者も行使することができる。
(29) unten (Fußn. 69) BGH, Urt. vom 15. 6. 1964, BGHZ 42, S. 53, 56.
(30) BGB第346条（解除の効果）
　第1項：契約当事者の一方が契約により解除権を留保し、または法定解除権を有する場合において、契約を解除するときは、受領した給付を返還し、取得した利益を返還しなければならない。
(31) BGB第986条（占有者の抗弁権）
　第2項：第931条に従い返還請求権の譲渡によって譲渡された物の占有者は、新所有者に対し、譲渡された請求権に対する抗弁権を対抗することができる。
　BGB第931条（返還請求権の譲渡による引渡し）は、動産物権の譲渡において、第三者が占有中の物については、物権変動の効力発生要件たる引渡しは、所有者が取得者に対し、第三占有者に対して有する物の返還請求権を譲渡することにより、引渡しに代えることができる旨の規定である。
(32) BGH, Urt. vom. 20. 6. 1985-IX ZR173/84, NJW 1985, S. 2528, 2530; Palandt/Grüneberg, BGB 67. Aufl., 2008, §398 Rdn. 38.
(33) MünchKomm-InsO/Ganter, 2. Aufl., 2007, §47 Rdn. 62; Jaeger/Henckel, InsO, §47 Rdn. 12.
(34) Leitsätze 1. 2. 10 Abs.3, 2. 4. 4. 1 und 3. 3. 1 Abs.1 des Ersten Kommissionsberichts; 倒産法

有権留保も、その内容からいって、自己の物に対する非占有質権に過ぎないという見解が主張されている。⁽³⁵⁾倒産法の立法者は、完全な反対給付を得ることなく、自己の所有に属する売却物を債務者に移転している商品与信者は、物を担保として譲渡されている金融与信者として保護に値するものとは解していない。⁽³⁶⁾所有権留保の延長類型及び拡張類型は、——従前の破産法の権利の下におけると同様——譲渡担保とみられているが、これにより、留保買主の倒産においては、——延長ないし拡張事案の発生後は——それらの類型は、別除された満足を受ける権利を有するに過ぎない。⁽³⁷⁾この点に関する理由は、この担保類型は、商品信用を前提としてはいるが、経済的にも、まだ担保権の機能を有しているに過ぎないという点にある。今や、追求された担保目的は、譲渡担保とまったく同様、適切に達成されうることであろう。」

「28 (1) BGB旧規定第455条、新規定第449条による——取戻権のある——留保所有権は、留保売主の原所有権であるが、Xの所有権は、——譲渡担保の場合と同様——そこから派生された所有権である。

29 (2) A会社の原所有権及びそこから派生したXの所有権は、この異なった担保目的を有する。前者は一個の商品信用を担保するが、後者は——譲渡担保の場合と同様——一個の金融信用を担保する。

30 留保所有権がまだ売主(A会社)の所有に属している間は、最終的には、自動車売買契約の解除によって、停止条件付返還請求権、即ち、商品信用を担保した。⁽³⁸⁾留保所有権は、——これがXに移転されてからは——もはやこの請求権を担保しない。なぜなら、もはや契約の解除という事態になりえないからである。売主(A)は、その不履行がBGB第323条以下の意味における

改正草案第55条1項1号、第111条3項。

(35) Peter Bülow, Der Eigentumsvorbehalt als Treuhandgeschäft, WM 2007, S. 429, 432 (ders., Festschrift Georgiades, Athen 2006, S. 43ff.); 同様の見解として、既に、Berger, Eigentumsvorbehalt und Anwartschaftsrecht-besitsloses Pfandrecht und Eigentum, 1984, S. 121; Rolf Serick, Eigentumsvorbehalt und Sicherungsübertragung -neue Rechtsentwicklungen, 1993, S. 216f. がある。

(36) Leipold/Marotzke, Insolvenzrecht im Umbuch, S. 183, 187f; Hilgers, Besitzlose Mobiliarsicherheiten im Absonderungsverfahren unter besonderer Berücksichtigung der Verwertungsprobleme, 1994, S. 77ff.

(37) Vgl. BGH, Urt. vom. 10. 2. 1971-Ⅷ ZR188/69, NJW 1971, S. 799 [拡張された所有権留保の事案]; MünchKomm-InsO/Ganter, a.a.O. (Fußn. 33), §47 Rdn. 93, S. 114; Jaeger/Henckel, a.a.O. (Fußn. 33), §47 Rdn. 51; Gottwald, InsolvenzrechtsHandbuch, 3. Aufl., §43 Rdn. 26, 30.

(38) Vgl. unten (Fußn. 105) BGH, Urt. vom 1. 7. 1970, BGHZ 54, S.214, 219; MünchKomm-InsO/Ganter, a.a.O. (Fußn. 33), §47 Rdn. 55; Jaeger/Henckel, a.a.O. (Fußn. 33), §47 Rdn. 43; Gaul, ZInsO 2000, S. 256, 258; 反対説として、Bülow, a.a.O. (Fußn. 35), WM 2007, S. 429, 432 がある。

給付障害とみなされうる未決済の債権をもはや有しないのであるから、売主（A）は、もはや解除することができない。X は、売買代金請求権の債権者であるが、A 会社と商人（B）との間における売買契約に入っていないのであるから、X は解除することができない。」

「36　(3) 金融与信者が、自己の債権を担保するため、商品与信者の担保手段を調達したときには、金融与信者は、これによって、自己の倒産法上の地位をより良くすることはできない。同様に、買主が支払うことができない場合には、留保売主は、通常、留保所有権を担保手段として有するに過ぎない。この理由から、留保売主は特別に保護すべきものとして扱われ、したがって、制度上、留保売主には取戻権が認められ、単純に、別除権は認められないのである。これに対して、金融与信者は、同じ担保の可能性を有するのではない。X は、例えば質権などによっても、融資された自動車の担保所有権を保全することができたであろう。また、金融与信者は、商人が取得するための融資によって、通常、商品流通に束ねられないであろう。金融与信者は、債務者に商品を売るのではなく、信用を「売る」のである。消費貸借における求償権を担保するための利害関係において、X は、買主（B）が物を取得するために融資し、これにより、所有権取得への期待権を担保のために譲渡するような融資銀行の利害関係と全く異ならない。この場合には、金融与信者は、供給者（A）の満足と同時に、担保所有権を取得する。金融与信者は、未決済の信用債権のために、別除権のみを有する。」

〔関連法条〕

　　倒産法（Insolvenzordnung-InsO）第 47 条[41]、第 50 条[42]、第 51 条 1 号[43]、BGB

---

(39)　Vgl. MünchKomm-InsO/Ganter, a.a.O. (Fußn. 33), § 47 Rdn. 221, 230.
(40)　この点に関しては、vgl. Ganter in Schimansky/Bunte/Lwowski, BankrechtsHandbuch, 3. Aufl., § 95 Rdn. 72.
(41)　InsO 第 47 条（取戻権：Aussonderung）
　　1 文：物的権利もしくは人的権利に基づいて、ある目的物が倒産財団に属しないことを主張することができる者は、倒産債権者ではない。
　　2 文：その目的物の取戻請求権は、倒産手続の枠外で行使する法律の定めに従う。
(42)　InsO 第 50 条（別除された担保権者の満足）
　　第 1 項　倒産財団の目的物につき、法律行為による担保権、差押えによって与えられた質権、もしくは法定質権を有する債権者は、主たる債権について、第 166 条から第 173 条の基準に従う。別除された満足のための利息及び費用は担保目的物から満足を受ける。
　　第 2 項　使用賃貸人もしくは用益賃貸人の法定質権は、倒産手続においては、手続開始前 12 か月より前の期間に関する使用ないし用益賃貸借のために主張することができず、また、倒産管財人の告知のために支払われる償金のために主張することができない。農業用地の用益賃貸人の質権は、その用益のため、この制限に服しない。

第449条。

2 BGH, 27. 3. 2008 から導かれる判例規範と問題点

本件は、A販売会社が所有権留保特約付でBに自動車（新車）を供給し、その際、X銀行（以下、「X」という。）が留保売主Aに代金を立替払して、AがXに債権と留保所有権を譲渡したところ、留保買主Bの財産について倒産手続が開始され、Yが倒産管財人に就任し、自動車を換価したので、譲受け留保所有者Xが、Yに対し、自動車の換価代金額を請求したという事案である。

本件の争点は、A・B・X間の所有権留保が、所謂「コンツェルン留保」として無効なので、Xが立替払によってAから譲り受けた留保所有権が売主・買主間におけると同一の所有権（完全所有権〔Volleigentum〕）なのか、それとも、Xが、BのBの債務につきAに立替払したXの目的が、この貸付債権の回収に過ぎないことから、譲渡担保の設定と同視して、担保権としての留保所有権（譲渡担保権と同じ担保所有権〔Sicherungseigentum〕）なのかという点である。

この事案において、OLG Oldenburg は、留保所有者Xには取戻権が存在するので、既にYにおいて換価した後は、その代金額のうち換価費用として8万9278.41ユーロを控除した全額をXに支払うよう判示した（代償的取

---

(43) InsO 第51条（その他の別除権者）
　次に掲げる者は第50条にいわゆる債権者と同等とする。
　1号　請求権を担保するため、債務者が動産の所有権を移転し、または、権利を譲渡した債権者、
　2号　およそ物の利用のために用い、また、その使用に基づく債権が現に存する利益を超えない限りにおいて、物に関する留置権を有する債権者、
　3号　商法に基づいて留置権を有する債権者、
　4号　連邦、諸州、地方自治体、地方自治体連合が、法律上の規定により関税ないし納税義務ある物を公租のために担保として用いるとき。
(44) BGB 第449条（所有権留保）
　第1項：動産の売主が売買代金の支払を受けるまで所有権を留保した場合において、疑わしいときは、所有権は、売買代金の完済を停止条件として移転するものとみなす（所有権留保）。
　第2項：売主は、契約を解除した場合にのみ、所有権留保に基づいて、物の返還を請求することができる。
　第3項：所有権の移転が、買主が第三者の債権、とりわけ売主と提携関係にある事業者の債権を履行することに係らしめられているときに限り、所有権留保の合意は無効（nichtig）とする。

戻権の認定)。

　これに対して、BGH は、本件の留保所有者 X は、譲渡担保権者と同様の担保権者(担保所有者)に過ぎないと認定し、X は別除権者として扱われるべきものと解し、売却代金の配当に関する倒産法第 170 条に従い、「目的物の査定及び換価費用」の合計額が Y に属すべきであるとして、更に 5 万 9402.02 ユーロの控除を認め、結局、X には全換価代金額 212 万 4911.45 ユーロからこれら費用を控除した 197 万 6231.02 ユーロが帰属すべきものと判示した(別除権の認定。判決は破棄自判)。

3　BGH, 27. 3. 2008 における個別問題
(1)　コンツェルン留保 (Konzernvorbehalt) の問題点
(ⅰ)　コンツェルン留保の無効と残部契約の有効性

　本件の事実関係においては、販売会社 A は、買主 B と立替払人 X との間において、A・B 間の代金債権の弁済に加えて、X の A に対する支払い請求権の弁済をも、A から B への所有権移転の停止条件とする「コンツェルン留保」という所有権留保を締結している。コンツェルン留保とは、所謂「拡張(拡大)類型の所有権留保 (erweiterter Eigentumsvorbehalt)」の一類型であり、買主への所有権の移転につき、買主が第三者の債権、とりわけ売主と提携関係にある事業者の債権を履行することに係らしめられる、即ち、買主の所有権取得に関する停止条件が拡張された所有権留保特約である。

　コンツェルン留保の法的取扱いに関して、通説は、留保買主の所有権取得を不確定要素の多い将来に延期し、これにより、留保買主の行動の自由を過度に制限するという理由から、コンツェルン留保は、BGB 第 138 条(良俗違反)、ならびに、約款規制法第 9 条 2 項 2 文(現行 BGB 第 307 条 2 項 2 文〔約款による信義則に反するような権利・義務の制限条項が契約目的の達成不能を招きうる場合における当該条項の無効〕)によって絶対無効 (nichtig) と解してきた。[45]そこで、

---

(45)　Vgl. Soergel/Henssler, BGB Bd. 14. Sachenrecht1, 13. Aufl., 2002, Anhang nach § 929, S. 398. コンツェルン留保に関する議論は、1978 年に開かれた第 51 回ドイツ法曹大会において、多数意見が、拡張類型の所有権留保に関して、狭く限定された範囲においてのみ有効として以来の通説である。この点に関しては、Verhandlungen zum 51. DJT (1976), Bd. Ⅱ Sitzungsberichte, O181, Beschluß 3b. を参照。その後、倒産法改革の一環により BGB 旧第 455

BGB の改正（現代化）の際にも、従来どおり、このような契約に係る所有権留保の合意は引き続き絶対無効という取扱いとされた（BGB 旧規定第 455 条 2 項、現行第 449 条 3 項）。コンツェルン留保は「留保買主の所有権取得を不確定要素の多い将来に延期し、買主の行動の自由を過度に制限する」ので、無効という取扱いを受ける。しかし、買主に不確定要素のある債務を負担させ、買主の所有権取得を過度に制限する契約でなければ、通常の拡張類型の所有権留保として有効とされる[46]。

2008 年 BGH 判決において、A は、留保所有権によって、このコンツェルン留保と X の消費貸借に基づく求償権とを塡補するという目的の下で、三者間合意による所有権留保を約定した（販売契約に引用されている「普通売却・供給約款」の Nr. Ⅷ. 1.）。この契約によると、X の信用債権（例えば利息）がまだ決済されない間は、留保買主 B による売買代金の完済後も、A の所有権は B に移転しないこととなる。

このようなコンツェルン留保は絶対無効（nichtig）という取扱いであるところ（BGB 第 449 条 3 項）、本判決は、契約の無効部分を除けば、A のためにする単純類型の所有権留保（einfacher Eigentumsvorbehalt）として有効であるとした。本件は、A の X に対する債務の肩代わりを留保買主 B、延いては倒産管財人 Y に押しつけるという形式の約定であったからこそ、コンツェルン留保として無効とされた。しかし、A がファクタリングを利用して B

条 2 項としてコンツェルン留保の絶対無効が規定され（1999 年 1 月 1 日施行）、債務法改正時にもこれが維持されたのである（BGB 第 449 条 3 項）。

　コンツェルン留保を絶対無効とした理由は、債権者による長期にわたる買主の拘束を阻止するのみならず、他の法律上の規定によっても回避しえたであろう合意の不透明さを阻止するという目的達成のためである。商品信用債権者たる留保売主の保護は、倒産法における単純な所有権留保による取戻権の存在、延長・拡張類型の所有権留保による保護などによって図られるので、良俗違反の法律行為に該当するコンツェルン留保だけは絶対無効（nichtig）としたのである（vgl. BT-Drucks. 12/3803, S. 135）。

(46) 例えば、留保売主がファクタリングを利用して代金債権を譲渡し、買主が債権譲受人に対して弁済することを所有権移転の停止条件とするという類型であれば、通常の拡張類型の所有権留保として有効とされる（Soergel/Henssler, ibid. S. 398）。なお、詳細は、Habersack/Schürnbrand, Der Eigentumsvorbehalt nach Schuldrechtsreform, JuS 2002, S. 833ff.（837ff.）を参照。この意味において、留保買主の所有権移転に関する停止条件が、留保商品と牽連性のある債権（留保商品の修理・メインテナンスなどの付随費用）の負担までである限り、コンツェルン留保という絶対無効の所有権留保とはならない。

への代金債権を X に譲渡し、買主 B が債権譲受人 X に対して弁済することを所有権移転の停止条件とするという類型であれば、通常の拡張類型の所有権留保として有効とされたはずである。[47]

　この判旨は、従来の BGH の判例に従っており、判例によると、たとえ、当事者間の合意が良俗違反などの理由によって絶対無効（nichtig）として扱われても、その無効が合意全体の一部の無効に過ぎず、残存部分において契約が存続可能と認められるときには、その存続を許す旨の BGB 第 139 条を適用するものである。[48] しかし、判旨の引用した BGB 第 139 条の文言解釈からは異なる結論が導かれそうである。それゆえ、次段においては、この点に関して考察する。

　（ⅱ）　ドイツ民法における法律行為の一部無効規定

　BGB 第 139 条は、「法律行為の一部が絶対無効（nichtig）である場合において、その無効部分がなくても実行されたであろうことが認められないときには、法律行為の全部を無効とする」と規定する。この規定は、「当事者の意思が、法律行為の無効部分を除けば当該法律行為を実行するものと認めら

---

(47)　Soergel/Henssler, a.a.O., S. 398.
(48)　BGH, Beschl. vom 18. 1. 2005- XI ZR340/03, BGH-Report 2005, S. 939, 940=BeckRS 2005, 02248.：本件においては、「『商人間契約』において、コンツェルン留保という類型で所有権留保が合意されたということに変わりはない。BGB 旧第 455 条 2 項（現行第 449 条 3 項）によると、所有権留保の合意は、買主が第三者の債権、とりわけ、売主と結びついた企業の債権を履行することに所有権の譲渡が係らしめられているときには、確かに、絶対無効である。しかし、BGB 第 139 条により、合意の一部無効は供給者のためにする所有権留保への適用を妨げられないということを起点とすべきである。普通契約約款の確定的効力を保持するための削減禁止（Verbot der geltungserhaltenden Reduktion）も、この結論と矛盾しない。所有権留保約款は、その文言によると、内容において許容される供給者のための所有権留保と、許容されないコンツェルン留保とは、簡単に分離することができる（vgl. BGH, Urt. vom 18. 11. 1988-V ZR75/87（Hamm）BGHZ 106, S.19, 25＝NJW 1989, S. 831; BGH, Urt. vom 20. 3. 2002-Ⅳ ZR93/01, WM 2002, S. 1117, 1118）。」

　2008 年 3 月 27 日 BGH 判決の引用に係る原告の第 1 審判決の取消を求める抗告に対する本決定（BGH, Beschl. 18. 1. 2005）は、上記のように論じ、BGB 第 449 条 3 項により無効なコンツェルン留保以外の分離可能な単純な所有権留保約款については有効であるとした（契約分離解釈）。引用判例たる 1988 年及び 2002 年の BGH 判決は、連帯債務を担保する目的で共有地に設定する土地債務（抵当権類似の担保権）に関し、定型担保約款が他の共有者の現在・将来債権の全部を担保する旨を規定するのは不意打ち条項の禁止によって無効であるが（旧 AGB-G 第 3 条、現行 BGB 第 305c 条）、担保約款の無効により、他の共有者の持分に設定された土地債務の担保目的の中に組み入れるのは、一人の共有者によって成立した債務に限る（設定者の共有持分についてのみ有効）というものである。

れれば、当該法律行為を有効とする」という反対解釈がなされる。即ち、ドイツ民法は、契約の一部無効を原則として全部無効として扱い、当事者の意思解釈により、例外的に有効として扱うという論理構造を採る。

BGB 第139条の構造は、法律行為に無効原因がある場合には、当事者の意思はその全体を無効にするであろうという理論的推定を基本的視座としており、私的自治の原則を堅持した規定となっている。

本条の制定に際しては、その前提として、良俗違反など、強行法規違反の法律行為は一部無効部分を除けば有効となりうるかという問題に対し、ザヴィニー博士（F. C. von Savigny）が当事者意思を理由として否定説を展開したという経緯があり、これが、BGB 第139条の立法理由となっている[49][50]。本段においては、この点に関して若干検討する。

ザヴィニー博士は、良俗違反の条件ないし条項（Bedingung）に着目し、不品行・不道徳（das Schlechte）は大抵欲せられないであろうから、その条項には何らの効果も与えてはいけないという点を解釈論の端緒とする。

ザヴィニー博士は、この目的を達成するため、2つの異なる方向から観察する。即ち、一方では、法律行為の完全な無効であり、他方では、その条項を実在しないものと見て、当該行為に関しては当該条項はないものとして扱うとする。そして、サビニアン派と調和するユスティニアヌス法典は、契約の場合には第一の方向（法律行為の完全無効）を採用し、遺言の場合には第二の方向（無効条項の除去）を採用しているので、この相違の理由を探究すると言う。

まず、契約の場合には、その理由は、大抵の事案において、当該条項を約束から分離することが明らかに当事者の意図に反するであろうという点にある。例えば、数百人が犯罪的行為を犯すことに関して約束し、我々がこの条項だけを契約から除去したいときには、我々は、自らの意思に従い、全く完

---

(49) Friedrich Carl von Savigny, System des heutigen Römischen Rechts, Bd. 3, 1840, S. 197f. BGB 第139条の立法・学説史に関する近時の論攷として、鹿野菜穂子「ドイツ民法典における法律行為の一部無効」石部雅亮編『ドイツ民法典の編纂と法学』（九大出版会、1999年）319頁以下、熊谷芝青「一部無効法律行為と当事者意思」駒澤法書1号（2005年）13頁以下がある。
(50) 熊谷・前註「論文」駒澤法書1号16頁は、ドイツにおいて、BGB 第139条は本質的にザヴィニー博士の考え方を継受したものと評価されていると述べる。

全な契約に転換させ、その疑いのないほど明白な良俗違反の意図に反して、汚れのない贈り物に姿を変えさせる。しかし、この取扱いは、当事者の良俗違反の意思と矛盾する。のみならず、多くの悪い意図を有する人々に対し、よい方向に転換させるのであるが、却って、それ自体がいかがわしいものとなる。また、いかがわしく、煩雑な事案においては、条項を分離しても、おそらく、当事者は同様に契約を締結してしまうものだと言う。当事者は当該条項のない契約を締結する結果、当事者にとって取るに足らないものを失う（Nichts verloren ist）。しかし、最終的には、そのような遅れを取り戻し、良俗違反の法律行為をすることとなる[51]。したがって、契約が一部無効の場合には、全部無効を原則とするのだと言う。

　他方、遺言の場合には、契約とは逆になるのだと言う。およそ遺言を作成する者は、自己の財産を処分するという明白な意図を有しており、相続人の指定や遺贈は、すべて、この物惜しみせずに財産を配分するという一般的な意図に含まれると言う。そこで、このような財産処分が良俗に反する条件ないし条項の下で見られるときには、その相続の承認は、確かに、機会を窺い、良俗違反行為の遂行が欲せられる。この場合には、相続人または受遺者を指名することと関わるので、そのような相続人または受遺者の指名をやめるといった、多くの可能性を有すると言う。もちろん、遺言者がこの考え方を有しているかどうか、あるいは、良俗違反の意図が達成されないときには、むしろ完全な遺贈がなされるのかどうかは、疑わしいとされる。このような疑わしい事案に関しては、通常は後者（完全な遺贈）の意思を有するものと決まっており、この制限された意味において、遺言の機能促進が許されうると言う。しかし、事実上、契約に関しては一般の解釈規定が適用されるので、この点においても促進はない。我々が、たとえ個別事案において、かの前提を誤ったとしても、不道徳な条件ないし条項が作成された場合には、通常、相続人や受遺者は善意であるから、契約の場合と同様、品位を落とす者はほとんど利益を受けないとされる。しかし、この部分において、かの意思が部分的に誤解されたときには、被相続人は、自己の良俗違反の意図を通じて自ら責任を負う。しかしながら、我々が、かの前提において誤っていない

---

(51) Savigny, a.a.O., S. 197-198.

ときには、この行為の中には、真意を正しく判断すべき一つのありうべき手段があり、この場合には、被相続人は、もはや遅れた者を挽回させることはできないので、これを契約の場合と同視することはできないと言う[52]。したがって、遺贈の場合には、良俗違反の条項を除去し、正当な遺言として有効とされるのだと言う。

このように、ザヴィニー博士の主唱にかかる良俗違反の法律行為を絶対無効とする法理を前提とする見解により、契約条項の一部無効は、原則として全部無効を来すというBGB第139条が立法されたのである。

（ⅲ）　スイス債務法における法律行為の一部無効規定

ところが、同じドイツ法圏においても、スイス債務法（OR）は、契約は、無効部分なくしては締結されなかったであろうというときにのみ、その全部を無効とする旨を規定する（OR第20条）[53]。それゆえ、その反対解釈により、無効な部分を除いても、契約したと認められるときには、残部で有効とする旨の規定となる。したがって、契約当事者が無効部分を除いても契約したと認められれば有効であり、契約しなかったと思しき場合にのみ、契約の全部無効を来すのである。

（ⅳ）　若干の検討

これら立法例に関して、我妻博士は、「法律行為は法律が個人の意思を（重要なしかしあくまでも一つの）要素として、個人間の私法関係を妥当に規律する制度」と解し、「その内容は表示の有する客観的な合理的な意義だと」解するときには、ドイツ民法の規定は、「あまりにも偏狭」であるとして、スイス債務法の規定を妥当と解している。その上で、理論構成として、「無効な部分を法律上の規定・慣習・条理などによって補充して合理的な内容に改造し、しかる後に、この合理的な内容を強制することが当事者の目的に明らかに反する場合にだけ、全部を無効とすべきものである」と主張し、この

---

(52) Savigny, a.a.O., S. 198-199.
(53) OR 第20条（契約の内容／II. 無効〔nichtig〕）
　　第1項　契約は、これが不能もしくは違法な内容を有し、または良俗に反するときは、無効である。
　　第2項　しかし、その瑕疵が、契約の個別的な一部に関わるに過ぎないときは、その無効部分がなければ、到底、契約は締結されなかったであろうと想定すべき場合にのみ、この契約は無効である。

考え方が、わが国の通説を形成してきた。[54]

しかし、前述したように（本稿註27）、ドイツにおいても、2005年1月18日のBGH決定及び従来の判例は、「所有権留保約款は、その文言によると、内容において許容される供給者のための所有権留保と、許容されないコンツェルン留保とは、簡単に分離することができる」として、無効なコンツェルン留保条項を除去することによって、残存部分たる単純な所有権留保の有効性を認めている。

このように、一部無効な条項の存在により、原則として「全部無効」とする制度（BGB第139条）においても、「契約分離解釈」により、結果として、スイス債務法やわが国の通説と同様、「残存部分の有効」という解決を図ることができるのである。

(2) 留保所有権の譲渡性[55]

（ⅰ） 留保所有権譲渡の構造——返還請求権の譲渡類型

（ア） 判例法理とその前提的考察

次に、本段の問題に関する判旨（oben Rdn.16）について分析する。

判旨は、留保所有権の譲渡は可能であるが、所有権留保は質権や譲渡担保のような付従性ある担保権ではなく[56]、売買契約と同時に約定する特約（売買の附款）という関係において、代金債権との付従性はありえないという理由から、債権の移転に伴って担保権が移転するのではなく（付従性に基づく随伴性に関するBGB第401条の適用否定説）、物権的返還請求権の譲渡という手法によって担保権が移転するものと判示している。[57]

---

(54) 我妻榮『新訂民法總則』（岩波書店、1965年）258頁。
(55) 本争点に関しては、既に拙稿「所有権留保売買における信販会社の法的地位」法経論集213号69頁以下所収（前掲註2）において詳細に論じ、検討済みである。それゆえ、重複を避けるため、ここでの検討は必要最小限にとどめる。但し、前稿において述べていない点については、もちろん本稿において詳説する。
(56) Vgl. unten (Fußn. 69), BGH, Urt. vom 15. 6. 1964, BGHZ 42, S.53, 56.
(57) この点は、Peter Bülow, Recht der Kreditsicherheiten, 7. Aufl., 2007, Rdn. 770（S. 247）（8. Aufl., 2012も同じ）の指摘するところと同じである。ビューロウ教授によると、留保売主は、BGB第346条1項（解除による給付物及び使用収益の原状回復〔筆者註〕）に従い、第449条、第323条（履行遅滞に基づく解除〔筆者註〕）によってなされた解除権を原因として発生した物権的返還請求権の譲渡によって、第929条、第931条により、留保物（留保商品）を第三者に譲

ドイツの判例・通説は、留保売主によって留保された所有権は売買契約の附款によるのであり、単なる担保権の設定ではないので、制限物権型担保権と譲渡担保権に特有の付従性・随伴性が否定される関係上、付従性を前提とするBGB第401条の類推適用を拒絶するものとして位置づけられている。2008年BGH判決の引用指示するベックマン（Roland Michael Beckmann）教授は、通説によると、この場合には、通常、補充された契約解釈という手法で、売主は所有権を譲渡すべき義務を負うことが承認されているという。

　しかし、異説を展開するホンゼル（Heinrich Honsell）博士によると、問題となっている利益状況が同じであることから、BGB第401条を類推適用するのが正しいと主張する。即ち、第401条は典型的な当事者意思に基づく規定であり、債権譲受人には担保手段が不可欠であるが、債権譲渡人にはこれを留保すべき利益はないと言う。更に、ホンゼル博士は、通説の主張するような債務法上の所有権移転義務は構成上の迂回路であるとして、これを批判する。

　また、これに先立って異説を展開したと指摘されたリュール（Helmut Rühl）博士は、売買代金債権の譲渡の際に、留保された所有権が同時に債権譲受人に移転しない旨が明確に合意されない限り、債権の譲渡と同時に、物権的合意と返還請求権の譲渡によって実現される留保された所有権の譲渡があったものと見做すべきものと主張する。その根拠として、リュール博士は、「反対意思のない限り、当事者双方が所有権移転を欲していることの確定へと到達するのは、補充された解釈という手法においてのみ」と主張し、

　　渡することができるものと解されている。
(58)　この点は、Roland Michael Beckmann, J. von Staudingerskommentar zum BGB-Neubearbeitung 2004, § 449 BGB Rdn. 83.が指摘し、通説として、Palandt/ Heinrichs, § 401 Rdn. 5; Bülow, Recht der Kreditsicherheiten, Rdn. 677f.を引用し、異説として、Staudinger/ Köhler（ママ。Honsell〔§ 454ff.〕の引用ミス。）, 1995, § 455 Rdn. 45; Helmut Rühl, Eigentumsvorbehalt und Abzahlungsgeschäft einschließlich des Rechts der Teilzahlungsfinanzierung, 1930, S. 82.; Schlotter, LZ 1911, S. 49; Günter Stulz, Eigentumsvorbehalt und Wechselbegebung, JW 1931, S. 3184を引用している。
(59)　Beckmann, ibid.は、RG, 8. 12. 1916, RGZ 89, S. 193, 195（譲渡担保の事案）; unten（Fußn. 69）BGH, 15. 6. 1964, BGHZ 42, S. 53, 56f.; Meisner, Der Eigentumsvorbehalt, 1932, S. 15; Schlegelberger/ Hefermehl〔5. Aufl〕Anh. zu § 382 Rdn. 51を引用しつつ論じている。
(60)　Staudinger/ Honsell, 1995, § 455 Rdn. 45.
(61)　Rühl, a.a.O., Eigentumsvorbehalt und Abzahlungsgeschäft, S. 83.

「この帰結は利益状況に適合している。なぜなら、売買契約から発生した権利を譲渡した後には、権利の譲渡人には、もはや、所有権を留保するという利益はないからである」と主張した[62]。

しかし、2008 年 BGH 判決は、従来の判例・通説に倣い、「所有権留保は BGB 第 401 条の意味における担保権ではない」と宣言し、先例たる 1964 年 6 月 15 日 BGH 判決（BGHZ 42, S. 53, 56）を引用している[63]。しかしながら、2008 年 BGH 判決は、1964 年 BGH 判決に所謂「契約補充解釈」を採らず、物権的返還請求権の譲渡という解釈を採用した。

（イ）　物権的返還請求権譲渡の構造分析

そこで、2008 年 BGH 判決の示した物権的返還請求権の譲渡という法律関係について具体的に分析する。

動産所有権の譲渡は、物権的合意と引渡しによって、その効力を生ずる（BGB 第 929 条 1 文）。この場合において、第三者が使用賃貸借（Miete）などで占有している物を譲渡するときには、譲渡人から取得者に対する現実の引渡

---

(62)　Rühl, a.a.O., Eigentumsvorbehalt und Abzahlungsgeschäft, S. 83. この見解は、異説とはいえ、ホンゼル博士に所謂 BGB 第 401 条類推適用説ではなく、売買契約から発生した権利（債権）を譲渡した後には、その譲渡人には、もはや所有権を留保する利益はないと論じており、「補充的解釈」に基づく議論を展開している（Rühl, ibid. は、BGB 第 401 条の拡張も類推も否定する）。この解釈は、後掲（Fußn. 69）BGH, Urt. vom 15. 6. 1964, BGHZ 42, S. 53, 56. が展開した補充的契約解釈（当事者意思の補充）と同様のものと解することができる。

　　リュール博士によると（ders., S. 84）、1920 年 7 月 20 日のオーストリアの加工信用に関する命令（第 9a 条）は、与信者が供給者に対し原材料代金の支払義務を負っている場合には、供給者の同意の下で、原材料の受領者と金融与信者との間において、相当の約定がなされた場合には、供給者の原材料に関する所有権は、供給時から金融与信者の満足までは金融与信者に移転し、代金を完済して初めて受領者に移転すると規定する。この規定からは、BGB 第 401 条類推適用説が読み取れるが、リュール博士は、この規定から、当事者意思の推測ないし補充という契約補充解釈を読み取ったものと思われる。また、リュール博士は、スイスにおいては、所有権留保は債権の譲渡とともに移転する従たる権利（OR 第 170 条 1 項）と解されており、第三者が特別な権利関係に基づいて占有する物の占有移転は、引渡しがなくとも、譲渡人から第三者への通知により、占有の移転が有効となる旨の規定により（ZGB 第 924 条 1 項、2 項）、留保所有権の譲渡がなされると論じている（ders., S. 85）。しかし、スイス民法における所有権留保は、ドイツとは規定構造が異なるので（拙著『所有権留保の研究』の「序章」を参照）、そのままドイツ法の解釈に入れることは難点が伴う。また、ドイツ法の解釈としては、所有権留保が売買の附款たることに基づく付従性のない権利関係であるという本質論があるので、やはり難点がある。

(63)　1964 年 6 月 15 日 BGH 判決（BGHZ 42, S. 53, 56）は、BGB 第 401 条類推適用説を採用せず、当事者意思を補充するという手法により、債権の移転に伴い、債権者は、立替払をした銀行に対し、自己の留保した所有権の移転義務を負うという解釈を展開した判例である（後掲註 69）。

しに代えて、第三者に対する返還請求権の譲渡という方法を取ることができる（BGB 第 931 条）。これを本件の所有権留保に適用すると、留保売主 A が譲渡人、立替払人 X が取得者、第三者が留保買主 B である。

留保売主（供給者）A が立替払人 X に留保所有権を譲渡しても、留保買主 B の所有権取得への期待権は消滅しない。それゆえ、留保買主 B は、占有正権原の抗弁権（第 986 条 2 項）により、立替払による留保所有権の取得者たる X に対し、売買契約に基づく自己の占有権を対抗することができる。

留保買主は停止条件付所有権取得権者であるから、留保所有権の取得者たる X の所有権取得には対抗力がない。即ち、留保買主 B が残代金を売主 A に弁済すると、停止条件が成就するので、買主 B が真正所有者となる（BGB 第 449 条 1 項）。この場合には、BGB 第 161 条 1 項により、所有権の譲渡に内在する処分は無効となる。X の取得した留保所有権は、条件の成否に依拠していたので、X の留保所有権取得という効力は消滅する。この場合には、X が期待権の欠如（消滅）に関して善意であっても、保護されない。この点が、判旨のいう「留保買主は、売買代金の完済により所有権を取得し、取得者は所有権を失う」という箇所の意味である。

しかし、X が売主 A に代金を立替払した後に、買主 B が X に残代金を完済せずに倒産したときには、X は、立替払により、既に留保売主 A から留保所有権を譲り受けており、債務者たる買主 B からは期待権を担保目的で取得している関係上、買主 B の所有権取得を担保すべき物権的期待権は混同によって消滅するので、X は完全所有権を取得するものと解されている。

---

(64) BGB 第 161 条（条件の成否未定の間における処分の無効）
第 1 項：停止条件付で目的物を処分する場合において、その処分が、条件に依拠する効果を失わせ、もしくは侵害するときには、条件の成否未定の間にその目的物についてなされた処分は、条件成就の際に、全て無効である。

(65) Vgl. Bülow, a.a.O. (Fußn. 57), Rdn. 770 (S. 247). 同様に、MünchKomm-BGB/H. P. Westermann, 5. Aufl., §449 Rdn. 23. は、所有権留保の消滅に関する正当な法律行為による意思表示がなくとも、条件が成就したときには、留保は即時的な（ex-nunc）効果によって消滅するものと解しており、遅滞の時期に支払がなされても条件は成就され、第三者による支払でもよいと解している。

(66) Bülow, a.a.O. (Fußn. 57, 8. Aufl., 2012), Rdn. 770a (S. 247). ビューロウ教授は、前掲 2008 年 BGH 判決（BGHZ 176, S. 86, 89-90, 97）も顧慮した「混同」により、第三取得者たる X 銀行は、担保物件提供者 B（買主）の倒産手続において、自分に別除権を容認するという―典型的な―個別事案の状況に従い、担保のために、留保のなくなった所有権を取得するものと述べている。

また、買主Bの倒産前の状況において、Bが立替払人Xへの履行を遅滞したときには、Xには解除権がないので、解除しないまま、Aから譲り受けた返還請求権を行使することとなる。しかし、XがBから返還を受けた留保商品を処分した後に、Bが所有権留保売買の存続を理由として、Xに代金を提供し、再返還を請求してきたときには、Xの地位が不安定かつ危険なものとなる。それゆえ、返還請求権の譲渡という構成を採る場合には、Xが所有権留保（実質的譲渡担保）を実行し、留保商品を第三者へ処分して残代金を回収したときには、買主Bとの間の所有権留保は失効するとか、Bは弁済権ないし受戻権を失うという解釈を採る必要がある。

　このように、返還請求権の譲渡という構成を使う場合には、譲受け留保所有者には解除権がないことから、買主の権利を制限するという解釈論に依存する必要が多分に生ずるので、他の制度を用いる必要がある。

　まず、立替払人Xが留保売主Aに対して支払保証をした場合には、XのAに対する弁済と同時にAの債権と担保権がXに移転するという法定債権譲渡（BGB第426条2項〔連帯債務者〕、第774条〔保証人〕。わが民法第500条の法定代位と同じ。）という制度を用いて留保所有権も移転させるという類型が考えられる（2008年BGH判決では問題とされていないが、従来の判例・通説で検討されている）。

　次に、2008年BGH判決で検討されているように、三者間合意としては、留保売主A・買主B・立替払人Xの三者間合意、または存続当事者たる買主Bの同意（または追認）を前提として、契約関係から脱退する留保売主Aと新たに当事者（留保所有者）となるXとの合意による（結果として三者間合意と何ら変わらない形での）契約引受という法律構成が考えられる。次段以下においては、これらの理論構成について検討する。

　（ⅱ）　法定債権譲渡類型
　（ア）　法定債権譲渡の適用
　わが民法に所謂「法定代位」は、保証人など利害関係ある第三者が債務者に代わって債権者に弁済（代位弁済）をした場合には（第474条）、代位弁済者は、債権者に法定代位し（第500条）、自己の権利に基づいて求償をすることができる範囲内において、債権の効力及び担保としてその債権者が有してい

た一切の権利を行使することができる(第501条)。

　代位弁済による債権と担保権の代位者への移転は、債権と担保権との付従性・随伴性に基づいて生ずる。この点に関して、ドイツにも同様の規定が存在する。即ち、譲渡された債権を担保するために存在する抵当権、船舶抵当権及び質権、ならびに保証に基づく権利は譲渡された債権とともに新債権者へ移転する(BGB第401条1項)。また、新債権者の債権が強制執行や倒産手続において優先権である場合には、それらの手続において、これを主張することができる(同条2項)。

　しかし、ドイツにおける債権の移転に伴う担保権の移転も、わが民法と同様、担保権が債権との付従性を有する場合を前提としている。それゆえ、売買契約における付款に過ぎず、債権との付従性を有しない所有権留保に基づく留保所有権には適用されえない。

　そこで、ドイツにおいては、この法定債権譲渡を活かす形で、「交互計算留保」という類型の所有権留保が用いられてきた。

（イ）　交互計算留保の意義と適用

　交互計算留保とは、拡張・拡大類型の所有権留保の一種である。即ち、留保売主と買主との所有権留保売買における代金債権のみならず、両者間の所有権留保期間中の機械・車両の整備や修理といった継続的契約関係から生ずる、留保売主の将来債権までをも全額支払うことが、買主への所有権移転の停止条件とされるという契約である。しかし、このような二当事者間の契約以外に、支払保証をした保証人が入るケースもある。例えば、留保売主Ａと留保買主Ｂとの間に支払保証人Ｃが入り、ＣがＡに保証債務を弁済し、法定債権譲渡により債権を取得するとともに、ＣがＡから留保所有権を譲り受け、更に、ＣがＢに対して有することとなった求償債権以外に、例えば、保証人Ｃと買主Ｂとの間における一定の継続的契約関係に基づくすべての債権を弁済するまで、留保商品の所有権が買主Ｂに移転しないという停止条件の拡張類型のことを言う。わが国における包括担保類型の所有権留保と類似する。

---

(67)　Vgl. unten (Fußn. 69) BGH, Urt. vom 15. 6. 1964, BGHZ 42, S. 53, 56.
(68)　包括担保類型の所有権留保とは、留保買主に対して有する一切の債権を担保するため、販売

交互計算留保は、留保売主（または譲受け留保所有者）の買主に対する所有権移転の停止条件を、自己の代金債権以外に、留保売主（または譲受け留保所有者）の買主に対する他の債権を担保するため、便宜的に拡張するという意味において、良俗違反に当たるコンツェルン留保とは異なり、無効とはされない。前述したように、同じく拡張類型の所有権留保に属するコンツェルン留保が無効とされるのは、留保売主に対する代金債務に加え、留保売主の第三債権者に対する債務の弁済までをも、買主への所有権移転の停止条件に組み込むということで（BGB 第449条3項）、買主にとって予測不可能かつ大変な苦痛となる無限の債務拡張を図るので、良俗違反の法律行為（Sittenwidriges Rechtsgeschäft：BGB 第138条）という扱いを受けるからである。

　次に、ドイツの判例上、交互計算類型の所有権留保が問題となった事例を挙げて説明する。

　　（ウ）　交互計算留保のリーディングケース―― BGH, 15. 6. 1964[69]

【事案の概要】
　　X は法人格を有する卸売業者の組合である。X は食料品の製造供給会社たる A との間において、A の卸売業者（留保買主）に対する売買代金その他の債権について支払保証契約を締結し、X による保証債務の弁済により、A の買主に対する売買代金債権とすべての従たる権利及び優先権とともに留保所有権が X に移転する旨を合意した。X は、この契約により、A の卸売業者に対する留保商品の所有権、ならびに買主またはその他の直接占有者に対する物権的及び債権的返還請求権を取得した。商品は供給会社 A から卸売商に直接送付される。

　　B は X 組合に属しており、A と継続的供給契約を締結した卸売業者である。B は、X との間において、「供給商品に対する約定供給者の所有権留保に基づく権利は X に譲渡される旨を約定供給者と合意する。X は、X のために所有権留保に供された商品及び目的物から満足を求める権利を有し、また、X において組合員に関してなされた交互計算に基づく組合員に対するその他の債権

会社がメーカー系信販会社との間で自動車の留保所有権を準共有するという所有権留保である。この包括担保約款は、信販会社を優先留保所有者とし、留保売主を劣後留保所有者とする留保所有権の準共有という形式により留保売主を契約中に残し、買主が信販会社への割賦弁済を終了した後に、販売会社の修理代金債権などへの拡張が開始するという点において、交互計算留保とは若干異なる。

(69)　BGH, Urt. vom 15. 6. 1964, Ⅷ ZR305/62 (OLG Schleswig), BGHZ 42, S. 53. ff

に関しても、満足を求める権利を有する。」という契約関係にある。

　Yは、Bの販売所を引き受け、その在庫商品の全部を購入した。その後、Bが破産し、破産手続が開始した。Xは、A会社によって供給され、Yが引き受けた在庫商品の所有権はXにあるものと主張し、Yに対し、在庫商品の返還を請求した。第1審、原審ともにXが勝訴したので、Yが上告した。しかし、Yの上告は棄却された。

【判旨概要と分析】

　BGHは、まず第一に、「商品供給者は、買主による信用調達を目的として、同様に常に蔓延する売却商品の譲渡担保を顧慮して、このような留保をほぼ例外なく約定するのを常とする。所有権留保約款が業界の慣行となっているため、経験則によれば、これは、供給会社の契約約款にも含まれていた。即ち、Bがこの約款を知っていたということは、Bが大抵暗黙のうちに所有権留保に従わされていることから推察される。」として、第三者にも所有権留保に関する予見可能性を認めている。この点は、従来の判例・通説である。従来の判例は、所有権留保はドイツにおいては供給約款にて恒常的に使用されており、流通業界においては常識であって、これを知らなかった第二購買者は重過失者（問い合わせ義務違反者）として取り扱うとして、善意取得を否定する理由付けとして用いている。[70]

　次に、判旨は、第三者による給付ないし弁済について論じている。まず、第三者給付（弁済）に関するBGB第267条[71]の適用について、「第三者がBGB

---

(70) Vgl. BGH, Urt. vom 17. 1. 1968, WM 1968, S. 540：本件は、延長類型の所有権留保の目的物（留保商品）たる高価な建設機械を留保買主が転売したという事案である。BGHは、高価な建設機械については、所有権留保取引が常識的に存在するということを前提として、その転得者につき、所有権留保を含めた所有権に関する厳格な調査義務を認定し、これを怠った転得者に重過失を認定して、転得者の善意取得（BGB第932条、HGB第366条）を否定した。この理論構成は、RG, Urt. vom 20. 5. 1904, RGZ 58, S. 162（有価証券の善意取得が争われた事案）が動産取引においては所有権に関する調査義務が課せられ、この調査を怠った取得者は重過失と扱われるとして、有価証券取得者の善意取得を否定して以来の判例法理である。

　なお、わが国においても、最高裁の判例こそないものの、裁判例は、業者間取引の買主には所有権の所在に関する調査義務（売主に対する問い合わせ義務）を課し、これを怠った買主に過失を認定するとか（東京高判昭和49年12月10日下裁民集25巻9〜12号1033頁）、また、売買契約書や譲渡証明書、そして領収証の存在などについて調査義務を課し、これらに関する注意・調査義務を怠った転得者に過失を認定するなどして（福岡高宮崎支判昭和50年5月28日金商487号44頁、東京地判昭和52年5月31日判時871号53頁など）、即時取得の成立を否定している。

(71) BGB第267条（第三者による給付）は、債務者が自身で給付しなくてもよいときには、第

第267条により売買代金債権を売主に支払う場合にも、確かに、所有権を留保された物の所有権移転は生ずる」という見解があると指摘する。しかし、これは少数説であり、「多数説によると、BGB第267条の事案は、第三者が債権者に対して負っている自己の債務を弁済するため、特に、連帯債務者または保証人として給付する場合には存在しない。その場合には、債務者の債務は消滅せず、債権者の債務者に対する債権が、BGB第426条2項（連帯債務者の一人の弁済による弁済者への債権の移転）、第774条（保証人の弁済による保証人への法定債権譲渡）により、連帯債務者または保証人に移転する。こうなると、債権は、旧債権者と同様の範囲でこれらの者に帰属する。」として、本件のような支払保証の事案は法定債権譲渡の適用事案であると指摘する。

　しかし、判旨は続けて、留保所有権（BGB第455条〔現行BGB第449条〕）には付従性がなく、「BGB第401条の意味における従たる権利とは見做されないから、留保所有権は、BGB第412条、第401条により保証人へと移転するわけではない。しかしながら、債権者は、原則として、なおも自己に帰属している留保所有権を保証人へと譲渡すべき義務を負っている。」として、「当事者が保証人による支払の時点において初めてこの移転が生ずる旨を約定した場合にも、留保所有権は保証人へ移転する」ものと解している。

　このBGHにおける解釈の理由付けは、HRR1933年12号掲載の判例を根拠としている。BGHは、所有権を留保して債務者に供給した債権者は、自

　　三者も有効に給付することができ（1文）、この場合には、債務者の事前の同意は必要ではない（2文）という規定である。
(72)　Vgl. Enneccerus/Lehmann, Recht der Schuldverhältnisse, 15. Aufl., § 118 B Ⅲ 1 b.
(73)　Vgl. Staudinger, BGB 11. Aufl., § 267 Rdn. 16; Soergel-Siebert, BGB 9. Aufl., § 267 Rdn. 2.
(74)　前掲BGH, 15. 6. 1964 (Fußn. 69) は、BGB-RGRK, 11. Aufl. § 774 Anm. 6; Soergel-Siebert, BGB, 9. Aufl., § 774 Anm. 2 und § 401 Anm. 3; OLG Stuttgart, Recht 13 Nr. 329. を引用しつつ、債権者の留保所有権移転義務を論じている。
(75)　前掲BGH, 15. 6. 1964 (Fußn. 69) は、ライヒ裁判所（RG）の判例（RG, HRR 1933, Nr.12）として引用し、論旨を展開している（事件番号と年月日は引用なし）。しかし、Höchstrichterliche Rechtsprechung (HRR) 1933, Nr.12を確認したところ、当該箇所の判例冒頭には、OLG Köln 3. 3. 1932, 3 U 368/31としか掲載されていない。UはOLG（上級地裁）の事件番号表記であり、RGという文字もない。内容は合致しているので、おそらくは、BGHによる引用ミスと思われる。
　　OLG Köln 3. 3. 1932, 3 U 368/31（HRR 1933, Nr.12）は、第776条（担保手段の放棄）の適用は、債権者による所有権留保の放棄の場合には問題にならない（適用されない）。なぜなら、この規定は、債権者によって放棄された権利を、第774条（保証人の弁済による法定債権譲渡）に

己の自由裁量において債権の移転を妨害することは許されないとして、判例（HRR 1933, Nr. 12）が担保権の放棄による保証人の解放（免責）に関するBGB第776条を適用しないと判示した点を反対解釈し、同条を類推適用して、債権者は法定債権譲渡を受けた保証人に対して留保所有権を放棄したものと解している。この見解は、債権者が所有権留保によって供給した目的物に関する留保所有権を放棄しないという状況で、保証人が代償を獲得しえたということを前提とする。それゆえ、保証人が弁済によって債権者から債権を法定移転によって取得しても、その担保たる留保所有権を伴わなければ、不公平である。この解釈により、付従性のない所有権留保の場合においても、支払保証人は、債権の法定移転を受けるとともに、同時に、債権者の放棄により、留保所有権を獲得しうるのである。公平かつ正当な解釈と言えよう。

そして、本件においては、契約約款の中で、譲受け留保所有者Xと留保買主Bが、所有権留保の合意内容について、継続的契約関係に基づくXのBに対する将来のすべての債権が担保に含められるというところまで拡張されている。この合意は、供給者Aの権利承継人としてのXと、買主Bとの間でも行いうるので、供給者AからXへの所有権移転の時期と同時に、代金の完済ならびにXのBに対する他のすべての債権の完済という停止条件の下で、Bへの所有権の移転が行われるという、所謂「交互計算留保」は、原則として有効であると判示している。

この構成は、2008年BGH判決には現れていないが、同判決は、留保所有権と債権との付従性を否定し、その結果、随伴性に関するBGB第401条の

　　よって取得する可能性が保証人に与えられることを前提とするからであると述べている。この判旨を反対解釈すると、保証人に第774条を適用する場合には、第776条を類推して、債権者は留保所有権を放棄したものとなるのである。
(76)　BGB 第776条（担保手段の放棄）：債権者が、債権と結合した優先権、債権のために存在する抵当権もしくは船舶抵当権、債権のために存在する質権、または、共同保証人に対する権利を放棄したときには、保証人は、自分が第774条に従い、放棄された権利から代償を獲得しうる限りにおいて、保証から解放される。放棄された権利が保証の引受け後に初めて発生する場合にも、同様とする。
(77)　BGH, a.a.O. (Fußn. 69), BGHZ 42, S. 53 は、従来の判例法理として、BGH, Urt. vom 16. 12. 1957-Ⅶ ZR 49/57, BGHZ 26, S. 185, 190 ならびに上記1964年BGH判決（Fußn. 69 及び本註冒頭掲記）と同一民事部のBGH, Urt. vom 20. 5. 1958-Ⅷ ZR 329/56, NJW 1958, S. 1231 を引用指示している。

適用を否定するので、1964年BGH判決と類似する状況である。従来の判例・通説は、付従性否定説により、随伴性を否定しても、所謂「契約補充解釈」により、売主は所有権を譲渡すべき義務を負うものと解するので、2008年BGH判決も、法定債権譲渡類型が使えない理由と、その代替策としての留保売主による立替払金融機関に対する相対的な留保所有権の放棄、そして、留保売主の立替払金融機関に対する留保所有権移転義務に言及したのである。

しかし、いずれにせよ、留保所有権の移転に関して、法定債権譲渡制度を活用する場合には、売買契約の附款に過ぎず、債権との付従性を有しない所有権留保には、BGB第401条等の適用・類推適用はできないという制度上の障害があるので、特別に、契約補充解釈という解釈手法、あるいは、信義則上の所有権移転義務という解釈技術に依拠しなければならない。したがって、理論構成上、無理がある。そこで、次に掲げる契約引受類型の実用的意義について考察する必要がある。

（ⅲ）　契約引受による留保所有権の譲渡──三者間合意

（ア）　契約引受の意義

次に、2008年BGH判決は、留保売主（供給者）A、留保買主B、金融機関（立替払人）Xの三者間合意による契約引受の方法による留保所有権の譲渡について言及している。[79]

契約引受は、契約上の地位の譲渡とも言う。本稿の問題においては、留保商品の売主たるAの地位を金融機関Xに譲渡するということになる。この場合には、留保売主Aは代金債権を有するが、割賦弁済金の完済によって所有権が買主Bに移転するので、将来的には留保商品の引渡債務を負う。即ち、譲渡すべき留保売主の地位には、債権者としての地位と債務者としての地位が併存している。

AがBに対する代金債権をXに譲渡する制度として、債権譲渡がある（BGB第398条）。また、AがBに対する債務をXに譲渡する制度として、債

---

(78)　Vgl. Staudinger/Beckmann, a.a.O.（Fußn. 58），§ 449 BGB Rdn. 83.
(79)　判旨は、Palandt/Grüneberg, a.a.O.（Fußn. 32），§ 398 BGB Rdn. 38を引用指示しつつ論を進めているので、本稿においても、ここでの論述に従って、引用文献を翻訳し、再検討する。

務引受がある（同法第414条以下）。留保売主AからXへの債権譲渡は約定による旧債権者と新債権者との交替であるところ（BGB第398条）、債務者Bへ通知することによって債務者に対する債権譲渡の確定力と対抗力が生ずる（同法第409条1項）。また、AからXへの債務の移転は、XがAの債務を引き受けることによって、これも新旧債権者の交替となる。債務引受は、債権者たる買主Bと引受人Xとの契約によるが（同法第414条）、債務者たる留保売主Aと引受人Xとの契約によることもできる（同法第415条）。後者の場合には、原則として債権者Bの追認が必要であり（同条1項）、追認が得られない場合には、債務引受はなされなかったことになる（同条2項1文）。これらの規定から契約引受を法的に分析すると、確かに、債権譲渡と債務引受の複合類型ではある。しかし、契約引受は、全体としては一個の法律行為として行われる（これを「単一説」という。）[80]。また、契約としては「債務関係の処分」として位置づけられ、通常は三者間契約（三面契約）として締結され、当事者全員の承諾が要件とされる[81]。

契約当事者の交替は、別の方法でも生じうる。即ち、第一に、従来の契約を取りやめ（BGB旧第305条）、従来の内容で新たな契約を締結することがある。しかし、この方法を採ると、従来の契約との関係で発生した保証が消滅するので、この規定は当事者に不利益に働く。また、第二に、現に存する債権の譲渡において（BGB第389条以下）、債務引受を合意することがある（BGB第414条以下）。譲渡人と結びついている形成権は、譲渡された債権だけではなく、すべての債務関係に影響を与えることから、譲渡することはできないので（例えば解約告知、解除、取消権）、この類型も当事者に不利益に働くとされる[82]。だからこそ、契約引受が合意されるのである。

また、契約引受への同意は予め与えることができるが[83]、普通契約約款において、BGB第309条10号（契約相手方の交替は、約款上での相手方の表示、相手方

---

(80) 判例として、BGH, Urt. vom 20. 4. 2005-XII ZR 29/02（OLG Schleswig）, NJW-RR 2005, S. 958; BAG, Urt. vom 24. 10. 1972-3 AZR 102/72, DB 1973, S. 924 があり、通説と言われている。
(81) 判例として、BGH, Urt. vom 27. 11. 1985, NJW 1986, S. 918; BGH, ibid. NJW-RR 2005, S. 958 があり、通説であるが、Dörner教授の反対説がある（NJW 1986, S. 2916）。
(82) Vgl. R. Haase Leonberg, Anmerkung für 20. 6. 1985, JR 1986, S. 105-106.
(83) BGH, Urt. vom 18. 10. 1995, DtZ 1996, S. 56, 57.

に解除権が与えられているときには、約款上も有効。）の範囲に限られる。債務者の同意がなくても、引受けに含まれる債権譲渡は有効である。[84]更に、分離された契約当事者が倒産したときには、残留当事者は、倒産手続の開始後においても、契約引受を追認することができる。[85]

（イ）　法律による契約引受（法定引受）

BGBは、契約引受に関して一般規定を設けてはおらず、上述したように個別債権の譲渡と個別債務の引受けとして規定するのみである。しかし、以下に示すように、各種の法律により、契約引受は、他人の法律行為の効果として予定されていると言うことができる。

まず、ドイツ民法上は、賃貸建物の譲渡に伴う新所有者による使用賃貸人の地位の引受けがある（BGB第566条：売買は使用賃貸借を破らない）。また同様に、土地以外の用益賃貸借への準用（同法第581条2項）、営業譲渡に伴う企業の新持ち主による労働契約の引受けがある（同法第613a条）。

次に、質権は被担保債権の譲渡によって新債権者に移転する（同法第1250条）。その効果として、新質権者は旧質権者に対して質物の引渡しを請求することができる（同法第1251条1項）。また、新質権者が質物の占有を取得することにより、同人は、旧質権者に代わり、質権に付随する義務を質権設定者に対して負うこととなる（同条2項1文）。

次に、被保険者が被保険物を譲渡した場合には、その期間中に、被保険物の所有権を取得した者は、被保険者に代わり、保険関係から生じた権利及び義務を承継する（保険契約法〔VVG〕第95条1項）。

更に、合併の登記により、譲渡機関の財産は、義務を含めて引受機関へ移転する（環境法〔UmwG〕第20条1項1号）。使用賃借人の配偶者が使用賃借人の死亡によって使用賃貸借契約に入る場合（BGB第563条）、あるいは、旅行開始前における旅行者と第三者との交替（同法第651b条）も同様と考えられる。これらは、個別法律上の契約引受類型と解することができる。[86]

---

(84)　BGH, Urt. vom 11. 7. 1996, NJW 1996, S. 3147, 3150=ZIP 1996, S. 1516, 1519.
(85)　Lange, ZIP 1999, S. 1373. 以上の前提については、Palandt/Grüneberg, a.a.O.（Fußn. 32）, § 398 BGB Rdn. 38, 38aを参照。
(86)　Vgl. Palandt/Grüneberg, a.a.O.（Fußn. 32）, § 398 BGB Rdn. 38.

（ウ）　判例・学説

（a）　判例による法形成の承認

判例及び学説は、法律行為によってすべての債務関係を移転することが許されるという一般的に承認された根拠を、法形成（Rechtsfortbildung）という方法で、構成してきた。例えば、ネーア（Nörr）教授は、次のように述べる。即ち、債務法の歴史は、債務関係の客観化と動態化であると描写されてきた。債務関係の客観化として認識されるのは、債権関係、即ち、債権の客観性である。また、債務関係の動態化は、ドイツ法の100年においては、債務関係、即ち、債務の客観性である。一方では、法律行為と債務関係との高度な抽象化の程度において、他方では、契約に関して、契約当事者間の人的関係という残されたイメージが未解決のまま残っているが、いずれにせよ、契約の動態化に着手し、契約当事者の交替、即ち、契約引受が独自の法的類型として認められるまで、この状態は続く。そこで、判例が契約引受の類型化に着手し、BGH, NJW1985, S.2528（後掲註94, 97）は、判例によって確定されてきた契約引受の法的類型を検証している。ネーア教授は、このように論じ、BGBにおいて制度が構築されていない契約引受に関しては、判例によって法形成がなされてきたと述べている。

（b）　引受契約の締結に関する判例法理——単一説（通説）

1）　総　説

次に、BGHに現れた契約引受に関する類型について概観する。

まず、土地の売買に起因して新所有者による電気供給契約の引受けが可能かが問題となった事案において、1960年BGH判決は、双務契約においては、完全な債務法上の地位は、権利だけではなく、義務をも根拠づけるので、その地位を譲渡することはできないという大前提を掲げ、確かにBGB第571条（現行第566条）、第581条2項の明文規定のように、別の法律行為の効果として、土地の取得者が、前使用賃貸人（旧所有者）に代わって、前

---

(87)　Palandt/Grüneberg, a.a.O. (Fußn. 32), § 398 BGB Rdn. 38 は、BGH, Urt. vom 20. 6. 1985-IX ZR 173/84, (OLG Hamm) NJW 1985, S. 2528, ならびに Larenz, Schuldrecht, §35 III を引用しつつ、このように論じている。

(88)　Vgl. Knut Wolfgang Nörr, Anmerkung für BGH, 20. 6. 1985, JZ 1985, S. 1095-1096.

(89)　BGH, Urt. vom 10. 11. 1960-VIII ZR 167/59 (OLG Köln), NJW 1961, S. 453, 454.

使用賃貸人が所有者である間に使用賃貸借関係から発生した権利及び義務の承継という形で、契約関係に入るという制度はあるが、電気供給契約には、そのような明文規定はないので、解釈上の問題となるという前提に立つ。BGHは、その上で、法律行為による契約引受は、旧債務関係を消滅させることなく、債権譲渡と債務引受との結合によって可能ではあるが（BGB第398条以下、第414条以下）、旧債務関係の契約当事者双方の協力によってのみ可能であると解して、旧所有者と新所有者との合意に対し、電気供給事業者が同意をすることによって、新所有者への電気供給契約の引受けが成立するものと判示した。本判決の解釈によると、二当事者間合意に対する事業者（残留当事者）の同意によって、契約引受が実現するとした。

しかし、その後の判例は、より明確に、契約引受は、単なる債権譲渡と債務引受の組み合わせではなく、一個の法律行為であり、また、契約引受は債務関係の処分であるから、当事者全員の同意を要するものという解釈を採り[90]、あるいは、三者間合意による引受契約により成立するものという解釈を採る[91]。この契約引受は「一個の法律行為」という点から、この見解は「単一説」と称される。

2）　単一説に基づく判例法理

判例の個別事案を紐解くと、まず、1974年BGH判決[92]は、建物の使用賃貸人が土地共有者の一人であり、この土地が譲渡され、土地の新所有者が使用賃貸人の地位を引き受けた後に地上建物が取り壊されたので、使用賃借人が旧賃貸人と新賃貸人に対し、債務不履行に基づく損害賠償を請求したという事案において、「BGB第571条（またはまだ議論すべき第578条）の法的効果、即ち、取得者の使用賃貸人の地位への加入と、この地位からの譲渡人の脱退は、譲渡した所有者が同時に使用賃貸人である場合にのみ、発生する」として、旧賃貸人は共有者の一人であるから、「使用賃貸した部屋のある土地が第二被告に譲渡されたことによって、自分の締結した使用賃貸借契約から脱

---

(90)　BGH, Urt. vom 20. 4. 2005-XII ZR 29/02（OLG Schleswig）, NJW-RR 2005, S. 958ff.; BAG, Urt. vom 24. 10. 1972-3 AZR 102/72, DB 1973, S. 924.
(91)　BGH, Urt. vom 27. 11. 1985-Ⅷ ZR 316/84（Düsseldorf）, NJW 1986, S. 918; BGH, Urt. vom 20. 4. 2005, NJW-RR 2005, S. 958.
(92)　BGH, Urt. vom 3. 7. 1974-Ⅷ ZR 6/73（Frankfurt）, NJW 1974, S. 1551.

退しない。」と判示した。

　本判決で問題となった BGB 第 571 条 1 項（現行第 566 条 1 項）は、「売買は使用賃貸借を破らない」という規定であり、賃貸された住居が使用賃借人に引き渡された後、使用賃貸人によって第三者へ譲渡されたときには、取得者は使用賃貸人に代わり、自己の所有権の存続期間中に使用賃貸借関係から生じた権利及び義務を有するという法定の契約引受規定である。(93) それゆえ、新賃貸人の契約引受意思は不要であるが、旧賃貸人と土地の所有者が同一人物でなければならない。

　本件においては、土地が共有であり、使用賃貸人がそのうちの一人であったため、本条の前提要件を充たしていないとして、旧賃貸人の使用賃貸借契約からの脱退が認められず、損害賠償責任を免れないとされたのである。しかし、法定の契約引受にならなくとも、約定引受の要件を充たしていれば、旧賃貸人の脱退は認められてよいであろう。即ち、旧賃貸人と新賃貸人との引受合意があり、これに残留当事者たる使用賃借人の同意ないし追認があれば、契約引受は成立する。しかしながら、本件においては、使用賃借人の追認はなかったので、法定引受規定の適用のみが問題となった結果、その適用が認められなかったのである。

　同様の使用賃貸人の契約引受が問題となった事案として、1985 年 6 月 20 日 BGH 判決がある。(94) BGH は、「契約引受は、契約の新たな締結がなくとも、契約当事者が、契約の同一性を保持しつつ交替する、旧契約における権利の承継によって、もたらすことができる」ものと解し、「契約当事者の交

---

(93) このような規定は、従来、わが国には存在しなかった。しかし、判例は、賃貸目的不動産の所有権が第三者へ移転したときには、賃貸人の地位が新所有者に移転するものとし（最判昭和 39 年 8 月 28 日民集 18 巻 7 号 1354 頁：対抗力ある賃借権の事案）、また、不動産の新所有者への賃貸人の地位の移転に関して、新旧両所有者の合意のみで足り、賃借人の同意を要しないとしている（最判昭和 46 年 4 月 23 日民集 25 巻 3 号 388 頁：対抗力のない賃借権の事案）。この点に関して、学説（我妻榮『債権各論中巻一』〔岩波書店、1957 年〕448 頁）も、賃貸人の義務（債務）は個人的色彩を有せず、賃貸人が誰であるかによってその内容を異にしないので、承継を認めるほうが賃借人の利益にも資するという理由から、これを認める。判例は、この我妻説に従ったものである。このような判例・通説により、賃貸不動産の売買においては、BGB 第 566 条 1 項と同様、賃貸借契約の引受けという効果が認められてきた。そこで、2017 年の民法改正により、対抗力ある不動産（土地・建物）賃借権つきの不動産の譲渡に伴い、賃貸人の地位が譲渡人に承継されることとなった（第 605 条の 2 第 1 項）。

(94) BGH, Urt. vom 20. 6. 1985-IX ZR 173/84 (OLG Hamm), NJW 1985, S. 2528ff.

替は、脱退当事者、引受当事者、残留当事者間の三者間契約という方法においても、また、残留当事者が同意したときには、原当事者と新当事者との間における契約によっても、合意することができる」ものと判示している。したがって、前段の1974年BGH判決の事案においても、三者間合意や残留当事者たる使用賃借人の同意があれば、契約引受が認められたはずである。なお、この点は、使用賃借人の契約引受の場合も同様であることが、2005年BGH判決において確認されている。

　また、この1985年6月20日BGH判決においては、新使用賃貸人は賃借人の保証人に対し、旧賃貸人と同様の地位を取得しうるかという問題についても争われ、BGHは、「契約引受の場合には、BGB第401条の適法な準用により、賃料債務のために設定された保証は、契約引受後に発生したB会社の担保のための問題である場合にもYへ移転するということが導かれる。契約関係の新当事者は、債権の新債権者と同様、担保を必要とするものであるから、BGB第401条は契約引受に適用すべきである。これにより、保証人は、不利益を受けない。……保証人は、BGB第571条（現行第566条）、第572条（現行第566a条：使用賃借人の担保提供）による使用賃貸人の法定交替の場合には、新債権者に対し、引き続き義務を負うということも、受け入れなければならない。」と判示した。また、BGHは、この解釈に加えて、「BGB第571条（現行第566条）によってなされた法定の契約引受を顧慮して、BGB第572条（現行第566a条）を適用し、BGB第232条2項による保証人の地位をBGB第572条の意味における担保の給付と見做すべき場合には、使用賃貸借保証は新使用賃貸人へと移転する」ものと判示している。

　このように、ドイツにおいては、契約引受は一個の契約であるという基本的な考え方たる単一説があり、これが通説である。しかし、単一説に反対す

---

(95)　BGH, Urt. vom 20. 4. 2005 - XII ZR 29/02 (OLG Schleswig), NJW-RR 2005, S. 958ff.
(96)　BGB 第566a条（使用賃借人の担保）
　　第1文：譲渡された住居の使用賃借人が使用賃貸人に対して担保を提供していたときには、取得者は、これによって設定された権利及び義務の関係に入る。
(97)　BGH, a. a. O., (Fußn. 87 u. 94) NJW 1985, S. 2528, 2530. この点は、使用賃貸借保証を与えられた使用賃貸人（所有者）が、自己の保有する土地の買主と使用賃貸借契約への加入を合意したという事案に関する判例であるKammerG（ベルリン上級地裁）(OLGZ 25, S. 20) 及びRG (WarnRspr. 1913, Nr. 286) を引用しつつ判断したものである。

る有力説も存在するので、次段において、簡単に検討する。
　(c)　二当事者間契約説
　判例及び通説の見解に対して、契約引受は脱退譲渡人に対する意思表示で足りるというデルナー (Heinrich Dörner) 教授の反対説（二当事者間契約説）がある[99]。
　デルナー教授は、単一説が、契約譲渡は単なる債権譲渡と債務引受の組み合わせとして現れるのではなく、単一のかつ独立した法律行為として現れるものと解し、また、契約に基づいて権利や義務を共同で譲渡するためには、ただ一つの法律行為だけが必要であり、およそ二つの平行した譲渡行為が締結される必要はないと解している点について、一応正しい見解として位置づける。しかし、通説（単一説）が、「すべての形成権や受領権限を含む一揃えの契約関係を第三者へ譲渡することができるのは、契約譲渡だけであり、反対に、債権譲渡プラス債務引受ではできないと言い表している」という点について、契約譲渡による価値の移転は譲渡人と引受人との間において発生し、他方当事者には移転しないのであるから、敢えて三者間合意の必要はないのではないかという疑問から、単一説を批判して、二当事者間合意説を主張するのである[100]。
　その結果、契約引受の成立要件についても、取消原因がある場合における取消の相手方についても、引受人から譲渡人に対する意思表示で足りるものと解している。但し、契約引受に関する譲渡人からの同意や、譲渡人に対す

---

(98)　1985年6月20日BGH判決は (Fußn. 87u. 94)、契約引受の意義について、この点を前提とする判例として、BGH, a.a.O., LM AGB d. Elektr. Vers. Untern. Nr.9＝NJW 1961, S. 453 [454]、及びBGH, a. a. O., NJW 1974, S. 1551＝LM § 571 BGB Nr. 22＝WM 1974, S. 908 [909] があり、同様の見解として、BGH, Urt. vom 8. 11. 1965-II ZR 223/64, BGHZ 44, S. 229 [231]＝ NJW 1966, S. 499＝LM § 105 HGB Nr.21; BGH, Urt. vom 28. 11. 1969-V ZR 20/66, WM 1970. S. 195 [196]; BGH, (ibid.), NJW 1979, S. 1166L＝LM § 1027 ZPO Nr. 12 を掲げている。また、1985年6月20日BGH判決は、学説として、Piper, Vertragsübernahme und Vertragsbeitritt, 1963, S. 30; Staudinger-Emmerich, BGB, 12. Aufl., § 535 Rdn. 11, Weber, in: RGRK, § 398 Rdn. 8; Erman-Westermann, BGB, 7. Aufl., Vorb. § 414 Rdn. 2; Coester, MDR 1974, S. 803, 804; Nörr, in: Nörr-Scheyhing, Sukzessionen, 1983, § 17 II, S. 250 があると述べている。なお、単一説に関する判例に関して、詳細は、拙稿「所有権留保売買における信販会社の法的地位」愛知大学法経論集213号126頁以下（拙著『所有権留保の研究』「第2章」）を参照されたい。
(99)　Heinrich Dörner, Anfechtung und Vertragsübernahme, NJW 1986, S. 2916ff.
(100)　Dörner, a.a.O., NJW 1986, S. 2917.

る取消通知だけでは、他方当事者（原契約の相手方）は契約引受や契約取消を認識しえず、また、他方当事者が債務者である場合には、二重弁済の危険があるので、他方当事者に対しては、債権譲渡の場合と同じく「通知」をすれば足りると論じている。このように、デルナー説は、成立要件と債務者対抗要件を切り離しているという点に特徴があり、この法律構成は、契約譲渡の場合には、譲渡に応じて、債権譲渡と債務引受に関して適用される規定（BGB 第 409 条、第 415 条）を重畳適用し（kombinierte Anwendung finden）、これで引受人に契約上の地位が移転するのであり（成立要件）、そして、法的効力は、契約譲渡人、契約引受人も、共に、正当な方法において、通知またはこれに対応する証書の交付によって、譲渡行為の相手方に知らせる場合にのみ、発生すると言う。この「法的効力」という点は、成立後の債務者への対抗と解してよい。

(d)　単一説と二当事者間契約説に関する検討

これまで論じてきた判例法理と学説をまとめるという意味において、少し検討する。

まず、単一説は、「契約引受は、単なる債権譲渡と債務引受の組み合わせではなく、一個の法律行為」であるという前提に立つ。この点は、双務契約の当事者は互いに債権を有し、債務を負担するのであるから、第三者が当事者からその地位を承継するには、基本的に債権譲渡（BGB 第 398 条：譲渡人と譲受人との契約）と債務引受（BGB 第 414 条：相手方と引受人との契約）を必要とする。これを一回的に契約によって実現するには、譲渡人と引受人の意思表示のみでは相手方が知る由もなく、また、引受債務の債権者は相手方であり、相手方の知らないところで債務者の交替があったのでは、相手方にとって危険であるから、二当事者間の契約の効力を認めるわけには行かない。そうすると、畢竟、原契約の相手方に対する通知または承諾、もしくは追認が必要となる。ならば、最初から、三当事者全員の同意を得るか、あるいは、三者間契約という形で契約引受を認識する必要がある。ドイツの判例は、このよ

---

(101)　Dörner, a.a.O., NJW 1986, S. 2916. デルナー教授は、債権譲渡通知に関する BGB 第 409 条の類推適用による保護と論じている（ibid., S. 2920 ff.）。
(102)　Dörner, a.a.O., NJW 1986, S. 2920-2921.

うな意味において、三者間合意による契約引受を類型化し、理論化したのである。

これに対して、二当事者間契約説は、そもそも、契約引受は、引受人の譲渡人に対する意思表示が重要であり、この意思表示によって、譲渡人の債権及び債務が引受人に移転するという効果が発生するのであり（成立要件）、その効果を残留相手方に対抗するために、残留相手方の利益保護に資するような形で、契約引受の通知をすれば足りるものと主張するのである（相手方に対する効力発生）。

つまり、単一説は、三者間合意がなければ、引受けの効果は発生しないという構成であり、二当事者間契約説は、譲渡人と引受人との合意で引受けの効果は発生し、通知または承諾によって確定するという構成である。いずれも、残留相手方の利益を顧慮するという考え方であり、妥当性を有する。理論の発展過程を鳥瞰すると、元々、契約引受の起点は地位の譲渡から発している。この意味において、契約引受の合意は、当事者間で行われ、この点に関して利害関係を有する残留当事者の同意を成立要件として位置づけてきた。これが単一説である。

しかし、例えば、ドイツ民法における債権譲渡を顧慮すると、債権譲渡の意思表示が譲渡人と譲受人との間においてなされることにより、譲渡人たる旧債権者から譲受人たる新債権者へと債権が確定的に移転する（BGB第398条）。債権譲渡には債務者という利害関係人がいるが、同人との関係は、旧債権者に対する権利関係の新債権者に対する抗弁（BGB第404条）、旧債権者に対する権利による新債権者に対する相殺（BGB第406条）、旧債権者への弁済等の給付行為の新債権者への対抗（BGB第407条）によって、債務者の保護を図っている。しかし、これらに関しては、旧債権者が債務者に対して債権譲渡を通知し、債務者が債権譲渡を認識した場合には、もはや懸念は払拭され、新債権者と債務者との関係のみとなる（BGB第409条）。このように解すると、引受けの効果は当事者間の契約によって発生するというデルナー教授の見解のほうが、制度との関係は整合的である。

しかしながら、法的安定性という観点からは、単一説のほうが法律関係が単純明快であると同時に、危険もないように思われる。

(エ)　小　括——契約引受による留保所有権の移転

　本段においては、契約引受類型による留保所有権の移転に関して、契約引受に関する判例・学説を鳥瞰し、2008 年 BGH 判決の示した理論構成を概観してきた。留保商品の販売会社 A が所有権を留保して、その相手方たる留保買主 B に自動車や機械などを販売する。しかし、B が A に割賦弁済するのでは、留保売主は代金回収に時間と労力を要することとなる。そこで、この両者の間に金融機関 X が入り、X が A に立替払をし、あるいは、B の弁済に関して A に対して支払保証をし、X が連帯保証人として、B の履行遅滞に応じて、A に対して連帯保証債務を履行するというケースが考えられる。このような問題点は、わが国においても共通した問題として既に現れており、前稿において詳述した。

　この場合に関して重要な制度として、法定債権譲渡類型（BGB 第 401 条、第 426 条、第 774 条、日民第 500 条、第 501 条）に関しては詳述した。そこで、今一つの重要な制度的類型として、契約引受類型があるので、これまで論じてきた要件と効果に関して、以下において若干検討する。

　金融機関 X が留保売主 A に立替払または保証債務の履行として弁済した場合には、留保買主 B に対する X の金銭債権を担保するため、A の保有している「留保所有権」を X が取得することとなる。このプロセスに契約引受を適用すると、A・B 間の所有権留保売買における A の地位を X が引き受けることとなる。この場合には、A の有する B に対する債権者・担保権者たる地位と債務者たる地位が同時に X に移転することとなる。

　この場合において、単一説を採ると、A、B、X の三者間合意ないし契約によって引受契約が成立し、その効果は留保買主 B の代金債務の履行遅滞という停止条件付となるので、その後、X が A に対して支払をしたと同時に、A の B に対する地位が全て X に移転することとなる。もちろん、A・X 間の合意に対し、B が同意・承諾をすることによっても、その時点で引受契約が成立する。

　これに対して、二当事者間契約説を採ると、A・X 間の引受契約によって、契約が成立するが、引受契約の成立を買主 B に対抗することはできず、B の同意・承諾を待って、初めて三者間に契約成立の効力が発生する。その

後の停止条件成就によるXへの留保所有権の移転は単一説の場合と同じである。

このように考えてくると、ドイツにおける判例・通説たる単一説とデルナー教授の二当事者間契約説のいずれを採ったとしても、Xへの留保所有権移転プロセスには影響は出ない。いずれにせよ、Xへの留保所有権移転プロセスに関しては、法定債権譲渡類型として扱うよりも、契約引受類型として扱ったほうが、難点はなく、スムーズに理論構成をすることができる。今後あり得べき非典型担保法制の創出にあたっては、この点に留意する必要があろう。

(3) 留保所有権は取戻権か、別除権か

(i) 単純類型の所有権留保を取戻権とする判例・通説

次に、2008年BGH判決の判旨(oben Rdn.24)は、「単純な所有権留保の下で譲渡された物は、売買代金を完済していない留保買主の倒産においては、原則として、売主において取り戻すことができる」ものと解し、単純類型(二当事者間)の所有権留保における留保所有者には、買主の倒産手続における留保商品の取戻権を肯定している。この点は、従来の判例及び通説である[103]。

まず、通説の前提として必ず判例や文献に引用される1953年BGH判決[104]は、自動車の販売会社が、金融機関に対して譲渡担保に供した自動車の処分権限を譲渡担保権者たる金融機関から得ないうちに、担保目的物たる自動車を買主に所有権留保で売り渡し、引き渡したという事案において、譲渡担保権者には所有権と間接自主占有権があり、買主の占有権は売主との債務法上の合意によるもので対抗力がないとして、原則として、所有者には買主に対する返還請求権(BGB第985条)があると判示したものである(ただし、本件は買主の期待権の善意取得に関する事案であり、倒産取戻権の事案ではない)。

次に、1970年BGH判決[105]は、買主の履行遅滞の場合には留保売主には契約

---

(103) MünchKomm-InsO/Ganter, a.a.O. (Fußn. 33), §47 Rdn. 62は、以下に掲げる判例を引用しつつ、この「原則」の通説性に関して指摘している。
(104) BGH, Urt. vom 21. 5. 1953-IV ZR192/52, BGHZ 10, S. 69, 72=NJW 1953, S. 1099.
(105) BGH, Urt. vom 1. 7. 1970-VIII ZR24/69, BGHZ 54, S. 214, 218 f.=NJW 1970, S. 1733.

解除による返還請求権があり（無解除取戻権を否定）、留保売主の担保は、代金債権ではなく、むしろ解除による所有物返還請求権であるとした有名な判例であるところ、その中で、「留保所有権は、個別強制執行において民事訴訟法第771条の第三者異議の訴えを利用する場合にも、また、破産において破産法第43条による取戻権を利用する場合にも、いずれにせよ、留保買主の債権者による売却物への差押えを阻止する可能性を留保売主に与えている。」として、留保売主の取戻権を肯定している。

次に、1987年BGH判決は[106]、建築資材供給者（留保売主）が買主の破産手続において留保所有権に基づいて代償的取戻権を行使したところ、時期に遅れた破産の申立てのため、財団不足を理由として破産廃止となったので、会社の業務執行者（清算人）に対して個人責任を追及したという事案において、原告は「適時に申立てをしていれば得られた取戻権をもはや得られないのであるから、時期に遅れた破産の申立ての結果として、最初から留保所有権によって担保された会社債権者（原告）は、会社財産の変更に関して損失を被るという不利益が生ずる。」として、取戻権を前提としている。

　　本判決が現れる以前、旧来の判例・通説は留保買主の遅滞における留保売主の無解除取戻権を認めてきた。この点は、BGB旧第455条がこれを後押しするかのような曖昧な条文であったという点も一因であった。しかし、本判決は、無解除取戻権を批判し、この場合に解除しないと、目的物を買主の手元から引き揚げた後にも、売買契約及び売主の所有権移転義務が引き続き存在するので、却って留保売主は、場合によっては未払金の支払と引換えに売買目的物の再度の返還を請求されることを顧慮して、買主に対し売却物を準備して待ち続けることになるとして、このような危険を回避するためにも、解除して返還請求したほうが売主の利益に資すると主張した（ibid. S.219）。また、所有権留保の目的として、留保条項は、およそ留保売主の売買代金債権を担保するものではなく、契約を解消する場合における留保売主の権利を担保するものである。買主の遅滞の場合において、既に留保売主に売却物の返還請求権が認められているときには、留保売主は、契約の解消に関する即時の決定から解放され、また、留保売主は、留保買主の側からの支払によってこの問題の根拠が失われるまで、あるいは留保買主の側における一般的な危機が歴然とするまで、物を一時的に取り戻して、この決定を延期することができる。個別事案におけるこのような規定が留保売主の利益になり、また適切でもありうるということに疑いを入れるべきではないと主張した（ibid. S.219-220）。

　　ドイツ債務法改正鑑定意見において、フーバー博士は、本判決を中心に位置づけ、その結果、債務法改正委員会最終報告書の草案BGB第449条に解除による返還請求権規定（第449条2項）が設けられ、そのまま新規定となった。この点に関しては、拙著『所有権留保の現代的課題』（成文堂、2006年）第5章第5節「留保売主の返還請求権」（79頁以下）、第6章第2節「買主の履行遅滞と留保売主の返還請求権」（95頁以下、本判決については108頁）を参照されたい。

[106]　BGH, Urt. vom 3. 2. 1987-Ⅵ ZR 268/85, BGHZ 100, S. 19, 24=NJW 1987, S. 2433.

更に、1996年BGH判決[107]は、留保売主の破産手続において、破産管財人が留保商品を「棚卸資産」として第三者に売却したので、留保買主が取戻権を主張したという事案において、「留保買主かつ期待権者は、留保売主の破産手続において、所有権移転に関する条件、即ち、最後の売買代金の支払が成就し、期待権が強化され、完全権となった場合に初めて、取戻権を有する[108]。しかし、それより前は、売主に所有権が帰属しており、売主は、場合によっては、買主の破産手続において、取戻しをすることができる[109]。」と判示し、傍論ではあるが、留保買主の停止条件が成就する前における同人の破産手続においては、留保売主が取戻権者となるものと判示した。

　更にまた、1997年BGH判決[110]は、破産債務者の有する在庫商品の中に所有権留保売買の目的物があり、また、破産債務者に対する融資の担保として銀行に高額な債権が譲渡されていたという事案において、「単純な所有権留保の下で留まっている商品在庫は、破産財団に帰属しないので（破産法第1条）、破産法第43条（倒産法第47条：筆者註）により、所有権留保売主の取戻権に屈する」とし、債権譲渡担保権者には取戻権ではなく、破産法第48条（倒産法第50条、第51条1号）の別除権が与えられるに過ぎないとした。

　しかし、留保所有者の取戻権も、譲渡担保権の設定が先行する場合には、制限を受ける。2009年BGH決定[111]は、破産債務者が自己の営業の全てと営業上発生すべき将来債権を予め譲渡担保に供した後に、第三者に企業全体を所有権留保特約付で売却し、買主は、債務者の指図により代金の一部を譲渡担保権者の口座へ振り込んだので、倒産管財人が否認権を行使して、譲渡担保権者に対し、振込金相当の代償的取戻を求めたという事案において、振り込まれた金額が譲渡担保に供された目的物の価値に相当するときには、管財人に不利益はないが、支払が担保物の価値を超えていれば、その差額において、債権者に不利益があるとして、後者の場合であれば、差額分の代償的取

---

(107)　BGH, Urt. vom 9. 5. 1996-IX ZR 244/95, NJW 1996, S. 2233, 2235.
(108)　判旨は、Kilger/K. Schmidt, KO, § 15 Anm. 4c; Rolf Serick, Eigentumsvorbehalt und Sicherungsübertragung I, S. 354 を引用指示している。
(109)　判旨は、oben BGHZ 10, 69 (72)=NJW 1953, 1099=LM § 932 BGB Nr. 4; Kuhn/Uhlenbruck, KO, § 43 Rdn. 28; Kilger/K. Schmidt, § 43 Anm. 3 を引用指示している。
(110)　BGH, Urt. vom 28. 4. 1997-II ZR 20/96, NJW 1997, S. 3021, 3022.
(111)　BGH, Beschluss vom 19. 3. 2009-IX ZR 39/08, NZI 2009, S. 379, 380.

戻が認められるとした。

　学説の多数も、これらの判例法理を支持する[112]。確かに、学説上、その一部は、留保売主を取戻権者の層から除外すべきこと、また、もはや留保売主には別除権が与えられるに過ぎないことを主張してきた[113]。この見解は、倒産法改正時における議論においても、連邦司法省の「討議草案（Diskussionsentwurf）」ならびに「部会草案（Referentenentwurf）」において、いずれも、留保所有権と担保所有権を再評価し（aufwerten）、所有権留保の留保売主と譲渡担保の担保所有者に対し、等しく別除権を与えるものとし、基本的に、統一担保権構想として提案し、議論された[114]。しかし、2008年BGH判決も指摘するように、倒産法の立法者は、最終的には、政府草案（Regierungsentwurf）において、留保所有者は代金の完済を受けずに自己の所有に属する留保商品による与信（商品信用）を継続している間は、譲渡担保権者と同様の金融与信者とは見做されないとして、従来の通説と同様、原則として、留保所有者を取戻権者として位置づけたのである[115]。

（ⅱ）　統一概念としての非占有質権説

（ア）　議論の端緒

　しかし、2008年BGH判決も指摘するように、従来、単純類型の所有権留保と譲渡担保を一括して「非占有質権（besitzloses Pfandrecht）」と構成する見解も有力に存在している[116]。この見解は、ドイツにおける所有権留保と譲渡担

---

(112)　Vgl. Jaeger/Henckel, InsO § 47 Rdn. 42; Uhlenbruck, InsO § 47 Rdn. 13.

(113)　Vgl. Hübner, NJW 1980, S.729, 734; Burgermeister, Der Sicherheitenpool im Insolvenzrecht, 2. Aufl. 1996, S. 97; Häsemeyer, Insolvenzrecht Rdn. 11.10.

(114)　Leitsätze 1. 2. 10 Abs. 3, 2. 4. 4. 1 und 3. 3. 1 Abs. 1 des 1. Kommissionsberichts; 倒産法改正草案第55条1項1号、第111条3項。また、Ganter, a. a. O.（Fußn. 33）, § 47 Rdn. 62 は、倒産法改正時における議論について、Drobnig, ZGR 1986, S. 252, 260; Landfermann, KTS 1987, S. 381, 396; Kübler/Rümker, Neuordnung des Insolvenzrechts S. 135, 137 を引用指示し、また他説として、Berges, BB 1986, S. 753 を引用指示している。

(115)　Begründung zu §58 Regierungsentwurf InsO, BT-Drucksache, 12/2443, S. 125; Leipold/Marotzke, Insolvenzrecht im Umbuch, S. 183, 187f.; Hilgers, Besitzlose Mobiliarsicherheiten im Absonderungsverfahren unter besonderer Berücksichtigung der Verwertungsprobleme, 1994, S. 77ff.

(116)　Vgl. Fritz Baur, Lehrbuch des Sachenrechts 2. Aufl. 1963, § 56 Ⅰ 2, S. 521（所有権留保について）; § 56 Ⅰ 1a, S. 520（譲渡担保について）; Serick, a.a.O.（Fußn. 35）,-neue Rechtsentwicklungen, S. 216f.; A. Blomeyer, Studien zur Bedingungslehre, 1938-1939; ders., Die Rechtsstellung des Vorbehaltskäufers, AcP 162（1963）, S. 193ff., 200-201; ders., Die Rechtsstellung des

保の発展過程において、質権の設定を回避するという経済的な目的のために、占有改定による引渡しという法律上の許容により、譲渡担保の場合においては法律の外にあり（praeter legem）、あるいは法律に違反している（contra legem）ように見えることと同様、占有の公示性（Publizität）が、なおざりにされてきたということを起点としている。[117]

ゼーリック博士は、バウアー博士の試みに賛同しつつ、この理論構成を自著において紹介している。ゼーリック博士は、「非占有質権としての留保所有権と担保所有権との共通の法的な性質決定は、両担保手段を一つとして見るための温床である」と述べ、それゆえ、「バウアーが、1963年の物権法教科書における『動産に関する担保権』の章において、『質権ではない担保権（nichtpfandrechtliche Sicherungsrecht）』を一つにまとめ上げ、その際に、自身の研究において、譲渡担保（担保目的の所有権移転と債権譲渡）と所有権留保の両方を扱っているのは不思議ではない。」と述べている。[118]

Vorbehaltskäufers, JZ 1959, S. 15f.; Berger, a.a.O.（Fußn. 35）, EV u. AnwR, S. 121; Bülow, a.a.O.（Fußn. 35）, WM 2007, S. 429, 432（ders., Festschrift Georgiades, Athen 2006, S. 43ff.）. しかし、後述するように、ゼーリック博士は、最終的には、非占有質権は法体系に合致しないことを理由として、これを批判している。

(117) Serick, a.a.O.（Fußn. 35）, EV-neue Rechtsentwicklungem, S. 216. また、J.von Staudingers Kommentar zum BGB, Sachenrecht, 2017. §§ 925-984 Anhang zu §§ 929-931（Wolfgang Wiegand）Rdn. 52（S. 287）は、スイス民法が、「特別な法律関係により、物が譲渡人の側に留まる場合において、これにより、動産質に関する規定を不利に扱い、潜脱する意図であるときには、所有権の譲渡は、第三者に対しては無効（unwirksam）である。」（ZGB第717条1項）と規定する点から、BGBの起草時以来、占有改定を用いる譲渡担保が法を潜脱し、（制度上）権利を濫用し、まさに法律に違反するものと批判されてきたが（1908年及び1912年ドイツ法曹大会の討議）、ライヒ裁判所の判例（RG, 10. 1. 1885, RGZ13, S. 200）が「この方法で条件付けられた占有改定の法的可能性について異議を述べるべきではない」として、このような批判を一蹴した結果、譲渡担保は、裁判官による法形成の結果と解され、一段と、慣習法と見做されたとして、その後の学説も、譲渡担保が「それ自体」法律の予定したものではなく、「例外的に（praeter）」または全く「法律に反して」、承認を実現したというイメージを起点としていると述べ、このような観察方法について、例えば、Baur［14.Aufl.］§56 I 2 i は、「判例は、経済的な利益と要求に負けた」と述べていると言う。バウアー博士は、このような批判的観点から、「質権ではない担保権に関する概観（§56）」という一節を設けているものと思われる。

(118) Serick, a.a.O.（Fußn. 35）, EV-neue Reshtsentwicklungem, S. 216-217. ゼーリック博士は、バウアー博士の試みはその後も継続しており、「1992年の教科書の新版は、この物権法における両制度の描写を堅持している」として、Baur, SachR（2. Aufl. 1963）, 4. Kapitel, S. 497ff., §§ 56 bis 59, S. 539 bis 562; Baur/Stürner, SachR, 4. Kapitel, S. 586ff., §§ 56 bis 59, S. 609ff. bis 664. を引用指示する。しかし、ゼーリック博士によると、このような試みはその当時、バウアー博士とならぶ物権法の双璧であったヴェスタマン（Harry Westermann）博士の物権法（5. Aufl., 1966,

ゼーリック博士は、続けて、「非占有質権から統一的な動産担保手段（Einheitsmobiliarsicherheit）へ」と題し、留保所有権と担保所有権との厳密な区別から離れ、「非占有質権」という見出しの下で統一的な見方へと向かうバウアー博士の方向転換により、尚更に根拠づけられると同時に、統一的な動産担保への途が解明される（aufbereiten）と言う。即ち、担保のためにする所有権移転が無条件ではなく、許される内容で予め解除条件付きとされたときには、担保物提供者は、譲渡した担保所有権の上に期待権を取得する。連邦通常裁判所は、その法的地位を、停止条件の成就前における留保買主の地位に匹敵するものと解していると言う[119]。また、担保所有権も留保所有権も付従性では整えられないという点においても、両者の地位は比較されうると言う[120]。また、約定質権制度については、まさに債権を前提要件とし、その発生

---

§ 43, S. 296ff.）においては、何ら示されず、「譲渡担保に独自の節を設けたに過ぎず、続編（Westermann, Das Sachenrecht in der Fortentwicklung, 1973）においても、このコンセプトからの方向転換は認識されない。その後、完全に新版とし、拡張された Harry Westermann の物権法にその基礎をおく第6版が Harm Peter Westermann/Gursky/Pinger（1990）の第1巻として継続され、Harm Peter Westemann の筆になって漸く、所有権留保の物権法上の諸問題を扱った § 39（S. 261ff.）が含まれているが、彼はその際に譲渡担保の問題を § 44（S. 309ff.）で扱っているに過ぎない」として、不満を表明している。

(119) Serick, a.a.O.（Fußn. 35）, EV-neue Rechtsentwicklungem, S. 219（Fußn. 22）は、この点に関して、BGH, Urt. vom 2. 2. 1984, ZIP 1984, S. 420, 421 が、「担保のためにする所有権移転の場合には、担保物件提供者が被担保債権の完済という解除条件の下で担保物の所有権を移転する場合にのみ、担保物件提供者は、留保買主に匹敵する地位を有している。その場合には、担保物件提供者は、BGB 第160条、第161条によって保護された所有権の受戻しへの期待権を留保し、条件成就の際に、所有権が担保物件受領者から直接に期待権の取得者へと移転するという効果により、BGB 第929条以下の規定に従って所有権を譲渡することができる。これは、当民事部が従っている通説に適合している（vgl. Münch-Komm/Quack, BGB, Anh. §§ 929 bis 936 Rz. 38; Soergel/Mühl, BGB, 11. Aufl. § 930 Rz. 47, 78; Pikart, in: BGB-RGRK, 12. Aufl., § 930 Rz. 66; Palandt/Bassenge, BGB, 42. Aufl., § 930 Anm. 4c; Baur, Lehrbuch des Sachenrechts, 12. Aufl., §57 Ⅷ; Serick, Eigentumsvorbehalt und Sicherungsübertragung Ⅲ, § 37 Ⅰ 3b; Mormann, in: Ehrengabe für Heusinger, S. 186, 189ff, jeweils m.w.N.）」と論じている点を根拠とする。

(120) 従来、ドイツにおいては、担保所有権、即ち、担保のためにする所有権移転（譲渡担保 [Sicherungsübereignung]）には被担保債権との付従性（akzessorität）があるかという問題に関して、肯定説と否定説とがある。

付従性を否定する見解として、Dieter Medicus, Die Akzessorietät im Zivilrecht, JuS 1971, S. 498ff. は、民法典に規定のない譲渡担保には付従性がないという認識で学説は一致しているといい、Karsten Schmidt, Zur Akzessorietätsdiskussion bei Sicherungsübereignung und Sicherungsabtretung, in: FS Serick [1992], S. 329 (333) は、担保目的物の受戻しの場合における担保目的と担保権との債務法上の連関は、法的意義において、付従性という言葉ではなく、非付従性とい言葉であり、付従性による担保の巻き戻しは制定法以外では基礎づけられないと述

に依拠するのであるから、担保所有権の付従性に関する議論は、留保所有権と区別するための議論であったと言い、所有権留保には付従性がないので、担保所有権のメルクマールとしての付従性が欠缺することによって、初めて留保所有権との比較可能性について語ることが許されると言う。[121]

　ゼーリック博士は、更に考察すべき点として、非占有質権としての担保所有権と留保所有権の性質決定へと導く法律行為とこれによって追求された目的は、種々の箇所で一致するところ、両事案とも、その時々における担保権者は直接占有を欠いており、留保所有者は留保買主に直接占有を移転し、担保所有者は担保物提供者に直接占有を留めている点を指摘する。確かに、留保買主と担保物提供者は、担保された売買代金または消費貸借債権が回収困難となる時点までは、両者ともに担保目的物を利用（使用・収益）するという目的がある。しかし、供給者（留保売主）や銀行（譲渡担保権者）は、受信者（Kreditnehmer）の倒産の外部で、そして、まず第一に、その内部で確証される担保を有すべき者である。ゼーリック博士は、両者には、このような共通性があるので、――これは、瑕疵ある公示性、第一級の担保と結合しているということで分かることだが――、まさに、留保所有権と担保所有権のために、「非占有質権」というレッテルを受け入れることになると述べている。[122]

　（イ）　ゼーリック博士による批判

　ゼーリック博士は、このように、統一的担保制度としての非占有質権という方向性に対し、一応、興味と賛意を示した。しかし、この理論構成に賛成しているわけではない。ゼーリック博士は、確かに、非占有質権概念は経済

　　　べ、これは、はっきりと表明されているわけではないが、実務の起点でもあると述べている。わが国でも、長谷川貞之『担保権信託の法理』（勁草書房、2011 年）75-76 頁は、これらの見解（特に Medicus 説）を踏まえて、ドイツにおける譲渡担保は民法典に規定のない担保権であり、法の支配を受けないという理由で、「付従性なき担保」として理解されていると明言する。しかし、この点に関して、ゼーリック博士は、判例において、BGH, Urt. vom 23. 9. 1981, NJW 1982 S. 275, 276 によって問題が惹起されたが、BGH, Urt. vom 30. 10. 1990, NJW 1991 S. 353 によって排除されたという限りにおいて、疑わしいと述べている（vgl. Serick, a.a.O.［Fußn. 35］, EV-neue Rechtsentwicklungem, S. 219 Fußn. 23; ders., Kurtskommentar zu BGH, 30. 10. 1990, EWiR 1991, S.147, 148.）。更に、2008 年 BGH 判決も、譲渡担保の付従性、所有権留保の非付従性、所有権留保の非付従性と明言している。

(121)　Vgl. Serick, Kurzkommentar zu BGH, 30. 10. 1990, EWiR 1991, S.147, 148.
(122)　Serick, a.a.O.（Fußn. 35）, EV-neue Rechtsentwicklungen, S. 220.

的には有益かも知れないが、ここから法的な帰結を導き出すことは許されないと主張し、倒産手続において、統一的な動産担保手段として担保所有権と留保所有権を一つの行為にするため、非占有質権として特徴付けることは、どのような場合においても、実りある基盤としては、全く適切ではないと主張する。

まず、所有権留保売買により、売主の留保所有権は、売買代金の完済まで二つの目的、即ち、一方では、まだ回収していない売買代金債権を担保すべきものであり、他方では、売主の有するまだ支払が終わっていない商品の物権的返還請求権を保持し、引き続き、物権的効力により、これを保全すべきものである。

ゼーリック博士は、留保所有権と担保所有権を非占有質権として共通に特徴付けることによって、二つの動産担保手段に関する共通点が見いだされるのだが、この特徴付けによって、留保所有権に適用される非占有質権が本質的に担保所有者の権利とは別の射程を有するということが隠蔽されると言う。例えば、買主の支払遅滞の場合において、売主が契約を解除したときには、売主は自己の売買代金請求権を失うが、留保商品の所有権は失わない。留保買主が破産に陥ったときには、留保所有者は、常に、取戻権によって担保される。ゼーリック博士は、この担保目的は、質権や非占有質権の担保機能とは全く関係がなく、留保商品は、まだ回収していない債権に基づいて換価されるのではなく、単純に、非所有者の財産から所有者の財産へと引き戻されるのだと言う。

次に、ゼーリック博士は、質権と類似した機能として、留保所有者が回収困難な売買代金債権に基づいて留保物を換価する場合には、留保所有権を非占有質権としても、担保手段の換価を機縁として、担保所有権が「非占有質権」である場合とは異なる特徴を有するものと解し、換価の場合においても、留保商品は最初から留保売主たる供給者の所有物であり、供給者に留保

---

(123) Serick, a.a.O. (Fußn. 35), EV-neue Rechtsentwicklungen, S. 220.
(124) BGH, Urt. vom 1. 7. 1970, BGHZ 54, S. 214, 219.; Jaeger/Henckel § 47 Rdn.43; Henckel, Festschrift für Zeuner S. 193, 214; Reinicke/Tiedtke, Kreditsicherung S. 245; Gaul, ZInsO 2000, S. 256, 258.
(125) Serick, a.a.O. (Fußn. 35), EV-neue Rechtsentwicklungen, S. 222.

されているから、留保所有権の場合の質権は、それ自体自己の所有物に関する質権であることが明白であるが、反対に、担保所有者は、法的及び経済的帰結において、結局のところ、その財産の中に再び入れられ、同時に、自己の所有物として扱われる担保物提供者の財産に由来する物を換価するに過ぎないことから、担保所有者の権利が非占有質権と見做されるときには、これは他人の物の質権として格付けがなされると言う。この点から、両担保手段について、法的に「非占有質権」という共通の性質をもたらすことは不可能であるという結論が明らかとなる。例えば、所有権留保の場合には、倒産手続において、所有者としての権利付与が完全に前面に出てくるので、留保所有者は、買主の財産に関する破産手続において、自己の「非占有質権者」たる地位を顧慮せずに、必要に応じて取り戻すことができる。しかし、担保所有者は、その権利付与について、他人の所有物に関する単なる担保権者としてしか扱われないので、別除権を行使することができるに過ぎない。

　そして、ゼーリック博士は、結論として、「我々の法秩序にとって、信託的に結合していない完全所有権の法形式と信託的所有権の法形式との必要不可欠な区別により、「非占有質権」という符号によって、単純な所有権留保と単純な譲渡担保を統一的な法形式の中に入れることは、不可能である。また同時に、両者の制度的特徴が不明確になる。」と論じている。

　このように、ゼーリック博士によって、「留保所有権と担保所有権とは本質的に異なる」という命題が確立されたにもかかわらず、現在においても、例えば、ビューロウ教授は、単純類型の所有権留保を「自己の物に対する非占有の物的質権（Sache nach besitzloses Pfandrecht an eigener Sache）」と位置づけ、所有権留保は、留保売主の売買代金債権を担保するという目的のために完全権が留保されるのであるが、信託的構成により、完全権保有者を債務関

---

(126)　Serick, a.a.O.（Fußn. 35）, EV-neue Rechtsentwicklungen, S. 222-223.
(127)　Serick, a.a.O.（Fußn. 35）, EV-neue Rechtsentwicklungen, S. 223. 同様に非占有質権説を批判するものとして、MünchKomm-InsO/Ganter, a.a.O.（Fußn. 33）, § 47 Rdn. 55 がある。ガンター教授は、非占有質権説に対し、留保売主は、質権者とは異なり、売買代金債権の満足のために留保物を使うことができず、むしろ、売主は、買主が支払をしない場合に、契約を解除し、物を取り戻すことができるに過ぎないので、所有権留保は、売買代金を担保するのではなく、返還請求権を保全するものであるとして、前掲した 1970 年 BGH 判決の示した基準に則して理論構成しつつ、非占有質権説に反対している。

係によって担保目的で拘束することによって、争われる経済的な効果が達成されるので、売買契約の担保法的な部分に金融の性質があるとして、非占有質権として扱われるべきものと論じている。[128]

しかし、所有権留保の目的は、第一に売買代金請求権の担保、第二に契約解除に伴う返還請求権の担保という二面性を有するので、ビューロウ教授のような一面的考察は妥当性を欠くものと思われる。

(ⅲ) 延長・拡張類型の所有権留保は別除権

次に、2008年BGH判決は、「所有権留保の延長類型及び拡張類型は、——従前の破産法の権利の下におけると同様——譲渡担保とみられているが、これにより、留保買主の倒産においては、——延長ないし拡張事案の発生後は——それらの類型は、別除された満足を受ける権利を有するに過ぎない」と判示している。また、その理由は、「この担保類型は、商品信用を前提としてはいるが、経済的にも、まだ担保権の機能を有しているに過ぎない」からであると言う。

まず、延長類型の所有権留保とは、「留保買主が第三者に対して有する債権の譲受けとともにする」所有権留保のことをいい、所有権留保と債権譲渡担保との複合類型形式を採る担保権である。この類型は、ドイツにおいては慣習法的な存在及び効力をもって認められているものである。例えば、請負原材料の所有権を留保して売買した場合でも、買主たる請負人が注文者の土地に建物として築造したときには、付合により、土地の本質的（同体的）構成部分となる（BGB第93条〔構成部分〕、第946条〔土地との付合〕）。それゆえ、留保所有者は、買主の履行遅滞というリスクを回避するため、将来、買主たる請負人が注文者に対して取得する請負報酬債権を所有権留保と同時に、あるいは、事後に譲り受けておくという設定方法がドイツでは常識的に利用されている。この延長類型によって、留保所有者は自己の所有権が失われる代わりに、買主の第三債務者に対して生ずることあるべき将来の債権を予め譲り受けることとなるので、将来債権の譲渡担保権者となる。わが国における

---

(128) Bülow, a.a.O. (Fußn. 35), WM 2007, S. 432. ビューロウ教授は、譲渡担保は他人の物に対する非占有の物的質権であるとして、ドイツ倒産法改正時に現れた統一的動産担保手段肯定説に立脚している。

転売代金債権に対する物上代位と同様の機能を有する（日民第304条）。

次に、拡張類型の所有権留保とは、買主の留保売主に対する代金の支払に加えて、留保売主が買主に対して有するその他の債権や、留保売主が自己の債権者に対して有する債務を買主が弁済することを所有権移転の停止条件とするものである。前掲した交互計算留保（わが国における包括類型の所有権留保と類似する）は、前者に該当する。これは、第三者弁済を積極的に認めるドイツならではの制度である。しかし、この制度を個別商品の所有権留保に利用すると、債務者に過度の負担になりやすいという懸念が生ずる。そして、前述したように、この懸念は、拡張された所有権留保の一類型としてのコンツェルン留保において顕著となる。しかし、拡張類型の所有権留保も、留保売主や、同人からの譲受け留保所有者が、買主に対し、代金債権以外の債権を取得する場合に、この債務の弁済をも所有権移転の停止条件に組み込むという類型の拡張であれば、原契約との牽連性があるので、良俗違反などの問題は生じない。

2008年BGH判決が示すように、延長・拡張類型の所有権留保は譲渡担保と同じ金融信用の機能を有するという点も従来の判例・通説である。即ち、留保買主の財産に関する倒産手続が開始した場合において、開始前に既に当初の売買代金債権が買主や金融機関によって完済され、または、倒産手続の中で倒産管財人によって代金債権が完済されても、拡張類型の所有権留保が成立しており、まだ、別の債権の支払が滞っているときには、留保売主には、倒産財団からの取戻しが許されず、譲渡担保権者と同様、倒産手続から別除され、売却物を換価した上で債権の満足を受ける権利を有するに過ぎない[129]。[130]

この点を明確に論じている判例として、1971年2月10日のBGH判決がある。本件は、ブルドーザーの所有権留保売買において、割賦弁済中に発生

---

(129) Jaeger/Henckel, a.a.O. (Fußn. 33), §47 Rdn. 51; Bülow, a.a.O. (Fußn. 35) WM2007, S.429 ff.
(130) MünchKomm-InsO/Ganter, a.a.O. (Fußn. 33), §47 Rdn. 93; BGH, Urt. vom 9. 7. 1986-VIII ZR 232/85, BGHZ 98, S. 160, 170 = NJW 1986, S. 2948, 2950 = WuB VI B. §17 KO 4. 86 (Johlke)（出版社の書籍販売に伴う拡張類型の所有権留保の事案）; BGH, Urt. vom 10. 2. 1971-VIII ZR 188/69, NJW 1971, S. 799（ブルドーザーの留保売買に交換部品の支払とサービス給付まで拡張された交互計算留保の事案）; BGH, NJW 1978, S.632, 633; Hj. Weber, Kreditsicherheiten S. 162; Gottwald, Insolvenzrechts-Handbuch, 3.Aufl., §43 Rdn. 26; Jaeger/Henckel, a.a.O. (Fußn. 33), §51 Rdn. 28.

すべき修理にかかる部品交換等に関する債権とその他のサービス給付に関する債権が買主の所有権取得に関する停止条件に組み込まれた交互計算留保の事案である。この事案について、本判決は、留保売主は、原則として、買主の破産手続における取戻権者であるが、「本件ブルドーザーの代金は完済されたが、交換部品の支払とサービス給付の支払は滞っている。この場合の所有権留保は、担保目的物とは関係のない債権に関する物的担保に資するものである」から、この場合には、買主が設定し、占有改定によって担保権者に引渡しをした譲渡担保に該当するとして、留保売主は、この限りにおいて、別除権者に過ぎないと判示している。[131]

この場合には、確かに、買主への所有権移転の停止条件は成就していないので、留保売主や譲受け留保所有者は所有権を保持する。しかし、留保商品それ自体の代金債権は完済されているので、拡張部分たる従たる債権という金融信用を担保することになる。それゆえ、この場合には、譲渡担保権者と同様の別除権者という扱いとなる。

次に、加工約款に従い、新たに発生した留保売主の所有権または共有権も、買主の倒産手続において、別除権を成立させるに過ぎない。即ち、予めの占有改定という方法で、加工の成果たる新たな物の所有権が留保売主に移転される場合には、別除権のみを与える典型的な譲渡担保が問題となるのである。[132]また、別除権の範囲は、供給された留保物の価値までに限定され、製

---

[131] BGH, Urt. vom 10. 2. 1971-Ⅷ ZR 188/69, NJW 1971, S. 799. この構成は、BGH, Urt. vom 9. 7. 1986-Ⅷ ZR 232/85, BGHZ 98, S. 160, 170ff. も同じである。この1986年BGH判決は、留保売主の破産事件における拡張類型の所有権留保という事案において、売主の破産手続において、破産管財人は、既に代金が支払われたが、まだ別の債権を担保するために用いられる留保商品につき、破産法第17条（現行倒産法第103条）による契約の履行拒絶によってこれを掴み取るのではなく、譲渡担保の場合における担保物件受領者と同様、被担保債権が回収不能となり、担保目的物に関する換価事件が発生した場合に、漸く掴み取ることができるのだが（Rolf Serick, Eigentumsvorbehalt und Sicherungsübertragung Bd. V § 68 Ⅲ 4 a, S. 699ff., 702f.）、代金未払の留保商品に関しては、被告が商品を占有している場合には、その占有権（BGB第986条）は失われ、買主は、BGB第985条に従い、留保売主の破産管財人に返還すべき義務を負うという効果が生ずるとして、留保売主の物権的返還請求権を認めた。したがって、拡張類型の所有権留保が譲渡担保として扱われるのは、留保商品それ自体の代金が完済された時点以後である。

[132] MünchKomm-InsO/Ganter, a.a.O.（Fußn. 33）, §47 Rdn.114. この見解は従来の通説であり、Jauernig, Zwangsvollstreckungs- und Insolvenzrecht §45 I 1 a, S. 202; Schlegelberger/Hefermehl, Anh. § 382 HGB Rdn. 74; Gottwald, Insolvenzrechts-Handbuch, 3. Aufl., § 43 Rdn. 30 などがある。また、ガンター教授は、結論において一致する見解として、Serick, Eigentumsvorbehalt und

造物の製造のために倒産管財人によって投入された労働力、機械、及び財団に属する原材料の価値は、和議（Ausgleich）がなければ、財団から取り去ることは許されないとされる。

(4) 所有権留保は商品信用か、金融信用か

更に、前段の問題とも関連するが、2008年BGH判決は、留保売主たるAの留保所有権は「原所有権」であり、取戻権を有するが、立替払をしたXがAから譲り受けた留保所有権は「原所有権から派生した所有権」であり、これは譲渡担保権と同じ担保権に過ぎないので、買主の倒産手続では別除権を有するに過ぎないと解している。その理由は、Aの原所有権は「商品信用担保」を目的とするが、Xの派生所有権は「金融信用担保」を目的とするに過ぎないからであると言う。この点も通説である。

例えば、前述したように、ガンター教授は、所有権留保に関する非占有質権説を批判し、「売主は、質権者と異なり、売買代金債権の満足のために物を使うことができず、むしろ、売主は、買主が支払をしない場合に、契約を解除し、物を取り戻すことができるに過ぎない。それゆえ、所有権留保は、売買代金を担保するのではなく、返還請求権を担保するのである。もちろん、売主は、経済的には、通常は売却物を獲得ないし保持する買主に圧迫を加え、これとともに、この買主は、支払義務を果たす」ものと主張している。この点は、留保売主が買主に対して商品与信を継続しているということを意味しており、商品与信から生ずる割賦弁済行為として、継続的契約関係を構成するのである。したがって、ここからは「金融与信」という性質は出てこない。

Sicherungsübertragung Bd. V, § 63 I 4, S. 414 f.; Henckel, Aktuelle Probleme der Warenlieferanten beim Kundenkonkurs, S. 6; Jaeger/Henckel, a.a.O. (Fußn. 33), § 47 Rdn. 50 und §51 Rdn. 38; Uhlenbruck, §47 Rdn. 26; Weis in Hess/Weis/Wienberg, § 47 Rdn. 86. を掲げる。

(133) Vgl. Jaeger/Henckel, §51 Rdn. 44 ff.; MünchKomm-InsO/Ganter, a.a.O. (Fußn. 33), §47 Rdn.114.

(134) MünchKomm-InsO/Ganter, a.a.O. (Fußn. 33), § 47 Rdn. 55. この点に関して、ガンター教授は、Jauernig, Zwangsvollstreckungs- und Insolvenzrecht § 45 I 1 a, S. 201; Burgermeister, a.a.O., S. 85; Serick, a.a.O., V § 62 II 2 a, S. 332; Henckel, Aktuelle Probleme der Warenlieferanten beim Kundenkonkurs, S. 3 を引用指示している。

しかし、前述したように、ビューロウ教授は、非占有質権説に立脚しつつ、その根拠付けとして、所有権留保特約付き売買は、留保売主の売買代金債権を担保するという目的のために、条件の合意を含むという契約の担保法的な部分が売買契約に補充されるという観点から、売買契約の担保法的な部分に金融の性質があるものと解している[135]。

しかしながら、単純類型の所有権留保はもちろんのこと、拡張類型の所有権留保においても、商品本体の代金債権が未払の場合には、留保売主は契約を解除し、留保商品の返還を受けるという物権的効力を中核と解する限り、金融信用ではなく、商品信用と解することが解釈としては正当である。また、この効力から、直接的に買主の破産手続における取戻権が構成される。

他方、留保所有権を譲り受けた銀行などの金融機関は、商品を売っておらず、2008年 BGH 判決の言うように、「信用を売る」のであり、立替払や保証債務履行後の求償権を担保するための手段としては、あたかも買主の物権的期待権を担保目的で取得するという「譲渡担保権の設定」と考えると、そのような金融機関は、まさに代金を融資したのであるから、金融信用として扱う以外にはない。この構成から、直接的に買主の破産手続における別除権が構成される。

したがって、留保売主の地位は、商品与信者として、まさに「所有者たる地位の保全」に資するものであり、譲受け留保所有者の地位は、金融与信者として、「担保権者たる地位の保全」に資するものとなる。

この点は、単純類型の所有権留保と類似するファイナンスリースと比較すると、その特徴が余計に際立つこととなる。

ファイナンスリースは、リース物件提供者たるリース業者が、サプライヤー（供給者）からリース物件たる機械等を調達し、これをリース物件使用者（ユーザー）に供給して、このユーザー（使用者）からリース料（物件の代価と利息及び費用を含む。）を徴収するという与信契約である。経営の領域では、経済的には、リース物件提供者がリース物件の所有者であり続け（公課法〔Abgabenordnung〕第39条2項1号[136]）、同時に、リース料は、リース物件受領者

---

(135) Bülow, a.a.O. (Fußn. 35), WM 2007, S. 429, 432.
(136) 公課法 (Abgabenordnung) 第39条

の側では、継続的な営業上の費用と認識されるという点において、当事者にとって税制上の利益がある（投資財リース〔Investitionsgüter-Leasing〕）とされ、それゆえ、契約の形成は、原則として、金融当局のリース通達に従う。ファイナンスリースは、投資財の範囲においてのみならず、消費財の範囲においても、ますます普及している。消費財リースは、私人にとっては、金融による割賦販売との金融上の二者択一としての意味がある。その他のファイナンスリースの類型として、販売者ないし製造者リースが際立っている。ここでは、供給者自身もしくは供給者と取引関係ある企業が、リース物件提供者の役割を果たしている。これによって、典型的な三者関係が二者関係に引き下げられる。

　リース物件の所有者はリース業者であるから、ユーザーの倒産手続において、倒産管財人が履行を拒絶したときには（倒産法第103条）、リース業者は、自己の所有権に基づいてリース物件を取り戻すことができ、契約終了の際に発生する債務法上の返還請求権に基づいても、取り戻すことができる。この場合には、ユーザーには、もはや契約に基づいて達成しうる請求権は何ら帰属しないので、占有すべき権利も有しない。しかし、リース業者から担保のためにリース物件の所有権を譲渡された与信者には、取戻権は帰属しない。

　ファイナンスリースは、リースと言うよりもファイナンスを目的とする与信契約である。リース物件を媒介するという意味において、商品信用の一種

　1項　経済財（Wirtschaftsgüter）については、その所有者に課税する。
　2項　以下の規定の場合には、1項の規定は適用しない。
　1号　他人が、経済財に関して、以下の方法で、所有者として事実上の支配を行使している場合。即ち、他人が、通常の耐用期間中、所有者に対し、経済的にその経済財の作用を不能にするときには、その経済財について、所有者に課税される。経済財については、信託関係の場合には信託者に、担保所有権の場合には担保物件提供者に、自主占有の場合には自主占有者に、それぞれ課税される。

(137)　Vgl. dazu MünchKomm-InsO/Ganter, a.a.O. (Fußn. 33), §47 Rdn. 221. なお、不動産リースについては、Erlass des BMF v. 21. 3. 1972, BB 1972, S.433, 動産リースについては、Erlasse des BMF v. 19. 4. 1971, BB 1971, S. 506 (betr. Vollamortisationsverträge) und v. 22. 12. 1975, BB 1976. S. 72 (Betr. Teilamortisationsverträge) を参照。
(138)　MünchKomm-InsO/Ganter, a.a.O. (Fußn. 33), §47 Rdn. 221.
(139)　MünchKomm-InsO/Ganter, a.a.O. (Fußn. 33), §47 Rdn. 221.
(140)　MünchKomm-InsO/Ganter, a.a.O. (Fußn. 33), §47 Rdn. 221.; BGH, Urt. vom. 1. 3. 2007-IX ZR 81/05, NJW 2007, S. 1594.; Jaeger/Henckel, a.a.O. (Fußn. 33), §47 Rdn. 67.
(141)　MünchKomm-InsO/Ganter, a.a.O. (Fußn. 33), §47 Rdn. 221.

であるが、その目的は、どちらかというと、金融である。しかし、形式上、ユーザーは「所有権」を取得しないので、リース業者が「所有者」ということになる。なお、ファイナンスリースに関して、詳細は別稿に譲る。

(5) 小 括

　以上のように、所有権留保の類型のうち、単純類型は完全なる商品信用であり、拡張類型は、個別留保商品の本体価格までは商品信用、これを超えると金融信用であり、延長類型は、延長部分は金融信用である。この意味において、商品信用たる所有権留保における留保売主は、完全所有権を保持するので、代金債権の担保というよりは、解除による物権的返還請求権を保全するという面が強調される。しかし、延長・拡張類型という金融信用たる所有権留保の場合において、延長類型は債権譲渡担保となり、拡張類型は、第三債権者類型なら、留保売主の留保商品及び留保買主の期待権上の譲渡担保（共同設定）となり、交互計算留保なら、所有権留保プラス期待権の譲渡担保となるので、代金債権またはその他の債権、利息・手数料など、金銭債権の担保それ自体となる。

　それでは、本稿において現れた立替払や支払保証による譲受け留保所有者はいずれになるのかというと、前述したように、金融信用である。即ち、立替払の場合には、Ｘが留保売主Ａに代金を立替払し、Ｂに対し、割賦残債権と利息及び手数料債権を取得し、Ｂはその担保として、自己の使用している自動車や機械をＸに提供して、Ｘに対し、占有改定によって引渡しをするのであるから、Ｘ・Ｂ間の契約関係は、ドイツにおいては「期待権の譲渡担保」ということになる。また、支払保証の場合には、ＸからＡへの保証債務の弁済によって、ＸがＡの地位を承継する。この場合には、前述した

---

(142)　Ganter, in: Schimansky/Bunte/Lwowski, BankrechtsHandbuch, 3. Aufl., § 95 Rdn. 72 は、「期待権は、売却物の取引価格からまだ支払われるべき売買残代金の価格を控除したものと合致する一定の経済的価値を有する。買主が売買代金債権を弁済するに応じて、同じ程度において、期待権の価値は増大する。それゆえ、期待権利者は、期待権を信用の基礎として組み入れるという利益を有する。期待権の譲渡担保は、将来の完全所有権の取得を第三者の差押えから防御するので、留保買主の債権者も、担保手段としての期待権について利害関係を有する」ものと述べている。したがって、留保買主の直接の金融与信者たる銀行は、留保商品の上の期待権を目的とする譲渡担保権の設定を受けたものと見做すことにも一理ある。

ように、①返還請求権譲渡類型、②法定債権譲渡類型、③契約引受類型、が考えられるところ、①は買主との契約関係が残ったままでは、買主の遅滞により商品を引き揚げた後、買主の履行による再返還などの問題が生じうるので危険であるから、後二者という選択肢が残る。しかし、②は所有権留保の特質として債権との付従性がないことから、債権は法定譲渡しても、担保部分たる留保所有権の移転はない。そうすると、信義則上の引渡義務とか、放棄義務という制度の適用において一般原則などに頼る結果となり、適用における曖昧さが残る。したがって、支払保証の場合には、契約引受類型に妥当性があることとなる。

Ⅲ　日本法との若干の比較検討

1　日本法の状況との対比

わが国における問題状況と解釈は、既に別稿において詳論したので、詳細はそちらに譲るが、留保売主（販売会社）A、留保買主B、金融機関Xの三者間契約類型による所有権留保売買における信販会社の法的地位が問題となった。この点において、本稿で論じてきたドイツにおける問題状況と全く同じである。また、Bが履行遅滞に陥ったことにより、XがAに立替払や支払保証に基づいてBの代金債務を肩代わりして弁済し、XがAの留保所有権を承継するという効果もまた同じである。それゆえ、前提問題としては、日独で何ら異なる点はないと言ってよい。また、契約類型についても、わが国における包括担保類型（包括担保約款）とドイツにおける交互計算留保は、内容・効力ともに類似の拡張類型の所有権留保であり、この点も類似の状況を呈する。更に、Xへの留保所有権の移転プロセスについても、わが国で高唱されている法定代位構成とドイツにおける法定債権譲渡類型は、やはり類似の構成を採る（但し、わが国の構成は所有権留保の非付従性を見過ごしているという点において異なる）。このように、日独において、前提となる問題状況は、

---

(143)　拙稿「所有権留保の譲渡と譲受人の法的地位」千葉大学法学論集28巻1・2号（前掲註1）39頁、同「所有権留保売買における信販会社の法的地位」愛知大学法経論集213号（前掲註2）69頁。

ほとんど重なり合っている。

　しかし、倒産手続における取扱いに関しては、日独において大きな相違点がある。それは、留保買主の倒産手続において、わが国の判例及び多数学説は、所有権留保の類型を分離せず、一律に別除権構成を採っているのに対して、ドイツの判例及び通説は、概ね、単純類型と延長・拡張類型とを分離し、原則としての単純類型においては、商品信用として位置づけることにより、留保所有者を完全所有者として扱うので、買主の倒産手続においては、取戻権（代償的取戻権を含む。）構成を採っているという点である。但し、延長・拡張類型においては、金融信用として位置づけることにより、譲渡担保権者と同じく別除権構成を採っている。この場合には、わが国と同様の結果となる。

2　私見的考察

　所有権留保は売買契約の附款である。その限りにおいて、売買と切り離して考えることはできない。しかし、担保権の設定契約と解する限り、この解釈は売買と切り離して考えることとなる。だが、それでは所有権留保の本質に反する。したがって、所有権留保は売買契約の附款である。本来は、売買により所有権は買主に移転するところ、留保売主と買主との合意、即ち、留保特約によって、所有権の移転が将来の代金完済という停止条件成就時まで延期されるのである。代金債権は、売買によって発生するが、弁済は留保特約の内容に従い、割賦弁済とされる。この意味において、売買と所有権留保は契約としては一体であるから、担保権の設定のように、最初に金銭債権が発生し、この債権・債務関係と担保権とを結合させる必要性から、「付従性」なる概念を必要とするのとは異なり、所有権留保には、その性質上、付従性はありえない。[144]この前提から、法定代位によって債権と担保とを弁済者に移

---

[144]　もっとも、ドイツにおいては、「無因主義」という原則があるので、この意味において、譲渡担保にも、その他の制限物権的担保権にも、付従性はないという議論がある。この点に関しては、Staudinger/Wiegand. a.a.O. (Fußn. 117), §§ 925-984 Anh. zu §§ 929-931 Rdn. 61 以下 (Rdn. 66, 67, 特に付従性との関係に関する Rdn. 187 以下) を参照。しかし、譲渡担保と所有権留保との相違点を論ずる場合には、権利の性質に基づいて議論すべきであるから、無因主義を引き合いに出すのは妥当ではなく、むしろ別問題である。

転するという構成は、所有権留保には適さない。ドイツにおいても同様の議論が展開された結果、契約引受類型が検討され、その有用性が明らかとされている。したがって、留保所有権が、留保売主Ａから金融機関Ｘへと移転するプロセスとしては、買主Ｂを交えての三者間合意による契約引受によるものと解することが最も自然である。

次に、留保所有権を譲り受けたＸが、買主Ｂの財産に関する倒産手続において、倒産管財人Ｙに対し、留保所有権に基づいて取戻権を主張した場合には、これは認められず、ＸはＢに融資をし、期待権の上に担保権を取得した譲渡担保権者と見做され、別除権者として扱われるので、換価による優先弁済権者に過ぎない。留保売主Ａが買主Ｂの倒産手続において取戻権を行使することは許される。このＸとＡとの取扱いにおける差異は、Ｘは金融与信者であるのに対して、Ａは商品与信者だからである。したがって、所有権留保の目的に応じて、商品信用と金融信用とに分離し、前者を完全所有権の留保、後者を担保所有権の留保と解する論拠とする意味がある。

もっとも、ドイツにおいては、譲渡担保権の設定による設定者から担保権者への所有権移転も「完全所有権の移転」であり、担保権者は、物権法上、無制限の完全な所有権を取得するが、設定者に対し、債務法上の担保約款（Sicherungsabrede）の基準に従ってのみ所有権を利用すべき義務を負う。即ち、担保目的が存続する間は、担保権者は担保物件を自由に処分することが許されず、将来の実行においては、担保約款に応じて換価し、その換価金を債務の弁済に利用して、その剰余を債務者に返金しなければならない。[145]

ドイツにおいて、同じく「完全所有権」とされる留保所有権と担保所有権において、一方は、所有権の効力たる物権的効力を完全に保持するのに対して、他方は、他の制限物権たる担保権と同様、換価・優先弁済権に限定される理由は何か。それは、やはり、留保所有権は純然たる商品与信の成果であり、担保所有権は、商品与信を前提とする場合があっても、やはり、目的が金融与信、即ち、金銭債権の担保のみだからである。この意味において、商

---

(145) この点に関しては、Staudinger/Wiegand, a.a.O., Anh. zu §§ 929-931 Rdn. 59, 63; Serick, a.a.O., I, 1963, §4 II 57ff.; Otto Mühl, Sicherungsübereignung, Sicherungsabrede und Sicherungszweck, in: FS Serick [1992] S. 285ff. を参照。

品信用と金融信用という分類に起因する類型の構築には重要性がある。

3 結 語

　本稿においては、所有権留保売買における信販会社の法的地位という問題について、ドイツとの比較法を中心として考察してきた。これまで詳述してきたように、わが国と類似の問題状況にあるのに、なぜ、理論状況が異なるのか、これは、私がその昔、動産譲渡担保を端緒として非典型担保を研究するにあたっての疑問であり、未だに解決しない難問である。

　当初は、単に、物権変動における形式主義と意思主義・対抗要件主義との相違かと思っていた。譲渡担保に関する限り、ドイツにおいては、当事者が債権契約と物権的合意を締結し、占有改定による引渡しをすることによって、特定性・独立性を満たし、担保所有権の移転という効力が発生する。これをわが国の法制に置き換えてみると、担保所有権の移転時期が設定契約時となるにせよ、同時に対抗要件として占有改定による引渡しをするので、効力発生時期としては、ドイツと同様となる。それゆえ、相違点はなくなると言ってよい。

　それでは、所有権留保はどうか。わが民法において、制度は存在せず、意識の俎上に上ってきたのが譲渡担保よりも相当に遅れた。そのため、成立プロセスについて、両者は譲渡と留保という違いだけであり、中身は同じだという理解が先行したため、その結果として所有権留保の成立プロセスが軽視され、設定から実行に至るまでの解釈論については、「譲渡担保の裏返し」として位置づけられた。譲渡担保権は、金銭債権を担保するため、設定契約により、所有権移転という方法によって成立する担保物権である。しかし、所有権留保は、売買契約の附款として所有権を売主に残して留保商品に対する物権的効力を保全・貫徹するための手段である（留保所有権設定契約はない）。このような端緒における位置づけが正確になされていれば、今日のような解釈の歪みは生じなかったものと思われる。

　私は、ドイツの理論が全て正しいとは思わない。しかし、然りとて、理論上の疑問に対しては正解に近い解答を出してみたいと思っている。そのため、所有権留保に関する民法上の制度があり、譲渡担保に関しても、民法制

定前から相当に議論が重ねられてきた「先進国」たるドイツの理論を参考として、自身の理論を構築してきた。

　今後も、留保所有者や担保所有者（及び担保債権者）の地位を中心として、派生問題にも留意しつつ、更に研究成果を自身の足跡として残していきたいと思っている。

〔2018 年 4 月 1 日稿〕

倒産手続における集合動産譲渡担保と所有権留保の競合問題に関する覚書

杉 本 和 士

I　はじめに——問題状況——
II　所有権留保と動産譲渡登記を具備した集合動産譲渡担保の競合問題
　　——東京高判平成29年3月9日金法2091号71頁——
III　倒産手続における所有権留保の処遇に関する判例法理の現況
IV　倒産手続における集合動産譲渡担保と所有権留保の競合問題の処遇
V　結びに代えて——動産公示制度の課題——

I　はじめに——問題状況——

1　集合動産譲渡担保と所有権留保の競合

　近時、下級審裁判例（後述する東京高判平成29年3月9日金法2091号71頁）において、集合動産譲渡担保と所有権留保が競合する場面における両者の優劣関係が争われ、注目を集めている。この競合関係は、従来、裁判例に現れたものも管見の限りでは見当たらず、それゆえ我々には目新しい問題のようにも映る。しかし、譲渡担保の歴史的生成過程に関する近江幸治教授の研究によって明らかにされているように、この両者の競合問題は、19世紀末のドイツ法において、近代民法典の制定にもかかわらず、非典型担保が社会経済

※　本稿で扱う「倒産と所有権留保」というテーマに関連して、「第50回倒産・再生法実務研究会」（平成30年9月1日。仙台弁護士会「仙台オートローン問題研究会」の須藤力弁護士、舘脇幸子弁護士及び木下清午弁護士との共同報告及びコメント）、「東京弁護士会・金融取引委員会（平成30年10月11日）」及び「日本司法書士連合会・第2回動産・債権譲渡登記推進委員会（平成30年10月15日）」において報告の機会を賜り、参加者から貴重な御質問及び御意見を頂戴した。ここに記して感謝申し上げる。

的要請に応じて承認されるに至ったことですでに顕在化していたものであっ
た。具体的には、事業者が在庫商品又は原材料を集合動産譲渡担保に供する
ことで金融機関からの信用供与を受ける結果、この金融機関（金融債権者）の
有する集合動産譲渡担保と、在庫商品又は原材料の供給者（取引債権者）が売
掛債権の信用補完を求めて主張する所有権留保とが競合し対立してきたとい
う問題である。そして、前述の下級審裁判例における争点は、まさにこの問
題に関するものであった。したがって、これは、近代社会において時代と場
所を超えた、古くて新しい問題であると言えよう。

平時においては、集合動産譲渡担保権者と留保所有権者という担保権者間
における担保権相互の優劣関係が争いとなる。これに対して、債務者の倒産
時においては、一般債権者との関係において、それぞれの担保権者が、別除
権又は更生担保権者としてその優先的満足を承認されるか否かという点が
問題となる。そこで、本稿では後者の局面に着目し、集合動産譲渡担保と所
有権留保が競合する事案において、差し当たり、別除権の行使として担保権
者による個別的な権利行使が認められる破産手続又は再生手続が債務者（買
主）につき開始された場合を念頭におきつつ、この競合関係が倒産局面でど
のように問題となるのかについての素描を試みることを目的とする。

2 所有権留保の利用形態

ところで、所有権留保の形態については、関係当事者に着目して、売主と
買主という二者間の売買で利用される売主所有権留保と、第三者与信型信用

（1） 近江幸治『担保制度の研究―権利移転型担保研究序説―』（成文堂、1989 年）216 頁以下が、
19 世紀末から 20 世紀初頭にかけてのドイツにおいて、両者の利益衝突が顕在化する様を鮮やか
に描写する。ドイツ法では、1877 年制定のライヒ破産法が、普通法時代に見られた「公示され
ない担保権」の優先性を否定し、現実に認識可能な形で公示される担保権にのみ別除権としての
地位を与えて信用制度の保護を図った（中西正「ドイツ破産法における財産分配の基準（一）・
（二・完）」法と政治（関学）43 巻 2 号（1992 年）21 頁、43 巻 3 号（1992 年）85 頁参照）。しか
し、他方で、19 世紀中期以降の経済社会において、信用獲得のための担保手段の必要性から、
譲渡担保（Sicherungsübereignung）が普及し、他方で、これに対抗する形で卸商や原材料供給
者の信用獲得のための物的担保として所有権留保（Eigentumsvorbehalt）が発展していった
（ドイツにおける譲渡担保の発展につき近江・同書 137 頁以下、また、所有権留保の生成につき
同 218 頁及び田村耕一『所有権留保の法理』（信山社、2012 年）43 頁以下を参照）。
（2） 近江・前掲注（1）216 頁以下、同『民法講義Ⅲ担保物権』（成文堂、第 2 版補訂第 3 刷、
2009 年）323 頁参照。

取引（割賦購入あっせん取引）で利用される第三者所有権留保として分類される。また、担保目的に関する利用形態、すなわち担保としての機能に着目すると、売買契約（割賦販売契約。割賦販売法7条）における短期信用供与のための「消費過程における所有権留保」と、中長期的かつ継続的取引における信用供与のための「流通過程における所有権留保」に分類することができる。前者に関しては、今日、販売会社・顧客・信販会社の三者間での自動車割賦販売契約（オートローン契約）が典型例であり、後述するように、近時、顧客の倒産局面において、この利用形態に関する裁判例が数多く現れている。他方で、後者は、例えば、小売業や製造業を営む事業者が営業過程において転売又は加工を予定する在庫商品や原材料につき、その供給者が所有権を留保する旨の特約を付した売買契約を意味する。在庫商品又は原材料の供給者には売掛債権につき動産売買先取特権（民法311条5号、321条）による保護が与えられているものの、さらに強力かつ実効性のある信用補完の手段として、これらの債権を被担保債権として所有権留保を用いる場合がこれに当たる。

以上のうち後者につき、前述のとおり、本稿の検討対象とする在庫商品又は原材料の供給者（商取引債権者）の有する所有権留保と金融機関（金融債権者）の有する集合動産譲渡担保との競合問題が生じる。したがって、本稿では、所有権留保について、この利用形態を念頭において論じることとする。

（3）　千葉恵美子「複合取引と所有権留保」内田貴＝大村敦志編『民法の争点』（有斐閣、2007年）153頁参照。
（4）　「消費過程における所有権留保」・「流通過程における所有権留保」の用語は、米倉明「流通過程における所有権留保」同『所有権留保の研究（民法研究第1巻）』（新青出版、1997年）1頁以下〔初出、法協81巻5号、82巻1号、82巻2号（1965-1966年）〕のものである。
　　近江・前掲注（2）322頁では、所有権留保の利用形態につき、「①売主・買主間の単純な所有権留保（一般の消費過程で利用。割賦7条（指定商品の割賦販売における所有危険留保の推定）参照）」、「②売買目的物が『転売』されることを前提とした所有権留保（自動車の販売など。…）」、「③売買目的物が『加工』（商品化）されることを前提とした所有権留保（生産・流通過程における原材料の供給者が利用。…）」として分類しつつ、「『単純な所有権留保』（①を中心とし、②の転売授権がされた場合も含める）」と「『延長された所有権留保』（②と③が組み合わさった形態）」とに大別して説明されており、本文で述べた機能的な分類と概ね一致するものと思われる。

II　所有権留保と動産譲渡登記を具備した
　　　集合動産譲渡担保の競合問題
——東京高判平成29年3月9日金法2091号71頁——

1　事案及び判旨

　では、所有権留保と集合動産譲渡担保の競合関係が問題となった東京高判平成29年3月9日金法2091号71頁（以下、「平成29年東京高判」という。）[5]を紹介しよう。事案の概要及び競合関係に関わる判旨部分は、以下のとおりである。

　〈事案の概要〉

　Y（被告・被控訴人。自動車部品、電線、ガス機器、空調機器等を製造・販売することを主たる業とする株式会社）は、A（金属スクラップ等を選別・処理し、再生して販売すること等を主たる業とする株式会社）に対して**継続・反復して電線屑等の金属スクラップを売却する取引**を行い、**Aが売買代金を完済するまで金属スクラップの所有権を留保する旨**（本件所有権留保）を合意していた。Aの支払停止に伴い、Yは、本件所有権留保に基づき、Aの工場内に保管されていた金属スクラップ等（本件動産）について動産引渡断行の仮処分命令を得て、これに基づいて本件動産を工場から引き揚げて処分した。

　他方、X（原告・控訴人。主として中小企業及び中小企業者団体等に融資を行う金融機関）は、**Aに対する貸金債権を担保するため、Aが工場内で保管する在庫製品等に対して集合動産譲渡担保**（本件譲渡担保）**の設定を受け、その旨の動産譲渡登記を備えていた**。

　そこで本件は、**本件動産につき、譲渡担保権者Xと留保所有権者Yとは対抗関係に立ち、本件所有権留保について対抗要件を具備しないYは、本件譲渡担保権の対抗要件を備えるXに対抗できないから、Yによる本件動**

---

(5) 同判決に関する評釈として、進士肇「判批」金法2093号（2018年）4頁、白石大「判批」金法2096号（2018年）6頁、古澤拓「判批」金法2099号（2018年）68頁等がある。なお、同判決については、上告受理申立てがなされている。

産の処分行為はXに対する不法行為を構成し、また、これによりYが得た利益はXとの関係で不当利得に当たる旨をXが主張して、Yに対し、不法行為又は不当利得に基づき、本件動産の価格に相当する5000万円及びこれに対する上記仮処分命令の執行終了の翌日から支払済みまで民法所定の年5分の割合による遅延損害金（不当利得については同法704条前段所定の利息）の支払を求めたという事案である。

原判決（東京地判平成28年4月20日金法2091号82頁）は、Xの請求を棄却した。これに対して、Xが控訴。

〈判旨〉
（ア）所有権留保及び譲渡担保のそれぞれの成否
「本件売買契約においては、これに基づいてAに引き渡された目的物の所有権について、契約所定の決済日（毎月20日締め・翌月10日払い）に基づく代金の完済をもってAに所有権が移転する旨が定められていたものであるから、当該約定（以下「本件約定」という。）の効力により、本件動産については、Aに対する引渡しの時点で、Yに所有権が留保されたものというべきである」。「本件所有権留保は、本件売買契約に基づき売却された動産全体について設定されるものであり、売却時において、Y及びAの間において売買目的物が特定されている以上、本件所有権留保の対象となる動産の特定に欠けるところはない」。

このように、「本件約定によれば、本件売買契約に係る目的物の所有権は、当該目的物の代金の完済をもってYからAに移転するものと定められており、本件動産のうち、Xにおいて代金の完済を主張立証した動産を除く部分については、その所有権がAに移転していないこととなる。これを前提とすると、当該部分について本件譲渡担保は効力を有せず、Xは、これをYに対して主張することはできないものと解される」。

（イ）所有権留保と動産譲渡担保との関係
「確かに、本件約定の合理的意思解釈として、本件所有権留保についてX主張の担保的構成を採用した上で、Yの担保権（所有権留保）とXの動産譲渡担保を対抗関係として理解することも、理論的には不可能とはいえない」。

「しかしながら、上記理論構成を前提とすると、YがAに売却した動産は、Aの責任財産の一部を構成し、転売等を通じてその価値を維持又は向上させ、Aの全債権者、特に本件譲渡担保を有するXの利益となるものである（この点、金融債権者による与信も、抽象的には責任財産の維持・増加に資するというが、少なくとも具体的な担保権の目的物の増加に直結するものではない。）」。

「一方で、前記…の理論構成を前提とすると、我が国においては、留保所有権と動産譲渡担保権の優劣は対抗要件の具備の先後により決するほかなく、本件動産譲渡担保につき登記がされた後は、その後に本件工場に納品された動産についても占有改定による引渡しとしての対抗力を有するため、本件所有権留保はこれに劣後し、また、Yは、特段の事情のない限り、Xに対し動産先取特権を主張することもできないものと解される（最高裁判所昭和…62年11月10日第三小法廷判決・民集41巻8号1559頁参照）。このような結果は、前記…で述べたところに照らすと、留保所有権と動産譲渡担保権の間の利益衡量として適切なものとはいい難く、むしろ、動産譲渡担保の設定により、動産売買に係る与信取引を急激に萎縮させるおそれが大きいものといわざるを得ない」。「この点、Xの主張中には、売主（留保所有権者）において、動産譲渡担保の設定範囲（保管場所等）を回避することが可能である旨をいう部分があるが、そのような方策は、買主に新たな保管場所の確保等を強いる上、そもそも動産譲渡担保の設定の趣旨にも反する不合理なものといわざるを得ず、採用の限りでない」。

　　（ウ）　結論

「本件所有権留保は、本件売買契約に基づく引渡しの時点で成立し、Aによる代金の完済により消滅することとなり、一方で、Xは、本件動産について、代金が完済された部分を除き有効な動産譲渡担保権を取得せず、Yは、対抗要件の具備なくして本件所有権留保をXに主張することができる」。

（※ゴシックは引用者による。）

2　検討

　平成29年東京高判は、〈譲渡担保権者＝金融債権者〉と〈留保所有権者＝原材料等供給者〔取引債権者〕〉の利害対立が問題となった事案であった。

そして、前記の引用のとおり、同判決は、所有権留保の対象動産に対する集合動産譲渡担保の設定の効力を否定し、その結果、動産譲渡登記のなされている集合動産譲渡担保と所有権留保の競合関係について、所有権留保を優先させる判断を示した。その根拠は、次の2点に整理することができる。

　第1点は、前記判旨（ア）で説示された理論構成の点である。すなわち、売買契約が締結されて目的動産が買主に引き渡された時点において、代金の完済まで目的動産の所有権は売主に留保されていた。したがって、買主は代金完済までは当該動産の所有権を取得していないため（つまり、「処分」〔民法206条〕権能を有していない。）、金融債権者のために譲渡担保権を設定する権能を有せず、よって金融債権者は有効に譲渡担保権を取得しえないという論理である。この論理は、すでに最判昭和58年3月18日判時1095号104頁において確認されていたところであった[6]。

　ただし、前記判旨（イ）においては、「確かに、本件約定の合理的意思解釈として、本件所有権留保についてX主張の担保的構成を採用した上で、Yの担保権（所有権留保）とXの動産譲渡担保を対抗関係として理解することも、理論的には不可能とはいえない」と説示し、所有権留保と譲渡担保との間の対抗関係を肯定する可能性につき口吻を漏らしているかの感も伺える（これに対して、第1審判決〔東京地判平成28年4月20日金法2091号82頁〕は、明確に対抗関係を否定している）。仮に両者が対抗関係にあるとすれば、動産譲渡登記を具備したXの集合動産譲渡担保が優先するという結論にもなりうる。

　そこで、Yの所有権留保を優先させる第2点目の実質的根拠として、前記判旨（イ）において、留保所有権者と、譲渡担保権者との間の利益衡量に関する判断が示されている。すなわち、原材料供給者による動産（原材料）の供給は、債務者の責任財産の価値を維持又は向上させ、これによって特に集合動産譲渡担保権者の利益に裨益する存在である。その一方で、仮に所有権留保と譲渡担保の対抗関係を前提とすれば、動産譲渡登記を具備した集合動産譲渡担保権者との関係で原材料供給者の所有権留保は必然的に劣後し、

---

(6)　ただし、同判決は、流通の予定されない動産の売買契約につき、分割払により代金を完済するまで所有権を売主に留保していたという、「消費過程における所有権留保」の一種に該当する事案に関する判例であり、平成29年東京高判の事案とは異なるものであった。

さらに動産売買先取特権（民法311条5号、321条）による動産競売も、特段の事情のない限り、「第三取得者」（民法333条）たる譲渡担保権者による第三者異議の訴え（民事執行法38条1項）によって許されない（最判昭和62年11月10日民集41巻8号1559頁参照）。そうすると、原材料供給者が、一方で債務者の責任財産、ひいては集合動産譲渡担保の目的物の担保価値を創出するのに寄与しながら、他方でその代金債権（取引債権）については信用補完の術が失われてしまう結果となり、集合動産譲渡担保権者と留保所有権者との利益の均衡を失するものであり、ひいては動産売買における信用取引を委縮させてしまい、妥当ではない、というのである。

以上のとおり、平成29年東京高判は、少なくとも平時の局面に関して、所有権留保が集合動産譲渡担保に優先するという結論を導いている。もっとも、以下で論じるように、この判断によって問題が抜本的に解決されたとは言い難く、平成29年東京高判の事案と判断は、公示に関する立法的又は運用上の課題を浮き彫りにしているように思われる。今日、集合動産譲渡担保については、動産及び債権の譲渡の対抗要件に関する民法の特例等に関する法律（以下、「動産債権譲渡特例法」という略記を用いる。）により動産譲渡登記を具備することで、譲渡担保の存在を登記により公示することが可能であり、実際に平成29年東京高判の事案でもこの動産譲渡登記が具備されていた。これに対して、所有権留保は、およそ公示手段を持たない。それにもかかわ

---

(7) 同判決につき、近江幸治「判批」昭和62年重判解（1988年）79頁は、「動産売買先取特権は、効力の薄弱な、対抗力（公示方法）をもたない非占有担保権であり、他方、集合物譲渡担保もまた、原則として公示方法をもたない非占有担保権であ」り、両者ともに、「対抗力を有しない非占有の動産担保制度であって、従って、両者の根本においては、相手方を排斥し合ういわゆる対抗上の優劣関係はないといわなければならない」として、「両者の関係の基本は、順位的優先関係と捉えなければならない」旨を指摘する。
(8) ただし、この事案において、債務者Aは支払を停止していたため、事実上の倒産状態にあったと推測される。
(9) もっとも、登記の効力自体は、民法178条の「引渡しがあったものとみなす」に留まる（動産債権譲渡特例法3条1項）。
(10) 動産を目的とする質権設定、所有権留保、リース等が動産債権譲渡特例法上の登記の対象とされない理由については、「所有権留保やリースは、取引当事者間において、所有権の移転等の物権変動を伴わないため、基本的に物権変動を公示させることによって当該物権変動に対抗力を付与するという仕組を取っている我が国の公示制度になじみません。」という解説がなされている（植垣勝裕＝小川秀樹編著『一問一答動産・債権譲渡特例法』（商事法務、三訂版増補、2010年）15頁）。

らず所有権留保が常に優先する扱いがなされてしまうとすれば、「公示なき非典型担保」の弊害が懸念される。

さらに、債務者につき法的倒産手続が開始された局面では、別の考慮が必要となる。担保権を原則として手続に拘束しないとする別除権構成を採る破産手続と再生手続（破産法2条9項、65条1項、民事再生法53条1項、2項）の局面を念頭に置くと、担保権者が別除権を行使するには、破産管財人又は再生債務者等と対抗関係に立つと解されるため、原則として手続開始の時点で当該担保権につき登記、登録等の第三者対抗要件を具備している必要がある（破産法49条1項本文、民事再生法45条1項本文参照）。そして、近時の最高裁判例は、自動車割賦販売契約（いわゆるオートローン契約）に関する事案において、所有権留保についても、同様に手続開始時に登記・登録等の具備がなければ別除権の行使が認められないとの判断を示している（ただし、民法上の法的性質は、直ちにここから明らかとはならない）。そうすると、債務者につき破産手続又は再生手続が開始された場合には、集合動産譲渡担保と所有権留保の競合関係は、平時とは異なる規律に服するのではないかと考えられる。

そこで、この倒産局面での問題を検討する前提として、以下において、倒産手続における所有権留保の処遇に関する判例法理の現況を確認することとしたい。

Ⅲ　倒産手続における所有権留保の処遇に関する判例法理の現況[11]

前提として、倒産手続、特に物的担保（正確には、特別の先取特権、質権、抵当権又は商事留置権。さらに、解釈上、非典型担保も含まれる。）につき、手続によら

---

(11) 倒産手続一般における所有権留保の処遇に関して、矢吹徹雄「所有権留保と倒産手続」判タ514号（1984年）115頁、道垣内弘人『買主の倒産における動産売主の保護』（有斐閣、1997年）〔初出、法協103巻8号、10号、12号、104巻3号、4号、6号（1986-1987年）〕、印藤弘二「所有権留保と倒産手続」金法1951号（2012年）62頁、同「所有権留保と倒産手続」金融法研究29号（2013年）5頁、岩崎通也＝権田修一「所有権留保（概説および倒産法上の論点）」「倒産と担保・保証」実務研究会編『倒産と担保・保証』（商事法務、2014年）、破産手続における所有権留保の処遇に関しては、ドイツ法との比較法研究を含めて、三上威彦「基本的所有権留保と破産手続（上）」・「（下）」判タ529号（1984年）25頁、536号（1984年）50頁等がある。

ない別除権としての個別的権利行使が認められる破産手続又は再生手続（破産法2条9項、65条1項、民事再生法53条1項、2項）において、所有権留保がどのように処遇されるのかについて、民法上の法的性質論と比較しつつ、確認しておこう。

1 実体法と倒産法における留保所有権の法性決定

周知のとおり、所有権留保の法的性質として、大別して、担保目的による制約を認めるものの、売主の留保所有権を名目どおり「所有権」と見るのか、それとも、担保としての実質を重視して直截に「担保権」の一種と見るのかにつき、民法学説上、見解の対立が見られる[12]。この点に関して、判例（最判平成21年3月10日民集63巻3号385頁。オートローン契約における所有権留保につき、留保所有権者の撤去義務及び不法行為責任の有無が争われた事例）には、「留保所有権者が有する留保所有権は、原則として、残債務弁済期が到来するまでは、当該動産の交換価値を把握するにとどまるが、残債務弁済期の経過後は、当該動産を占有し、処分することができる権能を有する」と判示するものがある。

他方、倒産法学説において、所有権留保の処遇につき、かつては取戻権（破産法62条、民事再生法52条1項、会社更生法64条1項）説が通説であったが[13]、破産法や民事再生法において、留保所有権は別除権として扱われるというのが近時の通説[14]及び裁判例[15]の立場である。なお、たしかに、少なくとも破産手

---

(12) 近江・前掲注（2）323-324頁等参照。

(13) 我妻榮『債権各論　中巻一（民法講義V2）』（岩波書店、1957年）318頁、中田淳一『破産法・和議法』（有斐閣、1959年）116頁、幾代通「割賦売買―所有権留保売買」契約法大系慣行委員会編『契約法大系Ⅱ（贈与・売買）』（有斐閣、1962年）296頁等。今日、なお取戻権を主張する有力説として、三上・前掲注（7）（下）62頁、道垣内弘人『担保物権法』（有斐閣、第4版、2017年）373頁がある。

(14) 竹下守夫「所有権留保と破産・会社更生」同『担保権と民事執行・倒産手続』（有斐閣、1990年）267頁〔初出、曹時25巻2号、3号（1973年）〕、特に292頁以下が、別除権説の嚆矢となった見解を示す。その後、伊藤眞『破産法・民事再生法』（有斐閣、第3版、2014年）446頁等。民法学説においても別除権説の支持を明言するものとして、近江・前掲注（2）327頁等がある。

(15) 後述する最判平成22年6月4日民集64巻4号1107頁〔民事再生〕及び最判平成29年12月7日民集71巻10号1925頁〔破産〕がいずれも留保所有権の別除権行使を前提に判断するほか、別除権説を採用する旨を明らかにする下級審裁判例として、札幌高決昭和61年3月26日判

続又は再生手続においては、取戻権としてであれ別除権であれ、いずれにおいても手続によらない個別的な権利行使が許容される点では共通し、その点で一見すると議論の実益は乏しいようではある。しかし、例えば、破産法上、取戻権の目的物は法定財団を構成しないのに対して、別除権の目的物は法定財団に含まれ、破産管財人による管理処分権に服し、その一定のコントロールを受けるという相違がある。具体的には、破産管財人による受戻し（破産法78条2項14号）、換価権の行使（同法154条、184条2項）、別除権者による処分期間の指定の申立て（同法185条1項、2項）、担保権消滅許可（破産法186条以下）といった点が挙げられ（再生手続における再生債務者等についても、受戻し〔民事再生法41条1項9号〕、担保権実行手続中止命令〔同法31条〕、担保権消滅許可〔同法148条以下〕といった別除権行使に対する対抗手段が認められている。）、この点において法性決定を論ずる意義がある[16]。

　従来、倒産手続における所有権留保の処遇は、実体法上の法的性質論から演繹的に導き出されてきた（所有権構成⇒取戻権、担保権構成⇒別除権又は更生担保権）。しかし、法的倒産手続における実体権の処遇については、実体法上の法的性質論とは差し当たり区別し、手続開始前における実体法上の法律関係を前提としつつも、倒産法固有の合目的的な観点において判断されるべきである[17]。そして、所有権留保に関しても、破産手続又は再生手続においてこれをどのように把握し、処遇すべきかという観点において、端的にその担保としての実質を重視し、別除権として原則として破産手続又は再生手続によらない権利行使を認めつつも、所有権留保目的物に対して破産管財人又は再生債務者等による上記のコントロールを及ぼすべきであると考える[18]。

タ601号74頁〔破産〕、東京地判平成18年3月28日判タ1230号342頁〔民事再生〕等がある。実務運用については、東京地裁破産再生実務研究会編著『破産・民事再生の実務〔第3版〕破産編』（金融財政事情研究会、2014年）347頁、中山孝雄＝金澤秀樹編『破産管財の手引〔第2版〕』（金融財政事情研究会、2015年）217頁（いずれも上記・最判平成22年6月4日を根拠とする。）等を参照。

(16)　伊藤・前掲注（14）446-447頁参照。
(17)　杉本和士「破産管財人による所有権留保付動産の換価—前提となる法的問題の検討」岡伸浩ほか編著『破産管財人の財産換価』（商事法務、2015年）707-708頁。
(18)　杉本・前掲注（17）713-714頁。

2　破産手続又は再生手続における留保所有権の別除権行使のための要件

さらに、近時の最高裁判例が、オートローン契約における信販会社による留保所有権の別除権行使の事案について、破産手続や再生手続において留保所有権を別除権として行使するための要件として、手続開始時において登記・登録等の具備を要する旨を判示している（最判平成 22 年 6 月 4 日民集 64 巻 4 号 1107 頁〔以下、「平成 22 年最判」という〕及び最判平成 29 年 12 月 7 日民集 71 巻 10 号 1925 頁〔以下、「平成 29 年最判」という〕）。

(1)　平成 22 年最判

まず、平成 22 年最判は、下記に引用するように、結論において、信販会社の立替金及び手数料債権（立替金「等」債権）を被担保債権とする、販売会社・顧客・信販会社の三者間契約の事案について、再生手続開始の時点で信販会社の登録名義がない限り、留保所有権者である信販会社による別除権行使を認めない旨を判示する。[19]

> 「……本件三者契約は、販売会社において留保していた所有権が代位により X（※引用者注：信販会社）に移転することを確認したものではなく、**X が、本件立替金等債権を担保するために、販売会社から本件自動車の所有権の移転を受け、これを留保することを合意したものと解するのが相当であり、X が別除権として行使し得るのは、本件立替金等債権を担保するために留保された上記所有権である**と解すべきである。すなわち、X は、本件三者契約により、Y（※引用者注：顧客、再生債務者）に対して本件残代金相当額にとどまらず手

---

(19)　同判決による倒産実務上の影響や問題点の検討について、阿部弘樹ほか「登録名義を有しない自動車所有権留保の破産手続上の取扱いに関する実務の流れと問題点の検討—平成 22 年 6 月 4 日最高裁判決を契機として」事業再生と債権管理 155 号（2017 年）64 頁を参照。

　　なお、同判決は、顧客が信販会社に対して立替払金及び手数料を完済するまでは自動車登録を販売会社名義のままとする自動車販売業界の長年の実務慣行を否定する契機を含む。それゆえ、同判決の登場により、販売会社・顧客・信販会社の三者間での自動車割賦販売契約（オートローン契約）に関して、顧客の破産手続又は再生手続において、立替払をした留保所有権者たる信販会社による別除権行使の可否、さらに、手続開始前における信販会社による自動車の引揚げに対する否認権の成否をめぐる紛争が全国において多発し（自動車メーカー系のクレジット会社全社に関する統計によると、同判決の後、年間の紛争件数が以前の 10 倍以上まで増加していたとのことである。阿部ほか・前掲 67 頁参照）、公刊物に掲載されている関連裁判例だけでも相当数が存在する。しかし、その後、後述するように、売買代金債権を被担保債権とする限りでは代位構成の下で販売会社名義のままでも別除権行使を認める旨を判示した平成 29 年最判の登場により、紛争件数の鎮静化が図られている。

数料額をも含む本件立替金等債権を取得するところ、同契約においては、本件立替金等債務が完済されるまで本件自動車の所有権が X に留保されることや、Y が本件立替金等債務につき期限の利益を失い、本件自動車を X に引き渡したときは、X は、その評価額をもって、本件立替金等債務に充当することが合意されているのであって、**X が販売会社から移転を受けて留保する所有権が、本件立替金等債権を担保するためのものであることは明らかである。**立替払の結果、販売会社が留保していた所有権が代位により X に移転するというのみでは、本件残代金相当額の限度で債権が担保されるにすぎないことになり、本件三者契約における当事者の合理的意思に反するものといわざるを得ない」。

「そして、再生手続が開始した場合において再生債務者の財産について特定の担保権を有する者の別除権の行使が認められるためには、**個別の権利行使が禁止される一般債権者と再生手続によらないで別除権を行使することができる債権者との衡平を図るなどの趣旨から、原則として再生手続開始の時点で当該特定の担保権につき登記、登録等を具備している必要があるのであって**（民事再生法 45 条参照）、**本件自動車につき、再生手続開始の時点で X を所有者とする登録がされていない限り、販売会社を所有者とする登録がされていても、X が、本件立替金等債権を担保するために本件三者契約に基づき留保した所有権を別除権として行使することは許されない。**」

（※注記及びゴシックは引用者による。）

同判決については、すでに多数の評釈において論じられているが、私見による理解は以下のとおりである（なお、同判決は再生手続に関する判例であるが、同じく別除権構成を採る破産手続の場合も射程に入れて検討する[20]）。

仮に、実体法上の解釈において、販売会社と顧客との間で留保所有権に関して何ら物権変動が生じていないという理解を前提とすると、顧客につき破産手続又は再生手続が開始された場合、破産管財人又は再生債務者等に第三者性（民法 177 条、178 条、道路運送車両法 5 条 1 項等）を肯定したとしても、販売会社との間において対抗関係を観念することはできない。その結果、留保所有権者による対抗要件の具備は必要とされないとの形式論理が導かれそうである。

---

(20) 杉本和士「判批」法学研究（慶應義塾大学）86 巻 10 号（2013 年）90 頁、同・前掲注（17）718-721 頁参照。

しかし、所有権留保が担保目的で利用されている実態を踏まえると、平時はともかく、少なくとも破産手続又は再生手続との関係においては、このように「公示なき非典型担保」を無条件に別除権として行使することは許容されるべきではない。なぜならば、破産手続又は再生手続において、破産財団又は再生債務者財産に属する財産は、破産手続又は再生手続の開始前にあらかじめ設定され公示された担保権の目的となる特定財産を除き、原則として一般債権者である破産債権者又は再生債権者に対する満足の原資として期待されているはずだからである。それにもかかわらず、当事者間の合意によって定められた範囲の被担保債権に対する優先権を事前に付与する担保権が、公示さえないままに、破産手続又は再生手続の開始後も別除権として手続拘束を受けずに行使されうるという状況を仮に放置すれば、破産財団又は再生債務者財産は一般債権者たる破産債権者又は再生債権者の予想を裏切る形で食い破られる。その結果、これらの一般債権者と別除権者との間の衡平が害されることとなってしまうであろう。平成22年最判が、「個別の権利行使が禁止される一般債権者と再生手続によらないで別除権を行使することができる債権者との衡平を図るなどの趣旨」を根拠として説示するのは、この趣旨によるものだと考えられる。また、そこで民事再生法45条が参照されている趣旨は、法的倒産手続における一般債権者に対する優先性は、手続開始時までに予め公示されていなければならないとの法理を示唆するものと言えよう。[21]

したがって、仮に実体法上の物権変動に基づく対抗関係を観念できないことを理由に登記・登録等がこの意味における対抗要件として不要であるとしても、破産手続又は再生手続において別除権としての個別的な権利行使が認められるには、手続開始時において登記・登録等が優先性公示のための要件として具備されていることが要求される。以上が、平成22年最判から導出される法理であると考えられる。

(2) 平成29年最判

平成29年最判は、平成22年最判と同様にオートローン契約における信販

---

(21) さらに厳密には、手続開始前の対抗要件具備であっても、対抗要件否認（破産法164条、民事再生法129条、会社更生法88条）の対象となりうる。

会社による留保所有権の別除権行使の事案につき、後記のとおり、自動車売買で所有権留保の合意がされ、代金債務の保証人たる信販会社が販売会社に代金残額を支払った後、購入者の破産手続が開始した場合、その開始の時点で自動車につき販売会社名義の登録がされているときには、保証人たる信販会社が、自己名義登録がなくても留保所有権を別除権として行使することができる旨を判示したものである。

> 「自動車の購入者と販売会社との間で当該自動車の所有権が売買代金債権を**担保するため販売会社に留保される旨の合意がされ**、売買代金債務の保証人が販売会社に対し保証債務の履行として売買代金残額を支払った後、購入者の破産手続が開始した場合において、**その開始の時点で当該自動車につき販売会社を所有者とする登録がされているときは、保証人は、上記合意に基づき留保された所有権を別除権として行使することができる**ものと解するのが相当である」。

> 「保証人は、主債務である売買代金債務の弁済をするについて正当な利益を有しており、**代位弁済によって購入者に対して取得する求償権を確保するために、弁済によって消滅するはずの販売会社の購入者に対する売買代金債権及びこれを担保するため留保された所有権（以下「留保所有権」という。）を法律上当然に取得し、求償権の範囲内で売買代金債権及び留保所有権を行使することが認められている**（民法500条、501条）。そして、購入者の破産手続開始の時点において販売会社を所有者とする登録がされている自動車については、**所有権が留保されていることは予測し得るというべきであるから、留保所有権の存在を前提として破産財団が構成されることによって、破産債権者に対する不測の影響が生ずることはない。そうすると、保証人は、自動車につき保証人を所有者とする登録なくして、販売会社から法定代位により取得した留保所有権を別除権として行使することができる**ものというべきである」。

（※注記及びゴシックは引用者による。）

この平成29年最判は、一見すると、平成22年最判が否定した法定代位構

---

(22) 平成29年最判につき、田髙寛貴「判批」金法2085号（2018年）24頁、印藤弘二「判批」金法2086号（2018年）6頁、阿部弘樹ほか「オートローン『新約款』と別除権—最一小判平成29. 12. 7の実務への影響」事業再生と債権管理161号（2018年）141頁、木村真也「判批」新・判例解説Watch22号（2018年）213頁、松下祐記「判比」リマークス57号（2018年）132頁、小山泰史「判批」金判1548号（2018年）8頁、森田修「判批」金法2097号（2018年）33頁、堀内有子「判解」ジュリ1526号（2018年）108頁等参照。

成を採用した判例として平成22年最判と整合しないかのようであるが、むしろ平成22年最判で示された法理をさらに明確にしたものとして位置付けることができる。すなわち、同判決は、販売会社、信販会社及び購入者の三者間において、立替金のみならず手数料をも担保するために信販会社に所有権を留保する旨の三者間合意に関する判断であった平成22年最判の事案とは異なり、破産手続又は再生手続の開始時において優先性が公示された留保所有権とその被担保債権の同一性が維持される限りでは、信販会社による販売会社に対する法定代位が認められる旨を判示したものである。要するに、手続開始時が登記・登録等が、いわば留保所有権者の優先権が及ぶ被担保債権の「枠」の事前公示の要件として要求される旨を示したものと理解される。

(3) 流通過程における所有権留保に対する影響

以上に見てきた2件の最高裁判例は、いずれも自動車割賦販売契約における所有権留保の文脈で登場したものである。しかし、その影響は、在庫商品や原材料の取引過程において供給者又は取引債権者が用いる所有権留保の類型、すなわち「流通過程における所有権留保」の事案にも及んでいる。それが、平成22年最判の約3ヶ月後に現れた、東京地判平成22年9月8日判タ1350号246頁(以下、「平成22年東京地判」という。)である。同判決は、留保所有権者たる売主が、留保所有権に基づき買主たる再生債務者に対して動産引渡請求を行った事案につき、留保所有権者が別除権を行使するに際して対抗

---

(23) ただし、〈被担保債権の同一性〉さえ維持されていれば、常に法定代位構成の下、留保所有権者である信販会社名義ではなく、販売会社名義の登録のままで別除権行使が認められる、という訳ではないと考えられる。例えば、民法の想定する「弁済の費用」(民485条)の範囲を超えた、信販会社に固有の利益部分、すなわち信販会社の利益に当たる手数料に関する債権は、販売会社の下では本来成立しえないはずである。それにもかかわらず、(代位する前に)販売会社の下での被担保債権に、代金債権の他に、この手数料債権まで含めて被担保債権の同一性を維持しようとしても、その被担保債権の範囲で信販会社が販売会社に代位し、自己名義の登録なくして別除権行使をすることは認められないと考えるべきである(杉本和士「判批」法教432号(2016年) 165頁、杉本和士(司会)ほか《座談会》5つの重要倒産判例から考えるその射程と今後の金融実務」金法2087号 (2018年) 29-30頁〔杉本、栗田口太郎、木村真也発言〕参照)。実際に、平成29年最判が被担保債権につき「売買代金債権を担保するため」(傍点は引用者による。)と明記するのは、この趣旨によるものと考えられる(印藤・前掲注(22) 41頁参照)。

(24) 杉本和士「判批」法教449号 (2018年) 128頁参照。

(25) 杉本(司会)ほか・前掲注(23) 28-29頁〔杉本発言〕参照。

要件(引渡し〔民法178条〕)の具備を要する旨の判断をしている(なお、同判決における「引渡し」の認定の在り方については、後述する)。このように、同判決は、所有権留保の利用形態にかかわらず、破産手続又は再生手続において留保所有権を別除権として行使するには、手続開始時において登記登録や「引渡し」(民法178条)等の対抗要件の具備が求められることを示唆している。

そうすると、まさに本稿の検討対象とする集合動産譲渡担保と競合関係が生じる、「流通過程における所有権留保」についても、以上の判例法理が及ぶこととなり、この競合関係の規律に直接影響を与えうることが明らかとなる。

IV 倒産手続における集合動産譲渡担保と所有権留保の競合問題の処遇

1 破産手続又は再生手続における集合動産譲渡担保と所有権留保の競合の処遇

以上の検討を踏まえると、平時とは異なり、破産手続又は再生手続においては、所有権留保も、譲渡担保と同様に「担保」の実質に鑑みて別除権として処遇され、かつ、手続開始時において「引渡し」(民法178条)の具備が要求されることとなる。したがって、実体法上の対抗関係にあるか否かにかかわらず、破産手続又は再生手続においては、集合動産譲渡担保と所有権留保の競合関係は、登記・登録又は「引渡し」といった対抗要件の具備によって決せられることになる。ただし、倒産局面で譲渡担保と所有権留保にそれぞれ要求される登記・登録又は「引渡し」は、第一次的には両者の優劣を決するものではなく、あくまで他の一般債権者(破産債権者、再生債権者)との関係において優先性を承認されるために求められる要件だという点に注意が必要である。

---

(26) 同判決の控訴審判決である東京高判平成23年9月7日判例集未登載については、遠藤元一「所有権留保はどこまで活用できるのか」NBL998号(2013年)40頁、同「所有権留保に関する最新論点」「倒産と担保・保証」実務研究会編『倒産と担保・保証』(商事法務、2014年)578頁を参照。なお、平成24年2月2日、最高裁が上告棄却・上告不受理決定をし、確定している。
(27) 破産管財人又は再生債務者等を「第三者」として、これらとの間で対抗関係を観念し、別除

もっとも、譲渡担保権者と留保所有権者がそれぞれ占有改定（民法183条）の方法により「引渡し」（民法178条）を具備したとすれば、いずれも別除権の行使が認められるが、その時点において、やはり両者の優劣関係が問題となる。そうすると、その先後関係はどのように決すべきか、また、一般債権者に対する優先性の事前公示の目的が、占有改定をもって十分に果たされるのかという疑問が生じる。後者について、「引渡し」（民法178条）としての占有改定の認定が争われた平成22年東京地判をここで再び採り上げよう。

2 別除権行使要件としての「引渡し」（民法178条）

平成22年東京地判では、再生手続において売主が別除権として留保所有権を行使するに際して要求される「引渡し」（民法178条）としての占有改定（民法183条）が認定されるか否かが争われた。事案を簡略に説明すると、基本契約に基づき、所有権留保特約付きで継続的に動産（家庭用雑貨等の商品）の販売を行っていた売主が、買主及びその転得者につきそれぞれ再生手続が開始された後、開始前の一定期間に販売した商品につき、所有権留保の実行として、買主及びその転得者に対してその引渡しを求めたというものである。

同判決は、「本件における所有権留保は、商品についての所有権をY（買主）に移転した上で、X（売主）が、Y（買主）から担保権を取得したものと解するのが相当であって、Y（買主）によるX（売主）のための担保権の設定という物権変動を観念し得る」という法的構成を前提に、売主が留保所有権を別除権として再生債務者である買主及び転得者に主張するには対抗要件を具備している必要があるとし、売主は商品をすでに買主に引き渡しており、また、占有改定の方法による対抗要件具備も認められないとして、請求を棄却した。[28]

対抗要件としての「引渡し」（民法178条）が占有改定（民法183条）の方法による場合につき、この裁判例が占有改定の認定を厳格に行い、結論として

権者に手続開始時の対抗要件の具備を要求するのも、実質的には、他の一般債権者に対する優先性を別除権者が対抗するためのものであり、一般債権者全体の利益を代表する破産管財人又は再生債務者等をもって対抗関係に立たせているにすぎない。

(28) 前掲注(26)参照。

これを認めなかった点が注目される。一般論として述べると、たしかに所有権留保に関する「引渡し」は、現状では占有改定の方法に依らざるをえないものの、占有改定の方法が現実に認識可能な公示として不十分であることは明らかである。このことを考慮すれば、法的倒産手続において優先性の事前公示として求められる「引渡し」があったと認められるためには、委託販売契約の場合に採られるのと同様に、個別具体的な事案に応じて、買主の下で目的物を特定して分別管理を行う措置が講じられるよう、売主の側が継続的にモニタリングを行う必要があると考えられる。[29]

　以上の見解を前提とすれば、譲渡担保であれ所有権留保であれ、動産担保につき別除権行使をしようとする場合、平時においては「引渡し」（民法178条）として認められる占有改定（民法183条）であっても、倒産局面においては、一般債権者に対する優先性公示のための対抗要件としては認められないという可能性がある。

V　結びに代えて——動産公示制度の課題——

　以上、検討してきたとおり、集合動産譲渡担保と所有権留保の競合関係は、特に債務者（買主）の倒産局面で混迷をもたらす契機を含むものである。実体法上の法的性質如何にかかわらず、他の一般債権者との関係で担保による優先性が法的倒産手続において承認されるには、手続開始時までにおけるその優先性の公示が生命線であることは、すでに繰り返し言及してきたところである。そうすると、動産担保についても、公示機能を十分に果たすべき制度の構築が必要とされるべきなのは、当然であろう。

　この問題の打開策として、譲渡担保権者の側においては、動産譲渡登記制度（動産債権譲渡特例法3条1項、7条）の利用拡充を考えることができる。平成29年東京高判は、譲渡担保権者が動産譲渡登記を具備していた事案に関するものであったが、同判決は、所有権留保を優先させる判断をした。しかし、本稿で検討してきたとおり、債務者の倒産局面においては、動産譲渡登記を具備している譲渡担保権者の方が優先する判断が示される可能性があ

---

(29)　以上は、杉本・前掲注(17) 726-727頁ですでに述べた点である。

る。この点において、従来、十分な公示方法を持たなかった集合動産譲渡担保には、今日、動産譲渡登記制度という適切な公示方法が用意されている以上、この制度が積極的に活用されるべき実益が認められよう。

他方で、動産譲渡登記を具備した集合動産譲渡担保が全面的に所有権留保に優先するという帰結は、平成29年東京高判において示された利益衡量のとおり、取引債権の保護に欠け、決して妥当とは言えない。そこで、金融債権者たる譲渡担保権者と供給者たる留保所有権者との間での利益調整が必要であると思われるが、この解決について本稿で論じる用意はない。ただ、1つの打開策として、金融債権者が譲渡担保の設定を受ける際に、債務者から対象動産の供給者に関する情報提供を受けた上で、仮に動産譲渡登記において対象動産の供給者を明示しておくという運用を採ることができれば、所有権留保の公示機能が実質的に果たされることが期待できるのではないだろうか（なお、ここでいう「公示」とは、その対象を物権変動に限定しない趣旨のものである）。さらに、この運用の結果として、債務者の倒産局面において譲渡担保権者と留保所有権者との間の利益調整の契機も生じうるのではないかと考えられるが、この点は試案の域を出ない。

本校脱稿後、最終の校正段階で、平成29年東京高判の上告審判判決である最判平成30年12月7日裁判所HPに接した。同判決は、上告を棄却して原判決を維持している。

---

(30) この点に関して、近江・前掲注（7）81頁が、集合動産譲渡担保につき、「原則として公示方法をもたない非占有担保権である」とし、さらに「占有改定による対抗力の具備を強調しても意味のないことである」と的確に指摘している。

(31) 再建型倒産手続である再生手続又は更生手続においては、事業の継続に著しい支障を来すことを防止するための少額債権弁済許可制度（民事再生法85条5項後段、会社更生法47条5項後段）によって、取引債権について一定の保護が図られている。もっとも、債権者平等原則の例外であるため、その保護には自ずと限界がある。杉本和士「再生手続における少額債権弁済許可制度に関する試論」事業再生研究機構編『民事再生の実務と理論』（商事法務、2010年）389頁、園尾隆司＝小林秀之編『条解民事再生法』（弘文堂、第3版、2013年）433-437頁〔杉本和士〕を参照。

所有権留保の本質と諸相

粟 田 口 太 郎

```
Ⅰ  はじめに──問題の所在──
Ⅱ  本稿の目的、構成と論述の順序
Ⅲ  本稿の結論
Ⅳ  所有権留保の機能及び必要性
Ⅴ  所有権留保の法的構成
Ⅵ  所有権留保の対抗要件
Ⅶ  他の権利者との競合
Ⅷ  倒産手続における取扱い
Ⅸ  結語
```

Ⅰ　はじめに──問題の所在──

　所有権留保は、古くて新しい問題である。所有権留保は、売買契約において、買主による代金完済時まで、目的物の所有権を売主に留保する旨の特約(所有権移転時期を代金完済時とする旨の合意)により、売主の代金債権を担保するものである。所有権留保をめぐっては、実務上及び理論上の問題が頻出し、しかもその問題は民法のみならず、民事執行法や倒産法を含む諸法にわたって複雑に拡がり、判例及び学説の動きも激しい。そこで、いま一度、所有権留保の本質とは何かに迫り、その本質に立ち戻って理論構築を図り、錯綜する諸問題について、これを貫く一本の筋道の通った立論を展開する必要を感ずる。本稿は、このような問題意識から、所有権留保をめぐる諸問題に関する判例・学説の状況を整理しつつ、私見を展開するものである。

II 本稿の目的、構成と論述の順序

　所有権留保は、現代社会において、法定担保物権である動産売買先取特権の脆弱性を補い、買主の設定する動産譲渡担保にも対抗し得る代金債権担保手段として、また、代金完済に先行して買主が目的物を占有利用する手段として機能している(1)。本稿の目的は、かかる所有権留保における売買代金債権の担保及び買主による目的物の占有利用という実質と、売買契約における所有権移転時期の合意という法形式とを重視して、それらの適切な調和を図りつつ、妥当な結論を導くことにある。

　そこで、本稿は、この結論の核心を、まず端的に提示し（III）、所有権留保の機能及び必要性（IV）の確認、所有権留保の法的構成（V）の検証及び提言を経て、これをもとに、所有権留保の対抗要件（VI）、他の権利者との競合（VII）、倒産手続における取扱い(2)（VIII）の諸問題に及ぶ。本稿における所有権留保は理念型としてのそれであり、売買契約に基づき目的物が買主に現実に引き渡され、被担保債権である売買代金債権につき期限の利益を喪失しない限り買主はこれを占有、使用することができるが、残債務全額の弁済期が経過したときは売主が買主から目的物の引渡しを受けてこれを売却することができる類型を考察の対象とする。したがって、個々の売買契約において個別の特約があればこれによる影響を受け得る。また、所有権留保の中心は動産売買であり（割賦販売法7条参照）、不動産売買は例外的であるが（宅地建物取引業法43条参照）、本稿は前者を中心としつつも、後者をも検討対象とする。

---

(1) 近江幸治『担保制度の研究』（成文堂、1989年）219頁以下は、ドイツにおいては、動産売買先取特権の制度が認められておらず、動産売主（「商品債権者」）が買主に対する無担保一般債権者として扱われる一方、銀行（「金銭与信者」）のための譲渡担保の定着に伴い、商品債権者の保護が図られなくなったという背景から、金銭与信者のための譲渡担保への対抗手段として、商品債権者のための所有権留保が生成・発展してきたとする。わが国においても、動産売買先取特権こそ存在するものの、動産譲渡担保に劣後するなどの脆弱性を孕むことから、所有権留保が発展を遂げてきたものである。
(2) 本稿では破産法上の破産手続、民事再生法上の再生手続、及会社更生法上の更生手続を総称して「倒産手続」と呼ぶこととする。

Ⅲ　本稿の結論

1. 本稿は、所有権留保の本質を、売買契約締結から代金完済による所有権移転完了に至るまでの、意思主義に基づく売買当事者間の所有権移転プロセスにおける、売主による処分権能の留保と、買主に対する使用収益権能の移転（所有権の権能分属状態）と理解する。売主から買主への処分権能の移転は代金債務の完済を停止条件とし、使用収益権能の移転は代金債務不履行を解除条件とする。
2. 所有権留保で代金完済まで売主に「留保」されるのは、所有権の全体ではなく、処分権能（その核心は換価権能）及び前記の解除条件付権利である。代金完済前に買主に移転するのは、使用収益権能（これに基づく占有権原）及び前記の停止条件付権利である。
3. 弁済期における代金債務の完済により、停止条件の成就と解除条件の不成就が確定し、完全な所有権が買主に確定的に帰属する。他方、弁済期における代金債務の不履行（期限の利益の喪失及びこれにより到来した残債務全額の弁済期の経過）により、停止条件の不成就と解除条件の成就が確定し、完全な所有権が売主に確定的に帰属する。買主はこれにより占有権原を失い、目的物の返還義務を負う。解除は不要である。
4. 本来、1個の所有権は使用・収益・処分の全権能を具備し、その全体が一時に売主から買主に移転するものであるところ、所有権留保は、これと異なり、所有権の段階的な移転プロセスにおいて、代金完済前の一定期間、実質的に売主が担保物権、買主が用益物権という制限物権をそれぞれ保有するのと同様の状態を現出するものであるから、その公示が必要である。具体的には、売主には留保所有権（＝処分権能の留保）の公示として登記、登録又は占有改定が、買主には使用収益権の公示として仮登記又は現実の引渡し（直接占有）が、それぞれ要求される。かかる対抗要件なくして、売主はその留保所有権を買主側の第三者（買主からの転得者・買主の差押債権者・買主の倒産手続における管財人等）に対抗することができず、買主はその使用収益権を売主側の第三者（売主からの転得者・売主の差

押債権者・売主の倒産手続における管財人等）に対抗することができないものと考える。
5. 買主の倒産手続において、所有権留保売買は双方未履行双務契約に該当せず、売主の留保所有権は、買主の倒産手続開始時に対抗要件を具備する限りで別除権又は更生担保権として扱われるが、対抗要件を具備していなければ管財人等にその留保所有権を対抗できず、売主は無担保の倒産債権者[4]となり、目的物の所有権は買主の倒産財団[5]に帰属する結果となる。

以上が本稿の結論の核心であり、以下の記述は、これを論証しようとするものである。

Ⅳ 所有権留保の機能及び必要性

所有権留保は、売買契約において、所有権移転時期を買主による売買代金の完済時とする旨の特約による。所有権留保において、目的物は、売買代金の完済前（通例は売買契約と同時又は直後）に買主に現実に引き渡される。すなわち、売買契約において、売主の目的物引渡義務を先履行、買主の代金支払義務を後履行としたうえで、所有権移転時期を買主の代金全額の支払完了時とすることにより、買主による目的物の使用収益を認容しつつ、売主の売買代金債権を担保するのである。

このような所有権留保は、そもそも、なぜ必要とされるのであろうか。動産売主のための売買代金債権担保の目的を有する制度として、わが民法は、すでに動産売買先取特権を法定している。しかし、動産売買先取特権は、優先順位において他の先取特権や動産質権に劣後する場合がある（民法330条1

---

(3) 本稿では破産法上の破産管財人、民事再生法上の再生債務者及び管財人、並びに会社更生法上の管財人を総称して「管財人等」と呼ぶこととする。
(4) 本稿では、破産法上の破産債権、民事再生法上の再生債権、及び会社更生法上の更生債権を総称して「倒産債権」と呼び（会社更生法上の更生担保権は含まない）、これらを有する者を「倒産債権者」と呼ぶこととする。
(5) 本稿では破産法上の破産財団、民事再生法上の再生債務者財産、会社更生法上の更生会社財産を総称して「倒産財団」と呼ぶこととする。

項3号・334条参照)。また、動産売買先取特権は、「債務者がその目的である動産をその第三取得者に引き渡した後は、その動産について行使することができない」(民法333条)。この第三取得者に対する引渡しには、譲渡担保権者に対する占有改定も含まれることから(最判昭和62.11.10民集41巻8号1559頁。以下「昭和62年最判」という)、動産売主は、その目的物が譲渡担保に供せられると、動産売買先取特権を行使することができなくなる。また、担保実行の方法としても、動産売買先取特権の場合、競売手続(民事執行法190条)によらざるを得ず、私的実行としての目的物の引渡請求権の行使(さらに、この引渡請求権を基礎とする給付訴訟や引渡断行の仮処分)ができない。動産売主は、こうした動産売買先取特権の問題点を補うべく、より堅く保全を図るための自衛手段として、所有権留保特約を結ぶのである。

　もっとも、売主は、所有権留保を特約した結果、動産売買先取特権を失うのではないかが問題となる。動産売買先取特権と所有権留保との並立・併存が肯定されれば、売主は、先取特権に基づく競売及び物上代位に加えて、所有権留保に基づく目的物の引渡請求訴訟や仮処分も可能となる。他方、動産

---

(6) 近江幸治「動産売買先取特権をめぐる新たな問題点」『現代判例民法学の課題(森泉章先生還暦記念)』(法学書院、1988年) 378頁・382頁・385頁(譲渡担保権者は「第三取得者」に含まれないとし、民法330条1項の第1順位の権利として、第3順位の動産売買先取特権に優先するものとする)など、反対説も多数存する。
(7) 伝統的見解は、動産売買先取特権の成立は、目的物の所有権が買主に移転したことを前提としており(勝本正晃『擔保物權法論』(日本評論社、1940年) 201頁、我妻榮『新訂擔保物權法(民法講義Ⅲ)』(岩波書店、1968年) 85頁、林良平『注釈民法(8) 物権(3)』(有斐閣、1965年) 153頁(甲斐道太郎)、星野英一『民法概論Ⅱ(物権・担保物権)』(良書普及会、1976年) 205頁。森田修『債権回収法講義[第2版]』(有斐閣、2011年) 182頁参照)、執行実務も同様の見解に立つ(東京地方裁判所民事執行センター実務研究会『民事執行の実務[第4版]債権執行編[上]』(金融財政事情研究会、2018年) 269頁・270頁)。もっとも、売主は、所有権留保の放棄により、買主に所有権を帰属させて、動産売買先取特権を行使することは可能とされる余地がある。
(8) 両権利の並立・併存を肯定する見解として、竹下守夫『担保権と民事執行・倒産手続』(有斐閣、1990年) 297頁、谷口安平『倒産処理法[第2版]』(筑摩書房、1986年) 232頁、田村耕一「動産売買先取特権と所有権留保の関係に関する理論的考察」広島法学41巻2号。倒産実務も併存を肯定する(東京地裁破産再生実務研究会編『破産・民事再生の実務 破産編[第3版]』(金融財政事情研究会、2014年) 348頁、東京地裁会社更生実務研究会編『会社更生の実務[新版]上』(金融財政事情研究会、2014年) 315頁)。
(9) 所有権留保及び動産売買先取特権の併存を認めることが動産売主の保護の要請に合致するが、他方で、それは民法304条の「目的物の売却」の解釈(単に転売契約があれば足りるのか否か等)、民法333条「第三取得者」の解釈(所有権の取得を要するか等)などに影響を与える可

売買先取特権に基づく物上代位の所有権留保に基づく物上代位の肯否も問題とされる。

Ⅴ　所有権留保の法的構成

1　問題の所在

　所有権留保は、売買契約において、所有権移転時期を弁済期における代金完済時とする旨の合意により成立する。代金完済は発生が不確実な事実であるから、付款の性質は期限ではなく停止条件であり、法形式としては、売買契約における停止条件付の所有権移転合意である。しかし、その実質上の目的・機能は、売主による代金債権の担保にある。そこで、このような法形式と実質との齟齬をいかに整合的に理解するかが問題となる。

　この法律構成の如何は、個々の問題に関する結論に影響する。

2　学説及び判例の状況

　学説は、停止条件付所有権移転の法形式を重視し、代金完済まで所有権は売主に移転しないとみる見解（代金完済前の所有権移転否定説）と、売買代金債権担保の実質を重視し、代金完済前であっても所有権が売主に移転し、買主から売主に担保権が設定されるとみる見解（代金完済前の所有権移転肯定説）とに大別することができると思われる。

　前者の見解（所有権移転否定説）は、代金完済前に所有権移転は完了しない

　　能性があるほか、民事執行法190条その他の民事執行法上の諸問題（自己物の差押えの可否を含む）の検討を要すると思われる。本稿では問題の所在を示すにとどめる。
(10)　肯定説として、石田文次郎「擔保的作用により見たる所有権留保契約」同『民法研究Ⅰ』（弘文堂書房、1934年）293頁（「所有権留保の擔保作用から容易に云ひ得る」として物上代位を承認する）、松岡久和『担保物権法』（日本評論社、2017年）382頁、柚木馨ほか編『新版注釈民法（9）　物権（4）』（有斐閣、2015年）750頁（安永正昭）、小山泰史「所有権留保に基づく物上代位の可否」清水元ほか編『財産法の新動向［平井一雄先生喜寿記念］』（信山社、2012年）253頁。所有権留保による物上代位の実益や成立範囲を考える上では、先決問題として、動産売買先取特権（及びそれによる物上代位）と所有権留保（及びそれによる物上代位）との関係につき十分な検討を要すると思われる。
(11)　所有権的構成と担保的構成という分類による整理も可能であるが、各説はこれと必ずしもリンクしないことから、本稿ではこれを避ける。本稿も、代金完済前の所有権移転否定説であるが、所有権留保（留保所有権）を担保権として構成することを志向する。

が、その完了まで何らの物権的権利も買主に帰属しないとみるか否かにより考え方が分かれ、（ⅰ）停止条件付所有権移転の法形式を重視し、停止条件成就までは売主に完全な所有権が留保され、買主には停止条件の成就により所有権を取得しうるという債権的な期待権が帰属するとの見解[12]、（ⅱ）買主は、代金完済という停止条件の成就により所有権を取得できる権利（条件付所有権）を有し、この買主の権利は、目的物の引渡しにより物権的性質を有するに至るとし、売主の権利は、この条件付権利により物権的に制約された内容の所有権となるから、形式上は所有権であるが、その内容は換価権を伴った担保権的権利に縮小されたものであるとする見解[13]、（ⅲ）売主と買主との間に目的物の共有関係が成立するとの見解[14]、（ⅳ）売主を完全な所有者としつつ、買主には物権的期待権が帰属するとの見解[15]、（ⅵ）売主を完全な所有者としつつ、買主は将来の権利の処分権が帰属するとの見解[16]、などが存す

---

(12) 勝本・前掲・擔保物権法論299・301頁（停止条件成就までは目的物の完全な所有者であるが、民法128条の制限を受け、かつ担保の目的に反しない限度で所有権を行使すべき債務を負担するとし、他方、債務者は、債務の履行までは目的物の所有権を有しないが、条件成就以前においても一種の期待権を有するとし、民法129条の適用を肯定する）は、この見解に位置づけることが可能と思われる（但し、担保的性質も肯定し、例えば被担保債権の移転に伴う留保所有権の随伴移転も承認する。同303頁）。

(13) 竹下守夫・前掲・担保権と民事執行・倒産手続277頁、同「非典型担保の倒産手続上の取扱い」鈴木忠一ほか監修『新・実務民事訴訟講座13 倒産手続』（日本評論社、1981年）399頁。米倉明『所有権留保の実証的研究』（商事法務研究会、1977年）300頁は、竹下説を物権的期待権説と呼ぶ。債権者（動産売主）に目的物の所有権が帰属するが、それは担保目的に制限され、かつ、債務者（動産買主）に物権的な権利（代金完済によって目的物の所有権取得を期待しうるという権利）が帰属するとする見解（道垣内弘人『担保物権法［第4版］』（有斐閣、2017年）368頁）も同旨と思われる。物権的期待権説を支持する見解として、松田佳久「所有権留保における物権的期待権概念の必要性（1）」創価法学42巻3号（2012年）47頁、同「同（2）」同43巻1号（2013年）75頁、同「同（3）」同43巻2号（2013年）233頁。

(14) 三上威彦「基本的所有権留保と破産手続（下）」判タ536号（1984年）54頁は、所有権留保の売主と買主とは目的物の上の1個の所有権を共有する関係にあり、各自の持分割合は買主の割賦金の支払額により決せられるとし、この共有持分権が売主の所有権行使を物権的に制限するとする。

(15) 石口修『所有権留保の現代的課題』（成文堂、2006年）は、所有権留保買主が実質的所有者になることを否定し（48頁・170頁・174頁）、売主は文字通りの「所有権」それ自体を留保するものとしつつ（177頁・351頁）、買主は物権的期待権を有するとする。同「留保所有権の譲渡と譲受人の法的地位」千葉大学法学論集28巻1・2号（2013年）577頁及び同『民法要論Ⅲ 担保物権法』（成文堂、2016年）290頁は、売主所有権留保（商品信用取引）と第三者所有権留保（金融信用取引）とを区別し、前者に限りこの構成を採用する。

(16) 田村耕一『所有権留保の法理』（信山社、2012年）273頁・296頁・345頁は、所有権は売主に帰属し、買主は将来の権利（代金完済により追完される将来の所有権）の処分が可能であっ

る。

　後者の見解（所有権移転肯定説）は、代金完済前であっても買主は所有権を取得するとし、（ⅰ）売主は抵当権又は譲渡担保権の設定を受けたとみる見解[17]、（ⅱ）売主は抵当権の設定を受けたとみる見解[18]、（ⅲ）売主は譲渡担保権の設定を受けたとみる見解[19]、（ⅳ）売主に実質は担保権である留保所有権が帰属し、買主に実質は物権的な所有権取得期待権が帰属して、この２つの物権（準所有権）が目的物上に並立するとみる見解[20]、（ⅴ）所有権が売主と買主に分属することを肯定し、残存代金を被担保債権とする担保権（留保所有権）が売主に存し、所有権よりこれを差し引いた物権的地位が買主に帰属するとする見解[21]などに分かれる。

　以上のとおり、さまざまな法律構成が主張されている。

　判例は、最判昭和49.7.18民集28巻5号743頁（所有権留保売主に第三者異議の訴えの原告適格を認めたもの。以下「昭和49年最判」という）や、最判昭和58.3.18判タ512号112頁（所有権留保売主による目的動産の処分行為が、当該動産につき買主の設定した譲渡担保権の侵害に当たらないとしたもの。以下「昭和58年最判」

　　て、買主には、かかる将来の権利の現在価値が帰属するとする（買主は目的物を売主に先行的に「代物弁済」し、その後に完済が生ずるのが所有権留保であるとも説明する。田村・前掲書296頁、同・前掲論文14頁参照）。
(17)　幾代通「割賦売買―所有権留保売買」『契約法体系Ⅱ（贈与・売買）』（有斐閣、1962年）293頁・296頁（割賦売買での所有権留保は、徹底的にその実質を考察すれば、所有権は買主に移ったが同時に売主は代金債権のために抵当権の設定を受けたという状態に準ずるとし、買主は実質的に抵当物所有者兼抵当債務者であるとの考え方から買主の処分の有効性を説く。他方で、買主から売主に譲渡担保権を設定したと言えなくもないとも説く）。
(18)　米倉・前掲・所有権留保の実証的研究36頁・300頁以下、同『所有権留保の研究』（新青出版、1997年）378頁、同『担保法の研究』（新青出版、1997年）17頁（二段階の物権変動を含むが、「この程度の構成は、複雑でも技巧をもてあそぶわけでもなかろう」とする）
(19)　柚木馨＝高木多喜男『担保物権法［第3版］』（有斐閣、1982年）581頁、大島和夫『期待権と条件理論』（法律文化社、2005年）147頁。
(20)　鈴木禄弥『物権法講義［5訂版］』（創文社、2007年）404頁（売主から買主への目的物の売却と現実の引渡しにより買主はいったん所有権を取得し、その対抗要件も具備するが、さらに未払代金債務の担保として売主のために担保権を設定し、売主は占有改定により担保権の対抗要件を具備するとする）。
(21)　高木多喜男『担保物権法［第4版］』（有斐閣、2005年）380頁（売買契約（代金一部支払と目的物の引渡）によって目的物の所有権は買主に移転し、所有権留保特約（留保所有権の設定契約）によって、売主は一種の担保物権である留保所有権を取得すると構成する）、松井宏興『担保物権法［補訂第2版］』（成文堂、2011年）226頁。

という）がいわゆる所有権的構成をとるものと理解されているが、近時の最判平成21.3.10民集63巻3号385頁（以下「平成21年最判」という）、最判平成22.6.4民集64巻4号1107頁（以下「平成22年最判」という）、最判平成29.12.7民集71巻10号1925頁（「平成29年最判」という）は、いずれも所有権留保売主が信販会社から代金債権の立替払（平成21年最判・平成22年最判）又は保証債務の履行（平成29年最判）を受ける類型（第三者所有権留保）の事案において、売主の有する権利を担保権とみていることが明らかである。特に平成21年最判及び平成29年最判は「留保所有権」と呼び、かつ「担保権」（平成21年最判）、「別除権」（平成29年最判）との表現を用いて、担保としての性格を明確に承認している。特に、平成29年最判は、売主との関係で成立した留保所有権が、信販会社の保証履行による法定代位に基づき、信販会社に「法律上当然に」移転することを認めており、留保所有権を、被担保債権に随伴して移転する非典型担保と捉えたことが明らかである。

3 検討──本稿の立場

(1) 基本的視点

本稿は、所有権留保の法的構成の検討に際し、次の3つの基本的視点に立脚する。これらの視点は、従前の学説においては必ずしも強調されてこなかったものと思われるが、いずれも所有権留保の重要な核心をなすものと考える。

第1に、所有権留保の検討の出発点は、まず何よりも、「所有権」に関する基本規定である民法206条に求めるべきことである。すなわち、民法206条は、「所有者は、法令の制限内において、自由にその所有物の使用、収益及び処分をする権利を有する。」と規定する。所有権は、「使用」（目的物の物質的使用）・「収益」（目的物からの果実の収取）・「処分」（目的物の物質的処分（変形・改造・破壊）及び法律的処分（譲渡・担保設定その他））の3つの「権利」（権能）に

---

(22) もっとも、平成21年最判及び平成22年最判は、被担保債権を立替払債権等とする旧約款方式であり、被担保債権を売買代金債権とする真正な所有権留保とみられるのは新約款方式に基づく平成29年最判である。

(23) 被担保債権の移転に随伴した留保所有権の移転は、学説上、早くから認められていた（石田（文）・前掲291頁、勝本・前掲303頁）。

より構成されるのであり、かつ、これらの各「権利」の性質は、物権たる所有権の内容である以上、債権的権利ではありえず、物権的権利であると解される。かかる所有権に内包される3つの物権的な権利・権能が、所有権留保売買において、どのように買主に移転するのかの検討が、まずもって分析の基礎とされるべきものである。

第2に、所有権留保売買は、売主による代金債権の担保を目的とするが、同時に、買主による目的物の使用収益の目的をも達成するものであることである。むしろ、所有権留保においては、まず後者の目的（＝買主の使用収益目的）を達するために、目的物の占有権原が買主に付与され、売主の先履行として買主への現実の引渡しが行われるのであり、その債権的保護にとどまらない、物権的保護を図る理論構成が必要である。さらに、かかる先行的な現実の引渡しは、のちに代金債務が履行されることを当然の前提とするのであるから（売主は、後に代金が支払われると思うからこそ先に引き渡すのである）、それが不履行となった場合には、前者の目的（＝売主の代金担保目的）を達するために、買主の占有権原を喪失させ、売主による目的物の物権的な引渡請求を可能とする構成が必要である。

第3に、所有権留保において、売主は「もと所有者」として完全な所有権を有していたのであり（この点で設定者が「もと所有者」である譲渡担保や抵当権とは根本的に構造を異にする）、その所有権が、どのように買主に移転するかという所有権移転プロセスを常に念頭に置いた解釈論を展開すべきことである。所有権留保が担保の実質を有することはいうまでもないが、それはあくま

---

(24) 民法206条の法文は「権利」であるが、学説及び判例（平成21年最判ほか）の用例に従い、以下、多くの場合に「権能」の用語を用い、文脈に応じて「権利」又は「権」（使用権・収益権・処分権）を併用する。これらの間に特段の意味の違いをもたせる趣旨ではない。

(25) 末弘嚴太郎『物権法上巻』（有斐閣、1921年）323頁、我妻榮＝有泉亨『新訂物権法（民法講義II）』（岩波書店、1983年）270頁。なお、所有権の内容は目的物の使用権・収益権・処分権に限られず、これらは所有権の主な働きの例示にすぎず、所有権は各権能の総和ではなくその源泉たる単一の権利であると説かれる（末弘・前掲320頁）。もっとも、これらの3つの権利が所有権の核心をなすことは法文からも明らかであり、本稿の目的との関係においては、所有権はこれら3つの権利により構成されるものと理解して稿を進める。梅謙次郎『訂正増補 民法要義 巻之二』（私立法政大学・中外出版社・有斐閣書房、1911年［改版第30版］）102頁も、所有権は、民法206条の定義によれば、「使用権」・「収益権」・「處分權」の「三ノ構成分ヨリ成レリ」とする。

で、売買契約において、所有権移転時期を代金完済時とする旨の合意により成立するのであり、所有権の完全な移転が、代金完済前に完了することはあり得ない。本稿が、契約締結時から引渡しを経て代金完済に至るまでの、売主から買主への段階的な所有権移転プロセスに即した解釈論を展開する所以である。

以下、以上の視点を念頭に置いて、本稿の法的構成を展開する。

(2) 所有権留保における「留保」の対象

所有権留保の法的構造を解明するには、いったい何が、いつまで留保されているのかを明らかにする必要がある。代金完済まで「所有権」が「留保」されるというとき、代金完済まで、所有権全体の移転が売主に完全に留保され、何らの権利も買主に移転していないのか、という問題である。

本稿は、以下の検討から、結論として、代金完済前において、所有権全体又はその全ての権能が売主に留保されるのではなく、所有権の段階的な移転プロセスにおいて、売主は処分権能を留保し、買主には使用処分権能が移転するものと解する。より具体的には、代金完済前において、売主は処分権能及び解除条件付権利（＝弁済期における代金債務不履行を解除条件として使用収益権能を回復する権利）を自らに留保し、買主には、使用収益権能及び停止条件付権利（＝弁済期における代金完済を停止条件として処分権能を取得する権利）が移転するものと解する。買主に対する所有権の移転は、代金完済（＝解除条件の不成就・停止条件の成就）による使用収益権能及び処分権能の買主への確定的な帰属により、代金完済時に生ずる。他方、買主の代金債務不履行（＝解除条件の成就・停止条件の不成就）により、売主に処分権能及び使用収益権能が確定的に帰属し、目的物の物権的な引渡請求が可能となる。以下、これを分説する。

(3) 所有権留保売買における所有権移転プロセス

(a) 使用収益権能の買主への物権的移転

所有権留保においては、売買契約に基づき、売主から買主に対して、代金完済前に、売主の先履行として目的物の現実の引渡しが行われ、買主による

---

(26) 本稿で代金債務不履行とは、期限の利益喪失により到来した残債務全額の弁済期が経過したことを含意している（以下同じ）。

目的物の使用収益が許容される。それが、古来、所有権留保が果たしてきた作用であって、代金を即時に完済できない買主に信用を供与して先に目的物を現実に引き渡し、その占有利用に供するのである。

本稿は、かかる現実の引渡しは、本源的には、所有権移転プロセスにおいて、売主から買主に対して、所有権のうち使用収益権能がまず物権的に移転したこと（物権行為）に基づき要請されるものであると解する。この引渡しは同時に、売買契約に基づく売主の義務の履行（債権行為）としてなされるものでもあるが、より根源的には、代金完済前に、物権的な使用収益権が買主に帰属したことにより、買主に目的物の直接占有権原が発生したことから、これにあわせて、債権行為としても、買主への引渡しが履行される関係にあるものと考える。

本稿は、買主の使用収益の究極的根拠は、このような物権的権利としての使用収益権能の買主への帰属に求めるべきものと解する。

これに対し、買主の使用収益の根拠を、賃貸借又は使用貸借契約に求める見解がある[27]。しかし、これらの貸借型契約は、最終的には賃貸人への目的物（＝他人物）の返還を目的とするものであるが、買主は、代金完済により最終的に目的物を取得し、自己物として所有することを目的とするのであるから、両者は本質的に整合せず、また、使用借権は借主の死亡により終了することにも照らすと、買主の使用収益が賃貸借又は使用貸借に基づくものとは解し得ない[28]。

また、買主の使用収益の根拠を、債権契約としての売買契約に求めることも考えられる。ここで使用収益の具体的根拠として考えられるのは、引渡後の果実収取権（民法575条1項、2項但書）と思われるが、それだけでは買主が使用収益につき債権的権利を有するにとどまり、売主が第三者に目的物を処分して当該第三者が対抗要件を具備した場合に使用収益権を対抗できず[29]、買主は使用収益を継続することができないおそれがあると思われる。したがっ

---

(27) 谷川久『商品の売買』（有斐閣、1964年）117頁ほか。
(28) 結論同旨、幾代・前掲293頁、米倉・前掲・所有権留保の実証的研究29頁。
(29) 売主Aが買主Bに不動産の所有権留保売買をした後、Aが第三者Cに転売して移転登記を経由した場合など。また、買主Bが債権的権利を有するにとどまるとすれば、売主Aにつき倒産手続が開始した場合、Bの引渡請求権が倒産債権化するという問題もあると思われる。

て、使用収益の根拠を、果実収取権のような債権的権利に求めるだけでは、買主の保護として不十分と思われる。(30)

そこで、有力な学説は、買主が有する停止条件付所有権は、引渡しにより物権的権利（物権的期待権）となるとし、(31)買主の使用収益の根拠をこの物権的期待権によるものと説明する。(32)

しかし、停止条件付所有権が、なぜ引渡しによって債権的権利から物権的権利に転化するのかの理論的根拠は、なお不明と感じられる。所有権の取得それ自体に停止条件が付され、よって、買主がいまだ所有権を（その一部である使用収益権能すらも）物権的に取得していないならば、たとえ引渡しを受けたとしても、買主の使用収益が、契約的保護（債権的保護）や単なる占有権としての取扱いを受けることはあっても、第三者に対抗しうる物権的保護の対象となることはないはずだからである。たしかに動産につき引渡しは対抗要件たり得るが、対抗要件とは、本来、まず物権（排他的支配権）の存在を前提として、その変動等を公示して第三者に対抗するための手段であり、対抗要件の具備によって、ある債権的な権利（しかも停止条件付権利）が物権性を獲得するわけではないと考えられる。(33)

以上から、本稿は、むしろ端的に、所有権留保売買においては、目的物の所有権の移転プロセスにおいて、目的物の使用収益権能が、まず物権的に買主に移転するのであり、だからこそ、買主の使用収益が可能となり、かつ物権的に保護されることになると解する。

すなわち、所有権留保売買契約は、物権的な使用収益権能の移転を生ずる物権行為（物権契約）と、債権的な使用収益権能の移転を生ずる債権行為（債

---

(30) この批判は、買主の使用収益の根拠を、賃借権・使用借権のような債権的権利に求める見解や、民法上の占有権に求める見解（石田（文）・前掲 296 頁）にも同様に当てはまる。

(31) 竹下・前掲・担保権と民事執行・倒産手続 277 頁以下。買主の停止条件付権利は、引渡しにより公示が可能であり、民法 128 条（条件の成否未定の間における相手方の利益の侵害の禁止）・129 条（条件の成否未定の間における権利の処分等）・192 条（即時取得）の適用があることを、その物権化の根拠とする。

(32) 道垣内・前掲・担保物権法 369 頁。買主は物権的期待権に基づいて占有・利用権を有するとする。

(33) ここでは債権的な条件付権利の物権化が問題とされているが、いわゆる賃借権の物権化に関しては、対抗要件を具備した賃借権の物権化が議論される（その問題点を含めて、近江幸治『債権総論（民法講義Ⅳ）[第 3 版補訂]』（成文堂、2009 年）178 頁以下参照）。

権契約）とが一体となった契約である。そして、買主による目的物の使用収益は、この物権契約に基づく使用収益権能の物権的移転と、債権契約に基づく果実収取権の移転（民法575条1項参照）の双方により基礎づけられるものと解される。このように、売主の有する所有権の各物権的権能のうち、目的物の使用収益権能は、売買契約に基づいて、代金完済前であっても、買主に移転するものと解される。所有権留保売買において、まず目的物の現実の引渡義務が売主に先履行義務として課されるのは、所有権留保売買が、目的物の使用収益権能を買主に代金完済前に物権的に移転させるものであり、買主の占有権原がこれにより付与されたことに基づくものである。

　本稿は、学説が、「停止条件付所有権」の物権的権利性又は「物権的期待権」の概念で説明しようとするものの実体は、このように買主に実体的に帰属した使用収益権能の物権的権利性に他ならないと考える。

　そして、買主の使用収益権が、売主の目的物の処分にもかかわらず、売主から目的物を取得した第三者に対抗しうるためには、買主の使用収益権につき公示（対抗要件）を要するものと解される。買主の使用収益権は、後述するとおり、本来は渾一性を有するはずの1個の所有権につき、その権能の一部を例外的に買主に分属させた状態であって、その実質は買主の用益物権という制限物権の設定であるから、物権取引の安全の見地から、その公示が必要と解されるのである。具体的には、不動産については仮登記（不動産登記法105条)(34)が、動産については現実の引渡しが、その対抗要件となるものと解(35)

---

(34)　ここでは、買主に移転するはずの処分権能が制限され、買主に使用収益権能だけが移転した状態である。処分権能の制限と不動産登記との必要性との関係につき、我妻＝有泉・前掲・新訂物権法120頁（「不動産物権者の普通に有する処分権能が特定の場合に制限されているときは、その旨を登記することを要する」として立法例を挙げる）、舟橋・前掲・物権法174頁、広中俊雄『物権法［第2版増補］』（青林書院、1987年）42頁・112頁参照。我妻＝有泉・同120頁は、「登記手続が認められていない場合には、処分を制限する特約は、第三者に対抗する効力を持ちえない」とするが、売主に不当処分をさせないために買主は不動産登記法105条の借用が可能と解される。

(35)　三潴信三「所有権留保論」法協35巻4号（1917年）608頁、勝本・前掲298・299頁（旧不動産登記法2条2号の「準用」とする）、石田（文）・前掲289頁、幾代・前掲297頁、前掲・新版注釈民法（9）745頁（安永）。なお、登記・登録制度のある動産についても、同様の仮登記・仮登録が制度化されれば、それを対抗要件として用いることも可能と解される。また、物権変動そのものが停止条件にかからしめられている場合の仮登記は、1号仮登記（大判昭和11.8.4民集15巻1616頁、大判昭和11.8.7民集15巻1640頁）と2号仮登記（幾代通（徳本伸一補訂）『不

(b) 使用収益権能に係る解除条件付権利の留保

　以上のとおり、代金完済前に、使用収益権能が物権的に買主に移転し、帰属するものと解されるが、所有権留保売買は、売主の代金債権担保としての機能を果たす必要があることから、この使用収益権能の買主への移転は、弁済期における代金債務の不履行を解除条件とするものであり、このような解除条件付権利（買主が弁済期において代金債務を完済しなかったことを条件として目的物の使用収益権能を回復する権利）を、売主は同時に自らに留保したものと解される。したがって、買主は代金債務の不履行（解除条件の成就）により使用収益権能を失い、目的物の占有権原を喪失するものと解される。

　ここで問題となるのは、買主は、この解除条件の成就による物権的な使用収益権能の喪失に伴い、債権的に基礎づけられた占有権原、具体的には、引渡後の果実収取権（民法575条1項、2項但書）をも、失うこととなるかである。思うに、買主が現実の引渡しを受けておきながら、代金未払のままに果実の収取をも継続できるものとすれば、民法575条の売買当事者間の公平の趣旨が害されることとなる。したがって、民法により買主に認められる引渡後の果実収取権は、買主に代金債務の不履行が生じたときは失われるものと解される。[36]

　また、ここでの使用収益権能の喪失・剥奪は、留保所有権の実行に関わる問題であるところ、代金債務の不履行により解除条件が成就し、これにより物権的な使用収益権能及びこれに基づく占有権原が売主に復帰する以上、債

　　動産登記法［第4版］』（有斐閣、1994年）213頁ほか）のいずれとすべきかの問題がある。2号仮登記による学説が多数であるが、2号仮登記は物権変動を目的とする債権的請求権が停止条件にかからしめられた場合の仮登記であることから、本稿が志向する使用収益権の物権的権利性にそぐわない。また、2号仮登記は、倒産手続における保護において1号仮登記よりも弱い。よって、1号仮登記によるべきものと解される。

(36)　民法575条2項但書は、引渡後の買主の代金利息支払義務（2項本文）の例外として、代金支払期限が引渡日よりも後の場合に代金支払期限の到来までは利息の支払を免除する規定である。所有権留保売買はこの2項但書の場合に当たるものと解される。この場合、買主は引渡しを受けて果実を取得する上に、さらに代金をも利用し得ることになるが（柚木馨ほか編『新版注釈民法（14）　債権（5）』（有斐閣、1993年）424頁（柚木馨＝高木多喜男）参照）、このような買主の二重利得が許容されるのは、代金支払期限に代金が支払われることを前提とするものであり、それが不履行となった場合にまで買主の果実収取（使用収益）を許容する趣旨ではないものと解される。

権的な占有権原もまた、同時に失われるものと解するのが担保法理に合致する。換言すれば、使用収益権能の移転は、売買契約に包含された物権行為の効果として生じるのみならず、債権行為の効果としても生じ、それらはいずれも、所有権留保売買においては、代金債務の不履行を解除条件とする解除条件付行為なのであって、解除条件の成就によって、売主に復帰するものと解すべきである。前述した通り、売主は、後に代金が約束通り完済されると信頼したからこそ目的物の現実の引渡しを先行したのであるから、買主が代金債務を履行せず、この信頼が破られた場合に、買主が直接占有を継続して目的物を利用する権原を失うことは、所有権留保売買における当事者意思解釈として、当然の帰結と解されるのである。この結果、後述する通り、売主は、留保所有権の実行にあたり、売買契約の解除を要しないものと解される。

　(c)　処分権能の停止条件付移転

　これに対し、目的物の処分権能は、代金完済に至るまで、売主に留保される。処分権能は、特に換価権能に限られるものではないが、所有権留保の担保的作用からみれば、所有権留保における処分権能の核心は、目的物を換価処分することによって、その交換価値を実現する権能である。(37)所有権留保にあっては、代金債権を確保するために、この処分権能が売主側に留保されるが、それは、所有権移転過程において、専ら、その対価である代金の完済義務を買主に履行させるための留保であり、弁済期における代金完済によってこの留保は目的を達する。すなわち、処分権能は、弁済期における代金完済を停止条件として買主に移転するのであり、買主により弁済期に代金が完済されれば、他に売主による何らの行為も要せずして買主に移転することとなる。これを買主から見れば、買主は、弁済期に代金を完済することによって、目的物の処分権能を取得するという停止条件付権利を有していることになる。

---

(37)　所有権留保売主は処分権能の全体を留保しており、処分権能は換価処分に限られるものではないが、担保権としての留保所有権においては、換価権能こそが最重要の核心である。以下、本稿では、この点を強調する趣旨で、処分権能のうち、換価処分により目的物の交換価値を実現する権能を、とくに「換価処分権能」と呼ぶことがある。

(d) 小括

　以上要するに、所有権留保のもとで、何が売主に「留保」されているのかを問うならば、それは、目的物の所有権の全体なのではなく、その処分権能と解除条件付権利（代金完済義務の不履行により買主の使用収益権能（＝買主の占有権原）を喪失せしめて売主に回復する権利）である。

　また、所有権留保のもとで、何が買主に「移転」されているのかを問うならば、それは、目的物の所有権の全体なのではなく、その使用収益権能と停止条件付権利（弁済期における代金完済義務の履行により売主から目的物の処分権能を取得する権利）である。

(e) 判例の見解との整合性

　平成21年最判は、動産の購入代金を立替払した者が、立替金債務の担保として当該動産の所有権を留保する場合において、買主との契約上、期限の利益喪失による残債務全額の弁済期の到来前は当該動産を占有、使用する権原を有せず、その経過後は買主から当該動産の引渡しを受け、これを売却してその代金を残債務の弁済に充当することができるとされているときは、所有権を留保した者は、第三者の土地上に存在してその土地所有権の行使を妨害している当該動産について、上記弁済期が到来するまでは、特段の事情がない限り、撤去義務や不法行為責任を負うことはないが、上記弁済期が経過した後は、留保された所有権が担保権の性質を有するからといって撤去義務や不法行為責任を免れることはない旨を判示したものであるが、その根拠として、「留保所有権は、原則として、残債務弁済期が到来するまでは、当該動産の交換価値を把握するにとどまるが、残債務弁済期の経過後は、当該動産を占有し、処分することができる権能を有するものと解される」と説く。

　この平成21年最判の判示内容は、残債務弁済期の到来までは売主に換価処分権能が留保されるが、残債務弁済期の経過後は、使用収益権能及びこれに基づく占有権原が売主に復帰するとともに、売主に留保されていた換価処分権能の行使も可能となることを示すものと理解される。

　したがって、本稿で述べた理解と整合的であり、また、本稿で述べた理解から導くことができるものと考える。[38]

---

(38) 平成21年最判は、このように立替払契約を伴う第三者所有権留保の事案であるが、調査官

(4) 代金完済による所有権移転完了の構造

　本稿の理解からは、所有権留保売買における所有権移転プロセスは、弁済期において代金債務が完済されることにより、使用収益権能及び処分権能が買主に確定的に帰属する結果、買主に所有権が帰属し、完了する。すなわち、弁済期における代金の完済により、停止条件が成就し、売主による積極的な行為なくして、自動的に、処分権能は買主に移転し、買主に確定的に帰属する。また、弁済期における代金の完済により、解除条件は不成就が確定し、目的物の使用収益権能もまた、買主に確定的に帰属する。

　以上のように、目的物の所有権は、弁済期における代金の完済により、使用・収益・処分の3権能がいずれも買主に確定的に帰属する結果、買主に所有権の完全な移転が成立し、買主に所有権の確定的な帰属が生ずることとなる。所有権留保における権利移転の構造は、以上のとおりと理解される。[39]

(5) 代金債務不履行による留保所有権実行の構造

(a) 解除条件の成就

　これに対し、弁済期において代金債務が完済されなかった場合、処分権能

　　解説は、それだけでなく、「留保所有権者が、買主が期限の利益を喪失しない限り、動産を占有、使用する権原を有しないが、残債務全額の弁済期が経過したときは、留保所有権者が動産の引渡しを受け、これを売却して残債務の弁済を有することができるという類型の所有権留保については、いわゆる原型の所有権留保を含め、本判決の趣旨が妥当する」とする（『最高裁判所判例解説 民事篇 平成21年度（上）』（法曹会）223頁（柴田義明））。本稿で理念型として検討するのは、この原型の売主・買主間の所有権留保である。

(39) なお、いわゆる流通過程における所有権留保において、売主が、買主に対して、目的物の第三者に対する処分を授権したものと構成すべき場合があるのではないかが議論される。このような処分授権が真に存在する場合、転売先は、理論的には、所有権を承継取得し、かつ所有権留保売主に対する物権的請求権の行使も可能となるが、その反面、買主による売主への代金完済前であっても、所有権留保売主は処分権能の留保を自ら解いたこととなり、ひいて所有権を失う結果となる。所有権留保の特約が存在するにもかかわらず、このような処分授権（債権的な転売授権にとどまらない、物権的な処分授権）が存在する場合であるか否かは、具体的な事案ごとの事実認定に委ねられた問題であるが、その認定には、事柄の性質上、十分な慎重さを要すると思われる。判例は、自動車のディーラーたる売主とサブディーラーたる買主との特殊な協力関係や転売容認関係、転売先たるユーザーによる代金完済など様々な事実関係を検討したうえで、所有権留保売主の転売先に対する引渡請求を否定（最判昭和50.2.28民集29巻2号193頁、最判昭和52.3.31金法835号33頁、最判昭和57.12.17判時1070号26頁）又は肯定（最判昭和56.7.14判時1018号77頁）するが、否定例においては権利濫用論に依拠し、有力説が採用する処分授権論には依拠していない（なお、大阪高判昭和54.8.16金判600号34頁は、処分授権及び即時取得の双方を根拠に転売先の第三者による建設機械の取得を認める）。

及び使用収益権能が売主に確定的に帰属する。弁済期における代金債務の不履行により、処分権能に係る停止条件の不成就が確定し、処分権能は売主に確定的に帰属するとともに、使用収益権能に係る解除条件が成就し、使用収益権能は売主に復帰して確定的に帰属する。これにより、売主に所有権の確定的な帰属が生ずることとなる。所有権留保における権利復帰の構造は、以上のとおりと理解される。このように売主に復帰した完全な所有権に基づき、売主は目的物の物権的引渡請求権を行使することが可能となる。

(b) 解除の要否[40]

以上のとおりと解されるから、留保所有権実行にあたって、売買契約の解除は不要と解される[41]。本稿は、前述のとおり、所有権留保売買は、売主の代金担保の要請と買主の使用収益の要請との双方に応えるべく、これらが相互に条件付けられたものであって、先履行としての使用収益権能の移転（占有権原の設定）は、後履行となる代金完済を条件とするものと考える。したがって、代金債務不履行時は、使用収益権能を喪失せしめて目的物の引渡しを求め得ることが所有権留保の根幹をなす。したがって、解除権の行使は不要と解すべきである[42]。

解除必要説も有力に説かれるが[43]、売買契約の解除に基づく売主の所有権及び物権的返還請求権の帰属は、所有権留保売買に限らず、およそすべての売買契約の通有性として認められるものであり（代金債務不履行時に単に売買契約

---

(40) 本稿は、冒頭に記したとおり、代金債務不履行（期限の利益喪失）により目的物の引渡しを求めることができることが約定された類型を理念型として検討するものであるから、解除なくして引渡請求ができるとの結論は自明ともいえる。以下の解除の要否の議論は、そのような約定がない場合に実益を生ずる。

(41) なお、割賦販売法5条（契約の解除等の制限）の適用がある売買契約については別論である。

(42) 解除必要説は、買主の使用収益権能の喪失の必要性（高松地判昭和33.11.14下民9巻11号2248頁）や買主の占有権原の喪失及び給付保持力の喪失の必要性を説くが（安永正昭「所有権留保の内容、効力」加藤一郎ほか編『担保法体系［第4巻］』（1985年、金融財政事情研究会）389頁、前掲・新版注釈民法(9) 753頁（安永））、所有権留保売買契約の解釈として、既述したとおり、代金債務不履行により、物権的な使用収益権能の消滅とともに債権的な使用収益権能（果実収取権）も失われると解すべきである。また、債務はその弁済（給付履行）の完了によって目的を達して消滅することに照らすと（所有権留保においても売買契約に基づく現実の引渡しにより売主の先履行義務は完了する）、その後に「債権の効力」として、なお「給付保持力」が残存するかは疑問も残る（近江・前掲・債権総論14頁参照）。

(43) 内田貴『民法Ⅲ（債権総論・担保物権）[第3版]』（東京大学出版会、2005年）555頁ほか。

の解除により目的物の所有権を回復して引渡しを求めるということならば、所有権留保を付さない通常の売買契約でも達し得る)、担保権実行の手段としては、所有権留保をあえて行った当事者間の合理的意思に照らし、より合目的的な手段が構築されるべきものと考える。

　解除の不合理性については、①解除により被担保債権が売買代金債権から損害賠償債権に変容し、売買代金担保としての実質にそぐわないこと、②解除後に買主による「受戻し」を認める根拠に窮すること、③(所有権留保と動産売買先取特権との併存肯定説において)解除後は動産売買先取特権を行使できなくなること、④解除の意思表示が買主にまず到達する必要があり、不到達や買主の行方不明の場合に迅速な実行に支障を来すおそれがあること、⑤解除権は契約上の地位に基づくから、法定代位又は債権譲渡を伴う第三者所有権留保の場合の実行に窮すること、などが指摘されている[44]。さらに、本稿は、⑥解除を要するとした場合、いわゆる「解除と第三者」の問題が生じ、買主の倒産手続において管財人等が解除前の第三者に該当する結果、売主の担保実行に窮するおそれがあることを指摘しておきたい[45]。

　以上から、留保所有権の実行にあたり、解除は不要と解すべきものである[46]。

　もっとも、実務上は、所有権留保の実行方法として、解除し、または解除しないで、引渡しを求めることができる旨(選択的行使が可能である旨)を確認

---

(44)　米倉・前掲・所有権留保の実証的研究139頁以下、増田晋＝山岸良太＝古曳正夫「所有権留保をめぐる実務上の問題点」加藤一郎ほか編『担保法体系[第4巻]』(1985年、金融財政事情研究会)402頁ほか。

(45)　売主Aが買主Bに動産を売却して引き渡した後、Bが代金債務を遅滞し、Bの破産手続が開始され、売主Aが解除した場合、解除前に登場して目的動産を占有する破産管財人Cは、民法545条1項但書の「第三者」に該当するから、AはCに目的物の返還を請求することができないと解されている(伊藤眞『破産法・民事再生法[第3版]』(有斐閣、2014年)335頁、伊藤眞ほか『条解破産法[第2版]』591頁(Aは目的物評価額相当の破産債権と受領代金額との相殺処理となるとする))。差押債権者が民法545条1項但書の「第三者」に当たるかにつき、大判明治34.12.7民録7輯1278頁(契約解除によって消滅する債権の仮差押債権者の事案)は否定し、名古屋高判昭和61.3.28判時1207号65頁(売買目的物の仮差押債権者の事案)は肯定するところ、破産管財人の地位は後者に依拠すべきことを理由とする。

(46)　解除不要説として、神崎克郎「所有権留保売買とその展開」神戸法学雑誌14巻3号(1964年)488頁、米倉・前掲・所有権留保の実証的研究153頁、増田ほか・前掲402頁、道垣内・前掲372頁。

的に明記しておくことが有用かつ無難であり、以上の議論も、こうした明確な約定により対処を図ることが実務上は最も重要である。(47)

　(c)　清算法理

　以上のとおり、代金債務の不履行（期限の利益の喪失）により、売主には、完全な所有権（使用・収益・処分権能）が帰属し、売主は、買主に対して、目的物の返還請求権を取得する。もっとも、所有権留保においても、清算法理の適用があるから、目的物返還請求は、清算金提供又は清算金不存在通知の後に、又はこれと同時に、行うことになる。

　ただし、被担保債権は目的物の売買代金債権（及び遅延損害金等）であり、目的物の代金として当事者が合意した額は、通例は目的物の時価と均衡が保たれており、他の約定担保におけるように、被担保債権額について、担保割れを避けるべく目的物の価値に担保掛け目を乗じて十分に低く設定しておくことは行われない。また、譲渡担保その他の所有権移転型担保（もと所有者である設定者が、所有権を担保権者に移転する方式の担保）においては、「もと所有」者が担保設定者側であり、担保権者側に目的物の暴利的な丸取りを承認することの不合理性が清算法理の主要な根拠であるのに対し、所有権留保（もと所有者である担保権者が、所有権を自らに留保する方式の担保）においては、「もと所有」者は担保権者側（売主）であり、代金債務の不履行によって目的物が復帰するにとどまるという重要な相違点がある。(48) したがって、一般論としては、清算金が生じる場合やその金額は、概ね限定的とみられる。(49)

---

(47)　なお、所有権留保売買契約について、更生手続の申立てを解除事由とする特約は無効と解されるが（最判昭和57. 3. 30民集36巻3号484頁。再生手続でも同様と解される。最判平成20. 12. 16民集62巻10号2561頁参照）、倒産手続開始前（弁済禁止の保全処分が発令されている場合にはその発令前）の代金債務不履行に基づき解除権が発生した場合、倒産手続開始後にこれに基づいて解除することは妨げられない。

(48)　所有権留保について、買主にいったん所有権が移転し、売主に担保権（特に譲渡担保権）が再設定されると構成する見解に立ったうえで、譲渡担保の清算法理をそのまま適用するとした場合、結論の妥当性が維持できないおそれがあると思われる。所有権留保において、もと所有者として目的物の完全価値を有していたのは担保権者たる売主であり、この点において、譲渡担保とは決定的に異なる。

(49)　目的物の時価が、売買契約時よりも高騰した場合、その値上がり分の価値を、所有権留保売主と買主のいずれに帰属させるかは、清算法理との関係で一個の問題と思われる。買主の代金不払に起因して、目的物の完全な所有権が再び、もと所有者であった売主に復帰することを踏まえると、売主に帰属させるべきものと考える。

(d) 「受戻」法理

　所有権留保においても「受戻」法理の適用が問題となるが、まず、「受戻し」の用語は、所有権留保には本来は当てはまらないものと考えられる。「受戻し」とは、目的物の「もと所有」者であった設定者が、いつまでであれば、被担保債権を弁済して、その目的物の所有権を自らに戻すことができるかの問題であるところ、所有権留保売買における「もと所有」者は所有権留保売主であり、しかも代金完済まで目的物の所有権は買主に移転しない以上、買主による「受戻し」は、あり得ないはずだからである。所有権留保売買においては、「いつまでであれば、まだ目的物を買えるか」が問題となるにすぎない。

　そこで、これを検討すると、前述したとおり、代金債務の不履行により目的物の使用収益権能が売主に復帰し、所有権が売主に完全に帰属する一方、買主は目的物の占有権原を失い、売主による目的物の返還請求（留保所有権の実行）が可能となる（売買契約の解除を要しない）と解されるから、代金債務の不履行後も、売主が売買契約を解除しない限り、いまだ売買契約それ自体は存続しており、買主の代金支払義務は消滅していないことになる。よって、買主は、売主による解除までは、売主に対して代金及び遅延損害金を支払うことによって、目的物の所有権を取得することができるものと解される(50)。これは、売主が買主に対して清算金を提供した場合又は清算金が存在しない旨の通知をした場合であっても同様と考えられる。売主は、このような帰結を避けたければ直ちに解除して売買契約の拘束から解放される途が保障されているからである。もっとも、目的物の所有権は、代金債務の不履行により売主に完全に帰属する以上、売主が、目的物を第三者に処分して対抗要件（例えば移転登記）まで具備すれば、もはや買主は目的物を取得することはできなくなる（売主が売買契約を解除した上で目的物を第三者に処分したか否かを問わない。民法177条・178条一般の問題）。

　このように、所有権留保における「受戻」関係は、「もと所有」者が担保権者側（売主）であること、及び売買契約という法形式がとられていること

---

(50) 神崎・前掲489頁参照（買主の債務不履行の場合における買主の所有権取得権の喪失は、売主の売買契約解除の意思表示にかからせるものとする）。

から、譲渡担保などにおける受戻法理とは、帰結を異にするものと解される。

(6) 所有権移転時期との関係

　所有権留保の法的構成については、それが停止条件付の所有権移転であるとの法形式を徹底すれば、目的物の所有権は代金完済まで何ら移転せず、買主には何らの物権的権利も帰属しないとする考え方に至る。他方、それが代金債権担保であるとの実質を徹底すれば、目的物の所有権は買主に移転し、買主から売主への担保権の設定が存在するとの考え方にも至る。

　本稿は、前述したとおり、前者の見解に与していないが、後者の見解にも与していない。なぜなら、所有権移転時期を代金完済時と明確に約定した当事者意思を等閑視する結果となり（後者の見解では結局、所有権は、約旨に反して、代金完済前の、売買契約時又は引渡時などに移転したことになる）、所有権の移転時期に関する確立した判例理論に抵触するからである。すなわち、判例（最判昭和 33.6.20 民集 12 巻 10 号 1585 頁）は、「売主の所有に属する特定物を目的とする売買においては、特にその所有権の移転が将来なされるべき約旨に出たものでないかぎり、買主に対し直ちに所有権移転の効力を生ずるものと解するを相当とする。」と判示する。このように、特定物の売買契約に基づく所有権の移転時期は、特約があればそれにより、特約がなければ売買契約時に即時に移転するというのが確立した判例理論である。所有権留保売買は、この「特にその所有権の移転が将来なされるべき約旨に出たもの」に当たる場合であるから、所有権が買主に移転する時期は、その約旨どおり、あくまで売買代金の完済時であると理解すべきものである。それが契約当事者の合理的意思であり、かつ契約文言にも合致する。

　所有権留保売買は、代金完済まで所有権の移転が完了しないが、代金完済前であっても、使用収益権能の移転は先行して生じ、代金完済により処分権能も移転して所有権移転が完成するのであり、所有権の段階的移転の一類型に他ならないと思われる。[51]

---

(51) 所有権移転時期に関して、所有権のなしくずし的移転を主張する見解は、所有権留保については、買主がいったん所有権を取得して売主に担保権を設定するものと説かれるのであるが（鈴木・前掲・物権法講義 404 頁）、むしろ本稿のとおり、所有権留保売買こそは、段階的移転が生ずる場合と理解することが、契約文言にも当事者意思にも合致するものと考える。

(7) 所有権の権能分属の許容性

本稿は、以上のとおり、所有権留保は、所有権が売主から買主に移転する過程において、所有権の処分権能は売主に、使用収益権能は買主に、それぞれ分属する状態と解するものである。

これに対し、所有権の分属を認めない見解も存する。所有権は、あるかないかのいずれかであって、その一部だけが他人に帰属することはあり得ないとする考え方である。しかし、所有権留保売買は、完全な所有者である売主から、これを買い受ける買主に対して、目的物の所有権が移転する浮動的・過渡的な過程における、権能の分属状態であり、このような段階的移転は、当事者の意思主義（民法 176 条）のもとにおける権利の処分行為として、前述のとおり理論的にも可能なものと解される。

すなわち、「所有者」たる売主は、「法令の制限内」において、「自由にその所有物の使用、収益及び処分をする権利を有する」（民法 206 条）のであり、当事者間の意思表示に基づいて、使用権・収益権・処分権を含む所有権の全体を一体的に移転することも、その一部たる個々の物権的権利（使用権・収益権・処分権）を段階的に移転することも、民法 176 条（「物権の設定及び移転」に関する当事者間の意思主義）により、許容されているものと解される。当事者間

---

(52) 石田喜久夫『物権変動論』（有斐閣、1979 年）119 頁、石口・前掲論文 72 頁、田村・前掲書 346 頁など。石田・前掲書は、「所有権をもって個々の権能の束とみるならば、ひとつひとつの権能が別個に移転することは可能である、といえるかもしれない。しかし、そのように所有権を質的に分解して譲渡（＝移転）することは法理的に不可能である」とする。これに対し、鈴木禄弥『物権法の研究』（創文社、1976 年）137 頁は、「権利をなにか実在の塊りのように考えて、この塊りは一まとめでなくては、移転しないと考えておられる点には、根本的な疑問がある」とし、「所有権の効果のすべてを同一人に帰せしめるか、それとも例外的に、A 効果は甲に、B 効果は乙に帰せしめうるものとするかは、究極的には法政策的判断による」としたうえで、所有権留保は、債務の弁済がなされれば留保買主が完全な所有権を取得すべく、また、適時の弁済がなければ留保売主が完全な所有権を取得しうるという状態を制度的に一時固定したものであって、所有権は「留保買主と留保売主に質的に分属している」とする。本稿も、鈴木説と構成は異にするものの、結論として、所有権留保につき、このような質的分属を肯定する。

(53) 所有権の分属構成を否定する見解は、いわゆる所有権の渾一性（一体性・完全権性）を重視するものと理解されるが、本稿の理解によれば、所有権留保においては、所有権移転過程における一定期間、権能分属状態が生じるにとどまるのであり（渾一性の一時的な例外）、最終的には買主に（買主が不履行となれば売主に）完全な所有権が帰属して渾一性を復活する（いわゆる所有権の弾力性の発現）。

(54) 梅・前掲 103 頁は、「所有者ハ往往其使用権及ヒ収益権ヲ他人ニ與フルコトアリ此場合ニ於テハ所有者ハ處分権ノミヲ存有スル者ト謂フヘシ故ニ所有権ノ特質ハ寧ロ處分権ニ在リト云フモ

で所有権をどのように移転するかも、民法176条の意思主義の適用範囲内の問題と考えられ、そうである以上、所有権移転過程における権能分属状態は「法令の制限内」のものであり、何らの強行法違反も生じないものと考える。

　また、かかる部分的・段階的な「移転」により、使用権・収益権・処分権が売主と買主とに分属する状態が生じても、それは民法206条が所有者（売主）に認めた各「権利」の民法176条に基づく「移転」なのであるから、民法175条（物権法定主義）との抵触も生じないものと考える。

　すでに有力な学説は、所有権留保や譲渡担保について、所有権の「価値の分属」又は端的に「分属」それ自体を承認しており、これが民法に違反するものとは認識されていない[(55)]。しかしながら、本稿は、従来の議論においては、「所有権のいったい何が分属しているのか」が必ずしも明らかでなかったことから、これを民法206条が明文で承認する「使用」・「収益」・「処分」の各物権的権能の分属に求めたものである。

　もっとも、当事者間において意思主義により許容されるこのような所有権の権能分属関係は、第三者に対する関係において、その保護を要請することとなる。それが、次項でみる公示の問題である。すなわち、所有権の分属とは、本来は円満な完全権である所有権を意思表示により制限するものである以上、第三者保護の見地から公示を必要とするのではないか、また、公示が分属を許容する根拠ともなるのではないか、という問題意識である。これを次に詳述したい。

　　可ナリ」とする。この叙述は、民法の起草者が明確に使用収益権だけを処分権と分離して供与することを先駆的に認めていたものと考えられ、本稿の立論を支えるものとして、特に注目される。また、鈴木・前掲・物権法講義5頁は、「所有者は所有物を自由に処分できるから、かれが所有権の機能の一部を他人に割譲することも可能」であり、それが制限物権であるとする。これはあくまで制限物権に関する説明であるが、所有権留保とは、売主に担保物権（＝換価処分権能）を、買主に用益物権（＝使用収益権能）を、それぞれ設定する実質を有するのであるから、本稿で述べる分属関係を承認することは可能と考える。

(55)　我妻栄・前掲・担保物権法600頁・603頁・605頁（譲渡担保権に関する記述）や竹下・前掲・担保権と民事執行・倒産手続280頁は、「所有権の価値的分属」を認め、高木・前掲・担保物権法380頁、内田・前掲557頁は（本稿とは法律構成を異にするが）所有権留保につき明確に「分属」状態を認める。

VI 所有権留保の対抗要件

1 問題の所在

所有権留保売買において、代金完済前に所有権は買主に移転せず、何らの物権変動も生じないとの構成のもとでは、買主は無権利者となるから、例えば、売主Aは、代金完済前の買主Bはもちろん、Bからの転得者Cに対しても、対抗要件なくして所有権を主張できるのが原則であり、ただ例外的に、Cに民法94条2項又は192条が適用される限りでAは所有権を喪失する。ところが、売主Aから買主Bに所有権移転の物権変動が生じ、かつ、BからAに対して担保権（留保所有権）設定の物権変動が生ずるとする構成のもとでは、例えばBがCに対して譲渡担保権を設定した場合、BからAへの担保権（留保所有権）の設定と、BからCに対する譲渡担保権の設定とは、対抗関係に立つことになる。

そこで、所有権留保における対抗要件の要否、及び、これを要するとした場合の対抗要件とは何かが問題となる。

2 判例・学説の状況

所有権留保における物権変動を否定し、所有権が移転しないことについての対抗は考えられないとして、対抗要件を不要とする見解がある。

これに対し、対抗要件を必要とする見解においては、不動産及び登記・登録制度のある動産の場合、所有者名義を売主Aのままとすることが対抗要件として機能する（買主の再生手続における自動車の留保所有権の別除権につき、平成22年最判及び平成29年最判参照）。また、登記・登録制度のない動産の場合、(i) 占有改定が対抗要件となるとする見解、(ii) 明認方法（ネームプレート

---

(56) 我妻＝有泉・新訂物権法197頁。
(57) 平野裕之『担保物権法［第2版］』（信山社、2009年）328頁ほか。また、近江幸治『民法講義Ⅲ 担保物権［第2版補訂］』（成文堂、2007年）311頁・324頁・327頁は、対抗要件は公示されるからこそ対抗力を生ずるところ、占有改定は公示の機能を有しないから、これを対抗要件とするのは矛盾であるとの立場から、所有権留保は公示方法なくして対抗力を有する担保権と解しつつ、自動車については登録が対抗要件となるから、売主が別除権を行使するには、登録名義がなければならないとする。

等）が対抗要件となるとする見解がある(59)。下級審裁判例には、担保権の設定という物権変動を観念して、対抗要件として占有改定が必要であると考えるものが続いている(60)。

3 本稿の立場──対抗要件必要説
(1) 問題の整理
本稿は、所有権留保を権能分属状態と理解するから、所有権留保をめぐる対抗要件としては、（ⅰ）売主の処分行為等からの買主の使用収益権能の保護（買主による対抗）と、（ⅱ）買主の処分行為等からの売主の換価処分権能の保護（売主による対抗）との、2つの問題があることになる。前者はすでに使用収益権能の物権的保護として論じた問題であり、ここでは後者が問題となる。

(2) 対抗要件必要説の展開
本稿は、所有権留保売主は、その留保所有権（留保した処分権能）を第三者に主張するためには、対抗要件の具備を要するものと解する。以下、理由を述べる。

前述したとおり、所有権留保売買は、売主から買主に対して、目的物の使用収益権能を、弁済期における代金債務の不履行を解除条件として移転し、かつ、目的物の処分権能を、弁済期における代金債務の履行を停止条件として移転する売買であると解される。これが所有権「留保」の正体であり、目

---

(58) 鈴木・前掲・物権法講義404頁、高木・前掲・担保物権法381頁、田髙寛貴「所有権留保の対抗要件に関する一考察」清水元ほか編『財産法の新動向［平井一雄先生喜寿記念］』（信山社、2012年）235頁。

(59) 米倉・前掲・所有権留保の実証的研究15頁、同・前掲・担保法の研究35頁。

(60) いずれも破産・再生手続における別除権行使に関するものである。東京地判平成22.9.8判タ1350号246頁（再生事件。家庭用雑貨。占有改定を否定して別除権行使を否定）、その控訴審判決である東京高判平成23.6.7 D1-Law判例ID28220924（占有改定を否定して別除権行使を否定。遠藤元一「所有権留保はどこまで活用できるのか」NBL998号（2013年）40頁、同「所有権留保に関する最新論点」「倒産と担保・保証」実務研究会編『倒産と担保・保証』（2014年、商事法務）578頁参照）、東京地判平成25.4.24 D1-Law判例ID 29027803（破産事件。衣料品。占有改定を否定して別除権行使を否定）、東京地判平成27.3.4判時2268号61頁（破産事件。建設機械の割賦販売。占有改定を肯定して別除権行使を肯定）。判例の分析として、坂井秀行＝武士俣隆介「所有権留保」伊藤眞ほか編『倒産法の実践（才口千晴先生古稀記念）』（有斐閣、2016年）216頁以下参照。

的物に存する1個の所有権に係る使用・収益・処分の3権能のうち、処分権能が売主に「留保」された状態である。

このような「留保」は、もとより、当事者間においては、意思表示のみによって有効に行うことができる（民法176条）。しかし、第三者に対する関係において、「留保」の効力を売主が主張するためには、対抗要件の具備を要するものと解すべきである。なぜなら、この「留保」は、本来は、売買契約によって、目的物の完全な所有権の全体が、使用・収益・処分権能をすべて具備した状態で、一体として移転するのが原則であるにもかかわらず、このうち、当事者間の意思表示によって、処分権能だけを一定の条件のもとに売主にとどめおくという例外的な処理をするものであるから、第三者との関係においては、物権取引の安全を図る必要上、その公示を要するものと考えられるからである。物権取引の安全を図るためには、第三者が買主から目的物を買い受けても、使用・収益・処分の3権能をすべて備えた完全な所有権を承継取得することはできないことが、あらかじめ公示されていなければならないものと解されるのである。

そして、対抗要件主義は、このような公示の必要性と、対抗要件（公示手段）を備えることができる状態にあるにもかかわらず、それをしなかった以上、不利益を受けてもやむを得ないという許容性とをその根拠とするものであるが、後述するとおり、所有権留保における売主は、容易に対抗要件（公示）を備えることができるのであり、この許容性をも満たすものと考える。

(3) 所有権留保における物権変動と対抗問題

たしかに、対抗要件は、通例、物権変動の発生を公示するものであるところ、所有権留保においては、代金完済まで所有権の移転は完了しない。また、本稿は、所有権がいったん買主に移転したうえで、売主に再度担保権が設定されるものと解するものではないから、この意味での物権変動もまた生じていない。そうすると、このように所有権移転という物権変動のないところに公示を求めることの是非が問題となり得る。

(a) 物権変動の存在

本稿は、所有権留保においても、物権変動は、存在するものと考える。た

---

(61) 近江幸治『民法講義Ⅱ・物権法［第3版］』（成文堂、2010年）66頁参照。

しかに、代金完済まで完全な所有権が売主に帰属し、それまで買主には何らの物権的権利も帰属せず、代金完済をもってはじめて所有権が買主に移転するのであれば、代金完済まで物権変動は存在しないといえるであろう。しかし、所有権「留保」とは、代金完済まで、所有権全体の移転を留保するものではなく、処分権能（核心は換価処分権能）を留保するにとどまり、使用収益権能を先行して買主に移転するものであるから、ここに、物権変動を看取することができる。すなわち、代金完済による所有権移転の完了までは、買主には処分権能しか帰属しておらず、売主の所有権は、使用収益権能を失った所有権（＝留保所有権）という制限物権（担保物権）に転化したのと実質的に同じ状態となる。この意味において、所有権留保においては、「物権の得喪及び変更」（民法177条）のうち、所有権の一部たる使用収益権能の「喪」失が生じているのであり、かつ、所有権の制限物権化という内容の「変更」が生じているものとみるべきである。[62][63]

　また、ここで重要なことは、買主から転得等により利害関係に入った第三者の保護である。売主Ａの所有権留保の目的物を買主Ｂから転得しようとする第三者Ｃは、「留保」の公示がない限り、現実にはＢに使用収益権能しか帰属していないにもかかわらず、処分権能を含めた完全な所有権が帰属すると誤信するおそれが生ずる。したがって、これを避けるために、「留保」の公示が必要となるものと解される。

　さらに、ここでは、登記等の対抗要件を要する物権変動とは何か、ひいては対抗問題とは何か、という命題が問われているところ、たとえ所有権の移転という意味での物権変動が存在しなくても、対抗要件が必要とされる場面があることを、判例及び学説が承認してきたことが思い起こされる。例え

---

(62) 通説は、民法178条の「動産に関する物権の譲渡」につき、「所有権」の「譲渡」だけを意味するとするが、所有権の3つの物権的権利の一部の「譲渡」又は所有権の「変更」も民法178条に含まれるものと解される。

(63) 田髙寛貴「譲渡担保と所有権留保」法教424号（2016年）85頁は、「物権の移転ばかりが物権変動なのではない」とし、所有権留保においては、「売買前には売主が有していた所有権が担保権へと変容＝変動した」のであり、「権利の内容が変容したという意味での物権変動があった、ということはできるのではないか」とする。これに対する論評として、和田勝行「破産・民事再生手続における（第三者）所有権留保の取り扱いに関する一考察」法学論叢180巻5・6号（2017年）706頁・709頁参照。さらに田髙「判批」金法2085号（2018年）33頁参照。

ば、いわゆる「取消と登記」の問題は、取消による遡及的無効により、無権利の法理が該当すべきとも考えられる法律関係について、判例は対抗問題をみてとるのである。また、法令においても、例えば、民法370条は、抵当権の効力の及ぶ範囲について、別段の定め（除外特約）をすることを認めるところ、この場合、除外特約によって抵当権の効力の及ぶ範囲から除外された物には物権変動（＝抵当権の設定）が生じないにもかかわらず、この別段の定めについては、登記しておかなければ買受人等の第三者に対抗することができないのである（不動産登記法88条1項4号、最判昭和44.3.28民集23巻3号699頁参照）。

(b) 地上立木留保の判例理論が与える示唆

さらに判例（最判昭和34.8.7民集13巻10号1223頁。以下「昭和34年最判」という）は、地上立木を留保して地盤たる土地を譲渡した事案において、その留保につき対抗要件の具備を求めている。

事案は、次のようなものである。土地を所有する売主Aが、地上立木の所有権を留保して、地盤たる土地のみを買主Bに移転し、土地につきBへの所有権移転登記をしたが、Bの相続人Cは、土地を地上立木を含む一体のものとしてDに売り渡し、Dへの所有権移転登記をした。ところが、Aは地上立木の留保につき明認方法を施していなかった。他方、Aは、地上立木をEに売却した。そこで、EがAに対して地上立木等の所有権確認等を求めたものである。

昭和34年最判は、「立木は本来土地の一部として一個の土地所有権の内容をなすものであるが、土地の所有権を移転するに当り、特に当事者間の合意によって立木の所有権を留保した場合は、立木は土地と独立して所有権の目的となるものであるが、留保もまた物権変動の一場合と解すべきであるから、この場合には立木につき立木法による登記をするかまたは該留保を公示するに足る明認方法を講じない以上、第三者は全然立木についての所有権留保の事実を知るに由ないものであるから、右登記または明認方法を施さない

---

(64) 星野・前掲67頁は、後述する地上立木の留保の問題を、取消と登記の問題と類似した問題と捉える。

(65) 道垣内弘人「判批」安永正昭ほか編『不動産取引判例百選［第3版］』203頁、『最高裁判所判例解説 民事篇 昭和44年度（上）』（法曹会）150頁（鈴木重信）参照。

限り、立木所有権の留保をもつてその地盤である土地の権利を取得した第三者に対抗し得ないものと解するを相当とする。」と判示する。

昭和34年最判は、もとより、本稿が対象とする所有権留保とは、明らかに事案を異にするものである。しかし、同最判は、「立木は本来土地の一部として一個の土地所有権の内容をなす」（＝立木は本来、土地の構成部分である）にもかかわらず、例外的に、当事者の意思表示により立木だけを分離して独立の所有権の客体とする以上は、それを公示しなければ、「第三者は全然立木についての所有権留保の事実を知るに由ない」ことから、独自の対抗要件を要求したものと解される。

昭和34年最判は、このように、売主が、本来は一体をなすはずの所有権の客体のうち、立木だけを独立の客体として留保したことから、「留保もまた物権変動の一場合」と判示して、第三者保護の見地から、その公示を必要としたのである。そうであれば、所有権留保は、その実質において、所有権の内容である使用・収益・処分の3権能のうち、処分権能だけを留保するものであるから、物権取引の安全の見地から第三者保護を図る必要性において、所有権留保事案は、その実質において、地上立木の留保事案と通底するものと本稿は考える。いや、むしろ、昭和34年最判は、所有権の客体だけを独立させて留保するものであるのに対し、所有権留保は、所有権の内容そのものの一部だけ（＝処分権能）を独立させて留保し、実質的な担保物権とし

---

(66) 関武志「判批（上）」判時2173号（2013年）9頁（昭和34年最判の理論そのものを所有権留保に及ぼすわけにはいかないとする）、石口修『物権法』（信山社、2015年）382頁、平野裕之『担保物権法』（日本評論社、2017年）236頁（昭和34年最判では立木所有権を分離独立させるという物権変動があり、単なる留保ではないので、その対抗を問題にすることができるが、所有権留保は単に所有権を移転させないということだけでしかないとする）参照。
(67) 川島武宜『新版 所有権法の理論』（岩波書店、1987年）244頁参照（法社会学的には、現実的占有又は明認方法を媒介として立木又は未分離の果実の独立の処分が可能となっているものと認められるのであるが、判例は、立木については、物権変動は純粋に観念的に意思表示のみによって行われるものとし、明認方法や現実的支払移転の方法は第三者に対する対抗要件となるものとすることによって、この2つの要素を分裂せしめたとする）。
(68) 三淵乾太郎「時の判例」ジュリ188号（1959年）59頁、道垣内・前掲・判批203頁。
(69) この点につき道垣内・前掲・判批203頁参照（「物権変動の一場合というのは無理がある」としつつ、「物権変動でなければ、対抗要件が必要とされないわけではない」とし、「本来、対抗要件の問題ではないが、これを対抗要件の問題と擬制することによって、事実上、登記に公信力を認めたのと同様な結果を導く」ために、「留保は明認方法等によって対抗要件が具備されない限り、第三者に対抗できない」と端的に述べることも可能であったとする）。

て機能させる（＝使用収益権能を「喪」わせ、実質的な制限物権に「変更」させる）ものであるから、公示による第三者保護の要請は、昭和34年最判の場合にもまして、強く該当するものと解されるのである。本稿は、昭和34年最判から、このような対抗要件の本質的要請を読み取ることができるものであり、かつ読み取るべきものと考える。この昭和34年最判については、反対説も存するが、学説は概ねその結論を支持している。

(c) 小括

本稿は、もとより所有権留保が、以上にあげた各場合と同一の問題であると論ずるものではない。しかし、ある問題を対抗問題と決定するにつき、その前提として必ず物権変動を要するかと言えば、そうではないし、前述のとおり、所有権留保にも物権変動は看取しうる。

物権変動がないところに、公示ないし対抗問題を考えることはできない、とする見解もある。しかし、公示により物権取引の安全を図るという必要性と、公示が可能であったにもかかわらず公示をしなかったことを非難・制裁し得るという対抗要件主義の許容性とがみたされる場合には、物権変動を明

---

(70) 昭和34年最判は、地上立木の留保につき対抗の法理（公示原則）で処理したものであるが、大判昭和13.7.7民集17巻1360頁は、一筆の土地の一部の譲渡につき無権利の法理（公信原則）で処理している。そこで、両者の矛盾を指摘する見解がある（川島武宜「判批」法協77巻5号（1961年）593頁）。しかし、この見解は、地上立木はもともと土地の構成部分ではなく、独立した目的物を形成するという前提をとるものであって、前提を異にする。また、一筆の土地の一部は、当然にその一部が所有権の対象となるのに対して、地上立木はそうではない（道垣内・前掲・判批203頁）。本稿は、両者の根本的な違いは、「質的留保」であるのか、「量的留保」であるのかの違いにあると考える。すなわち、一筆の土地の一部だけの売却は、土地という同じ1個の目的物のうち、残部を量的に留保しているにすぎないのに対し、地上立木は、本来は底地と一体となって一個の目的物を構成するにもかかわらず、地上立木だけを分離して別の目的物とするという目的物の質的な変化・変容を伴い、その分離後の立木だけを留保するのである。本稿は、判例は、前者は量的留保であるのに対し、後者は質的留保であるから公示を要するとしたものと考える。そして、所有権の内容である3権能のうち使用収益権能だけを移転し、処分権能だけを留保することは、本来は全権能を包含して一体的に移転されるはずの1個の所有権につき、売主には処分権能だけを留保し、買主には使用収益権能だけを移転するのであって、所有権を実質上、制限物権化するという質的な変化・変容をもたらすものである。所有権留保は、所有権につき、このような質的な変更・変容を加えるものであるがゆえに、公示を必要とすべきなのである。

(71) 我妻＝有泉・前掲・新訂物権法204・207頁、星野・前掲67頁、舟橋諄一ほか編『新版注釈民法(6) 物権(1)』（有斐閣、1997年）661頁（徳本鎭）、道垣内・前掲・判批203頁、平野裕之『物権法』（日本評論社、2016年）181頁。

確に認識できる場合はもちろん、たとえ厳密には物権変動が存在しない法律関係であっても、物権変動の存在を措定又は擬制し、妥当な結論が導かれてきたものと思われる。「なにが『対抗問題』かを予め決めることはできず、登記の先後によって権利の優劣を決めるのが適当であるような問題をそう呼ぶべきものである（帰納的に考える）」との指摘や、「物権変動でなければ、対抗要件が必要とされないわけではない」との指摘に、所有権留保は、立ち戻って考えるべき問題のように感じられる。

　(d)　譲渡担保との対比・均衡

　以上にみた所有権留保の公示の必要性は、同じく所有権の移転を伴う不動産及び動産の譲渡担保との対比からも明らかである。すなわち、不動産及び動産の譲渡担保においては、被担保債権の期限の利益喪失までは所有権は担保目的の範囲でしか移転しないのであり、所有権の完全な移転という意味での物権変動は生じない点で所有権留保と共通するところ、譲渡担保権については平時から対抗要件として公示が必要とされているのであるから、所有権留保についても、これと異なる取扱いをする理由はないと思われる。

　本稿は、所有権留保及び譲渡担保は、いずれも、所有権の段階的移転プロセスのなかで、所有権の使用・収益・処分という 3 つの物権的権能のうち、処分権能のみが担保権者側（所有権留保売主・譲渡担保権者）に分化して帰属する担保形態である点で共通するものと考える。すなわち、所有権留保は、売主が処分権能を自らに留保して使用収益権能を買主に先行移転し、被担保債権の履行によって処分権能をも買主に後行移転するものであるのに対して、譲渡担保は、設定者が使用収益権能を自らに留保して処分権能を譲渡担保権者に先行移転し、被担保債権の不履行によって使用収益権能をも譲渡担保権者に後行移転するものとして両者は対照をなすのであり、いずれも所有権の段階的移転プロセスを基軸とした担保とみるのが、その本質に合致する。

　両者は、所有権の完全な移転が、所有権留保においては被担保債権の履行による原則的帰結であるのに対し、譲渡担保においては被担保債権の不履行による例外的帰結である点で異なるが、いずれも所有権の完全な移転が未了

---

(72)　星野・前掲 53 頁。
(73)　道垣内・前掲・判批 203 頁。

の段階における第三者保護を必要とする点において共通するのである。

　両者をこのように捉えるとき、譲渡担保における換価処分権能の移転帰属の公示を要するのと同様に、所有権留保における換価処分権能の留保帰属の公示の必要性もまた、疑う余地はないと考える。前述のとおり、両者はいずれも、所有権の段階的移転プロセスのなかで、完全な所有権の移転の完了以前の段階において、制限物権化された所有権（＝実質的な担保物権）を発生させる点で共通し、かかる物権の「変更」（＝本来は完全権である所有権の制限物権化）という物権変動について、物権取引の安全を図るために、公示が要請されるものというべきだからである。

　そして、留保所有権は、このような実質的な担保物権という性質から、後述するとおり（Ⅶ・Ⅷ）、目的物の交換価値をめぐって、優先する被担保債権者（担保権者）と劣後する無担保一般債権者（差押債権者・配当要求債権者及び倒産債権者）との間の「食うか食われるか」の対抗関係をも生ずるのであり、かかる優先権の公示としても、対抗要件が必要とされるのである。

(4)　対抗要件の内容

　以上のとおり、所有権留保においては、代金完済前において、所有権移転という物権変動は存しないものの、処分権能の「留保」という物権変動は存するから、対抗要件の具備は必要と解すべきである。それでは、所有権留保における対抗要件とは、何であろうか。

　不動産及び登記・登録制度のある動産については、売主名義の登記・登録が、登記・登録制度のない動産については、占有改定が、それぞれ、対抗要件となるものと解される。

　占有改定には公示力が欠如しているという根本的な問題はあるが、集合動産を対象とする根譲渡担保のような包括的担保であってさえも「公示」は占有改定で足りるとするのが現行法制であるので、立法論としてはともかく、現行法上は、所有権留保の対抗要件は占有改定で足りるものと解さざるを得ないと思われる。

　本稿のように、所有権留保は、使用収益権能の解除条件付移転と処分権能の停止条件付移転より構成されるとする考え方からは、買主への使用収益権能の設定に伴い、買主に目的物が引き渡され、占有権原が設定されることに

なる。この買主による目的物の物理的占有(直接占有)は、いまだ、代金債務の完済(＝解除条件の不成就の確定、停止条件の成就の確定)による完全な所有権の移転が完了していない以上、法的には、自主占有ではなく、他主占有であると解さざるを得ない。すなわち、買主による目的物の直接占有は、売主のための占有であり、所有権留保売買契約に基づき、買主が代金完済前に目的物の引渡しを受けたときは、その引渡し及びその受領には、買主(代理人)が自己の直接占有物を、以後、売主(本人)のために占有する旨の意思表示(すなわち、占有改定の意思表示)が定型的に含まれているものであり、売主(本人)は、これによって占有権を取得するものと解される(民法183条)。

したがって、所有権留保売買の意思表示においては、特段の事情がない限り、買主から売主に対する占有改定の意思表示が少なくとも黙示的には含まれているものと解される。もっとも、所有権留保売買契約書や別途の引渡証書において、占有改定により引渡しを受けた旨を明記しておくことが、証明力の見地からも有用かつ無難である。また、目的物が買主のもとで特定性を喪失し、買主の一般財産との識別が不能となったような場合には、占有改定は、これを理由として効力を失うものと解される(特段の事情の一例)。

以上のとおり、本稿は、登記・登録は、売主の所有名義を買主に変更せずにおくことで足り(通例は代金完済まで売主は所有名義を留保する)、かつ、占有改定は所有権留保売買における買主への引渡しに定型的に含まれると解する(その書面化も容易である)から、売主に留保所有権の対抗要件を要求する結論をとっても、積極的・能動的な負担が特にあるわけではなく、売主の保護に特に欠けるところはないものと考える。[74] もっとも、占有改定は、物権の効力要件である目的物の特定性の維持及び買主の直接占有の維持を基礎とするか

---

(74) 近時、信販会社を含む第三者所有権留保(特に買主の倒産手続)において所有権留保の公示の問題が顕在化したのは(平成22年最判・平成29年最判)、これがその前提たる売主所有権留保の範疇にとどまる限りは、売主が自らの登記・登録名義を移転しないことで公示の要請が一応みたされており、問題の顕在化が抑えられていたのに対し、第三者所有権留保においては、一定時期以降は信販会社の債権を担保するものとなるために、原型たる売主所有権留保との間で、公示のズレ(齟齬)の問題が顕在化したためと思われる。しかし、本稿で明らかにしたとおり、公示は、そもそも売主所有権留保においても平時から必要であったのであり、第三者所有権留保や倒産手続に至って、突如として必要とされるものではないことは、公示の法理からみれば、むしろ当然のことと思われる。

ら、これらが買主のもとで喪失された場合には、占有改定の効力に影響を生ずることとなる。また、これらの公示方法は、いわば所有権移転が完了しない間、登記・登録等をそのままにしておくという「現状維持」によるものであり、留保それ自体の積極的・能動的な公示とは言いがたい面もあるが、そのような簡便さが商取引の迅速性の要請にマッチしてきたものと考えられ、現状の法制度下においては、これらをもって「公示」として機能させるほかはないものと考える。

(5) 対抗要件を欠く場合の所有権の帰趨

以上のとおり、所有権留保において、売主は、留保所有権（＝処分権能の留保）につき、第三者に対抗するためには、対抗要件を要する。したがって、売主Aは、対抗要件を具備していない場合、買主Bから目的物を購入した第三者Cに対して、留保所有権（＝処分権能の留保）を対抗することができない。Cが買主Bから目的物の転売を受けた場合、Cが取得した権利の実質を分析すると、Cは、使用収益権能については承継取得したが、売主Aに留保された処分権能については、AとCとは対抗問題として扱われる。したがって、本稿の立場からは、(ⅰ) Aが留保所有権の対抗要件を具備している場合、Cは留保所有権の負担付きで所有権を取得する。ただし、この場合に、CがAの留保所有権につき善意無過失であれば、Cは留保所有権の負担のない所有権を原始取得（即時取得）する。(ⅱ) Aが留保所有権の対抗要件を具備していない場合、AはCに留保所有権を対抗できず、Cが完全な所有権を承継取得する。

Ⅶ 他の権利者との競合

1 問題の所在

所有権留保売主との間で、同一目的物上における競合・衝突を生ずる権利者としては、譲渡担保権者、差押債権者、倒産手続における管財人等が重要である。

ここでは、前二者を検討し、後一者は、項を改めて、Ⅷ（倒産手続における取扱い）で検討する。

2 譲渡担保権者

売主Aと買主Bとの間で所有権留保売買がなされ、その目的物につき、Bの債権者であるCが、個別動産譲渡担保又は集合動産譲渡担保の設定を受け、対抗要件を具備したとする。この場合、売主Aは、Cの譲渡担保権を排除することができるであろうか。

(1) 個別動産譲渡担保

昭和58年最判は、所有権留保売買の売主がその目的動産を処分する行為が、当該動産につき買主の設定した譲渡担保権の侵害にあたらないとする[75]。学説も、所有権留保の優先を説く[76]。

本稿は、個別動産譲渡担保の対抗要件が具備される前に、売主が留保所有権（換価処分権能の留保）につき対抗要件を具備していた場合には、売主の留保所有権が優先するものと解する。

譲渡担保権の設定は、設定者に目的物の完全な所有権が帰属していることが前提であるところ[77]、代金完済前の所有権留保物は、買主に完全な所有権が帰属していないから、本来、買主は、代金完済前に、所有権留保物に譲渡担保権を設定することができない。しかし、売主は、所有権留保売買において、換価処分権能の留保により、所有権を実質的な担保物権へと制限物権化したのであるから、かかる物権の「変更」につき対抗要件の具備が要求される。すなわち、ここでは、公信の法理（無権利の法理）に先立ち、公示の法理（対抗問題の法理）が適用されるものと解され、所有権留保売主にとって、同一目的物の譲渡担保権の設定を受けた者は、民法178条の「第三者」に当たる。

---

(75) 鈴木禄彌「最近担保法判例雑考（13）」判タ524号（1984年）45頁参照。

(76) 半田吉信「所有権留保と譲渡担保の競合関係」千葉大学法学論集1巻1号（1986年）91・92頁、田村・前掲書333・343・345頁、清水裕一郎「所有権留保の法的性質に関する一考察（二・完）」法学研究論集38号（2013年）271頁（所有権留保の本質を非占有質権と理解し、所有権留保と譲渡担保との競合につき民法355条を類推適用して、留保売主を第一順位、譲渡担保権者を第二順位の担保権者とする）。

(77) 所有権留保買主に帰属する使用収益権ないし条件付権利の処分として、これらの上に譲渡担保を設定することは別途考えられるところであるが（近時の論考として松田佳久「所有権留保における留保買主の有する物権的期待権の担保化に関する一考察」創価法学45巻2号（2015年）83頁、同「条件付権利の担保化を考える」NBL1102号（2017年）76頁）、本文では目的物それ自体（完全な所有権）の譲渡担保の設定を論ずるものである。

したがって、売主が留保所有権につきその対抗要件を具備していない場合には、先に対抗要件を具備した譲渡担保権者たる第三者に留保所有権を対抗することができず、その結果、当該第三者は、留保所有権の負担のない所有権（譲渡担保権）を取得するものと解される。

　これに対し、売主が留保所有権につきその対抗要件を具備していた場合には、後に対抗要件を具備した譲渡担保権者たる第三者に留保所有権を対抗することができ、その結果、当該第三者は、留保所有権の負担付きで所有権（譲渡担保権）を取得する。当該第三者が民法192条の要件をみたせば、留保所有権の負担のない所有権（譲渡担保権）を即時取得するが、占有改定による即時取得は否定されるから（判例・通説）、現実の引渡しを受けた時点で善意・無過失でない限り、同条の要件をみたさないのが通例と考えられる。もっとも、買主が売買代金を完済した場合には、目的物の所有権は買主に完全に移転するから、この時点で目的物の譲渡担保権の設定も物権的な効力を生ずるに至ると解される。[78]

　以上と同様の考え方は、不動産譲渡担保にも基本的に当てはまるものと解される。

(2) 集合動産譲渡担保

　学説は、ここでも、所有権留保の優先を説く。[79]本稿は、集合動産譲渡担保についても、売主が留保所有権につきその対抗要件を具備していない場合には、先に対抗要件を具備した集合動産譲渡担保権者たる第三者に留保所有権を対抗することができないものと解する。

　集合動産譲渡担保（集合物譲渡担保）は、構成部分の変動する集合動産を1個の集合物として譲渡担保の目的とするものであるところ、[80]ある動産が当該

---

(78) 最判昭和40.11.19民集19巻8号2003頁（売主が第三者所有の特定物を売り渡した後右物件の所有権を取得した場合には、買主への所有権移転の時期・方法について特段の約定がないかぎり、右物件の所有権は、なんらの意思表示がなくても、売主の所有権取得と同時に買主に移転する）参照。

(79) 古積健三郎「「流動動産譲渡担保」と他の担保権の関係（2・完）」彦根論叢289号（1994年）122頁、和田・前掲論文699頁。

(80) 構成部分の変動する集合動産であっても、その種類、所在場所及び量的範囲を指定するなどの方法によって目的物の範囲が特定される場合には、一個の集合物として譲渡担保の目的とすることができる（最判昭和54.2.15民集33巻1号51頁、昭和62年判例）。

構成部分となるためには、譲渡担保の設定者がその完全な所有権を取得していなければならず、代金完済前の所有権留保物は、買主に完全な所有権が帰属していないから、本来、代金完済前の所有権留保物は、集合動産譲渡担保権の構成部分とはならない。しかし、売主は、所有権留保売買において、換価処分権能の留保により、所有権を実質的な担保物権へと制限物権化したのであるから、かかる物権の「変更」につき対抗要件の具備が要求される。

したがって、売主が留保所有権につきその対抗要件を具備していない場合には、先に対抗要件を具備した集合動産譲渡担保権者たる第三者に留保所有権を対抗することができず、その結果、当該所有権留保物は、集合動産譲渡担保権の構成部分として扱われ、留保所有権の負担のない集合動産譲渡担保権の対象となるものと解される。

これに対し、売主が留保所有権につきその対抗要件を具備していた場合には、後に対抗要件を具備した集合動産譲渡担保権者たる第三者に留保所有権を対抗することができ、その結果、当該所有権留保物は、集合動産譲渡担保権の構成部分として扱われず、留保所有権の負担付きで集合動産譲渡担保権の対象となるものと解される。もっとも、買主が売買代金を完済した場合には、目的物の所有権は買主に完全に移転するから、この時点で集合動産譲渡担保の構成部分となる（その対抗力は集合動産譲渡担保権の当初の対抗要件の具備時より備わる）と解される。

このように、留保所有権と集合動産譲渡担保との優劣は、対抗要件具備の先後により決せられるものと解される。ここで問題となるのは、継続的な売買においては、集合動産譲渡担保権の対抗要件が具備された後に売主との個別の所有権留保売買が行われることがあるところ、かかる場合は、その所有権留保物が、集合動産として特定されたのと同じ種類の物であり、それが特定された保管場所の所在地に搬入される限り、つねに集合動産譲渡担保権の対抗要件具備時期のほうが先行し、所有権留保はつねに劣後する結果となるのではないか、である。すなわち、所有権留保売主は、売り渡したとたんに、先行して対抗要件を具備していた集合動産譲渡担保の網に吸い込まれるかのように、劣後してしまうのではないか、である。

この問題は、集合動産譲渡担保権の目的物は集合物それ自体であるか又は

その構成部分をも含むか、さらに集合物の構成部分となった個別動産についての対抗要件具備の時点をいつと理解すべきであるかという問題と強い関連性を有するものと考えられる。

　本稿は、集合動産譲渡担保権は、その構成部分たる個々の動産にもその効力が及ぶものであり、その対抗力は、構成部分になった時点で、さかのぼって、当初の対抗要件具備時期に生ずることになるものと解する。すなわち、個々の動産に関しては、それが集合動産譲渡担保権の構成部分となるに至らない限り、対抗力を生ずる余地はないところ、構成部分となるためには、設定者がその完全な所有権を有していなければならない。よって、所有権留保物が集合動産譲渡担保権の構成部分となるには、所有権留保売主にその代金が完済されていることを要し、代金完済前においては、(所有権留保につき対抗要件が具備されている限り)個々の動産が集合動産譲渡担保の構成部分となることはなく、集合動産譲渡担保権の対抗力によって保護されることもないものと理解される。代金完済がなければ、所有権留保売主から買主（集合動産譲渡担保設定者）に対して目的物の換価処分権能を移転することができず、それゆえ、当該目的物は集合動産譲渡担保権の構成部分とならない（当該目的物につき譲渡担保の物権的効力を生じない）のである。

　そうすると、前述したとおり、所有権留保売主による買主への現実の引渡しにより、売主・買主間には占有改定が定型的に成立するものと理解されることにも照らせば、代金完済前の所有権留保物については、この所有権留保売主への占有改定のほうが、集合動産譲渡担保の対抗要件の具備に論理的に先行することとなる。

　したがって、集合動産譲渡担保権の対抗要件具備時期のほうが所有権留保の対抗要件具備時期につねに先行するという問題は生じない。

　実際の帰結としても、仮に所有権留保がつねに集合動産譲渡担保に劣後するとの結論をとった場合には、売主は、動産売買先取特権の脆弱性に鑑みて

---

(81) 問題の所在につき、森田・前掲・債権回収法講義146頁、道垣内・前掲・担保物権法337頁ほか参照。

(82) この問題につき、昭和62年最判も格別の言及をしておらず、判例法理は明らかではない（『最高裁判所判例解説民事篇昭和62年度』（法曹会）679頁（田中壮太）、森田・前掲・債権回収法講義167頁）。

所有権留保の手法をとったとしても、なお譲渡担保には劣後する結果となり、売主に所有権留保という簡易な自衛手段を採用する意義を失わせ、商取引の迅速性・円滑性の要請に悖るおそれが高い。もとより、売主は、いったん買主に対して売却した上で、同時に個別又は集合動産譲渡担保の設定を受けて対抗要件を具備しておくことや、加えて、当該目的物の転売債権の譲渡担保の設定を受けて対抗要件を具備しておくこと（いわゆる延長された所有権留保）などが可能であるが、代金債権保全のために、恒常的にそのような手段を励行しなければならなくなるとすれば、商取引に大きな負担と停滞とをもたらしかねないことが懸念される。

そもそも集合動産譲渡担保においては、目的とされた種類の動産が目的とされた保管場所の所在地に継続的に搬入されない限り、その担保価値を維持することができないのであり、買主による動産の継続的な仕入れは、その重要な前提をなす。そして、たとえ所有権留保売買による仕入れであっても、代金完済により追完され、譲渡担保の目的物とすることが可能であって、所有権留保売買も、このような担保価値維持の前提として重要な仕入手段である。換言すれば、たとえ所有権留保売買による仕入れであれ、集合動産譲渡担保の対象動産が継続して取得されることが譲渡担保の存立の基礎をなすのであり、所有権留保を劣後させた場合、事実上仕入れが難航する結果を生みかねず、ひいて集合動産譲渡担保の担保価値を維持するための重要な前提が維持できない結果となりかねない。仮に所有権留保を劣後させれば、所有権留保権者は、更なる自衛として、前述した通り、自らが先んじて自らのための集合動産譲渡担保を予め設定するという実務手段を要求することになりかねず、そうすると、集合動産譲渡担保権者となろうとする金融機関等にとっても、すでに先行した譲渡担保権者が常在する（＝自らはつねに劣後的な譲渡担保権者となる）ことにもなりかねず、それは買主が金融の手段を得る途を、結果的に狭めることにつながるおそれがあろう。

以上のように考えると、本稿のような結論をとることが、従前どおり簡易な代金債権担保という保護を認め、集合動産譲渡担保の前提となる売買の存立を確保するためにも、バランスとして妥当なものと解される。また、前述した個別動産譲渡担保の場合とも整合性のとれた結論と考えられる。

近時の下級審判例（東京高判平成29.3.9金法2091号71頁[83]）は、債権者が債務者に対する債権を担保するために債務者の工場内で保管されている金属スクラップ等につき集合動産譲渡担保の設定を受けて動産譲渡登記を備えた後、上記スクラップ等について留保所有権を有する納入業者が留保所有権の実行として上記スクラップ等を引き揚げて処分した場合、（ⅰ）債権者において売買代金の完済を主張立証したスクラップ等については集合動産譲渡担保が効力を生ずるが、（ⅱ）これを除く部分については所有権が債務者に移転していないから集合動産譲渡担保は効力を有せず、債権者は納入業者に対して集合動産譲渡担保の効力を主張することはできないとした（売買代金の完済が立証された部分のスクラップ等の処分につき、納入業者の債権者に対する不法行為責任を肯定）。その価値判断は、上述した趣旨に照らし、基本的に妥当なものと考えられる[84]。

3　買主に対する差押債権者――第三者異議の訴えの原告適格

売主Ａと買主Ｂとの間で所有権留保売買がなされ、その目的物につき、Ｂの債権者であるＣが差し押えたとする。この場合に、売主Ａは、Ｃの差押を排除することができるであろうか。

差押債権者による強制執行の不許（差押えの排除）を求める手段は、第三者異議の訴えである。ここでの問題は、次の２点に集約される。すなわち、ま

---

(83)　評釈として、進士肇「判批」金法2093号（2018年）4頁、白石大「判批」金法2096号（2018年）6頁ほか。

(84)　筆者は、秋葉原ほかを拠点とする民事再生手続中の会社に対して、在庫の集合動産譲渡担保権者を代理して、別除権として集合動産譲渡担保権を民事保全法上の仮処分（占有移転禁止の執行官保管仮処分、処分禁止の仮処分）の保全執行の手法により実行したことがある（報告及び諸問題の分析として、拙稿「ABL実務の近時の動向と担保設定時・担保実行時における諸問題」事業再生と債権管理126号（2009年）123頁、拙稿「倒産手続におけるABL担保権実行の現状と課題」金法1927号（2011年）84頁、拙稿「報告２」金融法研究28号（2012年）18頁参照）。この担保権実行（仮処分の保全執行）は全国各地で数日間に及んだが、その初日に、それまで知られていなかった当該再生会社に対する所有権留保売主の代理人から、集合動産譲渡担保の目的物の中に実は所有権留保の目的物が含まれていることを理由として、担保権実行を直ちに中止するよう求められた。これに対し、裁判所の命令に基づく仮処分の保全執行であることを理由として担保権実行は中断せずに継続・完了させた上で、事後的に所有権留保売主との間で交渉し（その攻防につき拙稿・前掲・事業再生と債権管理126号125頁参照）、和解（執行官保管倉庫に移管した担保物から代金未払の所有権留保物を物理的に分離して引き渡す内容）を結んだ経験がある（実質的には前掲東京高判平成29.3.9の考え方に近い処理）。

ず、（ⅰ）所有権留保売主が第三者異議の訴えにおける「第三者」、すなわち「強制執行の目的物について所有権その他目的物の譲渡又は引渡しを妨げる権利を有する第三者」（民事執行法38条1項）に当たるか（所有権留保売主の原告適格）であり、これが肯定される場合に、（ⅱ）所有権留保売主は、差押を排除するにあたり対抗要件の具備を要するか、すなわち差押債権者は「第三者」（民法177条・178条）に当たるか、である。もっとも、両者は内的に連関した問題である。

　本稿は、結論として、対抗要件を具備した所有権留保売主は、民事執行法38条1項の「第三者」として第三者異議の訴えの原告適格を有し、かつ、民法177条・178条の「第三者」である差押債権者に対抗できるものと解する。

　以下、これら2つの問題を分説する。

　第1の問題につき、昭和49年最判は、所有権留保売主に第三者異議の訴えを認める。これに対し、所有権留保の担保的性質を重視して、売主に配当要求を認めれば足りるとの見解も存する[85]。たしかに、例えば、代表的な担保権である抵当権者には第三者異議の訴えは原則として認められない[86]。しかし、それは、差押債権者による強制競売手続のなかで抵当権者が優先弁済を受けることができること（民事執行法87条1項4号）に根拠を有するのであり、所有権留保売主のような非典型担保には、そのような優先弁済を受ける地位が保障されていないから、抵当権のような典型担保と同視することはできない。例えば民事執行法は、動産執行における配当要求資格者を「先取特権又は質権を有する者」（民事執行法133条）に限定しており、所有権留保売主の配当要求を認めておらず、その類推適用も困難である[87]。

　思うに、所有権留保における担保実行は、買主の代金債務不履行を契機とした売主の所有権の再完全化による私的実行による。本稿の理解によれば、買主に移転させた使用収益権能について、解除条件の成就（＝代金債務の不履

---

(85) 柚木＝高木・前掲・担保物権法585頁、鈴木忠一ほか編『注解民事執行法（3）』（第一法規、1985年）220頁（伊藤眞）。
(86) 中野貞一郎＝下村正明『民事執行法』（青林書院、2016年）287頁。
(87) 小林昭彦「所有権留保と民事執行手続上の問題点」前掲・担保法体系［第4巻］441頁・442頁。

行）によって売主に復帰させ、もともと売主に留保されていた換価処分権能と相俟ってこれを実行する地位が、所有権留保売主には保障されていたのである。所有権留保においては、売主はその商品の専門業者であることが多く、その価値を知悉するとともに第二次売却市場をも認識する場合が少なくなく、よって多くの場合、所有権留保売主自身による売却こそが最大価値の実現につながる。しかるところ、目的物が差し押さえられて執行官により換価された場合、そのような最大価値の実現を図り得ず、目的物の交換価値の実現が著しく毀損される結果となるおそれがある。このように、私的実行による換価額の達成は、差押換価をもってしては困難となり得ることから、第三者異議の訴えにより差押を排除して所有権留保売主の私的実行を認める現実の必要性がある。

　以上から、所有権留保売主には第三者異議の訴えの原告適格を承認すべきである。

　より重要なのは、第2の問題である。この問題は、換言すれば、売主Aが、買主Bに対する差押債権者Cに対して、対抗要件なくして留保所有権（＝換価処分権能の留保）を対抗することができるかの問題であり、それはとりもなおさず、差押債権者Cが民法177条・178条の「第三者」に当たるかという民法上の周知の解釈問題に帰着する。

　所問を肯定し、差押債権者は「第三者」に当たるとするのが判例（大連判明治41.12.15民録14輯1276頁）・通説である。しかし、それは一体、なぜなのだろうか。この結論が自明でないことは、多くの論者が指摘するところである[88]。

　これは、差押債権者の「第三者」該当性の本質に立ち入った再検討を必要とする。

　まず、売主Aが買主Bに売却した目的物が、Bの債権者Cに差し押さえられても、その時点では、BC間に所有権移転という意味での物権変動は生じない。それが生ずるのは、差押に続く競売手続において、目的物の買受人

---

[88] 加藤一郎「民法177条と対抗問題」谷口知平ほか編『新版・民法演習2（物権）』（有斐閣、1979年）54頁、鎌田薫「対抗問題と第三者」『民法講座 第2巻 物権(1)』（有斐閣、1984年）118頁、鈴木禄弥『物権変動と対抗問題』（創文社、1997年）45頁。

Dが代金を納付した時点である（民事執行法79条（不動産）及び同条類推適用（動産））。差押が効力を生じた時点では、いわゆる手続相対効を生ずるのみである。そうであるのに、なぜ、買受人Dとの対抗ではなく、差押債権者Cとの対抗を論じて、これを肯定するのであるか。

この問題については、（ⅰ）「直接一種の支配関係」を根拠に対抗問題の存在を肯定する見解、（ⅱ）差押自体が物権変動を生ずるわけではないが、後に現れる買受人の法的地位を確保するために差押債権者と第三者との「進行形の二重譲渡」の存在を肯定する見解、（ⅲ）本来の対抗問題ではないが、対抗問題の外形を便宜的に利用して、登記による画一的な処理を図ったものとする見解などが存する。

しかし、本稿は、差押債権者の「第三者」性は、差押による処分権能の剥奪（手続相対効。民事執行法59条）にこそ、その根拠を求めるべきものであり、所有権留保売主と、差押債権者（さらに配当要求債権者）との関係は、対抗問題そのものであると理解する。

差押目的物につき、執行債務者Bにより差押の効力発生（民事執行法46条、123条1項、124条）に後れる処分行為（例えば差押後のBのEに対する処分行為）

---

(89) 買受人Dとの対抗関係の可能性に言及するのは、広中・前掲93頁（但し、結論としては、仮登記や処分禁止の仮処分のような権利保全措置を講じない者が差押債権者に劣後する結果となるのは不当でないとし、差押債権者は「第三者」に当たるとする）、鈴木・前掲・物権変動と対抗問題45頁参照。

(90) 舟橋・前掲・物権法190頁。

(91) 中野貞一郎『民事執行法［増補新訂6版］』（青林書院、2010年）303頁（差押自体が物権変動を生ずるわけではないが、差押は執行譲渡の第一段階であり、後の段階で生ずる買受人の法的地位を確保する必要があり、差押債権者は目的物につき「一種の直接的な支配関係」をもち、目的物の取得を主張する者との間に「進行形の二重譲渡」、「食うか食われるかの関係」があるとする）。

(92) 加藤・前掲55頁（登記なくして差押債権者への対抗を認め、第三者異議の訴えを許すと、差押後の仮装契約により差押を逃れる弊害を生ずるため、これを防ぐという政策的理由から差押債権者は第三者に当たるとする）。

(93) 注意を要すると思われるのは、差押債権者の「第三者」該当性を肯定する結論のもとにおいても、その根拠については、このように、本来の「対抗」問題ととらえるか否かによって、本来の対抗要件とみる考え方と、権利保護資格要件とみる考え方との対立があったことであり、管財人等の「第三者」該当性に関する同様の対立も、同根の問題であって、その投影という面が色濃くみられることである。対抗問題か権利保護資格要件かという問題は、結局、どこまでの範囲の法律関係を本来の「対抗」関係と呼ぶかという、各論者の認識如何に左右される面が小さくないと感じられる。登記の権利保護要件的機能につき、近江・前掲・民法講義Ⅱ・78頁以下参照。

がなされた場合、それは当事者間（BE間）で有効であるが、Eは、目的物の取得の効力を、その後の強制執行手続に関与する他のすべての金銭債権者に対抗することができず、当該目的物に係る権利の取得は売却により効力を失う（不動産につき民事執行法59条）。この結果、差押に後れる執行債務者Bの処分行為は、すべての差押債権者及び配当要求債権者に対抗することができない。
(94)

すなわち、差押後の執行債務者の処分行為は、当事者間では有効であるが、執行手続上は無効であり無視される（手続相対効）。このように、差押とは処分権能の剥奪であり、所有権の完全性を奪うものであるから、所有権留保売主（＝処分権能を自らに留保した者）と差押債権者とは、処分権能について、まさに「食うか食われるか」の関係が明瞭に存在することが確認される。
(95)
だからこそ、所有権留保売主Aにとって、差押債権者Cは「第三者」なのであり、Aは、対抗要件なくして、差押債権者Cの排除（＝第三者異議の訴えの提起）ができないのである。差押に公示が要求されるのも、所有権の本質的内容である「処分」権能を制限するものであり、物権の「変更」にほかならないことに基づくものと解される。

そして、実質的にも、ある差押目的物に関する担保権の成否は、その目的物の交換価値をめぐって、優先弁済に与り得る担保権者と、これに劣後した平等な割合的満足にとどめられる一般債権者（差押債権者・配当要求債権者）との間の、まさに「食うか食われるか」の問題に帰着するのであり（担保権が否定されれば、その被担保債権者は結局自らも後者の立場に甘んじるしかないこととなる）、この意味でも、所有権留保売主と、その目的物上の差押債権者及び配当要求債権者との間には、正真正銘の対抗問題が存在するものと考えられる

---

(94) 前掲大連判明治41.12.15も、民法177条に関して、「同一ノ不動産ヲ差押ヘタル債権者若クハ其差押ニ付テ配当加入ヲ申立テタル債権者ノ如キ皆均シク所謂第三者ナリ」と判示し、差押債権者のみならず、配当加入申立債権者をも第三者に該当するとしていた（傍論）。判例は、その後、いわゆる個別相対効説に傾斜したが（大判大正3.12.24民録20輯1166頁、最判昭和39.9.29民集18巻7号1541頁）、民事執行法は明確に手続相対効を肯定している。

(95) 本稿の立場からは正確な表現ではないが、あえてなぞらえれば、所有権留保売主Aと差押債権者Cとの関係は、買主Bを基点として、処分権能について、BからAへ、BからCへと二重譲渡が生じたのと同様の現象をみることができる。したがって、所有権留保売主Aは、対抗要件がなければ、処分権能の留保を差押債権者Cに対抗することができないのである。

のである。この認識こそが、次項でみる倒産手続における「対抗」の本質に直結するのである。

Ⅷ　倒産手続における取扱い

以下では、所有権留保買主の倒産手続において、所有権留保がどのように取り扱われるべきかにつき、本稿で示した所有権留保の本質に即して、検討する。

1　双方未履行双務契約の該当性

買主の倒産手続において、まず問題となるのは、所有権留保売買契約が、いわゆる双方未履行双務契約（破産法53条、民事再生法49条、会社更生法61条）に該当するか否かである（これが否定されてはじめて、留保所有権の取戻権又は別除権・更生担保権の該当性が問題となる）。

双方未履行双務契約性が肯定されると、管財人等はその履行又は解除の選択権を有し、履行が選択された場合は相手方の債権は財団債権・共益債権となり、解除が選択された場合は相手方の損害賠償債権は倒産債権となる。肯定説、否定説[96]、二分説（不動産及び登記・登録制度のある動産については肯定し、それ以外の動産については否定する[97]）などが対立する。

思うに、この問題は、双方未履行双務契約の制度趣旨が、対価的牽連関係を有する義務を負担し合い、同時履行関係に立つ契約当事者間の公平を基礎とすることに立ち戻って検討すべき問題である。すなわち、破産法を例にとれば、双方未履行双務契約制度（破産法53条）の立法趣旨は、双務契約において破産手続開始当時、破産者及び相手方の双方がともに未履行の状態にあ

---

(96)　神崎・前掲527頁・530頁（但し、登記・登録制度ある財産への言及はない）、米倉・前掲・担保法の研究179頁、矢吹徹雄「所有権留保と倒産手続」判タ514号（1984年）118頁、杉本和士「破産管財人による所有権留保付動産の換価」岡伸浩編『破産管財人の財産換価』（商事法務、2015年）718頁。伊藤眞・前掲・破産法・民事再生法447頁、伊藤眞ほか・前掲・条解破産法［第2版］417頁は、登記・登録制度ある財産についても、「登記や登録が担保目的の留保所有権の表章にとどまるとき」は双方未履行双務契約性を否定する。

(97)　三ヶ月章ほか『条解会社更生法［上］』（弘文堂、1973年）550頁、竹下・前掲・担保権と民事執行・倒産手続291頁・320頁・334頁。

る場合において、仮に何らの特別規定も設けないこととすれば、相手方は自己の負担する給付は破産財団のために完全に履行しなければならないのに対し、その受けるべき反対給付については破産債権者として破産財団からの比例的満足しか受けられないという不公平な結果となるところ、双務契約における当事者双方の債務は、本来、互いに対価的意味をもって対立し、担保視しあっていることから、民法が同時履行の抗弁権を付与したのと同じ趣旨で、当事者間の公平の見地から、破産者の相手方を保護するため、その債権を財団債権とするものと解される。[98]

　そこで、まず、登記・登録制度のない動産に係る所有権留保売買における当事者双方の義務の構造を検討すると、それは、①売主の目的物引渡義務の履行、②買主の代金支払義務の履行という２段階により構成され、①が②に対して先履行義務の関係に立つことが明らかである。したがって、売主は、目的物引渡義務（①）を先履行した後は、何ら積極的義務は残されておらず、買主の弁済期における代金債務の完済（②）により、本稿で示した各条件が成就し、自動的に買主に所有権が移転することになるから、①と②とが対価的牽連関係をもって担保視しあった義務であるということはできず、双方未履行双務契約性は否定される。

　次に、不動産及び登記・登録制度のある動産に係る所有権留保売買における当事者双方の義務の構造を検討すると、それは、①売主の目的物引渡義務の履行、②買主の代金支払義務の履行、③売主の登記・登録移転義務の履行という３段階により構成され、これを前提とすれば、①は②に対して、②は③に対して、それぞれ先履行の関係に立つのであり、②は、①又は③のいずれとも対価的牽連関係をもって担保視しあった関係にあるとはいえない。買主は引渡しと代金支払とを同時履行とすることを欲せず、売主は登記・登録移転と代金支払とを同時履行とすることを欲しない点に、所有権留保売買の本質が存するのである。買主による先行的な目的物の占有利用と、売主による代金債権確保という所有権留保の２つの要請は、同時履行関係にはそぐわないからである。また、本稿は、売主名義の登記及び登録は、売主による留

---

(98)　加藤正治『破産法要論』（有斐閣、1990年）129頁、中田淳一『破産法・和議法』（有斐閣、1959年）101頁、竹下・前掲・担保権と民事執行・倒産手続290頁。

保所有権（＝処分権能の留保）の公示（対抗要件）と捉えるから、その担保としての実質に照らすと、その買主への移転は、代金完済による留保所有権の消滅に伴う担保権の公示の抹消と理解することができ、また、それは停止条件成就による処分権能の自動的移転に従たるものにとどまるものである。

したがって、いずれにしても、所有権留保売買は、双方未履行双務契約には該当せず、買主の管財人等による履行又は解除選択の対象とはならないものと考える。実際にも、双方未履行双務契約性が肯定されると、管財人等は、目的物の価値や債務の既履行額などを考慮して契約の解除又は債務の履行を選択できることとなるが、この場合、売主は、受領した弁済金の返還義務を負う一方で、価格の下落した目的物の返還を受けることとなり、その地位が著しく害されるおそれがある。このような場合、双方未履行双務契約に基づく解除を例外的に否定する余地も存するが（最判平成12.2.29民集54巻2号553頁参照）、そもそも前述した構造に照らせば、管財人等の履行・解除選択権を一切否定するのが正当と考える。

2 取戻権、別除権・更生担保権

所有権留保買主に倒産手続が開始された場合、（ⅰ）取戻権とする見解、（ⅱ）破産手続・再生手続では別除権、更生手続では更生担保権とする見解（通説）、（ⅲ）破産手続では取戻権、更生手続では更生担保権とする見解、（ⅳ）破産手続では取戻権、更生手続では原則として取戻権とし、例外的に更生担保権を認める見解などが対立する。

倒産実務は前記（ⅱ）の取扱いであり、本稿も、以下の理由から、（ⅱ）

---

(99) 千葉恵美子「割賦購入あっせん」福永有利編著『新種・特殊契約と倒産法』（商事法務研究会、1988年）81頁、矢吹徹雄「所有権留保と倒産手続」判タ514号（1984年）118頁。
(100) 勝本・前掲300頁、我妻榮『債権各論中巻一（民法講義V₂）』（岩波書店、1957年）318頁、中田・前掲116頁、幾代・前掲296頁、神崎・前掲531頁、三上・前掲62頁、同『倒産法』（信山社、2017年）474頁ほか。
(101) 鈴木・前掲・物権法講義408頁。
(102) 道垣内弘人『買主の倒産における動産売主の保護』（有斐閣、1997年）317頁・326頁。更生手続においては原則として取戻権としつつ、代金総額に対する既払額の割合が一定のレベル（例えば60％）に達しており、かつ目的物が会社再建に必要な場合には、売主に連鎖倒産の虞れがない限り、取戻権は否定され、更生担保権にとどまるとする。破産手続においてはつねに取戻権を認める。

の立場をとる。

　所有権留保のような非典型担保において、それが別除権又は更生担保権として扱いうるか否かは、被担保債権の存在を前提として、倒産手続開始時に、対象財産が債務者に分属しているか否かにより決定され、債務者が当該分属した財産につき物的支配権を有するときは、「破産財団に属する財産」（破産法 2 条 9 項）、「再生債務者の財産」（民事再生法 53 条 1 項）、「更生会社の財産」（会社更生法 2 条 10 項）を構成するものと解される。

　本稿は、所有権留保買主に、代金完済前であっても、目的物の使用収益権能と処分権能に関する停止条件付権利とが物権的に帰属し（買主はこれらを物的に支配し）、権能分属状態を生ずるものと理解するから、所有権留保において、これらが前記の各「財産」に該当することは疑いがない。

　したがって、所有権留保売主の権利は、買主の倒産手続において、別除権又は更生担保権として扱われるものと解する。

3　別除権・更生担保権の対抗要件

　次いで、対抗要件具備の要否が問題となる。すなわち、買主 B について倒産手続が開始された場合において、売主 A に別除権又は更生担保権が認められるために、倒産手続開始時において対抗要件の具備が必要であろうか。

　判例・通説はこれを肯定しており、本稿もこれに賛成する。すなわち、判

---

(103)　前掲・破産・民事再生の実務・破産編 347 頁、中山孝雄ほか編『破産管財の手引［第 2 版］』（金融財政事情研究会、2015 年）220 頁、舘内比佐志ほか編『民事再生の運用方針』（金融財政事情研究会、2018 年）258 頁、前掲・会社更生の実務 315 頁。

(104)　伊藤眞「倒産法と非典型担保」米倉明ほか編『金融担保法講座Ⅲ巻　非典型担保』（筑摩書房、1986 年）239 頁・240 頁・242 頁。

(105)　伊藤眞「証券化と倒産法理（下）」金法 1658 号（2002 年）84 頁（所有権留保では、条件付所有権の目的物が買主の責任財産を構成するとする）。

(106)　仮に取戻権説に立っても、倒産手続開始時における対抗要件の具備の必要性の問題は同様に存在することに注意を要する。破産管財人の地位は、差押債権者の地位と同視され、対抗要件（民法 177 条・178 条）を破産手続開始時までに具備していない所有権は、その取戻権を破産管財人に対抗することができない（伊藤ほか・前掲・条解破産法［第 2 版］473 頁）。

(107)　千葉勝美「更生管財人の第三者的地位」司法研修所論集 71 巻（1983 年）15 頁（論者は後年最高裁判事として平成 22 年判例に関与）は、破産管財人の第三者性を肯定する一方、更生手続においては管財人の第三者性を否定し、不動産及び船舶については旧会社更生法 58 条 1 項（現

例（平成22年最判）は、残代金相当額の立替払により発生した求償債権額に手数料額を加えた立替金等債権が被担保債権とされた事案において、登録名義が信販会社名義でなかったことを理由として、買主の民事再生手続における留保所有権の対抗力を否定した。他方、判例（平成29年最判）は、「自動車の購入者と販売会社との間で当該自動車の所有権が売買代金債権を担保するため販売会社に留保される旨の合意がされ、売買代金債務の保証人が販売会社に対し保証債務の履行として売買代金残額を支払った後、購入者の破産手続が開始した場合において、その開始の時点で当該自動車につき販売会社を所有者とする登録がされているときは、保証人は、上記合意に基づき留保された所有権を別除権として行使することができる」と述べて、売主留保型からの法定代位により保証人たる信販会社に随伴移転した留保所有権の対抗力を肯定した。

　問題となるのは、対抗要件の具備が必要となる根拠である。すなわち、倒産手続において別除権・更生担保権を主張するために対抗要件が必要とされるのは、管財人等が「第三者」（民法177条・178条）に該当するために第三者対抗要件として要求されるのか、それとも、倒産手続において独自の権利保護資格要件として要求されるのか。

　この問題については、第三者対抗要件説のほか、権利保護資格要件説も存するところであり、平成22年最判の帰結は、いずれからも導かれ得るが、平成29年最判の帰結は、権利保護資格要件説を徹底すれば整合的に導くことはできず、むしろ対抗要件説と整合する。留保所有権の公示に関する考え

56条1項）により対抗要件を要するが、それ以外の財産については対抗要件なくして管財人に対し譲渡の効力を主張できるとする。この見解は直接には取戻権に関する主張であるが、その論旨を及ぼせば、更生手続開始前に対抗要件を具備しない所有権留保売主についても、船舶以外の動産については、更生担保権を主張できることになろう。
(108)　今中利昭ほか『実務倒産法講義［第3版］』（民事法研究会、2009年）267頁（対抗力の具備は対抗問題となるからではなく、対抗力の具備が別除権としての権利保護の要件であると考える）、甲斐哲彦「対抗要件を具備していない担保権の破産・民事再生手続上の地位」司法研修所論集116号（2006年）、印藤弘二「所有権留保と倒産手続」金法1951号（2012年）68頁、関武志「判批（下）」判時2174号（2013年）7頁、杉本・前掲721頁、坂井＝武士俣・前掲221頁。
(109)　『最高裁判所判例解説 民事篇 平成22年度（上）』（法曹会）389頁（山田真紀）。
(110)　森田修「判批」金法2097号（2018年）36頁。堀内有子「時の判例」（調査官解説）ジュリ1526号（2018年）110頁は、破産法49条（民事再生法45条に相当）が法定代位によるか否かを問わず破産手続開始時の登録を要求することを理由に信販会社は自己名義の登録を要する旨の

方は、（ⅰ）平時にも倒産時にも不要とする見解、（ⅱ）平時には不要であるが倒産時には必要とする見解、（ⅲ）平時にも倒産時にも必要とする見解に分かれるが、これらは、第三者対抗要件・権利保護資格要件のいずれの要否と捉えるかによって、さらに分岐する。

　本稿は、倒産手続における担保権の公示は、権利保護資格要件ではなく、第三者対抗要件として求められるとの見解に立ち、（ⅲ）の見解が正当と考える。

　この問題は、民法177条・178条の「第三者」の解釈と、管財人等の倒産手続における地位との、それぞれの根源にまで遡って検討されなければならない問題である。倒産手続における「対抗」の本質に迫らなければならない。

　ここで、所有権留保売主と差押債権者及び配当要求債権者との間の対抗関係に関して前述した本稿の認識に立ち戻る必要がある。すなわち、ある目的物に関する担保権の成否は、その目的物の交換価値をめぐって、優先弁済に与り得る担保権者と、これに劣後した平等な割合的満足にとどめられる一般債権者（差押債権者・配当要求債権者）との間の、まさに「食うか食われるか」の問題である。しかるところ、倒産手続とは、まさに、目的物の交換価値、さらに倒産財団をめぐって、これと同様の現象を出来するものである。すなわち、倒産手続においては、倒産財団という限定された弁済原資から、担保権者は優先弁済を得る一方で、無担保一般倒産債権者は平等な割合的満足に甘んずるしかない。無担保一般倒産債権者は、別除権・更生担保権の対象とならなかった範囲で、倒産財団からの配当・弁済を受けるにすぎない。ある物が、担保権の目的物となり、その交換価値が、担保権者に（被担保債権額の

　　破産管財人の主張につき、「同条は、破産債権者を格別保護すべき利益状況にない場合にまで、管財業務の効率化のため手続上の画一的処理を要請する規定とは解されず、権利の移転が法定代位によるか否かを問わず一律に、いわゆる権利保護要件として破産手続開始時における登記・登録等を要求したものと解するのは困難である」とする。

(111)　かつての民法学説は、このような考え方であったものと推測される。
(112)　印藤「判批」金法1928号（2011年）80頁（実体法上は物権変動を伴わないが、倒産法上の領域に限って、つねに物権変動を擬制する）、印藤・前掲論文68頁（倒産債務者である留保買主を起点とする物権変動はなく、対抗問題は発生していないとの前提から、権利保護資格要件とする）。

範囲内で）優先的に把握されるのか、それとも、担保権の目的物とはならずに一般責任財産に帰属し、無担保一般債権者（倒産債権者）にその交換価値が割合的に配分されるのかは、優先性の承認により不利益を被る無担保一般債権者（倒産債権者）にとっては重大な関心事であり、だからこそ、優先性の承認により利益を享受する担保権者には、その公示が必要とされるのである。担保権の成否は、無担保一般倒産債権者にとって、このような重大な利害関係を生ずるものである以上、倒産手続開始時において、かかる担保権の成立と存在とが公示されていなければならないのである。倒産手続開始時までに公示されていない担保権が、突如として登場して優先弁済を受けることは、倒産手続の至上理念である衡平と公正とを害する結果となる。

　以上の認識が、倒産手続における対抗問題の本質をなす。

　ここで、過去の判例を仔細にみれば、前掲大連判明治41.12.15が、差押債権者の「第三者」性を述べるに当たり、差押債権者のみならず、配当加入申立債権者（現行法における配当要求債権者）をも「第三者」に該当するとしていることが、まず注目される。そして、判例は、対抗要件を欠く担保権者は、「破産債権者」に対抗することができないとし（大判昭和8.11.30民集12巻2781頁、最判昭和46.7.16民集25巻5号779頁）、「破産管財人」に対抗することができないとし（最判昭和58.3.22裁判集民事138号303頁）、「再生債権者」及び「再生債務者」に対抗することができないとする（大阪地判平成20.10.31判時2039号51頁）。他方で、平成22年最判及び平成29年最判は、誰に対する対抗であるかについて明示的な言及をしていない。

　本稿は、倒産手続における別除権・更生担保権の対抗とは、本質的には、無担保一般債権者たる倒産債権者との間において生ずるのであり、管財人等との対抗関係というのは、管財人等が倒産債権者の利益を代表する地位にあることから来る結果論にすぎないものと考える。

　すなわち、倒産手続における別除権・更生担保権の「対抗」とは、無担保一般債権者たる倒産債権者との対抗なのである。それが、管財人等との対抗と表現されているにすぎない。つまり、担保権者は、倒産手続開始時において対抗要件を具備していないかぎり、そもそも、破産債権者・再生債権者・更生債権者に対して、その優先的地位（＝別除権・更生担保権）を主張できな

いものと解され、だからこそ、これらの倒産債権者の利益代表である管財人等に対してもかかる地位を主張できないのである。これは、担保権者が、差押債権者及び配当要求債権者に対して、対抗要件なくして対抗できないことと、本質的には同じ構造にある。しかも、倒産手続においては、その開始により、既存の差押手続が中断又は失効し、事後の差押手続も禁止されることとなるが、倒産手続開始をもってこれらの個別執行手続を排除する構造は、いずれの倒産手続（破産手続・再生手続・更生手続）においても看取されるのであるから、このような権限を奪われた差押債権者及び配当要求債権者は、倒産手続における倒産債権者として、同様の保護を与えられなければならない。

　管財人等の「第三者」性という命題は、以上の文脈、観点から考察されるべきものである。再生手続で管財人が選任されず再生債務者が手続を追行する場合（原則型としてのDIP型再生手続）や、破産手続で破産管財人が選任されない場合（同時廃止事案）について、管財人や破産管財人の不在ゆえに、対抗問題を生じないのではないかが議論されることがあるが、本稿は、倒産手続における「対抗」の本質を、以上のように捉えるから、別除権・更生担保権を対抗要件なくして倒産手続において主張できないことは当然の帰結であり、何ら説明に窮するところはない。(113)

　すなわち、DIP型再生事件であるか管理型（管財人型）再生事件であるかを問わず、また、破産管財事件であるか同時廃止事件であるかを問わず、倒産手続における担保権の対抗の本質は、優先的地位を主張する担保権者と、それにより倒産財団からの割合的満足が減少する無担保一般倒産債権者との

---

(113) 例えば、甲斐・前掲126頁・132頁は、自動車の所有権留保売買で代金完済前に登録名義が（例外的に）買主に移転されているケースでの買主の破産手続において、破産管財人が選任される事件でも、破産管財人が選任されない同時廃止事件でも、いずれも別除権として扱われないという結論を統一的に説明する必要性から（＝破産管財事件では担保権者と第三者である破産管財人という関係があるのに対し、同時廃止事件では担保権者と破産者という当事者間の関係しかないために対抗問題とはならないのではないかとの問題意識から）、担保権者が、破産手続・再生手続において対抗要件なくして別除権を主張できないのは権利保護要件としての対抗要件に欠けるからであるとする。しかし、本稿の立場によれば、問題の本質は破産債権者との対抗にあり、破産管財人との対抗は、破産管財人が破産債権者の利益代表にあることの帰結にすぎず、同時廃止事件においても破産管財人は存せずとも破産債権者は存する以上、対抗要件を具備しない担保権は別除権として扱われないことになる。

間での、限られたパイ（＝倒産財団）の奪い合いという「食うか食われるかの関係」（＝対抗関係）にこそあるのであり（担保目的財産が優先的な担保権の対象となるか、無担保一般倒産債権者のための割合的な弁済原資となるか）、ここで担保権者に求められるのは真正な第三者対抗要件であって、権利保護資格要件ではない。倒産手続において担保権者と無担保一般倒産債権者との叙上の相克関係が厳然として存在する以上、破産管財人や（再生）管財人が選任されているか否かは二次的な問題にすぎない。担保権者と「再生債務者・破産管財人との対抗」は表面的な問題にとどまり、無担保一般倒産債権者たる「再生債権者・破産債権者との対抗」こそが真の問題なのである。

平成22年最判は、「再生手続が開始した場合において再生債務者の財産について特定の担保権を有する者の別除権の行使が認められるためには、個別の権利行使が禁止される一般債権者と再生手続によらないで別除権を行使することができる債権者との衡平を図るなどの趣旨から、原則として再生手続開始の時点で当該特定の担保権につき登記、登録等を具備している必要があるのであって（民事再生法45条参照）」と判示し、「再生債務者」に対する対抗という表現は明示的にとられていないが、それは、この問題の本質が、「再生債務者」に対する対抗にあるわけではないことに根差したものと解される。また、平成22年最判が一般債権者と別除権者との「衡平」を論拠とするのは、本稿と同様の考え方によるものと思われる[114]。

以上のとおり、本稿は、倒産手続開始時に対抗要件を欠いた担保権は、無担保一般債権者たる倒産債権者に対抗できず、そうであるがゆえに、その利益代表たる管財人等にも対抗できないものと考える。所有権留保もこれと同様に扱われる。

4　所有権留保売主が対抗要件を欠く場合の所有権の帰属

売主が留保所有権の対抗要件を欠いた結果として、別除権・更生担保権を

---

[114]　平成22年最判は、民事再生法45条を参照するが、同条は、再生手続開始後の権利取得（44条）、登記・登録（45条）、手形の引受け（46条）の効力について定めた一連の規定の一つにすぎず、担保権の対抗に関して再生手続開始時の対抗要件具備を要するか否かを直接かつ積極的に基礎付ける法条とはみられない。平成29年最判は、民事再生法45条に相当する破産法49条に言及していない。

倒産手続において主張することができない場合、売主は、留保所有権（＝処分権能の売主への留保）を倒産債権者及び管財人等に対抗することができない。この結果、売主は、倒産財団との関係において、留保所有権（＝処分権能の留保）はないものとして扱われるから、目的物の所有権は倒産財団に帰属し、被担保債権である売買代金債権も倒産債権（無担保一般債権）として扱われる。これは、例えば、抵当権の設定登記や動産譲渡担保権の対抗要件が倒産手続開始時に具備されていない場合において、倒産手続では、それらがなかったものと扱われ、被担保債権が無担保一般債権に落とされるのと同じである。

　この場合に、所有権留保売買が、代金完済という停止条件が付された所有権移転の合意であるにもかかわらず、なぜ、代金完済という停止条件が満たされていない倒産手続において、売主が所有権を失うに至るのかが問題となる。たしかに、一般論としては、倒産手続において停止条件付権利が無条件とみなされるわけではない。しかし、ここでは、停止条件その他の如何なる法形式・法技術を用いたのであれ、所有権のうち一部の権能を、売主に留保して所有権を制限した以上は、その公示が必要であったにもかかわらず、その公示が具備されなかったために、その処分権能の留保を倒産債権者及び管財人等に「対抗」することができないことに、この問題の本質があるのである。

　前述のとおり、所有権留保売主Ａは、そもそも平時実体法上の帰結として、その留保所有権を公示しない限り、買主Ｂからの転得者Ｃとの関係に

---

(115)　この点に関して、代金債務の完済は、売買契約で予定されている事実そのものであって、新たな事実を付け加えたものではないから、所有権留保は、所有権移転時期についての特約にすぎず、代金債務の完済を「停止条件」と表現するのは正確ではないとする見解がある（吉川愼一「所有権に基づく動産引渡請求訴訟の要件事実(2)」判タ1350号（2011年）9頁）。これは、所有権留保の合意につき、法律行為の付款としての性質それ自体を否定する立場と思われる。この見解によれば、本文に示した問題の所在それ自体が存在しなくなることになろう。しかし、物権行為としての所有権移転は、本来は売買契約と同時に発生すべきところ（前掲最判昭和33.6.20）、所有権留保の合意は、これを代金債務の完済まで発生させないという制限を付すものであるから、かかる物権行為上の付款（停止条件）であることは否定できないと思われる。所有権移転時期の合意は、単なる債権的合意にとどまるものではなく（仮にそうであれば所有権留保はおよそ倒産手続において担保権たり得ない）、物権行為としての所有権移転を代金完済という条件にかからしめたものというべきである。

おいても処分権能の留保を対抗できず、その結果、転得者Cは留保所有権の負担のない所有権を取得すると解されるのであるから、倒産局面において、その「第三者」がBの管財人等となった場合であっても、目的物の所有権は、Bの倒産財団に帰属するのである。

留保所有権を失うAにとってみれば、不利益な結果ではあるが、これは不動産や登記・登録制度のある動産については所有名義を代金完済までAのまま維持すれば回避できるものであり、登記・登録制度のない動産についても、本来は占有改定が定型的に含まれると解される以上、それがBのもとでの特定性の喪失や直接占有の喪失等によって失われない限り、回避できるものである。[116]

5　第三者所有権留保と対抗問題

本稿における以上の考察は、売主・買主の二当事者間での所有権留保を中心に進めてきたが、最後に、いわゆる第三者所有権留保にも簡潔に触れておきたい。所有権留保が利用される取引形態は、（ⅰ）売主A・買主Bの二当事者間における売買代金債権を担保する形態のほか、これを基礎としつつ、（ⅱ）売主A・買主B・信販会社Cの三当事者間において信販会社Cの立替払債権等（買主Bの所有権留保売主Aに対する代金債務を立替払したことに基づく求償権及び手数料債権）を担保するために信販会社Cが所有権を留保するに至る形態（いわゆる旧約款方式）、（ⅲ）売主A・買主B・信販会社Cの三当事者間において信販会社Cに法定代位により移転した代金債権（買主Bの所有権留保売主Aに対する代金債務を立替払又は保証履行したことに基づき信販会社Cに移転した

---

[116]　本稿のように占有改定が定型的に含まれると解した場合、倒産手続開始時において占有改定が失われていない限りにおいて（前述のとおり、目的物の特定性が維持されていることが前提となる）、売主は、倒産手続において留保所有権を対抗することができることとなる。この場合、例えば、破産管財人は、破産者及び申立代理人からの引継ぎが十分でない場合や、留保所有権者からの主張も欠く場合には、占有改定が公示力を欠くために、留保所有権の存在に気づかずに、所有権留保の目的物を第三者に換価処分する可能性がある。この場合、第三者に即時取得が成立すれば、第三者は所有権を取得するが、対抗力のある占有改定を伴う所有権留保物であったことを前提とすれば、その売得金については、破産財団の不当利得が成立し、留保所有権者は財団債権としてその返還を請求できるのが原則となる。ただし、破産管財人は、契約書等から所有権留保の成立及び占有改定の対抗力を認識できない限り、個人としての善管注意義務違反の責任は負わないものと解される。

原債権）を担保するために信販会社が所有権を留保するに至る形態（いわゆる新約款方式）などがある。

第三者所有権留保の法的構成としては、（ⅰ）買主がいったん所有権を取得し、信販会社に譲渡担保に供されるとの見解（譲渡担保構成）[117]、（ⅱ）売買代金の立替払を受けた販売会社が留保所有権を被担保債権とともに信販会社に譲渡し、買主と信販会社との合意により被担保債権を立替払債権に変更するとの見解（合意移転構成）[118]、（ⅲ）売買代金が立替払されると弁済による代位の効果として販売会社の留保所有権が代金債権とともに信販会社に移転するとの見解（法定代位構成）[119]などが主張されるが、個々の契約の実質に即して性質決定されるべきものである。差異はあるが、旧約款方式は（ⅱ）、新約款方式は（ⅲ）の構成に、概ね相当する。

判例は、旧約款方式につき、平成22年最判（買主Bの再生手続における被上告人（信販会社）Cの別除権行使を否定）が、「本件三者契約は、販売会社において留保していた所有権が代位により被上告人に移転することを確認したものではなく、被上告人が、本件立替金等債権を担保するために、販売会社から本件自動車の所有権の移転を受け、これを留保することを合意したものと解するのが相当であり、被上告人が別除権として行使し得るのは、本件立替金等債権を担保するために留保された上記所有権である」とし、「本件自動車につき、再生手続開始の時点で被上告人を所有者とする登録がされていない限り、販売会社を所有者とする登録がされていても、被上告人が、本件立替金等債権を担保するために本件三者契約に基づき留保した所有権を別除権として行使することは許されない」と判示した。

これに対し、新約款方式につき、平成29年最判（買主Bの破産手続における被上告人（信販会社）Cの別除権行使を肯定）は、「自動車の購入者と販売会社との間で当該自動車の所有権が売買代金債権を担保するため販売会社に留保される旨の合意がされ、売買代金債務の保証人が販売会社に対し保証債務の履行として売買代金残額を支払った後、購入者の破産手続が開始した場合にお

---

[117] 佐藤昌義「クレジット会社の所有権留保」NBL463号（1990年）40頁。
[118] 安永・前掲・担保法体系［第4巻］386頁。
[119] 千葉（恵）・前掲42頁。

いて、その開始の時点で当該自動車につき販売会社を所有者とする登録がされているときは、保証人は、上記合意に基づき留保された所有権を別除権として行使することができる」とした。

　判例は、三者間所有権留保のうち、対抗要件を具備した所有権留保が売買当事者間で成立した後、（ⅰ）信販会社が被担保債権である代金債権を立替払により消滅させ、その後の目的物の所有権を、売主と信販会社との合意により、信販会社が買主に対して取得した求償権及び手数料債権を被担保債権として、売主から信販会社に移転させる類型と、（ⅱ）法定代位により被担保債権である代金債権が信販会社に移転し、かつ、これを担保するための留保所有権が信販会社に随伴して移転する類型とを、截然と区別したものと理解される。

　後者（新約款方式）においては、二当事者間の売主所有権留保が、法定代位によって、被担保債権とともに同一性を保持して信販会社に移転することから、たとえ公示（対抗要件となる自動車登録名義）が売主Ａのまま残されていたとしても、買主Ｂの倒産債権者は優先する担保権の予測に欠けるところがなく、その利益は害されない。これに対し、前者（旧約款方式）においては、被担保債権が、当初の売主所有権留保の段階では所有権留保売買契約に基づく代金債権であったものが、立替払後は信販会社Ｃの買主Ｂに対する求償権及び手数料債権に転化するに至る（立替払によりＣが法定代位により取得した原債権とも異なる）。そうすると、当初の担保権が代金債権担保のための真正な所有権留保であったのとは異なり、立替払後の担保権は被担保債権を異にする新たな担保権の実質を有しており、そうである以上、担保権者たるＣのもとで新たな公示が必要であり、そうでなければ一般債権者からみて、優先する担保権の予測に欠ける結果となる。

　以上の観点から、本稿は、平成 22 年最判と平成 29 年最判の結論の差異を支持する。平成 22 年最判以降は、旧約款から新約款への移行が進み、今後

---

(120)　その法的構造については、さまざまな理解が提示されている。和田「判批」法学論叢 170 号 1 巻（2011 年）130 頁、森田・前掲・判批 35 頁ほか参照。

(121)　判例に登場した第三者所有権留保は、旧約款方式（平成 21 年最判、平成 22 年最判）と新約款方式（平成 29 年最判）とがあるが、売主の代金債権が完済された後の法律関係つまり信販会社の「所有権留保」については、名称こそ「所有権留保」として共通するものの、前者は第三者

は新約款が中心となると思われるが、その実質は、二当事者間の売主所有権留保と法定代位による移転であるから、売主所有権留保の議論の多くが当てはまるものと考えられる。[122]

IX 結語

本稿は、以上の検討から、冒頭IIIにおいて示した結論に至ったものである。

本稿では、所有権留保のうち、その根幹をなす、二当事者間の売主所有権留保の基本的な問題に焦点を当てて、温故知新を図りつつ、自らの見解を述べた。

本稿は、所有権留保売買を、当事者間における所有権移転プロセスにおける、使用収益権能と処分権能との権能分属状態と理解し、その公示の要請から対抗要件の具備が求められるものとし、譲渡担保権者、差押債権者、倒産手続における管財人等との関係について、結論の妥当性の維持に配慮しつつ、一貫した立論を目指した。倒産手続に至って初めて、突如として公示が必要となる担保権というものはあり得ないという確信から、所有権留保の実体的構造の検討を踏まえて、留保所有権の公示は、そもそも平時実体法の解釈として必要とされるものであることを明らかにした。

本稿の目的を達し得ているかを含めて、ご批判、ご叱正を仰ぎながら、今後も進んでいきたい。

（売主）提供担保としての譲渡担保に近似するのに対し、後者は真正な売主所有権留保の随伴移転類型であり、両者はその実質を異にするものと思われる。もっとも、平成21年最判の判示内容は、原型としての売主所有権留保（＝真正所有権留保）にも当てはまるものと解され（柴田・前掲223頁）、本稿は、これを前提として検討したものである。

(122) 残された問題の1つとして、対抗要件を具備していない所有権留保売主が倒産手続開始前に目的物を引き上げた場合の否認の成否がある。名古屋地判平成27.2.17金法2028号89頁（破産管財人の否認権行使を否定）、神戸地判平成27.8.18金法2042号91頁、名古屋高判平成28.11.10金法2056号62頁、東京高判平成30.1.18LLI/DB L07320344（破産管財人の否認権行使を肯定）。

――悩み多き学生時代、民法の面白さと奥深さに開眼したのは、改築前の早稲田大学法学部校舎における、近江幸治先生の民法の講義においてであった。その知的興奮は、いまだに忘れることができない。それから幾星霜、近江先生は御目出度く古稀を迎えられ、私もいつのまにか、当時の先生の齢に達し、先生の講義で強く興味を掻き立てられた金融担保法・倒産法の実務を専門として、十数年を経過するに至った。近江先生は、卒業生に「不懼」という言葉を贈られたと記憶する。本稿では、古くて新しい所有権留保の諸問題に、まさに「不懼」の気持ちで挑戦した。近江先生に献呈するには、本稿はいかにも未熟、荒削りな論考であり、なお検証と彫琢とを重ねなければならぬところであるが、いまの私にはこれが限界であり、ご笑覧を願うばかりである。近江先生のますますのご健勝をお祈りし、また私のこれからの研鑽もお約束して、拙稿の結びとしたい。

（追記）　脱稿後、最判平成30.12.7裁判所ホームページ（前掲東京高判平成29.3.9の上告審）は、事例判断として、集合動産譲渡担保権の設定を受けた者は、代金完済未了の金属スクラップ等につき、所有権留保売主に譲渡担保権を主張できない旨を判示した。本稿もこの結論を支持する。

詐害行為取消権と否認権の関連性

髙 井 章 光

```
Ⅰ  はじめに
Ⅱ  詐害行為取消権と否認権の関連性
Ⅲ  詐害行為取消権行使における「平時」と「私的整理」の関係について
Ⅳ  「私的整理」における本旨弁済に対する詐害行為取消権の行使要件
Ⅴ  「私的整理」における債権者平等原則と詐害行為取消権
Ⅵ  支払不能概念について
Ⅶ  倒産手続開始後における詐害行為取消権の行使
Ⅷ  まとめ
```

Ⅰ はじめに

　詐害行為取消権と倒産手続における否認権の関連性について、これまでの議論においては、両制度の発祥は基本的に同じとしながらも、詐害行為取消権は平時における個別強制執行のための保全措置であり、否認権は債権者平等を前提とする倒産手続における調整機能であることから、それぞれ別の機能を有するとし、その要件効果は別個に議論されてきた。ところが、平成29年5月26日に成立した改正民法（債権法）においては、詐害行為取消権の成立要件が否認権の規定により近い内容とされたことから、今後は詐害行為取消権と否認権との関係がより密接に議論されることになると思われる。
　実務において、詐害行為取消権によって規制が図られる場面のほとんどは、否認権行使によって規制されるべき場面とも一致しており、特に最近において、倒産手続としての私的整理手続が多く利用されるような状況におい

ては、両手続の関係性は益々重要性を増してきていると感じている。しかしながら、詐害行為取消権の利用場面は、私的整理手続の場面のように必ずしも集団的債権回収が図られるべき状況が具体的に生じている場面のみではなく、一債権者がその債権回収手段として利用するような場面においても有効な手段として利用されており、実際に利用される場面に応じてその利用目的も異なっているように思われる。

　本稿は、平時において一債権者の個別強制執行のための保全措置として機能をする詐害行為取消権が、特に倒産手続としての私的整理手続において、否認権に近い機能を有するようになり得ること、さらに、否認権行使と詐害行為取消権をより一体的に捉えた形での実務運用の可能性について、改正民法（債権法）を前提として、実務家の観点から両制度の関係の整理を試みたものである。

　近江幸治先生には、研究会や2018年度日本私法学会シンポジウム報告準備において、また、平成29年成立の改正民法（債権法）に関する東京商工会議所での民法（債権法）改正検討専門委員会等において、多方面でのご教授を頂いた。これらの研究会等において、私は実務家としての立場から債権法や取引法に関して意見を述べる機会を頂いてきたことから、今回の近江先生の古稀をお祝いするにあたり、これまでと同様に、実務家の視点から債権法・取引法について意見を述べてみたいと考える次第である。

II　詐害行為取消権と否認権の関連性

1　平時と倒産時における実体法の関係

　平時における権利関係が、その関係当事者の一方について倒産手続が開始した場合にどのように処理されるか、という問題は倒産実体法の問題であるが、平時と倒産時の連続性や異別性に着目してそれぞれの場面における権利関係を改めて整理するなど、平時と倒産時における実体法の関連性を検討する試みがなされている。例えば担保権は、契約当事者がまさに倒産状態に至

（1）　平時の実体法と倒産手続との関係をまとめた論考集として、『倒産手続と民事実体法』（別冊NBL60号（商事法務、2000年））、水元宏典『倒産法における一般実体法の規制原理』（有斐閣、

るなどして、完全な債務の履行ができない場合に存在意義を有するため、倒産時に各担保権がどのように取り扱われるのか、その内容については、平時における担保権のあり方に対し実務的に多大な影響を持つものであり、リース取引や集合債権譲渡担保、先取特権や留置権などにおいて様々な議論が生じている。詐害行為取消権も、契約当事者に資力がなく債務の履行ができない場面における制度であり、法的倒産手続において同様の目的を有する否認権との関係性は、実務においては無視できない問題である。

　一般に、倒産時における実体法は、平時における実体法を前提としながら、債権者平等の理念や倒産手続上の制約によって変容されており、例えば、倒産解除特約は、会社更生手続や民事再生手続の趣旨や目的を理由としてその効力が否定される（最判昭和57年3月30日民集36巻3号484頁、最判平成20年12月16日民集62巻10号2561頁）。詐害行為取消権と否認権の関連性を考える上でも、平時を規律する法理と倒産時を規律する法理による違いを明確にした上で、さらに平時の法理を倒産時に及ぼすことができないか、または倒産時の法理を平時に及ぼすことができないか、という視点にて整理を行うことは有意義であると考える。

2　詐害行為取消権と否認権との関係について
(1)　詐害行為取消権と否認権の関連性について

　詐害行為取消権も否認権も、いずれもその発祥起源は古代ローマ法の廃罷訴権アクチオ・パウリアナ（actio Pauliana）とされ、資力が不足した債務者の責任財産減少行為の効果を否認する制度である点において共通性が見られる。現在の法律においても、詐害行為取消権の係属中に倒産手続が開始された場合には、破産管財人等はこれを受継することができるとされていることから（破産法45条2項、民事再生法140条1項、会社更生法52条の2第2項）、詐害行為取消権と否認権との間には一定の関連性が認められる。

　しかしながら、詐害行為取消権行使の目的は個別債権の強制執行のための

2002年）などがある。また契約関係に関する論考集としては、『現代型契約と倒産法』（商事法務、2015年）、『倒産実体法―改正のあり方を探る』（別冊NBL69号（商事法務、2002年）、福永有利編著『新種・特殊契約と倒産法』（商事法務、1988年）などがある。

保全であり、集団的な債権処理のための責任財産の回復を目的とする否認権行使の目的とは異なることから、今般の民法（債権法）改正論議以前においては、両制度はあまり関連性を意識されずにそれぞれの制度趣旨から別々の検討がなされてきた。(2)これは両制度の条文の規定の仕方が異なることも起因していたものと思われる。

他方で、平成16年の破産法改正により、否認権の規定が詐害行為否認と偏頗行為否認の類型に整理されて改正されたことに伴い、詐害行為取消権への影響が議論となり始め、また平成21年から始まった法制審議会における民法（債権法）改正審議に伴って、両制度の関係性が論じられることとなり、特に統一的な理解を試みる検討も多くなってきた。(3)

今般の民法（債権法）改正によって、詐害行為取消権の規定は否認権の規定とほぼ同様の内容となった。したがって、改めて両制度の関係について統一的に整理することに意義があると思われる。

(2) 詐害行為取消権と否認権の対象の違い

一般に、否認権の対象の方が、詐害行為取消権の対象より広いとされているが、両制度の目的が異なることから必ずしもそのようには位置づけて説明

---

(2) 飯原一乗『詐害行為取消権・否認権の研究』（日本評論社、1989年）323頁は、詐害行為取消権と否認権について、特殊の分野に関するものを除き、体系的に両者の比較をしたものをみたことがない、とする。小林秀之『新破産から民法が見える』（日本評論社、2006年）196頁も、両制度を対比する方向での検討はそれほどされていないのが実情である、とする。

(3) 両制度を体系的に比較し、その共通性に言及したものとして、平成16年破産法改正以前においては、前掲飯原（注2）『詐害行為取消権・否認権の研究』323頁「詐害行為取消権と否認権—その成立要件と行使の効果—」、野澤正充「債務者の財産隠匿行為に対する民法と倒産法の交錯」前掲（注1）『倒産手続と民事実体法』218頁などがある。平成16年破産法改正以降においては、下森定『新版注釈民法（10）Ⅱ』（有斐閣、2011年）763頁、下森定『詐害行為取消権の研究』（信山社、2014年）163頁、479頁、小林秀之「否認権改革から詐害行為取消権改正へ—民法改正論議や倒産目的論との関係—」伊藤眞他編『民事手続法学の新たな地平』（有斐閣、2009年）691頁、森田修『債権回収法講義〔第2版〕』（有斐閣、2011年）63頁、中田裕康「詐害行為取消権と否認権の関係」山本克己ほか編『新破産法の理論と実務』（判例タイムズ、2008年）301頁、潮見佳男『新債権総論Ⅰ』（信山社、2017年）727頁など多数ある。なお、法制審議会民法（債権関係）部会においては、第5回会議（平成22年3月9日）、第6回会議（平成22年3月23日）、第21回会議（平成23年1月11日）、第41回会議（平成24年2月14日）、第42回会議（平成24年3月6日）、第65回会議（平成24年12月18日）、第82回会議（平成26年1月14日）及び第91回会議（平成26年6月17日）において、さらに同部会第2分科会第3回会議（平成24年5月15日）及び第4回会議（平成24年6月19日）において、それぞれ詐害行為取消権の内容が否認権制度と比較されながら議論されている。

されていないことも多い。

　詐害行為取消権の行使が「平時」を対象とし、必ずしも債務者の財産全体を強制的に換価処分し、債権者に対して平等的満足を図ろうとする強制力が働いていない場面であることからすれば、無資力状態であり債権者を害する行為は制約されるべき状態ではあるものの、取引の自由を著しく制限し、取引関係者等の第三者への影響も大きい詐害行為取消権の行使については慎重になるべきである。他方、法的倒産手続においては、裁判所が監督する状況下において、債務者の全資産が全債権者の引き当てとされ、平等に分配する目的の下で公正に整理が進む状況にあるため、これに抵触する行為については例え倒産手続前の行為であっても制約する必要性が強く働くことになり、取引の安全には配慮しながらも、積極的な行使が期待されている。

　以上から、詐害行為取消権の対象範囲は、同じように無資力状態における債務者の行為で債権者が害されることになったとしても、否認権の対象範囲より狭くなると考えられる。そして、否認権の対象とされていない行為は、原則として詐害行為取消権の対象とはならないという関係にあると考える。

　これまでは詐害行為取消権の成立要件と否認権の成立要件は、条文における規定の仕方がまったく異なっていたことから、別々に検討される傾向にあった。しかし、平成29年に成立した民法（債権法）改正によって、詐害行為取消権の要件が否認権の要件と同じような内容になったことからすれば、要件の規定の仕方が同じであればその適用対象はまったく同様に扱うことになるのか、それとも規定の仕方が同じであっても、詐害行為取消権と否認権という制度の違いから適用に違いが生じうるのか、という点から両制度の関係は再検討されるべきである。

　私見においては、民法（債権法）改正によって規定の仕方が同じとなっても、適用に違いが生ずることがあってしかるべきと考える。なぜならば、詐害行為取消権も否認権も、無資力または支払不能状態でなければ問題となら

（4）　中田裕康『債権総論第三版』（岩波書店、2013年）256頁、中田裕康「詐害行為取消権と否認権の関係」山本克己ほか編『新破産法の理論と実務』（判例タイムズ、2008年）301頁など
（5）　内田貴『民法III債権総論・担保物権〔第3版〕』（東京大学出版、2005年）312頁は、否認権よりも詐害行為取消権による取消しが広く認められるのはバランスを失するとし、本旨弁済行為は詐害行為取消権の対象ではなく否認権によるべきとする。

ない債務者の行為を否定するものであり、その影響力の大きさからすれば一定の要件の下で例外的に権利行使が認められるものであるから、基本的にはその行使は慎重になされるべきであり、両制度において行使における状況や行使目的に違いがあることからすれば、その適用において違いが生ずることも当然であると思われるからである。したがって、規定の仕方が同じようになったとしても、やはり、詐害行為取消権の対象行為は否認権よりも狭くなるものと考える。

　他方において、詐害行為取消権と否認権の関連性に注目した場合には、詐害行為取消権においても否認権とほぼ同様の機能を果たす場合がある。すなわち、債務者が経済的危機状況において、債権者が個々に個別権利行使を行っている場面ではなく、私的整理手続が開始されており、すでに集団的債権回収の状態に至っている場面においては、法的倒産手続が開始される危険性が高い状況であることが債務者及び債権者において明確に認識され、法的倒産手続に替わる手続として、私的整理手続が履行されることになる。この場合、詐害行為取消権は否認権の代替的措置としての意味合いを色濃く有することになり、詐害行為取消権の行使対象は否認権の行使対象により近づくことになる。

Ⅲ　詐害行為取消権行使における「平時」と「私的整理」の関係について

1　「平時」と「私的整理」の関係
(1)　「平時」について

　詐害行為取消権は、否認権と対比して論じられる場合、法的倒産手続が開始されていない「平時」における制度として位置づけられる。しかしながら、民法424条は「債権者を害する」行為を対象とし、そのため詐害行為取消権を行使するには、債務者が「無資力」であることが必要とされ、「無資力」については、単なる計数上の関係ではなく、債務者の信用をも考慮した上で債務超過に到っている場合を言うとされている（通説）[6]。したがって、

（6）　我妻榮『新訂債権総論（民法講義Ⅳ）』（岩波書店、1964年）184頁、奥田昌道『債権総論

「無資力」と認められる状態は、既に倒産原因の一つである債務超過に至っているだけでなく、さらに窮境状態は悪化している状況にあり、実務上そのような状態にあれば多くの場合は支払不能状態に陥っているはずである。すなわち、「無資力」な状況であれば、通常の経済活動を正常に行うことが難しい状況に至っているはずであって、とても「平時」と評価できる状況にはない。

　よって、詐害行為取消権と否認権を対比して述べる場合の「平時」とは、債務者の窮境状況にあまり違いはなく、単に法的倒産手続が開始されていないということを意味するものと考えられる。そのように理解した場合、詐害行為取消権と否認権の違いの中心は、法的倒産手続が取られているかいないかの違いとして、実務上整理することができる。なお、ここで「実務上」と限定している意味は、両制度について要件面などから比較しているのではなく、利用される現象面を比較検討の中心としていることを明確にする趣旨である。

(2)　「平時」における「私的整理」の位置づけ

　前述のように、詐害行為取消権と否認権の違いの中心を、法的倒産手続が取られているかいないかの違いとして整理した場合、法的倒産手続の代替的手続である「私的整理」手続の位置づけが重要になる。すなわち、債務者が「無資力」の状態であり、法的倒産手続が開始されてもよい状況において、法的倒産処理手続ではなく、同様の効果をもたらすために「私的整理」手続が取られている場合には、詐害行為取消権と否認権の違いを大きく認める前提が希薄化しており、法的倒産手続における否認権と同じ効果を導く手段として、詐害行為取消権を積極的に行使することにも一定の許容性が認められると考えられるからである。

　したがって、「平時」と「倒産時」を統一的に整理するとすれば、「平時」をさらに「私的整理」の場合と「私的整理がなされていない場合」の二つに区分することができ、「私的整理」は「倒産時」と同様に、集団的債権処理手続の場面としてほぼ類似の状況にあることからすれば、詐害行為取消権を否認権とほぼ同じような状況において、同様の目的のために利用するための

〔増補版〕』（悠々社、1992年）293頁など。

手段として整理することができる。

　すなわち、「私的整理がなされていない場合」の「平時」においては、まさに個別強制執行手続を前提とする保全的措置として詐害行為取消権が位置づけられており、保全的措置の結果として、取り戻した資産については債務者に戻すほか、権利行使債権者のもとでの保全も認められる。ここでは「私的整理」の状況と異なり集団的手続が開始されていない状態であるため、結局、各債権者は各自独自に権利行使（債権回収）を行うことになり、保全として取り戻した資金と自らの債権との相殺等によって事実上の優先権を行使することも許容される。

　他方、「私的整理」がなされている場合には、「平時」であったとしても、集団的債権処理手続が開始されている状況であり、債権者間の平等を実現すべき状態であるため、詐害的行為はもちろんのこと、偏頗的行為についても規制されるべきであり、詐害行為取消権の機能においても偏頗行為を規制対象とすることが認められてしかるべき状態と言える。

　改めて「私的整理」と「私的整理がなされていない場合」の違いを述べるとすれば、「私的整理」は債務者の全資産が対象債権者全員の引き当てとされ、その履行が債権者間の平等の下に実現される状況にあるのに対し[7]、「私的整理がなされていない場合」は、債務者が無資力な状況ではあるものの、債務者の全資産について対象債権者全員の引き当てとする平等な取扱いが現実化しておらず、個別執行を前提として、単に当該詐害行為対象財産の取り戻しを実現するに止まる状態であることに大きな違いが生じている。

　このように整理した場合、詐害行為取消権の行使は、「私的整理」の状況における行為の取り消しの場合と、「私的整理がなされていない場合」における行為の取り消しの場合ではまったくその目的が異なることになり、明確に分けて検討する必要がある。

（7）　なお、金融債権者のみで行われる私的整理においては、一般取引債権者が当該私的整理手続外において通常どおり100％の弁済がなされることを、当該金融債権者が了解している状態であり、不利益を被る者の同意があるため、債権者平等原則に反することにはならない（民事再生法155条1項参照）。

2 「私的整理」における偏頗行為規制の必要性
(1) 「私的整理」の状況

「私的整理」について改めて整理すると、「私的整理」手続とは、破産、民事再生、会社更生などの法的倒産手続によらずに、窮境状態にある債務者の債務の整理を行う手続であり、平成12年に民事再生法が施行される以前においては、「私的整理」という名称のほか「内整理」「任意整理」とも呼ばれ、企業倒産処理の手段として比較的多く利用されていた。その後、民事再生法が施行されてそれまでの和議手続より容易に企業再建が可能となり、また次々と倒産法制が整備され、破産手続においても手続の迅速化や予納金の低額化の運用が進められたことから、法的倒産手続が「私的整理」手続に替わって企業破綻処理手続の中心となった。

しかし、平成20年のリーマンショック後は、平成21年に中小企業金融円滑化法が制定されたことの影響にて法的倒産手続が回避される傾向となり、また金融機関を主な債権者とする「準則型私的整理」手続が整備されてきたことと相俟って、「私的整理」手続が多く利用されるようになった。現在、法的倒産手続の利用は減少しており、「私的整理」手続の利用が増加している状況にある。

---

(8) 福島法昭ほか「平成28年における倒産事件申立ての概況」NBL1098号33頁によれば、各倒産手続の全国の件数について、民事再生（通常再生）は平成20年まで年々増加し、平成20年では859件、法人破産件数も年々増加した結果、平成20年に11,058件、平成21年に11,424件となった。

(9) 準則型私的整理手続としては、中小企業再生支援協議会スキーム、株式会社地域経済活性化支援機構スキーム、事業再生ADR、私的整理ガイドラインのほか、裁判手続であるが特定調停手続も準則型私的整理手続とされている。

(10) 前掲福島（注8）「平成28年における倒産事件申立ての概況」によれば、民事再生（通常再生）は平成20年以降減少し、平成28年には151件にまで減少し、法人破産件数も減少し平成28年は6,967件となっている。他方、中小企業庁発表の「中小企業再生支援協議会の活動状況について～平成28年度活動状況分析～」によれば、中小企業再生支援協議会の相談件数・計画策定件数とも平成24年度から急増しており、平成24年度の相談件数は3,712件、計画策定件数は1,511件となり、平成26年度（相談件数3,421件、計画策定件数2,484件）まで増加傾向が継続している。なお、平成27年度以降は一転減少傾向となっており、平成28年度は相談件数1,672件、計画策定件数は1,047件となっている。この中小企業再生支援協議会の案件数の動向は、中小企業金融円滑化法の適用が平成25年3月に終了したことによって増加したところ、近年はその影響が一段落したことによって一定水準に戻ったものと思われる。

(2) 「私的整理」における詐害行為取消権の利用状況

　民事再生法施行以前の「内整理」においては、破産手続に替わる手続として、一般債権者を含めた債権者によって債権者委員会が組織され、「私的整理」内における自治準則（ルール）によって資産換価・平等弁済行為が行われることが多かった。この「内整理」においては、法的倒産手続における否認権制度が利用できないため、実際に詐害的行為がなされた場合の回復措置としては、詐害行為取消権が多く利用されていた。[11]

　民事再生法施行以降における「準則型私的整理」においては、一般取引債権は対象外とし、金融機関の債権のみを整理の対象として、限られた債権者間で「私的整理」手続が進行するため、偏頗行為が生ずることは多くなく、また偏頗行為が生じた場合であっても協議によって是正措置が講じられることが多いため、詐害行為取消権が利用される場合はそれほど多くはなかった。[12] 法的倒産手続が整備されたため、「私的整理」手続を選択せず法的倒産手続を選択することが多くなったことや、「準則型私的整理」が不成立となった場合には法的倒産手続に移行することが多いことも、「準則型私的整理」において詐害行為取消権が利用されることが多くない理由と思われる。

　しかしながら、前述のとおり、最近において法的倒産手続は減少傾向にあり、中小企業を中心として「私的整理」手続による債務処理が増加する傾向にあるため、再び、詐害的行為取消権の重要性は増しているものと思われる。

---

(11)　吉原省三「詐害行為取消権についての考察」判タ 308 号 61 頁、前掲下森（注 3）『新版注釈民法（10）Ⅱ』764 頁など。また、私的整理の状況下における詐害行為取消権行使についての裁判例も多数ある（最判昭和 51 年 11 月 1 日金法 813 号 39 頁、東京地判昭和 61 年 11 月 18 日判タ 650 号 185 頁、東京地判平成 10 年 10 月 29 日判時 1686 号 59 頁など）。

(12)　『新破産法の基本構造』（ジュリスト増刊（有斐閣、2007 年））382 頁〔田原睦夫発言〕は、詐害行為取消権が私的整理において否認と同様の機能を果たす事例は極めて例外的な事象とする。他方、平成 29 年成立の民法（債権法）改正の論議では、法制審議会民法（債権関係）部会第 42 回会議において、安永貴夫委員は、「中小・零細企業などでは破産法や会社更生法が適用され管財人が管理するというケースは少数で、圧倒的に任意整理が多いというのが、労働の現場の実感です。任意整理などのケースでは、労働組合や労働者は倒産企業に対して優越的地位に立つ債権者との、平時とは言い難い深刻な対立状況の中、労働債権の回収を自力で行うことになります。現行の詐害行為取消権の制度が、自力で労働債権回収を行うための重要な手段として機能している」と述べ、私的整理（任意整理）における詐害行為取消権の実務上の重要性を指摘している（『民法（債権関係）部会資料集第 2 集〈第 5 巻〉』（商事法務、2013 年）68 頁。

(3)　「私的整理」における詐害行為取消権や否認権の存在意義（効果）

　「私的整理」では、債務者は窮境状況にあるため、通常の経済活動を行いながら債権者との交渉を個別に実施し対応することができる状況に到底無く、多くの債権者との交渉をまとめて対応する必要が生じている状況（集団的債権処理を図る状況）に至っている。そして、債務者自らが「私的整理」手続によって債務処理を望み、債権者等に対して誠実に弁済を行う旨を誓約する場合には、当該「私的整理」手続において確認された債権者平等ルールが手続準則の中心となり、これに反する偏頗行為は第一に禁止されるべき行為と化すことになる。なぜならば、偏頗行為を見逃すことになれば、債権者平等ルールが実践されず、「私的整理」手続は崩壊してしまうことになるからである。この状態は、「私的整理」に至っていない状況において、取引自由や取引安全の観点から、債務者が本旨弁済や財産処分を実施することが基本的に許容され得る状態とは大きく異なる。

　債権者平等の下で手続が進行する「私的整理」手続においては、偏頗行為がなされた場合の対応措置として、詐害行為取消権を行使するか、もしくは破産手続などの倒産手続を申し立てた上で否認権行使を促すことが考えられるが、「私的整理」における詐害行為取消権や否認権の存在意義は、単にこれらの制度を使用して被害回復を行うことのみではない。重要な存在意義として、「もし詐害行為や偏頗行為が実施された場合には、これらの制度によって当該行為が取り消される（否認される）」、ということを明示することによって、債務者も債権者も詐害行為や偏頗行為を差し控える旨の抑止力が大きく働いていることが挙げられる。さらに、詐害行為や偏頗行為がなされてしまった場合であっても、「私的整理」手続や倒産手続においては、まずは詐害行為取消権や否認権を前提としての資産等の返還交渉が行われるのであって、この交渉によってほとんど解決を見ているのであり、実際に訴訟等において詐害行為取消権や否認権が権利行使されることが少なくても、これらの権利行使が可能であること自体が既に十分に解決機能を発揮しているのである。

　この詐害行為取消権や否認権が有する偏頗行為に対する抑止力（抑止効果）や、詐害行為や偏頗行為が生じた場合においても協議等の簡易な方法により

是正できる効果（この点も抑止力の効果と評価することができる）は、実務において非常に重要である。詐害行為取消権行使場面の全般においてこの抑止的効果は生じているが、特に「私的整理」においては、債務者と債権者等との間に誠実弁済の合意が成立し、債権者平等ルールが実践されている状況にあるため、詐害行為取消権や否認権が示す規範を債務者や債権者が強く認識しており、この詐害行為取消権の抑止的効果はより強く発揮されることになる。

したがって、詐害行為取消権や否認権の要件効果を検討するにおいては、実際に権利行使する場合の効果のみならず、「伝家の宝刀」として、実際に権利行使しなくても、詐害行為や偏頗行為の実施を抑止する効果についても重要な要素として検討対象とされるべきである。

Ⅳ 「私的整理」における本旨弁済に対する詐害行為取消権の行使要件

1 本旨弁済に対する詐害行為取消権の行使

「私的整理」において詐害行為取消権を行使する場面としては、前述したとおり、「私的整理」の目的である債権者平等の実現を害する行為として、偏頗弁済を制限する場面が考えられる。判例は、偏頗弁済行為が本旨弁済の場合において、「債権者が弁済期の到来した債務の弁済を求めることは、債権者の当然の権利行使であって、他の債権者の存在を理由にこれを阻害されるべきいわれはなく、また、債務者も、債務の本旨に従い履行をすべき義務を負うものであるから、他の債権者があるからといって弁済を拒絶することはできない」とし、原則として詐害行為取消権の対象とはならず、例外的に債務者が当該債権者と通謀し他の債権者を害する意思をもって弁済したような場合にのみ、取消権の対象になるとしている。これまで最高裁判決において、本旨弁済に対する詐害行為取消権の行使を認めたものは未だ存在しないとされている。学説では、本旨弁済に対する詐害行為取消権を否定する説

---

(13) 大判大正6年6月7日民録932頁、最判昭和33年9月26日民集12巻13号3022頁、最判昭和52年7月12日判時867号58頁等。

(14) 中田前掲（注4）『債権総論第三版』251頁など。他方において、最判昭和40年1月26日集民77号129頁は本旨弁済の取消しを認めた原審を支持し上告を棄却している。また、代物弁済

と、例外的に肯定する見解がある。

　判例は、本旨弁済の詐害行為取消権行使は、例外的に債務者が当該債権者と通謀し他の債権者を害する意思をもって弁済したような場合にのみ認められるとするが、「私的整理」においては、例え本旨弁済であったとしても、債権者平等を侵害する結果となる場合であれば取消しの対象とされるべきである。そうすると、判例が例外として取消しを許容する「債務者が債権者と通謀して他の債権者を害する意思」による弁済という要件と、「私的整理」における債権者平等を確保する目的との関係を改めて検討する必要がある。

2　「私的整理」における本旨弁済の詐害行為取消権行使の要件
(1)　偏頗行為否認の要件と改正民法（債権法）における詐害行為取消権の要件の比較

　詐害行為取消権と否認権は類似し一定の関連性が認められることから、「私的整理」における本旨弁済を詐害行為取消権の対象とする場合の要件を検討する上で、「私的整理」における本旨弁済を否認する場合の要件が参考となる。破産法162条（平成29年民法改正に伴う整備法による改正後のもの）は、以下のとおり規定されている。

> （特定の債権者に対する担保の提供等の否認）
> 破産法第162条　次に掲げる行為（既存の債務についてされた担保の供与又

　に類似する事案について、最判昭和46年11月19日民集25巻8号1321頁は取消しを認めている。
(15)　我妻前掲（注6）『新訂債権総論（民法講義Ⅳ）』185頁、『我妻・有泉コンメンタール民法—総則・物権・債権—〔第4版〕』（日本評論社、2016年）792頁、内田前掲（注5）『民法Ⅲ〔第3版〕』312頁ほか。
(16)　下森前掲（注3）『詐害行為取消権の研究』297頁、近江幸治『民法講義Ⅳ債権総論〔第3版補訂〕』159頁、奥田前掲（注6）『債権総論〔増補版〕』287頁ほか。
(17)　小川正持「一部債権者への弁済と詐害行為取消権」小川英明他編『現代民事裁判の課題⑤〔貸金〕』（新日本法規、1990年）416頁は、「内整理が進んでいるような状況下において、一部債権者が、内整理に参加しながら一方で債務者と通謀して抜駆けを図ったような場合、これを容認することはできないであろう。」とし、林錫璋「詐害行為取消権制度は、その適用上、拡大と縮小のどちらを向くべきか」椿寿夫編『講座・現代契約と現代債権の展望第一巻債権総論（1）』（日本評論社、1990年）74頁は、「債務超過にある債務者が、債権者会議においての内整理案に反して、抜駆け弁済をしたような場合に限り、内整理による平等弁済を裏切られたから、詐害行為が成立すると解すべきものと思われる」とする。

> は債務の消滅に関する行為に限る。）は、破産手続開始後、破産財団のために否認することができる。
> 一　破産者が支払不能になった後又は破産手続開始の申立てがあった後にした行為。ただし、債権者が、その行為の当時、次のイ又はロに掲げる区分に応じ、それぞれ当該イ又はロに定める事実を知っていた場合に限る。
> 　　イ　当該行為が支払不能になった後にされたものである場合　支払不能であったこと又は支払の停止があったこと。
> 　　ロ　当該行為が破産手続開始の申立てがあった後にされたものである場合　破産手続開始の申立てがあったこと。
> 二　破産者の義務に属せず、又はその時期が破産者の義務に属しない行為であって、支払不能になる前三十日以内にされたもの。ただし、債権者がその行為の当時他の破産債権者を害することを知らなかったときは、この限りでない。
> （以下、略）

　すなわち、債務者が支払不能（または破産手続開始の申立て）後に本旨弁済を実施し（要件A）、受益者たる債権者が、債務者が支払不能（または破産手続開始の申立て）であることを知っている場合（要件B）に否認することができるとしている。

　「私的整理」は、集団的債権処理手続の場面として法的倒産手続とほぼ類似の状況にあり、よって、「私的整理」における　詐害行為取消権を、否認権とほぼ同じような状況において同様の目的のために利用するための手段として整理することが許されるとすれば、「私的整理」における本旨弁済の詐害行為取消権の要件は、破産法第162条の要件と同様に、「債務者の支払不能」（要件A）と「債権者がそれを知っていたこと」（要件B）と考えることができる。

　他方、改正民法424条の3は、偏頗行為に対する詐害行為取消権の行使を以下のとおり規定している。

> （特定の債権者に対する担保の提供等の特則）
> 第四百二十四条の三　債務者がした既存の債務についての担保の提供又は債

> 務の消滅に関する行為について、債権者は、次に掲げる要件のいずれにも該当する場合に限り、詐害行為取消請求をすることができる。
> 　一　その行為が、債務者が支払不能（債務者が、支払能力を欠くために、その債務のうち弁済期にあるものにつき、一般的かつ継続的に弁済することができない状態をいう。次項第一号において同じ。）の時に行われたものであること。
> 　二　その行為が、債務者と受益者とが通謀して他の債権者を害する意図をもって行われたものであること。
> 2　前項に規定する行為が、債務者の義務に属せず、又はその時期が債務者の義務に属しないものである場合において、次に掲げる要件のいずれにも該当するときは、債権者は、同項の規定にかかわらず、その行為について、詐害行為取消請求をすることができる。
> 　一　その行為が、債務者が支払不能となる前三十日以内に行われたものであること。
> 　二　その行為が、債務者と受益者とが通謀して他の債権者を害する意図をもって行われたものであること。

　この改正民法424条の3を前提とすると、「私的整理」における偏頗行為の取消しは、債務者が支払不能の時に偏頗行為が実施され（改正民法424条の3第1項1号）、受益者たる債権者と債務者が通謀して他の債権者を害する意図をもっていたこと（同2号）を要件とする。破産法162条1項と比べ、改正民法424条の3は、債権者の主観的要件（B）に加えて、本旨弁済について詐害行為取消権を認める場合として判例が示した要件（債務者が債権者と通謀して他の債権者を害する意図）を要求するが、これは詐害行為取消権の要件は否認権の要件よりも厳格であるべきという考え方のもと、従前の判例を尊重してその要件を付加したと考えられる(18)。しかし、「私的整理がなされていない場合」においては、この考え方は妥当するものと考えられるが、「私的整理」の場合は、法的倒産手続とほぼ同じ状況にあることからすれば、債権者の主観的要件（B）のみで足りるとしても良いはずである。

---

(18)　法務省民事局参事官室『民法（債権関係）の改正に関する中間試案（概要付き）』（平成25年3月）62頁は、「判例法理の要件と破産法の要件との双方を要求するものである」と説明している。

実際に「私的整理」では、債務超過ないし支払不能の状況にある債務者は、債権者に対して、自らの危機的な財務内容や資金繰り状況、今後の事業方針等の債務者の内部情報を開示した上で、弁済条件を協議していくため、債権者と債務者は、債務者の内部情報（この内部情報は時として当該債務者企業の幹部従業員に対しても秘匿されるトップシークレットである。）を共有する状況にある。したがって、このような内部情報を共有していた債権者の一人が偏頗な弁済を受けることになれば、当然に債務者の責任財産がその弁済額だけ減少し、他の債権者への弁済がその分だけ減少することは自明の状況にあり、そのような状況を熟知している債務者と債権者の関係は「通謀加害意図」が存在する関係に他ならない。すなわち、「私的整理」の場面においてこそ、それ以外の「平時」と異なり、詐害行為取消権の要件である「通謀加害意図」が容易に認められる場面と評価することができるのである。さらに言えば、偏頗行為に対する詐害行為取消権については、「私的整理」場合以外においてはその適用は厳格であるべきであり、そのため「通謀加害意図」がその要件となっているが、「私的整理」はその実質は「倒産時」でもあり、法的倒産手続と同様に偏頗行為は原則として禁ずるべき行為とされるため、「通謀加害意図」要件は原則として充足しているものとして適用されるべきである。この場合、否認権と詐害行為取消権は同じ機能を有することになる。

　以上から、「私的整理」の場合は、当該本旨弁済によって他の債権者を害することを双方とも認識し、または容易に認識できる状況にあるため、債権者の主観的要件（B）があれば、改めて債務者と債権者間において他の債権者を害することを「通謀」することまで要求せずとも、当該本旨弁済を取り消すこととしても許容されるはずである。または、債権者の主観的要件（B）があれば、情報を共有している内部者間取引[19]と同視することができ、債務者と債権者における「通謀加害意図」要件は当然に充足するものと看做され、詐害行為取消権の行使が認められることになる。

　したがって、「私的整理」の場合においては、破産法162条1項の要件

---

(19) 内部者間の取引において通謀詐害意図を認め、詐害行為の成立を認めた裁判例として、大阪地判昭和39年7月2日下民集15巻7号1697頁、東京地判昭和48年12月17日訟月20巻5号19頁、大阪地判昭和49年3月22日訟月21巻2号401頁、大阪地判平成元年3月16日金法1221号34頁、東京地判平成3年6月27日判時1409号77頁など多数存在する。

(支払不能（A）と債権者の主観的要件（B））を充たしていれば、当然に改正民法424条の3第1項1号の要件を実際には充足していると評価することができ、本旨弁済に対する現行民法における詐害行為取消権行使を認める判例の要件をも充足していると評価することができるはずである。

(2) 「私的整理」の場合という前提条件

それでは、「私的整理」の場合という前提条件について、詐害行為取消権行使の要件との関係においては、どのように考えるべきであろうか。「私的整理」の特徴が、支払不能等の実質的倒産状態において、債務者の全資産を対象債権者全員の引き当てとし、その履行が債権者間の平等の下に実現されることにあることからすれば、支払不能等の実質的倒産状態において（要件ア）、債務者の全資産をもって債権者間で平等に整理することを債務者が了解し（要件イ）、受益者を含む対象債権者全員がこれを知っていること（要件ウ）が最低限必要である。債務者が了解していることから、債務者の財産処分の自由を詐害行為取消権によって積極的に制限することが許容され、また、取引債権者の保護との関係においては、当該取引債権者がその「私的整理」の状況を知っていることを根拠として取引の制約が許容される。

なお、当該「私的整理」が実際にどの程度の実行性機能を有している状態にあったかを問題とする見解も考えられるが、その実行性評価においては困難な点があり、また、判例法理における債務者と債権者間の「通謀加害意図」に替わる要件が設定できれば良いのであるから、上記（ア）ないし（ウ）の要件が認められれば十分であり、「私的整理」の実行性の程度は詐害行為取消権を検討するにおいては影響しないと考える。他方、裁判例においては、「私的整理」が実施され、債権者委員長が他の債権者を代表して債務者が有する債権を回収する行為に対して、当該「私的整理」に賛同しない等の理由から他の債権者が詐害行為取消権を行使した事案において、上記[20]

---

[20] 最判昭和51年11月1日金法813号39頁は、「内整理は全関係者の合意に基づいて遂行されうるものであって、そのいわゆる債権者委員会の権限の内容及び議決要件等については和議法ないし破産法におけるような法律上の定めはないのであり、本件では前記債権者集会又は債権者委員会においてこの点につき何らの取決めもされなかったというのであるから、本件の債権者委員会における所論の議決は、その表決に加わらなかった被上告人を拘束することができない」として債権者からの詐害行為取消権の行使を認めている。

（ア）ないし（ウ）の要件だけでなく、「私的整理」の実行性機能の有無なども要件とした上で、それらの要件が充足されていない場合には、債権者委員長による債権回収行為の取消しを認める傾向にある。裁判例がこのような傾向にあるのは、「私的整理」が法律に規定された枠組みが特にある訳ではない「平時」の手続であるため、「私的整理」手続が悪用された場合には、容易に他の債権者に対する詐害行為となる危険性をはらんでいることが背景にあり、「私的整理」の成立要件について厳格な要件を立てているものと考えられる。したがって、この裁判例が問題とする場面は「私的整理」を悪用する場面であり、「私的整理」の場合における本旨弁済に対する詐害行為取消権の行使が問題となる通常の場面とは全く異なる。なお、最近の「準則型私的整理」手続や、弁護士が入った上での特定調停や特別清算においては、以前の「内整理」とは異なり、手続悪用の危険性は一定程度低減されており、その手続実施のための債権回収行為等に対する詐害行為取消権については、「他の債権者を害する意図」（改正民法 424 条の 3 第 1 項 2 号）がないとされ、否定される方向で判断されることになると思われる。

(3) 不法行為による債権侵害の要件との比較

法的倒産手続が未だ開始していない「私的整理」において、本旨弁済を詐害行為取消権の対象とすることができるという前提に立った場合、その実質的な許容性は何であろうか。本旨弁済によって債務者の責任財産が減少し、そのため他の債権者において本来受けることができた弁済が満足に受けられなくなる、という事態は不法行為における第三者による債権侵害の場面と同様であり[21]、不法行為の債権侵害が成立することに許容性を求めることが考えられる。

債権者が弁済を受ける行為は形式的には正当な行為であるため、その行為が他の債権者を害する不法行為とされる場合には、「故意、過失」が必要であり、行為が「違法性」を帯びている必要がある。「故意、過失」の要件の内容については諸説あるが、債権の公示性の欠如と自由競争原理から、債権

---

(21) 川井健「金銭の支払を求める詐害行為取消訴訟手続において被告は自己の債権額に対応する按分額の支払を拒むことができるか」（金商 313 号 2 頁）は、弁済が不公正な形で行われる場合には詐害行為の問題を超え、第三者の債権侵害の不法行為の要件を充たし、損害賠償の問題として解決すべきとする。

侵害による不法行為の成立を限定的に認める傾向にあり、不法行為者たる債権者が、債務者から本旨弁済を受けることによって他の債権者が有する債権を侵害する結果となることについて、故意（ないし重過失）が認められる場合（要件 α）に限って成立するとする考え方が有力である。そして、行為が違法性を有すると評価されるためには、一定の規範違反と評価できる場合（要件 β）に限定されるべきである。

「私的整理」における本旨弁済行為について検討すると、弁済を受けた債権者において、当該弁済によって他の債権者が有する債権を侵害する結果となることについて故意が認められ（要件 α）、「私的整理」という集団的債権処理手続において、債権者平等という準則（ルール）があるにも関わらず、この債権者平等準則（ルール）を破る意思を有して行われた場合（規範違反）（要件 β）に該当し、何ら新な条件を課すことなく、不法行為による債権侵害の要件をいずれも充足していると評価できる。

なお、詐害行為取消権の法的根拠論において、不法行為説が有力であった時期がある。しかしながら、詐害行為取消権制度全体を不法行為で説明することには無理があるとされ、現在は多数の支持を得ていないが、このように「私的整理」における本旨弁済の場面のみに限定して考えれば、十分に不法行為説は機能する余地があると考える。

(4) 「私的整理」における本旨弁済の詐害行為行使の要件

以上から、「私的整理」における本旨弁済に対して詐害行為取消権の行使が認められる場合の要件を整理すると、まず詐害行為取消権を法的倒産手続における否認権制度と一体的に考えた場合には、前述のとおり偏頗行為否認の要件（支払不能（A））及び（債権者の主観的要件（B））があてはまることになるが、「私的整理」が開始されていることが重要であり、その「私的整理」

---

(22) 奥田前掲（注6）『債権総論［増補版］』237頁、近江前掲（注16）『民法講義IV債権総論［第3版補訂］』175頁、中田前掲（注4）『債権総論第三版』286頁参照。

(23) 奥田前掲（注6）『債権総論［増補版］』237頁、近江前掲（注16）『民法講義IV債権総論［第3版補訂］』176頁は、第三者の行為が違法性を帯びるのは、不正な競業を目的とする場合や、詐欺・強迫等の手段による場合など、「違法」と評価される場合に限られるとする。なお、東京地判平成6年1月31日判時1514号103頁も、債権侵害による不法行為が成立するのは、第三者の行為の違法性が強度で社会的に許容し得ない場合に限るとしている。

(24) 下森前掲（注3）『新版注釈民法（10）II』793頁。

における前提条件である、支払不能等の実質的倒産状態であること（要件ア）、債務者がその全資産をもって債権者間で平等に整理することを了承し（要件イ）、受益者を含む対象債権者全員がそのことを知っていること（要件ウ）も要件に加わることとなる。したがって、要件としては、要件A及び要件Bと要件アないし要件ウということになる。さらに、債務者が支払不能であれば（要件A）、「私的整理」の要件である実質的な倒産状態（要件ア）であり、実質的な倒産状態の中で債権者平等での整理が行われることを債権者全員が知っていれば（要件ウ）、当然に受益者たる債権者は債務者の支払不能を知っていること（要件B）になる。

したがって、債務者が支払不能であり（要件A）、債務者がその全財産をもって債権者間で平等に整理することを了承し（要件イ）、受益者を含む対象債権者全員がそのことを知っている場合（要件ウ）において、実施された本旨弁済に対し、詐害行為取消権を行使することが可能と考えることができる。

V 「私的整理」における債権者平等原則と詐害行為取消権

1 「私的整理」手続と法的倒産手続における債権者平等の違い

　法的倒産手続においては、当該手続開始時をもって倒産債権とそれ以外の債権とが区分される。すなわち、破産手続開始前の原因に基づき発生した財産上の請求権は破産債権とされるが（破産法2条5号）、破産手続開始後に発生した債権は基本的に財団債権となり（同法148条1項）、随時弁済を受けることができ（同法2条7号）、破産債権より優先する地位を有する。民事再生手続においても、例えば、民事再生手続前に実施された貸金債権は再生債権とされ（民事再生法84条）、原則として再生計画に従ってでしか弁済がなされないが（同法85条1項）、民事再生手続中に資金繰り支援のために緊急融資を受けた場合には、その貸金債権は共益債権となり（同法119条5号）、随時に弁済を受けることができる（同法121条1項）。したがって、法的倒産手続において、債権者平等原則が意義を有するのは、破産債権同士や、財産債権同士など、同じ優先的地位にあるグループの中においてである。

　他方、「私的整理」手続においてはこれを規律する法律はなく、債権者間

の合意により債権の取扱いが決まることとなる。「準則型私的整理」の場合、一時的な弁済猶予（いわゆる「一時停止」）を債務者が対象債権者に求めた時などを基準時と観念した上で、その基準時前後に発生した債権の取扱いを異なることとする場合もあるが、この取扱いはあくまで債権者間の合意に基づくものでしかない。したがって、債権者間で合意した基準時に基づき、優先して弁済を行うことができるとされた弁済行為について、劣後するとされた債権による詐害行為取消権の行使が禁止されるかというと、必ずそのような結論となる訳ではない。

したがって、「私的整理」において、債権者間において平等に取り扱うべき債権を決定する時的基準を取り決めていたとしても、詐害行為取消権との関係においては、その合意の効果はほとんど無いこととなる。例えば、「私的整理」が行われている状況において、債務者の資金繰り支援として緊急融資を実施し、その後に返済を受けた場合に、当該弁済行為について、他の債権者によって詐害行為取消権が行使されたとしたら、権利濫用と評価されることはあっても、形式的には、支払不能状態における弁済行為として詐害行為取消権の行使要件を充足することになってしまいそうである（前記要件(A)、(イ)及び(ウ)について形式的に充足する。）。

しかしながら、債権者全体の債権回収に資するための債務者への新たな救済融資がなされた場合、その貸金債権への弁済はそれ以前から発生している債権と比べて有利に取り扱われることは認められるべきであり、何らかの配慮が必要となる。なお、この配慮の必要性は、「私的整理」手続中に行われた行為に対し、その後に法的倒産手続が開始した場合における否認権行使の場面でも同様である。

2　「私的整理」における債権者平等を考慮した場合の詐害行為取消権の機能

(1)　救済融資の詐害行為該当可能性

「私的整理」手続中に債務者の資金繰りが困難となり、救済融資を行う必要が生ずる場合がある。救済融資を行わない場合には債務者は資金ショートを生じ、事業活動を停止せざるを得ず、場合によっては破産手続等の法的倒

産手続に移行せざるを得ない。そのような事態を回避するために、「私的整理」手続に参加する債権者の了解のもとに、救済融資を実施する場合がある。融資を行う側としては、債務者が経済的窮境状況にあることから、何らかの担保権の設定を受けるか、または返済確実な状況の下での非常に短期での融資となることが通常である。この融資がなされた場合に、その担保権設定行為や返済行為に対する詐害行為取消権の行使は制限されるべきであるが、その要件を検討する必要がある。

破産法162条1項括弧書きは、「既存の債務」に関する行為を否認の対象としており、新規債務に関する担保供与や債務消滅行為（いわゆる同時交換的取引）は否認権行使の対象としていない。これは、偏頗行為否認の根拠が債権者間の平等であるところ、同時交換的取引については、例えば新規に融資をし、その融資のために担保設定を受けるなど、債権者が新たな出捐をしていることから、ほぼ同時に担保の供与や債務消滅行為がなされたとしても、従前の債権者の引き当てとなっていた責任財産の減少がなく、従前の債権者には何らの不利益は生じておらず不平等ではないことによる（なお、この場合、新たになされた融資の目的等は問題にならない）[25]。同時交換的行為は偏頗行為の危機否認には服さないことを明文にて規定したものである[26]。従前の判例においても、最判昭和43年2月2日民集22巻2号85頁は、従業員の給与債権の弁済資金の借入れとそのための不動産譲渡担保について、借入額と担保目的物の評価額との間に合理的均衡がある場合には、否認の対象とならない余地を認める[27]。

改正民法424条の3も、破産法162条1項と同様に、「債務者がした既存の債務についての担保の供与又は債務の消滅に関する行為」を対象とするこ

---

(25) 山本克己「否認権（下）」ジュリスト1274号128頁。
(26) 伊藤眞『破産法・民事再生法〔第3版〕』（有斐閣、2014年）526頁、伊藤眞ほか『条解破産法』（弘文堂、2014年）1093頁、竹下守夫ほか編集『大コンメンタール破産法』（青林書院、2008年）649頁（山本和彦）、田原睦夫ほか監修『注釈破産法〔下〕』（金融財政事情、2015年）127頁（髙井章光）など。なお、同時交換の取引が偏頗行為の危機否認に服さないことにつき比較法の観点から論じた論文として、中西正「同時交換的取引と偏頗行為の危機否認」法学62巻5号1頁がある。
(27) 他方、詐害行為取消権についても、最判昭和42年11月9日民集21巻9号2323頁や最判昭和44年12月19日民集23巻12号2518頁は、一定の必要な目的のためになされた救済融資における担保提供について、詐害行為とならないとしている。

とを明確にし、同時交換的取引は対象外としている。したがって、詐害行為取消権の行使においても、救済融資とほぼ同時に担保の供与や債務消滅行為がなされた場合には、従前の債権者の引き当てとなっていた責任財産の減少がなく、従前の債権者には何らの不利益は生じておらず不平等ではないため、対象外とすべきである。なお、対象外とされるためには、原則として「同時交換的」である必要があり、救済融資と担保権設定行為との間に時間的接着性が必要である。

(2) 「私的整理」における債権者平等を考慮した考察

しかし、「私的整理」手続がなされている場合には、債務者の債務総額及び内容が開示された上で固定されており、資産内容についても開示された上でむやみに処分することができない状況にあるため、救済融資と担保権設定行為等との間の時間的密着性を厳格に要求しなくても、責任財産の減少やその危険が容易には生じない状況にある。すなわち、法的倒産手続と同様に、「私的整理」手続の開始時を基準時として、その時点で既に存在する債権については債権者平等の原則の下で弁済がなされることとされ、そのため債務者の資産の処分についても債権者の承認が基本的に必要とされており、容易に責任財産の減少が生ずる状況ではない。他方、この「私的整理」手続を進めるために必要な救済融資は、基準時後に生じた債権として、基準時以前の債権とは優遇され別個に取り扱われることが許容され、詐害行為取消権の対象外とされるべきことになる。そうであれば、「私的整理」手続の中であれば、救済融資と担保権設定行為等との間に時間的密着性をそれほど厳格に要求しなくても、その融資と担保権設定行為との間に一体性が認められ、従前の債権者の引き当てとなっていた責任財産の減少がなく、減少の恐れも生じていないことが明白となる場合には、詐害行為取消権の対象外とすることが許されるべきである。

整理すると、「私的整理」以外の場面（「私的整理がなされていない場合」の「平時」）では、救済融資と担保権設定行為等との間に、時間的密着性を有する同時交換的行為であることが必要であるが、「私的整理」においては、交換的行為である必要はあるが、同時性（時間的密着性）はそれほど強くは要求されず、一体性が確保され、従前の債権者の責任財産の減少がないことが明白

であれば良いと考えられる。このような場合(「私的整理」として、前述の要件Aの他、要件イ、要件ウの要件を充たす場合)には、当該行為実施前の債権者の満足の度合い(債権回収可能性)は、当該行為実施後においても特に変化はないため、救済融資は「債務者がした既存の債務」(改正民法424条の3第1項)に該当しないばかりか、当該行為は「他の債権者を害する」(改正民法424条の3第1項2号)行為に該当せず、詐害行為取消権は成立しないと考える。否認権についても結論は同様であり、破産法162条1項括弧書きの要件の中で判断されることになる。

3 「私的整理」における責任財産の確保と詐害行為取消権の機能
(1) 「私的整理」における責任財産の確保

「私的整理」の一番の特徴は、これまで述べて来たとおり、債権者平等原則が現実化していることにあるが、債務者の責任財産の内容が開示され、資産の確保が図られている点も重要な特徴である。すなわち、債務者は、「私的整理」が開始されるとその資産内容を開示することになるが、その資産は債権者が有する債権に対する責任財産となることから、むやみに処分することが許されなくなる。このようにして資産の確保が図られた上での責任財産の分配において、「私的整理」開始時における債権者は、債権者間において平等に取り扱われることが約束されることになる。

「私的整理」において、債務者が再建を目指す場合には事業活動を実施するにおいて資産処分行為を行わざるを得ず、また、清算する場合においても資産を処分して換価する必要がある。したがって、このような債務者の資産処分行為が、詐害行為として詐害行為取消権の行使の対象となってしまうのか否かを検討するにおいては、「私的整理」開始時における責任財産の確保との関係で債権者を「害する」行為であるか否かが検討されることになる。

---
(28) 伊藤前掲(注26)『条解破産法』1093頁は、破産法162条について、「実質は、偏頗行為否認の対象となる危機時期においてなされた新規信用供与に対する担保供与または債務消滅行為にあたれば足り、両者が同時交換的になされることは、本質的要素ではない。」とする。なお、「私的整理」などの事情がない状態において、新規信用供与後に長期間経過してから担保供与行為がなされた場合には、新規信用供与後に債務者に関わった新しい別の債権者にとっては、その後の担保供与行為には強く不平等性を感じることになるため、新旧債権の基準時が明確ではない場合(「私的整理」以外の場合)には、時間的接着性を要求することが相当であると考える。

(2) 相当価格での財産処分

「私的整理」手続を進めるにおいて、債務者が資産を相当価格にて売却する場合があり、例えば事業の一部を譲渡するなどにより、事業リストラクチャリングを実施しながら、債権者への弁済原資を捻出することも少なくない。したがって、相当価格での財産処分については、「私的整理」においてはその「私的整理」を達成する目的との関係で特に保護すべき要請が強く存在する。このような相当対価を得て財産処分する行為が、後々において詐害行為取消権や否認権の対象となった場合には、そのような取引に応じてくれる者はおらず、債務者の経済的再生はより困難となってしまうからである。以上から、相当価格での資産処分行為は、適正なものであれば詐害行為取消権や否認権の対象外とする必要がある。

破産法161条は、取引の安全を図る趣旨にて、①財産処分により消費しやすい現金等にしたことで財産隠匿等の債権者を害することとなる処分をするおそれを現に生じさせ、②破産者に対価の隠匿等の意思があり、③相手方において破産者の隠匿等の意思を知っていたことの全ての要件を充たす場合以外は、基本的に相当価格での資産売却行為は否認権の対象にはならないことを明確にしている。改正民法424条の2も同様である。

他方、判例は、不動産の売買のように相当価格で財産処分をしたとしても、消費しやすい現金が債務者の責任財産に替わったことで、債権者を害する危険が生じたことを重視して、詐害行為取消権の行使を認めてきた（大判明治39年2月5日民録12輯133頁、大判大正7年9月26日民録24輯1730頁、また下級審においても、東京高判昭和48年3月19日判時705号50頁などがある）。学説は、詐害行為取消権の成立否定説が従来の通説であるが、判例を基本的に支持する説が最近は多いとされている。[29]

現行民法の下において、「私的整理」における財産処分についてはどのように考えるべきであろうか。「私的整理」における財産処分であっても、債務者が債権者を害する意図にて行った財産処分行為は、詐害行為取消権の対象とされるべきであることは明らかである。しかしながら、「私的整理」に

---

[29] 下森前掲（注3）『新版注釈民法（10）Ⅱ』859頁、飯原一乗『詐害行為取消訴訟〔第2版〕』（悠々社、2016年）239頁。

おいて、財産処分の目的や内容について債権者の基本的了解を得て（もしく は債権者の了解が得られることが想定しうる状況下において）、相当価格にて財産処分する場合には、債務者の責任財産の増減変動もなく、債権者が害される恐れもほぼないであろうことから、詐害行為取消権の対象外とすることが相当である。この場合、全ての処分行為について債権者の了解を要件とすることは現実的ではないため、債権者の了解を得ていない場合であっても、財産処分の対価の使途について不当な目的がない限りは、「私的整理」手続中の債務者の責任財産は減少しないことから、詐害行為取消権の対象外とすることが許されるものと考える。

(3) 対抗要件具備行為

倒産法では対抗要件具備行為自体を否認権行使の対象とすることを認めているが（破産法164条、民事再生法129条、会社更生法88条）、詐害行為取消権について、判例は対抗要件具備行為自体を取消しの対象としては認めていない。学説においても消極説が多数となっている。なお、今般の民法（債権法）改正においては特に規定を設けていない。

しかしながら、「私的整理」手続においては、債務者の責任財産の開示がなされる中において、債権者間の平等を前提とした集団的債権処理手続が実施される状況にあることから、例え、その原因行為がかなり以前であってその時点では債務者が債務超過等の状況ではなかったとしても、「私的整理」手続が開始され、全債権者への弁済が不可能な状況において、全債権者の債権のために債務者の全資産が引き当てとされている状況では、「私的整理」手続が開始する前において対抗要件が具備されていない資産については、他

---

(30) なお、対抗要件具備行為を対抗要件否認（破産法164条等）ではなく、詐害行為否認（破産法160条等）や偏頗行為否認（破産法162条等）にて否認することができるかについて議論がある（田原前掲（注26）『注釈破産法（下）』147頁（髙井章光）参照）。

(31) 最判昭和33年2月21日民集12巻2号341頁、最判昭和55年1月24日民集34巻1号110頁、最判平成10年6月12日民集52巻4号1121頁など。

(32) 下森前掲（注3）『新版注釈民法（10）Ⅱ』834頁、飯原前掲（注29）『詐害行為取消訴訟〔第2版〕』280頁以下。なお、最近の積極説として、潮見佳男『債権総論Ⅱ〔第3版〕』（信山社、2005年）106頁がある（改正民法（債権法）を前提とした意見は後記注34参照）。

(33) 法制審議会民法（債権関係）部会において、対抗要件具備行為の取消可能性についての規定を設けることが検討されたが、見解が一致せず条文化は見送られた（第42回会議（平成24年3月6日）参照）。

の債権者が差押え等を実施することが可能な状態であって、当該取引相手や担保権者は優先権を確保しておらず、全債権者の引き当て資産に組み入れられてもやむを得ないと言うべきである。

　以上から、「私的整理」においては、債務者の全ての資産が全債権者の引き当て資産となり、債権者平等原則の下で集団的債権処理が行われることになるため、債務者の特定資産について優先権を確保する行為である対抗要件具備行為は、まさに債権者を「害する」行為であり、詐害行為取消権の対象となると考えるべきである。⁽³⁴⁾

　他方、金融機関のみを対象債権者として行われる「準則型私的整理」手続においては、特殊な事情による配慮が必要となる。すなわち、金融機関が担保権の設定を受けて融資を行う際、債務者の信用力低下を避ける等の目的にて、抵当権設定登記の留保など、対抗要件の具備を留保する場合が少なくないが、「準則型私的整理」手続が始まる前から、各金融機関は債務者から情報を得て、他の金融機関が対抗要件の具備を留保している事実を知っているのが通常である。よって、対抗要件の具備がなくても、金融機関の間においては、債務者の資産における担保権設定状況は明白な状況となっていると言える。そのような状況であれば、ある金融機関による対抗要件具備行為について、「準則型私的整理」手続に参加していない商取引債権者であれば兎も角、事情を承知している他の金融機関が行使した詐害行為取消権が認められることは相当ではない。よって、このような場合における対抗要件具備行為は、形式的には債権者を「害する」行為ではあるが、当初からの想定（当該資産は他の債権者の担保権の対象となっており、一般債権者への弁済の責任財産とはならない）との関係においては、債権者を「害する」行為と評価することはできず、詐害行為取消権の対象とはならないと考える。

　しかしながら、その後に法的倒産手続が開始した場合には、「準則型私的整理」であろうと他の「私的整理」であろうと、「私的整理」において債務

---

(34) 潮見前掲（注3）796頁は、詐害行為取消制度の目的に照らし、一般債権者にとっての責任財産保全の期待を保護する（責任財産保全の機会を確保する）ため、対抗要件具備によって移転が対外的に公示され一般債権者にも認識できるようになり、その時点において責任財産の保全手段を行使する機会が一般債権者に実質的に確保されることになることから、対抗要件について詐害行為取消権の対象となるとする。

者から特別に債務者の内部情報をもらっていた債権者以外の債権者との関係も考慮せざるを得ないため、これらの債権者を害する行為であり対抗要件否認の対象となると考える。[35]

4 「私的整理」における債権者平等・責任財産確保についての考え方

　以上のとおり、「私的整理」においては、「私的整理」開始時点で債権を有する債権者間における平等と責任財産の確保が重要性を持つことになるため、「私的整理」手続における資産処分行為や債務返済行為であっても、債権者間において不平等な取扱いとならず、債務者の責任財産が減少または減少する危険が存在しないのであれば、詐害行為取消権の対象外とすることも許容される。その結果、救済融資に対する担保権設定行為や相当価格での資産処分についても許容されることになる。

　なお、救済融資に対する債務消滅行為の代表的行為は、当該融資に対する弁済行為と考えられるが、否認権に関する破産法162条1項に関する議論では、同時交換的行為として救済融資と債務消滅行為との間に時間的接着性を求めるため、多少なりとも時間差が生じてしまうような融資に対する弁済行為について、正面から否認権行使の対象外とする意見はないように思われる。しかしながら、「私的整理」における救済融資の重要性に鑑みれば、例えば短期間のつなぎ融資に対する弁済行為など一体性が認められる場合には、これを保護すべき必要性は高く、詐害行為取消権の対象外とされるべきである。「私的整理」であることによって、その手続開始時の債務者の資産状況や債権内容は固定されているため、厳格に時間的接着性を求める必要はなく、融資と弁済の一体性が重要となる。さらに、同様の趣旨から、否認権においても、破産法162条1項によって、救済融資に対する弁済行為は否認

---

(35) 私的整理手続中の対抗要件具備行為に対する対抗要件否認を否定する見解として、伊藤前掲（注26）52頁など。また裁判例として、東京地決平成23年8月15日判タ1382号349頁などがある。他方、対抗要件否認を肯定する見解として、松下淳一「偏頗行為否認の諸問題」一般社団法人金融財政事情研究会編『現代民事法の実務と理論（下巻）』（きんざい、2013年）244頁、腰塚和男「私的整理から法的整理への移行における諸問題」「倒産と金融」実務研究会編『倒産と金融』（商事法務、2013年）318頁、髙井章光「事業再生ADRと更生手続との連続性と基準時」事業再生迅速化研究会編『事業再生の迅速化』（商事法務、2014年）77頁など。裁判例としては、大阪高決平成23年12月27日金法1942号97頁などがある。

権の対象外とするべきである。

　繰り返しになるが、「私的整理」においては、新たに行う財産減少行為、弁済行為であっても、「私的整理」以前に発生した債権との関連性が遮断され、なおかつ、債務者の責任財産が減少せず、もしくは減少する危険性がないのであれば、債権者を「害する」行為に該当せず、詐害行為取消権の対象外とすることが許されるべきである。

　この考え方を進めれば、「準則型私的整理」手続などにおいて、金融機関の債権のみが支払一時停止の状態となっている中で、なぜ商取引債権については随時弁済を継続することが許容されるのか、という問題について、かなりの部分の説明が可能となる(36)。すなわち、「私的整理」において、例えば材料を仕入れてその代金を支払うという行為などは、対価的均衡が一定の範囲内で保たれる弁済行為であり、債務者の責任財産が減少する訳ではないため、詐害行為取消権の対象外とすることも許されることになる。「私的整理」が行われている限りにおいて、この状態は維持されており、特に厳格に同時交換的行為としての時間的接着性を要求する必要はない。

　他方において、「私的整理」以前に発生した商取引債権に対する弁済行為については、同様のアプローチからでは説明がつかないことになりそうであるが、かなり以前から支払が滞留していた商取引債権は兎も角として、通常の商取引においてたまたま「私的整理」以前に発生した債権とされてしまうものについて、「私的整理」以後の商取引債権に対する弁済と取扱いを厳格に区別する必要まではない。「準則型私的整理」手続であったとしても、破産手続等の法的倒産手続のように厳格に基準時を設けて、債務者の責任財産の増減を図る必要性はあまりなく、実質的に見れば、「私的整理」直前の材料納入により債務者の資産は一旦増え、その直後の代金支払いによって債務者の財産はもとの状態にまで減るという変化に過ぎないのであるから、既存の債権者（「準則型私的整理」であれば金融機関）を害する行為と評価する必要はない(37)。よって、このような取引債権に対する支払いについても、同時交換的

---

(36)　取引債権に対する弁済が否認権の対象とならない根拠としては、否認の一般的要件である有害性もしくは不当性の欠如または、受益者である商取引債権者の善意を理由とすることが可能である。同様に、詐害行為取消権についても、受益者である商取引債権者が善意であれば、それを根拠として適用を否定することも可能である。

行為として詐害行為取消権の対象とはならないと考える（改正民法424条の3第1項参照）。

Ⅵ 支払不能概念について

　破産法162条1項は、否認の対象となる行為について、破産者が支払不能になった後または破産手続開始の申立てがあった後にした行為と規定し、改正民法424条の3も同様に、債務者が支払不能となった後に行った行為を対象としている。支払不能とは、「債務者が、支払能力を欠くために、その債務のうち弁済期にあるものにつき、一般的かつ継続的に弁済をすることができない状態」を言う（破産法2条11項・改正民法434条の3第1項1号）。倒産法においては、支払停止が債務者の一回的行為であるのに対し、支払不能は一定期間継続する状態を意味するとされ、支払不能が支払停止（破産手続開始申立前1年以内のものに限る）によって推定されることから（破産法15条2項）、立法者は支払不能状態が発生し、それが一定期間継続するなかで支払停止行為が生ずることが通常であることを前提としていると解されている。また、支払不能を判断する場合には、債務者の行為当時の財産のみならず、その信用や稼働能力等をも踏まえて判断する必要があり[38]、債務超過ではなくても支払不能となることはありえ[39]、逆に債務超過であっても債務の弁済期が長期間到来しないような場合には支払不能とは評価できない場合がある[40]。

　「私的整理」等において金融債権者が弁済猶予を付与した場合の支払不能の判断について、倒産法における議論では、再建計画の成否と関連させて支払不能とならないとする見解がある一方で、弁済猶予はあくまで暫定的なも[41]

---

(37) 井上聡「詐害行為取消権」山本和彦ほか編『事業再生と金融実務からの債権法改正』（商事法務、2013年）25頁も、既存の買掛債務の弁済と買掛による仕入れの継続とが引き換えになっていることから詐害行為取消権の対象とすべきでないとする。
(38) 竹下前掲（注26）『大コンメンタール破産法』652頁［山本和彦］。
(39) 竹下前掲（注26）『大コンメンタール破産法』652頁［山本和彦］。反対、垣内秀介「否認権をめぐる若干の考察—有害性の基礎となる財産状態とその判断基準時を中心として」田原睦夫先生古稀・最高裁判事退官記念論文集『現代民事法の実務と理論（下巻）』（金融財政事情、2013年）238頁。
(40) 山本前掲（注25）「否認権（下）」124頁。
(41) 「新破産法において否認権及び相殺禁止に導入された『支払不能』基準の検証事項について

のに止まり、再建計画が客観的に見て不十分なものであって最終的に破産に至った場合には、なお支払不能が継続していたものと考え、私的整理交渉中の弁済や再建計画に基づく弁済も否認の対象になりうるとする見解がある。この場合、支払不能状態から破産手続に至っている以上、その前段階の「私的整理」手続においていかなる再建計画が提示されていたとしても、支払不能の状態には変わりはないと考える。

　民法424条は、支払不能概念を詐害行為取消権の要件として用いていないが、改正民法424条の3第1項1号は、詐害行為取消権の対象行為を支払不能後の行為と規定しており、「私的整理」において債権者平等を害する結果を来す弁済行為がなされた場合に、詐害行為取消権によって是正するためには、支払不能であると評価されなければならなくなる。したがって、「私的整理」において金融債権者が弁済猶予を一時的に認めたとしても、支払不能と評価されるべき場面が生ずることになり、倒産法における「支払不能」概念に関する議論にも少なからぬ影響が生ずるものと考えられる。

　私見においては、改正民法（債権法）における詐害行為取消権を実行あらしめるため、また「私的整理」手続中における偏頗行為を取り締まる必要があるため、例え債務者からのいわゆる一時停止要請によって債権者が弁済を猶予したとしても、その猶予は暫定的なものに過ぎず、履行可能性が合理的に認められる整理計画に基づく私的整理が成立し、過大な負債について債務免除等が行われた段階に至る前においては、「支払不能」状態は解消されていないと考える。他方、前記のような整理計画に基づく私的整理が成立した段階においては、「支払不能」は解消されたもの評価して良いと考える。

　　（全国銀行協会平16・12・6全業会第78号）」金法1728号49頁。ただし、明らかに合理性を欠く再建計画によって支払不能の時期を先送りするだけの目的で期限の猶予を得たような場合には、支払不能と認定される可能性があるとする。
(42)　竹下前掲（注26）『大コンメンタール破産法』653頁［山本和彦］、大阪地判平成22年3月15日判時2090号69頁など。
(43)　これに対し中西正「支払不能・支払停止・対抗要件否認」事業再生と債権管理160号4頁では、返済条件の緩和や一時停止は、それが準則型私的整理の遂行過程でなされた場合には、債務者の支払不能を私的整理手続中は解消すると解すべきとする。しかし、一時停止などは債権者個別事情によってその効力が争われる余地があり、不安定な結果を生じさせることになり妥当でないと考える。有利弁済の意図を秘し、外形的に一時停止に応じた様な債権者が、偏頗弁済を受けた場合、そもそも当初から一時停止は成立していたのであろうか。

Ⅶ　倒産手続開始後における詐害行為取消権の行使

1　詐害行為取消権の倒産手続における行使

　詐害行為取消訴訟は倒産手続が開始されると中断し（破産法45条、民事再生法40条の2、会社更生法52条の2）、その後、破産管財人等によって受継することができる（破産法45条1項、民事再生法140条1項、会社更生法52条の2第2項）。なお、受継した場合には、請求の趣旨を否認訴訟に切り替えるべきであるとされている[44]。他方、詐害行為取消権の要件と否認権行使の要件が異なるため、否認権行使が困難な場面において、破産管財人等において詐害行為取消権を行使することができるか議論されてきた[45]。大判昭和12年7月9日民集16巻17号1145号はこれを否定している。

　しかしながら、詐害行為取消訴訟を破産管財人等が受継した場合には、債権者が行使することができた詐害行為取消権について、総債権者のために権利行使をする職責を負っている破産管財人の行使を認めるべきであり[46]、そうであれば、例えば、転得者に対する詐害行為取消訴訟の場合など、詐害行為取消権の要件は充たすが否認権行使の要件は充たさないような場合においても[47]、破産管財人等が破産手続等において新たに詐害行為取消訴訟を提起することを認めても良いのではないかと考える。

---

(44)　伊藤前掲（注26）『条解破産法』375頁、山本和彦ほか『倒産法概説〔第2版補訂版〕』（弘文堂、2015年）278頁（沖野眞已）など。

(45)　杉山悦子「詐害行為取消権と否認権―研究者の観点から」山本和彦ほか編『債権法改正と事業再生』（商事法務、2011年）237頁ほか。

(46)　但し、大判昭和12年7月9日との関係や否認権と詐害行為取消権の制度趣旨が異なることから、破産管財人は否認権の範囲での主張しか許されないとする見解も有力である（伊藤前掲（注26）『破産法・民事再生法〔第3版〕』406頁ほか）。

(47)　転得者に対しては、否認権においては、破産法170条1項1号は、転得者がそれぞれその前者に対する否認の原因のあることを知っていた場合にのみ行使を認めているが、現行民法424条1項は、詐害行為取消権における転得者にはそのような要件を課していない。なお、改正民法424条の5は、転得者に対する詐害行為取消権が認められる場合の要件について、転得者が転得のときに債務者がした行為が他の債権者を害することを知っていたことを明確に規定し、民法（債権法）改正に伴う整備法によって、破産法170条も、改正民法424条の5と同様に転得者の主観要件は破産者がした行為が破産債権者を害することを知っていたことに改正されており、両制度における不一致は解消されることになる。

2 倒産手続終了後の問題

(1) 民事再生手続における監督委員による否認訴訟について、手続終了後の受継の可否

　否認権は倒産手続が特に認めた手続であるため、倒産手続が終了した場合には、否認請求や否認決定に対する異議訴訟は当然に終了するとされ（破産法174条5項、175条6項、民事再生法136条5項、137条7項、会社更生法96条5項、97条6項。なお、民事再生法254条、会社更生法256条は、牽連破産となった場合には破産管財人に受継されるとしている）、訴訟を長期化した場合には否認権行使を免れることができることとなってしまうことの弊害が指摘されてきた。他方、否認訴訟においては、倒産手続が終了したとしても、破産者等がこれを受継するとされている（破産法44条5項は破産者が受継するとし、民事再生法68条3項、会社更生法52条5項では、民事再生手続や会社更生手続が終了した場合には、再生債務者や更生会社であった株式会社が受継するとしているが、牽連破産に移行した場合には破産管財人が受継することになるものの、その根拠規定については、破産法44条1項により中断して同条2項により受継するとする考え方や、破産法45条の類推適用を認める考え方がある(48)）。

　他方、民事再生手続における監督委員による否認訴訟については、明文の規定がないものの終了するという考え方が多数である(49)。しかしながら、詐害行為取消権と否認権を統一的に整理した場合、例えば、民事再生手続開始によって詐害行為取消訴訟が中断し、その後に監督委員がこれを承継した上で、当該訴訟係属中において民事再生手続が終了した場合には、再度、一旦中断した上で（民事再生法140条3項）、詐害行為取消訴訟を提起していた債権者がこれを承継することになるが（同条4項）、そうであれば、監督委員が否認権を行使した場合においても、その訴訟係属中に民事再生手続が終了した場合には、当該否認訴訟が継続されることも許容されるべきである。前述の

---

(48)　伊藤前掲（注26）『条解破産法』376頁。

(49)　伊藤前掲（注26）『破産法・民事再生法〔第3版〕』927頁、園尾隆司「否認の手続と否認訴訟―現在の制度設計の問題点と将来の制度設計について」伊藤眞ほか『倒産法の実践』（有斐閣、2016年）329頁。なお、松下淳一『民事再生法入門第2版』（有斐閣、2014年）162頁は、民事再生法137条6項前半の類推により終了するとする。また、東京高判昭和37年1月29日下民13巻1号98頁は、会社更生事件のケースにおいて、債務者の承継を否定している。

とおり、詐害行為取消訴訟を民事再生手続において監督委員が受継した場合、否認訴訟に切り替わるとすれば、監督委員が提起した否認訴訟と何ら変わりはないのであり、監督委員としては、従前の詐害行為取消訴訟を受継するのか、それとも新たに否認訴訟を提起するのか選択できることになり、その選択の結果によって訴訟の帰趨に大きな違いが生ずることになるのは不合理である。したがって、破産管財人・再生管財人・更生管財人が否認訴訟を提起した場合と同様に（破産法44条5項、民事再生法68条3項、会社更生法52条5項）、民事再生手続終了後においては否認訴訟における利益を確保するために、再生債務者が受継するのが相当である（民事訴訟法124条1項5号に基づく）[50]。

(2) 倒産手続終了後の否認訴訟受継後の訴訟の性質

民事再生手続終了後、従前の訴訟提起債権者が、民事再生手続中は否認訴訟に切り替わっていた詐害行為取消訴訟を受継した場合において、民事再生法における否認権行使が可能となるのか、それとも従前の詐害行為取消権行使の範囲内での権利行使に限られるのであろうか。同様に、否認訴訟を倒産手続終了によって受継した債務者本人は、倒産手続における否認権を行使できるのか、それとも倒産手続終了後の「平時」における債務者本人に対して否認権という強い権限を認めることは相当ではないことから、詐害行為取消権の範囲内に限られるのであろうか[51]。

双方の考え方が成り立ちうるところであるが、同一訴訟内において攻撃防御方法が制約されることとなり、従前の主張を維持できないという結論になることは、訴訟の受継を認めた意義が減殺され相当ではないことから、訴訟の受継を認める以上、従前に行使できた権限も承継するものと考える方が適切である。したがって、上記事例における従前の訴訟提起債権者においても、債務者本人においても、受継前の倒産手続における否認権を当該訴訟内に限り行使することができると考える。この場合、訴訟の相手方たる受益者は、従前の否認権行使が維持されるに過ぎず、特に不利益が生ずることはな

---

(50) 上野正彦ほか『詳解民事再生法の実務』（第一法規、2000年）201頁（髙井章光）。
(51) 福永有利監修『詳解民事再生法第2版』（民事法研究会、2009年）385頁（水元宏典）は、否認権の行使は攻撃防御方法の一つでしかないとして、否認訴訟の受継の問題と否認権の攻撃防御方法としての行使を別に考え、民事再生法68条3項により否認訴訟を受継した再生債務者は、否認権行使の攻撃防御方法は理由なしとなるとする。

い。なお、前述のとおり、破産管財人等は詐害行為取消権を行使することができるとの前提に立つことから、倒産手続終了後に受継した否認訴訟において、破産者等は否認権のみならず、詐害行為取消権も行使することができると考える。

　このように考えた場合、民事再生法140条4項により従前の訴訟提起債権者が否認訴訟を受継することとされた意味は、本来は再生債務者も受継することができる立場ではあるものの、民事再生手続開始以前の訴訟手続を担当していた訴訟提起債権者に受継させるのが便宜であり相当であることから、総債権者のために、法が訴訟担当を指定したものと考えることができる。

　破産手続においては、破産管財人が否認に関する訴訟を残したまま破産手続を終了させることは実務上考えられないが、手続終了後も従前の否認訴訟を維持することができることは、再建型手続においては実務において便宜な点が多い。例えば、民事再生手続中において監督委員が否認権を行使している場合には、再生債務者が作成する再生計画においてはこの否認権行使の結果についても、債権者への追加弁済原資とする等の何らかの考慮がなされていることが多いが[52]、否認訴訟係属中に、再生計画認可決定確定から3年間経過して民事再生手続が終了したとしても（民事再生法188条2項）、再生債務者において否認訴訟をそのまま継続することができるのであれば、当初の計画や予定に影響することがない。このことは、民事再生法68条3項、会社更生法52条5項により債務者本人が否認訴訟を受継する場合も同様である。

　詐害行為取消権と否認権の機能を統一的に整理したとき、法的倒産手続が開始して否認権行使が可能となった以上、その後に形式的に法的倒産手続が終了し、倒産手続後の「平時」となったとしても、否認権行使の目的が未だ残されている状況であれば、否認に関する訴訟が、詐害行為取消権が想定する個別債権の強制執行のための保全のための訴訟となるはずもなく（そもそも訴訟提起債権者の債権は倒産手続によって権利変更されており、ほとんどの場合、個別債権の強制執行を観念する状況にないはずである）、集団的債権回収の状況が継続

---

(52)　東京高決平成15年7月25日金法1688号37頁は、中断している詐害行為取消訴訟について勝訴の見込がないとは言えないにもかかわらず、監督委員が受継しなかった場合において、この訴訟を受継して回収ができた場合を考慮せずに提出された再生計画案に対して、再生債権者の一般の利益に反するとして、民事再生法174条1項4号の不認可事由に該当するとした。

する状態であるから、依然として否認権行使を認めるべき状況にある。

Ⅷ　まとめ

　詐害行為取消権については、多くの研究者が多種多様な議論を展開していることから、本稿においては、実務家の立場から、債務者の経済的危機状態における詐害行為取消権と否認権の役割の整理を試みた。なお、本稿を一旦作成した段階では民法（債権法）改正成立の具体的な目処が立っておらず、改正民法の条項案を参考としながら、現行民法における詐害行為取消権と否認権の関係を論じることを目的としていたが、その後、改正民法が成立したことから、改正民法を前提とした議論に修正したものである。改正民法の詐害行為取消権の規定内容が否認権の規定内容に近くなったことから、本稿のテーマは議論し易くはなったが、問題意識としては、改正民法の成否に関わらず実務上の問題として以前から有していたものである。

　詐害行為取消権と否認権は、債務者が経済的危機状況に陥りながら未だ倒産手続が開始されていない状態において、債権者を害する行為がなされた場合に債権者を保護する機能を有している。また、その制度の存在自体によって、詐害行為・偏頗行為に対する抑止的効果をも発揮しており、この点も非常に重要な機能である。他方、取引の安全や債務者の財産処分の自由を保護する必要性からは、債務者の行為が制限される場合について一律に明確であることが望ましい。詐害行為取消権と否認権という２つの制度があるため、[53]２つの別々のルールによって規制の対応が異なる場合には、混乱を招くだけでなく、取引の安全や債務者による財産処分の自由を過度に侵害する結果となる危険がある。

　前述のとおり、これらの２つの制度の存在自体でかなり強い抑止的効果が生じていることに注意すべきである。そうであるとすれば、２つの制度間に

---

(53)　森田前掲（注3）『債権回収法講義〔第2版〕』66頁は、「破産手続開始前の事実上の危機時期に為された詐害行為および偏頗行為については、行為時には債権者取消権と否認権とのいずれの行使の可能性もある。したがって受益者・転得者は結局当該行為が２つの制度いずれかによって効力を否定されることを考慮に入れて契約行動する。その限りで、同一の債権回収行動について両制度で法的評価に差を設けておくことに意味は乏しい。」とする。

おいてできるだけ統一的な運用がなされるべきであり、法的倒産手続の代替措置である「私的整理」手続においては、両制度による規制対象はできるだけ同じ内容とすべきである。規制対象が同じであれば、「私的整理」手続から法的倒産手続に移行した場合においても、適正な対応が可能となる。さらに、否認権行使の場面においても、詐害行為取消権の機能を併せ持つものとして考えることが可能である。

　平成29年に成立した改正民法（債権法）においても、2つの制度を従前よりは統一的にとらえた上で、詐害行為取消権の規定の内容は否認権の規定に近い内容となっている。同改正法が施行された場合には、さらに運用面において、否認権行使の場面と詐害行為取消権行使の場面は、できるだけ統一的な規範にて規律されることになっていくものと思われる。

詐害行為取消における価額償還請求権の新たな機能
——濫用的会社分割の取消しをめぐる議論を契機として——

片 山 直 也

```
I   はじめに
II  改正前民法における価格賠償請求
III 濫用的会社分割の取消しをめぐる議論の展開
IV  平成29年改正民法における価額償還請求
V   結びに代えて
```

I　はじめに

　改正前民法における価格賠償の機能としては、第1には、現物返還が困難な場合の補完的な取戻方法という価格賠償請求の本来の機能が認められていた。第2には、古くから判例法理により取消債権者にいわゆる「事実上の優先弁済」機能が付与され、多数説からは批判がなされたが、逆に優先主義の立場からは、その第2の機能に着目して、価格賠償を原則とすべきであるとの解釈論および立法論上の提言がなされてきたところである。平成29年改正民法は、価額償還請求権の機能として、第1の点については、現物返還が困難な場合の補完的な取戻方法という価額償還請求の本来の機能を明確にしつつ（民法424条の6第2項「その財産の返還をすることが困難であるとき」参照）、第2の点については、従前の判例法理により容認されてきた取消債権者の優先弁済機能を立法により承認するに至った（取消しの範囲に関する民法424条の8第2項、債権者への直接の支払についての424条の9第2項参照）。ところで、改正の前後を通じて、濫用的会社分割という紛争類型の出現により、その類型の

法構造の分析が進み、かつ平成26年会社法改正による残存債権者の直接請求権制度の導入との比較から、価額償還請求権に新たに第3の機能（「受益者の責任財産の充当」および「受益者の債権者との競合」という機能）があることが認識されつつある。本稿においては、改めて、価格賠償・価額償還請求権の機能を分析することにより、詐害行為取消権制度のあり方について検討を行う。

II 改正前民法における価格賠償請求

1 現物返還の原則

まずは、詐害行為取消権の法的性質について、①形成権説—債務者・受益者間の詐害行為を取り消し、その効力を絶対的に無効ならしめる形成権とみる説、②請求権説—取消を要さず直接に受益者または転得者に対して、債務者の詐害行為の結果逸出した財産の取戻を請求できる債権的請求権とみる説、③折衷説—その両説を組み合わせ、詐害行為を取り消し、逸出した財産の取戻を請求する権利とみる説の対立が存したが、判例・通説は古くから③折衷説を一貫して採用してきた。

次いで、取戻しの方法は、「現物返還」または「価格賠償」であるが、原則は現物返還であり、価格賠償（金銭による回復）は、転売・滅失等によりそれが不可能な場合の例外的な取戻方法と位置づけられてきた。すなわち、判例は、可能な限り現物返還を原則とすべしとし、詐害行為により責任財産を逸出した財産の価値が、取消債権者の被保全債権の債権額を上回る場合でも、当該財産が不可分である限り、行為の全部を取り消して、現物返還を命じるべきとしてきた。

現物返還の原則は、そもそも不当利得（給付不当利得）の返還や解除の原状

（1） 学説の対立につき、奥田昌道編『新版注釈民法（10）II債権（1）』（有斐閣・2011年）795頁以下【下森定】、飯原一乗『詐害行為取消訴訟〔第2版〕』（悠々社・2016年）21頁以下など参照。
（2） 大判明治39・9・28民録12輯1154頁、大判明治41・11・14民録14輯1171頁など多数。
（3） 大判昭和9・11・30民集13巻2191頁。
（4） 最判昭和30・10・11民集9巻11号1626頁。

回復の原則でもあるので、詐害行為取消権の法的性質が形成権（取消権）を本体とするとの理解においては、その必然的な帰結ではある。反対に詐害行為取消権の本質は不法行為であるという考え方をベースとするならば、原状回復ではなくむしろ金銭賠償が原則とする余地も存する。このような法的性質論（本質論）をめぐる議論を一先ず措いて、現物返還を原則とすることの根拠は、むしろ詐害行為取消権の制度趣旨に求められてきた。すなわち、「共同担保の回復」である。判例・通説は、総債権者の利益（「共同担保の回復」）のための制度であるゆえに、「全部取消し＋現物返還」を原則とするとの説明がなされてきた。

その点は詐害行為取消訴訟の訴訟物の個数をめぐる判例の理解とも連動している。最高裁は、「総債権者において平等の割合で弁済を受け得るものとなるのであり、取消債権者の個々の債権の満足を直接予定しているものではない」ゆえに、「詐害行為取消訴訟の訴訟物である詐害行為取消権は、取消債権者が有する個々の被保全債権に対応して複数発生するものではない」としている。

2 価格賠償請求の法的性質

これに対して、価格賠償については、その法的性質は、不法行為責任に基づく損害賠償請求権に類する債権あるいは原状回復ないし不当利得返還請求権であるとするものが有力だが、必ずしも考え方が確立していない状況にある。そもそも価格賠償請求権は現物返還請求権が不能な場合に生じるもので性質上両立せず、訴訟物としては別個のものだとするものも多かった。さら

---

(5) 大判昭和 8・3・3 民集 12 巻 309 頁、大判昭和 16・10・25 民集 20 巻 1313 頁、近江幸治『民法講義Ⅵ事務管理・不当利得・不法行為〔第 3 版〕』（成文堂・2018 年）50 頁、64 頁、同『民法講義Ⅰ民法総則〔第 7 版〕』（成文堂・2018 年）317 頁など参照。
(6) フランスの学説につき、松坂佐一『債権者取消権の研究』（有斐閣・1962 年）82 頁以下など参照。
(7) 最判昭和 54・1・25 民集 33 巻 1 号 12 頁、我妻栄『新訂債権総論』（岩波書店・1964 年）195 頁など参照。
(8) 最判平成 22・10・19 金判 1355 号 16 頁。
(9) 奥田・前掲『債権総論』322 頁など参照。
(10) 内堀宏達「詐害行為取消権」伊藤滋夫編『民事要件事実講座 3 民法Ⅰ債権総論・契約』（青林書院・2005 年）119 頁など参照。

に判例は、価格賠償を含めて金銭支払いを求める場合については、取消の範囲を原則として取消債権者の債権額に限定し[12]、取消債権者に自己への直接の支払請求を認める[13]。そこで周知のとおり、取消債権者が受領した金銭からいかなる方法で満足を得るかについてそれを定める手続規定が存しないために、現実には取消債権者が相殺や弁済充当によって「事実上の優先弁済」を受ける結果となっていた[14]。

この点に関して、最高裁平成 22 年判決は、「取り戻された財産又はこれに代わる価格賠償」として、価格賠償もひっくるめて現物返還と同様に、詐害行為取消権の制度趣旨から訴訟物の個数を論じているが、被保全債権およびその額が請求の趣旨に直接に反映する価格賠償に関しては、本判決の判旨をそのまま妥当させてよいか疑問が提起されていたところではある[15]。

3　一部取消論と価格賠償

ところで、「現物返還」か「価格賠償」かという取戻の方法をめぐる議論は、「全部取消し」か「一部取消し」かという取消しの範囲をめぐる議論と連動してなされてきた。すなわち、判例は、取消しとともに金銭支払い（価格賠償も含む）を求める場合については、取消の範囲を原則として取消債権者の債権額に限定する[16]。「全部取消し＝現物返還」、「一部取消し＝価格賠償」というフォーミュラである。以上は、取戻方法が、価格賠償となる場合に被保全債権の額を超えて請求ができないとすることを正当化するために「一部取消し」という「中間概念」による説明をなすものであるが、より問題が複

---

(11)　飯原一乗『詐害行為取消訴訟』（悠々社・2006 年）426 頁。併せて加藤新太郎＝細野敦『要件事実の考え方と実務 [第 2 版]』（民事法研究会・2006 年）299 頁など参照。
(12)　大判大正 9・12・24 民録 26 輯 2024 頁など多数。
(13)　大判大正 10・6・18 民録 27 輯 1168 頁など多数。
(14)　最判昭和 46・11・19 民集 25 巻 8 号 1321 頁など。
(15)　藤澤治奈「判批」平成 22 年度重判 91 頁、片山直也「判批」リマークス 43 号（2011 [下] 24 頁など参照。
(16)　前注（12）参照。
(17)　近江幸治『民法講義Ⅳ債権総論 [第 3 版補訂]』（成文堂・2009 年）165 頁は、価格賠償の「理論的前提」としての「一部取消し」の必要性を強調する。これに対して、全部取消・一部取消という用語の多義性を指摘し、その中間概念としての有用性に懐疑的な学説も存する（森田宏樹「判批」評論 367 号（判時 1315 号）42 頁など参照）。

雑化するのが、そもそも債務者の法律行為の一部についてのみ詐害行為が成立すると考えられる場合が存するからである。典型的な行為類型として、(1) 抵当権付不動産の譲渡行為が詐害行為して取り消される場合、(2) 離婚に伴う財産分与が詐害行為として取り消される場合が想定される。

(1) 抵当権付不動産の譲渡行為の取消し

この問題を考える上で、債務者の財産に抵当権等の物的担保が設定されていた場合、その被担保債権額を控除した残額部分のみが一般債権者の共同担保（責任財産）を構成するとの理解が前提となる。[18]その上で、抵当権付き不動産の譲渡行為を取り消す場合の取消の範囲と取戻しの方法については、一連の最高裁判決によって判例法理が確立していると分析することが可能であろう。判例は、①抵当権登記が抹消されていない場合など可能な限り、「全部取消＋現物返還」を認めるべきだが[19]、②目的不動産が不可分であって、抵当権が弁済等によって消滅し設定登記が抹消されているような場合には、「一部取消＋価格賠償」によるしかないとする[20]。

具体的には、最高裁は、まずは、債務者Aが抵当権者Bに抵当不動産（家屋）を代物弁済し、BがCに転売し、ABC合意の上、Bの抵当権登記を抹消し、中間省略登記で、AからCへの直接の所有権移転登記がなされたという事案において、「取消は、前記家屋の価格から前記抵当債権額を控除した残額の部分に限って許される」ことを前提として、「詐害行為の一部取消の場合において、その目的物が本件の如く一棟の家屋の代物弁済であって不可分のものと認められる場合にあっては、債権者は一部取消の限度において、その価格の賠償を請求する他はない」と判示した[21]。

そこで、抵当目的不動産が抵当権者以外の第三者に譲渡され、抵当権設定登記が未だ抹消されていない事案において、取消しの範囲および取戻しの方法をいかに考えるべきか見解が分かれたが[22]、最高裁は、「詐害行為取消権の

---

(18) 大判明治44・11・20民録17輯715頁、我妻・前掲書181～182頁、196頁、奥田・前掲『債権総論』319～320頁など参照。
(19) 最判昭和54・1・25民集33巻1号12頁。
(20) 最大判昭和36・7・19民集15巻7号1875頁、最判昭和63・7・19判時1299号70頁。
(21) 前掲最大判昭和36・7・19。
(22) すでに昭和36年大法廷判決の補足意見およびそれを敷衍した我妻・前掲書196-199頁がそれを示唆していた。

制度は、詐害行為により逸出した財産を取り戻して債務者の一般財産を原状に回復させようとするものであるから、逸出した財産自体の回復が可能である場合には、できるだけこれを認めるべきである」として、当該事案においては、逸出した財産自体の回復が可能であるとして、本件土地全部についての譲渡担保契約を取り消して右土地自体の回復を肯認した原審の判断を支持した。

逆に、抵当権設定登記が既に抹消されている事案については、学説には抵当権を復活させて現物返還を認める余地があるとするものも存したが、最高裁は、同説に依拠する原審判決を破棄して、「逸出した財産自体を原状のままに回復することが不可能若しくは著しく困難であり」、また、「債務者及び債権者に不当に利益を与える結果になる」との２つの理由から、価格賠償によるべきであるとの判断を示したのである。特に後者の理由を摘示し、取戻方法として価格賠償による場合が、現物返還が不能または困難であるときに限定されないことを明らかにした点が重要である。

これにより判例法理は、抵当権および抵当権設定登記が残っている場合には、「全部取消し＝現物返還」、抵当権が消滅し抵当権設定登記が抹消している場合には、「一部取消し＝価格賠償」というルールに集約されることとなった。さらに、最高裁は、共同抵当の目的とされた複数の不動産の譲渡が詐害行為となる場合においても、後の弁済により抵当権が消滅したときには、「売買の目的とされた不動産の価額から右不動産が負担すべき右抵当権の被担保債権の額を控除した残額の限度で右売買契約を取り消し、その価格による賠償を命ずるべきであり、一部の不動産自体の回復を認めるべきものではない」としている。

(2) 離婚に伴う財産分与・慰謝料支払合意の取消し

離婚に伴う財産分与を分与者の債権者が詐害行為として取り消すことがで

---

(23) 前掲最判昭和54・1・25。なお最判昭和62年4月7日金法1185号27頁は、抵当権が付着する二筆以上の土地の贈与につき、一筆の土地の贈与を取り消して土地自体の回復（現物返還）を命じている。
(24) 下森定「判批」リマークス1号72-73頁など。
(25) 前掲最判昭和63・7・19。
(26) 最判平成4・2・27民集46巻2号112頁。

きるか否かについては、分与者が無資力状態にある場合においてはそもそも分与すべき財産を有していないはずであるからそれを分与することは分与義務の範囲を逸脱し原則として詐害行為となるとの少数説も存したが、最高裁は、昭和58年判決において、下級審裁判例や学説の多数の見解を採用し、一般論として「（離婚に伴う財産分与は）、民法768条3項の規定の趣旨に反して不相当に過大であり、財産分与に仮託してされた財産処分であると認めるに足りるような特段の事情のない限り、詐害行為として、債権者の取消の対象とはなりえない」と判示して、原則としては詐害行為とならないが、例外として詐害行為となる余地を認めた。その後の学説は、財産分与の3要素（清算、扶養、慰謝料）ごとに分析を行う傾向が一般化していたが、最高裁平成12年判決は、清算的要素は含まれず、扶養的財産分与につき金銭の定期給付をする旨の合意および慰謝料を支払う旨の合意がなされたという事案において、最高裁として初めて取消しを認める判決を下した。同判決は、扶養的財産分与については、それがたとえ金銭定期給付の合意であっても昭和58年判決と同一の判断枠組み（768条3項の趣旨に反して不相当に過大か否か、財産分与に仮託した財産処分か否か）によって詐害行為となるか否かを判断する。さらに慰謝料支払合意については、扶養的財産分与と区別して一定額の慰謝料を支払う合意がなされている場合には、そもそも慰謝料請求権は財産分与請求権とは性質を異にするものであるから、財産分与とは切り離して（相当性の判断基準外で）、慰謝料支払合意が詐害行為となるか否かを別個の基準で判断すべきところ、本件慰謝料合意につき、慰謝料として本来負担すべき損害賠償債務の存在を確認する部分では詐害行為とならないが、その額を超えた部分は、贈与または新たな債務負担行為（新たに創設的に債務を負担するもの）として取消しの対象となるとした。

その上で、最高裁平成12年判決は、扶養的財産分与の取消しについては、

---

(27) 柚木馨＝高木多喜男『判例債権法総論〔補訂版〕』（有斐閣・1971年）191頁など参照。
(28) 判例・学説の状況につき、飯原・前掲『詐害行為取消訴訟〔第2版〕』270頁以下など参照。
(29) 最判昭和58・12・19民集37巻10号1532頁。
(30) 鈴木眞次「判批」法協105巻9号1310頁以下、片山直也「判批」民法判例百選Ⅱ債権〔第4版〕47頁など参照。
(31) 最判平成12・3・9民集54巻3号1013頁。

「不相当に過大な部分について、その限度において詐害行為として取り消されるべきものと解するのが相当である」とし、離婚に伴う慰謝料を支払う旨の合意の取消しについては、「その合意のうち右損害賠償債務の額を超えた部分については、慰謝料支払の名を借りた金銭の贈与契約ないし対価を欠いた新たな債務負担行為というべきであるから、詐害行為取消権行使の対象となり得るものと解するのが相当である」として、配当異議事件である本事案に関しては、「その扶養的財産分与のうち不相当に過大な額及び慰謝料として負担すべき額を超える額を算出した上、その限度で本件合意を取り消し、上告人の請求債権から取り消された額を控除した残額と、被上告人の請求債権の額に応じて本件配当表の変更を命じるべきである」としている。

　学説や下級審裁判例の多数に従った判断で基本的には支持されるべきであるとされた(32)。金銭支払合意の事案に限定する形で一部取消しを判示した同判決の射程が、直ちに不動産譲渡など不可分な財産処分がなされた事案についても及ぶか必ずしも定かでない面も存するが、そもそも詐害行為が一部についてのみ成立するというケースであるから、一部取消しが原則であり(33)。その場合の取戻方法は、原則として価格賠償となろう(34)。

4　優先主義と価格賠償

　さて、ここまでは、取戻方法の原則は、現物返還であり、価格賠償はそれが不可能または困難な場合の副次的・補充的な取戻方法に過ぎないことを前提とした議論であったが、一部には、逆に、判例が取消債権者に事実上の優先弁済を認める点を積極的に評価し、むしろ優先主義の立場から価格賠償を原則とすべきであるとの学説が存した(35)。

---

(32)　野村豊弘「判批」平成12年度重判63頁など参照。
(33)　髙部眞規子「解説」最判解平成12年度（上）255-256頁、森田修「判批」法協118巻11号152-153頁など参照。
(34)　福岡高判平成2・2・27判時1359号66頁、浦和地判平成5・11・24金判945号34頁など、複数の不動産（または持分）が譲渡されたケースにつき、一部不動産（一部持分）の現物返還を命じたものも存する。学説には、価格賠償が命じられた場合、受益者たる被分与者がそれを支払えないために却って居住不動産を失うことが想定されるので、居住を確保するためには一部現物返還（持分返還）を認めた方がよいとの指摘もある（右近健男「判批」判タ743号63頁など参照）。
(35)　大島俊之『債権取消権の研究』（大阪府立大学経済学部・1986年）134頁以下、平井宜雄

そもそも、債権者代位権や詐害行為取消権については、平等主義を採用するか、優先主義を採用するかという立法主義の対立が存する。周知のように、わが国は明治期の法典編纂の際に、フランスにおいて学説の対立がある中、平等主義の立場に立脚して立法がなされたが(「取消」構成および425条の導入)、フランス法ではその後20世紀の初頭に判例・学説によって、優先主義が選択され、今日に至るまで安定した法運用がなされている。さらに比較法的にも優先主義が優勢で、平等主義を採用する立法例はむしろ稀であるとの知見も加わって、425条に対しては、立法論的な批判がなされてきたところである。

　今般の改正においても、本来ならば、選択肢として平等主義と優先主義の2つのモデルを想定し、その選択につき議論を誘発すべきであったが、当初から共同担保の回復を制度趣旨とし、425条を維持することを前提として論議が進められてきた。

　しかし、優先主義の立場からは、個人主義・自由主義を基調とする民法における詐害行為取消権としては、あくまでも各債権者が個人の名において行使する権利であるという点、倒産法上の否認権との役割分担、比較法的な趨勢を考慮すると、民法425条は削除し、債権者の平等は、結果の平等ではなく、機会の平等として確保されれば足りるし、立法政策的にも、債権者のインセンティブを考慮し、あまり重厚になり過ぎず、スリム化した「使い勝手」のよい制度が志向されるべきだとの主張がなされていた。そして、立法

　　　『債権総論〔第2版〕』(弘文堂・1194年) 293頁、297～298頁など参照。
(36)　フランス法の展開につき、松坂佐一『債権者取消権の研究』(有斐閣・1962年) 1頁以下、佐藤岩昭『詐害行為取消権の理論』(東京大学出版会・2001年) 59頁以下、片山直也『詐害行為の基礎理論』(慶應義塾大学出版会・2011年) 469頁以下など参照。
(37)　民法(債権法)改正検討委員会編『詳解債権法改正の基本方針Ⅱ』(商事法務・2009年) 456頁が「比較法」として参照するのは、フランス法、ドイツ法、オランダ法、中国法、カンボディア法、韓国法、アメリカ法であるが、このうち平等主義を採用しているのは、日本法を継受したしたとされる韓国法、カンボディア法のみである。なお、各国の立法例につき、飯原・前掲『詐害行為取消訴訟〔第2版〕』(悠々社・2006年) 6頁以下が詳しい。
(38)　より積極的に優先主義を指向するものとして、大島・前掲書134頁以下、平井・前掲書293頁以下、片山・前掲『詐害行為の基礎理論』593頁以下など参照。併せて、森田修「第十二講 詐害行為取消権:基本構造の連続と不連続(その1)」法教456号(2018年) 104～105頁参照。
(39)　商事法務編『民法(債権関係)部会資料集第1集〈第1巻〉』(商事法務・2011年) 228頁【鹿野幹事発言】参照。

主義として優先主義の選択肢を与えた上で、法的性質論として、価格賠償原則説が妥当か、執行忍容説が妥当かを議論すべきであったと指摘する。このように優先主義の立場においては、価格賠償に積極的な意義が付与されていたのである。

平井宜雄説は、「取消権をもって取消債権者が優先的に債権を回収しうる制度として把握する」とし、「判例の準則は、価格賠償を原則とすることによりこれと理論的に整合的たらしめうる」とした上で、さらに一歩踏み込んで、①取消しの結果、債務者に回復されるべき財産の価額が取消債権者の債権額を超える場合には不可分であったともして一部取消となると解するべきであり、したがって価格賠償によるべきである、②現物返還が可能なときでも取消債権者は価格賠償を請求できる、③全部取消および現物返還の請求に対し、被告たる受益者には、価格賠償を申し出ることにより現物の登記名義を確保する権利が与えられるべきであるとの解釈論を提示していた。

5　小活

以上の考察から明らかにように、改正前民法における価格賠償の機能としては、第1には、現物返還が困難な場合の補完的な取戻方法という価格賠償請求の本来の機能が認められていた。第2には、古くから判例法理により取消債権者のいわゆる「事実上の優先弁済」機能が付与され、多数説からは批判がなされたが、逆に優先主義の立場からは、その第2の機能に着目して、価格賠償を原則とすべきであるとの解釈論および立法論上の提言がなされて

---

(40)　佐藤崇「詐害行為取消権―債権者、債権回収の視点から」ジュリ1428号（2011年）90頁は、「債権者平等の世界は主に倒産法のもとで実現されれば十分であり、民法の世界にまで必要以上に持ち込む必要はない」と説いていた。

(41)　片山直也「詐害行為取消制度をどう見直すか」椿ほか編『民法改正を考える』（法律時報増刊・2008年）221頁など参照。

(42)　平井・前掲書294頁参照。

(43)　平井・前掲書297～298頁参照。なお、平井説においては、執行忍容の訴えと価格賠償とに同一の側面があることが意識されていた。すなわち、「相対的取消理論の欠陥を克服するためには、理論的には取消権をもって執行忍容の訴えと解するべきであるが、この趣旨は、登記名義の回復をなすべき場合（現物返還の場合）であってもなお、取消債権者が自己の債権額を満足するに足る金銭を直接に受益者から得ることができるという解釈論を採れば、実質的には達せられる（受益者名義のままで差押・換価して配当を受けるに等しいから）」と述べていた（293頁）。

いたと整理することができる。

これに加えて、近時の濫用的会社分割の取消しをめぐる議論を契機に、価格賠償の新たな第3の機能が認識され始めている。それでは章を改めてその点の検討に移行する。

Ⅲ　濫用的会社分割の取消しをめぐる議論の展開

1　最高裁平成24年判決の意義および課題

平成12（2000）年の商法改正によって会社分割制度が導入されるのに伴い、実務において同制度を濫用するいわゆる濫用的会社分割が横行するようになったが、それに対する下級審裁判例の対応は、①詐害行為取消権行使を認めたもの、②否認権の行使を認めたもの、③会社法22条1項の類推適用により新設会社に連帯責任を負わせたもの、④法人格否認の法理により新設会社の履行責任を認めたものなど多岐に亘っていた。以上の状況において、最二小判平成24年10月12日民集66巻10号3311頁は、濫用的な会社新設分割が詐害行為取消の対象となることを認める判断をなした。

事案は、以下のとおりである。分割会社であるA株式会社が、新設会社であるY株式会社（被告）を新たに設立すること、AはYに本件不動産を含む承継権利義務明細表記載の権利義務を承継させること、YがAにYの発行する株式の全部を割り当てることなどを内容とする新設分割計画を作成し、Yの設立の登記がされ、本件新設分割の効力が生じ、本件不動産について、会社分割を原因としてYへの所有権移転登記手続がなされたが、本件新設分割により、YはAから一部の債務を承継し、Aは上記承継に係る債務について重畳的債務引受けをしたにもかかわらず、原告Xが譲渡を受けた貸金債権にかかるAを保証人とする本件保証債務はYに承継されなかった。Aが本件新設分割をした当時、本件不動産には約3300万円の担保余力があったが、Aは、本件不動産以外には債務の引当てとなるような特段

---

(44) 下級審裁判例の動向については、神原千郷＝鈴木智也「2012年10月12日最高裁判決登場までの沿革」土岐敦司＝辺見紀男編『濫用的会社分割―その態様と実務上の対応策』（商事法務・2013年）など参照。

の資産を有しておらず、本件新設分割およびその直後に行われたCを新たに設立する新設分割により、YおよびCの株式以外には全く資産を保有しない状態となった。そこで、Xは、Yを被告として、詐害行為取消訴訟を提起し、本件新設分割の取消しおよび本件不動産につき会社分割を原因とする所有権移転登記の抹消登記手続を請求した。第1審・原審は、Xの請求を認容、Yが上告受理申立てをなした。

最高裁は、「新設分割は、一又は二以上の株式会社又は合同会社がその事業に関して有する権利義務の全部又は一部を分割により設立する会社に承継させることであるから（会社法2条30号）、財産権を目的とする法律行為としての性質を有するものであるということができ」、さらに「会社法上、新設分割をする株式会社（以下「新設分割株式会社」という。）の債権者を保護するための規定が設けられているが（同法810条）、一定の場合を除き新設分割株式会社に対して債務の履行を請求できる債権者は上記規定による保護の対象とはされておらず、新設分割により新たに設立する株式会社（以下「新設分割設立株式会社」という。）にその債権に係る債務が承継されず上記規定による保護の対象ともされていない債権者については、詐害行為取消権によってその保護を図る必要性がある場合が存する」のであるから、「株式会社を設立する新設分割がされた場合において、新設分割設立株式会社にその債権に係る債務が承継されず、新設分割について異議を述べることもできない新設分割株式会社の債権者は、民法424条の規定により、詐害行為取消権を行使して新設分割を取り消すことができると解される」と判示した。そして、「この場合においては、その債権の保全に必要な限度で新設分割設立株式会社への権利の承継の効力を否定することができるというべきである」として、原判決を支持し、上告を棄却している。

本判決の意義は、新設分割を詐害行為として取り消すことができるとした点にあるが、同時に、「債権の保全に必要な限度で新設分割設立会社への権利の承継の効力を否定することができる」としているので、まずは、その趣旨を慎重に見極める必要がある。さらに、本稿の関心からは次の2点が重要な論点となろう。

第1は、新設分割に伴って、包括的に権利・義務の移転（資産・負債の承

継）がなされるわけであるが、その中で、ある個別の権利（財産権）を特定して、その移転の効力を否定することが必要か否か、またそれが濫用的会社分割という詐害行為の類型の規制として合理的か否かという点である。

第2は、その点とも関係するが、取消の効果が現物返還（財産返還）か価格賠償（価額償還）かという効果論である。本判決は、現物返還（不動産移転登記の抹消登記）を認めたが、むしろ、新設分割の取消の効果としては、価格賠償を原則とすることが望ましいとの見解が多数である。

ちなみに東京高判平成22年10月27日金法1910号77頁は、被告たる新設分割設立会社に承継された資産（金銭債権および固定資産）の全体が明細表によって特定されていることを前提に、その後の事業継続による変動を想定するならば、資産は可分であるゆえに、個別の権利として特定せずとも、被保全債権の限度で取り消して、価格賠償を請求することができるとした第一審判決を支持している。この事件と比較すると、本件事案はかなり特殊な事例（むしろ新設分割に仮託してなされた財産処分・執行免脱ともいえなくはない事例）であるとの分析は可能であり、その点を踏まえて、本判決の射程を慎重に見極める必要があろう。

2　会社法上の履行請求権

平成22年判決の後に、平成26年会社法改正により、新たに残存債権を害する会社分割および事業譲渡につき、残存債権者の履行請求権制度が創設されている（会社法759条4項〜7項、同法761条4項〜7項、同法764条4項〜7項、同法766条4項〜7項、同法23条の2、1項〜3項）。これは、分割会社が残存債権者を害することを知って会社分割をなした場合に、残存債権者に、設立会社・

---

(45)　山下眞弘「判批」金判1377号4頁、片山直也「判批」ジュリ1453号76頁など参照。
(46)　後藤元「判批」金法1929号78頁、日下部真治＝倉賀野伴明「会社分割に対する詐害行為取消に関する裁判例の検討」判タ1369号（2012年）83頁、森本滋「判批」民商147巻6号566〜567頁など参照）。
(47)　金融法委員会「濫用的会社分割に係る否認要件とその効果についての中間的整理」金法1996号（2014年）17頁は、「ケース3」（会社分割によって新設会社に移転されるのが事業ではなく、不動産や上場有価証券など、独立して換価処分が可能な個別資産である場合）を想定するならば、最高裁平成24年判決の事案は「ケース3」の場合であったように見受けられるとする。
(48)　片山直也「濫用的解釈分割・事業譲渡と詐害行為取消権」金法2071号（2017年）20〜22頁など参照。

承継会社に対して、承継した財産の価額を限度として、分割会社に対する債務の履行の請求を認める制度である。

同制度は、会社分割が残存債権者を害することを知って会社分割を行ったことが要件とされており、民法上の詐害行為取消権の要件と共通しており、濫用的会社分割に対応する同趣旨の制度であるということができる。そこで、詐害行為取消権の「一般規定」である平成 29 年改正民法 424 条 1 項の「特則規定」にあたるか否かという点が問題となろう。今後、両改正の趣旨から慎重に判断をする必要がある。この点について、立法担当官は、平成 26 年改正会社法の趣旨としては、残存債権者の直接請求権は、詐害行為取消権の「特則」として設けられたものではなく、残存債権者は両権利のいずれも行使することができる旨が明らかにしている。確かに、倒産法との関係で、詐害行為取消権は受継されるが（破産法 45 条、民事再生法 42 条の 2、会社更生法 52 条の 2 など）、直接履行請求権は承継されないことから（会社法 759 条 7 項、同法 761 条 7 項、同法 764 条 7 項、同法 766 条 7 項、同法 23 条の 2、3 項）、詐害行為取消権の意義が少なからず存するとはいえるが、会社法上の直接請求権制度の導入により、少なくとも残存債権者の保護の必要性がかなりの部分で失われたことは確かであろう。一部には、会社法上の履行請求権の導入後は、詐害行為取消権の行使に否定的または消極的な見解も有力に主張されている。

重要な相違点は、効果にある。会社法上の直接請求権が、承継した財産の価額を限度とした新設会社・承継会社への当該債務の履行請求権であるのに対して、民法上の詐害行為取消権は、行為の取消し（民法 424 条 1 項）を前提に財産返還請求または価額償還請求（同法 424 条の 6）をなす権利であり、請

---

(49) 坂本三郎編『立法担当者による平成 26 年改正会社法の解説』（商事法務・2015 年）210〜211 頁、坂本三郎編著『一問一答・平成 26 年改正会社法〔第 2 版〕』（商事法務・2015 年）355〜356 頁参照。債権者保護手続の対象となる債権者による詐害行為取消権の行使についても肯定的に解する見解がある（日下部真治「判批」法の支配 170 号 114〜116 頁参照）。
(50) 郡谷大輔「詐害的な会社分割における債権者の保護」商事法務 1982 号（2012 年）18 頁、北村雅史「濫用的会社分割と詐害行為取消権（下）」商事法務 1991 号（2013 年）15 頁など参照。
(51) 会社法改正後の詐害行為取消権の行使の余地につき慎重または否定的な見解として、鳥山恭一「判批」法セミ 697 号 131 頁、笠原武朗「組織再編—株式買取請求権関係と濫用的会社分割を中心に」法教 402 号（2014 年）前掲論文 32〜33 頁など参照。

求内容が異なる。

　財産返還（現物返還）原則の民法上の詐害行為取消権との対比において、会社法上の履行請求権構成の意義を指摘するとしたならば、それは承継された事業を構成する主要な資産を分割会社に返還せずに承継会社・設立会社の事業資産から切り離すことなく事業を継続しつつ、残存債権者に履行請求権を認めて承継された資産を残存債権の責任財産とすることにより、残存債権者を承継債権者と平等に取り扱うことを可能にするという点に存すると言えよう。

　しかしながら、仮に後述のように、改正民法の詐害行為取消権は財産返還請求を原則とするとしつつも、濫用的会社分割の類型については、価額償還請求によるべきであるとの解釈論が可能であるならば、両制度の機能面での差異はなくなり、民法上の詐害行為取消権にも会社法上の履行請求権制度と同様の意義・機能を持たせることが可能となる。さらに、債権者を害する目的で、会社分割に仮託してなされた特定財産の処分については（最高裁平成24年10月12日判決の事案はそれに近いと思われる）、現物返還（財産返還）を認めることに合理性が認められるので、そのようなケースでは詐害行為取消権に独自の意義が認められことになろう。

　当面は、平成26年改正会社法の趣旨説明からも、詐害行為取消権を行使する余地は残しておくべきとの解釈論が多数となることが予測されるが、それが最高裁平成24年判決のいう「詐害行為取消権によってその保護を図る必要性」として評価に値するか否かは今後も慎重に検討がなされるべきである。

---

(52) 郡谷・前掲論文18頁、片山・前掲「濫用的解釈分割・事業譲渡と詐害行為取消権」29頁など参照。

(53) 一部の学説は、詐害行為取消権が財産返還（現物返還）を原則とするゆえに、会社法の直接請求権制度と異なる独自の意義（特に現物返還により事業存続を困難とすることによる濫用的会社分割の抑止効果）が存すると主張するが（長谷川翔大「濫用的会社分割とと詐害行為取消権」東京大学法科大学院ローレビュー10号（2015年）35頁、55頁、58～59頁など）、そのような解釈運用によって、残存債権者の保護を履行請求権とした改正会社法の趣旨を没却することに繋がることが危惧される（笠原・前掲論文32頁など参照）。その点では、財産返還・原状回復による解決は、仮託事例を別として、破産法上の否認権（破産法167条1項）に委ねるべきはないかと考えている（片山・前掲「濫用的解釈分割・事業譲渡と詐害行為取消権」29頁注47参照）。

(54) 片山・前掲「濫用的解釈分割・事業譲渡と詐害行為取消権」28～30頁など参照。

Ⅳ 平成 29 年改正民法における価額償還請求

1 価額償還請求権の明文化

改正法は、詐害行為取消請求（424 条 1 項）とともに、取戻請求として、財産返還請求とともに価額償還請求ができることを明記した（424 条の 6）。

ただし、価額償還請求については、「財産の返還をすることが困難であるときは」として、財産返還の「困難性」を要件として（424 条の 6 第 1 項前段、第 2 項後段）、あくまでも財産返還（現物返還）を原則とするとの従前の判例法理を確認している。

他方、価額返還請求をなす場合には、取消しの範囲として、取消債権者は、自己の債権額の限度において、取消しを請求できるとし（424 条の 8 第 2 項）、「一部取消＝価格賠償」フォーミュラを承継し、かつ、取消債権者への直接の支払を請求できるとの判例法理をリステイトした（424 条の 9 第 2 項）。相殺制限規定が採用されなかった経緯から、判例法上容認されていた「事実上の優先弁済」が立法によって承認されることとなったと判断してよいであろう。
(55)

2 第 3 類型における価額償還請求原則
(1) 濫用的会社分割と詐害行為の類型（「第 3 類型」）

濫用的会社分割行為の本質をめぐる議論は、従前、主として、破産法上の否認権規定の解釈適用をめぐってなされてきたために、「狭義の詐害行為」と「偏頗行為」の 2 類型を前提とせざるを得ない状況にあったと推察される。一旦は、破産法の条文を離れて、行為の本質を分析する作業が必要であろう。濫用的会社分割には、いずれの類型にも収まりきらない新たな類型（「第 3 類型」）としての側面が存するように思われる。
(56)

---

(55) 立法経緯につき、森田修「第十二講 詐害行為取消権：基本構造の連続と不連続（その 2）」法教 457 号（2018 年）86〜91 頁など参照。なお、債権者代位権につき、片山直也「債権者代位権」潮見佳男他編『詳解改正民法』（商事法務・2018 年）194 頁など参照。

(56) 片山直也「詐害的な行為に対する私法上の法規制——般法理としての『フロード（fraude）』法理の意義—」NBL986 号（2012 年）12〜13 頁、同・「詐害行為の類型と法規範の構造—『類型

破産法の条文を離れて類型を分析すると、「狭義の詐害行為」（責任財産減少行為）は、「枠」（包括体）としての「責任財産」（patrimoine）から特定の財産を逸出させる行為類型であり、「偏頗行為」（優先的満足行為）は、「責任財産」（patrimoine）に属する特定の財産を特定の債権の満足に充当（affectation）をなす行為類型であり、いずれも積極財産および消極財産が帰属する「枠」としての「責任財産」（patrimoine）が「定数」であるという点が共通していた。これに対して、濫用的会社分割については、2つの類型において「定数」であった「枠」としての「責任財産」（patrimoine）自体が「変数」となっているという点を、その特徴として指摘することができる。すなわち濫用的会社分割は、個別の財産レベルではなく、①会社分割という組織法上の効果に伴って「責任財産」（patrimoine）の分離がなされて、その一方（設立会社・承継会社の責任財産）に優良な事業や財産の取り込みがなされる点、その上で、②設立会社・承継会社による債務承継によって承継債権者と分割会社の残存債権者との切り分けがなされて、承継債権者にのみ、優良な事業や財産を含む「責任財産」（patrimoine）への充当（affectation）がなされる点に、既存の2つの類型には包摂できない本質的な構造上の特徴が存すると分析できる。

論』から『重層的規範構造論』へ」森征一＝池田真朗編『内池慶四郎先生追悼論文集・私権の創設とその展開』（慶應義塾大学出版会・2013年）202～204頁、片山・前掲「濫用的解釈分割・事業譲渡と詐害行為取消権」23～25頁など参照。

(57)　類似の分析視角はこれまでも存した。たとえば、浅田隆「判批」NBL939号49頁、51頁は、会社分割につき、「本来平等弁済がなされるべき債権を、その帰属を2つの法人格に分けた結果、分割会社債権者を劣後化する仕組み」（構造的な劣後化性）と分析していた。そもそも濫用的会社分割に対する救済方法の一つとして、「法人格否認の法理」が用いられていた点も行為の本質を端的に示している（森本滋「会社分割制度と債権者保護」金法1923号（2011年）34～36頁以下など参照）。

(58)　本稿の分析にとり、フランス法の「パトリモワン（patrimoine）」および「充当（affectation）」概念が有用である。フランス法では、積極財産と消極財産の包括体を「パトリモワン（patrimoine）」と呼び、長らく一つの法人格には一つのパトリモワンしか認めないとされてきた。債務者の財産が債権者の共同担保（共同担保）となるという点も、このパトリモワン理論によって説明がなされている。他方、債権の満足や担保に特定の財産やパトリモワンを充てることを「充当（affectation）」と呼ぶ。近時は、信託（fiducie）や有限責任個人事業者（EIRL）など、パトリモワンの分割を前提とした上で、特定の目的に充当されたパトリモワン（patrimoine d'affectation）の存在が認められるようになっている（片山直也「財産—bien および patrimoine」北村一郎編『フランス民法典の200年』（有斐閣・2006年）192頁以下など参照）。なお、「責任財産」（patrimoine）への「充当」（affectation）については、信託法上の「信託財産責任負担債務」概念との対比が有用である（片山直也「いわゆる『事業信託』とその濫用—フラ

ところで、詐害行為の類型に関して、平成29年改正民法では、「債務者が債権者を害することを知ってした行為」の取消しを裁判所に請求できるとする民法424条の規律の内容を維持しつつ、破産法上の否認権と同趣旨の規定が「特則」として設けられた。具体的には、「相当の対価を得てした行為の特則」として、破産法161条（相当価格行為）と同様の規定（424条の2）が、「過大な代物弁済等の特則」として、破産法160条2項（狭義の詐害行為）と同様の趣旨の規定（424条の4）が、「特定の債権者を利する行為の特則」として、破産法162条（偏頗行為）と同様の趣旨の規定（424条の3）がそれである。「特則」が破産法規定に倣って設けられた趣旨は、平成16年倒産法改正に倣って、いわゆる「逆転現象」を回避しつつ、詐害行為取消しの要件についても、これを明確にして限定するというものであるが、他方、424条1項の位置づけは必ずしも明らかではない。そもそも、破産法上の否認権規定に関しては、平成16年改正の趣旨から、有害性二元説に立脚し、破産法160条1項1号の規定（「破産者が破産債権者を害することを知ってした行為」）は、あくまでも「狭義の詐害行為」の規定であり、「一般規定」ではないとの理解が多数である。この破産法の否認権規定との対比で、民法424条1項が仮に「一般規定」であるならば、それは民法上の詐害行為取消権規定の大きな特徴ということになろう。私見としては、今回の法改正は、一方では、破産法に準拠した類型規定を置くという点では、従前の「類型論」の手法を用いつつ、他方で、特則と並列して「一般規定」を設けるという点において、従前

ンス型 patrimoine 理論と信託財産責任負担債務」道垣内弘人編著『基礎法理からの信託分析〈トラスト60研究叢書〉』（トラスト60・2013年）23頁以下参照）。以上につき、片山・前掲「濫用的解釈分割・事業譲渡と詐害行為取消権」24頁参照。

(59) 潮見佳男『民法（債権関係）改正法の概要』（金融財政事情研究会・2017年）84頁以下など参照。

(60) 商事法務編『民法（債権関係）の改正に関する中間試案の補足説明』（商事法務・2013年）165～166頁参照。

(61) 小川秀樹編著『一問一答・新しい破産法』（2004年・商事法務）219頁、山本克己「否認権（上）」ジュリ1273号（2004年）76～77頁、伊藤眞他『条解破産法［第2版］』（弘文堂・2014年）1060～1063頁など参照。

(62) これに対して、破産法160条を「一般規定」として捉える少数説も存する（田中亘「会社法改正の視点からみた濫用的会社分割」土岐淳司＝辺見紀男『濫用的会社分割―その態様と実務上の対応策』（商事法務・2013年）26頁、長谷川・前掲論文41～42頁参照）。

(63) 法制審では、「詐害行為の類型化と一般規定の要否」との論点が立てられ、「詐害行為を類型

の「類型論」の枠を超えた極めて斬新な法制度設計（重層的規範構造）を提示したと高く評価している。一般規定としての424条は、狭義の詐害行為すなわち責任財産減少行為に限定されずに、特則規定に該当しない範囲で、濫用的組織再編行為など新たな詐害行為類型に対応しうる開かれた規定と考えるべきであろう。

(2) 第3類型の要件・効果

仮に濫用的会社分割を、新たな第3類型として、詐害行為取消権の「一般規定」である民法424条1項によって取り消すという場合、要件・効果につき、第3類型の特質に応じたあるべき規範を可能な限り抽出できるように解釈論上の工夫をすべきである。その限りで、民法改正を機に、最高裁24年10月12日判決の見直しも必要となろう。詳細は、今後の解釈論の展開に委ねることとし、ここでは次の2点に言及しておきたい。

（ア）民法424条1項の取消の対象となる「行為」は、個々の財産の変動ではなく、会社分割に伴う包括的な権利変動（具体的には設立会社・承継会社への包括的な事業・財産権の承継および残存債権者の債務の不承継）であり、「取消し」（民法424条1項、424条の6第1項、425条）の効果は、会社分割に伴う包括的な権利変動の残存債権者に対する「対抗不能」あるいは残存債権者による自己の債権（残存債権）の設立会社・承継会社への「対抗」と構成することが可能であろう。

化し、各類型について個別の規定を設けるものとする」との【甲案】と「一般的な規定（民法第424条参照）を維持し、個別の規定は設けないものとする」との【乙案】を対比しつつ、「甲案を採用する場合であっても、個別の規定に先立って、一般的な規定（民法第424条参照）を設けるものとしてはどうか」との折衷案が提示され（「民法（債権関係）部会資料35」63～67頁（商事法務編『民法（債権関係）部会資料集第2集〈第5巻〉』（商事法務・2013年）357～361頁）参照）、議事を経て、「一般規定を置く一方で、類型化して明確にできるところは明確にすることが望ましい」との意見が多数にまとめられたが（「法制審議会民法（債権関係）部会第42回会議議事録（平成24年3月6日）」10頁（鎌田部会長発言）（商事法務編『民法（債権関係）部会資料集第2集〈第5巻〉』（商事法務・2013年）72頁））、「一般規定」の趣旨や機能については必ずしも各委員の見解が一致していたようには思われない（「法制審議会民法（債権関係）部会第42回会議議事録6～10頁（商事法務編『民法（債権関係）部会資料集第2集〈第5巻〉』68～72頁）参照）。類型規定である「特則」と同時に、民法424条1項本文の「一般規定」を残した趣旨および同規定と「特則」との関係については、立法後の解釈論の課題として残されたといえよう（片山・前掲「濫用的解釈分割・事業譲渡と詐害行為取消権」27頁参照）。

(64) 片山・前掲「詐害行為の類型と法規範の構造」197～199頁以下参照。
(65) 後注（78）参照。

（イ）残存債権者は、取消しとともに、原則として、価額償還を請求することができると考えるべきではないか。新規定（民法424条の6）は、「財産返還」を原則とし、「価額償還」請求ができるのを、「その財産の返還をすることが困難であるとき」に限定しているが、同文言はあくまでも個別の財産の特定性を前提とした規定であるので、包括的な権利・義務の変動の詐害性を本質とする第3類型の行為については要件とならない（あるいは事業継続を阻害する財産返還については「困難性」が認定される）と解することは可能であろう。[66]逆に、例外的に財産返還請求が認められるのは、会社分割に仮託して特定の財産の処分がなされたような場合に限定されることになる。

3　価額償還請求権の新たな機能

　価額償還請求権の機能としては、第1には、現物返還が困難な場合の補完的な取戻方法という価額償還請求の本来の機能がある（民法424条の6第2項参照）。さらに、第2には、従前の判例法理により容認されてきた取消債権者の事実上の優先弁済機能であり、これは改正法において承認されたことになる（民法424条の8第2項、424条の9第2項参照）。そしてさらに、本稿の考察を通して、濫用的会社分割の類型の分析および会社法上の直接請求権制度との比較により認識されるに至った第3の機能が、「受益者の責任財産の充当」および「受益者の債権者との競合」という機能である。

　濫用的会社分割に対する法的な対応においては、承継された事業を構成する主要な資産を分割会社に返還せずに承継会社・設立会社の事業資産から切り離すことなく事業を継続しつつ、設立会社・承継会社に承継された資産を残存債権者の債権の責任財産として充当することにより、残存債権者を承継

---

(66)　東京地判平成22年5月27日金法1902号144頁は、「本件会社分割により承継された資産は、別紙4承継権利義務明細表に記載されたとおりに特定されるのみで、個別の権利として特定されておらず、さらに、本件会社分割後、被告Y（新設分割設立会社）が事業を継続していることからすると、上記資産に変動が生じていることは容易に推測できるのであり、債権者である原告にとって、承継された上記資産を特定して返還させることは著しく困難であると認めることができる」として、価格賠償の請求を認めている。併せて、森本・前掲「判批」566～567頁、長谷川・前掲論文54頁参照。ちなみに判例は、抵当権付不動産の譲渡の取消しについて、すでに抵当権設定登記が抹消されている場合には、「逸出した財産自体を原状のままに回復することが不可能若しくは著しく困難」として、価格賠償によるしかないとする（前掲最判昭和63年7月19日）。

債権者と平等に取り扱うことが合理的かつ適合的である。会社法上の直接請求権制度は、まさにそのことを目指して設計された制度であるといえよう。そして民法上の詐害行為取消制度においてそれを実現することを可能とするものが、価額償還請求権であり、そこに第３の機能が見出されるべきである。

　実は、取消債権者が受益者（被告）の債権者と競合するのか優先するのかという問題については、詐害行為取消権の法的性質をめぐって、古くから物権説（フランスでは取消訴権説）と債権説（フランスでは賠償訴権説）との対立として論じられてきたが、これまでは受益者の債権者との競合を余儀なくされるという点が債権説（賠償訴権説）の弱点とされ、その弱点を克服する形で物権説（フランスでは取消訴権説の発展形態としての対抗不能訴権説）が支配的となったとの認識が一般的であった。かかる認識に基づき、詐害行為取消権の効果は、現物返還（財産返還）が原則であり、価格賠償（価額償還）は、あくまで例外的な補完措置に過ぎず、本来の詐害行為取消権の効果ではないとの位置づけがなされていた。

　これに対して、濫用的会社分割等の第３類型に関しては、先述のとおり、むしろ価額償還（価格賠償）の方が紛争の解決にとり、より適合的だと判断される。残存債権者に優先を認めることは、逆に承継債権者とのバランスを欠くことにあり、事業資産を維持しつつ、承継債権者と残存債権者を平等に取り扱うことが適合的だからである。ここに、価額償還（価格賠償）の第３の機能として、「受益者の責任財産の充当」および「受益者の債権者との競

---

(67)　わが国の議論につき、奥田昌道編『注釈民法 (10) 債権 (1)』（有斐閣・1987年）872〜873頁【下森定】など参照。なお、この問題は執行忍容を認める責任説において顕在化する（この点を指摘するものとして、前田達明「詐害行為取消訴訟試論」判タ605号（1986年）5頁、飯原・前掲『詐害行為取消訴訟〔第2版〕』28頁、32頁など参照）。フランスでは、プラニオルの改説（「action paulienne を単なる賠償訴権とするならば、action paulienne が原告債権者に対して保障する第三者の他の債権者に対する優先というもっとも有利な効果の一つを説明できなくなる」と説く）を機に（cf. Planiol (M.), *Traité élémentaire de droit civil conforme au programme officiel des facultés de droit*, t. II, 2ᵉ éd., 1902, nᵒˢ 327 et s., pp. 107 et s.）、賠償訴権説が衰退し、取消訴権説の発展形態としての対抗不能説が通説化した（片山・前掲『詐害行為の基礎理論』487〜488頁など参照）。

(68)　前注 (9)〜(11) 参照。

(69)　浅田隆他「〈シンポジウムⅠ〉濫用的会社分割・事業譲渡の実務と法理」金融法研究34号（2018年）54〜55頁（片山直也発言、遠藤元一発言）参照。

合」という機能が認識されるとともに、価額償還を原則とするとの解釈論の実質的な論拠が見出されるわけである。

V　結びに代えて

　最後に付言すれば、履行請求権構成および価額償還原則説は、詐害行為取消権の基本構造にも関連する。それは、「行為」（取消しの客体）から「債権」（被保全債権）への視点の転換である。換言すれば、「詐害行為」の「対抗不能」か、「被保全債権」の「対抗」かといってもよいであろう。フランスでは、action paulienne ＝「対抗不能訴権」（action en inopposabilité）との理解が20世紀以降の判例・通説の動向であるが、一部には、一般担保権の「対抗訴権」（action en opposabilité）との分析視角を提示するものが存した。しかしながら、同説の構成によっては、物権的効果（受益者の債権者への優先）という効果を説明できないとの難点が指摘されていたところである。ところが、本稿で考察したように、濫用的会社分割など、むしろ債権的効果（受益者の債権者との競合）が適合的と判断される類型（第3類型）が存することが明らかになった。この類型における履行請求権構成および価額償還原則説は、詐害行為取消権につき、債権者による被保全債権の「対抗」という構造を内包していると分析することも可能であろう。以上の点を含めて、濫用的会社分割な

---

(70)　浅田他・前掲「〈シンポジウムⅠ〉濫用的会社分割・事業譲渡の実務と法理」53頁（高須順一発言）は、価額償還請求について、「残存債権者の債権の責任財産への充当」という点が重要であることを強調している。

(71)　形式的には、424条の6の「困難性」の要件（「その財産の返還をすることが困難であるとき」）について、同文言はあくまでも個別の財産の特定性を前提とした規定であるので、包括的な権利・義務の変動の詐害性を本質とする第3類型の行為については要件とならない（あるいは事業継続を阻害する財産返還については「困難性」が認定される）と解することになるであろう（前注66参照）。

(72)　片山・前掲『詐害行為の基礎理論』646頁参照。

(73)　片山・前掲『詐害行為の基礎理論』475～479頁参照。

(74)　Cf. Derruppé (J.), *La nature juridique du droit du preneur à bail et la distinction des droits réels et des droits de créance*, 1952, Dalloz, n° 318, pp. 389-391.

(75)　以上につき、片山・前掲『詐害行為の基礎理論』646～647頁参照。

(76)　片山・前掲「詐害行為の類型と法規範の構造」209頁、浅田他・前掲「〈シンポジウムⅠ〉濫用的会社分割・事業譲渡の実務と法理」55頁（片山直也発言）参照。

ど第3類型が、詐害行為取消制度にもたらしたインパクトの大きさは計り知れない。それを解釈論として受け止めるためには、動態的な法秩序形成という法認識論からの分析視角を可能とする「一般規定」(424条1項)の存在が不可欠となろう。

---

(77) 片山・前掲「詐害行為の類型と法規範の構造」209〜211頁など参照。
(78) 「基本方針」(【3.1.2.08】)においては、「否認権の制度の改正をふまえ、とくに透明性の向上が要請される点について、詐害行為取消しの要件面においても対応をはかるべく、現民法424条の一般条項的な詐害行為の要件(「統一的かつ包括的要件」)の規定を維持しつつ、それと並んで個別的な規定を設け、それを補完する」との説明がなされていた(民法(債権法)改正検討委員会編『詳解債権法改正の基本方針Ⅱ契約および債権一般(1)』(商事法務・2009年)453〜455頁参照)。法制審においても、一般規定の趣旨について、「今後の社会情勢の変更によってまた新しい要請が生まれるということを考えると、一般規定を残しておくという必要がある」との発言(高須委員)があった(前掲「法制審議会民法(債権関係)部会第42回会議議事録8頁(商事法務編『民法(債権関係)部会資料集第2集〈第5巻〉』70頁)。

執筆者紹介（掲載順）

熊谷芝青（くまがい　しせい）	駒澤大学法学部教授
西島良尚（にしじま　よしなお）	流通経済大学法学部大学院法学研究科教授
新井敦志（あらい　あつし）	立正大学法学部教授
小賀野晶一（おがの　しょういち）	中央大学法学部教授
内山敏和（うちやま　としかず）	北海学園大学法学部准教授
落合俊郎（おちあい　としろう）	大和大学教育学部教授
中舎寛樹（なかや　ひろき）	明治大学専門職大学院法務研究科教授
松本克美（まつもと　かつみ）	立命館大学大学院法務研究科教授
大場浩之（おおば　ひろゆき）	早稲田大学法学学術院教授
多田利隆（ただ　としたか）	西南学院大学法務研究科教授
白石　大（しらいし　だい）	早稲田大学法学学術院教授
田口　勉（たぐち　つとむ）	神奈川大学法学部教授
草野元己（くさの　もとみ）	関西学院大学法学部教授
田中淳子（たなか　あつこ）	愛知学院大学法務支援センター教授
宮﨑　淳（みやざき　あつし）	創価大学法学部教授
下村信江（しもむら　としえ）	近畿大学大学院法務研究科教授
相川　修（あいかわ　おさむ）	東洋大学法学部教授
道垣内弘人（どうがうち　ひろと）	東京大学大学院法学政治学研究科教授
青木則幸（あおき　のりゆき）	早稲田大学法学学術院教授
清水恵介（しみず　けいすけ）	日本大学法学部教授
石口　修（いしぐち　おさむ）	愛知大学大学院法務研究科教授
杉本和士（すぎもと　かずし）	法政大学法学部教授
粟田口太郎（あわたぐち　たろう）	アンダーソン・毛利・友常法律事務所弁護士
髙井章光（たかい　あきみつ）	髙井総合法律事務所弁護士
片山直也（かたやま　なおや）	慶應義塾大学大学院法務研究科教授

社会の発展と民法学 [上巻]
――近江幸治先生古稀記念論文集――

2019年1月26日 初版第1刷発行

編　者　　道垣内　弘人
　　　　　片　山　直　也
　　　　　山　口　斉　昭
　　　　　青　木　則　幸

発行者　　阿　部　成　一

〒162-0041 東京都新宿区早稲田鶴巻町514
発行所　　株式会社　成文堂
電話03(3203)9201(代)　FAX03(3203)9206
http://www.seibundoh.co.jp

製版・印刷　シナノ印刷　　　　製本　弘伸製本
©2019　道垣内・片山・山口・青木
☆乱丁・落丁本はおとりかえいたします☆　Printed in Japan
ISBN978-4-7923-2725-5 C3032　　　検印省略

定価（本体18,000円＋税）